Agere und *actio* im römischen Recht

WIENER STUDIEN ZU GESCHICHTE, RECHT UND GESELLSCHAFT
VIENNESE STUDIES IN HISTORY, LAW, AND SOCIETY

Herausgegeben von Nikolaus Benke

BAND/VOL. 10

PETER LANG

Berlin - Bruxelles - Chennai - Lausanne - New York - Oxford

Anna Novitskaya

Agere und *actio* im römischen Recht

Vom Sprechakt zur standardisierten Rechtsdurchsetzung

PETER LANG

Berlin - Bruxelles - Chennai - Lausanne - New York - Oxford

Bibliografische Information der Deutschen Nationalbibliothek
Die Deutsche Nationalbibliothek verzeichnet diese Publikation in der Deutschen Nationalbibliografie; detaillierte bibliografische Daten sind im Internet über http://dnb.d-nb.de abrufbar.

universität wien
Advanced Research School in Law and Jurisprudence

Mit freundlicher Unterstützung der Advanced Research School in Law and Jurisprudence der Universität Wien.

Umschlagabbildung wurde mithilfe künstlicher Intelligenz erstellt:
© Ekaterina Revina

ISSN 1432-7422
ISBN 978-3-631-90449-7 (Print)
E-ISBN 978-3-631-91373-4 (E-PDF)
E-ISBN 978-3-631-91374-1 (EPUB)
DOI 10.3726/b21495

Verlegt durch: Peter Lang GmbH, Berlin, Deutschland

info@peterlang.com www.peterlang.com

Vorwort

Die vorliegende Monographie stellt eine überarbeitete Fassung meiner Dissertation dar, die im September 2021 an der Universität Wien und an der Università degli Studi di Roma Tor Vergata im Rahmen der Cotutelle de thèse verteidigt wurde. Die Fragestellungen und die Struktur der vorliegenden Monographie sind daher von der italienischen und der deutschsprachigen Tradition in der Erforschung des römischen Rechts geprägt.

Inspiriert zu dieser Forschung wurde ich von Prof. Dr. Riccardo Cardilli, der während meines Doktoratsstudiums in Rom in zahlreichen Gesprächen aufgezeigt hat, dass die Bedeutung der Worte *agere* und *actio* über ein enges technisches Verständnis des Klagerechts hinausgeht, und die Erforschung dieser Rechtsfiguren neue Einblicke in die Rechtsgestaltung und Rechtsfindung des Römischen Rechts insbesondere in der republikanischen Zeit gewähren kann.

Meine in Rom begonnene Arbeit unter der Betreuung von Prof. Dr. Riccardo Cardilli habe ich in Österreich bei Prof. Dr. Franz-Stefan Meissel fortgesetzt, der mich mit der deutschen Rechtsterminologie sowie mit einigen Konzeptionen der Wiener rechtstheoretischen Schule vertraut gemacht hat. In zahlreichen Gesprächen mit ihm und im Laufe der Diskussionen während der Socratics-Sitzungen der Doktoratsschule der Universität Wien „Ars iuris Vienna" habe ich Anregungen zu Teilen meines Dissertationstextes erhalten, die ich dankend aufgenommen und berücksichtigt habe. Überdies stand mir Prof. Dr. Franz-Stefan Meissel immer mit Rat und Tat zur Seite und hat mir Mut gemacht, diese Dissertation zu veröffentlichen.

Mein Dank gilt auch meinen Gutachtern – Prof. Dr. Richard Gamauf und Prof. Dr. Philip Scheibelreiter – für die tiefgründigen Anmerkungen, für die fördernde Kritik sowie für die Anregungen, die ich bei der Überarbeitung dieser Monographie bestmöglich berücksichtigt habe.

Mein Dank geht ebenso an die Mitglieder des Instituts für Römisches Recht und Antike Rechtsgeschichte der Universität Wien. Für die besondere Unterstützung bedanke ich mich recht herzlich bei Frau Prof. Dr. Verena Halbwachs, die mir u.a. bei der Vorbereitung der Publikation eines Teils meiner Dissertation in der Savigny-Zeitschrift beigestanden hat und Prof. Dr. Birgit Forgó-Feldner, die mir in zahlreichen persönlichen Gesprächen sowie bei der Vorbereitung einiger Konferenzverträge zu Hand gegangen ist.

Im Rahmen der von Prof. Nikolaus Benke organisierten Lehrveranstaltung „Privatissimum“, konnte ich den Kolleginnen und Kollegen des Instituts einige Teile meiner Forschung vorstellen und unter Beweis stellen.

Einen besonderen Dank richte ich an Prof. Martin Avenarius, der mich im Rahmen meines Forschungsaufenthalts am Institut für Römisches Recht der Universität zu Köln im Sommer 2022 mit seinen Anregungen zu meiner Dissertation und mit wertvollen Anmerkungen bereichert hat.

Neue Einblicke und ein tieferes Verständnis meiner Forschungsschwerpunkte konnte ich im Rahmen einiger Forschungsaufenthalte und Konferenzen gewinnen. Einige Teile der Dissertation habe ich als Vorträge auf den Konferenzen SIHDA (2019, 2022) und Junge Romanisten (2018, 2022, 2023) präsentieren dürfen. Im Zuge meiner Forschungsaufenthalte am Max-Planck-Institut für Rechtsgeschichte und Rechtstheorie (2017) sowie an der Università degli Studi di Roma Tor Vergata (2018, 2019) konnte ich einige rechtstheoretische Themenbereiche meiner Dissertation vertiefen.

Die Überarbeitung meiner Dissertation wurde durch die Österreichische Akademie der Wissenschaften im Rahmen des Post-doctrack-Stipendiums gefördert, wofür ich mich herzlich bedanke. Für die Finanzierung und die Übernahme der Kosten des Druckes danke ich der Rechtswissenschaftlichen Fakultät der Universität Wien und der Doktoratsschule der Universtität Wien „Ars iuris Vienna“.

Inhaltsverzeichnis

Abkürzungsverzeichnis

AHDE	Anuario de historia del derecho español
AUPA	Annali del Seminario Giuridico dell'Università degli Studi di Palermo
ANRW	Aufstieg und Niedergang der Römischen Welt
Atti Provera	Diritto e processo nella esperienza romana. Atti del Seminario Torinese, 4–5 dicembre 1991, in memoria di Giuseppe Provera, 1994
Bethmann-Hollweg I	Bethmann-Hollweg, Moritz August von, Der römische Civilprozeß I. Legis Actiones, 1864
Bethmann-Hollweg II	Bethmann-Hollweg, Moritz August von, Der römische Civilprozeß II. Formulae, 1865
BIDR	Bullettino dell'Istituto di Diritto Romano
BIMAE	Gaudenzi, August/Palmerio Giovanni Battista (Hgg.), Bibliotheca juridica medii aevi, Vol. I–III, 1888–1901
CIC	Corpus Iuris Civilis
DNP	Der Neue Pauly. Enzyklopädie der Antike, 1996–2012
ED	Enciclopedia del diritto
Essays Sirks	Inter cives necnon peregrinos. Essays in honour of Boudewijn Sirks, 2014
FG Jhering Göttingen	Festgabe der Göttinger Juristen-Fakultät für Rudolf von Jhering zum fünfzigjährigen Doktor-Jubiläum am VI. August MDCCCXCII, 1892 (Ndr. 1970)
FG Gutzwiller	Ius lexque esto, in: Ius et Lex. Festgabe zum 70. Geburtstag von Max Gutzwiller (1959)
FIRA I	Fontes iuris Romani anteiustiniani I. Leges, hg. v. Salvatore Riccobono, 2. Aufl., 1941 (Ndr. 1968)
FIRA II	Fontes iuris Romani anteiustiniani II. Auctores, hg. v. Giovanni Baviera/Giuseppe Furlani, 2. Aufl., 1949 (Ndr. 1968)
FIRA III	Fontes iuris Romani anteiustiniani III. Negotia, hg. v. Vincenzo Arangio-Ruiz, 2. Aufl., 1943 (Ndr. m. Appendix 1969)
FG Kaser	Iuris professio. Festgabe für Max Kaser zum 80. Geburtstag, 1986

FG Lübtow	Sein und Werden im Recht. Festgabe für Ulrich von Lübtow zum 70. Geburtstag am 21. August 1970, 1970
FS Hausmaninger	Festschrift für Herbert Hausmaninger zum 70. Geburtstag, 2006
FS Hübner	Festschrift für Heinz Hübner zum 70. Geburtstag, 1984
FS Wieacker	Festschrift für Franz Wieacker zum 70. Geburtstag, 1978
Georges, HW I–II	Georges, Karl-Ernst/Georges, Heinrich, Ausführliches lateinisch-deutsches Handwörterbuch I (A–H), II (I–Z), 8. Auflage (1913/1918)
GS Kunkel	Gedächtnisschrift für Wolfgang Kunkel, 1984
HKK-BGB I	Schmoeckel, Mathias/Rückert, Joachim/ Zimmermann, Reinhard (Hgg.), Historisch-kritischer Kommentar zum BGB I. Allgemeiner Teil, §§ 1–240, 2003
HLL I	Herzog, Reinhart/Schmidt, Peter Lebrecht (Hgg.), Handbuch der lateinischen Literatur der Antike I. Die archaische Literatur. Von den Anfängen bis Sullas Tod. Die vorliterarische Periode und die Zeit von 240 bis 78 v. Chr, hg. v. W. Suerbaum, 2002
HLL IV	Herzog, Reinhart/Schmidt, Peter Lebrecht (Hgg.), Handbuch der lateinischen Literatur der Antike IV. Die Literatur des Umbruchs. Von der römischen zur christlichen Literatur 117 bis 284 n. Chr., hg. v. K. Sallmann, 1997
HS	Heumanns Handlexikon zu den Quellen des römischen Rechts, 9. Aufl., neu bearb. v. E. Seckel, 1926 (unveränd. 11. Aufl. 1971)
Kunkel/Wittmann, Magistratur (1995)	Kunkel, Wolfgang/Wittmann, Roland, Staatsordnung und Staatspraxis der römischen Republik. Zweiter Abschnitt. Die Magistratur, 1995
LR	Legal Roots. The International Journal of Roman Law, Legal History and Comparative Law
NNDI	Novissimo Digesto Italiano
Omaggio Burdese I–III	Il giudice privato nel processo civile romano. Omaggio ad Alberto Burdese I–III, 2012–2015

Otto/Schilling/Sintenis, Corpus iuris civilis 1–7	Otto, Karl Eduard/Schilling, Bruno/Sintenis, Carl Friedrich Ferdinand (Hgg.), Das Corpus iuris civilis I–VII, 1831–1839
Poteri negotia actiones. Atti Copanello (1984)	Poteri negotia actiones. Atti del convegno di diritto romano. Copanello 12–15 maggio 1982 (1984)
Pugliese, PC I	Pugliese, Giovanni, Il processo civile romano I. Le legis actiones, 1961/1962
Pugliese, PF I–II	Pugliese, Giovanni, Il processo formulare I–II, 1947/1948–1948/1949
RE	Paulys Realencyclopädie der classischen Altertumswissenschaft, neue Bearbeitung v. G. Wissowa, W. Kroll, K. Mittelhaus, K. Ziegler, ab 1893
RHDFE	Revue historique de droit français et étranger (1855–1921)
RIDA	Revue internationale des droits de l'antiquité
Ric. Talamanca I–II	„Actio in rem" e „actio in personam" in ricordo di Mario Talamanca I–II, 2011
Scritti Franciosi I–IV	φιλία. Scritti per Gennaro Franciosi I–IV, 2007
Scritti Melillo I–III	Scritti in onore di Generoso Melillo I–III, 2009
Studi Albertario I–II	Studi in memoria di Emilio Albertario I–II, 1953
Studi Arangio-Ruiz I–IV	Studi in onore di Vincenzo Arangio-Ruiz nel XLV anno del suo insegnamento I–IV, 1952
St. Betti I–V	Studi in onore di Emilio Betti I–V, 1962
Studi Biondi I–IV	Studi in onore di Biondo Biondi I–IV, 1965
Studi Biscardi I–VII	Studi in onore di Arnaldo Biscardi I–VII, 1982–1991
Studi Bonfante I–IV	Studi in onore di Pietro Bonfante nel XL anno d'insegnamento I–IV, 1930
Studi Grosso I–VI	Studi in onore di Giuseppe Grosso I–VI, 1968–1974
Studi E. T. Liebman I	Studi in onore di Enrico Tullio Liebman I, 1926
Studies Litewski I–II	Roman Law as Formative of Modern Legal Systems. Studies in Honour of Wiesław Litewski. Ius Romanum et orbis iurisprudentiae universalis I–II, 2003
Studi Martini I–III	Studi in onore di Remo Martini I–III, 2008–2009

Studi Sanfilippo I–VIII	Studi in onore di Cesare Sanfilippo I–VIII, 1982–1991
Studi Talamanca I–VIII	Iuris vincula. Studi in onore di Mario Talamanca I–VIII, 2001
Studi Volterra I–VI	Studi in onore di Edoardo Volterra I–VI, 1971
SZ	Zeitschrift der Savigny-Stiftung für Rechtsgeschichte, romanistische Abteilung
ThLL	Thesaurus linguae Latinae
TR	Tijdschrift voor Rechtsgeschiedenis - Revue d'histoire de droit - The Legal History Review
ZEuP	Zeitschrift für Europäisches Privatrecht
VIR	Gradenwitz, Otto/Kübler, Bernard/Schulze, Ernest Theodor (Hgg.), Vocabularium Iurisprudentiae Romanaeiussu Institutum Savigniani compositum, 1903

I. Romanistische Wissenschaftsgeschichte der *actio*

Action, azione, agency, Rechtsakt – was verbindet alle diese Termini in verschiedenen Rechtstraditionen? Sie gehen auf die römischen Worte *actio* und *agere* zurück: Ohne dass wir uns dessen bewusst sind, enthalten die genannten modernen Termini die Bedeutungen, die schon den römischen Begriffen *agere* und *actio* immanent sind. Sie deuten auf die transformative Rechtshandlung, auf die Klage, das Klagerecht, auf einen Sprechakt, einen Akt des Treibens, den Anspruch, das subjektive Recht, den Rechtsschutzanspruch, auf das Prozessverfahren etc. hin.

Wenn man den Blick auf die römische Rechtsgeschichte und insbesondere auf die archaische und die republikanische Zeit richtet, stellt man fest, dass das *agere* und die *actio* in verschiedenen Kontexten und in verschiedenen Epochen für verschiedene soziale Prozesse, die die römische Rechtsordnung prägen, stehen. Es sind Prozesse wie beispielsweise die Rechtsgestaltung privater Ansprüche durch gewisse Rituale, die Institutionalisierung der ritualisierten privaten Rechtsakte, die Entstehung und die Entwicklung des (staatlichen) Gerichtsverfahrens, die Verschriftlichung der ritualisierten Spruchformeln, die Umgestaltung des römischen Rechtsformalismus sowie der Übergang von der mündlichen zu der schriftlichen Rechtskultur.

Während in der archaischen und in der republikanischen Zeit das *agere* und die *actio* grundsätzlich im Sinne eines ritualisierten Handelns mittels einer Spruchformel zu verstehen sind,[1] verbinden klassische römische Juristen mit Ausdrücken wie *habet actionem, competit ei actio* und Ähnlichem[2] vorwiegend die Fälle der Rechtsanwendung als gerichtliche Rechtsdurchsetzung von privaten Ansprüchen.

Die unterschiedlichen Kontexte und die vielfältigen Bedeutungen, die den Bezeichnungen *agere* und *actio* zukommen, erhöhen die Bedeutung der

---

1 Vgl. schon *Bethmann-Hollweg*, Der römische Civilprozeß I (1864) 114 f.; *Bethmann-Hollweg*, Der römische Civilprozeß II (1865) 207–208, der in Bezug auf das Formularverfahren zwischen der formellen Bedeutung des Wortes *actio*, d.h. *formula*, und der materiellen Bedeutung der *actio* im Sinne eines Rechts unterscheidet; *Kaser/Hackl*, Das Römische Zivilprozessrecht² (1996) 233–234.

2 Die Quellenübersicht s. bei *Wlassak*, Edict und Klageform. Eine romanistische Studie (1882) 60; VIR, s.v. *actio*, 103–131; ThLL, s.v. *actio*, 441–444; HS, s.v. *actio*, 9–10.

rechtshistorischen Rekonstruktion des *agere* und der *actio*. Um die Veränderung dieser Begriffe nachzuvollziehen, ist es erforderlich, den folgenden Fragen nachzugehen: Was bedeutet das *agere* in der archaischen und in der republikanischen Zeit? Wie verändert sich das *agere* zur *actio* im Römischen Recht?

Die Dramaturgie der Forschung ergibt sich daraus, dass unterschiedliche Auffassungen und verschiedene Ansätze in der Rechtsdogmatik und der Rechtsgeschichte zum Themenkreis *agere* und *actio* entwickelt wurden. Die Vertreter dieser Ansätze nähern sich der Betrachtung des *agere* und der *actio* aus ganz unterschiedlichen Blickwinkeln, was dazu führt, dass in der Forschung nicht eine, sondern viele Rekonstruktionen und Genealogien des *agere* und der *actio* präsentiert werden.

1. Die *actio* als Systembegriff des römischen Rechts

Die umfassende Bedeutung von *agere* und *actio* in der römischen Rechtsordnung erklärt das wiederkehrende Interesse an dieser Rechtsfigur in der romanistischen Forschung. *Actio* gehört zu den Systembegriffen bzw. systembildenden Begriffen des Römischen Rechts in unterschiedlichen Epochen.[3] Im republikanischen Recht spielen die *legis actiones* eine zentrale Rolle im Zwölftafelgesetz. In den Schriften der römischen Juristen der republikanischen Zeit erscheinen sodann die *actiones* in *Tripertia* sowie in den sogenannten *libri actionum*, die auch als erste Systematisierungen der Rechtsrituale gelten. Im Edikt des Formularverfahrens nimmt die *actio* eine Schlüsselrolle ein. Gaius stellt schließlich die *actiones* in seiner Dreiteilung *personae–res–actiones* als integrativen Teil des Rechtssystems dar.

Diese Rolle der *actio* als Systembegriff wurde im Laufe der Rezeption des Römischen Rechts beibehalten. Die auf das Naturrecht zurückgehende Erfassung des Rechtssystems als System individueller Rechtsbefugnisse bzw. subjektiver Rechte konnte nicht ohne Konzeptualisierung der *actio* im römischen Recht als zentrale Ausdrucksform des *ius* entstehen. Die bis heute in der romanistischen Literatur verwendeten Ausdrücke „aktionenrechtliches Denken“ oder „Aktionendenken“ der römischen Juristen heben die Rolle der *actio* (verstanden dabei im Sinne eines Anspruchs) als Rechtsfigur hervor, die eine entscheidende Rolle in dem römischen Prozess und überhaupt in der römischen Rechtsfindung spielt.[4]

---

3 Zum „System“ des römischen Rechts vgl. *Baldus*, Zum Begriff des *debitum* bei Cervidius Scaevola, in: Harke (Hg.), Facetten des römischen Erbrechts (2012) 4 f.

4 Eine skeptische Betrachtung dieser auf der zentralen Rolle des Anspruchs beruhenden Konzeption s. in: *Babusiaux*, Celsus und Julian zum Edikt si certum petetur,

Die Rechtsfigur *actio* umfasst einen Bedeutungsinhalt, der auch in den der *actio* morphologisch vorangehenden Worten – *agere*, *actum* – enthalten ist. Die Bedeutungen des *agere* kreisen um die ritualisierten und formalisierten Rechtshandlungen – einerseits für die Verfolgung und Durchsetzung eigener Ansprüche, und andererseits für deren rechtsgeschäftliche Gestaltung.

Die vom *agere* abgeleiteten Deverbativa *actus*, *actum* und *actio* verkörpern die dem *agere* immanente Bedeutung und werden dabei enger verstanden: *actus* und *actum* dienen in den Quellen oft als Hinweise auf Rechtsakte vorwiegend rechtsgeschäftlicher Natur. Am häufigsten aber begegnet uns das Substantiv *actio*: Im klassischen römischen Recht werden der *actio* vorwiegend die Bedeutungen des Anspruchs, der Klage und des Klagerechts,[5] aber auch der in der Klage enthaltenen prozessualen Formel zugeschrieben (*actio* = *formula*).[6]

2. Zwei wissenschaftliche Narrative der *actio* im antiken Recht

Für das Verständnis der *actio* im römischen Recht lassen sich zwei Ansätze in der romanistischen Lehre unterscheiden. Der erste, vorherrschende

---

in: Baldus/Miglietta/Santucci/Stolfi (Hgg.), Dogmengeschichte und historische Individualität der römischen Juristen (2012) 365.

5 *Windscheid*, Lehrbuch des Pandektenrechts[5] Bd. I (1879) 106: „Actio ist in der Abstufung seiner sich immer mehr verengenden Bedeutungen: Handlung, Verhandlung (mit einem Anderen); gerichtliche Verhandlung; streitige gerichtliche Verhandlung; streitige gerichtliche Verhandlung mit besonderer Beziehung auf den Angreifer, also gerichtliche Verfolgung, das, was wir Klage nennen; gerichtliche Verfolgung, Klage, nicht als Tatsache gedacht, sondern als rechtliche Zuständigkeit."

6 Weitere Übersicht der Bedeutungen des Wortes *actio* s. bei *Wlassak*, s.v. *actio*, in: RE I.1 (1893) Sp. 303–325. Die *actio* im Sinne einer prozessualen *formula* vgl. bei *Wenger*, s.v. *formula*, in: RE VI. 11 (1907) Sp. 2859–2876. Solche Ausdrücke wie *datio actionis* oder *editio actionis* verweisen auf die *actio* im Sinne der prozessualen Formel. Vgl. Ulp. 4 ed. D. 2.13.1 pr.: *Qua quisque actione agere volet, eam edere debet: nam aequissimum videtur eum qui acturus est edere actionem, ut proinde sciat reus, utrum cedere an contendere ultra debeat, et, si contendendum putat, veniat instructus ad agendum cognita actione qua conveniatur.* / Jeder muß die Klage, mit der er klagen will, bekanntgeben. Es erscheint nämlich höchst angemessen, daß der, der klagen will, die Klage bekanntgibt, so daß der Beklagte dadurch weiß, ob er nachgeben oder weiter bestreiten soll, und, wenn er glaubt, er solle bestreiten, aufgrund der Kenntnis der Klage, mit der er belangt wird, vorbereitet zur Verhandlung kommt. Die Übersetzung folgt *Behrends/Knütel/Kupisch/Seiler*, CIC 2 (1995) 216.

Ansatz reduziert die *actio* auf einen prozessualen Rechtsbehelf sanktionierender Natur. Die *actio* wird primär als (prozessualer) Rechtsbehelf verstanden. Dieses dogmatisch-technische Verständnis der *actio* wird von den Konzeptionen geprägt, die auf das Naturrecht und auf die deutschsprachige zivilrechtliche und prozessrechtliche Dogmatik des 19. Jh. zurückgehen. Die römische *actio* dient dabei im Rahmen dieses Ansatzes der Rechtfertigung für die von ihren Vertretern hier prominent verwendeten Begriffe wie Anspruch,[7] Klage, subjektives Recht,[8] Rechtsschutzanspruch, Prozessverhältnis etc.

Im Schatten dieser noch heute herrschenden Rekonstruktionslinie findet sich eine „alternative" Geschichte zur römischen *actio*. Die Vertreter dieses Ansatzes, den ich als historisch-kritischen bezeichne, wenden ihre Aufmerksamkeit nicht nur der *actio*, sondern auch den Rechtsfiguren zu, die der römischen *actio* vorangehen und die mit der *actio* morphologisch und semantisch verbunden sind, wie *agere*, *actum* und *actus*. Diese Rechtsfiguren – *agere*, *actum*, *actus* und *actio* – bezeichnen dabei Rechtsrituale, die sowohl für die Rechtsdurchsetzung als auch für die rechtliche Gestaltung (beispielsweise für rechtsgeschäftliche Zwecke) einer Vielzahl unterschiedlicher Situationen verwendet werden, und nicht nur von den privaten Akteuren, sondern z. B. auch von den Gerichtsmagistraten eingesetzt werden.[9]

---

7 Die Bedeutung der *actio* als Anspruch s. bspw. bei *Cannata*, Profilo istituzionale del processo privato romano I (1980) 8.

8 Hauptvertreter dieser Auslegung in der romanistischen Lehre des 20. Jh. war Pugliese. Vgl. *Pugliese*, *Actio* e diritto subiettivo (1939). Zum Einfluss Puglieses auf die romanistische Forschung siehe *Brutti*, Postfazione. Il diritto romano come metateoria, in: *Pugliese*, Actio e diritto subiettivo, 1939 (Ndr. 2006) 447 f. Vgl. aber auch *Talamanca*, Processo civile (diritto romano), in: ED 36 (1987) 5, Fn. 29; *Talamanca*, Istituzioni di diritto romano (1990) 273 f.

9 *Jörs*, Römische Rechtswissenschaft zur Zeit der Republik I (1888) 21–22; *Santoro*, Potere ed azione nell'antico diritto romano, in: AUPA 30 (1967) 120 f.; *Santoro*, Appio Claudio e la concezione strumentalistica di *ius*, in: AUPA 47 (2002) 295 f.; *Santoro*, Actio in diritto romano, in: Poteri, negotia, actiones. Atti Copanello (1984) 201–217; *Provera*, Diritto ed azione nell'esperienza giuridica romana, in: Studi Biscardi IV (1983) 327 f.; *Liebs*, Einleitung zu den archaischen Rechtsbüchern, in: HLL I (2002) 76; ders. § 194.2. M. Manilius, in: HLL I (2002) 562; *Cardilli*, Brevi riflessioni critiche sull'azione, in: Revista Chilena de historia del derecho 22 (2010) 99. Über die Abgrenzung der technischen Bedeutung der *actio* von anderen Bedeutungen vgl. auch *Kaser/Hackl*, Das Römische Zivilprozessrecht[2] (1996) 233 Fn. 12a.

Diese beiden Rekonstruktionslinien der römischen *actio* existieren in der romanistischen Lehre parallel. Sie bieten häufig unterschiedliche Erklärungsmodelle hinsichtlich der Entwicklung des *agere* und der *actio* im römischen Recht, berücksichtigen jeweils bestimmte Quellen und blenden andere aus, konzentrieren sich auf bestimmte Verfahrensarten und vernachlässigen wiederum andere.

Die Romanistik spricht auf solche Weise sehr oft in „verschiedenen Sprachen", wenn es um das Problem der *actio* geht. Beispielhaft ist in diesem Zusammenhang die Diskussion zwischen Mario Talamanca und Raimondo Santoro in den 80er Jahren des 20. Jh. Während Talamanca die *actio* im Sinne des Klagerechts versteht, schließt Santoro in die Diskussion über *actio* auch die Quellen mit ein, in denen die *actio* nicht nur (Klage-)Recht bedeutet, sondern auch als Ritual rechtsgeschäftlicher Natur verstanden wird und die *actio* nicht nur von Privaten vorgenommen wird, sondern auch von Amtsträgern.[10]

3. Die *actio* in der dogmatischen Rekonstruktionslinie

Für die Erfassung der römischen *actio* werden in der dogmatischen Rekonstruktionslinie v. a. die Begriffe Rechtssubjekt,[11] subjektives Recht[12] und Anspruch verwendet. Dieser Forschungsrichtung dient das Formularverfahren des Römischen Rechts als Ausgangsmodell für die Deutung der römischen *actio.*[13]

Die dogmatisch orientierten Theorien über die *actio* im Sinne eines Anspruches oder eines Sanktionsmechanismus für den Schutz des verletzten subjektiven Rechts werden weiters von zwei rechtsideologischen Ansätzen – einem liberal-individualistischen Ansatz und einem staatlich-autoritären Ansatz – geprägt.[14] Nach den Theorien der liberal-individualistischen Richtung bleibt die

10 *Santoro*, Actio in diritto romano, in: Poteri negotia actiones. Atti Copanello (1984) 201–217; *Talamanca*, Interventi e repliche, in: Poteri negotia actiones. Atti Copanello (1984) 293 f.; *Talamanca*, Processo civile (diritto romano), in: ED 36 (1987) 1 f.

11 *Auer*, Der privatrechtliche Diskurs der Moderne (2014) 14: das einzelne Subjekt bezieht die normative Qualität aus sich.

12 *Auer*, Der privatrechtliche Diskurs der Moderne (2014) 22. Als zweite (neben dem Rechtssubjekt) grundlegende Ausprägung des modernen Individualismus nennt sie den Begriff des subjektiven Individualrechts.

13 Auer ignoriert die Rolle der römischen *actio* in der Konzeptualisierung des Begriffes subjektives Recht als Grundlage des Rechts der Moderne und legt den Wert bei der Ausarbeitung des subjektiven Rechts auf das *dominium* und des Eigentums. Vgl. *Auer*, Der privatrechtliche Diskurs der Moderne (2014) 23, 26, 28.

14 *Pelloso*, Il concetto di 'actio', in: Ric. Talamanca I, 146 Fn. 29.

actio eine Projektion des individuellen Willens und des subjektiven Rechts: Das Verfahren ist nur ein Mittel für die Durchsetzung des subjektiven Rechts und der *actio*. Der römische Prätor ist dabei eine Hilfsfigur für die Durchsetzung des individuellen Willens des Akteurs. Nach Ansicht der Vertreter der Theorien über die *actio* der staatlich-autoritären Richtung stehen hingegen an erster Stelle die Regeln des Prozessverfahrens und die Macht des Prätors: Es existiert nur das vom Staat kontrollierte Verfahren, das lediglich mit der *actio* eingeleitet wird. Die *actio* ist nicht darauf gerichtet, den Schutz des verletzten subjektiven Rechts zu gewährleisten, sondern den Staat bzw. das Gerichtsmagistrat einzubeziehen, demgegenüber die Prozessparteien sich verpflichten, sich zu unterwerfen.[15]

3.1. Vorstellung von der *actio* im Mittelalter

Einige Grundideen der *actio* im Rahmen der dogmatischen Rekonstruktionslinie gehen auf die Lehren der mittelalterlichen Juristen zurück. Im Fokus ihrer Auseinandersetzungen befinden sich grundsätzlich die *actiones* des Formularverfahrens, wobei die *actio* in erster Linie eine (prozessuale)[16] Rechtsbefugnis (*potestas* oder *facultas agendi*[17]) bedeutet, die einem Kläger zusteht. Den Kern einer solchen Befugnis bildet die *formula*.[18] Das Legisaktionenverfahren wird durch die mittelalterlichen Juristen in der Regel außer Acht gelassen.[19]

Die zentrale Rolle der Rechtsfigur *actio* im Prozess prägt die Thematik der sogenannten *libelli de ordine iudiciorum* und *ordines iudiciarii*.[20] Mit der *actio* befasst sich etwa Placentinus in seinem Jugendwerk „*Cum essem Mantue*".[21]

---

15 *Binder*, Prozeß und Recht (1925) 2 mit Fn. 1; *Pekelis*, s.v. Azione, in: NNDI II (1937) 91 f.; *Thon*, Rechtsnorm und subjektives Recht (1878) 248, 250, 257, 261.

16 Zum Begriff Prozess, der durch die mittelalterlichen Juristen eingeführt wurde, vgl. wN bei *Santoro*, Per la storia dell'*obligatio* I (2020) 395, Fn. 1438.

17 *Ponzio da Ylerda*, *Summa arborum actionum*, Proemium (ed. Rossi, S. 46): *Actiones enim nihil aliud sunt quam ius persequendi in iudicio...sinde quibus agenda vel experiendi facultas penitus denegatur*

18 S. Gl. Nihil aliud (D. 44.7.51): *est autem actio formula quedam agendi.*

19 Vgl. aber Placentinus, Cum essem Mantuae, Tit. 1 *De definitione actionis: olim erat accio sollemnium verborum et prescriptorum formata*

20 Grundlegend dazu *Fowerl-Magerl*, Ordo iudiciorum (1984) pas.; *K.W. Nörr*, Ordo iudiciorum und ordo iudiciarius, in: Collectanea Stephan Kuttner I (1967) 327–344.

21 S. dazu *Lange*, Die Glossatoren I (1997) 207 f. Der Titel des Werkes von Placentinus ist „Libellus de actionum varietatibus". Verwendet wird aber die Bezeichnung *Cum esse Mantuae*. Hier wird die Ausgabe von *Pescatore*, Placentini Summa „Cum essem Mantue" siue de accionum uaritatibus (1897) zitiert.

Der Klassifizierung der *actiones* ist das Werk von Johannes Bassianus *Arbor actionum* gewidmet,[22] das durch Pontius de Ylerda in seiner *Summa arboris actionum* kommentiert wurde.[23] Auch die Werke *Tractaturi de iudiciis,*[24] *Tractatus de actionum varietate et vita seu longitudine*[25] und *De actionibus*[26] sowie *Karissimo amico*[27], gewähren eine Übersicht verschiedener Anwendungen des Begriffes *actio*.

Bei der Systematisierung der *actiones* aus dem Formularverfahren verwenden mittelalterliche Juristen teilweise ähnliche Methoden wie römische Juristen, indem sie bestimmte Arten der *actiones* einander gegenüberstellen, sowie die *actiones* und andere Rechtsbehelfe bzw. prozessuale Rechtsmittel voneinander abgrenzen.[28] Während in Fragmenten römischer Juristen diese Distinktionen fallbezogen durchgeführt wurden, bekommen sie in den Werken der Glossatoren den Charakter abstrakter und systematisierter Regel.[29] Die mittelalterlichen

---

22 S. dazu *Errera*, Arbor actionum (1995) 279 f. mit weiteren Nachweisen, der diese Schrift auf das Ende des 12. Jh. datiert.

23 Vgl. die Ausgabe von *Rossi*, La Summa arboris actionum di Ponzio da Ylerda (1951) 29–94.

24 Hier wird die Edition von *Gross*, Incerti auctoris ordo judiciarius, pars summae legum et tractatus de praescriptione (1870) verwendet. Die Schrift umfasst den gesamten Prozess, wobei im ersten Teil die „Formularien" enthalten sind (Pars I. *Ordo iudiciarius*), im zweiten Teil werden die *actiones* behandelt (Pars II. *De actionibus*), und im dritten Teil (Pars III. *De prescriptionius*) werden die praescriptiones näher betrachtet. S. dazu *Gross*, Incerti auctoris ordo iudiciarius (1870) 5–6; *Fowerl-Magerl*, Ordo iudiciorum (1984)58.

25 Hier wird die Edition von *Fitting*, Juristische Schriften des Mittelalters (1876) 128–131 verwendet. Diese Schrift enthält zwei Teile: *De actionum varietate* und *De actionum vita e de actionum vita e longitudine*, d.h. den Verjährungsfristen. Die Literatur zu dieser Schrift s. in: *Fowerl-Magerl*, Ordo iudiciorum (1984) 161–163. Das Werk „De accionum varietate et vita seu longitudine" wird auf das Ende des 11 Jh. datiert (*Fowerl-Magerl*, ebd. S. 162).

26 Vgl. zu dieser Schrift von Azo, *Fowler-Magerl*, Ordo iudiciorum (1984) 179, Rossi, La Summa arboris actionum di Ponzio da Ylerda (1951) 16. An dieser Stelle wird die Edition von Palmieri, BIMAE III (1901) 3–13 verwendet.

27 Nach Wahrmund hat diese Schrift von Bulgarus den Titel „Excerpta legum edita a Bulgarino causidico". Gängig ist aber die Bezeichnung als „Karissimo amico" nach den ersten Worten aus dem Incipit. S. *Wahrmund*, Quellen zur Geschichte des römisch-kanonischen Processes IV. 1–2 (1925) IX–XXX.

28 S. dazu ein komplexes System der Distinktionen der *actiones* in *Arbor actionum*. Vgl. *Errera*, Arbor actionum (1995) 294 f.

29 S. *Litewski*, Der römisch-kanonische Zivilprozess I (1999) 216.

Juristen reden genauso wie römische Juristen nicht von einer abstrakten *actio*, sondern von konkreten *actiones* bzw. von den Arten der Aktionen. Neben der *actio* werden in den mittelalterlichen Quellen auch solche Termini wie *agere*[30] und *iudicium*[31] behandelt.

Der Ausgangspunkt für die Klassifizierung der *actiones* sowie für die Analyse des Wesens der *actio* bildet in einigen Schriften die berühmte celsinische Definition (D. 44.7.51),[32] die in verschiedenen Interpretationen überliefert wird.[33] Diese Definition wird analytisch behandelt. Jeder Teil der Definition – (1) *nihil*

---

30 Als *actoris pars* wird das *agere* in Tractatus *De actionum varietate*, Teil II. *De actionum varietate et vita seu longitudine* (ed. *Fitting*, S. 134): *Qui persequitur actor est; qui fugit reus est. Actoris partes sunt agere. Agit qui accione utitur.*

31 *Bulgarus*, Karissimo amico (ed. *Wahrmund*) versteht unter dem *iudicium* ein *actus ad minus trium personarum, actoris intendentis, rei intentionem eritantis, iudicis in medio cognoscentis* (S. 6). Bulgarus verwendet die Worte *actio* und *agere* als Synonyme: *Similiter, si is agit vel actions suscipit qui legitimam administrationem non habeat* (S. 7).

32 *Litewski*, Der römisch-kanonische Zivilprozess I (1999)191. So beginnt Placentinus sein Jugendwerk *„Cum esse Mantuae"* mit der celsinischen Definition. S. Tit.1 *De definitione actionis* (Pescatore, 2): *„Accio nichil aliud est, quam ius persequendi iudicio quod sibi debetur. Et notandum est, quia singula uerba in diffinitione ista posita pondus habet. Siquidem accio nichil aliud est scilicet hodie, quam quicquid olim fuerat."* S. *Bethmann-Hollweg*, Civilprozeß VI (1874) 22 f. Nach *Kaufmann*, Causa debendi, in: Traditio 17 (1961) 146 ist die *actio* für Placentinus ein „Vorbringen der Tatsachen" und ist daher identisch mit der *ratio*, d.h. mit der Klagebegründung.

33 S. *Ponzio da Ylerda, Summa arborum actionum*, Proemium (ed. Rossi, S. 46): *Actiones enim nihil aliud sunt quam ius persequendi in iudicio quod sibi debetur, sinde quibus agenda vel experiendi facultas penitus denegatur, ut Inst. De actionibus, in principio tituli et ff. De actionibus et obligationibus, 1. Actio (D. 44,7,51) et ff* .... Vgl. Tractaturi de iudiciis (ed. *Gross*). Der zweite Teil dieses Werkes mit dem Titel *De actionibus* beginnt mit der celsinischen Definition sowie mit der Betrachtung der *actiones* aus der historischen Perspektive, wobei das Werk von Placentinus *Cum esse Mantuae* dem Autor der Tractaturi offensichtlich als Vorlage dient. Vgl. dazu *Gross*, ebd. 56. Die Definition der *actio* wird in erwähnten *Tractaturi* wie folgt überliefert (Tractaturi de iudiciis, Pars II, § 2): *Actio est jus persequendi in judicio, quod sibi debetur. Actio hoc dicitur jus, quia antiquitus non erat jus*...(ed. *Gross*, 159–160). Vgl. die Schrift *De natura actionum* I.2.(Ausgabe von *Fitting*, Juristische Schriften des frühen Mittelalters [1876] I.2 S. 117): *hoc ius quo quid persequimur generaliter dicitur accio.* Die Version der celsinischen Definition, wie sie in den Institutionen Justinians überliefert wurde, wurde durch Rogerius übernommen. Für ihn ist die *actio* das *ius persequendi in iudicio quod sibi debetur.* S. *Rogerius*, Summa codicis 4.12.2. Dazu *Kollmann*, Begriffs- und Problemgeschichte (1996) 182.

aliud est actio[34] (2) *quam ius*[35] (3) *quod sibi debeatur,*[36] (4) *iudicio persequendi*[37] – wird als Ausgangspunkt herangezogen, den Diskurs uber bestimmte Aspekte des Zivilprozesses zu vertiefen.

---

34 Den Ausdruck *nihil aliud* in der Definition des Celsus nehmen Placentinus (*Placentinus: ... actio nihil aliud est hodie*), aber auch Accursius [Gl. *nihil aliud* zu D. 44.7.51]: *Nihil aliud est hodie scilicet.*) zum Anlass, eine kurze rechtshistorische Entwicklung der *actio* aufgrund der Distinktionsmethode darzustellen. Die *actio* war in damaliger Zeit „nichts anderes" als eine *solemnitas verborum* (gemeint ist das Legisaktionenverfahren), die von den *pontifices* aufbewahrt wurde. Später bedeutet die *actio* eine *formula agendi*. Betont wird auch, dass in der Zeit des Constantinus die *formulae* abgeschafft wurden; konkrete *actiones* behalten zwar ihre Namen, die aus dem Formularverfahren stammen, stellen aber keine *formulae* dar (vgl. Placentinus: *Nempe plura sunt negotia quam vocabula et plures sunt actiones quam eorum nomina, quae cum deficiunt alias confugitur ad actionem de dolo, alias ad condictionem ex lege…*).

35 Das Wort *ius* wird nicht unbedingt als subjektives Recht ausgelegt. S. Gl. *ius* (D. 44.7.51): Das Wort *ius* wird hier sowohl der *res corporalis* als auch dem *officium iudicis* gegenübergestellt. Vgl. auch *Azo*, Secundum quod supra, § 4 . S. auch Tractaturi de iudiciis (Pars II.1 *De actionibus*, § 2), in denen die *actio* damals (*antiquitus*) nicht als *ius*, sondern als hochformalistischer mündlich verlautbarter Rechtsbehelf (*solemnitas verborum*), als Rechtsschutzanspruch vor dem Gerichtsmagistrat und Richter verstanden wurde: *Actio est jus persequendi in juditio, quod sibi debetur. Actio hic dicitur „jus", quia antiquitus non erat jus, sed si quis quidquam voluit repetere, venit ad magistratum et movit querimoniam ex ipse iudex instituit actionem et docuit eum quandam verborum sollempnitatem et oportebat eum scire cordenus et si cecidit a syllaba, cecidit a causa.*

36 Bei der Auslegung dieses Teiles der Definition wird der Wert auf das Wort *sibi* gelegt. Die *actio* als individueller Rechtsbehelf wird bspw. in der Gl. *quod sibi* (D. 44.7.51) den *actiones populares* und *accusationes* entgegengesetzt. Vgl. auch Tractaturi de iudiciis (Pars II.1. *De actionibus*, § 2): *Quod sibi debetur, hoc additur ad differentiam accusationis quae est jus persequendi, sed conmuni utilitati.* Auch *Azo, De actionibus* (*Secundum quod supra*, BIMAE III) § 9 stellt die individuelle privatrechtliche *actio* dem öffentlich-rechtlichem Rechtsbehelf gegenüber: *„Quod sibi debetur" ponitur ad differentiam criminalium actionum …*

37 *Azo, De actionibus* (*Secundum quod supra*, BIMAE III) § 7: Das Wort *persequendi* wird als Hinweis darauf verstanden, dass der Kläger mit der *actio* seine Interessen aktiv verfolgt. Die *actio* wird somit der *exceptio* entgegengesetzt: *„Persequeudi" autem ponit ad differentiam exceptionis; quia non persequimur aliquid, sed magis ab alio persecuti nos defendimus …* S. auch Gl. *persequendi* (D. 44.7.51). Auch Bulgarus verwendet diesen Teil der celsinischen Definition, um das Wort Kläger (*actor*) wie folgt zu erklären: *Actor est qui persequitur aliquid principaliter dicens …*

Ausgehend von der celsinischen Definition wird etwa auch die Abgrenzung zwischen dem weiten und dem engen Verständnis der *actio* erfasst. Azo erwähnt im Zusammenhang mit der celsinischen Definition drei Bedeutungen des Terminus *actio*: *strictissime et proprie, large, largissime.*[38] In dieser Unterscheidung ist meines Erachtens ein Echo der durch die römischen Juristen vorgenommenen Distinktion zwischen *actionis verbum generale* e *speciale* wahrnehmbar.[39] Zu der *actio* im weitesten Sinn gehören auch nach der Auffassung der mittelalterlichen Juristen prätorische *stipulationes* sowie die Interdikte.[40]

Während bestimmte Rechtsbehelfe zu *actiones* im weitesten Sinn zugeordnet werden, werden andere Rechtsfiguren von *actiones* abgegrenzt. Ganz im Sinne klassischer Juristen wird bspw. betont, dass die *exceptio* zwar nicht in der *actio* enthalten ist, einige *actiones* können aber *in modum exceptionis* angewandt werden, wie etwa präjudizielle Klagen.[41] Zu diesen römischen Differenzierungen werden auch eigenartige Abgrenzungen hinzugefügt, wie etwa zwischen *actiones* und *adiectiones*,[42] oder zwischen der *actio* und *imploratio officii iudicio* (Anspruch auf Prozessschutz aufgrund des Ermessensspielraums des *iudex*).

Wie schon erwähnt, wird der Schwerpunkt in den prozessualen Schriften der Glossatoren auf die Klassifikationen der *actiones* gelegt. Einige Werke stellen dabei bloße Einteilungen der *actiones* dar (wie bspw. *Tractatus de actionum varietate*[43] und *Summa arboris actionum*), wobei neben den in den römischen Quellen angewandten Klassifikationen auch zusätzliche Abgrenzungen bspw. zwischen den *actiones civiles* und *actiones criminales*,[44] *actiones perpetuae* und *temporales*[45] sowie andere dem römischen Recht fremde Abgrenzungen

38 *Azo, De actionibus* (*Secundum quod supra*, BIMAE III) § 12, § 197. Vgl. *Litewski*, Der römisch-kanonische Zivilprozess I (1999) 188.

39 Vgl. dazu Ulp. 11 ed D. 50.16.19: *et actum quidem generale verbum esse*; Ulp. 49 Sab. D. 50.16.178.2: *actionis verbum et speciale et generale.*

40 Vgl. Ulp. 4 ed. D. 44.7.37 pr.. Vgl. *Azo, De actionibus* (*Secundum quod supra*, BIMAE III) § 12.

41 *Litewski*, Der römisch-kanonische Zivilprozess I (1999) 189.

42 *Azo*, (*Secundum quod supra*, BIMAE III) § 68, 78, 79, 81

43 Dazu *Fowerl-Magerl*, Ordo iudiciorum (1984) 160–163.

44 S. *De actionum varietate* (*Fitting*, ed. 128), Teil II. De accionum varietate et vita seu longitudine, § 1: *Sciendum itaque est, quod accionum alie sunt ciuiles, alie criminales, alie publice, ali [e] priuate.*

45 S. *De actionum varietate* (ed. *Fitting*, S. 128) ebd.: *[priuate] alie ad heredes trans eunt, [alie non. que uero transeunt] alie perpetue, alie temporales.*

ausgearbeitet werden.[46] Die römische Einteilung zwischen den *actiones civiles* und *actiones praetoriae* bleibt jedoch aufrechterhalten.[47]

Die grundlegende Bedeutung behält auch die Unterscheidung zwischen den dinglichen und den persönlichen Klagen.[48] Letzteres wird auch mit der Unterscheidung der *actiones* im engen Sinn (*actio in personam*) und der *actiones* im weiten Sinn (*actio in rem*) in Verbindung gesetzt.[49] Nach Placentinus stellen die *actiones in personam* die *monarchia personalium actionum* dar.[50] Die Darstellung der *actiones in personam* als *actiones* im eigentlichen Sinn hat römische Wurzeln; Gaius bezeichnet die *actiones in personam* bspw. als *vero actiones* (Gai. 4.5) .

Die *actio* weist in den angeführten Klassifikationen die prozessrechtliche Ausrichtung auf. Die Rechtsverfolgung und Durchsetzung hängen von der richtigen Wahl des prozessualen Rechtsbehelfes ab, der auch als *actio* bezeichnet wird.[51] Darüber hinaus wird die *actio* materiell-rechtlich als Hilfsbegriff für das Verständnis der *obligatio* konzipiert[52] und bedeutet eine aus der *obligatio* entstandene Forderung.[53] Dabei wird das *ius* als *causa*, d. h. als (Rechts-)Grund

---

46 Vgl. die Unterscheidungen zwischen *actiones transitoriae (quae ad heredes transeant)* und *temporales*, *usuriae* und *non usuriae* in *Bulgarus*, *Karissimo amico* (ed. Wahrmund, 7): *Contestatione res novatur, non ut decedat aliquid, sed accedat, cum temporalis actio perpetuatur, non transitoria in heredes transeat, non usuraria usuraria fiat.* Weitere Unterscheidungen vgl. in *Litewski*, Der römisch-kanonische Zivilprozess I (1999) 216. Zu den *actiones pure reales* e *pure personales* s. Iacobus Badvini, Tit. „Plenius et planius", 69.

47 *Litewski*, Der römisch-kanonische Zivilprozess I (1999) 194, 195.

48 *Litewski*, Der römisch-kanonische Zivilprozess I (1999) 197, 198.

49 Vgl. *Azo*, *De actionibus* (*Secundum quod supra*, BIMAE III) § 12; § 9; § 10. Vgl. *Litewski*, Der römisch-kanonische Zivilprozess I (1999) 215.

50 S. *Placentinus*, Cum essem Mantue XXIX.

51 *Hattenhauer*, Einseitige private Rechtsgestaltung (2011) 89.

52 *Coing*, Europäisches Privatrecht I (1985) 176 f.; *Coing*, Europäisches Privatrecht II (1989) 274 f.; *Kaufmann*, Zur Geschichte des aktionenrechtlichen Denkens, in: Juristenzeitung 15/16 (1964) 482, 484 f. Das kommt auch in der Glosse *quam ius* zu Institutionen 4.6.pr. vor: *Nota quod actio est ius, quo persequimur, sed obligatio est ius, propter quod persequimur.* Vgl. dazu *Coing*, Zur Geschichte des Begriffs „subjektives Recht", in: Coing/Lawson/Grönfors (Hgg.), Das subjektive Recht und der Rechtsschutz der Persönlichkeit (1959) 13.

53 Diese Vorstellung geht auf Paulus zurück. Vgl. Paul. 8 ed. D. 3.3.42.2: *Ea obligatio … mandati actionem parit.* Dieses Verständnis ist auch in Summa codicis von Rogerius ist ersichtlich, der die *obligatio* als *„materia"* der *actio* versteht. S. Summa codicis, 4.12.1. Auf diese Weise trennt er die *actio* und ihr zugrunde liegenden materiellen

für die Entstehung der *actio* erfasst.[54] Die Verbindung zwischen *actio* und *obligatio* wird bspw. von Azo als „Mutter-Tochter-Beziehung" beschrieben: Die *actio* ist die *filia* der *obligatio*.[55]

Diese im Mittelalter anzutreffende Darstellung der *actio* in ihrem Verhältnis zur *obligatio* und zum *ius* wird von Donellus und später auch von Grotius kritisch reflektiert.[56] Donellus geht über die Verbindung zwischen *obligatio* und *actio* hinaus. Er versucht auf einer abstrakteren Ebene die Beziehung zwischen *actio* und *ius* zu erklären und entwickelt eine Definition des subjektiven Rechts aufgrund der römischen *actio*, die für ihn an die gerichtliche Durchsetzung eng gekoppelt ist.[57] Während für die Glossatoren *ius obligationis* und *actio* im

---

Rechtstitel und nämlich die *obligatio*. S. dazu *Kollmann*, Begriffs- und Problemgeschichte (1996) 182.

54 Coing verbindet diese Vorstellung der Glossatoren über kausale Beziehung zwischen *ius* und *actio* mit der bekannten Lehre von Aristoteles über vier *causae*. Zwischen *ius* und *actio* liegt eine *causa materialis*. Die *causa materialis* ist die, die *explicat quid res sit*. S. *Coing*, Subjektives Recht, in: Coing/Lawson/Grönfors (Hgg.) Das subjektive Recht und der Rechtsschutz der Persönlichkeit (1959) 14.

55 *Azo*, Summa aurea, Summa institutionum, ad. I.4.6; *De actionibus*: „*Explicimus de obligationibus*", *quia ex hic oriuntur actiones, tanquam ex matribus* ..."; Die Glosse *actio autem* zu Institutionen 4.6. pr. sagt Folgendes: *Obligatio est causa et mater actionis* ... Vgl. *Coing*, Subjektives Recht, in: Coing/Lawson/Grönfors (Hgg.) Das subjektive Recht und der Rechtsschutz der Persönlichkeit (1959) 13. Später auch *Lauterbach*, Collegii theorerico-pratici, zu D, 44.7. „De obligationibus et actionibus" Anm. 25: *Obligationum filiae sunt actiones*. Zitiert nach *Hattenhauer*, Einseitige private Rechtsgestaltung (2011) 89, Fn. 17.

56 *Jansen*, Die Struktur des Haftungsrechts. Geschichte, Theorie und Dogmatik außervertraglicher Ansprüche auf Schadenersatz (2003) 313, Fn. 294; *Auer*, Der privatrechtliche Diskurs der Moderne (2014) 23, verbindet mit Locke und Grotius den Durchbruch zu einem systematischen Rechtsdenken aufgrund der subjektiven Rechte.

57 Donellus beschäftigt sich mit dem Begriff des subjektiven Rechts in seinem Werk „Commentariorum de iure civilis libri viginti octo". Das subjektive Recht ist für Donellus „*ea quae sunt cuiusque privatim iure tamen illi tributa*", das ist „*facultas et potestas iure tributa*". Diese Definition entwickelt er im Zusammenhang mit der berühmten Digestenstelle über die verschiedenen Bedeutungen des *ius*. Vgl. D. 1.1.11. Donellus überdenkt kritisch die Unterteilung zwischen *res*, *personae* und *actiones*. Er kommt zu dem Schluss, dass die *actiones* nichts anderes als Remedien sind, die der Befriedigung eines materiellen Rechts dienen. Vgl. *Weller*, Vertragstreue (2009) 373. Vgl. *Chelidonis*, „Legalität und Legitimation", in: Jura 10 (2010) 728; *Avenarius*, Neque id sine magna servii laude..., in: TR 74 (2006) 81.

Wesentlichen gleichrangig nebeneinanderstehen, ist die *actio* in der Lehre des Donellus dem subjektiven Recht untergeordnet.[58] Er schlägt weiterhin vor, das Privatrecht nicht als ein System der Aktionen im Sinne des römischen Ediktsystems zu verstehen, sondern als ein System materieller subjektiver Rechte.[59]

3.2. Die *actio* und *actus iuridicus*

Die Verbindung zwischen *actio* und dem subjektiven Recht wird in der naturrechtlichen „*facta*-Lehre“ von Nettelbladt formuliert.[60] In seiner Vorstellung wird die *actio* nicht auf die Durchsetzung und den Schutz des verletzten Rechts beschränkt. Nettelbladt wendet sich der Trias des Institutionensystems *personae – res – actiones* zu und verwendet in der Folge statt *actio* den Ausdruck *actus iuridicus*, der nun nicht mehr eine Klage, sondern eine Handlung rechtsgeschäftlicher Natur bzw. ein Akt der Privatrechtsgestaltung bezeichnet.[61] Die *actiones* bzw. *acta* und *actus* sind zwar abstrakte Handlungen, aber nach seiner Auslegung untrennbar mit einem Willenselement eines Rechtssubjekts verbunden. Nettelbladt führt somit die Termini „*actus juridicus*“ und „*negotium juridicum*“ in die Rechtsliteratur ein.[62] Er setzt weiterhin den Begriff des *actus juridicus* mit dem *negotium juridicum* gleich. Die Originalität seiner Theorie besteht darin, dass er die römische *actio* für die Erarbeitung seiner Konzeption des *actus iuridicus* bzw. des Rechtsgeschäftes verwendet und gleichzeitig der *actio* die Bedeutung einer Prozesshandlung zuschreibt.[63] Indizien für diese Doppelbedeutung der *actio* bzw. *actus* sowohl als Handlung rechtsgeschäftlicher

---

58 *Coing*, Subjektives Recht, in: Coing/Lawson/Grönfors (Hgg.), Das subjektive Recht und der Rechtsschutz der Persönlichkeit (1959) 16 f.

59 Zu Donellus s. auch *Novitskaya*, Bemerkungen zu der celsinischen Definition der actio, in: SZ 139 (2022)

60 *Hattenhauer*, Einseitige private Rechtsgestaltung (2011) 69.

61 *Hattenhauer*, Einseitige private Rechtsgestaltung (2011) 69; *Schermaier*, Vor § 104. Rechtsgeschäft, in: HKK-BGB I, 355–356, Rn. 2; Nach Guzmán Brito geht die Ersetzung der *actio* durch *actus* in der Trias „*personae, res, actiones*“ auf die Werke der Humanisten und zwar auf die Schriften von Sebastian Derrer und François Connan zurück. Vgl. *Guzmán Brito*, Para la historia de la formación de la Teoría General del Acto o Negocio Jurídico y del Contrato IV: Los orígenes históricos de la noción general de Acto o Negocio Jurídico, in: Revista de estudios histórico-jurídicos 26 (2004) 187–254.

62 *Flume*, Allgemeiner Teil des Bürgerlichen Rechts. Zweiter Teil: das Rechtsgeschäft^4 (1992) 29.

63 *K. W. Nörr*, Naturrecht und Zivilprozeß (1976) 19.

Natur als auch als Rechtsinstrument für die prozessuale Verfolgung des Rechts sind bereits in römischen Quellen nachweisbar.[64]

3.3. Die *actio* als subjektives Recht „im Zustand der Verteidigung“ in der Lehre von Savigny

Das im Naturrecht verwurzelte Verständnis der Rechtsordnung als ein Gefüge statischer und materiell-rechtlicher Rechtsfiguren,[65] nach dem subjektive Rechte eine systematisierende Rolle spielen[66] und die daraus resultierende Vernachlässigung des Prozesses als Komponente des Rechtssystems finden ihre Fortentwicklung in der Lehre von Savigny.[67]

Die v.a. auf Donellus[68] zurückgehende Darstellung der *actio* als *potestas* oder *facultas agendi*, als Annex der subjektiven Rechte, sowie die Erfassung der *actio* als *inutile verbum* in der Lehre von Thibaut[69] werden von Savginy anhand der Lehre über das Rechtsverhältnis, einerseits, und mit der Konzeption der Rechtsverletzung, andererseits, weiter ausgearbeitet.[70]

---

64 Vgl. dazu Kapitel II, Abschnitt 6. *Agere, actio, actus* als Akte der Rechtsverfolgung und der rechtsgeschäftlichen Gestaltung, S. 199 f.

65 *Savigny*, System 5 (1841) 2 f. (§ 204. Einleitung), 5 f (§ 205. Klage); *Savigny*, System 6 (1847) 7 f. (§ 256. Litis Contestation. Einleitung).

66 *Auer*, Der privatrechtliche Diskurs der Moderne (2014) 28: Das subjektive Recht definiert er [Savigny] als „die der einzelnen Person zustehende Macht, ein Gebiet, wo ihr Wille herrscht“. Vgl. *Savigny*, System 1 (1840) 7.

67 Über die Vernachlässigung des Prozesses, d.h. „la progressiva esclusione della materia processuale dalle trattazioni privatistiche“ vgl. *Orestano*, s.v. Azione in generale (Storia del problema), in: ED 4 (1959) 790.

68 Über den Einfluss von Donellus auf Savigny vgl. *Hattenhauer*, Ad totius iuris cognitionem, in: Festschrift für Jan Schröder zum 70. Geburtstag (2013) 51.

69 S. *Novitskaya*, Bemerkungen zur celsinischen Definition der actio (Cels. 3 dig. D. 44,7,51) in: SZ 139 (2022) 78. Nicht auszuschließen ist, dass die Lehre über eine *actio nata* infolge einer Rechtsverletzung im Rahmen eines Rechtsverhältnisses auch auf die Verjährungslehre und Thibaut zurückgeht. Grundlegend zur Lehre über die Rechtsverletzung s. *Vossius*, Zu den dogmengeschichtlichen Grundlagen der Rechtsschutzlehre (1985) 42 f.

70 *K. W. Nörr*, Aus dem Aktionenrecht der Historischen Schule, in: K.W. Nörr, Iudicium est actus trium personarum (1993) 175; *K. W. Nörr*, Das Aktionensystem bei Savigny, in: Ius commune 8 (1979) 112; *K. W. Nörr*, Zur historischen Schule im Zivilprozess- und Aktionenrecht, in: Tradition und Fortschritt im Recht (1977) 73 f.; *K. W. Nörr*, Wissenschaft und Schrifttum zum deutschen Zivilprozeß im 19. Jahrhundert, in: Ius Commune 10 (1983); *K. W. Nörr*, Ein geschichtlicher Abriss

Die zentrale Rolle des subjektiven Rechts im „System“ von Savigny führt dazu, dass für ihn nicht die *actio* den systembildenden Begriff darstellt, sondern das subjektive Recht als solches und die Rechtsverletzung, die er als eine „freie“ Gegenwirkung bei der Verwirklichung der subjektiven Rechte versteht.[71]

Er unterscheidet zwischen zwei Arten von Rechtsfolgen aus einer Rechtsverletzung. Einerseits bestehen zur Verfolgung der Rechtsverletzung solche Rechtsinstitute wie Gerichtsbarkeit, Strafe, „die auf die Herstellung des gestörten Rechtszustandes abzweckenden Formen, als Inhalt des Prozessrechts“.[72] Diese Rechtsinstitute bleiben außerhalb seiner Betrachtung. Andererseits wirkt die Rechtsverletzung verändernd auf das subjektive Recht als solches. Das subjektive Recht im Zustand der Verteidigung,[73] die Rechtsmittel für die Bekämpfung der Rechtsverletzung bilden nach Savigny den Kern des materiellen „Actionenrechts“. Letzteres ist Gegenstand seiner Auseinandersetzung. Savigny grenzt somit die *actio* im materiellen Sinn und die *actio* im formellen Sinn des Prozessrechts ab.[74] Diese Abgrenzung erscheint aufgrund der fachübergreifenden Natur der *actio* notwendig, die ihre Rechtsfolgen nicht nur im Privatrecht, sondern auch im öffentlichen Recht erzeugt.

Die auf Savigny zurückgehende Unterscheidung zwischen dem formellen und dem materiellen Sinn des Wortes *actio* sowie die Vernachlässigung des formellen Verständnisses der *actio* prägen weitere Generationen romanistischer Forschung, die das formelle Verständnis der *actio* als prozessualen Rechtsbehelf ignorieren, und sich auf die Verbindung, Unterscheidung oder Identität zwischen der *actio* und dem subjektiven Recht konzentrieren.

Bemerkenswert ist auch, dass die Willenskomponente in der Lehre von Savigny im Zusammenhang mit dem subjektiven Recht verwendet wird, und nicht mit der *actio* als Annex des subjektiven Rechts.[75] Erst nachfolgende

---

des kontinentaleuropäischen Zivilprozesses (2015) 103 f.; *Vossius*, Zu den dogmengeschichtlichen Grundlagen der Rechtsschutzlehre (1985) 43 f.

71 *Savigny*, System des heutigen Römischen Rechts 5 (1841) 1 f. (§ 204. Einleitung).

72 *Savigny*, System 5 (1841)1 f.

73 *Savigny*, System 5 (1841) 3.

74 *Savigny*, System 5 (1841) 5–6. *Rödig*, Die Theorie des Erkenntnisverfahrens (1973) 89.

75 Im Begriff „subjektives Recht“ betont Savigny die zentrale Rolle des Willens. Das materielle subjektive Recht ist dabei die der einzelnen Person zustehende Macht. Vgl. *Savigny*, System 1 (1840) 7 f. (§ 4. Rechtsverhältniß): „ein Gebiet, worin ihr Wille herrscht, und mit unsrer Einstimmung herrscht“.

Generationen von Rechtswissenschaftlern verbinden den Begriff *actio* in einer klaren Weise mit der Konzeption des individuellen Willens.[76]

Das Überdenken der römischen Quellen zur *actio* führt auch dazu, dass Savigny statt des lateinischen Wortes *actio* die deutschen Termini Klage und Klagerecht verwendet. Er meint, das Klagerecht sei ein „aus der Rechtsverletzung entspringendes Verhältniß“, während das Wort Klage sich „auf die bloße Befugniß des Verletzten bezieht“.[77] In dieser Abgrenzung zwischen der Klage und dem Klagerecht ist die im römischen Wort *actio* enthaltene Doppeldeutung (*actio* als *potestas agendi* oder als *facultas agendi*[78] und als Handlung) ersichtlich. Zentrale Aufmerksamkeit schenkt er dabei dem Begriff des Klagerechtes im Sinne eines Rechtsverhältnisses. Anstelle des ursprünglichen Rechtsverhältnisses zwischen dem Gläubiger und dem Schuldner tritt infolge einer Rechtsverletzung ein neues Rechtsverhältnis, welches einer Obligation gleicht.[79] Diese Obligation erscheint zuerst „als Keim“. Durch den Prozess und sodann durch die Litiskontestation erhält diese neue Obligation „ein wirkliches Dasein“.[80]

Die von Savigny formulierten Vorstellungen über die Rechtsverletzung, über das „neue“ obligationsähnliche Rechtsverhältnis zwischen Kläger und Beklagtem, die ihren Ausdruck in der Litiskontestation findet, wurden von nachfolgenden Rechtsgelehrten ausgehend von dem römischen Begriff *actio* im Rahmen der Lehre über prozessuale Rechtsverhältnisse weiterentwickelt.[81]

---

76 *Arndts von Arnesberg*, Lehrbuch der Pandekten[10] (1877) 138: Die *actio* sei „eine dem Recht innewohnende Macht gegenüber dem ihm widerstrebenden Willen Andrer seine Geltung zu behaupten“. Aber auch Unger sieht in der *actio* eine besondere Befugnis im Recht, ein zum Inhalt des Rechts „gehöriger wesentlicher Bestandteil“, ein „zu dem Recht nur in Beziehung tretender Zusatz“. S. *Unger*, System des österreichischen allgemeinen Privatrechts[3] II (1868) 354; *Böcking*, Grundriß eines Lehrbuches des gemeinen auf das römische Recht gegründeten Civilrechts[5] (1861) 48.

77 *Savigny*, System 5 (1841) 5. *K.W. Nörr*, Zur historischen Schule im Zivilprozess- und Aktionenrecht, in: K.W. Nörr, Iudicium est actus trium personarum (1993) 156 betrachtet die Begriffsbildung als Kennzeichen der historischen Schule im Zivil(prozess)recht.

78 Gai. 4.123: *potestas agendi*; Ulp. 74 ed. D. 44.3.1: *facultas agendi*.

79 *K.W. Nörr*, Das Aktionenrecht bei Savigny, in: Ius commune 8 (1979) S. 114

80 *Savigny*, System 5 (1841) 3, 5–6. Zu den historischen Grundlagen der *litis contestatio* s. *Schlinker*, Litis Contestatio (2008) 25 mit Fn. 79, 94 mit Fn. 122.

81 *Mühlenbruch*, Die Lehre von der Cession der Forderungsrechte (1836) 19; *Puchta*, Vorlesungen über das heutige römische Recht I (1862) 183; *Mayer*, Die litis contestatio geschichtlich dargestellt I (1830) 18.

3.4. Die *actio* in der Lehre von Windscheid

Die Thematisierung der römischen *actio* als rechtshistorisches Problem sowie eine Abgrenzung zwischen dem Klagerecht[82] in der für ihn aktuellen Zivilrechtslehre und der *actio* im römischen Recht sind Gegenstand der Schriften von Bernhard Windscheid,[83] insbesondere seines berühmten Werks „Die Actio des römischen Rechts vom Standpunkt des heutigen Rechts (1856)".[84] Windscheids Anliegen war, „das subjektive Privatrecht von jeder prozessualen Zutat zu lösen"[85] und die *actio* vollständig in das materielle Recht zu überführen.[86] Die römische *actio* steht nach seiner Ansicht grundsätzlich für einen materiellrechtlichen Anspruch.[87] Überdies stellt Windscheid die von Savigny formulierte Lehrmeinung über die Rechtsverletzung als Entstehungsgrund der *actio* infrage und betont, dass die *actio* nicht immer infolge einer Rechtsverletzung entsteht.[88]

---

82 Kritisch gegen die Abgrenzung zwischen dem Klagerecht und der *actio* in der Lehre von Windscheid haben sich einige Zivilrechtler späterer Generationen geäußert. So schreibt bspw. *Kloeppel*, Die Einrede der Rechtskraft nach der deutschen Civilprozess-Ordnung (1882) 85: „Die hier aus dem Wesen des Rechts abgeleitete Bedeutung der actio deckt sich also vollständig mit der römischen [...]"

83 *Avenarius*, Bernhard Windscheid (1817–1892), in: ZeUP 25 (2017) 396–418. S. auch *Avenarius*, Konfliktlösung als Strukturprinzip des Rechts, in: Grotkamp/Seelentag (Hgg.), Konfliktlösung in der Antike (2021) 91 f.

84 S. den Kontext des Entstehens dieses Werkes in *Klein*, Bernhard Windscheid 26.6.1817–26.10.1892. Leben und Werk (2014) 217–218.

85 *Lehmann*, Die Unterlassungspflicht im bürgerlichen Recht (1969) 82.

86 *Weller*, Vertragstreue (2009) 374; *Chelidonis*, Legalität und Legitimation, in: Jura 10 (2010) 728.

87 Windscheid setzt einerseits die römische *actio* mit dem Anspruch gleich. Andererseits betont er, dass die römische *actio* immer „das Element des Gerichts, des gerichtlichen Gehörs und gerichtlichen Schutzes, der Möglichkeit der Erlangung richterlicher Zuerkennung für das Begehren" enthält. Er schreibt weiters, „statt zu sagen: einem Anspruch steht das Recht zur Seite, sagen sie: es steht ihm Gericht zur Seite. Was wir Rechtsanspruch nennen ist für die Römer Gerichtsanspruch." Vgl. *Windscheid*, Lehrbuch des Pandektenrechts[5] I (1879) 106.

88 *Windscheid*, Die Actio des römischen Civilrechts (1856) 2: „Man braucht nicht manches Blatt im Corpus Juris umzuwenden, um von Actionen zu lesen, welche eine Rechtsverletzung nicht voraussetzen". Das Bedenken über die Entstehung einer *actio* infolge der Rechtsverletzung wurde schon vorher durch Gustav Hasse formuliert. S. *Hasse*, Ueber das Wesen der actio, in: SZ 6 (1834) 155 f.

Das Werk von Windscheid ist reich an Behauptungen, die einander stellenweise widersprechen. Diese Hypothesen haben jedoch weitere wissenschaftliche Diskussionen und Fragestellungen in der romanistischen Forschung zur *actio* im 20. Jh. vorgezeichnet. An einer Stelle identifiziert er die *actio* mit dem subjektiven Recht.[89] Gleichzeitig wird das subjektive Recht durch die *actio* erzeugt: Die *actio* ist für ihn das *prius* und das subjektive Recht das *posterius*, das für eine Gegenüberstellung der *actio* mit dem subjektiven Recht spricht. Wenn die *actio* nicht die Verletzung des Rechts voraussetzt, dann tritt die *actio* nach Windscheid „an die Stelle des Rechts“[90]. Wenn die *actio* mit der Rechtsverletzung verbunden ist, wird die *actio* „die Befugnis, seinen Willen durch gerichtliche Verfolgung durchzusetzen“. Dabei ist die römische Rechtsordnung für Windscheid „nicht die Ordnung des Rechts, sondern die Ordnung der gerichtlich verfolgbaren Ansprüche“, d. h. der *actiones*.[91]

Die Neuheit des Ansatzes von Windscheid besteht darin, dass er die *actio* im römischen Recht als Projektion eines *subiectum iuris*, als eine Fähigkeit, den eigenen Willen gerichtlich durchzusetzen, als „Anspruch“, und die *actio* im Sinne der Aktivierung des staatlichen gerichtlichen Verfahrens klar voneinander trennt. Die *actio* im letztgenannten Sinn bleibt außerhalb seines Interesses[92] und stimmt mit dem für ihn aktuellen Begriff des Klagerechts überein. Die „echte“ Bedeutung der römischen *actio* ist seiner Ansicht nach ein gerichtlich durchsetzbarer, aber materiell-rechtlicher Anspruch.[93]

Das Bestreben Windscheids war für seine Zeit auch deshalb innovativ, weil er die römische *actio* aus dem „Annexum des Rechts“ (wie sie Savigny verstanden hat) zur eigenständigen und zentralen Rechtsfigur erhebt.

Die These Windscheids wurde von seinem jüngeren Opponenten Theodor Muther kritisiert.[94] Während Windscheid die *actio* als „Befugnis, seinen

89 *Windscheid*, Die Actio des römischen Civilrechts (1856) 3.

90 *Windscheid*, Die Actio des römischen Civilrechts (1856) 3.

91 *Windscheid*, Die Actio des römischen Civilrechts (1856) 3.

92 *Hattenhauer*, Einseitige private Rechtsgestaltung (2011) 93.

93 Nach *Auer*, Der privatrechtliche Diskurs der Moderne (2014) 29 hat später Jelinek das durch Windscheid ausgearbeitete Rechtssystem der privatrechtlichen Ansprüche durch subjektiv-objektive Rechte ergänzt.

94 *Muther*, Zur Lehre von der römischen *actio*, dem heutigen Klagrecht, der Litiscontestation und der Singularsuccession in Obligationen: eine Kritik des Windscheid'schen Buchs „Die actio des römischen Civilrechts, vom Standpunkte des

Willen mit gerichtlicher Verfolgung durchzusetzen" definiert, sieht Muther in der *actio* ein Recht auf die Erteilung der Formel seitens des Prätors. Während für Windscheid das Verfahren nur dem Zweck der Durchsetzung des individuellen Willens des Akteurs dient, bewertet Muther die *actio* als ein „publizistisches" Recht, als Rechtsschutzanspruch und schreibt die zentrale Rolle bei ihrer Durchsetzung dem Prätor als einem Vertreter des Staates zu.[95] Während Windscheid sein Interesse der *actio* im Sinne des Anspruches widmet, bespricht Muther eine andere Konstruktion – die *actio* als verfahrensrechtliches Konzept, für dessen Aktivierung der Wille des Staates in der Form der prätorischen Intervention notwendig war.[96]

Die reiche wissenschaftliche Lehre über die *actio* in der vorwiegend deutschsprachigen Rechtswissenschaft erschöpft sich keinesfalls in der berühmten Diskussion zwischen Muther und Windscheid; diese ist allerdings besonders instruktiv. Am Beispiel der Windscheid-Muther-Diskussion ist nachvollziehbar, wie sehr doktrinäre Diskussionen über die *actio* auf vorbestimmte Rechtsbegriffe und die Rechtsideologie ihrer Vertreter angewiesen waren, wie vielfältig die Bedeutungen der *actio* im römischen Recht sind und wie oft das zu Missverständnissen führen kann und konnte.

3.5. Verbindung zwischen der *actio* und dem materiellen Recht, die *actio* als prozessuales Recht

Während Savigny und Windscheid die *actio* mit dem subjektiven Recht verbinden und die zentrale Rolle des individuellen Willens bei der Durchsetzung der Ansprüche betonen, gewinnt in der zweiten Hälfte des 19. Jh. eine andere Tendenz an Bedeutung: Die römische *actio* wird als purer Rechtsbehelf des Prozessrechts und als Anspruch prozessualrechtlicher Natur auf den Rechtsschutz

heutigen Rechts" (1857) 43. S. Zusammenfassung seiner Thesen in *Beneduzi*, Actio und Klagrecht bei Theodor Muther (2016) 37 f.

95 Dem Kläger steht ein „publizitischer" Anspruch gegen den Beklagten zu. Der Staat hat seinerseits auch einen Anspruch gegen den Beklagten auf Aufhebung der Verletzung (vgl. *Muther*, Zur Lehre von der römischen *actio*, S. 43): „So haben wir zwei einander correspondierende Rechte, beide publicistischer Natur: Das Recht des Verletzten gegen den Staat auf Gewährung der Staatshülfe (das Klagrecht) und das Recht des Staats gegen den Verletzer auf Aufhebung der Verletzung."

96 Der Angriff von Muther wurde schon durch Zeitgenossen als Folge eines Missverständnisses der windscheidschen These ausgelegt. Vgl *Zimmermann*, Der Windscheid-Mutherische Streit, in: Kritische Zeitschrift für die gesamte Rechtswissenschaft 5 (1859) 461–492.

gegen den Staat interpretiert. Schon Muther versteht, wie oben gezeigt wurde, die *actio* als „Recht des in seinen Rechten Verletzten auf Staatshilfe".[97] Genauso identifiziert Wach die römische *actio* mit dem subjektiven öffentlichen Recht und betont die zentrale Rolle des Staates bei der Durchsetzung der mit der *actio* geschützten Rechte.[98] Nicht Handlungen des Klägers und nicht sein Wille, einen eigenen materiell-rechtlichen Anspruch im Prozess durchzusetzen, stehen im Vordergrund des Verfahrens, sondern ein Jurisdiktionsakt. Vom Prätor hängen die Gewährung der *actio* und die Anerkennung des Begehrens ab. Die römische *actio* wird als eine Rechtsfigur betrachtet, die ausschließlich dem Prozessrecht angehört und die nach den Regeln des von dem Zivilrecht unabhängigen öffentlichen Prozessrechts zu betrachten ist.[99] Der Prozess wird dabei als „Rechtsverhältnis zwischen dem Gericht und den Parteien"

97 *Muther*, Zur Lehre von der römischen *actio* (1857) 47.

98 Wach unterscheidet einerseits die römische *actio* und den Rechtsschutzanspruch des aktuellen Rechts. Anderseits verwendet er das römische Wort *actio* im Sinne eine prozessualen Rechtsbehelfs (vgl. den Sprachgebrauch in: *Wach*, Handbuch des deutschen Civilprozessrechts I (1885), und nämlich *actio iudicati* [S. 245]; *actio tutelae* [S. 386, Fn. 55]; *actio confessoria* [S. 387]). Das Kriterium der Abgrenzung zwischen der *actio* und dem Rechtsschutzanspruch besteht für ihn u.a. darin, dass der Rechtsschutzanspruch ein Instrument des prozessualen Rechts ist, während die römische *actio* der Privatrechtsordnung gehört. Unter dem Rechtsschutzanspruch versteht er (*Wach*, Feststellungsanspruch, in: FG Windscheid [1888] 18) ein „prozessualisches Sicherungsrecht", ein „Anspruch auf staatlichen Rechtsschutz". Dieser Anspruch ist ein Teil der Prozessrechtsordnung (Handbuch des deutschen Civilprozessrechts [1885] 18,19), während die römische *actio* eine Rechtsfigur der Privatrechtsordnung darstellt (*Wach*, Handbuch des deutschen Civilprozessrechts [1885] 4). Die Privatrechtsordnung dient u.a. der Feststellung und der Verwirklichung der privaten Interessen, hat römische Wurzeln und ist „in mehrfacher Beziehung für unser heutiges Recht unrichtig". Der Prozess ist dabei nicht eine Form der Verwirklichung von Privatrechtsansprüchen. Sein Zweck besteht in der „Bewährung des Rechts" (wobei Wach zwischen dem subjektiven und objektiven Recht nicht unterscheidet. Vgl. *Wach*, Handbuch des deutschen Civilprozessrechts [1885] 8). Zu der Lehre Wachs vgl. *Vossius*, Zu den dogmengeschichtlichen Grundlagen der Rechtsschutzlehre (1985) 175; *Kollmann*, Begriffs- und Problemgeschichte (1996) 592 f.

99 Über die Entstehung des prozessualen Rechts im 19 Jh. und dessen Auswirkungen auf das Verständnis der *actio* s. *Orestano*, s.v. Azione in generale (Storia del problema), in: ED 4 (1959) 797 f.

verstanden,[100] und die *actio* als ein rein prozessualer Rechtsbehelf, der von dem materiell-rechtlichen Anspruch des Klägers unabhängig ist. Das Klagerecht ist nach der Ansicht des ungarisch-österreichischen Prozessrechtstheoretikers Plósz ein „Recht auf Prozessgründung"[101] und „das Privatrecht muß nicht existieren, damit die Processgründung durchgeführt werden könne".[102] Nach dieser Auslegung entsteht das Privatrecht erst aus dem Prozessrecht infolge einer Klageerhebung (*actio*): „Die Existenz des Privatrechts ist bis zum Endurteil fraglich und dasselbe kann bis dahin nicht geltend gemacht werden".[103] Dieses „abstrakte" Verständnis der *actio*, bei dem der Staat und das öffentliche Prozessrecht eine zentrale Rolle bei der Rechtsverfolgung spielen, geht auf die schon erwähnte Theorie von Muther zurück, wurde aber besonders von Kierulff,[104] Bülow,[105] Betti[106] und Binder[107] weiterentwickelt.

---

100 *Plósz*, Beiträge zur Theorie des Klagerechts (1880) 5; *Bülow*, Die Lehre von den Prozesseinreden und die Prozess-Voraussetzungen (1868) 1–9. S. die Übersicht dieser Theorien bei *Orestano*, s.v. Azione in generale, in: ED 4 (1959) 797.

101 *Plósz*, Beiträge zur Theorie des Klagerechts (1880) 13.

102 *Plósz*, Beiträge zur Theorie des Klagerechts (1880) 14.

103 *Plósz*, Beiträge zur Theorie des Klagerechts (1880) 14.

104 *Kierulff*, Theorie des Gemeinen Civilrechts (1839) 156, Fn. 2.

105 *Bülow*, Die Lehre von den Prozesseinreden und die Prozessvoraussetzungen (1868) 3 f.; *Bülow*, Prozessrechtswissenschaft und System des Civilprozessrechts, in: Zeitschrift für Zivilprozessrecht 27 (1990) 224 f. Über die Lehre von Bülow und seinen Einfluss s. *Beneduzi*, Actio und Klagrecht bei Theodor Muther (2016) 48 f.

106 In den frühen Werken hängt die Erhebung der *actio* vom materiellen Anspruch ab. Vgl. *Betti*, Il concetto della obbligazione costruito dal punto di vista dell'azione, in: Irti (Hg.), Diritto sostanziale e processo (2006) 57. Später vertritt Betti die Konzeption, dass die *actio* eine Rechtsbehauptung ausschließlich prozessualer Natur ist, die vom „prozessualen Gesetz" gewährt wird und unabhängig davon, ob der behauptete Anspruch später vom Richter als „in fatto fondato" anerkannt wird. S. *Betti*, Istituzioni di diritto romano^2 (1947) 253, 299. Zur Evolution bzw. Invo lution des Gedankens von Betti vgl. *Cardilli*, Brevi riflessioni critiche sull'azione, in: Revista Chilena de historia del derecho 22 (2010) 98. S. auch *Irti*, Un dialogo tra Betti e Carnelutti (intorno alla teoria dell'obbligazione), in: Irti (Hg.), Diritto sostanziale e processo (2006) V.

107 *Binder*, Prozeß und Recht (1927) 99. Der Rechtsphilosoph lehnte die Autonomie des materiellen Rechts ab. Er behauptete, dass die Rechte aus dem Rechtsschutz entstehen und dadurch ihre Existenz erlangen. Er identifiziert den Anspruch mit dem Rechtsschutzanspruch. Vor ihm s. schon *Hasse*, Ueber das Wesen der actio, in: Rheinisches Museum für Jurisprudenz 6 (1834) 10. Die Zusammenfassung dieser Vorstellung s. bei *Plósz*, Beiträge zur Theorie des Klagerechts (1880) 33–34 mit Fn. 32.

3.6. Die *actio* als Rechtsnorm, als Teil des objektiven Rechts

Den Theorien von Windscheid und anderen Romanisten pandektistischer Ausrichtung liegt die Vorstellung zugrunde, dass man das Rechtssystem als System der subjektiven Rechte darstellen kann. Die Kritik an der Darstellung dieses Rechtssystems und der daraus folgenden vorwiegenden Gleichsetzung der *actio* mit subjektivem Recht findet man in einigen romanistischen Studien schon im 19. Jh.

So behauptet Puntschart, dass das römische Recht aus Grundelementen objektiver Natur bestehe, und nicht aus den subjektiven Rechten.[108] Affolter entwickelt ferner die Theorie der objektiven Rechtsverhältnisse:[109] Die *actio* sei ein objektives Rechtsverhältnis, das ohne Rechtssubjekte als eine pure rechtliche Möglichkeit existiere, genau wie die Rechtsnorm. Die *actio* im subjektiven Sinn kommt für Affolter erst im Rahmen der Gerichtsuntersuchung in der Phase *apud iudicem* vor. Die *actio*, die *in iure* behauptet wird, sei dabei ein objektives Rechtsverhältnis. Die Anpassung des eigenen Anspruchs an die prozessuale *formula*, die in den Rechtsquellen in Bezug auf das Formularverfahren u.a. als *actio* bezeichnet wird, identifiziert Affolter mit dem Aussuchen einer passenden bzw. richtigen Rechtsnorm.

3.7. Gemeinsamkeiten der liberal-individualistischen und der autoritären Auffassungen

Auch wenn die erläuterten liberal-individualistischen Auffassungen und die autoritär-objektiven Konzeptionen zur römischen *actio* im 19. und am

---

108 Vgl. *Puntschart*, Die fundamentalen Rechtsverhältnisse des Römischen Privatrechts (1885) VI-VII: „Die nachrömische und heutige Rechtslehre ist eine zu einseitige Lehre der subjektiven Rechte. Sie lässt in der Theorie der Rechtsgeschäfte die subjektiven Rechte unmittelbar aus dem von ihr constituierten negotium entstehen und kennt keine anderen Rechtsverhältnisse als die durch die subjektiven Rechte begründeten". S. VIII: „Verhalten sich aber die concreten, objectivrechtlichen Rechtsverhältnisse zu den aus ihnen entstandenen subjectiven Rechten, wie die Grundbegriffe zu den Folgebegriffen, so ist unser System der subjectiven Rechte aus lauter Folgebegriffen ausgebaut und entbehrt als der Grundlagen, auf welchen der Aufbau der römischen Juristen ruht."

109 Affolter versteht das Institutionensystem von Gaius als ein System der objektiven Rechtsverhältnisse: Die *personae, res, actiones* sind objektive Rechtsverhältnisse. Wieacker sieht in dieser Interpretation den Einfluss von Hegel. Vgl. *Wieacker*, Griechische Wurzeln des Institutionensystems, in: SZ 70 (1953) 94–95.

Anfang des 20. Jh. dem *subiectum iuris* und dem Staat sehr verschiedene Rollen zuschreiben, so haben sie meines Erachtens bestimmte verbindende Elemente:

1) Die *actio* wird auf einen Mechanismus zur Sanktionierung wegen Verletzung des subjektiven Rechts reduziert.
2) Im Fokus der Forschungen steht das Formularverfahren des römischen Rechts.
3) Das römische Recht wird instrumentalisiert. Aus den Quellen werden Interpretationen abgeleitet, die der Legitimation aktueller Konzeptionen über das Klagerecht dienen.[110]
4) Den römischen Juristen werden ihnen nicht bekannte Konzeptionen oktroyiert. Sowohl der Begriff des subjektiven Rechts als auch der des Prozesses sind später entwickelte Konzepte, die auf die römischen Quellen zurückprojiziert wurden.
5) Diese Theorien gehen von der Prämisse aus, dass der Rechtsordnung ein individueller Rechtsakt zugrunde liegt. Aufgrund dieser Prämisse wird weiters die Frage gestellt: Was war historisch zuerst, *ius* (subjektives Recht) oder *actio*? Entweder gab es zuerst das *ius*, das durch die *actio* anerkannt bzw. gerichtlich durchgesetzt wurde, oder es gab ursprünglich die *actio*. Die Durchsetzung der *actio* führt zur Anerkennung der Existenz des subjektiven Rechts.

Diese Fragestellungen bestimmen die dogmatische Diskussion und Auslegungen der römischen *actio* in den Werken ab dem Mittelalter und bis heute.[111]

4. Dogmatisches Verständnis der *actio* im 20. Jh.

4.1. Theorien Wlassaks über die *actio*

Ein besonders produktiver Vertreter der romanistischen Lehre zum römischen Prozess in den ersten Jahrzehnten des 20. Jh. war Moritz Wlassak. Zu fast jedem Aspekt des römischen Prozesses hat er Theorien und Konzeptionen verfasst, die als Impuls für weitere Forschungen u.a. zum Problem der *actio*

---

110 S. als Beispiel die Struktur des Lehrbuchs von *Mitteis*, Römisches Privatrecht bis auf die Zeit Diokletians I (1908): Kapitel 1 (Das objektive Recht) 22 f.; Kapitel 2 (Die subjektive Rechtssphäre) 73 f.

111 *Wieacker*, Ius civile und lex publica in der römischen Frühzeit, in: FS Hübner (1984) 357–376.

gedient haben.[112] Die Schriften von Wlassak erhielten zum Teil Anerkennung in den Kreisen seiner Zeitgenossen, wurden aber von den Wissenschaftlern späterer Generationen kritisiert und verworfen.[113]

Seinen Konzeptionen über die *actio* ist zu entnehmen, dass er an die vom Rechtsindividualismus geprägten Konzeptionen – wie die zentrale Rolle des *subiectum iuris*, das Rechtsgeschäft als eine Metarechtsfigur, die auch die Beziehungen zwischen dem Kläger, dem Beklagten und dem Prätor beeinflusst, etc. – gebunden bleibt.[114]

Die Lehre Wlassaks über den römischen Prozess ist dennoch vielseitig und nicht homogen. In Bezug auf die archaische und republikanische Zeit erfasst er *actio* als Ritual mit einem extensiven Anwendungsbereich.[115] Unter der *actio* im klassischen römischen Recht versteht er „das Recht in der *obligatio*“, d. h. in dem Anspruch aus dem Schuldverhältnis.[116] Das Aktionenrecht lässt er somit

---

112 Kritisch zu einigen Konzeptionen Wlassaks und v.a. zu der nicht novierenden Wirkung der *confessio in iure* vgl. *Kaser/Hackl*, Das Römische Zivilprozessrecht² (1996) 271, Fn. 17, Fn. 19. Weitere Kritik Kasers zielt auf das Argument Wlassaks ab, dass der Prätor im Formularverfahren für die *actiones civiles*, falls er die Gewährung eines Urteilsgerichtes zulässt, keinen besonderen Verleihungsakt (*decretum*) erteilt. S. *Kaser/Hackl* Das Römische Zivilprozessrecht² 288, Fn. 12.

113 Zu seinen Anhängern gehört u.a. Wenger. S. *Wenger*, Institutionen des römischen Zivilprozessrechts (1925) 10, Fn. 14. Die zum Teil kritische Auseinandersetzung mit der Theorien Wlassaks über *dare actionem* s. aber auch bei *Wenger*, Prätor und Formel (1926) 8 f. Zu den Autoren, die die kritische Auseinandersetzung mit den Theorien von Wlassak zum Ausgangspunkt ihrer Forschungen gemacht haben, zählt Pugliese. S. *Pugliese*, Actio e diritto subiettivo (1939) [Ndr. 2006] 1 f. Über die Verbindung zwischen der Lehre von Pugliese und den Werken von Wlassak s. auch *Brutti*, Postfazione, in: *Pugliese*, Actio e diritto subiettivo (1939) [Ndr. 2006] 463. Vgl. auch *Broggini*, *Iudex Arbiterve.* Prolegomena zum Officium des römischen Privatrichters (1957) 1 f.; *Santoro*, Per la storia dell'*obligatio* I (2020) 403.

114 Zu berücksichtigen ist, dass Wlassak im Gegensatz zu den Generationen der Romanisten zuvor bereits von der Last befreit ist, in den römischen Rechtsfiguren eine Rechtfertigung der dogmatischen und aktuellen Konstruktionen zu suchen.

115 *Wlassak*, s.v. *actio*, in: RE I.1 (1893) 308.

116 *Wlassak*, s.v. *actio*, in: RE I.1 (1893) 305. Kritisch gegen diese Konzeption, aber auch gegen die Konzeption von Bekker, dass *dare oportere* auf *actio teneri* reduziert wird, hat sich Goldschmidt geäußert. Für das klassische Recht ist die Trennung zwischen den Konzeptionen der *obligatio* in D. 44.7.3. (pr. Inst. 3.13) und der *actio* in D. 44.7.51 schon gegeben. Es liegt nach seiner Ansicht eine scharfe systematische Trennung der Obligationen und Aktionen auch bei Gaius III 88 f. IV vor. Vgl. *Goldschmidt*, Prozess als Rechtslage (1925) 46–48.

im Obligationenrecht aufgehen.[117] Folglich unterscheidet er den Anspruch und das subjektive Recht nicht von der *actio*, was später Gegenstand der Kritik von Pugliese wird.[118] Neben der materiell-rechtlichen Konzeption entwickelt er auch eine prozessrechtliche Vision der *actio*. Er setzt *agere* mit *litem contestari*, oder „Litiskontestationshandlung des Klägers"[119] gleich.[120] In diesem letzten Sinn versteht er die *actio* nicht als schuldrechtlichen Anspruch, sondern als prozessualen Rechtsbehelf bzw. Klageantrag *in iure*, der sich in der *litis contestatio* erschöpft. Wlassak interpretiert weiters die Streitfestsetzung, d. h. *litis contestatio*, als Parteiengeschäft.[121] Den Interessen und den Akten privater Akteure wird eine zentrale Bedeutung zugeschrieben. Die Gerichtsmagistrate üben dabei keinen Zwang aus, sondern unterstützen die Durchsetzung der *actiones*.[122] Eine originelle, aber etwas überspitzt formulierte These Wlassaks besteht in der Unterscheidung zwischen der *actio* und *iudicium* aufgrund des Mediums des Rechts: Die *actio* ist ein mündlicher Akt bzw. mündliche Spruchformel, während das *iudicium* für Wlassak eine „Schriftformel" ist.[123]

4.2. Pugliese und sein subjektives Recht

Die *actio* als rechtsdogmatisches Problem wird im Werk „*Actio e diritto subiettivo*" von Pugliese dargestellt, der sich in der begrifflichen Matrix der dogmatischen Forschungen des 19. Jh. befindet. Sein Anliegen war, die Begriffe *actio* und das subjektive Recht im Formularverfahren voneinander abzugrenzen und

---

117 *Goldschmidt*, Prozess als Rechtslage (1925) 46.

118 *Pugliese*, Actio e diritto subiettivo (1939) 12.

119 *Wlassak*, *Litiskontestation* (1889) 40.

120 *Wlassak*, Der Ursprung der römischen Einrede (1910) 18 f.; *Wlassak*, Praescriptio und bedingter Prozess, in: SZ 33 (1912) 81 f., 101 f. Kritisch zu der Litiskontestationshandlung des Klägers im Legisaktionenverfahren s. *Santoro*, Per la storia dell'*obligatio* I (2020) 403.

121 Vgl. die von Wlassak vorgenommene Gleichsetzung der *praescriptio pro reo* mit der aufschiebend bedingten Streitbefestigung. Kritisch gegen diese These vgl. *Kaser/Hackl*, Das Römische Zivilprozessrecht[2] (1996) 234, Fn. 16. Lit. zu der *litis contestatio* s. bei *Bürge*, Zum Edikt De edendo, in: SZ 112 (1995) 2 Fn. 2.

122 *Wlassak*, Litiskonstestation, in: FS Windscheid (1889) 3–86; *Wlassak*, Römische Prozessgesetze I (1880), II (1891); *Wlassak*, Die klassische Prozessformel (1924).

123 *Wlassak*, *Litiskontestation* (1889) 14; Wlassak, s.v. *accipere*, in: RE I.1 (1893) 140. Kritisch *Kübler*, Der Prozess des Quinctius, in: SZ 14 (1893) 79 mit Fn. 3; Die Entwicklung dieser These Wlassaks s. in: *Affolter*, Das römische Institutionensystem (1897) 185, der die Wlassaks These für seine Konzeption über die Gleichsetzung der *actio* und der *res* heranzieht.

jeder Rechtsfigur einen eigenen Anwendungsbereich zuzuschreiben.[124] Nach Pugliese war die Konzeption des subjektiven Rechts dem römischen Recht nicht fremd, was von seinen Zeitgenossen in den dogmatischen und rechtshistorischen Forschungen mehr und mehr infrage gestellt wurde.[125] Aufgrund der römischen Quellen der klassischen Zeit versucht er eine Metatheorie des subjektiven Rechts zu entwickeln[126] und besteht auf einer Trennung zwischen dem materiellen und dem prozessualen Recht.[127] Die *actio* gehört dem Verfahrensrecht an und unterscheidet sich daher vom subjektiven Recht.[128] Sie stellt dabei einen Hilfsbegriff für die Konzeptualisierung des subjektiven Rechts dar.

Pugliese „rekonzeptualisiert" auch den Begriff des subjektiven Rechts und wechselt bei seiner Auffassung die Perspektive – vom Willen des Rechtssubjekts zum „Abhängigkeitszustand" des Schuldners. Das *subiectum iuris* bzw. ein Gläubiger hat eine Rechtsmacht nicht, weil er rechtserhebliche Willensherrschaft hat, sondern weil der Schuldner ihm gegenüber verpflichtet ist. Nicht die Willensherrschaft des *subiectum iuris*, sondern das Bestehen einer Schuld, ein Abhängigkeitsverhältnis des Schuldners, prägt das subjektive Recht.[129] Die *actio*

---

124 Pugliese verfasst sein Werk in einem politisierten wissenschaftlichen Kontext Italiens, in dem die Auffassung des nationalen Staates und die zentrale Rolle des staatlichen Zwanges die Vorstellungen über die Zwecke des Zivilrechtsverfahrens und der Klage bestimmen, in dem die Konzeption des subjektiven Rechts und individuellen Willen kritisch betrachtet wird, und in dem die *actio* eher als ein Rechtsinstrument für die Durchsetzung des objektiven Rechts verstanden wird. S. dazu *Brutti*, Postfazione, in: Pugliese, Actio e diritto subiettivo (1939) [Ndr. 2006] 472 f.

125 S. unten, Abschnitt 4.3. Die Entkoppelung der *actio* vom subjektiven Recht, S. 46 und die dort skizzierte These von Villey. Pekelis bemerkt präzis, dass das Verhältnis zwischen dem subjektiven Recht und der *actio* ein gemeinsamer Nenner aller Konzeptionen über die *actio* ist. Die Darstellung der *actio* in ihrem Zusammenhang mit dem subjektiven Recht führt zur Verdunkelung eines der Begriffe – des subjektiven Rechts oder der *actio*. S. *Pekelis*, s.v. Azione, in NNDI (1937) 91 f.

126 *Brutti*, Postfazione, in: Pugliese, Actio e diritto subiettivo (1939) [Ndr. 2006] 472 f.

127 *Pugliese*, Actio e diritto subiettivo (1939) 63.

128 Vgl. *Betti*, Il concetto della obbligazione costruito dal punto di vista dell'azione, in: Irti (Hg), Diritto sostanziale e processo (2006) 25 mit Fn. 20, der *actio* als „potere processuale autonomo, distinto e assolutamente inconfondibile col potere ch'è il momento formale del diritto subiettivo sostanziale" versteht. Vgl. auch *Stolfi*, Attorno al concetto di 'azione' in: Carrata/Loschiavo/Sperandio (Hgg.) Emilio Betti e il processo civile (2022) 171 f.; *Carratta*, L'eredità bettiana nel diritto processuale civile, in: Il giusto processo civile I (2022) 237–262.

129 Das subjektive Recht ist von diesem Standpunkt aus betrachtet eine „*particolare situazione di preminenza di un soggetto di diritto rispetto ad uno o a tutti gli altri*

ist für ihn ein Akt oder ein Komplex von Akten, mit denen das *subiectum iuris* das Recht in Anwesenheit des Beklagten behauptet und versucht, eine unmittelbare Befriedigung wegen der Rechtsverletzung oder ein Urteil zu erlangen.[130]

Von Wlassak hat Pugliese eine antiautoritäre Vision des klassischen römischen Prozesses bzw. Verfahrens mit einer zentralen Rolle der Interessen privater Akteure übernommen.[131] Auch für Pugliese dient das Verfahren dem Zweck, privatrechtliche Ansprüche eines *subiectum iuris* durchzusetzen. Die Einstellung Windscheids, die „*actio* sei es, welche das Recht mache, nicht das Recht, welches die *actio* mache", wird von Pugliese dagegen verkehrt. Er besteht auf der logischen und auch auf der historischen Priorität des subjektiven Rechts.[132]

Indem Pugliese die zentrale Rolle des subjektiven Rechts in der römischen Rechtsordnung betont, zeigt er sich als Vertreter der Tradition des Rechtsindividualismus und distanziert sich von den autoritären Strömungen, die das subjektive Recht zum Teil verneinen, und in der römischen *actio* nur eine Sanktion, die der Staat erteilt, sehen.[133]

4.3. Die Entkoppelung der *actio* vom subjektiven Recht

Die im Werk von Pugliese durchgeführte Trennung zwischen dem *ius* im subjektiven Sinn und der *actio* hat zur Folge, dass die *actio* von dem subjektiven Recht in der romanistischen Lehre entkoppelt wird. Die *actio* wird zwar weiterhin als Ausdrucksform und als Hilfsbegriff für das Verstehen des subjektiven

---

relativamente ad un determinato bene della vita, quale risulta da un obbligo gravante sui secondi nei confronti ed in favore del primo ed avente per oggetto quel bene". Vgl. *Pugliese*, Actio e diritto subiettivo (1939); *Pugliese*, Res corporales, in: Studi Arangio-Ruiz III (1952) 225–260.

130 *Pugliese*, L'*actio* e la *litis contestatio* nella storia del processo romano, in: Studi E. T. Liebman I (1979) 410.

131 *Brutti*, Postfazione. in: Pugliese, Actio e diritto subiettivo (1939) [Ndr. 2006] 468 469.

132 Zum Problem der historischen Priorität der *actio* oder des subjektiven Rechts vgl. *Kaden*, Die Rezension zum Buch von *Pugliese*, Actio e diritto subiettivo (1939), in: SZ 60 (1940) 256. Das historische Verhältnis zwischen der *actio* und dem subjektiven Recht unterscheidet sich nach Pugliese im Schuldrecht und im Sachenrecht. Für das Schuldrecht sei die *actio* ein *prius*, für das Sachenrecht sei die *actio* ein *posterius* hinsichtlich des subjektiven Rechts. Die Form der Angehörigkeit hat im Grunde die rechtliche Situation, die nach Pugliese als subjektives Recht bezeichnet werden kann. S. *Pugliese*, Actio e diritto subiettivo (1939) 71.

133 Kritik zu Puglieses vereinfachter Ansicht zu der römischen *actio* s. in: *Santoro*, Per la storia dell'*obligatio* I (2020) 403.

Rechts wahrgenommen,[134] das Problem des subjektiven Rechts bekommt aber eine gewisse Autonomie: In den römischen Rechtsquellen werden andere Ausdrucksformen für das subjektive Recht und für die persönliche Herrschaft gesucht, so etwa Begriffe wie *possessio, patria potestas* etc.[135]

Die *actio* als dogmatisches Thema, das ohne Verbindung mit dem subjektiven Recht untersucht werden kann, verliert daher ihre Relevanz, was die (im Vergleich zur romanistischen Lehre des 19. Jh.) geringe Zahl der Forschungen, die der *actio* gezielt gewidmet sind, erklärt. Die von Pugliese gestellten Fragen – inwieweit das subjektive Recht eine mit dem römischen Recht konforme Metakonstruktion ist,[136] und welche anderen Ausdrucksformen für den Terminus subjektives Recht in den römischen Quellen vorhanden sind – werden jedoch in der romanistischen Lehre weiter erforscht.

Radikale Kritik gegen die Vorstellung eines „römischen" subjektiven Rechts wurde von Villey geäußert.[137] Der französische Rechtshistoriker hält die Beschreibung der römischen Rechtsordnung als System der subjektiven Rechte für ahistorisch. Er betrachtet das subjektive Recht nicht wie Pugliese als Metafigur, sondern als die in der Geschichte des rechtlichen Denkens verankerte Rechtsidee, die einem konkreten historischen Kontext entstammt, dank Donellus eine weite Anerkennung bekommt und die nicht auf die frühere antike Rechtsordnung zurückprojiziert werden kann.[138] Der von Villey vertretene

---

134 *Guarino*, Il diritto e l'azione nella esperienza romana, in: Studi Arangio-Ruiz I (1953) 389 f.; *Provera*, Diritto e azione nell'esperienza giuridica romana, in: Studi Biscardi IV (1983) 325 f.; *Gioffredi*, *Ius* e *actio*, in: Nuovi studi di diritto greco e romano (1980) 215 f.

135 Während in den literarischen Quellen die Ausdrücke „*meum ius est, meum ius feci*" geläufig sind, hat das *ius* im subjektiven in den juristischen Quellen nach Kaser nur einen beschränkten Gebrauch. S. *Kaser*, Das altrömische ius (1949) 97.

136 Vgl. *Pugliese*, Res corporales, in: Studi Arangio-Ruiz III (1953) 225: „Ma ciò non significa che al romanista moderno sia precluso di guardare e studiare la realtà giuridica romana attraverso i concetti elaborati successivamente [...]".

137 *Villey*, L'idée du droit subjectif, in: RHDFE 24–25 (1946–1947) 201–227; *Villey*, Du sens de l'expression jus in re, in: RIDA 3 (1949) 417–436. S. auch *Rampazzo*, Diritto soggettivo e ius in: RIDA 54 (2007) 379.

138 *Villey*, L'idée du droit subjectif, in: RHDFE 24–25 (1946–1947) 201–202; *Villey*, Du sens de l'expression jus in re, in: RIDA 3 (1949) 417–436. Der Begriff „subjektives Recht" wird von Villey als „metaphysique, artificielle, inutile, illusoire" bezeichnet. In diesem Sinn betrachtet auch Catalano die Begriffe „subjektives" und „objektives" Recht als fremd für das Römische Recht. Vgl. *Catalano*, Diritto, soggetti, oggetti, in: Studi Talamanca II (2002) 97 f.

Ansatz zur Erforschung des römischen Rechts wiederholt zum Teil die Ideen der französischen humanistischen Jurisprudenz, die sich dafür aussprach, sich an den Quellen (*ad fontes*) zu orientieren, und die Sprache dieser Quellen anzuwenden.[139]

Villey verneint die subjektive Darstellungsperspektive im Römischen Recht, bei der das Rechtssubjekt, seine Qualitäten und seine Fähigkeiten im Zentrum des Rechtsdiskurses stehen.[140] Die Konstruktion des subjektiven Rechts beruht nach Villey auf der falschen Gleichsetzung des *ius* mit der daraus hergeleiteten individuellen Handlungsmacht (*potestas*).[141] Den Römern war laut Villey die Konzeption einer individuellen Rechtsbefugnis bekannt, aber diese war terminologisch nicht als *ius* konzipiert, sondern als *potestas*.[142] Die systembildende Bedeutung weist Villey nicht dem subjektiven Recht, sondern dem römischen Begriff *res* zu. Er setzt sich mit der Gliederung des Rechtsstoffes in „*personae, res, actiones*" in den Gaius-Institutionen auseinander und wendet sich den Ausdrücken *res corporales* und *res incorporales* zu.[143] Den Begriff *ius* setzt er mit *res incorporalis* gleich.[144] Die *res* sei nach Villey nicht eine materielle Sache, sondern ein Gefüge der Funktionen und der Befugnisse, die der Person, die diese *res* innehat, nützlich sind.[145] Die Handlungsmacht (*potestas*) stellt dabei

---

139 Der historische Ansatz von Villey wurde von Betti kritisiert. Der in den römischen Quellen fehlende *terminus* – subjektives Recht – bedeute nach Betti nicht, dass es keine Konzeption des subjektiven Rechts in den römischen Quellen gegeben hätte. Für fehlerhaft hält Betti auch den Gegenstand der Forschung. Villey untersucht den Gedankengang römischer Juristen, während es richtig wäre, die Rechtsverhältnisse zu erforschen: *Betti*, Falsa impostazione della questione storica, in: Studi Arangio-Ruiz IV (1952) 83 f.

140 *Rampazzo, Rampazzo*, Diritto soggettivo e ius in: RIDA 54 (2007) 383 f.

141 *Villey*, Le droit subjectif chez Jhering, in: Jherings Erbe (1970) 219 f. *Rampazzo*, Diritto soggettivo e ius in: RIDA 54 (2007) 382 f.

142 *Villey*, Le droit subjectif chez Jhering, in: Jherings Erbe (1970) 215: Die Ange hörigkeit einer Sache (*corpus/rem habere*) oder die Position eines Gläubigers in einem Schuldverhältnis wurden nach Villey in den römischen Quellen nicht als *ius* bezeichnet. Vgl. *Rampazzo*, Diritto soggettivo e ius in: RIDA 54 (2007) 383 f.

143 Vgl. schon *Affolter*, Das römische Institutionensystem (1897) 2: Im Gaianischen System – *personae, res, actiones* – handelt es sich nicht um Rechtssubjekte, Rechtsobjekte und subjektive Rechte, sondern um objektive Rechtsverhältnisse. Vgl. dazu *Wieacker*, Griechische Wurzeln des Institutionensystems, in: SZ 70 (1953) 94.

144 Kritisch gegen diese Interpretation vgl. *Grosso*, Rezension zu Mélanges F. Fernand De Visscher I e II, in: Iura I (1950) 313–324.

145 Nach dieser Logik ist das Eigentum nicht ein subjektives Eigentumsrecht, sondern eine abstrakte Qualität der *res corporalis*, ihre Fähigkeit, ein Gegenstand

einen Reflex der *res* dar.[146] Villey schlägt auf solche Weise vor, die Perspektive zu wechseln. Er geht nicht von dem *subiectum iuris*, seinem Willen und seinen Interessen aus, sondern von der *res*, von dem Objekt und dem objektiven Recht. Nach Villey, wird die *actio* in den römischen Quellen nicht als *ius* konzipiert.[147] Als fehlerhaft sieht er die Fragestellung der pandektistischen Lehre an, ob die *actio* einen materiell-rechtlichen Anspruch oder das Recht auf die Erteilung einer prozessualen *formula* bezeichnet.[148] Er betont die vielfältigen Bedeutungen der *actio* in den römischen Quellen und hält die methodologische Einstellung für fehlerhaft, bei der dem Begriff *actio* nur eine prozessual-technische Bedeutung zugeschrieben wird.[149] Überdies sieht er in der *actio* eine „institution objective de l'action",[150] und bezieht sich auf die oben erwähnte und schwer erschließbare Theorie von Affolter über „objektive Rechtsverhältnisse" .[151]

Der Gliederung *personae – res – actiones* wendet sich auch Tellegen zu. Der Autor sucht nach einem Kriterium für die von Gaius vorgenommene Unterscheidung zwischen den *res corporales* und den *res incorporales*.[152] In der Definition der *res incorporales* als *„in iure consistunt"* sieht Tellegen sodann einen Hinweis auf das objektive Recht. Die *actiones* sind nach dieser Ansicht die *res incorporales*. Die Definition der *actio* von Celsus (D. 44.7.51) als *ius iudicio persequendi* ist für Tellegen kein Hinweis auf das *ius* im subjektiven Sinn, sondern auf das *ius* im Sinne der *res incorporalis*, d. h. einer objektiven Rechtsstellung.[153]

---

der Aneignung zu sein und ist in diesem Sinn *res incorporalis*. Es wird nicht das Eigentumsrecht übertragen, sondern eine Sache, die das Eigentum enthält. Das Eigentum kann sich dann auf die Persönlichkeit des Rechtssubjektes auswirken und ihm gewisse Vorteile verschaffen.

146 Diese Idee setzt Villey weiters in Verbindung mit seiner These über die Abgrenzung des Rechts und der Befugnis, die in diesem Recht verwirklicht wird. Die Befugnis ist ein Reflex des Rechts. Nach dieser Logik ist das Eigentum nicht ein subjektives Eigentumsrecht, sondern eine Qualität der *res corporalis*, ihre Fähigkeit, ein Gegenstand der Aneignung zu sein und ist in diesem Sinn *res incorporalis*. Es wird nicht das Eigentumsrecht übertragen, sondern eine *res*, die Befugnisse enthält.

147 *Villey*, Du sens de l'expression jus in re, in: RIDA 3 (1949).

148 *Villey*, L'idée du droit subjectif, in: RHDFE 24–25 (1946–1947) 222.

149 *Villey*, Rezension zum Buch von Pugliese Actio e diritto subiettivo (1939), in RHDFE (1946–1947) 126.

150 *Villey*, L'idée du droit subjectif, in: RHDFE 24–25 (1946–1947) 223.

151 *Villey*, Recherches sur la litterature didactique du droit romain (1945) pas.

152 *Tellegen*, Res incorporalis et les condifications modernes, in: Labeo (1994) 52.

153 *Tellegen*, Res incorporalis et les condifications modernes, in: Labeo (1994) 54.

Der Kritik des subjektiven Rechts widmet sich auch d'Ors.[154] Das Wort *ius* übersetzt er als „posición justa" oder „posición jurídica"[155] und betont eine strukturelle Ambivalenz (objektiv/subjektiv) des *ius* im römischen Recht. Die Römer unterscheiden nicht zwischen den subjektiven und objektiven Aspekten des *ius*, zumindest in der archaischen und in der klassischen Zeit. Das römische *ius* ist laut d'Ors eine dynamische Konstruktion, die die Elemente des subjektiven und des objektiven Rechts in sich vereinigt.[156] Die Feststellung *ita ius esto* ist eine Bestätigung, dass das Verhalten einer bestimmten Person rechtmäßig im objektiven Sinn ist, woraus folgt, dass diese Person ein subjektives Recht hat.[157] Auch wenn d'Ors das Problem der *actio* nicht anspricht, folgt aus seiner Vorstellung, dass die *actio* auch eine Ambivalenz zwischen dem subjektiven und dem objektiven Recht aufweist. Es ist daher unmöglich zu behaupten, dass die *actio* nur der Durchsetzung des subjektiven Rechts diene oder selbst die Ausdrucksform des subjektiven Rechts sei, wenn das subjektive nicht vom objektiven Recht trennbar ist.

---

154 *D'Ors*, Aspectos objetivos y subjetivos del concepto de „ius", in: Studi Albertario II (1953) 279 f.

155 *D'Ors*, Aspectos objetivos y subjetivos del concepto de „ius", in: Studi Albertario II (1953) 284, 295 f. Dabei verneint er eine rein subjektive Bedeutung des *ius*. Die Quellen mit einer rein subjektiven Bedeutung von *ius* erklärt d'Ors für interpoliert. Die Verbindung zwischen dem *ius* und der *actio* thematisiert er nicht, während Kaser, auf den die Theorie von d'Ors zurückgeht, in den *actiones* des prätorischen Ediktes Verweise auf das *ius* im subjektiven Sinn sieht (*Kaser*, Das altrömische ius [1949] 99).

156 *D'Ors*, Aspectos objetivos y subjetivos del concepto de „ius", in: Studi Albertario II (1953) 282 f. spricht von der Ambivalenz zwischen den subjektiven und objektiven Aspekten des *ius* anhand der Quellen in Bezug auf sachenrechtliche Befugnisse. Das sind beispielsweise solche Wendungen wie *fundus cum iure suo*, oder *ius fundi* oder *ius altius tollendi*. Diese verweisen laut d'Ors auf eine sachenrechtliche Position. So ist der Ausdruck *ius fundi* ein Hinweis auf die Rechtslage, die aus einem besonderen Grundstück hergeleitet wird. Ähnlich verweist der Ausdruck *ius altius tollendi* nicht auf eine Befugnis ein Gebäude zu errichten, sondern auf die richtige Position des Nießbrauchs. Weitere Beispiele und Erklärungen vgl. *D'Ors*, Aspectos objetivos y subjetivos del concepto de „ius", in: Studi Albertario II (1953) 282 f.

157 Auch in *ius meum*, oder *ius suum* etc. sieht d'Ors nicht ein subjektives Recht, sondern eine günstige Rechtslage oder eine Rechtslage sowohl im subjektiven als auch im objektiven Sinn. Vgl. *d'Ors*, Aspectos objetivos y subjetivos del concepto de „ius", in: Studi Albertario II (1953) 296 f. S. auch *Kaser*, Das altrömische ius (1949) 97.

Auch Santoro, der sich ausführlich mit dem Problem der *actio* (s. dazu unten Abschnitt 5.7.) auseinandergesetzt hat, hält die Erklärung der römischen *actio* mithilfe der Begriffe subjektives Recht, objektives Recht und Prozess für fehlerhaft: Der einzige Grund für die Übertragung dieser modernen Konzeptionen auf das römische Recht bestehe in der „priorità storica dell'*actio* nell'indistino valore materiale e formale che la caratterizza fin dalle origini".[158]

4.4. Ein Kompromiss: Das subjektive Recht bleibt, aber *cum grano salis*

Die Anwendbarkeit des Begriffes „subjektives Recht" als die für das römische Recht relevante Rechtskategorie, die in Verbindung mit der *actio* vorkommt, bleibt ein *lapis offensionis* in der romanistischen Forschung.[159] Ungeachtet der Kritik gegen das subjektive Recht in der Zivilrechtsdogmatik und in den Forschungen historisch-kritischer Richtung[160] hält die dogmatisch-orientierte Lehre, insbesondere im deutschsprachigen Raum, am subjektiven Recht fest.[161]

158 *Santoro*, Per la storia dell'*obligatio* I (2020) 402.

159 Vgl. *Lenel*, Ursprung und Wirkung der Exceptionen (1876) 1: „Noch immer bezeichnet die gemeine Meinung das subjektive Recht als eine Macht oder Herrschaft, und wenn man in Betracht zieht, wie dauerhaft sich diese Definition gegenüber den bisherigen Versuchen, den Glauben an ihre Richtigkeit zu erschüttern, bewiesen hat, möchte es beinahe vergebene Mühe scheinen, einen neuen Angriff auf dieselbe zu unternehmen."

160 *D'Ors*, Aspectos objetivos y subjetivos del concepto de „ius", in: Studi Albertario II (1953) 282 f.; *Villey*, Le droit subjectif chez Jhering, in: Jherings Erbe. Göttinger Symposion zur 150 Wiederkehr des Geburtstags von R. v. Jhering (1970) 219 f.; *Rampazzo*, Diritto soggettivo e ius, in: RIDA 54 (2007) 382 f.; *Catalano*, Diritto, soggetti, oggetti, in: Studi Talamanca II (2001) pas.; *Cardilli*, Brevi riflessioni critiche sull'azione come difesa del diritto attraverso il diritto romano, in: Revista Chilena de historia del derecho 22 (2010) 96 f.

161 Ganz im Sinne von Pugliese betont Kaser, dass „vom Begriff des subjektiven Rechts feststeht, dass er vom römischen Recht ausgegangen ist, auf das sich noch seine heutige theoretische Formung stützt". *Kaser*, Zum „Ius"-Bergriff der Römer, in: Acta Juridica (1977) 63. Wieacker, der zwar die Historisierung des Römischen Rechts anstrebt, hält dabei (im Widerspruch mit seiner eigenen Methodologie) die Anwendung der Konzeption des subjektiven Rechts im Römischen Recht trotzdem für plausibel. Er betont, dass das *ius* im subjektiven Sinn anhand römischer Rechtsquellen etwas Anderes bedeutet als das „subjektive Recht" in modernen Doktrinen. Das *ius* im subjektiven Sinn wird in den Quellen für die Beschreibung absoluter personen- und sachenrechtlichen Herrschaftsrechte verwendet, wie die *patria potestas*, die *manus*, die *hereditas*, das *dominium*, die *possessio* am

Römische Quellen dienen aber nicht mehr als Begründung einer bestimmten Theorie des subjektiven Rechts. Das subjektive Recht wird als „pure" Bezeichnung für die individuelle Rechtsmacht verwendet.[162] Seine nicht reflektierte Verwendung wird zwar kritisiert; die Kritiker selbst bieten aber keine konstruktive Antwort, wie man das subjektive Recht für die Beschreibung der römischen Realität reflektiert nutzen kann.[163]

Die leidenschaftliche Verteidigung des Begriffes „subjektives Recht" hat ihren Grund in der Bewahrung der wissenschaftlichen Tradition, bei der nicht nur das römische Recht Gegenstand der Studien bleibt, sondern auch die Begrifflichkeit bzw. die Art und Weise, wie das Römische Recht reflektiert wird. Der Verzicht auf diese Begrifflichkeit, die auf das Naturrecht und auf die Historische Rechtsschule zurückgeht, scheint für seine Apologeten ein Verlust der romanistischen Tradition zu sein.[164]

Die kritische Auseinandersetzung mit dem Verständnis der *actio* im Lichte des subjektiven Rechts ermöglicht es, das in der romanistischen Lehre verwurzelte Erklärungsmodell, bei der die *actio* die Erscheinungsform des subjektiven Rechts ist, zu überdenken. Wenn das *ius* zumindest in der archaischen und in der republikanischen Zeit die Elemente des subjektiven und des objektiven

---

fundus provincialis und die *iura praediorum*. Das Recht im subjektiven Sinn in seiner ältesten Form kommt im Spruchformelverfahren hervor, nämlich bei der Vindikation – in den Ausdrücken wie „*meum esse aio ex iure Quiritum*", „*ius (non) esse in…*". S. *Wieacker*, Ius civile und lex publica in der römischen Frühzeit, in: FS Hübner (1984) 360.

162 *Talamanca*, Istituzioni di diritto romani (1990) 66–67. Nach Chiusi kann man den Begriff des subjektiven Rechts weiterverwenden, aber aber *cum grano salis*, d. h. ohne der ihm zugrunde liegenden Rechtsideologie. S. *Chiusi*, Diritti soggettivi e diritti della persona umana, in: Landi/Petrucci (Hgg.) Pluralismo delle fonti e metamorfosi del diritto soggettivo nella storia della cultura giuridica (2016) 80. In diesem Sinn verwendet auch Talalamanca den Begriff des subjektiven Rechts. Vgl. *Talamanca*, Istituzioni di diritto romani (1990) 275 f.

163 So kritisiert Pelloso den Begriff des subjektiven Rechts, ohne einen alternativen Begriff anzubieten. Vgl. *Pelloso*, Il concetto di 'actio', in: Ric. Talamanca I (2011) 130 f.

164 Als Verteidiger der neuzeitlichen Rechtsbegriffe und -institute gilt Wacke. Die Verwendung dieser Begrifflichkeit ermöglicht seiner Meinung nach, „unvollkommen überlieferte historische Phänomene erhellend zu veranschaulichen und vergleichend zu beurteilen." Die zum Teil durch die Vertreter der historisch-kritischer Rekonstruktionslinie angestrebte deskriptive Darstellung „allein aus sich selbst heraus" beruht nach Wacke „auf Selbsttäuschung und bleibt Illusion". Vgl. *Wacke*, Bonam sive malam causam habere, in: Studies Litewski II (2003) 240.

Rechts nicht unterscheidet, und die *actio* von den Römern als Erscheinungsform des *ius* verstanden wird, stellt sich die Frage nach dem Verhältnis zwischen der *actio* und dem subjektiven Recht nicht. Die *actio* im Sinne einer feierlichen oder prozessualen Spruchformel oder eines Gerichts- oder Geschäftsformulars stellt das objektive Recht dar: Jede private Rechtssituation, die mit einer *actio*, d. h. mit einer feierlichen Spruchformel (in der Zeit der *legis actiones*) oder mit einer ediktalen Formel (Formularverfahren) ausgestattet ist, hat eine gewisse Normwirkung.

5. Das *agere* und die *actio* in der romanistischen Lehre mit historisch-kritischer Orientierung

Die Forschungen, die ich mit einigen Vorbehalten zu den Forschungen historisch-kritischer Orientierung heranziehe, verwenden, wie oben erwähnt, die aus der Rechtsdogmatik rezipierten *termini operativi* wie subjektives Recht, Anspruch etc. mit Vorsicht.[165] Die Vertreter dieser Studien verfolgen nicht das Ziel, aufgrund der römischen Quellen Metatheorien der *actio* oder des subjektiven Rechts zu entwickeln, die auch für die aktuelle Zivilrechtsdogmatik anwendbar wären. Daher gewinnen diese Forschungen mit dem Inkrafttreten der nationalen Zivilrechtskodifikationen des kontinentalen Europas und dem daraus folgenden neuen Selbstverständnis der Rechtsgeschichte an Bedeutung, die nun von der Aufgabe befreit ist, Rechtfertigung der aktuellen Rechtskonzeptionen und Theorien im römischen Recht zu suchen.[166]

Das Erkenntnisinteresse der historisch-kritischen Studien besteht darin, die Bedeutung der *actio* und des *agere* in einer konkreten Epoche und in einem konkreten Kontext des römischen Rechts zu rekonstruieren. Somit wird

165 Das Verhältnis zwischen der *actio* und dem *ius* im römischen Recht kann nach der Ansicht Gioffredis aus verschiedenen wissenschaftlichen Perspektiven – aus der rechtssoziologischen, rechtshistorischen und rechtsdogmatischen – erforscht werden. Rechtssoziologisch kann die Forschung sein, indem die *actio* ein Mittel für die Analyse des Verhältnisses Rechtssubjekts und des Staates wahrgenommen wird. Rechtshistorische Erforschung der *actio* setzt sich mit der Frage auseinander, in welchem Ausmaß es römischen Juristen gelungen ist, das Recht im subjektiven Sinn als individuelle Rechtsbefugnis zu konzeptualisieren. Rechtsdogmatisch wäre es, die Position eines *subiectum iuris* in der römischen Rechtsordnung zu erforschen, aber nicht isoliert, sondern im Vergleich zu der *actio*. Vgl. *Gioffredi*, Ius et actio, in: Nuovi studi di diritto greco e romano (1980) 215–216.

166 *Beggio/Grebieniow*, Einleitung, in: Beggio/Grebieniow (Hgg) Methodenfragen der Romanistik im Wandel (2020) 2.

angestrebt, die Rechtsfiguren *agere* und *actio* des antiken Rechts möglichst ohne die Rückprojektion der aktuellen Rechtskonzeptionen auf die römische Rechtsordnung zu erforschen.

Den historisch-kritischen Forschungen zur *actio* liegen meines Erachtens folgende gemeinsame Prämissen zugrunde:

1) Im Fokus dieser Studien befinden sich auch die Begriffe, die der *actio* vorangehen, wie *agere*, *actum/actus* und auch *orare*.[167]
2) Die Geschichte der *actio* im römischen Recht wird dabei nicht nur auf das Formularverfahren begrenzt; die Bedeutungen des *agere* und der *actio* in der archaischen und republikanischen Zeit werden präzise untersucht.
3) Der Anwendungsbereich und die Funktionen des *agere* und der *actio* werden überdies nicht nur aufgrund der normativen Rechtssätze dargestellt, sondern auch aufgrund „ajuristischer" Faktoren, wie beispielsweise der Weltanschauung der Römer.[168]
4) Die Geschichte der *actiones* nähert sich im Rahmen dieser historisch-kritischen Rekonstruktionslinie immer mehr der Sozial-, Wirtschafts- und Kulturgeschichte an.[169]
5) Der Quellenstand zum *agere* und zur *actio* in der archaischen und republikanischen Zeit sowie eine mangelnde scharfe Trennung zwischen den gesellschaftlichen und rechtlichen Zuständen erfordern, auch die literarischen Quellen intensiver zu berücksichtigen.
6) In den Forschungen der historisch-kritischen Richtung wird eine gewisse Zurückprojektion erlaubt, d. h. die Bedeutungen des *agere* und der *actio* in der früheren und republikanischen Zeit werden aufgrund der späteren literarischen und juristischen Quellen rekonstruiert.[170]

---

167 S. dazu unten, Kapitel II, Abschnitt 1.6. Definitionen des *agere* in den literarischen Quellen, S. 90 f.

168 *Hägerström*, Der römische Obligationsbegriff I (1927) 577, 601; *Kaser*, Das altrömische ius (1949) 323 f.

169 *Wieacker*, Römische Rechtsgeschichte I (1988) 33.

170 *Talamanca*, s.v. Processo civile (diritto romano), in: ED 36 (1987) 4–5. Vgl. auch Fögen, die im Zusammenhang mit der Rezension zum Buch von Flach „Fortgeltung des Zwölftafelrechts" Folgendes schreibt: „Anzunehmen, dass die römische Nachwelt – insbesondere Gellius –, die allein uns das Zwölftafelrecht überliefert, den ursprünglichen Sinn dieses Rechts selbst verkannte, sei ein an hermeneutisches, quellenkritisches und historisches Harakiri grenzende[s] Verfahren". S. *Fögen*, Harakiri, in: Rechtsgeschichte 5 (2004) 218.

5.1. Die *actio* im „weiten Sinn“ in der Rechtsgeschichte des 19. Jh.

Das überwiegend dogmatische Verständnis der *actio* als Klage und als Klagerecht in der romanistischen Forschung mit dogmatischer Ausrichtung hat zur Folge, dass die Quellen und Bedeutungen der *actio*, die diesem Schema nicht entsprechen, für „untechnisch“ erklärt wurden.[171] Diese Gliederung der *actio* in eine technische und untechnische Bedeutung wird hingegen in den historisch-kritischen Studien miteinbezogen. Die Erforschung des *agere* und der *actio* im untechnischen bzw. „weiten“ Sinn,[172] die über ihr prozessual-technisches Verständnis als subjektives Recht, Anspruch, Klage- und Klagerecht hinausgeht, ist somit in den Werken der Vertreter historisch-kritischer Studien zur Römischen Rechtsgeschichte von erheblicher Relevanz (dazu sogleich).[173]

5.2. Historisierung des Zivilprozesses in der Forschung von Bethmann-Hollweg

Ein Wendepunkt in der historisch-kritischen Darstellung des römischen Zivilprozesses ist meines Erachtens mit Bethmann-Hollweg verbunden.[174] Bei der Analyse der Rechtsfiguren des römischen Zivilprozesses nimmt er weniger

---

171 Vgl. den Beitrag von Wlassak über *actio* in Realencyclopädie, wo er von *actiones* im technischen und untechnischen Sinn spricht. S. *Wlassak*, s.v. *actio*, in: RE 1.1 (1893). In diesem Sinn auch *Biondi*, La terminologia romana, in: B. Biondi, Scritti giuridici I (1965) 181–212. Kritisch gegen diesen Ansatz Carcaterra, der davon ausgeht, dass es keine „untechnischen Bedeutungen“ im römischen Recht geben könne. Die Rechtsfiguren *agere* und *actio* haben nach seiner Auffassung auch in der archaischen Zeit technische rechtsrelevante Sinngehalte. S. *Carcaterra*, Struttura del linguaggio giuridico-precettivo romano (1968) 16 f.

172 Vgl. Ulp. 49 Sab. D. 50.16.178.2, in der zwischen *verbum actionis generale* und *verbum actionis speciale* unterschieden wurde. Diese Gliederung stellt einen Versuch dar, das enge prozessual-technische Verständnis der *actio* vom allgemeinen Sinn abzugrenzen. S. dazu Kapitel III, Abschnitt 8.2. *Actio, petitio, persecutio* in den Quellen, S. 278 f.

173 Die Rolle der römischen Juristen und insbesondere der Pontifikaljuristen für die Entwicklung des Prozesses wurde nach Bethmann-Hollweg deswegen in der Lehre außer Acht gelassen, „weil Hugo und Savigny bei Vertretung der historischen Rechtsansicht das Hauptgewicht auf die Entstehung des Rechts unmittelbar aus der Volksüberzeugung als Gewohnheitsrecht, zu legen veranlasst waren.“ S. *Bethmann-Hollweg* I (1864) 31; *Karlowa*, Der römische Civilprozess zur Zeit der Legisactionen (1872) 30, Fn. 7.

174 Vgl. *Avenarius*, Bethmann-Hollwegs Beitrag, in: Heun/Schorkopf (Hgg.), Wendepunkte der Rechtswissenschaft (2014) 83–118.

Rücksicht auf die Problemstellungen des für ihn aktuellen prozessualen Rechts, sondern rekonstruiert u.a. die Rechtsfiguren *agere* und *actio* aufgrund juristischer und literarischer Quellen aus der historischen[175] und evolutionistischen Perspektive.[176] Als Schüler von Savigny befindet er sich einerseits unter dem Einfluss seiner Theorien,[177] andererseits reflektiert er kritisch über viele seiner Konzeptionen und zeigt sich somit als kritischer Rechtshistoriker.

Maßgeblich für meine Forschung ist die durch Bethmann-Hollweg vorgenommene Gegenüberstellung zwischen dem Legisaktionenverfahren und dem Formularverfahren, das auch das unterschiedliche Verständnis des *agere* und der *actio* in diesen Verfahrensarten prägt.

Im Legisaktionenverfahren verhandeln die Parteien miteinander, betont Bethmann-Hollweg, wofür terminologisch der Ausdruck *lege agere* steht.[178] Der Richter entscheidet nicht über erlittenes Unrecht (*quaerela*), sondern beurteilt ein Handeln des Klägers, oder Akteurs mit seinem Kontrahenten vor Gericht (*agere cum adversario apud iudicem*).[179] In dem Formularverfahren wird *in iure*

175 *Avenarius*, Bethmann-Hollwegs Beitrag, in: Heun/Schorkopf (Hgg.), Wendepunkte der Rechtswissenschaft. Aspekte des Rechts in der Moderne (2014) 111; *K. W. Nörr*, Zur historischen Schule im Zivilprozess- und Aktionenrecht, in: Tradition und Fortschritt im Recht (1977) 75–77; *K. W. Nörr*, Wissenschaft und Schrifttum zum deutschen Zivilprozeß im 19. Jahrhundert, in: Ius Commune 10 (1983) 146.

176 Den Römischen Zivilprozess betrachtet er zwar aus der evolutionistischen Perspektive, geht aber nicht soweit, das archaische und das republikanische Gerichtsverfahren als primitiv zu bezeichnen. Das archaische und republikanische Recht weist zwar Elemente der Selbsthilfe auf, ist durch die „bäuerliche Derbtheit der Zeit" geprägt (*Bethmann-Hollweg* I, 101), wird aber dennoch durchaus rational betrachtet (*Bethmann-Hollweg* I, 89, 100.) Die dem Kläger gestattete Gewalt ist bis zu einem gewissen Grad institutionalisiert, da der Kläger seine Ansprüche *in iure* begründen muss (S. 101).

177 Zu dem Verhältnis zwischen Bethmann-Hollweg und Savigny s. *Avenarius*, in: Heun/Schorkopf (Hgg.), Wendepunkte der Rechtswissenschaft. Aspekte des Rechts in der Moderne (2014), 111; *Varvaro*, Fünf unveröffentlichte Briefe Savignys an Bethmann-Hollweg aus den Jahren 1816–1819, in: SZ 128 (2011) 464 f.

178 Bei der Abgrenzung des Verbs *agere* und des Substantivs *actio* ist Bethmann-Hollweg nicht konsequent, da er andernorts die *actio* und das *agere* als austauschbare Termini, als Verweis auf die „Handlung des Klägers" verwendet. S. *Bethmann-Hollweg* I, 101, Fn. 3.

179 Mit dieser Auslegung äußert sich Bethmann-Hollweg möglicherweise gegen die sogenannte publizistische Theorie der *actio* von Theodor Muther, der die *actio* v.a. des klassischen römischen Rechts im Sinne des Rechtsschutzanspruches gegen den Prätor versteht. S. dazu Abschnitt 3.4. Die *actio* in der Lehre von Windscheid, S. 35 f.

jeder Antrag der Parteien (jede *actio*) nicht durch die Verhandlung, sondern durch den Magistrat gelöst. Das Legisaktionenverfahren trägt daher einen „privaten Charakter", während das Formularverfahren institutionalisiert ist.

Die durch Savigny vertretene Lehre über die Rechtsverletzung als Entstehungsgrundlage einer *actio* betrachtet Bethmann-Hollweg kritisch in Bezug auf das römische Legisaktionenverfahren.[180] Auch bei der von Savigny vorgenommenen Abgrenzung zwischen dem formalen und dem materiellen Sinn der *actio* geht er neue Wege. Während Savigny unter der *actio* im formellen Sinn ein prozessual-öffentliches Recht versteht und es aus seiner Betrachtung ausschließt,[181] verweist *actio* im formellen Sinn nach Bethmann-Hollweg auf das formalisierte Verfahren mittels feierlicher Sprucherklärung (*certa verba*). Der formelle Sinn des Wortes *actio* ist nach Bethmann-Hollweg in dem Legisaktionenverfahren vorherrschend,[182] und der Kern des *lege agere* und der *legis actio* besteht in der Erklärung der vorbestimmten formgebundenen *certa verba*, die die Ansprüche in Rechtsrituale transformiert.[183] Den Begriff *legis actio* versteht er dabei in einem doppelten Sinn. Einerseits ist die *legis actio* eine zweiseitige förmliche Verhandlung. Andererseits ist die *legis actio* ein einseitiger förmlicher Akt, nämlich die Klage (*actio* und *legis actio*).[184] Das Echo dieser

180 Die Verletzung eines Rechts, „die wirklich vorgenommene oder gedrohte Entziehung oder Schmälerung seiner Ausübung, z. B. des Besitzes, die verweigerte Zahlung der Schuld u.s.w., „die wir als Teil des Klaggrundes anzusehen gewohnt sind, erscheint als solcher in der *legis actio* nicht" (*Bethmann-Hollweg* I, 115). So wenig waren Römer geneigt, „das Wesen des Zivilprozesses in die Aufhebung einer Verletzung der Person oder des objektiven oder subjektiven Rechts zu setzen" (ebd). Der Einfluss von Savigny ist in der Behauptung ersichtlich, dass das durch den Rechtsstreit begründete Rechtsverhältnis mit dem Vertrag ähnlich ist. Vgl. *Bethmann-Hollweg* I, 102. Wie es oben erwähnt wurde, geht die Lehre über die *litis contestatio* als Begründung des neuen der obligationsähnlichen Rechtsverhältnisses, geht auf Savigny zurück.

181 *Savigny*, System 5 (1841) 5–6.

182 In Bezug auf die *legis actiones* merkt er an, dass „dieser formelle Sinn des Wortes *actio*" für die Handlung des Klägers, in dieser Zeit durchaus vorherrschend ist, wie ja auch bei *mancipium*, *nexum* u.A...". (*Bethmann-Hollweg*, I, 115).

183 Die unförmliche Erklärung der Parteien vor dem Gericht war nach Bethmann-Hollweg von keiner rechtlichen Relevanz: „Von rechtlicher Bedeutung waren diese Erklärungen nicht, sondern nur die förmliche Verhandlung (*legis actio* zweiseitig), durch welche die Parteien unter Mitwirkung des Prätors in feierlicher Rede und Widerrede (*certis verbis*) und entsprechenden Handlungen den Rechtsstreit feststellten." (*Bethmann-Hollweg*, I, 90)

184 *Bethmann-Hollweg*, I, 114.

Unterscheidung findet man auch später in der Darstellung von Albanese, der zwischen den einseitigen *legis actiones* und den *legis actiones* mit Dialogstruktur unterscheidet.[185]

Im Formularverfahren ist dagegen auch die materielle Bedeutung des Wortes *actio* „den römischen Juristen zu Bewusstsein" gekommen.[186] Diese materielle Bedeutung der *actio* ist das „jene Handlung begleitende Recht".[187] Eine Verbindung zwischen dem Legisaktionenverfahren und dem Formularverfahren sieht er darin, dass die *legis actio* im Sinne eines Sprechaktes ihren Ausdruck in der *intentio* des Formularverfahrens findet.[188]

Innovativ erscheint die kritische Einstellung Bethmann-Hollwegs zu dem Themenkreis des subjektiven Rechts. Er betont, dass die Römer subjektives und objektives Recht nicht voneinander unterscheiden: „So wenig waren die Römer geneigt, das Wesen des Zivilprozesses in die Aufhebung einer Verletzung der Person oder des objektiven und des subjektiven Rechts zu sehen".[189] Diese Relativierung der Rolle subjektiven Rechts äußert sich meines Erachtens auch darin, dass er die *actio* im Formularverfahren nicht als reines subjektives Recht konzipiert, sondern als ein Angriffsrecht, das mithilfe einer prozessualen *formula* durchgesetzt wird.

Die *actio* versteht er einerseits als Synonym für *formula* andererseits als Teil der *formula*: „1) Die Klage des Klägers, 2) die Verteidigung des Beklagten; 3) die Anordnung des Geschworenengerichts durch den Richter – „Alles dieses concentriert sich in der Formula".[190] Die erst später in der romanischen Literatur vorgenommene Untersuchung des Begriffes *actio* in den Institutionen von Gaius findet man in groben Zügen schon in der Forschung Bethmann-Hollwegs.[191]

---

185 *Albanese*, Il processo privato romano delle *legis actiones* (1987) 15 f.

186 *Bethmann-Hollweg* II, 207.

187 Vgl. *Bethmann-Hollweg* II, 208. Für Savigny ist die *actio* nur ein Annexum des Rechts; für Bethmann-Hollweg dagegen stellt die *actio* das gleiche materielle Recht in seiner gerichtlichen Geltendmachung dar.

188 *Bethmann-Hollweg* I, 114 mit Fn 5: „Wenn Gai IV § 41 sagt: Intentio est ea pars formulae, qua actor desiderium suum concludit, so darf der Ausdruck wohl im demselben Sinne auf die legis actio übertragen werden."

189 *Bethmann-Hollweg* I, 115.

190 *Bethmann-Hollweg*, II, 203.

191 *Bethmann-Hollweg*, II, 207: Gaius redet über *actiones* im Sinne der Klagformen, die „von der Natur der verschiedenen Klagrechte abhängig sind" (ebd. S. 207, Fn. 1). Somit setzt Gaius die *actio* und die *formula* gleich. Vgl. *Falcone*, Appunti sul IV commentario delle Istituzioni di Gaio (2003) pas.

5.3. Die *actiones* in der Darstellung von Paul Jörs und Moritz Voigt

Einen historisch-kritischen Blick auf die römische *actio* findet man im Werk „Römische Rechtswissenschaft zur Zeit der Republik" (1888) von Paul Jörs. Der Autor setzt sich mit den Bedeutungen der *actio* nicht im technisch-prozessualen Sinne, sondern erfasst die *actiones* als mündliche Rituale, die in den Archiven der *pontifices* bewahrt wurden. Aufmerksamkeit auf die ritualisierten Aspekte der *actiones* richtet auch Moritz Voigt in seinem Werk über das Zwölftafelgesetz (1883).[192] Das Wesen der *actio* im „alttechnischen" Sinn besteht für Voigt in einem feierlichen Ritual.[193] Er unterscheidet in der *actio* die Elemente eines Rechtsgeschäftes sowie einer prozessualen Handlung.[194] Voigt klassifiziert weiters die *actiones* in die *actiones* der *boni mores*, die auf die *mores* zurückgehen, die *actiones* des *fas* in den *commentarii sacerdotum* und die *actiones* des *ius publicum* in den *commentarii magistratum*.[195] Diese originelle Einteilung erhebt nicht die Art des Verfahrens (deklaratives Verfahren oder Vollstreckungsverfahren wie im Rahmen der dogmatisch-orientierten Forschungen) zum Hauptprinzip, sondern rückt die Verfasser – Priester oder römische Gerichtsmagistrate – und die Entstehungszeit der *actiones* in den Vordergrund. Da in der archaischen Zeit der Terminus *agere* noch nicht durchgängig verwendet wurde, kommen für ihn auch die Worte *orare*, *clamare*, *fari*, *dicere*, *spondere* etc. als austauschbare Termini vor.[196] Voigt stellt die vordezemviralen *actiones* dem Zwölftafelgesetz gegenüber, durch das den *actiones* eine engere Bedeutung zugewiesen wurde.[197]

---

192 *Voigt*, Die XII Tafeln I (1883) 125 f.

193 *Voigt*, Die XII Tafeln I (1883) 125.

194 *Voigt*, Die XII Tafeln I (1883) 126. Die *actiones* für die Rechtsgestaltung werden dabei als *leges privatae* bezeichnet, und die *actiones* für die Verfolgung des verletzten Interesses als *legis actiones* im weiteren Sinn. *Voigt*, Die XII Tafeln I (1883) 136.

195 Voigt unterscheidet auch die *actiones* des *ius Quiritium* aus den *commentari regum*, die später in die *commentarii consulum* und in die *commentarii pontificum* übernommen wurden. *Voigt*, Die XII Tafeln I (1883) 135.

196 *Voigt*, Die XII Tafeln I (1883) 135.

197 Voigt stellt das System der *actiones* der Rechtsordnung, die mit dem Zwölftafelgesetz etabliert wurde, gegenüber: „dort Fülle und Reichtum an Gebilden, hier Armuth und Dürftigkeit an Satzungen; dort die sorglichste Durchbildung der Details und die vielseitigste Gliederung der Figuren, hier eine generalisirende Haltung der Rechtssätze [...]. Bei den *legis actiones* geht es um komplizierte und künstliche Gefüge. Die *actiones*, die das älteste römische Recht verwendete, sind

Die Erklärungsmodelle zur römischen *actio* von Jörs und Voigt sind zu einer Zeit und in einem Kontext entstanden, in denen die Wissenschaftler dogmatisch orientierter Richtung in der *actio* vorwiegend eine Hilfskonstruktion des subjektiven Rechts sahen und ganz andere Begrifflichkeiten für ihre Erfassung verwendeten. Die Beachtung der literarischen Quellen sowie die Rekonstruktion des *agere* und der *actio* im Zwölftafelgesetz durch Jörs und Voigt war außergewöhnlich und entsprach damit nicht ganz dem damaligen Zeitgeist.

In einigen weiteren Darstellungen zur römischen Rechtsgeschichte werden die *actiones* in einem weiten Sinn dargestellt – nicht nur als prozessuale Rechtsbehelfe, sondern als Instrumente der geschäftlichen Rechtsgestaltung, als Rituale für ein breites Spektrum der Rechtssituationen. Diese umfassende Bedeutung findet Erwähnung in den Werken von Hugo,[198] Schweppe[199] und Karlowa.[200]

---

nach Voigt keine eigene Schöpfung, sondern ein Erbgut der lateinischen Vorfahren. Vgl. *Voigt*, Die XII Tafeln I (1883) 136 f.

198 In seiner „Geschichte des römischen Rechts" strebt Gustav Hugo laut Wieacker (*Wieacker*, Römische Rechtsgeschichte I (1988) 43 mwN) an, das erste geschlossene Epochenbild der antiken römischen Rechtsentwicklung darzustellen. Seine Darstellung steht in einem Spannungsfeld zwischen der Institutionengeschichte und der Rechtsgeschichte. Hugo erwähnt, dass die *actiones* in einem weiteren Sinn in der frühen und republikanischen Zeit verstanden werden, um sich dann den *actiones* im technischen Sinn anhand der Gaius-Institutionen zu widmen. Das Wort *actio* ist nach Hugo vieldeutig. Im allgemeinen Sinn heißt *actio* eine Wirkung, Handlung oder ein Rechtsgeschäft. Es bedeutet im öffentlichen Recht die Fähigkeit, ein Rechtsgeschäft vorzunehmen. Im Privatrecht verweist insbesondere der Ausdruck *legitima actio* auf ein Rechtsmittel, das mit oder ohne Mitwirkung der Obrigkeit eine rechtserzeugende Veränderung bewirkt. Vgl. *Hugo*, Lehrbuch der Geschichte des römischen Rechts bis auf Justinian (1824) 243. S. auch *Hugo*, Lehrbuch der Rechtsgeschichte bis auf unsere Zeiten (1790) 55 f.

199 Schweppe befasst sich u.a. mit den *legis actiones* für die Zwecke der rechtsgeschäftlichen Gestaltung und wendet sich den für seine Zeit neuen *fragmenta Vaticana* zu, wo die *actio* im Sinne eines Rechtsgeschäftes verstanden wird. Die Rechtsgeschäfte fallen laut Schweppe unter die Begriffe *legis actiones, actus legitimus, civilis actio, civilis negotium* etc. S. *Schweppe*, Römische Rechtsgeschichte und Rechtsalterthümer (1832) 214.

200 *Karlowa*, Römische Rechtsgeschichte I (1885).

5.4. Historisch-kritische Auseinandersetzung mit dem *agere* und der *actio* in der Lehre des 20. Jh.

Die mündliche sakral-ritualisierte Rechtskultur der frühen und der republikanischen Zeit, für die u.a. das *agere* und die *actio* terminologisch stehen, wird in den historisch-kritischen Forschungen des 20. Jh. thematisiert.[201] Diese romanistischen Studien wenden die Aufmerksamkeit den ritualisierten Aspekten der Rechtsbildung im Antiken Rom zu und befinden sich in einem breiteren Kontext der aufsteigenden Rolle der Rechtsanthropologie und der Rechtssoziologie für die Erforschung der Rechtsgeschichte.[202] Das Ritual als modernes analytisches Konzept nimmt dabei in den aktuellen Forschungen zu der römischen Antike einen zentralen Platz ein.[203]

Zu einem weiteren Thema der historisch-kritischen Studien gehört die kritische Auseinandersetzung mit der Unterscheidung zwischen subjektivem und objektivem Recht: In den Rechtsfiguren *agere* und *actio* werden nach diesen Ansichten beide Aspekte des Rechts (objektives und subjektives) eng miteinander verwoben[204] (Vgl. dazu oben Abschnitt 4.3. Die Entkoppelung der *actio* vom subjektiven Recht).

---

201 *Lévy-Bruhl*, Recherches sur les actions de la loi (1960); *Hägerström*, Der römische Obligationsbegriff I (1927) pas.; *Hägerström*, Über den Grund der bindenden Kraft des Konsensualkontraktes, in: SZ 63 (1943) 268 f.; *Tondo*, Aspetti simbolici e magici nella struttura giuridica (1967). Weitere Nachweise zu den magischen und sakralen Aspekten des archaischen Rechts s. bei *Santoro*, Potere ed azione, in: AUPA 30 (1967) 360, Fn. 3.

202 *Stollberg-Rilinger*, Rituale (2013) 34 f., 242 f.; *Ruelle*, Agir et dire sous la Republique romaine. Paroles et procedures aux sources du tres ancien droit romain (Teil 1), S. 14 (vgl. Fn. 206).

203 Danek/Hellerschmied (Hgg.), Rituale. Identitätsstiftende Handlungskomplexe, 2012; *Flaig*, Ritualisierte Politik. Zeichen, Gesten und Herrschaft im Alten Rom (2003) 167 f.; Chaniotis (Hg), Ritual Dynamics in the Ancient Mediterranean: Agency, Emotion, Gender, Representation, 2011; *Stavrianopoulou*, Ritual and Communication in the Graeco-Roman World, 2006.

204 Vgl. De Francisci, der *ius* als „l'area massima di azione o di pretesa", oder als „l'area massima di una potenza già affermata o da affermarsi" versteht. Die Feststellung *ita ius esto* im Zwölftafelgesetz verweist nach seiner Ansicht auf die Rechtsmäßigkeit einer Situation, verleiht ihr die Bedeutung einer *norma agendi*. Und aus dieser *norma agendi* wird eine *facultas agendi* hergeleitet. Das objektive Element und das subjektive Element sind für De Francisci nur zwei verschiedene Aspekte und Betrachtungsperspektiven einer konkreten Situation. *De Francisci*, Primordia civitatis (1961) 380; auch *Arangio-Ruiz*, Istituzioni di diritto romano[14] 1960 (Ndr.1983) 21 f.

5.5. Wort, Gestus, Sprechakt

Die Rechtsverbindlichkeit der *actiones* archaischer und republikanischer Zeit wird gemäß diesen Forschungen in dem streng ritualisierten Formalismus, der magischen Rechtsanschauung der archaischen Zeit und in dem Synkretismus zwischen der Rechtsordnung (*ius*) und der sakralen Ordnung (*fas*) gesucht.[205]

Das *agere* und die *actio* der frühen Zeit können somit als Sprechakte erfasst werden, die als solche das *ius* (sowohl im subjektiven als auch im objektiven Sinn) erzeugen können.[206] Eine weitere Besonderheit der ritualisierten Rechtsfindung ist die fehlende Unterscheidung zwischen dem Willen der Akteure, den verlautbarten Spruchformeln und den ritualisierten Handlungen:[207] Nicht der individuelle Willensakt, sondern die Erklärung feierlicher Spruchformeln (die in den Quellen u. a. als *lex*, *certa* und *concepta verba* bezeichnet werden),[208] die richtige Ausübung der vorbestimmten Gesten (wie bspw. die Handanlegung in

---

205 Grundlegend *Hägerström*, Der römische Obligationsbegriff I (1927) pas. Die ältere Literatur s. bei *Wieacker*, Ius civile und lex publica in der römischen Frühzeit, in: FS Hübner (1984) 363. Vgl. *Tuori*, The magic of mancipatio, in: RIDA 55 (2008) 499 f.

206 *Novitskaya*, Ago and aio or „how to make law with words", in: University of Vienna Law Review 6.1 (2022) 63. Die Idee über einen performativen Sprechakt geht auf die Lehre Austins zurück, der zwischen „performative" und „assertive utterances" unterscheidet. S. *Austin*, Ho to Do Things with Words (1955) 6. Die Besonderheit der performativen Sprechakte besteht darin, dass infolge ihrer Verlautbarung eine neue Rechtswirklichkeit erstellt wird. Daher können die performativen Akte nicht falsch oder richtig sein. Die assertiven Sprechakte enthalten dagegen die Beschreibung der Tatsachen, die falsch oder wahr sein kann. S. dazu *Cao*, Legal Speech Acts, in: Watner/Werner/Cao (Hgg.) Interpretation. Law and the Construction of Meaning (2009) 65–82. *Manthe*, *Agere* und *aio*, in: FS Mayer-Maly (2002) 431–444; *Ruelle*, Sacrifice, énonciation et actes de langage en droit romain archaïque, in: RIDA 49 (2002) 203–239. Grundlegend zum *agere* vgl. *Ruelle*, Agir et dire sous la République romaine. Paroles et procédures aux sources du très ancien droit romain, 2007. Frau Prof. Ruelle hat mir ihre Dissertation in elektronischer Form zur Verfügung gestellt, wofür ich mich herzlich bedanke. Zitate und Seitenangaben beziehen sich auf die Dateien (zwei Teile), die Frau Prof. Ruelle mir übermittelt hat.

207 Zutreffend *Ebel*, Recht und Form (1975) 10 f., 14, der in Bezug auf ritualisierte Rechtsgeschäfte betont, dass „nach Wort oder Gebärde nicht formgerecht vorgenommene Rechtsgeschäft", auch wenn der Wille des Handelnden auf andere Weise eindeutig zum Ausdruck gebracht wird, nicht gültig ist.

208 Zu der Diskussion über die Rechtsnatur der *legis actio* s. unten das Kapitel II, Abschnitt 3. Die *legis actio*: Gesetzesklage oder Spruchklage?, S. 109 f.; zu der Bedeutung der *lex* als Spruchformeln vgl. Kapitel III, Abschnitt 5. Die *actiones* in *De re rustica* von Varro, *actiones* des Manilius, S 256 f. Zu *certa* und *concepta*

dem Ritual *manus iniectio*)[209] gewähren dem *agere* und der *actio* rechtsverbindliche Kraft.[210] Daher ist es schwierig, die Konzeption des subjektiven Rechts, die auf den individuellen Willen abgestimmt ist, für die Beschreibung des Wesens des *agere* und der *actio* in der archaischen und in der republikanischen Zeit zu verwenden.

Der Auslegung über die rechtsverändernde bzw. rechtskonstituierende Rolle der römischen Sprechakte, die in den Quellen u.a. als *agere* und *actio* bezeichnet werden, liegt einerseits die schon erwähnte Vorstellung über eine magische Rolle der in einer bestimmten Weise ausgesprochenen Worte in den archaischen Gesellschaften zugrunde.[211] Andererseits wird behauptet, dass die kreative Rolle des ausgesprochenen Wortes ihre Begründung in der Rechtskunde und der Methodologie der Priesterjuristen (Pontifices, Auguren) findet.[212]

5.6. *Actio* und Ritual

Für das Verständnis des *agere* und der *actio* in der republikanischen und in der archaischen Zeit wird wie oben erwähnt in der Literatur auch die Konzeption des Rechtsrituals verwendet.[213] Die Beachtung des Rituals ist der Grund, weshalb individuelle Handlungsakte, die in den Quellen u.a. als *agere* und *actio*

---

verba vgl. Kapitel III, Abschnitt 11. Das *agere* und die *actio* in den Institutionen des Gaius, S. 309 f.

209 Kapitel II, Abschnitt, 5.4. Das *agere* als Ritual für die Personalvollstreckung, S. 173 f.

210 *Sellert*, Gewohnheit, Formalismus und Rechtsritual, in: Durchhardt Melville (Hgg.), Im Spannungsfeld von Recht und Ritual (1997) 33–34.

211 *Orestano*, I fatti di normazione nell'esperienza romana arcaica (1967) 179 f.; Orestano spricht in diesem Zusammenhang über *„realismo nominale"*. Darunter versteht er einen in den archaischen Gesellschaften vorhandenen Glauben, dass jedes Wort die Realität gestaltet, und dass jedes Phänomen einen Namen hat, der sein Wesen beschreibt. S. auch *Orestano*, „Realtà", „parole", „valori" nella scienza del diritto, in: Rivista di diritto civile 31.5 (1985) 462, Fn. 3. Zu Sprechakten s. auch *Castresana*, Actos de Palabra y Derecho (2007) 11 f.; *Corbino*, Il formalismo negoziale nell'esperienza romana (1994) 52–53. S. *Olivecrona*, Law as a Fact^2 (1971) 228–229; *Vergara*, The Magical Element in the Law, in: Archiv für Rechts- und Sozialphilosophie 104.1 (2018) 103–120.

212 Vgl. schon *Huschke*, Kritische Bemerkungen zu Gaius, in: Zeitschrift für Rechtsgeschichte 7 (1866) 7; *Manthe*, *Agere* und *aio*, in: FS Mayer-Maly (2002) 431 f.

213 *Fögen*, Ritual und Rechtsfindung, in: Rituale heute (1999) 149–164; in Bezug auf die Ritualen in der römischen Religion s. *Rüpke*, Acta aut agenda, in: Kranemann, Rüpke (Hgg.) Das Gedächtnis des Gedächtnisses. Zur Präsenz von Ritualen (2003) 11; *Bassanelli Sommariva*, Le legis actiones nel liber singularis enchiridii

bezeichnet werden, rechtsverbindlich werden.[214] Diese ritualisierten oft performativen[215] Handlungsakte bestehen aus zwei Hauptkomponenten: aus der Erklärung feierlicher Spruchformeln[216] und aus der Vornahme vorbestimmter Gesten.[217]

Das analytische Konzept des Rituals bietet zu einem gewissen Grad einen Ausweg aus der Erfassung der *actio* und des *agere* aus der Perspektive des subjektiven Rechts.[218] Das Ritual wird im Gegensatz zu dem subjektiven Recht nicht von einem abstrakten Rechtssubjekt ausgeübt, sondern von einer konkreten Person in ihrer konkreten historischen Dimension.[219] So betrachtet Catalano den Begriff *subiectum iuris* kritisch und besteht darauf, dass sich im Römischen Recht der Begriff *persona* auf eine Person *„in carne ed ossa"* bezieht, und nicht auf ein abstraktes Rechtssubjekt.[220] Die Personen und nicht die Rechtssubjekte „verkörpern" das Recht, indem sie höchstpersönliche performative Rituale

---

di Pomponio, in: Studi Martini I (2008) 191; *Rüpke*, Ritual als Resonanzerfahrung (2021) pas.

214 *Lévy-Bruhl*, Recherches sur les actions de la loi (1960) 20; *De Francisci*, Primordia civitatis (1961) 279–280.

215 Übersicht zum Thema „Performativität" s. bei *Bülow*, Performativität in Sprache und Recht. Synopse der einzelnen Beiträge, in: Bülow/Burg/Harnisch/Wernsmann (Hgg.), Performativität in Sprache und Recht (2016) 4 f.; *Müller-Mall*, Rekursion. Rezeption. Relation, in: Bülow/Bung/Harnisch/Wernsmann (Hgg.), Performativität in Sprache und Recht (2016) 24 f.

216 *Rüpke*, Acta aut agenda: Relations of Script and Performance, in: Barchiesi /Rüpke / Stephens (Hgg.), Rituals in Ink: A Conference on Religion and Literary Production in Ancient Rome (2004) 23 f.

217 *Sellert*, Gewohnheit, Formalismus und Rechtsritual, in: Durchhardt/Melville (Hgg.), Im Spannungsfeld von Recht und Riutal. Soziale Kommunikation in Mittelalter und Frühere Neuzeit (1997) 33.

218 S. z.B. *Fögen*, Ritual und Rechtsfindung, in: Rituale heute (1999) 149–164; *Lévy-Bruhl*, Recherches sur les Actions de la loi (1960) 35: „les rites de cette Legis Actio"; *Wolf*, Zur *legis actio sacramento in rem*, in: Wolf, Recht im frühen Rom (2015) 62, Fn. 2 spricht von einem Vindikationsritual; *Wieacker*, Altrömische Priesterjurisprudenz, in: FG Kaser (1986) 352 bedient sich des Begriffs „Ritual".

219 Zutreffend beschreibt diesen methodologischen Wandel vom Rechtssubjekt zum Menschen in dem Rechtsdiskurs *Auer*, Der privatrechtliche Diskurs der Moderne (2014) als „Dezentrierung des Subjekts" (S. 48 f.).

220 *Catalano*, Diritto e persone (1990) XIII; *Catalano*, Diritto, soggetti, oggetti, in: Studi Talamanca, II (2001) 116, Fn. 69 mwN Die Konzeption des Rechtssubjekts ist nach Catalano nicht nur für das Römische Recht fremd, sondern auch für die kanonische Rechtstradition.

(*actiones*), die sich in feierlichen Spruchererklärungen und bestimmten Gesten äußern, vornehmen; sie verleihen dem Recht also gleichsam „die Körperlichkeit“.[221]

Die Rechtsrituale verlangen für ihre Wirksamkeit die öffentliche und sichtbare Durchführung im öffentlichen Raum. Aufgrund der Wahrnehmung Dritter wird die dadurch erzeugte individuelle Position der Beteiligten als rechtsverbindlich und normwirkend für Dritte akzeptiert.[222] Für das *agere* und die *actio* ist charakteristisch, dass sie in der Regel öffentlich, d.h. *in iure* durchgeführt werden. Ihre Wahrnehmung durch die *civitas* sowie durch die Zeugen (*testes*) führt dazu, dass die somit erzeugte individuelle Befugnis auch für diese Beobachter (*civitas, testes*) zum objektiven Recht wird.[223]

5.7. *Actio* als Rechtshandlung mit unbegrenzter Autonomie: von Jhering bis Santoro und Nicosia

In der italienischen Literatur sind die *actio* und das *agere* in der republikanischen Zeit zum Gegenstand der wissenschaftlichen Auseinandersetzungen in der zweiten Hälfte des 20. Jh. geworden. Neue Konzeptionen bieten vor allem Santoro und Nicosia.

Als zentrale Ausdrucksform des *ius* kommt die *actio* in den Studien von Santoro vor.[224] In der archaischen und republikanischen Zeit werden nach Santoro die subjektiven und die objektiven Aspekte des *ius* nicht unterschieden.[225] Die *actio* versteht er als Rechtsritual, das dem Akteur zuerst eine unbegrenzte

221 *Wulf*, Ritual und Recht, in: Wulf (Hg.) Körper und Recht (2003) 29; *Perrot*, Le geste, la parole et le partage, in: Revue Semestrielle de Droit Animalier 2 (2010) 275 f.

222 *Bassanelli Sommariva*, Le legis actiones nel liber singularis enchiridii di Pomponio, in: Studi Martini I (2008) 191. S. *Münkler*, Inszenierung von Recht als Wirksamkeitsbedingung, in: Münkler, Stenzel (Hgg.) Inszenierung des Rechts (2019) 19–40.

223 Die unmittelbare Teilnahme der *civitas* wird in der Lehre als „Volksjustiz“ bezeichnet. S. dazu *Talamanca*, Istituzioni di diritto romano (1990) 274; 282; Id. Processo (diritto romano), in: ED 36 (1987) 6.

224 *Santoro*, Potere ed azione, in: AUPA 30 (1967) 356. Santoro beschreibt die *actio* als Erscheinungsform des *ius* mit dem Ausdruck „concezione strumentalistica di ius“. WN zu "concezione strumentalistica" des *ius* s. in *Santoro*, Per la storia dell'*obligatio* I (2020) 396, Fn. 1444.

225 Santoro kritisiert die These von Pugliese (*Pugliese*, Actio e diritto subiettivo [1939] 94 f.) über die Trennung zwischen *actio* und subjektivem Recht und widmet seine Forschungen dem Beweis ursprünglichen Identität zwischen *actio* und Recht (im subjektiven und objektiven Sinn). Das *ius* in der antiken Formel der *vindicatio* „*meum esse aio ex iure Quiritium*“ bedeutet „forza rituale“. Dabei wird das *ius* in

Handlungsautonomie gewährt, welche auch außerprozessual denkbar ist,[226] und für ein breites Spektrum – für die Gestaltung eines einseitigen Rechtsgeschäftes, aber auch für die gerichtliche Verfolgung der Rechte – angewandt wird.[227] Die *actio* versteht er als Teil des materiellen Rechts und bestreitet v.a. die von Pugliese vertretene und seiner Ansicht nach etwas vereinfachte These über die *actio* im Sinne eines prozessualen Instruments für die Verfolgung des verletzten subjektiven Rechts.[228]

Mit der Auffassung von Santoro über die *legis actio* als „una pronunzia unilaterale, creativa, essente da limiti di autonomia"[229] stimmt zu einem gewissen Grad die Ansicht von Nicosia überein. Auch Nicosia geht davon aus, dass in der früheren Zeit *actiones* existierten, welche ohne Kontrolle des Gerichtsmagistrates ausgeübt werden konnten. Die Intervention der Obrigkeit bei der Ausübung eines Rituals, d. h. der *actio*, kommt nach Nicosia erst mit der Entwicklung der römischen Staatlichkeit.[230] Sowohl die *legis actio sacramento* als auch die *legis actio per manus iniectionem* sind für ihn ursprünglich jurisdiktionsfreie Rituale, bei denen die Vornahme einer ritualisierten *actio*, d. h. die Erklärung feierlicher Worte, schon ausreichend ist, um Rechtswirkungen zu erzeugen.[231] Den Gerichtsprozess setzt Nicosia mit der Vornahme eines formalisierten *agere* gleich.[232] Die Entwicklungsgeschichte der römischen *actiones* besteht für ihn in der sukzessiven Begrenzung der Handlungsmacht privater Akteure infolge der

---

der *actio* aufgelöst, worauf der Ausdruck *secundum suam causam* verweist. Vgl. *Santoro*, Potere ed azione, in: AUPA 30 (1967) 10, 121.

226 *Santoro*, Actio in diritto romano, in: Poteri negotia actiones. Atti Copanello (1984) 201 f.; *Santoro*, Per la storia dell'*obligatio* I (2020) 398: "…che spiega, come l'*actio* non debba necessariamente sfociare nel giudizio…".

227 Auch Varvaro beschreibt *legis actio* als Ritus im allgemeinen Sinn. S. *Varvaro* Die Legisaktionen, HRP I (2023) 322.

228 *Santoro*, Per la storia dell'*obligatio* I (2020) 401–404.

229 *Santoro*, Per la storia dell'*obligatio* I (2020) 404.

230 *Nicosia*, Il processo privato romano I (1980) 175 f. Vgl. schon *Luzzatto*, Procedura civile romana II (1948) 7 mit Fn. 1.

231 *Nicosia*, Il processo privato romano I (1980) 178 f.

232 Nach Nicosia soll die Intervention des Gerichtsmagistrates viel später entstanden sein als in der Lehre angenommen wird. Der Autor stellt die Frage in der folgenden Form: Einerseits setzt die Struktur der meisten *legis actiones*, wie sie von Gaius beschrieben wurde, eine Intervention des Gerichtsmagistrates voraus. Andererseits wird die Errichtung der Prätur in der Tradition der römischen Literatur mit den *Leges Liciniae Sextiae* verbunden. Diese Unstimmigkeit lässt sich mit zwei Hypothesen erklären: entweder wurde die *iurisdictio* schon vor den *Leges Liciniae Sextiae* ausgeübt, oder man vermutet, dass das römische Verfahren vor dem 4. Jh.

Desakralisierung des Rechts und der aufkeimenden Kontrolle eines Gerichtsmagistrates bei der Ausübung der *actio*.[233]

In den Theorien von Santoro und Nicosia ist meines Erachtens der Einfluss des „Jheringschen Geistes" wahrnehmbar, der auch die *legis actiones* als solenne Akte der „Selbsthülfe"[234] erfasst und anmerkt, dass „die Verwirklichung des Rechts nicht die Sache des Staates, sondern des Berechtigten selbst ist",[235] da das Recht der Republik nach Jhering keine Verwirklichung des Rechts von Staats wegen kennt, sondern sie lediglich dem Berechtigten überlässt. Für die *legis actiones* und insbesondere für die *legis actio per pignoris capionem* und die *legis actio per manus iniectionem* sowie für die formlose Selbsthilfe stellt die „obrigkeitliche Autorisation" keine besondere Voraussetzung für ihre Geltung dar.[236]

Für die Beschreibung der allumfassenden Handlungsmacht eines Akteurs bei der Vornahme der Rituale wird in den rechtsanthropologischen und soziologischen Studien auch die Konzeption der „agency" verwendet.[237] Indem die Akteure die *actiones* ausüben, besitzen sie eine transformative prozessuale Handlungsmacht (*agency*), die Rechtswirklichkeit zu ändern: Dies ermöglicht ihnen, nicht nur das Recht im subjektiven Sinn zu gestalten, sondern auch das objektive Recht zu bestimmen.

---

v. Chr. in der Form des *agere* privater Akteure existiert hat. Dieses *agere* wurde mittels der ritualisierten Formen der Volksjustiz ausgeübt. Die Vermutung über eine begrenzte Rolle des Gerichtsmagistrates lässt sich auch damit begründen, dass die ältesten *legis actiones* bzw. die ältesten Formen des *lege agere* in ihrer ursprünglichen Form keine Intervention des Gerichtsmagistrates vorgesehen haben. *Nicosia*, Il processo privato romano I (1980) 63 f., 177 f. Das privatrechtliche *agere* konnte auch nach Broggini ohne eine Einmischung der *civitas* durchgesetzt bzw. realisiert werden. *Broggini*, *Iudex Arbiterve*. Prolegomena zum Officium des römischen Privatrichters (1957) 13, Fn. 18.

233 Die Position von Nicosia wird in der deutschsprachigen Literatur außer Acht gelassen. Im italienischen Sprachraum wurde sie mehrmals kritisiert. Die Zusammenfassung der kritischen Stimmen s. in: *Varvaro*, Die Legisaktionen, in: HRP I (2023) 322 mit Fn. 3.

234 *Jhering*, Geist des römischen Rechts, 1. Aufl., I (1852) 146.

235 *Jhering*, Geist des römischen Rechts, 1. Aufl., I (1852) 146.

236 *Jhering*, Geist des römischen Rechts, 1. Aufl., I (1852) 146, 147.

237 *Stollberg-Rilinger*, Rituale (2013) 222; *Krüger/Nijhawan/Stavrianopoulou*, „Ritual" und „agency", in: Forum Ritualdynamik 14 (2005) 1–34.

5.8. *Actio* und Medien des Rechts

Die Geschichte des *agere* und der *actio* ist eng mit der Geschichte der Medien des Rechts verbunden.[238] Zu solchen Rechtsmedien gehören v.a. die Sprache, die Schrift und die Gesten.[239]

Der in den Quellen verwendete Ausdruck *liber actionum* verweist auf eine Schrift bzw. ein Sammelwerk der Rituale. In diesem Zusammenhang symbolisiert die Tat von Gn. Flavius die Offenbarung des rechtlichen Wissens in Form von mündlichen Ritualen und ihre sukzessive Verschriftlichung in den *libri actionum*, die als Vorläufer der Ediktskommentare hervortreten.[240] Die Veränderung des Wesens der *actio* und ihr weiteres technisches Verständnis als Klage(-antrag) und Klageschrift in der klassischen Zeit ist somit eine Folge der systematischen Verschriftlichung des Rechts in der republikanischen Zeit.[241]

5.9. *Actio* und *formula*

Bereits auf Bethmann-Hollweg geht die präzise Beobachtung zurück, dass das Wort *actio* in den Quellen u.a. im Sinne der (prozessualen) Formel verwendet wird.[242] Die „formalen" Bedeutungen der *actio* als prozessuales Schema,[243] als Gerichts- und Geschäftsformel, d.h. als *certa* oder *concepta verba*, wurden zur

---

238 Grundlegend *Assmann*, Das kulturelle Gedächtnis (1992) 29 f.

239 *Vismann*, Akten. Medientechnik und Recht[3] (2011) 15 f.

240 S. unten, Kapitel III, Abschnitt 2. *Ius civile Flavianum*, S. 229 f.; Kapitel III, Abschnitt 9. Die *actio* im Ediktskommentar und in *libri actionum* von Aulus Ofilius, S. 283 f.

241 Vgl. *Vismann*, Akten. Medientechnik und Recht[3] (2011) 8, die das Recht aus der Perspektive der Mediengeschichte erfasst. Vgl. dazu *Lüttge*, Cornelia Vismann, Akten (2000), in: Administory 4.1 (2019) 178.

242 *Bethmann-Hollweg*, II, 207; S. auch schon *Schlossmann*, Vertrag (1876) 215 f.

243 Die Bedeutungen des Wortes *formula* vgl. in *Cannata*, Profilo istituzionale del processo privato II (1982) 70 f., wobei der Autor sich mit der Abgrenzung zwischen dem *iudicium* und *formula* beschäftigt, und das Verhältnis der Termini *actio* und *formula* ignoriert. Andernorts setzt Cannata *actio* und *formula* gleich. S. *Cannata*, Corso di istituzioni I (2001) 143. . Vgl. auch *Platschek*, § 10 Formularprozess: Grundlagen, in: HRP I (2023) 342–349 mit Fn. 1. Er versteht die Formula aber engtechnisch als schriftliche Festlegung des Streitgegenstandes, ein Prozessprogramm. Die etwas weitere Auffassung des Wortes *formula* durch Wenger scheint zutreffender zu sein. S. *Wenger*, s.v. *formula*, in: RE VI. 11 (1907) 2859–2876.

Zeit der Erfassung der Rechtsordnung als System der subjektiven Rechte oft außer Acht gelassen.[244]

Die Vernachlässigung der formalen Bedeutungen des *agere* und der *actio* erfolgte meines Erachtens aus folgenden Gründen: Erstens hat das im Naturrecht verankerte Verständnis der *actio* als „subjektives Recht", „Anspruch" zur Folge, dass die *actio* im römischen Recht vorwiegend als eine individuelle materiellrechtliche Rechtsbefugnis des Klägers (Angriffsrecht) verstanden wurde.[245] Der zweite Grund besteht darin, dass dieses Wort in den Digesten Justinians selten vorkommt (während Gaius von *formulae* redet), was möglicherweise die Folge der Abschaffung des Formularverfahrens in der Zeit ihrer Kompilation war.[246] Der dritte Grund ist die bisher ungeklärte Kontinuität in der Entwicklung des römischen Prozesses, wobei die *formulae* eine modifizierte Form der individuellen Sprechakte (*lege agere*) aus dem Legisaktionenverfahren sein könnten.[247]

---

244 Savigny schließt die *actio* im formellen Sinn aus seiner Darstellung aus. Vgl. *Savigny*, System 5 (1841) 5: „die Klage in der zweyten (formellen) Bedeutung, oder die Klaghandlung, mit ihren Bedingungen und Formen, gehört in die Lehre vom Prozeß". Bethmann-Hollweg betont dagegen die vorwiegend formale Bedeutung des Wortes *actio* im Legisaktionenverfahren, stellt aber fest, dass in der klassischen Zeit die materielle Bedeutung der *actio* vorherrschend wird (S. dazu oben Abschnitt 4.2. Historisierung des Zivilprozesses in der Forschung von Bethmann-Hollweg, S. 54). In der Tat erhält die *actio* im klassischen Formularverfahren sowohl materielle als auch formelle Elemente; die Durchsetzung eines individuellen Anspruchs oder Rechts erfolgt mit der *formula*. Vgl. dazu *Kollmann*, Begriffs- und Problemgeschichte (1996) 55.

245 *Kaser/Hackl*, Das römische Zivilprozessrecht[2] (1996) 233 mit Fn. 12.

246 Zutreffend *Bassanelli Sommariva*, Costanzo e Costante, in: Rivista di Diritto Romano I (2001) 7: „ il termine formula, nella sua accezione tecnica processuale, era ormai estraneo al vocabolario dei giustinianei e che i compilatori lo eliminarono con ogni cura dai passi conservati nei Digesta." Vgl. *Platschek*, § 10 Formularprozess: Grundlagen, in: HRP I (2023) 343, Rn. 1. S. auch *Zulueta*, The institutes of Gaius II (1953) 221, der die Folge der Verschwindung der *formulae* nach der Abschaffung des Formularverfahrens darin sieht, dass sich der Sinn des Wortes auch ändert „from the form to the right of action".

247 Vgl. aber *Varvaro*, Zugehörigkeit und ivs qviritivm, in: Baldus/Schmon, Zivilprozess und historische Rechtserfahrung (2015) 42, 47 f. Jüngst hat *Varvaro*, Lineamenti di procedura civile romana (2023) 62, 67 f. vermutet, dass das *agere per sponsionem* ein „anello di coniugazione fra il *lege agere* e l'*agere per formulas* ist. Skeptisch zu der Kontinuität zwischen dem Legisaktionenprozess und Formularprozess *Platschek*, § 10 Formularprozess: Grundlagen, in: HRP I (2023) 344–344, Rn. 3. S. auch *Birks*, From *legis actio* to *formula*, in: Irish Jurist 4/2 (1969) 356–367.

Ein Paradebeispiel für das Außerachtlassen der formellen Bedeutung der *actio* stellt die apodiktische Behauptung von Fritz Schulz in seinem Classical Roman Law dar: „actio never means formula".[248] Richtig scheint dagegen die von Pugliese wiewohl dieser in einer pandektistischen Matrix gefangen ist vorgeschlagene Unterscheidung zwischen der *actio* im Sinne eines „agire", eines Handelns des Klägers, eines Aktes der Rechtsetzung und später der Rechtsbehauptung im Prozess (*actio* in concreto), und der *actio* im Sinne eines prozessualen Schemas (*actio* in abstracto) zu sein. Die *actio* als prozessuales Schema wird nicht als genereller Begriff formuliert, sondern an das Vorliegen konkreter Typen von Rechtsbeziehungen angepasst.[249] Somit sprechen die römischen Juristen von *actiones* und nicht von einer *actio*, wenn sie bestimmte typisierte Rechtsverhältnisse unter Berücksichtigung des für ihre Durchsetzung vorgesehenen prozessualen Schemas erfassen.

Die Bedeutung der *actio* im Sinne eines „formalisierten" Aktes der gerichtlichen Durchsetzung ist maßgeblich in den Institutionen des Gaius und erlaubt ihm eine Kontinuität zwischen zwei Arten des römischen Gerichtsverfahrens *per certa verba* und *per concepta verba* aufzubauen[250]

Heute wird das Verhältnis zwischen den Termini *actio* und der *formula* in erster Linie im Zusammenhang mit der *actio civils in factum* debattiert.[251] Auch die aktuelle italienischsprachige Literatur befasst sich u.a. mit Spruchformeln im Zusammenhang mit *Fragmenta Augustodunensia*.[252] Jedoch wird die Frage

---

248 *Schulz*, Classical Roman Law (1961) 24. Anschließend behauptet Schulz aber den Gegenteil davon: „To be sure one might say *formulam praetor proposuit as well as actionem proposuit*, since the praetor could not promise an *actio* (*iudicium*) without promising a *formula* and by proposing a formula he proposed an *actio*. Even in cases in which the Edict contained solely a formula, a lawyer might safely say *practor actionem proposuit* (Gaius 2.253). Nevertheless, *actio* and *formula* are not identical." (S. 24–25).

249 *Pugliese*, PF I (1948) 100–102.

250 *Silla*, Genera actionum (2012) 11 f.; *Falcone*, Appunti sul IV commentario delle Istituzioni di Gaio (2003) 22 f. S. *Bethmann-Hollweg* II, 207, Fn. 1; S. dazu Kapitel III, Abschnitt 11. Das *agere* und die *actio* in den Institutionen des Gaius, S. 309 f.

251 Zur Abgrenzung der *actio in factum* und der *intentio* bzw. *formula in ius* vgl. *Gröschler*, Actiones in factum (2002) 18–27.

252 Vgl. FA 4.101. *Bianchi*, Sui Fragmenta Augustodunensia e il processo, in: Ravenna Capitale II. Studi sulle fonti (2015) 25; *Bassanelli Sommariva*, Lezioni di diritto privato romano II (2011) 148.

nach dem Verhältnis zwischen den Termini *actio* und *formula*[253] *iudicium*[254] nicht weiter erforscht,[255] was sich zum Teil durch den uneinheitlichen Sprachgebrauch römischer Juristen erklären lässt.[256]

6. Methodologische Grundlagen der Forschung unter Berücksichtigung der Wissenschaftsgeschichte der *actio*

Die Rekonstruktionen der *actio* und des *agere* in der romanistischen Lehre zeigen auf, dass die Darstellung dieser Rechtsfiguren vorwiegend davon abhängt, welche Erkenntnisinteressen und welche rechtshistorischen Methoden in den Forschungen in Betracht gezogen werden.

Nun werden die methodologischen Grundlagen dieser Forschung näher erläutert und anschließend wird auf die sich daraus kristallisierenden Fragen (Abschnitt 6. Fragestellungen und Gegenstand der Forschung) eingegangen.

---

253 So *Gröschler*, Demonstratio e intentio, in: LR 6 (2017) 353 f. Vgl. schon *Lenel*, Über Ursprung und Wirkung der Exceptionen (1876) 16, 17–18 Fn. 2: „Wenn die Römer von actio reden, so haben sie nicht das Bewusstsein, dass sie hiemit gewisse einzelne Clauseln aus der Gesammtformel ausscheiden, sondern sie haben die ganze Formel im Auge, aber nur von Seiten des Klägers, nur als Mittel angesehen, durch Beweis zum Siege gelangen. Die actio sei die Formel, gedacht als Mittel, durch Beweis von intentio und demonstratio condemnatio zu erwirken." (S. 17); *Muther*, Zur Lehre von der römischen *actio* (1857) 36; *Keller/Wach*, Der römische Civilprocess und die Actionen in summarischer Darstellung[5] (1876) 108.

254 Die Forschungsergebnisse von Wlassak bzgl. der Abgrenzung der *actio* und des *iudicium* sind nicht überzeugend. Vgl. seine nicht zutreffende Abgrenzung zwischen der *actio* und dem *iudicium*, wonach die *actio* immer eine Spruchformel bedeutet oder ein Prozess mit Spruchformeln, und das *iudicium* auf die Schriftformel sowie auf den Prozess aufgrund der Schriftformeln verweist. S. *Wlassak*, Römische Prozessgesetze II (1891) 15–17.

255 Eine Ausnahme bildet Santoro, der in seiner Monographie über die *obligatio* die Thesen v.a. Wlassaks und Puglieses über das Verhältnis der *actio* und des *iudicium* überprüft hat und seine alten Thesen über die „azione non giudiziaria" und „azione nel senso sostanziale" nochmal vertieft hat. Vgl. *Santoro*, Per la storia dell'*obligatio* I (2020) 400 f., 402.

256 *Savigny*, System 5 (1841) 8.

6.1. Abgrenzung der juristischen Bedeutung vom allgemeinen Sinngehalt des *agere* und der *actio*

Die zentrale Schwierigkeit bei der Rekonstruktion des *agere* und der *actio* liegt in der diesen Worten immanenten Polysemie und ihrer mehrkontextuellen Verwendung in römischen Quellen, wobei der juristische und der allgemeine Sinngehalt ineinanderfließen.[257]

Die Abgrenzung der juristischen Bedeutungen des *agere* und der *actio* von den nichtjuristischen setzt eine Isolierung des Rechts als soziales System sowie die Existenz einer entwickelten spezifischen juristischen Fachsprache voraus.[258] Während sich eine solche Isolierung für die klassische Zeit des römischen Rechts als möglich erweist, sind die Grenzen zwischen dem Rechtskontext und dem allgemeinen Sprachgebrauch im republikanischen Recht schwer zu ziehen. Römische Antiquare wie Varro (De ling. lat. 6.4) und Festus (s.v. *agere*, Lindsay 21.1) stellen eine Zusammenschau der Bedeutungen des *agere* dar,[259] in der allgemeine Bedeutungen neben juristischen angeführt werden. Auch das Verb *orare* als ein Terminus, das dem Verb *agere* vorangeht, hat nur eine begrenzte juristische Bedeutung.[260]

6.2. Abgrenzung der restriktiv-technischen von den extensiv-juristischen Bedeutungen des *agere* und der *actio*

Die dogmatisch-orientierten Forschungen der *actio* beruhen auf der Untersuchung ihrer restriktiv-technischen Bedeutungen, die von den atechnischen abgegrenzt werden.[261] Diese Abgrenzung findet schon teilweise in der Fachsprache der römischen Juristen klassischer Zeit. Labeo (D. 50.16.19) spricht bspw. vom *agere* im Sinne eines *verbum generale*; Ulpian unterscheidet *actio* im

---

257 Zu der Polysemie der juristischen Methodologie vgl. *Eriksen*, Die Polysemie in der Allgemeinsprache und in der juristischen Fachsprache, in: Hermes, Journal of Linguistics 28 (2002) 211 f., 213–215.

258 *Schulz*, die Prinzipien des Römischen Rechts (1934) 13 f.

259 Vgl. dazu Kapitel II, Abschnitt 1.6. Definitionen des *agere* in den literarischen Quellen, S. 90 f.

260 *Fiori*, Processo civile, in: Cursi (Hg.) XII Tabulae I (2018) 68.

261 In der Literatur des 19. Jhrs. wurde das Problem der Polysemie des *agere* und der *actio* mithilfe der Differenzierung zwischen dem technischen und dem untechnischen Gebrauch des Wortes sowie mit der Differenzierung verschiedener Abstraktionsstufen der Begriffe *agere* und *actio* gelöst. S. *Windscheid*, Lehrbuch des Pandektenrechts[5] (1879) 106.

allgemeinen und im engen Sinn (Ulp. 49 Sab. D. 50.16.178.2): *actionis verbum et speciale et generale.*

In anderen Quellen werden die Termini *agere* (z.B. *agere cum populo*), *actus* (z.B. *actus legitimi*) und *actio* auch v. a. in Bezug auf die republikanische Zeit im allgemeinen juristischen Sinn gebraucht. Diese terminologische Unschärfe wird im Rahmen dieser Forschung als Zeichen einer noch nicht differenzierten Rechtsordnung gesehen, wobei dem *agere* und der *actio* eine entsprechende allgemeine Bedeutung der ritualisierten rechtsrelevanten Akte zugeschrieben wird. Für das Verständnis des *agere* und der *actio* werden sowohl ihre extensiv-juristische als auch restriktiv-technische Sinngehalte miteinbezogen.

6.3. Das *agere* und die *actio* als „stellvertretende" Rechtsfiguren

Der Gegenstand und die Grenzen der Forschung über das *agere* und die *actio* im römischen Recht lassen sich auch deshalb nicht einfach bestimmen, weil die polysemischen Worte *agere* und *actio* in den Rechtsquellen stets als Bezeichnung für andere Rechtsfiguren auftreten.[262] Selbst die römischen Juristen verwenden das *agere* und die *actio* als austauschbare Termini für *ius*, *formula*, für die *oratio*, für eine rechtlich relevante Kommunikation etc., für die verschrifteten Formulare wie im Fall der *libri actionum.*[263] Feierliche Akte rechtsgeschäftlicher Natur wie bspw. *adoptio*, *mancipatio*, *in iure cessio*, *stipulatio* etc. werden in den Quellen vorwiegend als *agere* und *actio* bezeichnet. In einigen Fällen werden somit die Rechtsakte bezeichnet, die keine eigenen *nomina* besitzen, die auch mit feierlichen Worten und Gesten vorgenommen werden. Die Untersuchung der Worte *agere* und *actio* setzt daher voraus, dass man sie permanent in Relation zu anderen Rechtsfiguren auffasst.

---

262 Das sind solche Themen wie Existenz und die Erscheinungsformen des subjektiven Rechts, Rechtsmäßigkeit und die Formalisierung eines Zugriffsaktes zum *ius*, die Sanktion für die Durchsetzung des *ius*. In den Forschungen historisch-soziologischer Richtung wird wiederum die Aufmerksamkeit solchen Aspekten des *agere* geschenkt, wie Ritualität, die rechtsgeschäftliche Gestaltung mittels *actiones*, die Rolle der Jurisprudenz und die Entwicklung der *actiones* in der republikanischen Zeit etc. Vgl. dazu Orestano und seine These über irrealtà dell'azione in Fn. 264.

263 Die Polysemie der Worte wird bspw. von Hugo gar nicht angesprochen. Er versteht unter der *actio* ein Klagerecht. Vgl. *Hugo*, Lehrbuch des heutigen Römischen Rechts[2] (1799) 133; *Puchta*, Pandekten[3] (1845) 116–117.

6.4. Realität anstatt eines Modells?

Vom methodologischen Standpunkt aus liegen die Erkenntnisse der vorliegenden Forschung in einem Spannungsfeld zwischen der dogmatisch orientierten Rekonstruktionstradition und den Forschungen historisch-kritischer Ausrichtung, wobei die historisch-kritische Perspektive im Vordergrund steht. Diese ermöglicht, die Metakonzeptionen der römischen *actio*, die im Rahmen der dogmatisch-orientierten Studien ausgearbeitet wurden, zu revidieren. Bei der Rekonstruktion der Rechtsfiguren *agere* und *actio* im republikanischen Recht wird versucht, keine vorbestimmten Theorien über das Klagerecht auf das römische Recht zu übertragen; die Quellen, in denen das *agere* und die *actio* erörtert werden, sollen für sich sprechen (*Ad fontes*!).

6.5. Historische Darstellung des *agere* und der *actio*

Riccardo Orestano formuliert nach seiner wissenschaftsgeschichtlichen Analyse zahlreicher Theorien der *actio* pandektistischer Herkunft einen möglichen Lösungsansatz für „das Problem der *actio*". Er betont zuerst die „Unwirklichkeit" der *actio* (*irrealtà*).[264] Darunter versteht er die Nichtexistenz der *actio* als statische Rechtsfigur sowie die Unmöglichkeit, eine einzige Lösung oder eine universelle Konzeption der *actio* zu entwickeln. Im Anschluss schlägt er vor, das Problem der *actio* aus historischer Perspektive zu lösen („*Il problema del concetto dell'azione si risolve nella sua storia*"[265]).

Der Ausweg aus dem Labyrinth der Polysemie des *agere* und der *actio* setzt daher eine differenzierte Betrachtung dieser Rechtsfiguren in verschiedenen Perioden des römischen Rechts voraus und somit „die Historisierung" des *agere* und der *actio*. Auf terminologischer Ebene werden in dieser Forschung Termini herangezogen, die dem Wort *actio* vorangehen, solche wie *agere*, *actus*, *actum*.[266]

---

264 *Orestano*, s.v. Azione in generale, in: ED 4 (1959). Vgl. Abschnitt 35 „Irrealità dell'azione" (S. 816).

265 *Orestano*, s.v. Azione in generale, in: ED 4 (1959) Abschnitt 36 – Il problema del concetto dell'azione si risolve nella sua storia (S. 816–817, S. 818).

266 Schon Gustav Hugo verweist darauf, dass das Wort *actio* eine der vieldeutigsten in der römischen Sprache und im römischen Recht ist. Vgl. *Hugo*, Lehrbuch der Geschichte des römischen Rechts bis auf Justinian (1824) 242; *Pugliese*, *Actio* e diritto subiettivo (1939) 6.

6.6. Das *agere* und die *actio* in der Normengeschichte, in der Wissenschatfts- und in der Rechtsgeschichte der Praxis

Die rechtshistorische Forschung lässt sich grob in drei Bereiche gliedern – Normengeschichte, Wissenschaftsgeschichte und Rechtsgeschichte der Praxis. Während diese Abgrenzung in Bezug auf andere Epochen möglich und nützlich sein kann,[267] soll die Forschung zur *actio* im Römischen Recht meines Erachtens diese Bereiche integrieren. Die Rechtsrituale, die in den Quellen als *agere* und *actio* bezeichnet werden, sind besondere objektive Rechtsnormen. Insofern ist die Geschichte der römischen *actio* eine Normengeschichte. Die Forschung zur römischen *actio* ist aber auch eine Wissenschaftsgeschichte, weil die wissenschaftliche Sprache der Romanisten über die *actio* zu reflektieren ist. Den Rechtsfiguren des *agere* und der *actio* liegt schließlich ein performatives praxisorientiertes Rechtsbewusstsein zugrunde. Daher ist die Geschichte der römischen *actio* notwendigerweise eine Geschichte der Rechtsausübung und der Rechtsetzung „in der Praxis". Auf solche Weise enthält die Darstellung über das römische *agere* und über die römische *actio* zugleich Elemente der Normengeschichte, der Wissenschaftsgeschichte und der Praxisgeschichte.

6.7. Quellen(-kritik)

Verschiedene Rekonstruktionen der Rechtsfiguren *agere* und *actio* v.a. in der republikanischen Zeit lassen sich u.a. dadurch erklären, dass die Aussagekraft der (in erster Linie literarischen) Quellen in der Lehre unterschiedlich bewertet wird. Während in den dogmatisch geprägten Forschungen des vorwiegend deutschsprachigen Raumes die literarischen Quellen zurückhaltend berücksichtigt werden,[268] gelten in anderen Forschungen die literarischen Quellen wie bspw. Plautus,[269] Cato, Cicero,[270] Varro, Valerius Flaccus etc. durchaus als

267 Vgl. *Oestmann*, Normengeschichte, Wissenschaftsgeschichte und Praxisgeschichte, in: Max Planck Institute for European legal history. Research paper series 6 (2014) 1 f. schlägt vor, zwischen der Normengeschichte, der Wissenschaftsgeschichte und der Praxisgeschichte bei der Erforschung der rechtshistorischen Themen zu unterscheiden.

268 *Flach*, Fortgeltung des Zwölftafelrechts (2004) 15.

269 S. schon *Labruna*, Plauto, Manilio, Catone, in: Labeo 14 (1968) 24 f. Zu der Diskussion über die „romanità" der Komödien von Plautus s. *Cantarella*, Premessa, in: Cantarella/Gagliardi (Hgg.) Diritto e teatro in Grecia e a Roma (2007) 14 f.

270 Vgl. *Lontott*, Cicero as Evidence (2008) 15–39. Vgl. *Bürge*, Die Juristenkomik in Ciceros Pro Murena (1974) pas.

aussagekräftige Belege, die juristischen Quellen gleichwertig sind. Allerdings werden in der romanistischen Lehre die Prämissen der Quellenanalyse des republikanischen Rechts in der Regel nicht verbalisiert und jedoch stillschweigend angewandt.[271] Die nachfolgende Untersuchung des *agere* und der *actio* in der republikanischen Zeit beruht auf einer weitgehenden Analyse der literarischen Quellen. Die älteste Quelle zu diesem Forschungsthema sind die Komödien von Plautus. Ebenso von Relevanz für die Geschichte des *agere* und der *actio* sind die zahlreichen Definitionen und Begriffsbestimmungen von Festus sowie Fragmente aus Varros *De lingua latina* und den Werken von Cicero.

Die Betrachtung der römischen Juristen als „Schriftsteller" (und nicht als Fachautoren) in einigen aktuellen Forschungen entschärft auch die Abgrenzung zwischen den literarischen und juristischen Quellen.[272]

In den literarischen sowie in den juristischen Quellen werden die Termini *agere* und *actio* oftmals in einer anachronistischen Art und Weise dargestellt. Als Beispiel gelten die Berichte der römischen Juristen Gaius und Pomponius, die Kenntnisse über die *actiones* der republikanischen Zeit überliefern; sie erfassen die frühe Rechtsgeschichte Roms aus zeitlicher Distanz. Die Verwendung des *agere* und der *actio* durch Gaius und Pomponius ist daher nichts anderes, als die Rückprojektion der ihnen bekannten Termini auf die frühere Zeit.[273] Die nachfolgende Darstellung dieser Rechtsfiguren in der republikanischen Zeit setzt mangels anderer Quellen Vertrauen auf die Aussagen dieser Autoren voraus. Das republikanische Recht kann somit nur durch den Filter ihrer Interpretationen beschrieben werden.

Besonderer Wert wird auf die Rekonstruktion der *legis actiones* durch Gaius gelegt.[274] Da zwischen der Verfassung seiner Institutionen und dem Legisaktionenverfahren mehrere Jahrhunderte liegen,[275] wird der Kern und die jüngeren

---

271 *Walter*, Mehr als Mythos und Konstruktion?, in: Historische Zeitschrift 302 (2016) spricht von der „kulturwissenschaftlichen Kapitulation vor der Quellenkritik" Er bezieht diese Aussage auf die historische Erforschung der Königszeit; es scheint aber angemessen zu sein, sie auch auf die Quellenforschung des republikanischen Rechts anzuwenden.

272 *Mantovani*, Les juristes écrivains de la Rome antique (2018) 61 f.

273 S. zu der anachronistischen Darstellung der frühen Geschichte Roms und zu der Rückprojektion *Lehne-Gstreinthaler*, Iurisperiti et Oratores (2019) 23.

274 Zu den Gründen für eine Hochschätzung der Gaius Institutionen in der romanistischen Lehre vgl. *Avenarius*, Das „gaiozentrische" Bild, in: Avenarius (Hg.), Hermeneutik der Quellentexte des Römischen Rechts (2008) 107.

275 Vgl. *Varvaro*, Die Legisaktionen, in: HRP I (2023) 322, der die spekulative Natur der Rekonstruktionen von *legis actiones* wegen des Mangels an Quellen hervorhebt.

Schichten der *legis actiones* und die früheren Phasen in der Darstellung von Gaius voneinander getrennt betrachtet,[276] sowie die gaianischen Aussagen mit anderen Quellen wie bspw. Aulus Gellius und Cicero verglichen. Ziel ist, die ursprüngliche und authentische Gestaltung der *legis actiones* und des *agere* festzustellen.[277]

6.8. Periodisierung

Im Fokus der Forschung steht hauptsächlich die Analyse von *agere* und *actio* in der republikanischen und klassischen Perioden. Auf Grundlage der Rekonstruktion der genannten Rechtsfiguren in der republikanischen Zeit können auch einige Rückschlüsse auf die Frühe Zeit und vordezemvirales/archaisches Recht gezogen werden. Für die Zwecke dieser Studie wird daher die Geschichte des römischen Zivilprozesses zum Periodisierungsprinzip erhoben.[278] Die republikanische Periode umfasst den Zeitraum beginnend mit dem Zwölftafelgesetz und der gesetzlichen Verankerung der *legis actiones*. Die klassische Periode erstreckt sich auf die Zeit bis zur Abschaffung des Formularverfahrens.

7. Fragestellungen und Gegenstand der Forschung

Ausgangspunkt der Fragestellungen sind in erster Linie jene Bedeutungen des *agere* und der *actio*, die über das Klagerecht hinausgehen und in denen die „formalisierte" Rechtsgestaltung durch ein Ritual in Erscheinung tritt. Herangezogen auch werden die Quellen, in denen das *agere*, sowie die Deverbativa *actum*,

---

276 In diesem Sinn verwenden wir auch den methodologischen Ansatz von Nicosia, der in den Institutionen des Gaius verschiedene Schichten voneinander trennt. S. *Nicosia*, Il processo privato romano I (1980) 63 f., 176 f.

277 Es wird in der Lehre angenommen, dass Gaius die ältere Literatur mitberücksichtigt hat. Er war überdies der einzige nachaugusteische Jurist, der einen Kommentar zum Zwölftafelgesetz verfasste. Gaius hat es somit nicht an Quellen bei der Verfassung seiner Institutionen gefehlt, auch wenn man nicht genau rekonstruieren kann, welche Quellen er als Vorlage verwendete. S. dazu schon *Kübler*, s.v. *Gaius*, in: RE VII.1 590, 502. auch *Thormann*, Der doppelte Ursprung der Mancipatio (1943) 15. Zu Gaius als glaubwürdige Quelle s. auch *Kaser*, Zur legis actio sacramento in rem, in: SZ 104 (1987) 54.

278 Für unsere Zwecke scheint die Periodisierung von Kaser/Hackl, aber auch von Wieacker zum gewissen Grad richtig. Vgl. *Kaser/Hackl* Das romische Zivilprozessrecht2 (1996) 4 f., *Wieacker*, RGG 20 f. S. auch *Hausmaninger/Selb*, Römisches Privatrecht[9] (2001) 3, die altrömisches Recht, vorklassisches, klassisches und nachklassisches römisches Recht unterscheiden.

actio, actus im Sinne einer feierlichen prozessualen Formel, eines Sprechaktes, sowie im Sinne einer ritualisierten rechtsrelevanten Kommunikation vorkommen. Für die klassische Zeit des römischen Rechts werden vorwiegend die *actio* und das *agere* hingegen im technischen Sinn eines Klagerechts, einer Klage und einer prozessualen Handlung verwendet.

Ebenso werden auch jene Worte untersucht, die gemäß den Quellen mit dem *agere* und der *actio* austauschbar sind. Herangezogen werden solche Termini wie *ius, caeremonia* etc., die in den Quellen hinsichtlich der republikanischen Zeit gelegentlich als Synonyme für das *agere* und für die *actio* verwendet werden. Es wird überdies die Bedeutung des *agere* anhand seiner Verbindung mit den Verben *(ad)dicere, nuncupare, orare, fari* etc. untersucht.[279]

Ziel ist, die Veränderung des Sinngehalts solcher Worte wie *agere, actio, actus* und *actum* im römischen Recht vom Legisaktionenverfahren bis zum Formularverfahren darzustellen. Die Mehrdeutigkeit der Worte *agere* und *actio* sowie der jeweilige Kontext, in dem sie zu finden sind, verlangen eine Eingrenzung des Forschungsgegenstandes und der Quellen, die bei der Rekonstruktion des *agere* und der *actio* berücksichtigt werden. Anhand der dargestellten Wissenschaftsgeschichte und unter Berücksichtigung der methodologischen Grundlagen der Forschungen werden somit folgende Fragestellungen untersucht.

(1) Erforscht wird die Bedeutung des *agere* anhand der Definitionen in den literarischen Quellen republikanischer Zeit.[280] Gezeigt wird, wie die verschiedenen juristischen Bedeutungen des *agere* von den römischen Antiquaren von den allgemeinen Sinngehalten abgegrenzt werden und welche anderen Worte als austauschbare Termini für das *agere* in den Quellen vorkommen.
(2) Die Archetypen der römischen *actiones* in der frühen und in der republikanischen Zeit bilden einseitig erklärende *actiones*, d. h. Rituale in Form der *rei vindicatio*, der *manus iniectio* und der *pignoris capio*. Analysiert werden das Wesen dieser Rituale, ihre Funktionen und ihr Anwendungsbereich in der frühen und in der republikanischen Zeit.
(3) Für das Verständnis der Rolle der *actio* in der frührepublikanischen Zeit ist zu prüfen, warum und wie sich diese einseitigen ritualisierten Sprechakte, die *per se* Akte der Rechts(durch)setzung sind, infolge der zunehmenden Staatlichkeit zu den Akten der Rechtsbehauptung *in iure* modifizieren

279 Vgl. dazu das Kapitel „Dalla parola creatrice" alle leges publicae aus dem Buch von *Orestano*, I fatti di normazione nell'esperienza romana arcaica (1967) 179 f.
280 S. Kapitel II. 1. Terminologische Entwicklung: Vom *agere* zu der *actio*, S. 81.

bzw. dazu werden, welche die Intervention eines Gerichtsmagistraten (*ius dicere*, *ius dicare*) verlangen.

(4) Im Zusammenhang mit der Frage 3 ist zu erforschen, inwiefern die römischen *cives* eine rechtstransformierende Handlungsmacht mittels *actiones* besitzen und inwieweit die Rechtsrituale das Recht sowohl im subjektiven als auch im objektiven Sinn gestalten können.[281]

(5) Die *actiones* im Sinne der Rechtsrituale werden sowohl von privaten Akteuren als auch von Gerichtsmagistraten ausgeübt. Eine Gleichstellung von privaten Akteuren und Gerichtsmagistraten bei der Ausübung der *actiones* lässt sich durch die Besonderheiten der ritualisierten Rechtsschöpfung erklären, die ebenfalls in dieser Monographie erforscht werden soll. Weiters wird anhand der Quellen ein Verständnis der *iurisdictio* und des *ius dicere* vorgeschlagen, bei dem nicht nur die Gerichtsmagistrate, sondern auch die *pontifices* und private Akteure an der Bestimmung des anwendbaren Rechts, sowie an der Urteilsfällung beteiligt sind.

(6) Das *agere* bzw. das *ius agendi cum populo* war ein Instrument zur Durchführung beschließender Volksversammlungen der patrizisch-plebejischen Bürgergemeinde. Es wird insbesondere aufgezeigt, wie ritualisierte *actiones* nicht nur der privatrechtlichen, sondern auch der öffentlichen Rechtsgestaltung dienen.

(7) In den Quellen über die Entwicklung der römischen Jurisprudenz republikanischer Zeit werden die sogenannten *libri actionum* als eine Art Fachliteratur erwähnt, die möglicherweise dem Prätorischen Edikt vorangehen.[282] Es wird gezeigt, was die *actiones* im Kontext dieser *libri actionum* bedeuten; ebenso, welche Auswirkungen der Übergang vom mündlichen Legisaktionenverfahren zum Formularverfahren sowie die neue technische Bedeutung der *actio* auf die Fachliteratur haben.

(8) Einen besonderen Platz nimmt in der klassischen Zeit das Ediktskommentar als Genre der Fachliteratur ein, indem dabei die prozessualen Rechtsbehelfe besprochen werden. Es wird analysiert, wie die römischen Juristen versuchen, das *agere* und die *actio* in den Ediktskommentaren zu definieren und von anderen Rechtsfiguren abzugrenzen.

(9) Unsere Kenntnisse über die Rolle und Bedeutung des *agere* und der *actio* im Legisaktionenprozess sowie im Formularverfahren werden

281 *Pugliese*, Actio e diritto subiettivo (1939) 6.

282 Römische Juristen als Schriftsteller s. bei *Mantovani*, Les Juristes écrivains de la Rome Antique (2018) 17 f.

insbesondere durch Gaius geprägt. Anhand der Analyse des 4. Buches der gaianischen Institutionen wird geprüft, ob das Verständnis des *agere* und der *actio* sich mit dem Übergang vom Legisaktionenverfahren zum Formularverfahren ändert.

(10) Die Bedeutung der *actio* im Zusammenhang mit dem subjektiven Recht wird in der romanistischen Tradition aus der berühmten Definition von Celsus abgeleitet. Die Definition von Celsus ist ein Ausgangspunkt für zahlreiche dogmatisch orientierte Theorien des 19. Jh. über den Anspruch und das subjektive Recht. Gezeigt wird, wie diese Definition von Celsus die Sprache und das Verständnis der *actio* in der romanistischen Rechtstradition beeinflusst hat.

II. *Agere und actio*: Terminologische Entwicklung, Genealogie und Wesen der Sprechakte

Semper agis causas et res agis, Attale, semper:
Est, non est, quod agas, Attale, semper agis.
Si res et causae desunt, agis, Attale, mulas.
Attale, ne, quod agas, desit, agas animam.

Mart. Ep. 1.79.1–4 [283]

1. Terminologische Entwicklung: Vom *agere* zur *actio*

Der Terminus *actio* begegnet uns in den juristischen Quellen relativ spät.[284] Die erste überlieferte juristische Quelle über eine *actio* ist laut Pugliese ein epigraphischer Text aus der *lex Acilia repetundarum* (FIRA I, n. 7. 56, S. 96), die auf Mitte bis Ende des 2. Jh. v. Chr. datiert wird.[285]

Auch wenn die ersten überlieferten Quellen, in denen das Wort *actio* erwähnt wurde, erst aus dem 2. Jh. v. Chr. stammen, ist die Geschichte des Begriffs *actio* viel älter. Die Autoren der republikanischen Zeit und klassische römische Juristen verbinden die Rechtsfigur *actio* mit dem republikanischen und archaischen Recht. So spricht Gaius über *actiones*, die *in usu veteres habuerunt* (Gai. 4.11)

---

283 Immer betreibst du Prozess, betreibst Geschäfte, Attalus, immer: Ob's was zu tun gibt für dich oder nicht, Attalus: immer betreibst du etwas. Wenn es an Prozessen und Geschäften fehlt, treibst du, Attalus, Maulesel. Attalus, damit dir nicht fehlt, was du treiben kannst: Treib' dir die Seele aus dem Leib. Die Übersetzung folgt Barić/Schindler (Hgg.), M. Valerius Martialis. Epigramme[3] (2013) 91.

284 Die morphologische Form *actio* wird nach den Quellen erst ab Varro benutzt. S. s.v. *ago*, in: *De Vaan* (Hg.), Etymological Dictionary of Latin (2008) 30.

285 Hier kommt das Wort *actio* im Kontext der Regel „*De eadem re ne bis agatur*" vor, wie folgt (FIRA I, 7.56, S. 96): *De eadem re ne bis agatur. Quei ex h. l. condemnatus] aut apsolutus erit, quom eo h. l., nisei quod poste a fecerit, aut nisei quod praeuaricationis caussa factum erit, au[t nisei de litibus] aestimandi aut nisei de sanctione hoiusce legis, actio nei es[to… actio nei es[to].* S. *Pugliese*, s.v. Azione (diritto romano), in: NNDI II (1958) 24. Vgl. auch Rhet. ad Her. 2.12.18. Selbst Pugliese verwendet auch das Wort *actio* für die Bezeichnung des *agere* (agire) des älteren Legisaktionenverfahrens und unterscheidet agire im Sinne eines Rechtsetzungsaktes, Rechtsrituals und des Prozesses. Vgl. *Pugliese*, PC I, 100–102.

und meint dabei die *legis actiones*. Auch Pomponius verbindet die *legis actiones* mit dem Zwölftafelgesetz aus dem 5. Jh. v. Chr.: *ex his legibus eodem tempore fere actiones compositae sunt* (Pomp. l. s. ench. D. 1.2.2.6).[286]

Die Erklärung dafür, dass sich die *actio* gemäß den Quellen auf die republikanische und sogar auf die archaische Zeit bezieht, die Autoren dieser Quellen aber aus den späteren Epochen stammen, ist in der Quellen- bzw. Überlieferungsgeschichte zu suchen. Es gibt keine Quellen, in denen die *actio* vor dem 2. Jh. v. Chr. vorkommt.[287]

Die Entwicklung der römischen Rechtsterminologie impliziert vom morphologischen Standpunkt aus einen Übergang vom Verb zum Substantiv.[288] Substantivierte Termini (wie *actio* und *actus*) stehen somit für eine entwickelte und herausgebildete Rechtsterminologie.[289] Zu fragen ist, welche anderen Bezeichnungen vor der Etablierung des Terminus *actio* für die Konzeption der *actio* existieren.

Bevor die Deverbativa *actum*, *actus* und *actio* sich in der juristischen Sprache verbreiten, wird die Verbalform *agere* verwendet.[290] Das *agere* bedeutet in der archaischen und republikanischen Zeit eine ritualisierte Rechtshandlung, welche bestimmte Wirkungen sowohl im rechtlichen als auch im sakralen Bereich entfalten kann.[291] Das Verb *agere* steht für die Kontinuität des Vorgehens, des Prozedere. Es umfasst sowohl die Rechtshandlung zur Rechtsverfolgung (bzw. Rechtsdurchsetzung) als auch die rechtsgeschäftliche Gestaltung. Das *agere*

---

286 Die nähere Analyse der Quellen s. unten, Kapitel II, Abschnitt 3 Die *legis actio*: Gesetzesklage oder Spruchklage?, S. 109 f.

287 Der Ausdruck *lege agere* wird dabei schon von Plautus, d. h. im 3. Jh. v. Chr., verwendet (Belege s. unten, Abschnitt 3.1. Das *lege agere* und die *legis actio*, S. 109, Fn. 415). Die morphologische Form *actio* ist aber weder ihm noch Terenz bekannt. Beide Autoren bevorzugen neben *agere* solche Formen wie *actus* und *acta*. Vgl. *Hölzl*, Bedeutung und Gebrauch des Wortes *actio*, in: Programm des Königlichen Gymnasiums zu Dresden-Neustadt 20 (1894) 43.

288 *Daube*, Roman Law, Linguistic, Social and Philosophical Aspects (1969) 11 f.; *Kaser*, Zur juristischen Terminologie der Römer, in: Studi Biondi I (1965) 97 f.; *Carcaterra*, Struttura del linguaggio giuridico-precettivo romano (1968) pas.

289 Über das Verhältnis zwischen „Begriffen" und „Termini" im Römischen Recht s. *Schulz*, Prinzipien des Römischen Rechts (1954) 30 f.

290 *Biscardi*, Lezioni sul processo romano antico e classico (1968) 17–18.

291 Literarische und juristische Quellen, in denen das Verb *agere* verwendet wird, s. bei *Albanese*, Il processo privato romano delle legis actiones (1987) 14.

bedeutet auch das abstrakte ritualisierte Verfahren mehrerer Parteien, aber auch die Rechtshandlung des Akteurs.[292]

Die Entstehung der Termini *actum/actus* und die Wortschöpfung *actio* aus dem Verb *agere* ist nicht nur eine Folge der Entwicklung der juristischen Sprache, sondern auch ein Hinweis darauf, dass der generische Begriff *agere* eine differenzierte Rechtsrealität nicht mehr zutreffend beschreiben kann.

Die Deverbativa *actum/actus* bedeuten vorherrschend ritualisierte Akte rechtsgeschäftlicher Natur.[293] Dem Wort *actio* kommen in der klassischen Zeit aber auch die Bedeutungen der Klage und des Klagerechts zu.[294]

Die überwiegende Verwendung der technisch verstandenen substantivierten Termini *actum/actus* und *actio* durch die römischen Juristen hat aber nicht zur Folge, dass der ältere Terminus *agere* aus der Rechtssprache der klassischen Juristen verdrängt wird.[295] Unter *agere* versteht man später die Erklärung einer mündlichen Spruchformel mit rechtserzeugender Wirkung, eine Verhandlung

---

292 S. *Lenel*, Über Ursprung und Wirkung der Exceptionen (1876) 15. Ähnlich *Albanese*, Il processo privato romano delle legis actiones (1987) 6.

293 So beschreibt Labeo (Ulp. 11 ed. D. 50.16.19) das *actum* als *verbum generale*. Vgl. dazu Kapitel III, Abschnitt 10.1. Die Begriffe *agere* und *actum* im Ediktskommentar von Labeo, S. 292 f. Als Beispiel nennt er dabei die *stipulatio*, ein verbales Rechtsgeschäft. Bemerkenswert ist, dass auch in anderen Quellen die *stipulatio* als *agere verbis* (Pap. 2 quaest. D. 45.1.115 pr.) bezeichnet wird oder als *actus stipulantis* (Venon. 1 stip. D. 45.1.137 pr.). Zu weiteren Beispielen zählen sogenannte *actus legitimi*. Der hochklassische Jurist Pomponius bezeichnet somit ritualisierte feierliche Akte rechtsgeschäftlicher Art. Zu diesen Akten gehören *emancipatio*, *acceptilatio* und andere *feierliche* Sprechakte (Pap. 28 quaest. D. 50.17.77). Vgl. Kapitel II, Abschnitt 6.5. Die *actus legitimi* als ritualisierte Akte rechtsgeschäftlicher Natur, S. 212 f.

294 Das bestätigt die berühmte Definition der *actio* von Celsus, der die *actio* als *ius iudicio persequendi* bezeichnet (Cels. 3 dig. D. 44.7.51). Paulus beschäftigt sich in seinem Ediktskommentar mit der Abgrenzung des Begriffes *actio* von der *exceptio* (vgl. Paul. 3 ed. D. 50.16.8.1), wenn er sagt: *actionis verbo non continetur exceptio*. Auch Ulpian nimmt eine Klassifikation der *actiones*, die er als Klagen versteht, vor: *Actionis verbo continetur in rem, in personam: directa, utilis ...* Vgl. dazu Kapitel III, Abschnitt 12. Die Definition der *actio* bei Celsus, S. 320 f.

295 Zutreffend ist die Zurückhaltung von Kaser, der einerseits die Herleitung der Deverbativa mit der Entwicklung der juristischen Sprache und Terminologie verbindet, andererseits die Rolle der Verbformen in der juristischen fallorientierten Sprache betont. S. *Kaser*, Zur juristischen Terminologie der Römer, in: Studi in onore di Biondo Biondi II (1965) 141.

in iure[296] (sowie im Zusammenhang mit *agere posse* eine bestimmte Handlungsmacht).[297] Der Ausdruck *agere* wird weiterhin im Sinn einer abstrakten prozessualen Handlung verwendet, um die nähere juristische Qualifizierung bestimmter auf die archaische Zeit zurückgehenden Rechtsfiguren zu vermeiden,[298] aber auch als Hinweis auf das konkrete Verfahren.[299]

Die Rolle des *agere* für die Rechtssprache republikanischer Zeit wird dadurch bestätigt, dass dieses Verb in den literarischen Quellen, die sich auf die republikanische und archaische Zeit beziehen, eingehend definiert wird.[300] Sein Eindringen in die juristische Fachsprache ist mit den diesem Terminus immanenten Bedeutungen aus dem allgemeinen Sprachgebrauch verbunden: *agere* im Sinne von „Treiben", *agere* im Sinne von „Sprechen" und *agere* als Bezeichnung eines feierlichen Opferns (dazu gleich).[301]

1.1. Das *agere* im Sinne von (Voran-)Treiben

In der Forschung wird seit Langem angenommen, dass das Verb *agere* ursprünglich die Bedeutung von „stimulieren", „eine Bewegung anfangen" hatte.[302] Nach

296 Vgl. den Ausdruck *res de qua agatur* bei der Gestaltung der Formula im Formularverfahren (Gai. 4.137). Unterschiedlich wird die Bedeutung des *agere* im Formularverfahren bewertet. Diese Bedeutung wird entweder nur auf die Handlung vor der *litis contestatio* begrenzt (So *Talamanca*, s.v. processo civile romano, in: ED 40, Fn. 295), oder es wird auf das Verfahren *apud iudicem* hingewiesen (vgl. *Kupisch*, SZ 93 (1976), *Selb*, Formeln mit unbestimmter *intentio iuris*, 21). Nach der zutreffenden Ansicht von Fiori bezieht sich das *agere* auf die „l'attività delle parti durante tutto il processo" wie im Formularverfahren, S. *Fiori*, Ea res agatur, 20 mit Fn. 72.

297 Gai 3.204; Gai. 4.55; Ulp. 10 ed D. 3.5.3.1; Ulp. 12 ed. D. 4.6.26.5; Ulp. 25 ed. D. 11.7.14.12.

298 S. unten die Bezeichnung der *confarreatio* als *agere* bei Gaius (Abschnitt 6.3. Das *agere* und die *confarreatio*, S. 208). Um den der *confarreatio* zugrunde liegenden ritualisierten Sprechakt zu beschreiben, verwendet er das Wort *agere*. Auch Ulpian bezeichnet die Adoption als *sollemnitatem peragere*. Vgl. Ulp. 5 op. D. 1.7.25.1.

299 Zutreffend *Nicosia*, Agere lege, in: Poteri, negotia, actiones. Atti Copanello (1984) 22.

300 Vgl. unten, Abschnitt 1.6. Die Definitionen des *agere* in den literarischen Quellen, S. 90 f.

301 Grundlegend *Ruelle*, Agir et dire sous la République romaine. Paroles et procédures aux sources du très ancien droit romain (2007) pas. Über diese drei Bedeutungen s. auch *Ruelle*, Sacrifice, énonciation et actes de langage en droit romain archaïque, in: RIDA 49 (2002) 238; *Rüfner*, s. v. *actio*, in: Oxford classical dictionary (2016) pas.

302 Statt vieler *Hölzl*, Bedeutung und Gebrauch des Wortes *actio*, in: Programm des Königlichen Gymnasiums zu Dresden-Neustadt 20 (1894) 4.

Voigt bedeutet *agere* auch „treiben".[303] Wieacker übersetzt seinerseits *agere* als „betreiben."[304] In ähnlicher Weise geht Struck davon aus, dass das prozessuale *agere* eine spätere Metapher für das Treiben des Viehs darstellt.[305] Auch Orestano leitet die Bedeutung des *lege agere* aus dem Ausdruck *agere boves* her.[306] Eine Bestätigung für diese Bedeutung findet sich auch im Gaius-Kommentar zum Zwölftafelgesetz, der das Verb *agere* als Treiben versteht.[307] Auch Livius verwendet das Wort *agere* im Sinne von Treiben im Zusammenhang mit Tieren.[308]

1.2. Das *agere* als Sprechen

Manthe äußert Zweifel an der Ansicht, dass der Terminus *agere* in der Rechtssprache im Sinne von (Voran-)Treiben herzuleiten ist.[309] Er merkt an, dass das (Voran-)Treiben eine länger dauernde Tätigkeit ohne erkennbares Ziel bedeutet, während dem *agere* und insbesondere dem Ausdruck *lege agere* eine terminative Bedeutung zukommt. Überdies ist die metaphorische Verwendung des Verbs *treiben* im Sinne von „vor Gericht treiben" nicht durch Quellen belegt.[310]

---

303 *Voigt*, Die XII Tafeln I (1883) 125, Fn. 4. Kritisch zu dieser etymologischen Rekonstruktion äußert sich schon Donellus, der am Beispiel des Ausdrucks *agere cum* zeigt, dass *agere* einen Sprech- bzw. Kommunikationsakt bedeutet. S. *Donellus*, Commentaria de iure civili ad titulum institutionum „De actionibus", in: Hiliger (Hg.) Opera omnia I (1762) Sp. 517–519.

304 So auch *Wieacker*, Römische Rechtsgeschichte I (1988) 557.

305 *Struck*, Bedeutungslehre. Grundzüge einer lateinischen und griechischen Semasiologie² (1954) 42.

306 *Orestano*, Diritto. Incontri e scontri (1981) 738 f.

307 S. Gai 3 leg. XII tab. D. 50.16.235 pr.: "*Ferri" proprie dicimus, quae quis suo corpore baiulat: "portari" ea, quae quis iumento secum ducit: "agi" ea, quae animalia sunt* / *Ferri* (treiben) sagen wir eigentlich dann, wenn jemand etwas mit seinem Körper trägt, *portari* (führen), wenn jemand etwas auf einem Lasttier mit sich führt, *agi* (treiben) [wird in Bezug auf] Tiere gebraucht. Die Übersetzung folgt *Otto/Schilling/Sintenis*, Corpus iuris civilis 4 (1832) 1259–1260.

308 Livius spricht von *agere* in Verbindung mit Elefanten (Liv. Ab urb. cond. 36.10), *iumentum* (Liv. Ab urb. cond. 1.48.6), *boves* (Liv. Ab urb. cond. 1.7.7), *pecora* (Liv. Ab urb. cond. 25.8.6); *armentum* (Liv. Ab urb. cond. 1.7.1) . S. *Ortega*, El significado de *agere*, in: RIDA 43 (1996) 161 mwN.

309 Vgl. auch *Gioffredi*, Legis actio, in: Nuovi studi di diritto greco e romano (1980) 175–176, Fn. 1.

310 *Manthe*, *Agere* und *aio*, in FS Mayer-Maly (2002) 439 bemerkt, dass der archaische Kläger dem Beklagten ein Zugtier stellen sollte, das streitige Rind sich jedoch beim Beklagten befand, sodass der Kläger es gar nicht hätte treiben können. Daraus

Einige Wortverbindungen mit *agere* wie *laudes agere*[311], *gratias agere,*[312] aber auch *versus agere, tragoediam agere, augurium agere* verweisen auf einen Konnex zwischen *agere* und Sprechen. Die Verbindung des *agere* mit *orare* bildet einen weiteren Nachweis dafür, dass das *agere* einen feierlichen Sprechakt bezeichnet (dazu gleich).[313] Die Präposition *cum* in der Wendung *agere cum populo* bekräftigt weiterhin diese Bedeutung des *agere* als Sprechakt.[314] In der klassischen Zeit wird diese Wendung *agere cum* beibehalten, wie der Ausdruck *agere cum servo* in der *lex Irnitana* zeigt.[315] Zahlreiche Quellen enthalten Verweise auf die Wendung *agere cum,*[316] welche die Vorstellung der Rechtskommunikation vermittelt.[317] Die Verwendung des Begriffes *actio* als Synonym für

schließt er, dass das *agere* im Sinne von „treiben" nichts erklärt. S. auch *Manthe,* Entstehung von Konfliktlösungsinstitutionen, in: Grotkamp/Seelentag (Hgg.) Konfliktlösung in der Antike I (2021) 230.

311 Naev. Colax, 33: *Laudés ago*; Plaut. Trinummus 4.1.821: *lubens laudes ágo.*

312 Die Verwendung dieses Ausdruckes findet man bei der Formulierung der Vermächtnisse (Scaev. 4 resp. D. 33.1.13 pr.: *... Lucio Titio ciro bono, cuius obsequi gratias ago ...*) oder in den Spruchformeln der Testamente (S. Paul. 7 resp. D. 33.4.11: *... Lucio Titio marito meo, cui maximas gratias ago, dari volo super dotem ...* S. auch Gai 1 fideicom. D. 34.5.5).

313 Fest. s.v. *orare* (Lindsay, 218.6); Sen. Contr. 1.12: *... declamare iam se non mediocriter, dicere bene; alterum putat domesticae exercitationis esse, alterum verae actionis.* Quintilian erwähnt oft die *actio* und das *agere* im Zusammenhang mit den Begriffen *dicere, pronuntiare* etc. S. Inst. Or. 3.3.1: *Omnis autem orandi ratio, ut plurimi maximique auctores tradiderunt, quinque partibus constat: inventione, dispositione, elocutione, memoria, pronuntiatione sive actione (utroque enim modo dicitur)*; Auch Inst. Or. 11.3.1: *Pronuntiatio a plerisque actio dicitur ...*

314 *Manthe, Agere* und *aio,* in: FS Mayer-Maly (2002) 442. Vgl. zu *„agere cum"* Plaut. Aul. 3.3.10: *Lege agito mecum.*; Mil. gl. 2.5.43: *Lege agito: te nusquam mittam, nisi das firmatam fidem*; Merc. 5.4.59: *cum eo nos hac lege agemus: inscitum arbitrabimur.* S. auch die *lex Osca tabulae Bantinae* (FIRA I,16.5, S. 164, L. 23): *Praetor siue praefectus posthac Bantiae erit, siquis apud eos cum | altero lege agere uolet.*

315 *Metzger,* Cum servo agere, in: Essays Sirks (2014) 533–543.

316 Ein Nachweis des *agere* im Sinne von „Sprechen" enthält der Ausdruck aus Plaut Mostel. 1121: *illo praesente mecum agito, si quid voles* / Rede doch vor ihm mit mir, wenn du das willst. Die Übersetzung folgt Rau (Hg), Plautus, Komödien IV (2008) 225.

317 Ruelle betrachtet das *agere* als Akt der sprachlichen Manifestierung („manifestation linguistique"). S. *Ruelle,* Sacrifice, énonciation et actes de langage en droit romain archaïque, in: RIDA 49 (2002) 238. Vgl. schon *Lenel,* Über Ursprung und Wirkung der Exceptionen (1876) 15, der das *agere* im ursprünglichen Sinn als

pronuntiatio in der römischen Rhetorik verweist auch auf die Verbindung zwischen *agere* und dem Sprechen.[318]

1.3. Die Verschmelzung der Bedeutungen: Das *agere* als Akt des Treibens sowie als Sprechakt

Im Lateinischen gibt es zwei alternative Verbformen mit dem Stamm **ag-*. Die erste Form ist das *agere* im Sinne von „treiben" und die zweite Form ist das *agere* im Sinne von „sprechen". Das Verb *agere* im letzteren Sinne ist nach seinem Stamm ähnlich wie das Wort *aio.*[319] Die Protoform von *ago* kann also *aio* sein.[320] Mit der Zeit wurden die Stämme des *agere* im Sinne von „sprechen" und im Sinne von „tun" verwässert. Der Ausdruck *lege agere* bedeutet daher „mittels einer Spruchformel behaupten (bzw. erklären)" und gleichzeitig „mittels einer Spruchformel tun".[321] Das *agere* umfasst sowohl die Erklärung feierlicher Worte als auch die damit verbundene tangible (greifbare) rechtserzeugende Handlung.[322]

---

gerichtliches Handeln und Verhandeln versteht. Erst später etabliert sich das *agere* als „Anteil des Angreifers an der Verhandlung ".

318 S. *Talamanca*, Lineamenti di storia del diritto romano² (1989) 135. Weitere Quellen s. bei *Hölzl*, Bedeutung und Gebrauch des Wortes *actio*, in: Programm des Königlichen Gymnasiums zu Dresden-Neustadt 20 (1894) 15. Über die Bedeutung der *actio* in der römischen Rhetorik vgl. *Stengl*, s.v. actio [1, rhetorisch], in: DNP I (1996) 93–94. S. auch *Balbo*, Traces of Actio in Fragmentary Roman Orators, in: Gray/Balbo/Marshall/Stell (Hgg.) Reading Republican Oratory (2018) 227 f.; *Balbo*, Cetera non sunt narranda, pingenda sunt, in: Maia 70.1. (2018) 149–159.

319 S. die Bestätigung bei Gaius unten, Abschnitt 5.1. Das agere als Akt des einseitigen Recht-Sprechens im Verfahren *sacramento*, S. 145 f. Die Quellenübersicht bei ThLL, s.v. *ago*, 1391. Vgl. *Ruelle*, Sacrifice, énonciation et actes de langage en droit romain archaqe, in: RIDA 49 (2002) 204, Fn. 6

320 Vgl. schon *Brockdorff*, Die Institutionen-Commentare des Gaius I (1824) 500–501 mit dem Verweis auf Ballhorn-Rosen.

321 Vgl. Gai 4.17b: *Per condi[c]ti[o]nem ita a[g]ebatur: aio …*

322 *Albanese*, Quattro brevi studi, in: Labeo 46 (2000) 361 mit Fn. 15, für den das *agere* folgende Bedeutung hat: „porre in essere un rituale con verba solenni." S. dazu auch *Rüfner*, s.v. *actio*, in: Oxford Classical Dictionary (2016) pas.; *Perrot*, Le geste, la parole et le partage, in: Revue Semestrielle de Droit Animalier 2 (2010) 282; *Ruelle*, Sacrifice, énonciation et actes de langage en droit romain archaiqe, in: RIDA 49 (2002) 286: „l'action de parole".

1.4. Das *agere* und *agonium*

In den etymologischen Studien wurde auch vermutet, dass das Verb *agere* ursprünglich in engem Kontext mit dem Begriff *agonium* stand.[323] Das Wort *agonium* ist somit von *ago* gebildet.[324] Das *agonium* ist „eine Bezeichnung von vier Festtagen des altrömischen Kalenders".[325] Festus definiert diese wie folgt (s.v. *agonium*, Lindsay 9.15): *Agonium dies appellabatur, quo rex hostiam immolabat* / Als *agonium* wurde der [besondere] Tag bezeichnet, an dem der *rex* ein Opfertier feierlich zu töten pflegte. Varro (De ling. lat. 6.12, auch 6.14) verwendet den Begriff *dies agonales*[326]. Ovid spricht vom *agere* im Sinne eines feierlichen Opferns (Ovid, Fasti 1.317–334).[327] Macrobius gebraucht den Ausdruck *agonium martiale* (Sat. 1.4.15)[328]. Diese durch die Quellen belegte Verbindung zwischen dem *agere* und dem *agonium* ist ein Hinweis auf den Synkretismus zwischen *ius* und *fas* der republikanischen Zeit. Das *agere* wirkt nach dieser Auslegung sowohl im Rechtsbereich als auch im Sakralbereich.[329] Im Wort

---

323 Über das *agere* und dem *agonium* vgl. *Ernout-Meillet*, Dictionnaire étymologique de la langue latine, s.v. *ago*; *Walde/Hofmann*, Lateinisches Etymologisches Wörterbuch[3] I (1938) 23 f.; *De Francisci*, Primordia civitatis (1959) 297. Vgl. auch *Santoro*, Potere ed azione, in: AUPA 30 (1967) 291; *Ruelle*, Sacrifice, énonciation et actes de langage en droit romain archaïque, in: RIDA 49 (2002) 214 ; *Ruelle*, La parole antique en procès Droit romain, in: Hommage à François Ost (2018) 501–534, die auch eine Verbindung zwischen dem griechischen Wort *agôn* und *agere* betont (S. 505, 507, Fn. 19, 508).

324 *Wissowa*, s.v. *agonium*, in: RE I.1 (1893) 869–870.

325 *Wissowa*, s.v. *agonium*, in: RE I.1 (1893) 869–870; *Ruelle*, Sacrifice, énonciation et actes de langage en droit romain archaïque, in: RIDA 49 (2002) 215

326 Vgl. Varro, De ling.lat. 6.12: *Dies agonales, per quos rex in regia arietem immolat, dicti ab agone, eo quod interrogatur a principe civitatis et princeps gregis immolatur.* Zu der Textkritik s. *De Francisci*, Primordia civitatis (1961) 297. Weitere Texte über die Verbindung zwischen *agere* und *agonium* s. in Fest, s.v. *agonimum* (Lindsay 16.19); Fest. s.v. *agonias* (Lindsay 26.9).

327 Ovid, Fasti, 1.317–334: *Nominis esse potest succinctus causa minister, / Hostia caelitibus quo feriente cadit, / Qui calido strictos tincturus sanguine cultros / Semper agatne rogat nec nisi iussus agit.* Weitere Quellen, wo das *agere* im Sinne von Opfern verwendet wird, s. in *Wagenvoort*, Roman Dynamism (1947) 97.

328 Macrob. Saturn. 1.4.15: *Masurius etiam secundo Fastorum: Liberalium dies, inquit, a pontificibus agonium Martiale appellatur …* / Masurius sagt auch im zweiten Buch der Fasten: Der Tag der Freien (*Liberalium dies*) wird von den *pontifices* als *agonium Martiale* (*agonium* im Namen des Mars) bezeichnet …

329 *Gioffredi*, Legis actio, in: Nuovi studi di diritto greco e romano (1980) 175, Fn. 1.

agere ist somit die Idee der „*potenza*", d.h. eines Aktes, mit dem die magische Kraft hervorgehoben wird, inbegriffen.[330]

1.5. Die Bedeutung der etymologischen Rekonstruktionen für das Verständnis des *agere*

Diese etymologischen Rekonstruktionen, die einander nicht ausschließen, sondern ergänzen, ermöglichen die Bedeutung des *agere* im rechtlichen Sinn besser zu verstehen. Die alten Rechtsrituale enthalten meines Erachtens schon durch die Etymologie vorbestimmte Ideen: Dem *agere* liegt ein Zugriffsakt (das *agere* als [Voran-]treiben) zugrunde, der mit einer feierlichen Erklärung vorgenommen wird (das *agere* als Sprechen).[331] Die *actiones* archaischer und republikanischer Zeit befinden sich im Bereich des weltlichen und des sakralen Rechts, wie die *provocatio sacramenti* im Rahmen der *legis actio sacramento* und die Austauschbarkeit zwischen *agere* und *orare* zeigen (das *agere* im Konnex mit *agonium*). Die Verbindung der Elemente des Sprechens und des Treibens im *agere* verweist auf seine performative Natur. Performativ ist das *agere*, weil bei der Vornahme dieses Rituals nicht nur etwas gesagt bzw. ausgesprochen, sondern auch etwas getan wird.[332] Hier ist die Verbindung zwischen der Erklärung feierlicher Worte und der Anlegung einer *festuca* im Rahmen eines *lege agere sacramento*,[333] sowie eine Verbindung zwischen der *manus iniectio* und dem Sprechakt im Rahmen eines *lege agere per manus iniectionem* zu erwähnen.

---

330 De Francisci verbindet die Bedeutung des *agere* als „feierliches Opfern" und die untechnische Bedeutung des *agere* als „treiben" und definiert das *agere* als „*esaltare la potenza (e la gloria degli dei)*", d. h. ein Akt, mit dem die magische Kraft (und die Seligkeit der Götter) hervorgehoben wird. Die Bestätigung seiner Auslegung findet er in Serv. ad Aen. 6.248: *hinc est quod et mactare dicebatur, quod magis augere significat*. Über die Vorstellung der „*potenza*" vgl. *De Francisci*, Primordia civitatis (1961) 295 f.

331 S. unten Abschnitt 5. Genealogie des *agere*, S. 144 f.

332 Über Performativität der Rituale s. *Stollberg-Rilinger*, Rituale (2013) 11; *Bülow*, Performativität in Sprache und Recht, in: Bülow/Burg/Harnisch/Wernsmann (Hgg.), Performativität in Sprache und Recht (2016) 9 f.; *Manthe*, Stilistische Gemeinsamkeiten, in: Zimmermann (Hg.), Stilbegriff in den Altertumswissenschaften (1993) 72 mit Anm. 7; *Manthe*, Entstehung von Konfliktlösungsinstitutionen, in: Grotkamp/Seelentag (Hgg.) Konfliktlösung in der Antike I (2021) 222.

333 Gai 4.16: *Si in rem agebatur: … qui vindicabat, festucam tenebat; deinde ipsam rem adprehendebat, velut hominem, et ita dicebat …*

Diese Beobachtungen über die Bedeutungen des *agere* werden von den literarischen Quellen bestätigt, die dieses Verb definieren.

1.6. Definitionen des *agere* in den literarischen Quellen

Varro betont eine Verbindung zwischen *agere*, *dicere* und *facere* (Varro, De ling. lat. 6.42):

> *... et cum cogitamus quid et eam rem agitamus in mente agimus et cum pronuntiamus agimus. Itaque ab eo orator agere dicitur causam, et augures agere augurium dicuntur, cum in eo plura dicant faciant.*
>
> ... Wenn wir etwas denken (*cogitamus*) und es gedanklich betreiben (*agitamus*), dann agieren wir in unserem Geist, und auch wenn wir etwas aussprechen (*pronuntiamus*), so agieren (*agimus*) wir. Und daher sagt man, dass der Gerichtsredner einen Prozess betreibt (*causam agere*), und die Auguren die Prophezeiung (*augurium*) vornehmen (*agere*), und damit ist gemeint, dass sie dabei ziemlich vieles sagen und machen.

Aus Varros Definition sind schon die vorstehend ausgeführten Bedeutungsinhalte des *agere* ersichtlich. Das *agere* bezeichnet gemäß Varro nicht nur einen Sprechakt (*agere* als *pronuntiare*), sondern auch im Zusammenhang mit dem Wort *mens* einen Reflexionsprozess, nämlich das Denken (*in mente agere*). Die technische prozessuale Bedeutung des *agere* ist im Ausdruck *causam agere* ersichtlich. Dieser Ausdruck wird in weiteren literarischen[334] und juristischen[335] Quellen verfolgbar. Das *agere* verweist hier auf eine feierliche Prozessführung über einen bestimmten Prozessgegenstand bzw. über eine Angelegenheit (*causa*). Außerdem betont Varro den Zusammenhang zwischen dem *augurium* und dem *agere*: Die Auguren üben das *agere* aus, oder agieren, indem sie eine Prophezeiung vornehmen.[336] Die Bezeichnung einer Prophezeiung mit dem Wort *agere*, sowie die oben erläuterte etymologische Verbindung zwischen dem *agere* und *agonium* verweisen auf die schon erwähnte Wirkung des *agere* im sakralen bzw. magischen Bereich. Varro erklärt weiters, dass die Auguren, wenn sie eine Prophezeiung vornehmen, zugleich sprechen (*dicant*)[337]

---

334 Cic. Pro Balbo 3; Cic. De or. 1.56.237; Cic. Pro Cluent. 47.131; Cic. Pro Flac. 52.

335 Vgl. Fn 355.

336 Auch in weiteren Quellen findet man den Ausdruck *augurium agere*. S. Cic. De div. 1.17.32: *Ille augurio acto posse respondit ...*; Serv. ad Aen. 3.20.

337 S. den Unterschied zwischen *agere* und *dicere* nach der Ansicht von Isidor: Isid. Diff. 1.64: *Differentia inter agere causam et dicere: quod agit patronus, dicit reus.* Das *agere* versteht er als einen mündlich vorgenommenen Angriffsakt des Klägers: Das *agere* übt ein Patronus (Akteur) aus, während ein *reus* (Beklagter) nur *dicit*, nur etwas vorträgt.

und eine Handlung vornehmen (*facere*): *et augures agere augurium dicuntur, cum in eo plura dicant faciant.* Der Ausdruck *augurium agere* verweist somit auf einen rechtlich relevanten Sprechakt und eine höchstformalisierte Handlung unter der Miteinbeziehung der überirdischen Kräfte.[338]

Die Verbindung zwischen dem *agere*, dem *dicere* und dem *facere* im rechtlichen Kontext bestätigen die ältesten von Gaius angeführten Rechtsrituale – *lege agere sacramento, per manus iniectionem*, sowie *per pignoris capionem*, auf die ich später näher eingehe.[339] Diese *modi agendi* bestehen aus einem Sprechakt und einem Akt des Handelns, bzw. einem Akt der symbolisierten Gewalt.[340]

Bedeutungserklärungen punkto *agere* findet man auch bei Festus, der eine wichtige Quelle für die Entwicklungsgeschichte dieses Terminus darstellt. Seine Beschreibung des *agere* geht auf das Werk von M. Verrius Flaccus *De verborum significatione* zurück[341] (Fest. s.v. *agere*, Lindsay, 21.1):

> *Agere modo significat ante se pellere, id est minare. Virgilius (Ecl. 9, 24): „Et potum pastas age." Modo significat iurgari, ut dicimus: agit cum eo furti; modo rependere, ut is cum dicimus: gratias ago; modo verbis indicare, ut cum dicimus: causam ago; quin etiam si accessit gestus et vultus quidam decor, ut cum scaenici agere dicuntur.*
>
> *Agere* bedeutet manchmal Stoßen, d. h. Antreiben. So Virgil (Ecl. 9,24): „Und führ sie nach dem Weiden zum Trinken"; bald bedeutet es „streiten", wie wenn wir sagen: er klagt mit ihm aus dem *furtum*; bald bedeutet es „vergelten", wie wenn wir sagen ich handle zu deinen Gunsten; manchmal bedeutet es mit den Worten einleiten (*verbis indicare*), wie wenn wir sagen: ich agiere aufgrund einer *causa*; sogar auch wenn eine Handlung und ein Gesichtsausdruck als Zierde hinzutritt, wie es heißt, wenn Schauspieler agieren.

---

338 Über den Einfluss der Auguren auf die Verfassung der Spruchformeln im Legisaktionenverfahren s. *Manthe*, Stilistische Gemeinsamkeiten, in: Zimmermann (Hg.), Der Stilbegriff in den Altertumswissenschaften (1993) 69 f.

339 Vgl. unten Kapitel II, Abschnitt 5. Die Genealogie des *agere*, S. 144 f.

340 Gaius (Gai. 4.16) betont, dass das *agere* in Form des *vindicare* sich darin äußert, dass der Kläger (Akteur) eine Sache mit der *festuca* berührt und eine bestimmte Spruchformel erklärt. Nach der Anführung der Spruchformel erläutert Gaius, dass der Beklagte (*contravindicans*) dasselbe spricht und tut (*similiter dicebat et faciebat*). S. dazu unten Abschnitt 5.1.Das *agere* als Akt des einseitigen Recht-Sprechens im Verfahren *sacramento*, S. 145 f.

341 M. Verrius Flaccus ist ein Grammatiker aus dem I. Jh. v. Chr. Das Werk *De verborum significatione* stellt eine Synthese mit den Wortbedeutungen dar. Sein Werk wurde zweimal überliefert – in einer einfachen (durch Pomponius Festus) und einer doppelten Verkürzung (durch Paulus Diaconus). S. *Albrecht*, Geschichte der römischen Literatur. Von Andronicus bis Boethius und ihr Fortwirken I (2012) 738–739.

Die erste untechnische Bedeutung verweist auf „materielles Handeln", d. h. „stoßen". Sie wird mit der Zeile aus Vergil untermauert, wo das *agere* im Sinne von *capellas agere* (Ziegen treiben) verwendet wird.[342] Sie stimmt mit den etymologischen Hinweisen und Erklärungen der Autoren überein, die die Herkunft des Verbs *agere* vom Treiben ableiten.[343] Die zweite juristische Bedeutung von *agere* ist *iurgari*, d. h. „streiten".[344] Flaccus verwendet dabei eine Passivform – *iurgari* – die sich möglicherweise als „in Anspruch genommen werden" übersetzen lässt. Der Sinn des Wortes *iurgare/iurgari* lässt sich aufgrund anderer literarischer Quellen bestimmen.[345] Der Erklärung des *iurgare* widmet sich u.a. Varro (Varro, De ling. lat. 7.93). Er setzt die Worte *iurgium* und *lis* gleich: … *Ex quo licet videre iurgare esse ab iure dictum, cum quis iure litigaret* / … Daraus lässt sich erkennen, dass *iurgare* von *ius* abgeleitet wird, wenn einer *iure litigaret* (einen Rechtsstreit hat).[346] Flaccus schreibt dem Verb *iurgare* eine prozessuale Bedeutung zu, nämlich „einen Rechtsstreit führen" bzw. „haben". Cicero verbindet dagegen mit dem *iurgare* nicht einen Streit zwischen Feinden, sondern unter Nachbarn (Cic. De re publ. 4.8).[347] Das Verb *iurgare* in dem Sinn einer prozessualen Handlung kann überdies auf das Zwölftafelgesetz zurückgeführt

342 Die ganze Zeile aus Vergil. Ecl. 9.23–25: *Tityre, dum redeo (brevis est via) pasce capellas; et potum pastas age, Tityre, et inter agendum occursare capro (cornu ferit ille) caveto* / Tityrus, bis ich zurückkehre (der Weg ist kurz), weide die Böckchen; Und führ sie nach dem Weiden zum Trinken, Tityrus, und während deines Tuns hüte dich, dem Geißbock zu begegnen (jener stößt mit seinem Horne).

343 Vgl. oben Abschnitt 1.1. Das *agere* im Sinne von (Voran-)Treiben, S. 84.

344 S.v. *iurgare*, in: HS (1958) 299.

345 Vgl. Fest. (Lindsay, 92. 9), s.v. *iurgatio*: *Iurgatio, iuris actio.*

346 Die ganze Stelle von Varro lautet folgenderweise (Varro, De ling. lat. 7.93): *Quod ait iurgio, id est litibus: itaque quibus res erat in controversia, ea vocabatur lis: ideo in actionibus videmus dici „quam rem sive litem dicere oportet". Ex quo licet videre iurgare esse ab iure dictum, cum quis iure litigaret; ab quo obiurgat is qui id facit iuste* / Das nennt er „in einem Streit" (*iurgium*), d. h. in Streitverfahren (*litibus*): Daher wurde bei denjenigen, zwischen denen eine Angelegenheit (*res*) Gegenstand eines Streites war, diese als *lis* bezeichnet. Deswegen sehen wir, dass bei der Vornahme von *actiones* gesagt wird: „welche Sache bzw. Streitgegenstand feierlich verkündet werden soll". Daraus lässt sich erkennen, dass *iurgare* von *ius* abgeleitet wird, wenn einer *iure litigaret* (einen Rechtsstreit hat); daher *obiurgat* derjenige, der dies zurechtmacht."

347 Cic. De re publ. 4.8: … *iurgare igitur lex putat inter se vicinos, non litigare* / Das Gesetz geht davon aus, dass Nachbarn untereinander streiten (*iurgare*) und nicht prozessieren (*litigare*).

werden.[348] Aufgrund des oben angeführten Textes von Flaccus wurde in der Forschung zurecht angenommen, dass das *iurgare* etymologisch vom Ausdruck *iure agere* abgeleitet wird.[349]

Flaccus führt ein Beispiel für die Erklärung des *agere* als *iurgare* an: *agit cum eo furti* / er klagt mit ihm aus dem *furtum*.[350] Von Relevanz ist die oben erwähnte Verbindung des *agere* mit der Präposition *cum* (mit), welche auf einen Akt der Verhandlung mit dem prozessualen Gegner verweist. Möglicherweise bedeutet die Wendung *agit cum eo furti* im Zusammenhang mit dem von Cicero angesprochenen Sinngehalt des *iurgare* als einen nicht ernst gemeinten Konflikt unter den Nachbarn, dass zwischen dem Akteur und dem Dieb eine Art des Vergleichs infolge der Verhandlung (agere) abgeschlossen werden kann. Nicht auszuschließen ist, dass das *agere* im Sinne von *iurgare* sowohl eine Tilgung oder friedliche Konfliktlösung bedeutet als auch einen Rechtsstreit bezeichnet.

Das *agere* wird weiters durch die Gleichsetzung mit dem Wort *rependere*, d. h. „zurückzahlen", „vergelten" erklärt.[351] Als Beispiel dafür nennt Festus *gratias agere*. Dieser Ausdruck wird in literarischen Quellen überwiegend im nichtjuristischen Kontext als Hinweis auf „danken" oder „sich bedanken" verwendet,[352] während er in den juristischen Quellen als Teil der Spruchformel der Legaten und der Testamente, in dem das Motiv für den Erlass eines Legats angeführt wird, vorkommt.[353]

Auf das *agere* als prozessuale Verhandlung im Legisaktionenverfahren verweist Festus, wenn er das *agere* als *verbis indicare* (mit den Worten zeigen, einleiten) bezeichnet. Das *verbis indicare* bedeutet prozessuale (Ver-)handlung

---

348 S. Tab. 7.5a, die sich auf Cic. De re publ. 4.8 stützt, wo steht: *iurgare igitur lex putat*. WN vgl. bei *Zlinszky*, Gedanken zur *legis actio sacramento in rem*, in: SZ 106 (1989) 138.

349 *Karlowa*, Der römische Civilprozess zur Zeit der Legisactionen (1872) 5 mwN; *Walde/Hofmann*, Lateinisches Etymologisches Wörterbuch³ I (1938) 733. Vgl. auch *clarigare/clarigatio*. S. dazu *Ortega*, El significado de *agere*, in: RIDA 43 (1996) 152.

350 Iav. l. 15 ex Cas. D. 12.3.9: *cum furti agitur*. Paul. l. 9 Sab. D. 47.2.32.2: *cum furti agam*.

351 S.v. *rependere*, in: HS, 508.

352 Vgl. z. B. Plaut. Capt. 4.2.868–869: *mi aequom est gratias agere ob nuntium*; 5.1.922: *Iovi disque ago gratias merito magnas*; Plaut. Trin, 4.824: *Neptune, tibi ante alios deos gratias ago*; Cic. In Ver. 2.2.172: *gratias agerent*; Liv. Ab urb. cond. 2.57.2: *ut Quinctio gratias agerent*.

353 S. Belege in der Fn. 312.

einleitender Natur mithilfe feierlicher Spruchformeln (*verba*).[354] Das *agere* als *verbis indicare* lässt sich somit als eine im Prozess verlautbarte Rechtsbehauptung durch die Anwendung feierlicher Worte verstehen. Das *verbis indicare* als *definiens* des *agere* setzt Festus weiterhin mit *causam agere* gleich (*agere…modo verbis indicare, ut cum dicimus: causam ago*). Die Wendung *causam ago* wurde schon in der oben erwähnten Varro-Stelle zum Zwecke des Definierens des *agere* angeführt. In den juristischen Quellen klassischer Zeit wird *causam agere* weiterverwendet und bezeichnet die prozessuale Tätigkeit über eine bestimmte Angelegenheit,[355] was die Bedeutung des *agere/verbis indicare* als prozessuale Handlung wiederum bestätigt.

Im letzten Teil des Textes betont Festus, dass das *agere* im Theaterleben vorkommt, wenn dieses *agere* mit einem *gestus* vorgenommen wird: *quin etiam si accessit gestus et vultus quidam decor, ut cum scaenici agere dicuntur* / sogar auch wenn eine Handlung und ein Gesichtsausdruck als Zierde hinzutritt, wie es heißt, wenn Schauspieler agieren. Mit dem Ausdruck *quin etiam*, d. h. „sogar", relativiert Festus die von ihm angeführten juristisch-technischen Bedeutungen des *agere*. Das Wort *agere* ist so vielschichtig, dass damit sogar szenische Handlungen (*ut cum scaenici agere dicuntur*) bezeichnet werden. Diese relativierende Konjuktion „*quin etiam*" bietet möglicherweise eine Erklärung, warum Juristen klassischer Zeit meiden, das *agere* zu definieren: Dieses Wort kommt in so vielen Kontexten vor, dass es kaum möglich ist, ihn im juristischen Sinn von dem allgemeinen Sprachgebrauch abzugrenzen. Die *legis actiones* als performative Akte bestehen aus dem Vortragen der Spruchformeln und der Ausführung von physischen Handlungen symbolischer Natur bzw. Gesten. Sie werden inszeniert, was als Hinweis auf die Nähe des archaischen Prozesses zu der theatralischen Ausführung gedeutet werden kann.

Die Definition von Festus ist also eine Zusammenschau verschiedener ineinanderfließender Bedeutungen des *agere*, die zur Zeit von Verrius Flaccus vorhanden sind. In den von Festus angesprochenen rechtlich relevanten Bedeutungen von *agere* sind die Charakteristika ersichtlich, die in den Rechtsfiguren *lege agere* und *legis actio* enthalten sind: die ritualisierte mündliche (*verbis*

---

354 Zu den formalisierten prozessualen Handlungen *agere per certa* und *per concepta verba* vgl. Auch *Archi*, Componenti pregiuridiche, in: Archi, Scritti di diritto romano I (1981) 64.

355 Ulp. 5 ed. D. 2.4.2: *apud praetorem causam agit.* Ulp. 4 ed. D. 2.14.7.5; Gai 30 ed. prov. D. 12.2.31; Ulp. 2 de of. cons. D. 22.3.14; Paul. sing. reg. D. 19.2.38.1; Scaev. 25 dig. D. 41.4.14; Mod. l. sing. de praescr. D. 49.1.20.1; Aurel. Arc. Char. mag. libel. l. sing. de mun. civil. D. 50.4.18.13. Vgl. auch Gai 4.21.

indicare) prozessuale Handlung (*agere-iurgare*), die mit der Vornahme von Gesten (*gestis agere*) vorgenommen wird. Überdies behalten die von Festus/Flaccus erwähnten Redewendungen wie etwa *causam agere*, *gratias agere* ihre Relevanz in der Rechtsterminologie der klassischen Zeit.

Neben der angeführten Definition bietet Flaccus eine andere Erklärung des *agere* an. Er verbindet das *agere* und das *orare* (Fest. s.v. *orare*, Lindsay, 218.6)[356]:

> ... *Orare antiquos dixisse pro agere, testimonio sunt [quod] et oratores, et i qui nunc quidem legati, tunc vero oratores, quod reipublicae mandatas partis agebant.*
> ... *Orare* (feierlich sprechen) hatten die Vorfahren gesagt statt *agere*; das bestätigen auch die *oratores* und diejenigen, die jetzt Gesandte (*legati*), damals aber *oratores* [genannt wurden], und die die Aufträge der Republik durchgeführt haben.

Fast wortgleich ist auch die von Flaccus angeführte Definition von *adorare* (Fest. s.v. *adorare*, Lindsay 17.26):

> ... *Adorare apud antiquos significabat agere; unde et legati oratores dicuntur, quia mandata populi agunt.*
> ... *Adorare* bedeutete bei den Vorfahren *agere*; daher werden auch Gesandte (*legati*) als *oratores* bezeichnet, weil sie Aufträge des Volkes ausführen.

Der Terminus *agere* wird, wenn man Flaccus folgt, erst später verwendet. Er merkt an, dass die Vorfahren (*antiqui*) *orare* statt *agere* verwendet haben. Das Wort *antiqui* wird möglicherweise als Austauschbegriff für *veteres* verwendet.[357] Nicht auszuschließen ist auch, dass der Grammatiker unter *antiqui* möglicherweise die *pontifices*, die Rechtsgelehrten der archaischen Zeit, versteht. Mit der Anmerkung, dass das *orare* vor dem *agere* im Sprachgebrauch war, wird ein wichtiger methodologischer Aspekt angesprochen: Die Geschichte des *agere* geht über die terminologische Entwicklung hinaus.

In der zweiten Definition des *adorare* betont der Grammatiker durch das Präfix *ad* eine terminative und abgeschlossene Bedeutung des *orare*, d. h. *adorare*: Die richtige Ausführung eines mündlichen Sprechaktes, der als *orare* bezeichnet wird, macht ihn zu einem *agere*, zu einem rechtmäßigen Akt. Festus bezeichnet die Legaten als *oratores*, die im Namen des römischen Volkes handeln. Diese Anmerkung von Festus bestätigt, dass das *agere* außerhalb der

---

356 *Gioffredi*, Rem ubi pacunt orato, in: BIDR 76 (1973) 272. S. auch Fest. s.v. *orata* (Lindsay, 196.25).

357 Festus beruft sich oft auf *antiqui*, d. h. auf die Vorfahren, wenn er den für ihn aktuellen Sprachgebrauch mit dem Sprachgebrauch der Vorgänger vergleicht. S. *Dirksen*, Die römisch-rechtlichen Quellen der Grammatiker Verrius Flaccus und Festus Pompeius (1852) 20, Fn. 76.

privatrechtlichen Rechtsverhältnisse – als Handlung im Namen des Volkes – verwendet wird. Zu erwähnen ist hier die Rechtsfigur des *agere cum populo*, die auch Verhandlungen mit dem Volk mit dem Zweck der Beschlusserlassung bezeichnet. Flaccus und andere Autoren verbinden überdies das *orare* mit der Anfrage an ein Orakel.[358] Diese Bedeutung passt zur Wirkung des *agere* in der frühen Zeit, das nicht nur im Bereich des Rechtlichen (*ius*), sondern auch im Bereich des Sakralen (*fas*) liegt. Das Verb *orare*, wie das Wort *oratores*, verweist auf mündliche Erklärungen, eine Artikulation, einen stilisierten Sprechakt von bestimmten Formeln.[359] Die Verbindung beider Verben – *agere* und *orare* – bestätigt auch Gaius (Gai. 4.15).[360] Das Zusammenspiel dieser Termini ist auch in weiteren klassischen Quellen nachvollziehbar, wo das *orare* auf die mündliche Erklärung einer *actio* verweist.[361] Dies spricht wiederum dafür, dass die Bedeutung des *agere/actio* als feierliche Spruchererklärung beibehalten wird, auch wenn die Durchführung des Prozesses im Rahmen des Formularverfahrens schriftlich erfolgt.

---

358 Fest. s.v. *oratores* (Lindsay 197.1); *Fiori*, Il processo privato, in: Cursi (Hg.) XII Tabulae. Testo e commento I (2018) 68.

359 *Gioffredi*, Rem ubi pacunt orato, in: BIDR 76 (1973) 273 betont bei *orare* (im Vergleich zu *loqui*) die Bedeutung einer feierlichen Erklärung mit einer besonderen Intention und nach besonderen Regeln.

360 Gai. 4.15: *... deinde cum ad iudicem venerant, antequam apud eum causam perorarent, solebant breviter ei et quasi per indicem rem exponere; quae dicebatur causae coniectio quasi causae suae in breve coactio* / ... wenn man daraufhin beim Richter erschienen war, stellt man ihm kurz und gleichsam, wie man mit einem Zeigefinger darüber fährt, die Sache dar, bevor man die Rechtslage vor ihm förmlich vortrug; das hieß „Zusammenfassung der Rechtslage", sozusagen „zusammengedrängte Darstellung der eigenen Rechtslage". Die Übersetzung folgt *Manthe*, Die Institutionen des Gaius^2 (2010) 325. Das Verb *perorare* stellt eine abgeschlossene Handlung dar und kommt auch im Zwölftafelgesetz anschließend an die angeführte Stelle aus Rhetorica hervor (Tab. 1.7): *Com peroranto ambo praesentes/* Die Anwesenden sollen beide zusammen [den Fall] feierlich erklären. Der Satz stammt aus Gel. 17.2.10 Vgl. zu der Bedeutung des *perorare Fiori*, Il processo privato, in: Cursi (Hg.) XII Tabulae. Testo e commento. I (2018) 72–73.

361 Vgl. Iul. 50 dig. D. 34.5.12: *Quotiens in actionibus aut in exceptionibus ambigua oratio est, commodissimum est id accipi, quo res de qua agitur magis valeat quam pereat.*

1.7. Das *orare* in der Vorschrift *rem ubi pacunt, orato*

Die Bedeutung des *agere* (und davor *orare*) im Sinne eines Aktes des privatrechtlichen Recht-Sprechens bestätigt die folgende Stelle aus dem Zwölftafelgesetz, die palingenetisch als eine Regel für die Eröffnung des Legisaktionenverfahrens ausgelegt wird (Tab. 1.6):[362]

> *REM UBI PACUNT,*[363] *ORATO.*
> Worüber sie sich einigen, soll er feierliche Worte erklären.

Der Text ist ein Auszug aus dem Traktat „*Rhetorica ad Herennium*" eines unbekannten Autors (Rhet. ad Her. 2.20), welcher wie folgt lautet:

> … *ex pacto ius est, si quid inter se pepigerunt, si quid inter quos convenit. Pacta sunt, quae legibus observanda sunt, hoc modo: Rem ubi pacunt, orato; ni pacunt in comitio aut in foro ante meridiem causam coicito.*
> … Aus einem *pactum* ergibt sich *ius*, wenn sich beide Seiten untereinander etwas feststellen, wenn über irgendetwas unter irgendwelchen Menschen eine Übereinkunft erzielt wurde. Es gibt *pacta*, die *legibus observanda sunt*, wie folgt: Worüber sie sich einigen, soll er feierliche Worte erklären. Wenn sie sich nicht einigen, soll er ihn auf dem Versammlungsplatz, oder auf dem Marktplatz vor Mittag einladen.[364]

Der Autor der *Rhetorica ad Herennium* bestätigt zuerst die Rolle der formlosen Vereinbarung (*pactum*) als Rechtsquelle des *ius* (*ex pacto ius est*).[365] Im Text wird zwischen dem Rechtsgeschäft und der Rechtsentstehungsquelle bzw. dem Rechtsetzungsakt nicht unterschieden. Aus dem *pactum* entsteht das *ius*, das sowohl im Bereich des *ius publicum* als auch im Bereich des *ius privatum* wirkt, sowie als subjektives und gleichsam als objektives Recht verstanden werden kann.[366] Weiters erklärt der Autor, wann das *pactum* das *ius*

---

362 FIRA, I^3 (1968) 28. Die Stelle in der Überlieferung von Crawford lautet: *ubi pacunt, orato*. S. *Crawford*, Roman Statutes II (1996) 578.

363 In der Rekonstruktion von Flach wird statt „*pacunt*" die Verbalform „*pagunt*" gebraucht. Er begründet dies mit einem Text aus Priscian (Prisc. Inst. gram. 10.24): *sed antiqui pago quoque dicebant pro paciscor* / Doch sagten die Menschen der alten Zeit auch *pago* statt *paciscor*. Die Übersetzung nach *Flach/Flach*, Das Zwölftafelgesetz (2004) 43.

364 Die Übersetzung stützt sich mit Ausnahme des Ausdruckes „*si quid inter se pepigerunt*" auf *Flach/Flach*, Das Zwölftafelgesetz (2004) 43.

365 Die Interpretation der Stelle und Lit. s. auch bei *Biscotti*, Dal pacere ai pacta conventa (2002) 172 f.

366 *Kaser*, Der Privatrechtsakt in der römischen Rechtsquellenlehre, in: FS Wieacker (1978) 90 f., der ganz zutreffend die Rechtsquellentheorie kritisiert und betont, dass die Rechtsquellen und die Privatrechtsgeschäfte mindestens in der

erzeugt: *... si quid inter se pepigerunt, si quid inter quos convenit ... / ...* wenn sich beide Seiten (untereinander) etwas feststellen, wenn über irgendetwas unter irgendwelchen Menschen eine Übereinkunft erzielt wurde .... Hier wendet sich der Autor dem Verb *pangere* zu. Auch wenn dieses dem Verb *pacisci* ähnlich ist,[367] gibt es zwischen den beiden Termini einen fundamentalen Unterschied: Während das *pacisci* auf die Vereinbarung verweist, bedeutet *pangō-pangere* „feststellen", „fixieren", „befestigen".[368] Mit dem Ausdruck *„inter se"* werden die einseitigen Erklärungen (einseitige Akte des *pangere*) oder besser gesagt einseitige Feststellungen miteinander verknüpft. Biscotti sieht richtigerweise im Verb *convenire* in der angeführten Stelle die Spuren der früheren Bedeutung, des tatsächlichen Zusammenkommens.[369] Die „konsensuale" Auslegung, die sich auf den ersten Blick aufdrängt, ist mit *si quid inter se pepigerunt, si quid inter quos convenit* nicht gemeint.[370] Das *pactum* ist aufgrund dieser Formulierung also eine Vereinbarung, die aus nebeneinander erklärten einseitigen Erklärungen von Personen besteht, die tatsächlich zusammengekommen sind. Es gibt die *pacta*, setzt der Autor fort, die durch die *leges* verbindlich werden (*Pacta sunt, quae legibus observanda*). Das Wort *legibus* verweist nach der traditionellen Interpretation auf das Zwölftafelgesetz. Es kann meines Erachtens auch *certa verba* bedeuten, d. h. eine besondere formalisierte Gestaltung mittels feierlicher Worte. Das bestätigt die Bedeutung des Verbs *orare* in der anschließend angeführten Norm aus dem Zwölftafelgesetz: *REM UBI PACUNT, ORATO* /Wo[r]über sie sich einigen, soll er feierliche Worte erklären. Dieser Norm folgt ein negatives Szenarium: Falls die Parteien kein *pactum* abgeschlossen haben, sollte der Akteur den Schuldner auf den Versammlungsort oder auf den Marktplatz mitbringen bzw. einladen (*ni pacunt ... in foro coicito*).[371]

---

republikanischen Zeit nicht immer zu unterscheiden sind. S. auch *Biscotti*, Dal pacere ai pacta conventa (2002) 173.

367 Das Verb *pacisci* wird als Synonym mit *pangere* in HS, 402 (s.v. *pangere*) bezeichnet; *Albanese*, Pactum e iudicatum, in: AUPA 42 (1992) 15.

368 *Biscotti*, Dal pacere ai pacta conventa (2002) 174. S. die Bedeutung des Verbs *pangō* als „befestigen" „festmachen" (to insert firmly, to fix) in: De Vaan (Hg.), Etymological Dictionary of Latin (2008) 442–443; *Walde/Hofmann*, Lateinisches etymologisches Wörterbuch³ II (1954) 245.

369 Vgl. *conventio in manu*, die mit der *conventio* im Sinne eines *consensus* (im Sinne der Vereinbarung) nichts zu tun hat.

370 Zutreffend und mit weiteren Quellen *Biscotti*, Dal pacere ai pacta conventa (2002) 176.

371 Mit dem Ausdruck *causam coicere* wird ein formalisiertes Verfahren an einem institutionalisierten Ort mit der Teilnahme eines *arbiter* bezeichnet. Die Einladung

Die für die Fragestellung dieser Forschung relevante Norm „*Rem ubi pacunt, orato*“ als Hinweis auf die alte, auf das Zwölftafelgesetz zurückgehende Bedeutung des *agere* ist analytisch zu interpretieren: Jedes Glied dieser Norm – *res, ubi, pacere, orare* – verlangt eine Auslegung.

1.7.1. *Res*

Das Wort *res* lässt sich nicht nur als Gegenstand bzw. Sache interpretieren, sondern auch als Angelegenheit.[372] Nach einigen Rekonstruktionen, die den Sinn der Regelung in der Vereinbarung des Gerichtsortes sehen, wird das Wort *res* als unnötiger Zusatz angesehen, der auf das Verständnis des Textes verwirrend wirkt.[373] Für die Interpretationen, die aber den Sinn dieser Norm nicht in der Vereinbarung des Verfahrensortes, sondern in der friedlichen Lösung der gegenseitigen Ansprüche (*pactum* im Sinne von Vergleich, dazu gleich)[374] sowie in dem Abschluss eines Geschäfts sehen, verweist das Wort *res* auf den Gegenstand des *pactum*. Umstritten bleibt, ob das Wort *res* im Akkusativ (*rem*) ein Objekt des Verbs *pacere* ist (*rem…pagunt*), oder ob *res* in Verbindung mit *orare* steht (*rem…orato*).[375]

---

zum *coicere* am *forum* oder in Komitien erfolgt dann, wenn das *orare* nicht erfolgt. In diesem interveniert der Gerichtsmagistrat, oder ein einfaches *pactum* wird durch eine Beobachtung der *civitas* beglaubigt. Der Ausdruck *causam coicere* im Sinne eines förmlichen Verfahrens wird von Lucius Afranius (1. Jh. v. Chr.) verwendet. S. Non. Marc. De var. sign. sem., s.v. *coicere*: *causam coicere hodie ad te volo. Ambon adestis? profuturos arbitror*. S. zu *causae coniectio Fiori*, Il processo privato, in: Cursi (Hg.) XII Tabulae. Testo e commento I (2018) 73.

372 *Villey*, Le droit subjectif chez Jhering, in: Jherings Erbe. Göttinger Symposion zur 150 Wiederkehr des Geburtstags von R. v. Jhering (1970) 219 f. Vgl. die Formel der *lex Aquilia*: *Quanti ea res erit*. S auch. s.v. *res*, in: HS 511 f.

373 So *Crawford* (Hg.), Roman Statutes II (1996) 593.

374 *Fiori*, Il processo privato, in: Cursi (Hg.) XII Tabulae. Testo e commento I (2018) 69.

375 Vgl. diese Fragestellung bei *Fiori*, Il processo privato, in: Cursi (Hg.) XII Tabulae. Testo e commento I (2018) 69. Bei der Annahme der Verbindung zwischen *rem* und *pangere* (*pacere*, *pagere*), wird aber die Verbindung zwischen *orare* und *res* meines Erachtens nicht ausgeschlossen. Das *orare* wird in Bezug auf die *res pacta* verkündet.

1.7.2. *Ubi*

In der Literatur werden zwei Interpretationen des *ubi* vorgeschlagen – eine lokale und eine kausale bzw. hypothetische.[376] Nach einer lokalen Interpretation ist *ubi* ein Hinweis auf den Ort, an dem das *orare* stattfindet.[377] Bei der lokalen Interpretation des Wortes *ubi* ist die Norm aus dem Zwölftafelgesetz folgenderweise zu rekonstruieren: Da, wo die Parteien ein *pactum* abgeschlossen haben, soll er (ein Gerichtsmagistrat oder der Akteur selbst[378]) feierliche Worte erklären.[379] Bei der kausalen Interpretation ist *ubi* ein Hinweis darauf, dass der Gegenstand des *pactum* durch „*orare*" bekräftigt wird.[380] Bei dieser Interpretation wird auch das Wort *pactum* eng als ein Hinweis auf einen Vergleich ausgelegt:[381] Worüber die Parteien einen Vergleich (*pactum*) abschließen, soll auch das *orare* verkündet werden.

Der lapidare Stil des Zwölftafelgesetzes[382] erlaubt meines Erachtens, in *ubi* sowohl die lokale Deutung (wo, wohin) als auch die kausale (worüber) Interpretation zu vereinigen. In diesem Zusammenhang ist der Satz „*rem ubi pacunt, orato*" folgenderweise zu interpretieren: „Wo und worüber die Seiten ein *pactum* abgeschlossen haben, soll er feierliche Worte erklären". Im Wort *ubi* sind also beide Bedeutungen nicht streng zu unterscheiden.[383]

---

376 Die Meinungsübersicht s. bei *Manfredini*, Rem ubi pacunt, orato, in: Seminario sulla problematica contrattuale I (1988) 74 f.

377 *Luzzatto*, Procedura civile romano II (1948), 331 f.; *Lévy-Bruhl*, Recherches sur les Actiones de la Loi (1960) 206; *Pugliese*, PC I, 217, 403; *Radke*, Sprachliche und historische Beobachtungen zu den leges XII tabularum, in: FG Lübtow (1970) 224.

378 Für die Auslegung, bei der das *orare* auch vom Akteur vorgenommen werden kann, äußert sich *Manfredini*, Rem ubi pacunt, orato, in: Seminario sulla problematica contrattuale I (1988) 75. Auch Nicosia betont, dass das *orare* vom Akteur vorgenommen wird. S. *Nicosia*, Il processo privato romano II (1984) 81.

379 Für die lokale Interpretation des Wortes *ubi* s. *Flach*, Fortgeltung des Zwölftafelrechts (2004) 17.

380 *Gioffredi*, Rem ubi pacunt orato, in: BIDR 76 (1973) 274.

381 Unter den Vertretern dieser Auslegung ist *Behrends*, Der Zwölftafelprozess (1974) 77 f.; *Kaser/Hackl*, Das römische Zivilprozessrecht^2 (1996) 115.

382 *Manthe*, Stilistische Gemeinsamkeiten in den Fachsprachen der Juristen und Auguren, in: Zimmermann (Hg.) Der Stilbegriff in den Altertumswissenschaften (1993) 69.

383 Vgl. *Fiori*, Il processo privato, in: Cursi (Hg.) XII Tabulae. Testo e commento I (2018) 72: …l'ipotesi più probabile è che rem ubi pacunt orato si riferisca all'accordo delle parti circa il luogo in cui svolgere la fase apud iudicem e all'attività processuale che si realizza in quella sede. Somit vereinigt Fiori die kausale bzw.

1.7.3. *Pacere*

Traditionell wird das Wort *pacere* in dem angeführten Fragment als technischer Hinweis auf einen Vergleich (*transactio*) verstanden.[384] Diese Interpretation stützt sich offenbar auf eine andere Stelle aus dem Zwölftafelgesetz, in der es sich um den Verzicht auf *talio* durch *pactum* handelt (Tab. 1.13): *Si membrum rupsit, ni cum eo pacit, talio esto* / Wenn er ein Körperglied versehrt hat, soll, wenn er sich mit ihm nicht einigt, Gleiches mit Gleichem vergolten werden.[385] Nicht auszuschließen ist, dass *pactum* auch auf den Abschluss eines Rechtsgeschäftes konstitutiver Natur hinweist.[386] Das *orare* lässt sich in diesem Zusammenhang als eine einseitige feierliche Erklärung verstehen. Sie gewährt dem formlosen *pactum* eine notwendige Rechtsverbindlichkeit.

1.7.4. *Orare*

Das Wort *orare* kann „in einer vorgeschriebenen Form sprechen“[387], „verkünden“[388], „beglaubigen“[389], „die Worte in einer autoritativen Form setzen“[390]

---

hypothetische Auslegung und die lokative Auslegung von *ubi*, wobei die Parteien nur den Ort des Verfahrens *apud iudicem* vereinbaren konnten. Die lokative Auslegung von Fiori setzt aber voraus, dass die Regelung *rem ubi pacunt, orato* auf der Entwicklungsphase des Legisaktionenverfahrens angewandt wurde, wenn das Legisaktionenverfahren schon aus zwei Phasen (*in iure* und *apud iudicem*) bestand.

384 *Gioffredi*, Rem ubi pacunt orato, in: BIDR 76 (1973) 272.

385 Die Übersetzung folgt *Flach/Flach*, Das Zwölftafelgesetz (2004) 52.

386 Dieses Argument entwickelt Manfredini. Nach seiner Auslegung verweist eine Stelle aus Dionysios von Halikarnassos (Dion. 2.75.1) auf zwei Arten der Vereinbarungen, die in der archaischen Zeit und nämlich in der Zeit von Numa öffentlich abgeschlossen wurden. Zu vermuten ist daher, dass in der archaischen Zeit eine Reihe an Vereinbarungen existierten, die auch die Schuldverhältnisse begründet haben, und die durch eine feierliche Erklärung beglaubigt wurden. *Manfredini*, Rem ubi pacunt, orato, in: Seminario sulla problematica contrattuale I (1988) 79. S. auch *Melillo*, s.v. patti (storia), in: ED 32 (1982) 481.

387 *Fiori*, Il processo privato, in: Cursi (Hg.) XII Tabulae. Testo e commento I (2018) 68 gelangt zur Idee, dass *orare* „in einer bestimmten Form zu sprechen“ bedeutet, indem er *oratio* und *sermo* anhand einer Anmerkung von Cicero vergleicht. Vgl. Cic. Or. 64: *Itaque sermo potius quam oratio dicitur* sowie Rhet ad Her. 3,23.: *sermo est oratio remissa et finitima cotidianae locutioni* sowie

388 *Kaser*, Prätor und Judex im römischen Zivilprozess, in: TR 21 (1964) 349.

389 In diesem Sinn Festus, s.v. *oratores* (Lindsay, 197.1), der auch in dem *orare* eine Bedeutung von *testari*, d. h. „bezeugen“, „erklären“ sieht.

390 *Wagenvoort*, Orare, Precari, in: H. Wagenvoort, Pietas I (1980) 197.

bedeuten. Fraglich ist, wer das „*orare*" auszuüben hat – ein Gerichtsmagistrat oder eine Privatperson?

Die Imperativform (*orato* /„soll er feierliche Worte erklären" oder nicht personalisiert[391] „sollen feierlich verkündet werden") sollte nach der herrschenden Meinung bedeuten, dass das *orare* durch den Gerichtsmagistrat ausgeübt wird, der das *pactum* der Parteien zu bestätigen hat.[392]

Die traditionelle Auslegung, nach der die Vereinbarung der Parteien durch einen staatlichen Magistrat bekräftigt wird, ist meines Erachtens zu technisch für die frühe Zeit, in der die Grenzen zwischen der Ausübung öffentlicher Aufgaben und der Handlungsmacht einer privater Person nicht klar zu ziehen sind. Überdies kommt das Wort *orare* in den ältesten Quellen nicht im Konnex mit Handlungen der Priester oder der Gerichtsmagistrate vor, sondern verweist nach Wagenvoort immer auf Handlungen von privaten Personen.[393]

Denkbar ist, dass die formlose Vereinbarung durch die einseitige feierliche Erklärung – *orare* – von einem oder von jedem der Beteiligten bekräftigt wird. Vielleicht wurde daher eine solche nicht personifizierte Ausdrucksform wie *orato* vom *Auctor* der *Rhetorica* ausgewählt, die sich auf die feierliche Erklärung eines jeden Akteurs beziehen könnte. Die Rolle des Rituals in der republikanischen und sogar in der archaischen Zeit und die Bedeutung des *agere* als Akt der einseitigen Rechtsprechung, der als solcher Rechtswirkung erzeugen kann, lassen vermuten, dass das *orare* in der angeführten Stelle nicht durch den Gerichtsmagistrat ausgesprochen wurde, sondern von jedem der Akteure ausgeht, also von jedem der am *pactum* Beteiligten. Darüber hinaus verweist die zuvor angesprochene Bedeutung des Ausdruckes *inter se pangere* im Sinne eines Austausches von einseitigen Feststellungen (*inter se pangere*), dass auch das *pactum* durch zwei hintereinander folgende einseitige Erklärungen vorgenommen wurde. Das *orare* jedes Beteiligten war dabei darauf gerichtet, eine in dieser Weise getroffene Vereinbarung durch einen feierlichen Sprechakt zu bekräftigen.

---

391 *Fiori*, Il processo privato, in: Cursi (Hg.) XII Tabulae. Testo e commento I (2018) 69.

392 Die Vorstellung, dass *orato* sich auf die Tätigkeit des Magistrats bezieht, wird von der *communis opinio* angenommen. Siehe *Kaser*, Prätor und Judex im römischen Zivilprozess, in: TR 21 (1964) 349 f.; *Kaser/Hackl*, Das Römische Zivilprozessrecht[2] (1996) 115. Vgl. auch *Flach/Flach*, Das Zwölftafelgesetz (2004) 177. Vgl. aber die interpretative Übersetzung von Crawford: He (the plaintiff) is to plead, where they agree. S. *Crawford*, Roman Statutes II (1996) 579.

393 Die Quellenübersicht vgl. bei *Wagenvoort*, Orare, Precari, in: H. Wagenvoort, Pietas I (1980) 199 f.

Für einen rein privaten Charakter des *pactum*, der durch die feierliche Erklärung der Parteien verkündet wird (*orato* als Hinweis auf private Akteure) und der nicht durch einen Akt des Magistrates befürwortet wird, spricht möglicherweise ein Fragment aus dem Gaius-Kommentar zum Zwölftafelgesetz (Gai XII tab. D. 2.4.22.1):

> *Qui in ius vocatus est, duobus casibus dimittendus est: si quis eius personam defendet, et si, dum in ius venitur, de re transactum fuerit.*
> Wer vor Gericht geladen worden ist, muss in zwei Fällen freigegeben werden, wenn jemand seine Verteidigung übernimmt und wenn in der Sache ein Vergleich zustande gekommen ist, während man vor Gericht geht.[394]

Aus dem Fragment von Gaius folgt, dass der *in ius vocatus* u.a. dann entlassen wird, wenn die Parteien einen Vergleich getroffen haben. In der Stelle wird im Gegensatz zu der Regel *rem ubi pacunt, orato* nicht *pacere-pactum*, sondern *transactum* verwendet, was wiederum als Hinweis dienen könnte, dass das *pactum* in der Ausgangsstelle *rem ubi pacunt, orato* über die Bedeutung des Vergleiches hinausgeht und eine Vereinbarung rechtsgeschäftlicher Natur, die ein Schuldverhältnis begründet, bezeichnet. Von Bedeutung ist, wenn man diesen terminlogischen Unterschied außer Acht lässt, dass hier der Vergleich der Parteien (*transactio*) nicht durch einen feierlichen Sprechakt des Magistrats bekräftigt wird. Die Entlassung des Beklagten erfolgt nach Gaius *dum in ius venitur*, d.h. auf dem Weg auf die Gerichtsstätte (*ius* wird in der Stelle lokativ als Verweis auf *comitium* oder *forum* verwendet). Bei der Auslegung der ursprünglichen Stelle *rem ubi pacunt orato* unter der Berücksichtigung der angeführten Gaius-Stelle, ist anzunehmen, dass die Intervention des Gerichtsmagistrates für die feierliche Befürwortung eines *pactum* nicht notwendig, und vielleicht sogar nicht möglich war, v. a. wenn dieses *pactum* schon auf dem Weg (*dum in ius venitur*) auf *ius* vereinbart wurde.

Im Ausgangstext der *Rhetorica* wird die Figur des Gerichtsmagistrates nicht erwähnt. Die modernen Übersetzungen sind gleichsam interpretativ, wenn sie einen Gerichtsmagistrat oder einen Richter als Subjekt des *orare* in der Wendung *orato*, d. h. der Gerichtsmagistrat/Richter „soll sprechen" nennen. Auf den privaten Charakter des *orare* verweist auch die Stelle aus Gellius (Gell. 17.2.10) und nämlich *com peroranto, ambo praesentes*, die in den Rekonstruktionen des Zwölftafelgesetzes anschließend an das negative Szenario, wie es in der *Rhetorica ad Herrenium* beschrieben wird, angeführt wird.[395] Jede Partei (falls kein

394 Die Übersetzung nach *Behrends/Knütel/Kupisch/Seiler*, CIC 2 (1995) 188.

395 Vgl. Tab. I.6. *Rem ubi pacunt, orato.* Tab. I.7. *Ni pacunt, in comitio aut in foro ante meridiem caussam coiciunto. Com peroranto ambo praesentes.* S. FIRA I, 15–40.

pactum abgeschlossen und feierlich bekräftigt wird) soll *in iure* eingeladen werden. *In iure* verkünden beide Parteien gleichsam ihre Angelegenheiten, was aus dem Satz *com peroranto ambo praesentes* in der Gellius-Stelle folgt. Die Verbalform *perorare* bezeichnet hier auch die einseitige feierliche Erklärung durch die Partei des Verfahrens und nicht einen Sprechakt eines Gerichtsmagitstrats. Das bestätigt wiederum die Bedeutung des *orare* als einen durch private Akteure verlautbarten Sprechakt in der Regel *rem ubi pacunt, orato.*

Neben dem Ausdruck *inter se pepigerunt* und der angeführten Gaius-Stelle können Belege aus Plautus ein Hinweis darauf sein, dass *orato* in der Vorschrift *rem ubi pacunt, orato* von einem privaten Akteur ausgesprochen wird. Das Wort *orare* kommt in der Komödie Casina vor. Der alte *pater familias* Lysidamus ist in die Sklavin namens Casina verliebt. Um einen Zugang zur Sklavin zu bekommen, will er einen ihm vertrauten Sklaven und seinen Verwalter (*vilicus*) namens Olympio bitten, diese Sklavin zu heiraten. Auf diese Weise kann Lysidamus Kontakt zu Casina erhalten. Cleostra, die Ehefrau von Lysidamus, will ihrerseits den ihr vertrauten Sklaven Chalinus bitten, Casina zu heiraten, um die Pläne ihres Ehemannes Lysidamus zu zerschlagen.

In einer Szene schlägt Cleostrata ihrem Ehemann Lysidamus vor, seinen Sklaven Olympio zu bitten, auf die Sklavin Casina zu verzichten. Lysidamus verspricht seinerseits den der Cleostrata vertrauten Sklaven Chalinus zu bitten, auf die Sklavin zu verzichten (Plaut. Casina 273): *Tu eum orato, ego autem orabo vilicum* / Du wirst ihn erbitten, und ich werde den Verwalter erbitten. Das Wort *orare* kommt auch später im Sinne des „Erbittens" vor, während Lysidamus die Sklavin Pardalisca bittet, mit seiner Ehefrau Cleostra zu sprechen, damit sie ihm vergibt (Plaut. Casina 707–708): (*Lysidamus*) *Et tu orato.* (*Pardalisca*). *Et ego orabo* / Lysidamus: Und frag sie; Pardalisca: Und ich werde sie fragen.

In der Plautus-Komödie Casina wird das Wort *orare* somit im Sinne von „ansprechen" und „erbitten" verwendet. Dieses Zusammenspiel zwischen den Akten des *orare* durch den Akteur und seinem Gegner in den Plautus-Komödien[396] verweist möglicherweise auch auf einen Austausch feierlicher Erklärungen der privaten Personen in der angeführten Norm *Rem ubi pacunt, orato.*

1.7.5. Die Interpretation der Vorschrift *Rem ubi pacunt, orato*

In dem angeführten Text *rem ubi pacunt, orato* geht es meines Erachtens darum, dass eine Vereinbarung (*pactum*) das *ius* erzeugen kann (*ex pacto ius*

396 Vgl. auch Plaut. Bacch., 1175–1179: (*Nicobulus*): *exores tu me?* (*Soror Bachidis*): *ego quidem ab hoc certe exorabo.*

est) – das ein subjektives Recht, aber auch objektives Recht sein könnte. Nicht auszuschließen ist, dass diese Vereinbarung durch einseitige Erklärungen (*inter se pangere*) zustande kommt. Die Rechtswirkung erzeugt dieses *pactum* erst dann, wenn es nach dem *pactum* zu einer feierlichen Erklärung kommt – das *orare*, das mit dem *agere* austauschbar ist. Dieses *pactum* hat Rechtsverbindlichkeit dort (*ubi* im Sinne von wo), wo es abgeschlossen wurde und in den Grenzen des Vereinbarten (*ubi* im Sinne von worüber). Dieses *pactum* wird durch den Akt des einseitigen *orare-agere* bekräftigt. Wenn das *agere* oder *orare* nicht erfolgt, ist die Verhandlung der Parteien über einen Streit (bei Annahme, dass *pactum* hier einen Vergleich bedeutet) oder über ein friedliches Rechtsgeschäft (bei Annahme, dass *pactum* eine formlose Vereinbarung rechtsgeschäftlicher Natur mit dem positiven Inhalt ist) an einem öffentlichen Ort – *in foro* oder *in comitio* – d. h. *in iure*, notwendig.

Meines Erachtens können die Verben *agere* und *orare* einen rechtserzeugenden einseitigen Akt bedeuten, der es den Parteien erlaubt, eigene Vereinbarungen durch feierliche Erklärungen zu bestätigen bzw. rechtsverbindlich zu machen. Die Notwendigkeit, das *orare* neben dem *pactum* zu erklären, entspricht der Natur der formalisierten Rechtsfindung archaischer und republikanischer Zeit.[397] Das *orare* besteht dabei möglicherweise in der Aussprache vorbestimmter feierlicher Worte. Die angeführte Textstelle ist ein Hinweis darauf, dass die dem *agere* zukommende Idee des ritualisierten Rechtsetzungsaktes eines privaten Akteurs schon dem früheren austauschbaren Terminus *orare* innewohnt. Die Rechtserzeugung mithilfe des *agere/orare* liegt in den Händen eines privaten Akteurs. Die Intervention des Magistrates ist zu dieser Zeit eine subsidiäre, eine heilende Maßnahme für den Fall des fehlenden friedlichen Ausgangs einer privaten Verhandlung.

1.8. Die Bedeutung des Verbs *orare* in der Vorschrift *Si adorat furto*

Diese einseitige Erklärung feierlicher Wörter vom Ausübenden des *agere*, bzw. des *orare* wird auch in einem anderen Text des Zwölftafelgesetzes bestätigt (Tab. 8.16): *SI ADORAT FURTO,*[398]

397 Ein möglicher Hinweis auf die Aufschiebung zwischen dem *pactum*, dem informellen Rechtsgeschäft und den Stipulationen findet sich auch in einem Fragment von Cicero (Cic. Pro Rosc Comoed.25). In dem Text wird zusätzlich zu ein *pactum* über den Abschluss der *societas* auch die Stipulation abgeschlossen.

398 Laut Crawford ist *furto* durch *furti* zu ersetzen. S. *Crawford*, Roman Statutes II (1996) 619. Kritisch Pieroni: Das Verb *accusare* mit einem Substantiv in einer

QUOD NEC MANIFESTUM ERIT...<DUPLIONE DAMNUM DECIDITO>.[399]

Im angeführten Text wird die Sanktion für einen Diebstahl festgelegt, wenn der Dieb nicht auf frischer Tat ertappt wurde. Sie beträgt das Doppelte des Wertes der gestohlenen Sache.[400] Das *adorare* verweist hier auf feierliche Erklärung der vorbestimmten Formel für die prozessuale, gerichtliche Verfolgung des ertappten Diebes. Dabei bezieht sich das *adorare* auf die einseitige Rechtserklärung der Spruchformeln durch den Akteur.[401]

2. Rechtliche Mehrdimensionalität des *agere* und der *actio*, oder: Was macht die Sprechakte rechtsverbindlich?

Nachdem die terminologischen und semantischen Konturen der Wörter *agere* und *actio* festgestellt wurden, lässt sich das Thema *actio* und *ius* näher betrachten.[402]

Der Problemkreis, den man in der Forschung unter dem Titel „*actio* und *ius*" abhandelt, umfasst folgende autonome Fragestellungen: 1) Was verleiht den formalisierten Akten (*agere*, *actio*) die rechtliche Verbindlichkeit (*ius*)? 2) Ist die *actio* eine Ausdrucksform für das subjektive Recht in der römischen

---

Ablativform verwendete auch Seneca (Sen. Contr. 1.5.1: *stupro accusatur stupro defenditur*). S. *Pieroni*, Marcus Verrius Flaccus (2004) 57.

399 Wenn jemand einen auf Diebesgut hin verklagt, das nicht handhaft ist, solle er dem Doppelten seines Geldwertes den Schaden abgelten. Die Übersetzung folgt *Flach/Flach*, Das Zwölftafelgesetz. Leges XII tabularum (2004) 66. Crowford vermeidet das Wort *damnatio*. In seiner Rekonstruktion lautet die Stelle folgenderweise: *Si adorat furt<i> quod nec manifestum erit, <<<duplum poenae esto.>>>* Unter Berücksichtigung des Wortes *adorat* präziser scheint die englische Übersetzung zu sein: If person pleads on case of theft in which thief shall not be caught in act, thief must compound for loss by paying double damages. Die Übersetzung folgt *Warmington*, Remains on Old Latin III (1938) 487.

400 In weiteren Quellen kommt der Ausdruck *agere furti* vor: Cic. Ad fam. 7.22: *furti recte agere*; Quint. Decl. min., 361.2: *non potuisse dominium illum furti agere.*

401 *Fiori*, Il processo privato, in: XII Tabulae. Testo e commento. I (2018) 69. Die Literatur s. auch bei *Scheibelreiter*, Infitiando depositum nemo facit furtum, in: Lohsse (Hg.), Fontes iuris (2013) 183, Fn. 25.

402 Zahlreich sind Forschungen, in denen die Beziehung zwischen *ius* und *actio* behandelt wird. Vgl. *Gioffredi*, Ius e actio, in: Nuovi studi di diritto greco e romano (1980) 213–239; *Provera*, Diritto e azione nell'esperienza giuridica romana, in: Studi Biscardi IV (1983) 325–348; *Pelloso*, Il concetto di 'actio', in: Ric. Talamanca I (2011) 129–332.

Rechtskultur? 3) Ist die *actio* ein Anspruch aus der *obligatio*?[403] 4) Ist die *actio* ein Ausdruck für ein besonderes prozessuales Recht?

Während die Fragenstellungen 2), 3), 4) in der romanistischen Forschung der dogmatisch-orientierten Richtung diskutiert werden, und in erster Linie für das römische Formularverfahren und für das klassische römische Recht relevant sind, ist die Frage 1) für die Erforschung der Genese und der Entwicklung des *agere* und der *actio* in der archaischen und in der republikanischen Zeit von erheblicher Bedeutung.

Das zentrale Problem bei der Entwicklung der *actio* in der frühen Zeit ist also die erste aufgeworfene Frage nach der normativen Rechtsgrundlage: Was macht individuelle Handlungen bzw. Sprechakte, die in den Quellen als *agere* und *actio* bezeichnet werden, zu rechtmäßigen Rechtsakten, zu *ius*?[404]

Die Frage bezieht sich auch auf die morphologische Form, die dem Wort *actio* vorangeht, d. h. auf das *agere*. Für die weitere Darstellung wird der Einfachheit halber auch die substantivierte Form der *actio* verwendet, um sowohl das *agere* als generische Bezeichnung für ritualisierte Rechtshandlungen als auch die Bezeichnungen wie *actum*/*actus* zu umfassen.

In der Forschung kann man vier Erklärungsmodelle für die Frage finden, was individuelle Handlungen bzw. Sprechakte (*actiones*) zum *ius* macht.

Das erste Erklärungsmodell sucht die normative Grundlage der *actiones* im Zwölftafelgesetz und in weiteren Gesetzen. Die Geschichte der *actiones* in der frühen Zeit wird dabei mit der Entstehung der *legis actiones* gleichgesetzt. Aufgrund der Auslegung u.a. von Gaius- und Pomponius-Textstellen[405] wird in der Lehre versucht zu zeigen, dass der Begriff *lex* in den Wendungen *lege agere* und *legis actio* ein Hinweis auf das Zwölftafelgesetz ist, und die *legis actiones* deshalb Rechtswirkung entfalten, weil sie durch das Zwölftafelgesetz eingeführt wurden. Die *legis actiones* sind also die Gesetzesklagen.

---

403 Grundlegend *Betti*, Il concetto della obbligazione, in: Studi Pavia (1919) 97 f.

404 Über die Bedeutung des archaischen *ius* als „Rechtsmäßigkeit“ vgl. *Wieacker*, Lex publica und lex privata in der römischen Frühzeit, in: FS Hübner (1984) 362. Auch d'Ors definiert *ius* als „posición jurídica“. S. *D'Ors*, Varia romana I, in: AHDE 25 (1955) 825 f. S. auch *Megías*, Judicialismo y realismo jurídico en d'Ors, in: Persona e Derecho (2016) 113. *Santoro*, Potere ed azione, in: AUPA 30 (1976) 356 f. versteht unter *ius* „forza rituale“ und schließt die Existenz des Rechts außerhalb des Rituals aus. Vgl. auch *Orestano*, Dal *ius* al *fas*, in: BIDR 46 (1939) 194 f.

405 S. unten Abschnitt 3.1. Das *lege agere* und die *legis actio*, S. 109 f.

Die zweite Erklärung sieht den Grund der Rechtswirkung des *agere* bzw. *actio* in dem Ritual.[406] Das Zwölftafelgesetz stellt zwar die normative Gesetzesgrundlage dar, begründet aber nicht die Rechtsverbindlichkeit der *actiones*, die im Ritual, und nämlich in der Rechtskraft der „ausgesprochenen Worte", in der rechtsverbindlichen Kraft bestimmter Gesten und in der Tangibilität der Rechtsakte liegt.

Das dritte Erklärungsmodell ist die Jurisdiktionstheorie, deren Vertreter behaupten, dass die Ausübung der *actio* mit einem Jurisdiktionsakt begleitet werden muss. Nach dieser Theorie, die heute die *communis opinio* bildet,[407] liegt die Rechtswirkung der *actiones*, verstanden als Akte, mit denen das Recht nur behauptet wird,[408] vor allem in den Akten der Gerichtsmagistrate. Nicht die Vornahme der ritualisierten *actio* erzeugt das *ius*, sondern ein Akt des Gerichtsmagistrates (*ius dicere*, auch *ius dicare*) und des *iudex* (*iudicatum*).[409] Diese Theorie berücksichtigt jedoch nicht, dass neben den *actiones*, die ein Urteil verlangen, auch *actiones* existieren, die ihre Rechtswirkung aus den ritualisierten Handlungen des Akteurs selbst herleiten.[410]

Die vierte ist die sogenannte Selbsthilfetheorie, die besagt, dass die alten *actiones* ihren Rechtscharakter durch den Gewaltakt des Akteurs gewinnen.[411]

---

406 *Hägerström*, Der römische Obligationsbegriff I (1927); *Lévy-Bruhl*, Nouvelles etudes sur le très ancien droit romain (1947). *Noailles*, Fas et Jus (1948); *Santoro*, Potere ed azione, in: AUPA 30 (1976); *Tondo*, Aspetti simbolici e magici (1967); *Van den Brink*, lus fasque (1968) pas.

407 *Kaser*, Das altrömische ius (1949) 11 f., 101 f.; *Pugliese*, Diritto e processo nella esperienza romana, in: Atti Provera (1994) 12 f.

408 Vgl. auch *Fiori*, Il processo privato, in: Cursi (Hg.), XII Tabulae. Testo e commento I (2018) 85.

409 Varro, De ling.lat. 6.61: *Hinc Ennius: Dico qui hunc dicare. Hinc iudicare, quod tunc ius dicatur.* Über den Unterschied zwischen *ius dicere* und *ius dicare* s. *Domingo*, Juridiction et Judication, in: Droit Prospectif (Aix-en-Provence) 15 (1990) 303–309. Das Wort *dicere* bedeutet „reden", auch „feierlich sprechen" (Cic. De or. 1.8.32). Das verwandte Verb *dicare* verweist dabei auch auf einen Akt der Weihung und auf feierliche Erklärung, mit der etwas der Gottheit gewidmet wird. Das Wort *dicere* stammt nach einigen Rekonstruktionen von den griechischen Worten *deiknymi* und *dike*, die auf die Akte hinweisen, mit denen etwas gezeigt wird. S. *D'Ors*, Las declaraciones juridicas en derecho romano, in: AHDE 34 (1964) 566–568.

410 Vgl. unten Abschnitt 5.1. Das *agere* als Ritual für die Personalvollstreckung S. 173.

411 *Jhering*, Geist des römischen Rechts[1] I (1852) 114, 163 f.; *Luzzatto*, Procedura civile romana II (1948) 6 f.; *Wenger*, Institutionen des römischen Zivilprozesses (1925) 120–121; vgl. *Betti*, La 'vindicatio' romana primitivo, in: Il Filangieri 40 (1915) 322–323: „l'átto unilaterale, arbitrario, autoritatirio (ted. Eigenmacht, Selbsthilfe)"; *Gioffredi*, Diritto e processo nelle antiche forme giuridiche (1955); *Franchini*, Alle

Mit der Zeit werden diese gewalttätigen Akte institutionalisiert und in den staatlichen Prozess überführt.[412]

Die genannten Erklärungsmodelle schließen meines Erachtens einander nicht aus, sondern ergänzen einander. Jurisdiktionsakte *und* die Beachtung des Rituals *und* die gesetzliche Grundlage *und* Zugriffakte begründen die Rechtswirkung von *agere* und *actio*. Die vorwiegende Bedeutung einer der genannten Rechtsgrundlagen des *agere* und der *actio* ändert sich im Laufe der Zeit und in den Entwicklungsepochen des römischen Prozesses.

Das *agere* und die *actio* sind also komplexe Rechtsfiguren, die vielleicht mehrere (Rechts-)Grundlagen haben und daher eine gewisse rechtliche Mehrdimensionalität aufweisen.[413] Eine weitere Erforschung der *actiones* verlangt die Analyse der genannten Rechtsgrundlagen, welche die Rechtswirksamkeit und die Rechtsverbindlichkeit der *actiones* begründen und ineinanderfließen lassen.

3 Die *legis actio*: Gesetzesklage oder Spruchklage?[414]

3.1. Das *lege agere* und die *legis actio*

Die Fachworte *agere* und die *actio* werden in der republikanischen Zeit mit einer zusätzlichen Qualifikation in den Ausdrücken *legis actio* bzw. *lege agere* verwendet. Der Terminus *lege agere* kommt erst bei Plautus vor.[415] Nicht

---

origini di negozio e processo, in: Omaggio Burdese I (2012) 163 f. S. auch zu dem Verb *agere* im Sinne eines Gewaltaktes *Ortega*, El significado de *agere* en el primitivo processo romano, in: RIDA 43 (1996) 145–178.

412 Die Schwäche der Selbsthilfetheorien liegt aber darin, dass sie außer der Gewalt keine klare Erklärung anbieten können, warum bestimmte Zugriffsakte rechtsverbindlich werden. Die Gewalt als solche vermochte keine Rechtskraft zu erzeugen, vielmehr sollte sie immer durch bestimmte Attribute bzw. Rituale geregelt werden. Schon Bethmann-Hollweg hat die Selbsthilfetheorien kritisch betrachtet. S. dazu *Avenarius*, Bethmann-Hollwegs Beitrag, in: Heun/Schorkopf (Hgg.) Wendepunkte der Rechtswissenschaft (2014) 114 f.

413 *Talamanca*, Lineamenti di storia del diritto romano[2] (1989) 134 spricht über vielfältige Wurzeln des archaischen prozessualen Systems.

414 Die Bezeichnung des Abschnitts und die damit verbundene Fragestellung geht auf den Aufsatz von *Schmidlin*, Zur Bedeutung der legis actio: Gesetzesklage oder Spruchklage?, in: TR 38 (1970) 367–387 zurück.

415 S. Plaut. Aul. 3.3.10–11: *Lege agito mecum; molestus ne sis* / Mit mir aufgrund der *legis actio* agieren (prozessieren)? Sei nicht ärgerlich! Vgl. Plaut. Merc. 5.4.59: *cum eo nos hac lege agemus: inscitum arbitrabimur* / mit ihm streiten wir aufgrund dieser *legis actio*: [und] ungeschickt entscheiden; Plaut. Mil. glor.

auszuschließen ist, dass die von Plautus erwähnte Terminologie schon früher, in uns nicht überlieferten Quellen enthalten war. Während die Quellen aus der republikanischen Zeit die Form *lege agere* verwenden, sprechen die klassischen Juristen von substantivierten Formen – *legis actiones,*[416] *actiones legitimae* und *actus legitimi* – in Bezug auf das republikanische und auch das archaische römische Recht.[417] Mit dem Terminus *legis actio* bezeichnen sowohl Gaius (Gai 4.11) als auch auch Pomponius (D. 1.2.2.6) ein Rechtsritual, das zum Teil auf *mores* zurückgeht und das jedenfalls nach dem Zwölftafelgesetz eine neue gesetzliche Grundlage bekommt (s. dazu Abschnitt 3.3. Die Rolle des Zwölftafelgesetzes). Auch wenn die *legis actio* und das *lege agere* grundsätzlich die Rechtsbehelfe des Legisaktionenverfahrens sind, behalten einige *legis actiones* ihre Wirkung auch nach den *leges Iuliae de iudiciorum privatorum* in der Geltungszeit des Formularverfahrens. Sie werden für bestimmte von Gaius angeführte Tatbestände[418] sowie u.a. im Rahmen der *iurisdictio voluntaria*[419] weiterhin angewandt.[420] Der

---

2.5.43: *Lege agito: te nusquam mittam, nisi das firmatam fidem* ... / Geh doch mit der *legis actio* hervor! Niemals lass ich dich, falls du dein Wort nicht gibst .... Die Übersetzung stützt sich auf *Rau*, Plautus, Komödien IV (2008) 46. Vgl. *Costa*, Il diritto privato romano nelle commedie di Plauto (1890) 432. S. auch Cic. In Ver. 2.1.115. S. *Bekker*, Der Legisactionsproceß mit Formeln zur Zeit Cicero's, in: SZ 5 (1866) 341 f.

416 Kritisch zu dem Terminus *legis actio*, der im Gegensatz zu dem *agere* und der *actio* später entstanden ist vgl. *Broggini*, Ius lexque esto, in: FG Gutzwiller (1959) 37, 39. Gioffredi vermutet, dass der substantivierte Begriff *legis actio* zwischen dem 3. und 2. Jh. v. Chr. entstanden sind. Er betrachtet diesen Terminus als Folge der Veröffentlichung des *ius Flavianum*. Vgl. *Gioffredi*, Legis actio, in: Nuovi studi di diritto greco e romano (1980) 179.

417 *Pugliese*, PC I, 12; *Broggini*, Ius lexque esto, in: FG Gutzwiller (1959) 39.

418 Gai. 4.31: *Tantum ex duabus causis permissum est* [*id legis actionem facere*] *lege agere, damni infecti et si centumuirale iudicium futurum est.*

419 Vgl. unten die Anwendung des Begriffes *legis actio* für die Adoption, Abschnitt 6.2. Das *agere* und die Formen der Adoption, S. 204 f.

420 Gemäß dem Bericht von Gaius (Gai. 4.30) wurden die *legis actiones* schrittweise zuerst durch *lex Aebutia*, und dann durch *leges Iuliae* außer Kraft gesetzt. In den Rechtquellen besprechen aber klassische Juristen die Anwendbarkeit der *actiones*, die auf das Zwölftafelgesetz zurückgehen, als ob diese *modi agendi* noch anwendbar sind. Das wird für den Fall der *actio de pastu pecoris* bestätigt (Ulp. 41 Sab. D. 19.5.14.3): *Si glans ex arbore tua in meum fundum cadat eamque ego immisso pecore depascam: Aristo scribit non sibi occurrere legitimam actionem, qua experiri possim: nam neque ex lege duodecim tabularum de pastu pecoris* ... Selbst die Fragestellung über die Anwendbarkeit der *actio* aus dem Zwölftafelgesetz lässt vermuten, dass alte *legis actiones* in einer transformierten Form als *actiones legitimae*

Terminus *legis actio* wird aber von manchen klassischen Juristen nicht mehr technisch verstanden, teils missverstanden,[421] und verweist oft auf einen feierlichen mündlichen Rechtsakt.[422]

Das Wort *lex* hat in dem Ausdruck *lege agere* die Form des instrumentalen Ablativs – *lege*. Das *lege agere* ist das *agere*, das mit einer *lex* vorgenommen wird. Dabei wird für die *legis actio* eine andere morphologische Form verwendet: *Lex* wird hier als *genetivus subiectivus* verwendet und weist auf die Rechtsgrundlage der *actio* hin,[423] welche entweder das Ritual (feierliche Erklärung der

---

weiter im Gerbrauch bleiben. Die ähnliche Situation betrifft die *actio de pauperie*. Vgl. Ulp. 18 ed. D. 9.1.11: *Si quadrupes pauperiem fecisse dicetur, actio ex lege duodecim tabularum descendit* .... Wieder erwähnt Ulpian eine *actio de pauperie*, die auf das Zwölftafelgesetz zurückgeht. Später betont Justinian die Herkunft dieser *actio de pauperie* aus dem Zwölftafelgesetz (Inst. 4.9. pr.). Schwer rekonstruierbar ist, ob es um eine *actio* strafrechtlicher oder zivilrechtlicher Natur geht. Vgl. *Cursi*, Modelle objektiver Haftung im Deliktsrecht, in: SZ 132 (2015) 363 f., 377 Fn. 49. Nicht auszuschließen ist, dass im Text die *legis actio sacramento in personam* gewährt wird. S. *Watson*, The original meaning of Pauperies (1970) 362. Vgl. auch Tab. 8.19/PS 2.12.11: *Ex causa depositi lege XII tab. in duplum actio datur.* Möglicherweise nähert sich die Haftung aus dem *depositum* der strafrechtlichen Natur der *actio furti nec manifesti*. S. Übersicht der Meinungen bei *Scheibelreiter*, Zwischen furtum und Litiskreszenz, in: RIDA (2009) 131 f.; *Scheibelreiter*, Der ungetreue Verwahrer (2020) 150 f.

421 Eine gewisse Verwirrung zeigt Paulus, der dem Ausdruck *lege agere* die Bedeutung „aus einem Gesetz agieren" zuschreibt. S. Paul. 2 Plaut. D. 13.2.1: *Si obligatio lege nova introducta sit nec cautum eadem lege, quo genere actionis experiamur, ex lege agendum est.* / Wenn durch ein neues Gesetz ein Schuldverhältnis eingeführt und in diesem Gesetz nicht bestimmt worden ist, mit welcher Art von Klage wir vorgehen sollen, so ist aufgrund des Gesetzes zu klagen. Die Übersetzung folgt *Behrends/Knütel/Kupisch/Seiler*, CIC 3 (1999) 143. Paulus beschäftigt sich in seinem Kommentar ad Plautium mit der Frage, welche Klage für die *obligationes* zur Anwendung kommt, die aufgrund eines Gesetzes eingeführt wurden. Er identifiziert das *lege agere* mit einer gesetzlichen Klage, ohne dabei zu klären, wie es möglich wäre mit Bezug auf ein Gesetz zu klagen, wenn in diesem Gesetz keine Klageformel oder Art des Verfahrens vorgesehen ist.

422 S. unten Abschnitt 6.5. Die *actus legitimi* als ritualisierte Akte rechtsgeschäftlicher Natur, S. 212 f.

423 *Cascione*, *Lege agere* e *poena capitis*, in: Studi Talamanca I (2001) 515, Fn. 8; *Nicosia*, Agere lege, in: Poteri, negotia, actiones. Atti Copanello (1984) 226; *Varvaro*, Die Legisaktionen, in: HRP I (2023) 323, Rn. 10, der unter der *legis actio* ein Sprechakt anhand feierlicher Spruchformel mit juristischen Folgen versteht.

Spruchformel mit Gesten) oder das Gesetz sein kann.[424] Beide morphologische Formen heben somit zwei wichtige Geltungsgrundlagen dieser Rechtsbehelfe – feierliche Spruchformel und Gesetz – hervor.

Die Vertreter der oben dargestellten Erklärungsmodelle, die die Rechtswirkung bzw. die Rechtmäßigkeit des *agere* und der *actio* im Zwölftafelgesetz[425] einerseits und im Ritual andererseits sehen, setzen sich bei der Begründung ihrer Ansichten mit der Herkunft und der Rechtsgrundlage der Rechtsfiguren *lege agere* und *legis actio* auseinander.[426] Dabei herrscht bis heute Uneinigkeit, ob die *legis actiones* ihre Rechtswirkung durch Gesetz[427] oder durch die Vornahme von feierlichen Spruchformeln erlangt hat.[428] Die Diskussionen sind mit der Mehrdeutigkeit des Wortes *lex* eng verbunden, das sowohl „Gesetz" als auch „feierliche Spruchformel" bedeuten kann.

Die Frage lautet: Sind die *actiones* nur deshalb rechtswirksam, weil sie begleitet mit der Aussprache einer feierlichen Formel vorgenommen werden (*lex* im Sinne der *certa verba*), oder ergibt sich die Rechtsverbindlichkeit der *legis actiones* aus dem Gesetz? Gaius, unsere Hauptquelle über die Herkunft der *legis actiones*, kann diese Frage nach herrschender Meinung[429] nicht zufriedenstellend beantworten (Gai 4.11, Gai 4.12):

---

424 *Cascione*, *Lege agere* e *poena capitis*, in: Studi Talamanca I (2001) 515. Auch *Talamanca*, s.v. Processo civile (diritto romano), in: ED 36 (1987) 8.

425 Das Wort *lege* im Ausdruck *lege agere* bedeutet nach Hägerström „mit der Kraft des Gesetzes *in abstracto*", nicht mit der Kraft eines besonderen Gesetzes. Das *lege agere* lsst sich als „mit der allgemeinen Gesetzeskraft agieren" übersetzen. Vgl. *Hägerström*, Der römische Obligationsbegriff I (1927) 572–575, Fn. 2.

426 Die Unmöglichkeit, die Frage definitiv zu beantworten, betont *Talamanca*, Processo civile (diritto romano), in: ED 36 (1987) 8

427 *Noialles*, Du droit sacré au droit civil (1949) 46. Kritisch *Lévy-Bruhl*, Recherches sur les actions de la loi (1960) 14, Fn. 2. Die These vom Gesetz als Grundlage der *legis actio* wurde insbesondere von *Mitteis*, Römisches Privatrecht (1908) 144 f. ausgearbeitet.

428 S. Meinungsübersicht in: *Nicosia*, Agere lege, in: Poteri, negotia, actiones. Atti Copanello (1984) 227 f.

429 *Pugliese*, PC I, 11. *Nicosia*, Agere lege, in: Poteri, negotia, actiones. Atti Copanello (1984) 226; *Schmidlin*, Zur Bedeutung der legis actio, in: TR 38 (1970) 369; *Melillo*, Le legis actiones e i quinque modi agendi, in: Cascione/Masi Doria (Hgg.) Fides humanitas ius 5 (2007) 3515 f.

11. *Actiones, quas in usu veteres habuerunt, legis actiones appellabantur*[430] *vel ideo, quod legibus proditae erant, quippe tunc edicta praetoris, quibus conplures actiones introductae sunt, nondum in usu habebantur, vel ideo, quia ipsarum legum verbis accommodatae erant et ideo immutabiles proinde atque leges observabantur. Unde eum, qui de vitibus succisis ita egisset, ut in actione vites nominaret, responsum est rem perdidisse, cum quia debuisset arbores nominare, eo quod lex XII tabularum, ex qua de vitibus succisis actio conpeteret, generaliter de arboribus succisis loqueretur.*
12. *Lege autem agebatur modis quinque: sacramento, per iudicis postulationem, per condictionem, per manus iniectionem, per pignoris capionem.*
11. Die *actiones*, die bei den Alten in Gebrauch waren, hießen sich *legis actiones*, entweder deshalb, da sie *legibus proditae erant* (in *leges* überliefert waren) (damals waren ja Edikte des Prätors, durch welche die meisten *actiones* eingeführt wurden, noch nicht in Gebrauch), oder deshalb, weil sie genau den Worten der Gesetze angepasst worden waren und daher ebenso unveränderbar wie die Gesetze angewandt wurden. Daher wurde bei einem, der wegen abgeschnittener Weinreben in der Weise geklagt hatte, dass er die Weinreben in der Klage ausdrücklich als solche bezeichnet hatte, ein Gutachten erteilt, er habe den Anspruch verloren, da er die Bäume hätte ausdrücklich nennen müssen, weil das Zwölftafelgesetz, aus dem die Klage wegen der abgeschnittener Weinreben zustehe, nur allgemein von abgeschnittenen Bäumen spreche.
12. Und zwar klagte man mit einer Spruchformel auf fünf Weisen: durch Geldeinsatz, durch Anforderung eines Richters, durch Ansagung, durch Handanlegung und durch Pfandnahme. [431]

In dem ersten Fragment (Gai. 4.11) betont Gaius, dass die *actiones*, die von den Alten (*veteres*)[432] gebraucht wurden, *legis actiones* heißen, und dass es zwei

430 Nach *Kniep*, Der Rechtsgelehrte Gaius und die Ediktskommentare (1910) 94 soll statt *appellabantur* die Verbalform *appellantur* stehen. Um das vor den *leges Iuliae* geltende Recht zu übertragen, passt nach seiner Meinung die Präsensform.

431 Die Übersetzung mit Ausnahme der lateinischen Termini folgt *Manthe*, Institutionen des Gaius^2 (2010) 323. Heutzutage wird angenommen, dass die Stelle nicht interpoliert ist. Die Literatur zur Textkritik vgl. bei *Sciortino*, Res acta e potere magistratuale, in: AUPA 57 (2014) 230, Fn. 59.

432 Gaius verwendet das Wort *veteres* in seinem Kommentar zum Zwölftafelgesetz. S. Gaius 2 leg. 12 Tab. D. 50.16.234 pr.; vgl. auch Gai ed. praet. de publ. D. 19.1.19; Gai. 1 de test. ed. praet. urb. D. 28.5.32 pr. In Institutionen verbindet Gaius den Begriff *veteres* mit Quintus Mucius Scaevola, Servius Sulpicius Rufus und Labeo (Gai. 1.188). *Horak*, Wer waren die *veteres*?, in: FS Wesener (1992) 208 f. meint, dass Gaius *veteres* auf drei Juristen bezieht, die er namentlich nennt. Die Aufzählung ist seiner Ansicht nach aber nicht erschöpfend; auch die nachlabeonischen Juristen waren für Gaius höchstwahrscheinlich *veteres* (S. 209). Nach *Nörr*, Zum Traditionalismus der römischen Juristen, in: FS Flume I (1978) 171 zeigt der Ausdruck *veteres* „das Bewußtsein des Abstandes"; Gaius versucht somit die alten Juristen für die gegenwärtige Diskussion miteinzubeziehen. Nach *Marrone*, Agere lege,

Erklärungen gibt, warum *legis actiones* diesen Namen haben.[433] In dem zweiten Fragment (Gai. 4.12) nennt er für Arten (*modi agendi*) der prozessualen Handlungen im Legisaktionenverfahren (*lege agere*).

Die erste Erklärung des Terminus *legis actio* in Gai. 4.11 besteht darin, dass die *legis actiones* durch Gesetze eingeführt wurden, bzw. in den Gesetzen überliefert waren, d. h. *legibus proditae erant.*[434] Sie widerspricht den Berichten desselben Gaius, der andernorts die *legis actio per pignoris capionem*[435] auf die *mores* zurückführt, und der Annahme, dass einige *actiones* wie bspw. *sacramento* oder *per manus iniectionem* auf die vordezemvirale Zeit zurückgehen. Derselbe Gaius spricht auch über den Anwendungsbereich der *legis actio sacramento* als einer *actio generalis*, die dann maßgeblich war, wenn *aliter ageretur lege cautum non erat*, d. h. wenn aufgrund des Gesetzes keine andere *actio* vorgesehen ist. Wenn man der Theorie einer Gesetzesklage folgt, bei der jede *actio*, die für ein konkretes Rechtsverhältnis anwendbar ist, durch das Gesetz eingeführt werden muss, müssten auch die Sachverhalte, für die keine *actio* bzw. keine eigene Formel (*certa verba*) vorgesehen ist, durch neue vom Gesetz vorgeschriebene sachverhaltsbezogene *actiones* geregelt werden.[436]

---

in: Praesidia libertatis. Atti Copanello (1994) 35 versteht Gaius unter *veteres* entweder die *pontifices* oder die säkularen Juristen aus dem Ende des 4. Jh. v. Weitere Lit. s. bei *Albers*, Perpetuatio obligationis (2018) 353 f.

433 Auf zwei alternative Erklärungen verweist die von Gaius verwendete Konstruktion „*vel…vel…*“. Sie lässt vermuten, dass Gaius die Herkunft der *legis actiones*, die er seiner Institutionen zugrunde legt, nicht ganzheitlich einschätzen kann. Durch die Konstruktion „*vel…vel…*“ will er die Antwort auf diese Frage relativieren: Die *legis actiones* sind somit solche *actiones*, die sich möglicherweise sowohl auf Gesetz stützen als auch gesetzähnliche Wirkung haben. *Selb*, Vom geschichtlichen Wandel, in: GS Kunkel 91 f.; *Schmidlin*, Zur Bedeutung der *legis actio*, in: TR 38 (1970) 369; *Solazzi*, L'odio per le *legis actiones* in Gai 4.30, in: Solazzi, Scritti di diritto romano IV (1963) 697–701.

434 Vgl. Pomp. 39 Q. Muc. D. 19.5.11: *Sed et eas actiones, quae legibus proditae sunt.* Zu der Analyse des Fragments D. 19.5.11 s. unten Kapitel III, Abschnitt 7. Übergang von *legis actiones* zu *actiones* des Formularverfahrens bei Quintus Mucius Scaevola, S. 267 f.

435 Vgl. Gai. 4.26; *Varvaro*, Lineamenti di procedura civile romana (2023) 11, Fn. 2.

436 Nach der Überlieferung des Gaius werden einige *legis actiones* tatsächlich durch Gesetze eingeführt, wie bspw *legis actio per manus iniectionem pro iudicato, pura* etc. Dazu vgl. unten, Abschnitt 5.4. Das *agere* als Ritual für die Personalvollstreckung, S. 173.

Die zweite Erklärung scheint etwas unklar: Die *legis actiones* erlangen nach Gaius unveränderliche Kraft wie Gesetze, indem sie dem Gesetzeswortlaut angepasst werden (*ipsarum legum verbis accommodatae*).[437]

Die Anpassung der *actiones* an den Gesetzestext (*verba legum*) bzw. ihre Einrichtung gemäß dem Zwölftafelgesetz,[438] kann meines Erachtens zweierlei interpretiert werden. Gaius will somit betonen, dass die Rechtsrituale namens *legis actiones* die Rechtsverbindlichkeit (bzw. normative Kraft eines Gesetzes erlangen), wenn die ihren Inhalt bestimmenden formalisierten Spruchformeln richtig verlautbart werden. Ein Hinweis, dass die *legis actiones* unveränderbar wie die Gesetze sind, ist dahin zu verstehen, dass die formalisierten Spruchformeln der *legis actiones* eine feste Struktur wie das Zwölftafelgesetz selbst haben und dass ihr Wortlaut (*certa verba*) nicht situationsbedingt geändert werden kann. Auf diese Auslegung verweist das Beispiel mit der Anführung der Weinreben statt Bäume in der Spruchformel der *actio de arboris accendis* und den darauffolgenden Verlust des Prozesses durch den Kläger im zweiten Satz der Stelle 4.11.

Der Ausdruck *ipsarum legum verbis accommodatae* kann aber auch ein Hinweis auf die Rechtsschöpfung römischer (Priester-)juristen sein, die die im Zwölftafelgesetz vorgesehenen fünf *modi agendi* auf neue Tatbestände ausedehnen haben können. Diese letzte Auslegung beruht auf der Unterscheidung bzw. einem Zusammenspiel zwischen den von Gaius verwendeten Termini *lege agere*, *modus agendi* und *legis actio*. Anschließend an eingangs zitierter Stelle (Gai. 4.11) nennt Gaius fünf *modi agendi* in Gai. 4.12, mit denen prozessual verhandelt wird (*lege agebatur*) und nämlich: *sacramento, per iudicis postulationem, per condictionem, per manus iniectionem, per pignoris capionem.* Während das *lege agere* sich auf die prozessuale Handlung *in iure* bezieht, die anhand eines von diesen *modi agendi* vorgenommen wird (*lege autem agebatur modis quinque*), bezeichnet die *legis actio* ein Ritual mit einem konkreten Geltungsgebiet, das ihrem Inhalt nach einem von den *modi agendi* entspricht. Diese Inkongruenz zwischen den Begriffe *lege agere/modus agendi* und *legis actio* ist anhand anderer Stellen von Gaius nachvollziehbar. Andernorts bezeichnet Gaius die *in iure cessio* als *legis actio*. Auch die *actio de arboribus succisis*, der Gaius in dem zweiten Satz der Stelle 4.11 erwähnt, stellt eine *legis actio* und nicht *lege agere*

---

437 S. *Archi*, Componenti pregiuridiche, in: G. G. Archi, Scritti di diritto romano I (1981) 63, 64, Fn. 10.

438 Das Verb *accomodare* bedeutet gemäß HS 8 anpassen, gemäß einrichten. Vgl. D. 19.5.1: *actiones in factum accommodatas legi Aquiliae.*

dar.[439] Sie – *in iure cessio* und *actio de arboribus succisis*, aber auch *actio de pastu pecoris, actio de pauperie*)[440] – sind streng genommen keine durch Gesetz eingeführten Klagen (*legibus proditae sunt*), sondern ein Produkt der juristischen Interpretation aufgrund einer von den *modi agendi*. Daher ist anzunehmen, dass mit dem Zwölftafelgesetz nur bestimmte Verfahrensarten gesetzlich festgelegt wurden. Die Rechtsbehelfe bzw. die Spruchformel (*legis actiones*) für konkrete Lebenssituationen bzw. Sachverhalte wurden aufgrund dieser Verfahrensarten durch die Priesterjuristen entwickelt, und darin besteht der Sinn des Ausdruckes: *actiones…legum verbis accommodatae*. Auch Pomponius versteht die *legis actiones* als Spruchformeln bzw. Rituale, die bestimmten *formae agendi* entsprechen, die durch das Zwölftafelgesetz legitimiert wurden: (Pomp. l. sing. ench. D. 1.2.2.12): … *aut sunt legis actiones, quae formam agendi continent* … / oder es gelten die Legisaktionen, die Klagformen (*forma agendi*) enthalten.[441]

Zusammenfassend lässt sich feststellen, dass die *legis actio* ein Spruchformelritual ist, mit dem im Legisaktionenverfahren prozessiert wird (Gai 4.12: *lege agebatur*), und das auf den im Zwölftafelgesetz fixierten Verfahrensarten (*modi agendi*) beruht. Einige spätere *legis actiones* wurden aufgrund der Interpretation der *modi agendi* durch Pontifikaljuristen entwickelt (*actiones…legum verbis accommodatae*), aber auch durch separate Gesetze nach dem Zwölftafelgesetz eingeführt und haben in diesem Sinn eine gesetzliche Verankerung.

Diese Interpretation bestätigt meines Erachtens auch eine andere, nicht weniger umstrittene Quelle. In seinem *Enchiridion* reflektiert Pomponius über die Herkunft der *legis actiones* wie folgt (Pomp. l. sing. ench. D. 1.2.2.6):[442]

---

439 S. dazu auch Paul. 9 Sab. D. 47.7.1. S. dazu *Varvaro*, Lineamenti di procedura civile romana (2023) 15.

440 S. Fn. 420.

441 Die Übersetzung folgt *Behrends/Knütel/Kupisch/Seiler*, CIC 2 (1995) 99.

442 Vgl. die vorangehende Stelle von Pomp. l. sing. ench. D. 1.2.2.5: *His legibus latis coepit (ut naturaliter evenire solet, ut interpretatio desideraret prudentium auctoritatem) necessariam esse disputationem fori. Haec disputatio et hoc ius, quod sine scripto venit compositum a prudentibus, propria parte aliqua non appellatur, ut ceterae partes iuris suis nominibus designantur, datis propriis nominibus ceteris partibus, sed communi nomine appellatur ius civile.* / Nachdem diese Gesetze erlassen waren, wurde ihre fachkundige Erläuterung für die *disputatio fori* notwendig (wie es ja naturgemäß dahin zu kommen pflegt, daß Auslegung die Autorität von Rechtsgelehrten verlangt). Das in dieser fachkundigen Erläuterung enthaltene Recht, das von den Rechtsgelehrten als ungeschriebenes [nicht gesetzliches] Recht geschaffen wurde, wird nicht als ein besonderer Teil bezeichnet, so wie die übrigen Teile des Rechts mit besonderen Bezeichnungen versehen werden, sondern

Deinde ex his legibus eodem tempore fere actiones compositae sunt, quibus inter se homines disceptarent: quas actiones ne populus prout vellet institueret certas solemnesque esse voluerunt: et appellatur haec pars iuris legis actiones, id est legitimae actiones. Et ita eodem paene tempore tria haec iura nata sunt: lege[443] *duodecim tabularum ex his fluere coepit ius civile, ex isdem legis actiones compositae sunt. Omnium tamen harum et interpretandi scientia et actiones apud collegium pontificum erant, ex quibus constituebatur, quis quoquo anno praeesset privatis. Et fere populus annis prope centum hac consuetudine usus est.* Etwa zur gleichen Zeit wurden dann aufgrund dieser Gesetze *actiones* geschaffen, mit denen die Bürger untereinander ihre Rechtsstreitigkeiten austragen sollten. Damit das Volk diese *actiones* nicht nach Belieben erhob, wollten die Rechtsgelehrten, dass es nur bestimmte und an Formeln gebundene geben sollte. Dieser Teil des Rechts heißt *legis actiones*, das heißt *legitimae actiones*. Und so entstanden fast zur gleichen Zeit diese drei Teile des Rechts: das Zwölftafelgesetz, aus seinen Vorschriften ging das Zivilrecht hervor; und aus denselben Vorschriften wurden dann auch die Legisaktionen geschaffen. Doch lag für alle diese Vorschriften sowohl die Auslegungszuständigkeit als auch die Formulierung der *actiones* bei dem Priesterkollegium der Pontifices, aus dem alljährlich jemand bestimmt wurde, der für die Rechtsangelegenheiten der Bürger zuständig war. Und das Volk lebte ungefähr an die hundert Jahre nach dieser Gewohnheit.[444]

Diskutiert wird in der Forschung, ob der Text authentisch ist, oder interpoliert[445], ob er von Pomponius stammt, oder ob Pomponius einige Sätze aus Varros *Libri XV de iure civili* rezipiert hat.[446] Angenommen wird heutzutage, dass mindestens einige Teile des Enchiridion von Pomponius verfasst wurden.[447] Auch inhaltlich wird der Text sehr unterschiedlich ausgewertet, was in erster Linie in seinen Übersetzungen in die europäischen Sprachen sich äußert.[448]

---

wird, während den übrigen Teilen besondere Bezeichnungen gegeben worden sind, von dem allgemeinen Begriff des Zivilrechts erfasst. Die Übersetzung folgt *Behrends/Knütel/Kupisch/Seiler*, CIC 2 (1995) 97.

443 Mommsen bessert das Wort *lege* auf den Ausdruck *nata sun lataque lege* aus. Huschke schlägt statt „lege" das Wort „leges" vor. Die Hinweise auf Mommsen und Huschke vgl. in: *Bretone*, Tecniche (1971) 131 Fn. 17.

444 Die Übersetzung nach *Behrends/Knütel/Kupisch/Seiler* CIC 2 (1995) 97.

445 So *De Martino*, Giurisdizione (1937) 66 Fn. 1.

446 Diese Theorie geht auf *Sannio*, Varroniana (1867) 17 zurück. S. dazu und zu weiteren Inspirationsquellen von Pomponius *Nörr*, Pomponius, in: ANRW II.15 (1976) 518 Fn. 104.

447 *Lehne-Gstreinthaler*, Iurisperiti et Oratores (2019) 17 f.

448 Der Ausdruck *praeese privatis* (*...et actiones apud collegium pontificum erant, ex quibus constituebatur, quis quoquo anno praeesset privatis*) wird insbesondere unterschiedlich ausgelegt. Nach einigen Interpretation wird *praeese privatis* als Hinweis auf die priesterliche Jurisdiktion verstanden, nach anderen – als Verweis

Pomponius äußert zuerst die Ansicht, dass die *actiones* (nicht die *legis actiones!*) aus den Gesetzen – gemeint ist hier wohl das Zwölftafelgesetz – geschaffen wurden (*deinde ex his legibus eodem tempore fere actiones compositae sunt*).[449] Der Terminus *legis actio* wird von Pomponius erstmals im Zusammenhang mit der Rolle der Rechtsgelehrten (d. h. wohl der *pontifices*[450]) der archaischen und der republikanischen Zeit erwähnt: *... quas actiones ne populus prout vellet institueret certas solemnesque esse voluerunt: et appellatur haec pars iuris legis actiones, id est legitimae actiones ....*

Pomponius gliedert sodann das Recht in drei Teile,[451] d. h. *tria iura* folgenderweise: *... lege duodecim tabularum ex his fluere coepit ius civile, ex isdem legis actiones compositae sunt / ...* das Zwölftafelgesetz, aus dessen Vorschriften das Zivilrecht (*ius civile*) entsteht und aus dessen Vorschriften (*ex isdem*) ebenfalls die Legisaktionen geschaffen werden. Die Einordnung der *legis actiones* als Teil des dreigliedrigen Rechtssystems (*tria iura*) bestätigt ihre Rolle als Systembegriff des römischen Rechts, die auch in der *Tripertita* (davon berichtet Pomponius. l. sing. ench. D. 1.2.2.38; s. Kapitel

---

auf ihre Beratungsfunktion. S. auch die neue italienische Übersetzung in: *Nasti*, L'Enchiridion (2023) als "fosse preposto ai privati." Vgl. die interpretativen Übersetzungen dieses Ausdruckes in englischen, deutschen und spanischen Übersetzungen der Digesten in: *Tellegen-Couperus*, Pontiff, praetor and iurisdictio in: TR 74 (2006) 41. Die Autorin selbst übersetzt den Ausdruck „*praeeset privatis*" als „to preside over the private citizens" und kommt zum Schluss, dass Pomponius über eine besondere Jurisdiktion bzw. Gerichtsbarkeit der *pontifices* spricht.

449 Auf den Unterschied zwischen *legis actiones* und *actiones* verweist *Arangio-Ruiz*, Istituzioni di diritto romano[14] (1978) 110 f..

450 Vgl. dazu die Übersetzung von *Behrends/Knütel/Kupisch/Seiler*, CIC 2 (1995) 97. Es wird in der Lehre angenommen, dass Pomponius unter denen, die *ne populus prout vellet institueret certas solemnesque esse voluerunt* die *pontifices* meint. So *Tondo*, Appunti sulla giurisprudenza pontificale, in: Mantovani (Hg.), Per la storia del pensiero giuridico (1996) 1–15; *Fögen*, Römische Rechtsgeschichten (2002) 133; *Bassanelli Sommariva*, *Legis actiones* nel *liber singularis enchiridii*, in: Studi Remo Martini I (2008) 197. Kritisch zu der Rolle der *pontifices* im Sinne von Rechtegelehrten, die die ursprüngliche Schaffung der Rechtswissenschaft geprägt haben, s. *Lehne-Gstreinthaler*, Iurisperiti et Oratores (2019) 18 f., 34 f. *Watson*, The Digest of Justinian I (1985) 5 spricht dabei von den *lawmakers* in der angeführten Stelle.

451 Bretone sieht in der dreifachen Gliederung des Rechtssystems (*tria iura*) eine Anspielung an Tripertita von Sextus Aelius. S. *Bretone*, *Tecniche* (1971) 131 mit Fn. 18.

III, Abschnitt 4.2. *Ius Aelianum* und *Tripertita*), im Ediktssystem und in der Struktur der Gaius-Institutionen ersichtlich wird. Bei dieser Einordnung ist weiters von Relevanz, dass die *legis actiones* laut Pomponius nicht aus dem Zwölftafelgesetz entstehen, sondern gleichsam aus den Vorschriften des *ius civile*: Darauf verweist *ex isdem*, das sich sowohl auf das Zwölftafelgesetz als auch auf das *ius civile* bezieht.

Die Stelle von Pomponius lässt sich folgendermaßen interpretieren. Durch das Zwölftafelgesetz wurden die *actiones* eingeführt. Die von Pomponius erwähnten *actiones* stellen bestimmte Verfahrensformen dar (vgl. eine andere oben ausgelegte Stelle aus Enchiridion, nämlich D. 1.2.12: *legis actiones, quae formam agendi continent*). Das Wort *actio* ist in Pomponius somit inhaltsgleich mit *modus agendi* und *lege agere* in Gaius-Institutionen (Gai. 4.12). Erst durch die Interpretation der Rechtsgelehrten (und nämlich *pontifices*) erhalten die durch das Zwölftafelgesetz festgestellten Verfahrensarten (*actiones, formae agendi*) die Eigenschaft der *legis actiones*. Die *legis actiones* sind nach Pomponius ein Teil des Rechtssystems, der gleichsam aus den Vorschriften des Zwölftafelgesetzes und des *ius civile* hergeleitet wurde. Der Begriff *ius civile* wird extensiver aufgefasst und inkludiert nicht nur das Zwölftafelgesetz, sondern auch die Interpretation der *pontifices* (vgl. auch Pomp. l. sing. ench. D. 1.2.2.12: *ius civile, quod sine scripto in sola prudentium interpretatione consistit …*) und möglicherweise auch die *mores*.

Die Berichte von Pomponius und von Gaius weisen Ähnlichkeiten auf. Die *legis actiones* sind sowohl nach Gaius als auch nach Pomponius keine Gesetzesklagen. Sie sind ein Produkt der pontifikalen Auslegung des *ius civile* und der im Zwölftafelgesetz festgelegten Verfahrensarten (*modi agendi, forma agendi*). Die Zahl der *legis actiones* ist somit größer als die Zahl der Verfahrensarten (*modi agendi*), die von Gaius überliefert wurden und von Pomponius erwähnt wurden (*forma agendi*).[452] Die etwas unscharfe Darstellung der Herkunft von *legis actiones* durch Gaius und Pomponius lässt sich überdies darauf zurückführen, dass sich in der römischen Rechtsbegrifflichkeit wie oben erwähnt zwei Sinngehalte des Wortes *lex* etabliert haben: die *lex* als Gesetz[453] und die *lex* als feierlich ausgeübtes imperatives Gebot.

---

452 Vgl. auch *Bassanelli Sommariva*, *Legis actiones* nel *liber singularis*, in: Studi Martini I (2008) 193.

453 Gell. Noct. Att. 10.20: *lex est generale iussum populi aut plebis rogante magistratu.*

3.2. Der Begriff *lex* als Hinweis auf die feierliche Erklärung einer Spruchformel

Die älteste Bedeutung der *lex* ist ein einseitiges, feierlich ausgeübtes imperatives Gebot.[454] Dieses Gebot, das sich durch die einseitige Sprucherklärung äußert, gilt im privaten Bereich, aber auch im öffentlichen Recht.[455] Diese Bedeutung der *lex* findet man in dem Ausdruck *lex dicta*, der auf eine einseitige, förmliche Erklärung, die eine der Parteien eines Rechtsgeschäfts bei dessen Abschluss abgibt, und die den Inhalt des Geschäfts näher bestimmt, erweitert oder einschränkt, verweist.[456] Die Quellen sprechen über *legem dicere* im Sinne einer bindenden, feierlich vorgenommenen Bestimmung bei der Errichtung eines Testaments.[457] Auch das Adjektiv *legitimus* verweist auf ritualisierte

---

454 *Wieacker*, Ius civile und lex publica in der römischen Frühzeit, in: FS Hübner (1984) 365 f.; *Kaser*, Das altrömische ius (1949) 64 f.; *Broggini*, Ius lexque esto, in: FG Gutzwiller (1959) 54; *Frezza*, Preistoria e storia della lex publica, in: BIDR 59–60 (1956) 81 f.; *Stein*, Regulae iuris (1966) 3 f.; *Albanese*, Il processo privato romano delle legis actiones (1987) 13; *Santoro*, Potere ed azione, in: AUPA 30 (1976) 294; *Nicosia*, Nuovi profili istituzionali di diritto privato romano[6] (2013) 126 ; *Lévy-Bruhl*, Recherches sur les actions de la loi (1960) 14. Vgl. *Albanese*, Premesse allo studio del diritto privato romano (1978) 90–92, Fn. 47; *Varvaro*, Lineamenti di procedura civile romana (2023) 12. S. Fest. s.v. *sacratae leges* (Lindsay 204.26).

455 *Schmidlin*, Zur Bedeutung der legis actio, in: TR 38 (1970) 373. Nach De Francisci ist die *lex primitiva* im Sinne einer *lex publica* eine einseitige Vorschrift, die feierlich erklärt wird, sei es von einem *rex* oder einem Magistrat. S. *De Francisci*, Primorida civitatis (1961) 383; *Frezza*, Preistoria e storia della lex publica, in: BIDR 58–59 (1956) 56 f., 66. Vgl. Liv. Ab urb. cond. 1.26.6: *Lex horrendi carminis.* S. auch Liv. 3.64.9; Cic. De leg. 2.23.59.

456 Vgl. Afr. 9 quaest. D. 40.7.15.1 und Serv. ad Aen. 3.89: Hier wird der Ausdruck *legum dictio* als Hinweis auf zusätzliche Bedingungen verwendet. Die *lex dicta* wird bspw. bei der Vornahme der *mancipio* verwendet. S. Cic. De orat 1.39.178. Weitere Quellen s. in: *Albanese*, Il processo privato romano delle legis actiones (1987) 13, Fn. 19 und in: *Kaser*, Der Privatrechtsakt in der römischen Rechtsquellenlehre, in: FS Wieacker (1978) 94.

457 Paul. 2 reg. D. 28.1.14: *Qui in testamento domini manumissus est, si ignorat dominum decessisse aditamque eius esse hereditatem, testamentum facere non potest, licet iam pater familias et sui iuris est: nam qui incertus de statu suo est, certam legem testamento dicere non potest* / Wer (gemeint ein Sklave, der) im Testament seines Herrn freigelassen ist, aber nicht weiß, daß dieser verstorben ist und seine Erbschaft (durch den Erbberechtigten des *dominus*) schon angetreten wurde, kann ein Testament nicht errichten, auch wenn er schon Hausvater und Person eigenen Rechts ist. Denn wer über seinen personenrechtlichen Status im Unklaren ist,

Sprucherklärungen in solchen Ausdrücken wie *verba legitima*,[458] *actus legitimi* und *actio legitima*.[459] In den Quellen ist weiters eine Verbindung zwischen der *lex* und der *nuncupatio* verfolgbar.[460] Das Wort *lex* wird als eine feierliche Erklärung bzw. ein Treuegelöbnis des gewählten oder ernannten Imperiumträgers an das Volk im Rahmen der *lex curiata* verwendet.[461] *Lex* kann auch ein Gefüge bestimmter Formalitäten bedeuten, die der Prätor bei der Durchführung der Kapitalstrafe beachten muss.[462] Die Bezeichnung des Sammelwerks

---

kann im Testament keine klaren Bestimmungen treffen. Die Übersetzung beruht auf *Knütel/Kupisch/Rüfner/Seiler*, CIC 5 (2012) 4. Auch Marcian betont eine Verbindung zwischen *legare* und *legem dicere* im Kontext der Testierfreiheit (Marc. 8 inst. D. 30.114.14): ... *nullius esse momenti scripturam, quasi nudum praeceptum reliquerint, quia talem legem testamento non possunt dicere/* ... denn eine bindende Bestimmung solcher Art können sie in ihr Testament nicht aufnehmen. Die Übersetzung stützt sich auf *Knütel/Kupisch/Rüfner/Seiler*, CIC 5 (2012) 328. Schließlich spricht auch Hermogenian über *legare* im Sinne des *legem dicere* (Herm. 4 ep. D. 32.22 pr.): ... *nemo enim sibi potest legem dicere* / denn niemand kann sich selbst die Beschränkung auferlegen .... Die Übersetzung folgt *Knütel/Kupisch/Rüfner/Seiler*, CIC 5 (2012) 422.

458 Vgl. Varro, De ling. lat. 6.53; Ovid Fasti 2.527; Liv. Ab urb. cond. 9.9.5; Gell. Noct. Att. 11.1.4.

459 S. unten Abschnitt 6.5. Die *actus legitimi* als ritualisierte Akte rechtsgeschäftlicher Natur, S. 212 f. Auch Pomponius in dem oben angeführten Text Pomp. l. sing. ench. D. 1.2.2.6 setzt die *legis actiones* mit den *actiones legitimae* der klassischen Zeit gleich und passt dadurch den alten Terminus *legis actio* an die für ihn aktuelle Begrifflichkeit und die Konzeption der *actio legitima* als Gegensatz zu den *actiones praetoriae* oder *actiones honorariae* an. Vgl. *Gioffredi*, Legis actio, in: Nuovi studi di diritto greco e romano (1980) 187.

460 Diese Verbindung ist im Kommentar von Servius zum Vergil ersichtlich (Serv. Ad Aen. 3.89): *Legum dictio autem est, cum condicio ipsius augurii certa nuncupatione verborum dicitur, quali condicione augurium peracturus sit.* /*Legum dictio* ist dabei das, was unter Bedingungen von Auguren im Rahmen der bestimmten Aussprache der Wörter gesagt wird, auf welchen Bedingungen die Deutung vorgenommen wird. Im Text wird dem Begriff *legum dictio*, d. h. einer Aussprache der *lex* die Bedeutung einer *nuncupatio* zugeschrieben. Varro spricht über *nuncupatio* in der Verbindung mit der der *lex* auch im folgenden Fragment (Varro, De ling. lat. 6.60): *Nuncupare nominare valere apparet in legibus, ubi nuncupatae pecuniae sunt scriptae* / *Nuncupare* bedeutet offensichtlich *nominare* in *leges*, wo bestimmte Geldsummen (*nuncupatae pecuniae*) vorgeschrieben werden.

461 *Siber*, Die ältesten römischen Volksversammlungen, in: SZ 57 (1937) 235.

462 Ein Beweis dafür, dass der Begriff *lex* sowohl auf Gesetz als auf Spruchformel verweist, findet man bei Seneca dem Älteren. Seneca der Ältere erzählt die Geschichte eines gewissen Lucius Quintius Flaminius, der von einer Prostituierten (*meretrix*)

verführt wird und ihr über die Durchführung einer Kapitalstrafe berichtet (Sen. Contr. 9.2). Seneca gestaltet seine Erzählung als einen Dialog zwischen den Rhetoren Triarius, Silo Pompeius, Hispasianius, Argentarius und Montanus Votienus, die Flaminius Tat beurteilen. Seneca teilt in diesem Zusammenhang einige Details hinsichtlich der Art und Weise des Verfahrens, mit dem die Todesstrafe durchgeführt wird, mit. Sen. Contr. 9.2.10: *Deinde descripsit quanto aliter in foro decolletur. Ascendit praetor tribunal inspectante provincia; noxio post terga deligantur manus, stat intento ac tristi omnium vultu; fit a praecone silentium; adhibentur deinde legituma verba; canitur ex altera parte classicum.* / Des Weiteren beschrieb er, wie ganz anders auf dem Forum geköpft wird: Der Prätor besteigt vor den Augen der Provinz das Tribunal. Dem Schuldigen werden die Hände auf den Rücken gebunden; er steht da, während alle gespannt und ernst blicken. Der Ausrufer gebietet Stille; dann werden die *legitima verba* vorgetragen, und schließlich ertönt die Trompete. Die Übersetzung beruht auf *Schönberger/Schönberger*, Seneca der Ältere (2004) 212. Bei der Durchführung der Todesstrafe werden *verba legitima* erklärt (*adhibentur deinde legituma verba*). Der Ausdruck *legitima verba* kann meines Erachtens eine feierliche Erklärung (wie in Liv. Ab urb. cond. 9.9.5) bedeuten und nicht die Worte eines Gesetzes. In der Erzählung von Seneca wenden sich die Rhetoren Silo Pompeius und Hispasianus weiters dem Ausdruck *age lege* zu. Silo Pompeius stellt die Frage: *Age lege; quicquam enim lege hic agitur?*, d. h. „*Age lege*; was bedeutet nämlich *lege agitur*?" Der Ausdruck *lege agitur* kann hier auf eine feierliche prozessuale Erklärung des Magistrates bei der Durchführung der *securi percussio* verweisen. Im Anschluss an die Anmerkung von Silo Pompeius folgt die Aussage des Rheotrs Hispasianus: *Age lege; tibi dicitur, Flaminine: vive sine meretrice, cena sine carnifice* / *Age lege*, wird es dir gesagt, Flaminius. Leb ohne Prostituierte, hab das Abendessen ohne Henker. Hier verweist das Wort *lex* weder auf Spruchformel noch auf das Zwölftafelgesetz, sondern auf Gesetz im abstrakten Sinn (vgl. oben die These Hägerströms in der Fn. 425) oder auf *lex* im Sinne von „vincolo" nach richtiger Ansicht von Cascione. *Age lege* bedeutet hier „Handle gemäß den Regeln". Dieser Ausdruck lässt sich also nicht technisch verstehen. Argentarius spricht weiter: *age lege; scis, inquit, quid dicat? interdiu age, in foro age* / „*Age lege*, weißt du", fragte er, „was das bedeutet?" „Handle an *dies fasti*, handle auf dem Forum." Mit den Ausdrücken *age interdiu* und *age foro* werden die Voraussetzungen für die richtige Ausübung der *actio* angesprochen. Varro und zahlreiche Quellen berichten darüber, dass der Prätor an *dies fasti* und am Forum *lege agere* kann. Das *age lege* ist daher im Text von Seneca hier ein Aufruf, unter Berücksichtigung der formalen Voraussetzungen vorzugehen und feierliche Spruchformeln entsprechend zu erkläre, damit sie rechtsverbindliche und normative Wirkung entfalten. S. auch *Langer*, Declamatio Romanorum (2006) 115, 205, 254. Das *lege agere* in dem Text von Seneca bedeutet „normativ handeln", d. h. durch die Erklärung richtiger *verba* und unter der Berücksichtigung der *dies fasti* und der Ausübung der *actio* am Forum. Vgl. zu dieser und zur Bedeutung von *lex*

der republikanischer Zeit *Manilii actiones*[463] als *leges Manilii* bestätigt, dass die Trennung zwischen einem Privatrechtsgeschäft und einem gesetzlichen Rechtsetzungsakt in der republikanischen Zeit nicht klar zu ziehen ist.[464] Die Rituale für die Gestaltung der privaten Rechtsgeschäfte – *leges privata* – wirken nach Kaser wie Rechtsetzungsakte für Einzelfälle, sind „allgemein gängige Rituale" und stellen ein „objektives dispositives Recht" dar. Die *leges privata* bzw. *leges dicta* weisen auch gewisse Ähnlichkeiten mit den Gesetzen auf. Bei den *leges dictae* erlegt eine Partei der anderen eine Bindung auf, genauso wie Rechtssubjekte der *lex publica* unterliegen.[465] Bei der Analyse einiger *legis actiones* (s. dazu Abschnitt 5. Die Genealogie des *agere*) ist auch ersichtlich, dass schon die einseitige Erklärung eines Sprechaktes (*agere*) mithilfe bestimmter Spruchformeln (*lex* oder *certa verba*), wie „ein Gesetz in eigener Sache", d.h. wie ein Akt der Rechtsetzung wirken kann. Dieser Auslegung entspricht auch die gaianische Anmerkung in Gai. 4.11, dass die *legis actiones immutabiles proinde atque leges observabantur* / ebenso unveränderbar wie die Gesetze angewandt wurden. In Bezug auf die *legis actiones* und auf das *lege agere* vereinigt der Terminus *lex* die Bedeutungen – Gesetz und feierliche Spruchformeln – in sich. Die *lex* verweist sowohl auf die gesetzliche Grundlage als auch auf eine Spruchformel.[466]

---

im Sinne von "vincolo", "legame formale", "struttura normativa, atta a creare un vincolo giuridico" *Cascione*, Legis actio, in: Studi Talamanca I (2001) 529, 530 mit Fn. 66 mwN und mit der Auslegung des Begriffs *lex* durch Frezza.

463 Kapitel III, Abschnitt 5. Die *actiones* in *De re rustica* von Varro, *actiones* des Manilius, S. 256 f.

464 *Kaser*, Der Privatrechtsakt in der römischen Rechtsquellenlehre, in: FS Wieacker (1978) 90–91.

465 *Kaser*, Der Privatrechtsakt in der römischen Rechtsquellenlehre, in: FS Wieacker (1978) 94

466 Ein Zusammenspiel zwischen der *lex* im Sinne einer Spruchformel und eines Gesetzes findet man bspw. in der *lex Osca tabulae Bantinae* (FIRA I 16.5, S. 164, L. 23–24): *Praetor sive praefectus posthac Bantiae erit, siquis apud eos cum | altero lege agere volet aut pro iudicato manum asserere earum rerum | quae hisce in legibus scriptae sunt, ne quem prohibuerit magis diebus X proximis …* / Der Prätor oder Praefectus, der ab jetzt an in Bantia [das Amt übernimmt], wenn jemand gegen den anderen anhand *lege agere* vorgehen will oder für bestimmte Angelegenheiten, die in diesen Gesetzen niedergeschrieben sind (*in legibus scriptae sunt*), die Hand aufgrund des gerichtlichen Urteils anlegen will, kann das niemandem in den nächsten 10 Tagen verbieten …. Mit dem Ausdruck *lege agere* wird eine prozessuale Handlung mit der Verwendung der Spruchformeln bezeichnet. Die Wendung *in legibus scriptae* verweist auf ein Gesetz. S. auch *Crawford*, Roman Statues I (1996)

3.3. Zwischenfazit: Die Rolle des Zwölftafelgesetzes

Das Zwölftafelgesetz stellt nach Gaius und Pomponius eine Gesetzesgrundlage für die *actiones* dar. Die von Gaius genannten *modi agendi* haben durch ihre Erwähnung in dem Zwölftafelgesetz eine gesetzliche Grundlage bekommen, jedoch bedeutet das nicht notwendig die gesetzliche Verankerung aller *actiones.*[467] Die Einführung neuer *legis actiones* nach dem Zwölftafelgesetz fordert für die Zwecke des öffentlichen Friedens eine gesetzliche Grundlage (wie bspw. im Fall mit der *legis actio per condictionem*), die nicht mit der Quelle der Rechtserheblichkeit entsprechender *actiones* verwechselt werden darf.[468] Der Grund der Rechtsverbindlichkeit der *legis actiones* liegt wie oben gezeigt nicht nur in dem Gesetz, sondern in der feierlichen Erklärung, in den *certa verba*, die genauso verbindlich wie *lex* wirken. Nach dem Zwölftafelgesetz bekommen die vordezemviralen *legis actiones* eine zusätzliche gesetzliche Grundlage und werden in diesem Sinn gesetzliche Klagen.[469] Die *legis actio* in ihrer ursprünglichen Konstellation wird somit beginnend mit der Säkularisierung des Rechts durch das Zwölftafelgesetz dem früheren Regime entgegengesetzt, das im Wesentlichen auf der Durchführung von Riten magischer oder religiöser Art beruht.[470] Die genannte Zweideutigkeit des Terminus *lex* hat die Berichte von Gaius (Gai. 4.11, 4.12) und Pomponius (Pomp. l. sing. ench. D. 1.2.2.6) beeinflusst. Das *lege agere* und die *legis actio* sind daher Termini, die über die Bedeutung der Gesetzesklage hinausgehen, was die genannten Juristen auch selbst bestätigen.[471]

271–292. Die Datierung bleibt umstritten, möglicherweise stammt die Tafel aus dem 2 Jh. v. Chr. *Galsterer*, Tabula Bantina, in: DNP (2001) 1195–1196.

467 *Schmidlin*, Zur Bedeutung der *legis actio*, in: TR 38 (1970) 370; *Broggini*, Ius lexque esto, in: FG Gutzwiller (1959) 38–39 (mit der Literatur auf der S. 38, Fn. 55).

468 *Cardilli*, Brevi riflessioni critiche sull'azione, in: Revista Chilena de historia del derecho 22 (2010) 99; *Cardilli*, Damnatio e oportere (2016) 151.

469 *Lévy-Bruhl*, Recherches sur les actions de la loi (1960) 13.

470 S. schon *Lévy-Bruhl*, Recherches sur les actions de la loi (1960) 14, Fn. 2. Kritisch gegen mystische und religiöse Natur des ursprünglichen Gerichtsverfahrens *Kaser*, Rezension zu Lévy-Bruhl, Recherches sur les actions de la loi (1960), in: Gnomon 33 (1961) 194. Weitere Argumente und Literatur über den mit dem Zwölftafelgesetz beginnenden Übergang von der „theokratischen" zu der säkuleren Rechtstradition vgl. bei *Orestano*, Dal *ius* al *fas*, in: BIDR 46 (1939) 268 f. Die Meinungsübersicht *pro* und *contra* magische Aspekte des archaischen Rechts in der Romanistik s. auch bei *Tuori*, The magic of mancipatio, in: RIDA 55 (2008) 513 f.

471 Ein weiterer Hinweis darauf, dass die *legis actiones* nicht auf die Gesetzesklagen reduziert werden können, ist die von Gaius erwähne Rechtsfigur *actiones, quae ad legis actionem exprimuntur* (Gai. 4.10). Es geht dabei um fiktive *legis actiones*, die

4. Das *agere* und das *ius dicere*

Mit dem *agere* und der *actio* werden in der republikanischen Zeit Rituale bezeichnet, die eine begrenzte prozessuale Wirkung haben,[472] weil die Intervention des Gerichtsmagistrats in bestimmten Situationen bei Beachtung der Publizität des Verfahrens nicht notwendig ist, und den privaten Akteuren mehr Handlungsfreiheit gewährt wird, indem sie durch Verlautbarung der Spruchformeln in bestimmten Situationen auch ohne gerichtliche Entscheidung eigenes Recht gestalten, verfolgen und durchsetzen können.[473] Infolge der Institutionalisierung des Gerichtsverfahrens in der republikanischen Zeit – auch wenn es der Forschung bisher nicht gelungen ist, die Phasen dieser Institutionalisierung klar zu rekonstruieren – wird das *agere* auf den Akt einer Rechtsbehauptung reduziert, und die Intervention des Gerichtsmagistrats (oder eines anderen öffentlichen Machtträgers der römischen Republik) wird zum notwendigen Akt, mit dem die feierliche Spruchererklärung

analog zu den typisierten *legis actiones* angewandt wurden, und keine unmittelbare gesetzliche Verankerung hatten. S. *Biscardi*, Azione e rapporto giuridico nel sistema formulare classico, in: Antologia giuridica romanistica ed antiquaria I (1968) 160–161. Die Literatur s. auch in *Maganzani*, Pubblicani e debitori d'imposta (2002) 11, Fn. 14.

472 Die prozessuale Natur der *actiones* beinhaltet meines Erachtens zwei Momente: Zum einen die Teilnahme eines Gerichtsmagistrates an ihrer Durchsetzung und zum anderen ein entwickeltes Verfahren mit klaren Spielregeln. Nur das Verfahren vor einem staatlichen Gericht ist bspw für Kaser ein Prozess im strengen Sinn. Vgl die Definition in *Kaser/Hackl*, Das römische Zivilprozessrecht[2] (1996) 1: „Nur ein Verfahren vor einem staatlichen Gericht ist im strengen Sinn ein Prozeß". Die Kritik hinsichtlich der Anwendung des Begriffes „Prozess" für das römische Recht s. bei *Nicosia*, Agere lege, in: Poteri, negotia, actiones. Atti Copanello (1984) 219. Das Beispiel der dogmatisch geprägten Auffassung der *actio* als prozessualer Rechtsbehelf s. bei *Talamanca*, Istituzioni di diritto romani (1990) 274, 282; *Talamanca*, s.v. Processo (diritto romano), in: ED 36 (1987) 6. Während im spätklassischen Recht zwischen dem *ius civile* und dem *ius honorarium* unterschieden wurde (vgl. Ulp. 1 inst. D.1.1.6; Pap. 2 def. D.1.1.7; Marc. 1 inst. D.1.1.8; Paul. 14 Sab. D.1.1.11) war die Unterscheidung zwischen materiellem und prozessualem Recht für die römische Rechtskultur fremd, ebenso wie der Begriff *ius processualis*. Vgl. *Santoro*, Il tempo ed il luogo dell'*actio*, in: AUPA 41 (1991) 284; *Santoro*, Per la storia dell'*obligatio* I (2020) 394 f. Auch Varvaro verwendet den Begriff „Prozess" mit Vorsicht und als analytische Konstruktion im Sinne von „einer Gruppe von antiken förmlichen Verfahren". S. *Varvaro*, Die Legisaktionen, in: HRP I (2023) 322; *Varvaro*, Lineamenti di procedura civile romana (2023) 1–2.

473 Vgl. *Broggini*, Ius lexque esto, in: FG Gutzwiller (1959) 38.

und das Begehren eines privaten Akteurs bestätigt wird.[474] Ursprünglich wurde mit einem Jurisdiktionsakt (*ius dicere*, später *iudicare*) dem privaten *agere* eine zusätzliche Rechtmäßigkeit gewährt (wenn der Akt des *ius dicere* die Form der *dico* oder *addico* einnimmt).[475] Mit der Veränderung des *agere* zum Akt der Rechtsbehauptung ist nicht das Ritual *per se* rechtsverbindlich, sondern der magistratische und der richterlichen Jurisdiktions- oder Hoheitsakt (*ius dicere*, *iudicatum*).[476] Der Wandel des *agere* zum Akt der Rechtsbehauptung ist daher untrennbar mit der Geschichte der *iurisdictio* im republikanischen Römischen Recht verbunden.

4.1. Fragestellungen zu *ius dicere* in der Literatur und ihre Relevanz für die Erforschung des *agere* und der *actio*

Die folgende Untersuchung soll sich auf das Thema konzentrieren, in welcher Beziehung das *agere* privater Personen und der Akt des Recht-Sprechens der römischen Magistrate – das *ius dicere* und auch das *iudicare* – inhaltlich stehen, und wie diese Beziehung sich mit der Zeit ändert.

Folgende Fragen sind meines Erachtens dabei für die Lösung dieses Problems von Bedeutung: (1) Ist das *ius dicere* als spezifische Tätigkeit des Prätors zu verstehen? (2) Auf welche Zeit erstreckt sich die *iurisdictio*? (3) Was ist der Inhalt der *iurisdictio*, umfasst der Akt des *ius dicere* auch das *ius dicare*?[477] (4) ind andere Träger des *ius dicere* denkbar?

---

474 Die Übersicht der Literatur aus dem 19. und Anfang des 20. Jh. zum „Einbauen" der privaten Selbsthilfeakten ins Gerichtsverfahren s. bei *Luzzatto*, Procedura civile romana II (1948) 6–7, Fn. 1.

475 *Simon*, Begriff und Tatbestand der *iniuria*, in: SZ 82 (1965) 144 f. betont zurecht, dass *ius* ursprünglich die Rechtsmäßigkeit bedeutet. Das *ius dicere* sei daher „die Aussage über die Rechtmäßigkeit eines privaten Zugriffsaktes". Meines Erachtens lässt sich die Position von Simon bezüglich des Zugriffsaktes umformulieren. Das *ius dicere* ist eine Aussage über die Rechtsmäßigkeit nichts eines Zugriffsaktes, sondern eines Sprechaktes (*agere*).

476 Vgl. die zutreffende Anmerkung über den Unterschied des *agere* im Legisaktionenverfahren und dem Formularverfahren bereits in *Keller/Wach*, Der römische Civilprocess und die Actionen in summarischer Darstellung[5] (1876) 105–106: „Während bei der *legis actio* die feierlichen Worte und Handlungen der Parteien *in iure*, woran sich diejenigen des Magistrats mehr secundär anschlossen, für das spätere *iudicium* massgebend war…so ging dagegen bei dem Formelsystem der ganze Zweck des Verfahrens *in iure* dahin, einen bestimmten, genau abgefassten und schriftlich erlassenen Ausspruch des Prätors (*Formula*, d.h. *verba concepta*) zu erhalten, durch welchen der *Iudex* ernannt und mit seiner Aufgabe behelfsweise bekannt gemacht wurde."

477 S. die Meinungsübersicht bei *Salomone*, Iudicati velut obligatio (2007) 109.

Jede Frage bildet ein eigenes Forschungsgebiet des römischen Zivilprozesses und der römischen Verfassungsgeschichte. Die Fragen werden unter der Miteinbeziehung der Argumente terminologischer Natur (d.h. durch die Untersuchung der Ausdrücke *ius dicere* und *iurisdictio* in den Quellen) und unter der Berücksichtigung der Organisationsstruktur der römischen Republik nur in dem Ausmaß behandelt, in dem ihre Beantwortung für die Analyse der normativen Grundlage des *agere* und der *actio* relevant ist.

4.2. Das *ius dicere* und die *iurisdictio*: Terminus vs. Konzeption

In der Forschung sind zwei Ansätze zum Verständnis der *iurisdictio* im römischen Recht zu unterscheiden. Nach einer weiten Interpretation wird unter der *iurisdictio* schlicht eine Kontrolle der Gerichtsmagistrate über das Gerichtsverfahren in der römischen Republik verstanden.[478] Auch andere Hoheitsakte bestimmter Machtträger und der Vertreter des römischen Staates, wie bspw. der *pontifices*, die in den Quellen nicht unbedingt mit Termini *ius dicere* und *iurisdictio* bezeichnet werden, sind ihrem Wesen nach Jurisdiktionsakte.[479] Die Urteilsfindung durch einen *iudex* wird nach dieser Auffassung auch als Akt der *iurisdictio* angesehen.[480]

Nach der anderen, herrschenden Ansicht ist die *iurisdictio* technisch zu verstehen, wobei der moderne Begriff Jurisdiktion aus dem geltenden Recht sich nicht auf die römische Rechtsordnung übertragen lässt.[481] Die moderne *iurisdictio* im Sinne von Gerichtsbarkeit und die römische Konstruktion der *iurisdictio*

478 So *Valgaeren*, The Jurisdictio of the Pontiff (2012) pas.

479 Vgl. schon *Jhering*, Geist des römischen Rechts, 1 Aufl., II.2 (1858) 431: „Das Wachsen der Prätur aber war nur möglich auf Kosten der *pontifices*, und es ist außer Zweifel, dass letztere schließlich ihre Gerichtsbarkeit, d.h. die *legis actio sacramento* an die Prätoren verloren haben, denn in der Darstellung dieser legis actio bei Gaius ist nur vom Prätor die Rede. Die Veränderung, die bei dem Übergang derselben auf die Prätoren eintrat, war eine doppelte: einmal nämlich die Verweltlichung des *sacramentum* (dasselbe fiel ließt ans Aerar statt wie früher an den geistlichen Fond) und sodann der Erlaß der reelen Deposition der Summe gegen Sicherheitsstellung an den Prätor." Jhering verwendet das Wort Gerichtsbarkeit im weiten und untechnischen Sinn der Gerichtskontrolle.

480 Die Übersicht der neueren Literatur zum Thema "originaria unità o dualità" des römischen Gerichtsverfahrens s. bei *Falcon*, Ipsam rem condemnare in Gai 4.48, in: Omaggio Burdese III (2015) 533 f.

481 *Talamanca*, Lineamenti di storia del diritto romano^2 (1989) 132; *Nicosia*, Il processo privato romano III.1 (2012) 13.

sind nicht ganz inhaltsgleich,[482] zumal sich der Begriff auch im Laufe der Epochen des Römischen Rechts weiterentwickelt hat.[483] Unterschiedlich sind die Meinungen innerhalb dieser Rekonstruktionslinie bezüglich der Abgrenzung der *iurisdictio* und des *imperium*.[484] Nach einer Ansicht fällt die *iurisdictio* ursprünglich mit dem Begriff *imperium*, d. h. mit einer dem Gerichtsmagistrat eingeräumten Macht, verbindliche Entscheidungen zu treffen, zusammen.[485] Nach einer anderen Meinung bedeutet *iurisdictio* eine von dem *imperium* unabhängige prozessuale Handlungsmacht des Gerichtsmagistrates.[486]

Unter der *iurisdictio* (und vor der der Erscheinung dieses substantivierten Terminus unter dem *ius dicere*) wird nach dieser Auffassung „die eigentümliche Funktion gewisser Magistrate in der Zivilrechtspflege" verstanden.[487] Mit dem Ausdruck *ius dicere* wird somit grundsätzlich der feierliche Sprechakt des Prätors bezeichnet, der (mindestens in der späteren Periode des Legisaktionenverfahrens) nicht auf die Streitlösung gerichtet ist, sondern nur auf die Erklärung des anwendbaren Rechts,[488] auf die Bestätigung einer feierlichen Status- und Rechtsbehauptung des Klägers als rechtmäßig, die Beurteilung

---

482 Auch *Guida*, Ius dicere e iudicare, in: Omaggio Burdese III (2015) 5.

483 So bezieht sich die in den Digesten enthaltene Definition Ulpians der *iurisdictio* – (Ulp. 2 de off. quaest. D. 2.1.3): *Iurisdictio est etiam iudicis dandi licentia* – auf die klassische Zeit und beschreibt nur einen Aspekt der *iurisdictio* und zwar die Beauftragung des Richters, einen Streit zu lösen. Über die Rezeption der Ulpians Definition im Mittelalter und in der Neuzeit vgl. *Guida*, Ius dicere e iudicare, in: Omaggio Burdese III (2015) 6, Fn. 4.

484 Selbst die Digestenstellen aus dem Titel D.2.1 *De iurisdictione* erlauben keine klare Grenze zwischen zwei Begriffen zu ziehen. Während Ulp. 2 de off. D. 2.1.3 von der *iurisdictio*, die in einem *imperium mixtum* enthalten wird, spricht (*Mixtum est imperium, cui etiam iurisdictio inest*), folgt aus der nächsten Stelle Ulp. 2 de off. D. 2.1.4, dass die *iurisdictio* und *imperium* verschiedene Amtsfunktionen bezeichnen, wobei der Befehl, die *stipulatio praetoria* zu erlassen, eher zum *imperium* gehört, als zu der *iurisdictio*. Aber auch wenn die *iurisdictio* und das *imperium* verschieden ihrem Wesen nach sind, werden die Fragmente über das *imperium* in dem Digestentitel namens *De iurisdictione* angeführt, was für einen weiten Begriff *iurisdictio* (der auch das *imperium* umfasst) spricht. Dieses weite Verständnis bestätigt die Stelle Ulp. 1 reg. D. 2.1.1, in der aber nicht von der *iurisdictio*, sondern von *ius dicentis officium*, der *latissimum est*, die Rede ist.

485 *Leifer*, Die Einheit des Gewaltgedankens im römischen Staatrecht (1914) 21 f.

486 *Behrends*, Ius und Ius Civile, in: Sympotica Franz Wieacker (1970) 27–28.

487 *Kunkel/Wittmann*, Magistratur (1995) 141; *Kunkel/Schermaier*, Römische Rechtsgeschichte[14] (2005) 106 f.

488 So betrachtet die Funktion der *iurisdictio* im Legisaktionenprozess *De Martino*, La giurisdizione nel diritto romano (1937) 68. Nach *Nicosia*, Il processo privato

über die Begründetheit der *actio*[489] sowie auf die Bestellung eines Richters.[490] Angenommen wird außerdem, dass der Prätor im Legisaktionenverfahren nicht solch eine kreative Rolle einnimmt, die er aufgrund seines *officium* im Formularverfahren innehat.[491]

Die Unterscheidung zwischen dem weiten und dem technischen Verständnis der *iurisdictio* hat ihre Wurzeln auch in den unterschiedlichen Auffassungen des *ius* (*ius* als Rechtsnorm, *ius* als Ritual, *ius* als Rechtsmäßigkeit), sowie in unterschiedlichen Vorstellungen hinsichtlich der Struktur der römischen Republik. Nach der technischen Vorstellung der *iurisdictio*, die auf Mommsen zurückgeht, ist das Verfahren der römischen Republik auch in seiner anfänglichen Phase durch eine klare Rollenverteilung zwischen den Magistraten, Priestern, Richtern und privaten Akteuren geprägt. Nach der weiten Auffassung ist diese Rollenverteilung nicht wirklich gegeben: Die weite Auslegung der *iurisdictio* geht dabei von der römischen Republik als einem flexiblen System aus.[492]

4.3. Der Ausdruck *ius dicere* in den Quellen

Die Vertreter des technisch verstandenen *ius dicere* beziehen sich auf Quellen, in denen die Ausdrücke *ius dicere* und *iurisdictio* vorwiegend im

---

romano III.1 (2012) 52 besteht der Inhalt des *ius dicere* in dem Sprechakt (*dicere*) „ nel senso ampio di esprimere con parole". Dabei ist es nicht möglich festzustellen, ob die Erklärung der Worte eine deklarative und kreative bzw. konstitutive Natur hatte. Dabei meint Nicosia wahrscheinlich, dass es nicht feststellbar ist, ob mit dem Akt des *ius dicere* das *agere* für rechtmäßig erklärt wurde, oder ob selbst der Akt des *ius dicere* und nicht das *agere* privater Akteure rechtsverbindlich war. Nach *Lévy-Bruhl*, Recherches sur les Actions de la loi (1960) 112 f., *Santoro*, Potere ed azione, in: AUPA 30 (1967) 164 f. sieht die Funktion der *iurisdictio* in einer einfachen Bekanntmachung des anwendbaren Rechts (*ius*). Unter dem *ius* versteht Santoro die *forza rituale*. Der Prätor erteilt somit den streitenden Parteien bei der Ausübung seines *ius dicere* die richtigen Rechtsrituale; *Palazzolo*, Processo civile² (1991) pas.

489 So *Guida*, Ius dicere e iudicare, in: Omaggio Burdese III (2015) 9.

490 Vgl. den *iudicium dare* in den Quellen. Siehe die Quellen in *Voigt*, Die XII Tafeln I (1883) 519–520, Fn. 23; *Behrends*, Ius und Ius civile, in: Sympotica Franz Wieacker (1970) 26.

491 Ulp. 2 de off. quest. D. 2.1.3: *Ius dicentis officium latissimum est …*

492 S. die Literatur in: *Novitskaya*, *IUS DICERE* und *VERBA PRAEIRE*, in: RIDA 2023, 126, Fn. 29.

Zusammenhang mit prozessualen Handlungen des Prätors vorkommen.[493] In zwei zentralen Berichten – von Pomponius (Pomp. L. ench. Sing. D. 1.2.2.7) und von Livius (Liv. Ab urb. Cond. 6.42.11) – wird die Funktion des Prätors als *ius dicere* (Livius)[494] und als *ius reddere* (Pomponius)[495] beschrieben.[496] Auch Cicero verwendet das *ius dicere* im technischen Sinn eines Sprechaktes des Prätors in zahlreichen Stellen.[497] Anhand dieser Belege sprechen die Vertreter der

493 Der Ausdruck *iurisdictio urbana* kommt in folgenden von Kunkel/Wittmann angeführten Stellen: Liv. 24.44.2; Liv. 25.41.13; Liv. 27.36.11; Liv. 30.1.9; Liv. 32.28.2; Liv. 33.26.1; Liv. 34.43.6; Liv. 35.4.6; Liv. 38.35.10; Liv. 40.1.1; Liv. 41.8.2; Liv. 42.10.14; Liv. 42.31.9. Im Zusammenhang mit dem Peregrinenprätor wird der Ausdruck in folgenden Stellen verwendet: Liv. 33.21.9; Liv. 33.36.2; Liv. 41.27.2; Liv. 42.18.44; Liv. 44.21.4; Liv. 45.21.1. S. *Kunkel/Wittmann*, Magistratur (1995) 142, Fn. 161. Zum Problem der Jurisdiktionsgewalt der *tresviri capitales* vgl. *Cascione*, Tresviri capitales (1999) 171 f.

494 Liv. Ab urb. cond. 6.42.11: *... a plebe nobilitati de praetore uno qui ius in urbe diceret ex patribus creando.*

495 Pomp. l. sing. ench. D. 1.2.2.7: *... qui urbanus appellatus est, quod in urbe ius redderet.* Vgl. die Erwähnung des Prätors als *ius dicens* in der *lex Papiria de triumviris capitalibus* (nach 242 v. Chr.) in der Überlieferung von Festus, s.v. *sacramentum* (Lindsay, 468,16–29): *„Quicumque praetor post hoc factus erit, qui inter cives ius dicet, tres viros capitales populum rogato ...* Zu *lex Papiria* vgl. *Elster*, Die Gesetze der mittleren römischen Republik (2003) 461 f. Die *iurisdictio* als spezifische Tätigkeit des Prätors, des Konsuls und sogar des Zensors wird auch in der *lex Agraria* erwähnt (111 v. Chr.) Vgl. L. 33 und L. 35. In der L. 35 wird gesagt: *sei quid de eo agro loco ambigetur,] co(n)s(ulis) pr(aetoris) cens(oris), queiquom [que erit, de ea re iu]ris dictio iudici iudicis recuperatorum datio esto.* Hier wird die Edition von Crawford verwendet. Vgl. *Crawford* et al., Roman Statutes I (1996) n. 2, S. 113–180 . Zu dem Gesetz vgl. *Hinrichs*, VII. Die Lex Agraria des Jahres 111 v. Chr., in: SZ 83 (1966) 282. S. auch *lex Antonia de Termessibus* (Crawford I) S. 331–340, n. 19, Tab.1, Col.2, L. 1. Die ältere Form *deicere* statt *dicere* wird auch in der *lex de Gallia Cisalpina, vulgo lex Rubria de Gallia Cisalpina* verwendet (ed. *Crawford*, Roman Statutes I [1996] S. 461–477, n. 28. Col. I.20, L. 16–17): *... IIIIuir praefec(tus)ue, quoquomque d(e) e(a) r(e) in ius aditum erit, d(e) e(a) r(e) ita ius/ deicito iudicia dato iudicareque iubeto cogito.* Vgl. auch *lex Rubria*, Col. I.20, L. 24–25; Col. I.20, L. 33; Col. I.20, L. 41; Col. II.22, L. 44–45; Col. II.22, L. 48–49; Col. II.23, 57–59. Vgl. *Frg. Atestinum* (Crawford I) n. 16, Col. I, L. 17: *... i(ure) d(icundo) p(raerit) d(e) e(a) r(e) ius dicat*; s. auch *lex municipii Malacitani* (FIRA I) S. 218–219, 65, L. 69.

496 Kritisch zu der Übernahme der *iurisdictio* durch den Prätor ab dem Jahr 367 v. Chr. S. *Valgaeren*, The jurisdictio of the Pontiff (2012) 10 f., 33, Fn. 153.

497 Als Hinweis auf die Tätigkeit eines Prätors kommt der Ausdruck *ius dicere* im folgenden Exzerpt aus Cic. Ad Att. 9.12.3: *nos vivimus et stat urbs ista, praetores*

herrschenden Meinung von einer *iurisdictio* im technischen Sinn erst mit der Einrichtung der Prätur ab dem Jahr 367 v. Chr.[498] Hervorzuheben ist, dass in den literarischen Quellen der republikanischen Zeit das *ius dicere* auch im allgemeinen Sinn des Recht-Sprechens vorkommt: In Komödien von Plautus wird der Ausdruck *ius dicere* oft im allgemeinen Sinn von „etwas zu Recht sagen" bzw. „Recht haben" verwendet.[499]

Etymologisch gesehen werden vom *ius dicere* Termini wie *iurisdictio* und *iudicatio/iudicatum* abgeleitet, was auch dadurch bestätigt wird, dass *ius dicere* ursprünglich Streitlösung (*iudicare*) und Verkündung des anwendbaren Rechts (*ius dicere* im engen Sinn) umfasst.[500] Nichtdestotrotz herrscht keine Einigkeit

---

ius dicunt, aediles ludos parant. S. auch Cic. De re publ. 2.38. Als Tätigkeit des Prätors bezeichnet er das *ius dicere* auch in Cic. Ad Att. 9.1.2. Vom Akt des Recht-Sprechens eines gewissen Volcatius redet Cicero in *Ad familiares* (Cic. Ad fam.13.14: *... ea res a Volcacio, qui Romae ius dicit, reiecta in Galliam est.*). S. auch Cic. Ad Att. 5.21.12: *... quod ex syngrapha ius dici lex Gabinia vetaret.* In der Rede In Verrem wirft Cicero M. Octavius Ligus vor, dass er für ein Gerichtsurteil Geld verlangt hat und verwendet den Ausdruck *ius dicere* (Cic. In Ver. 2.2.119: *M. Octavium Ligurem pecuniam ob ius dicendum poposcerit*). Vgl. auch Cic. In Ver. 2.3.205; 2.5.31; 2.5.38. Zum Problem der Jurisdiktionsgewalt *der tresviri capitales* vgl. *Cascione*, Tresviri capitales (1999) 171 f.

498 *Luzzatto*, Giurisdizione, in: ED 19 (1970) 191 f. Vgl. aber Varro (De ling. lat. 6.31), der auf die Befugnis des *rex sacralis* verweist, in den sogenannten *intercisi dies* das Recht zu sprechen (*eo die rex sacrorum ius dicat ad Comitium*) und den Ausdruck *ius dicere* verwendet: *Dies qui vocatur sic "Quando rex comitiavit fas," is dictus ab eo quod eo die rex sacrificio ius dicat ad Comitium, ad quod tempus est nefas, ab eo fas: itaque post id tempus lege actum saepe.*

499 Plaut. Epidic. 25: The: *Ius dicis*; Epi: *Me decet*; Plaut. Capt. 907: *nun ibo, ut praefectura mea ius dicam larido, et quae pendent indemnatae pernae, eis auxilium ut feram*; Plaut. Stich. 728–729: Stich. *Bonum ius dicis. impetrare oportet qui aequom postulat. SANG.Age ergo observa. si pecassis, multam hic retinebo ilico.*

500 In der Literatur herrscht also eine Vorstellung über die klare Abgrenzung zwischen *ius dicere* und *iudicare* ab der Mitte des 4. Jh. v. Chr. S. *Talamanca*, Lineamenti di storia del diritto romano^2 (1989) 133. Gegen solche Abgrenzung in der römischen Republik äußert sich Orestano, der keinen Unterschied zwischen diesen Rechtsakten sieht. Vgl. *Orestano*, Parola creatrice, in: Scarpelli/ Di Lucia (Hgg.), Il linguaggio del diritto (1994) 199. Nach *Gioffredi*, Diritto e processo nelle forme giuridiche romane (1955) 57 f., 63 f., umfasst das *ius dicere* beide Aspekte – die *iurisdictio* und die *iudicatio* – in einem Begriff. Nach *Pugliese*, PC I, 145, 149, 155, 161, hat das *ius dicere* nicht nur eine deklarative, sondern auch eine konstitutive Natur. Dabei meint er, dass eine *legis actio* durch das *ius dicere* als Recht (*ius*) erst anerkannt wird. Das *ius dicere* als Tätigkeit des Gerichtsmagistrates ist

im Zusammenhang mit der Frage, ob mit dem Akt des *ius dicere* auch die prozessabschließende Verkündung eines Gerichtsurteils (d.h. *iudicare*) umfasst wird, oder ob das Gerichtsurteil immer von einem Richter veröffentlicht wurde (*iudicatio* als spezifische Funktion eines Richters, die nicht unter die *iurisdictio* fällt).[501]

4.4. Andere Beteiligte an dem Akt des Recht-Sprechens hinsichtlich des weiten Verständnisses des *ius dicere*

Wenn man das *ius dicere* und die *iurisdictio* weniger technisch versteht, und auf die Zeit vor der Entstehung der Prätur zurückprojiziert,[502] lassen sich das *agere* und die *actio* als Rechtsfiguren interpretieren, die schon vor der Entstehung der prätorischen Jurisdiktion einer Art der institutionalisierten Kontrolle (d.h. *iurisdictio*, Gerichtsbarkeit im weiten Sinn) unterstellt waren. Geht man von dieser extensiven Bedeutung des *ius dicere* aus, so erweitert sich auch der Kreis

---

auch darauf gerichtet, einen Streit zu lösen und umfasst somit nach Pugliese die *iudicatio*. S. auch *De Martino*, La giurisdizione nel diritto romano (1937) 68. Die Vorstellungen über die Abgrenzung der *iurisdictio* und *iudicatio* beruhen ihre Vertreter auf den Argumenten terminologischer Natur. *D'Ors*, Las declaraciones Juridicas en derecho romano, in: AHDE 34 (1964) 568 weist dem *ius dicare* eine demonstrative Funktion zu und versteht das *ius dicare* als „Recht zeigen". Vgl. auch *Fögen*, Römische Rechtsgeschichten (2002) 101. Für die Gleichsetzung des *ius dicere* und *ius dicare* spricht meines Erachtens das Exzerpt aus Varro, De ling. lat. 6.61: „*Dico originem habet Graecam, quod Graeci deiknyo. Hinc etiam dicare, ut ait, Ennius: Dico VI hunc dicare circum metulas. Hinc iudicare, quod tunc ius dicatur; hinc iudex, quod ius dicat accepta potestate; hinc dedicat, id est quibusdam verbis dicendo finit: sic, enim aedis sacra a magistratu pontifice praeeunte, dicendo dedicatur …*" / „[Das Verb] *dico* hat griechischen Ursprung; das, was Griechen als *deiknuô* (zeigen) bezeichnen. Daher stammt auch *dicare*, wenn Ennius [wie folgt] sagt: Ich sage, dass diese Rennbahn (*circus*) sechs Spitzsäulen (*metula*) hat. Von diesem Verb [*dicare*] stammt *iudicare*, weil das Recht eben gesprochen wird; daher stammt das Wort *iudex*, weil der *iudex*, nachdem er die Macht übernommen hat, das Recht spricht. Daher stammt *dedicat* (er weiht, widmet), d.h. er beendet etwas mit der Aussprache bestimmter Worte. So wird ein Tempel durch Magistrat geweiht, wenn er nach dem Priester wiederholt…"

501 S. Nachweise bei *Cortese*, Giurisdizione e Iurisdictio, in: Cortese (Hg.) La Giurisdizione (2019) 16, Fn. 14; vgl. *Ortu*, Alle origini del iudicium privatum, in: Omaggio Burdese I (2012) 131–160; *Randazzo*, Bipartizione del processo e attività giudicante, in: Omaggio Burdese I (2012) 48–53.

502 *Ius dicere* im weiten Sinn umfasst die Ausdrücke, wie *ita ius esto*, *ius feci*, *addico* etc, die auch vor dem Entstehen der Prätur möglicherweise Jurisdiktionsakte bedeuten. Vgl. *Santoro*, Potere ed azione, in: AUPA 30 (1976) 222 f., 556 f., 560.

ihrer möglichen Machtträger: Das Recht kann dabei von den Akteuren selbst, von den Gerichtsmagistraten und von den *pontifices*[503] gesprochen bzw. gesetzt werden. Die Streitlösung erfolgt durch die Sprechakte der privaten Akteure sowie auch der *pontifices* und der Gerichtsmagistrate.

4.5. Das *agere* und *tria verba praetoris*

Das Narrativ über die *tria verba praetoris* kann ein Indiz dafür sein, dass das *ius dicere* terminologisch mit dem *agere* in bestimmten Kontexten austauschbar ist und daher in einem weiten Sinne verstanden werden kann. In der Literatur wird die Auffassung vertreten, dass sich in der republikanischen Zeit die *iurisdictio* des Prätors in Form feierlicher Sprechakte imperativer und normsetzender Natur äußert. Der Befehl des Prätors kann dabei eine der drei Formen annehmen – „*do*" (ich gebe), oder „*dico*" (ich spreche), oder „*addico*" (ich verurteile).[504] Nicht auszuschließen ist, dass der Prätor auch den Ausdruck „*licet*" im Rahmen des Rechtsprechens erklären konnte.[505]

Die Auslegung des prätorischen *ius dicere* als Sprechakt stützt sich auf zahlreiche literarische Quellen über die *tria verba* oder *verba legitima*.[506] In keinem

503 *Tellegen-Couperus*, Pontiff, praetor, and iurisdictio, in: TR 74 (2006) 31.

504 Varro, De ling. lat. 4.30: *Contrarii horum vocantur dies nefasti, per quos dies nefas fari praetorem „do," „dico", „addico"; itaque non potest agi: necesse est aliquo eorum uti verbo, cum lege quid peragitur. Luzzatto*, s.v. Giurisdizione, in: ED 19 (1970) 192 f. Auch *Lauria*, Iurisdictio, in: Studi Bonfante II (1930) 529 f. begründet seine Theorie über die „collaborazione del magistrato nel processo" anhand dieser Stelle von Varro.

505 Vgl. den folgenden Kommentar des römischen Grammatikers Aelius Donatus aus dem 4. Jh. n. Chr. zu der Komödie von Terenz Phormio (Ael. Don. Arg, in Phromionem Terenti, s.v. ilicet, V.31): … *semper ilicet finem rei significat, ut actum est… Sic judices de concilio dimittebantur, suprema dicta cum praeco pronunciasset ilicet, quod significat irc licct.* S. dic Ausgabc von Klotz (Hg.) P. Tcrcnti Comoediae cum scholiis Aeli Donati et Eugraphi Commentariis, Vol. alt. (1840) 405. S. auch Fn. 502.

506 Macr. Sat. 1.16.14: *Fasti sunt quibus licet fari praetori tria verba sollemnia, do dico addico: his contrarii sunt nefasti … et fastis quidem lege agi potest … / Dies fasti* sind solche, an denen dem Prätor erlaubt wird, drei feierliche Worte auszusprechen: *do, dico, addico.* Der Gegensatz zu diesen sind *dies nefasti* … an *dies fasti* kann man freilich *lege agere* … Macrobius beschreibt die Tätigkeit des Prätors mit der Erklärung feierlicher Wörter, die eine Entscheidung bzw. Verurteilung symbolisieren. Bei Macrobius findet man andere ähnliche Ausdrücke. S. Macr. Sat.1.16.30: *Nefasto enim die praetori fari non licebat* / An einem *dies nefastus* war dem Prätor nicht erlaubt, zu sprechen. Vgl. weiter Ovid Fast. 1.47–48: *Ille nefastus erit, per quem tria*

dieser Texte wird der Terminus *iurisdictio* (und auch *ius dicere*) als solcher verwendet. In der Forschung werden sie aber als Hinweis auf die jurisdiktionelle Tätigkeit des Prätors gedeutet. Die Auswertung des Verhältnisses zwischen dem *agere* und dem *ius dicere* im Legisaktionenverfahren verlangt eine neue Bewertung dieser Quellen. Die zentrale Quelle ist der folgende Varros Bericht (Varro, De ling. lat. 6.30):

> *Dies fasti, per quos praetoribus omnia verba sine piaculo licet fari; Contrarii horum vocantur dies nefasti, per quos dies nefas fari praetorem „do," „dico," „addico;" itaque non potest agi: necesse est aliquo eorum uti verbo, cum lege quid peragitur.*
> *Dies fasti* [heißen diejenigen Tage], an denen den Prätoren erlaubt ist, *omnia verba* ohne *piaculum* zu erklären. Die anderen [Tage] heißen *dies nefasti*. An diesen Tagen (*dies nefasti*) war es dem Prätor nicht erlaubt (*nefas*), folgende Worte zu sprechen: *do* (ich gebe), *dico* (ich spreche), *addico* (ich spreche zu); und so kann nicht *agere* vorgenommen werden: notwendig ist, dass eines der Worte verwendet wird, wenn etwas mittels *lege agere* vorgenommen wird (*lege quid peragitur*).

In der dem zitierten Text vorangehenden Stelle erörtert Varro die Bedeutung verschiedener Kalendertage – *dies postridie Kalendas,*[507] *Nonae, Idus*. Danach kommt die Erklärung über *dies fasti*. Die *dies fasti*, sagt Varro in dem angeführten Text, seien solche Tage, an denen es Prätoren erlaubt ist, beliebige feierliche Worte zu sprechen, ohne ein Sühneopfer (*piaculum*[508]) erbringen zu müssen (*quos*

---

verba silentur: fastus erit, per quem lege licebit agi. / Jener [Tag] wird *nefastus* sein, an dem *tria verba* [*do, dico, addico*] nicht ausgesprochen werden: *fastus* wird [jener Tag] sein, an dem erlaubt sein wird, eine *legis actio* vorzunehmen. Möglicherweise geht es um *tria verba* auch bei Seneca. Vgl. Sen. Ap. 11.3: *Ad summam, tria verba cito dicat, et servum me ducat*; Sen. De tranquill. animi 3.4; Isid. Nat. 1.4 = Suet. Frg. 154.1–2) Auch die Anmerkung von Gaius (Gai. 4.39) über eine Sonderstellung der *pignoris capio*, die auch in *dies nefasti* rechtswirksam erfolgen kann, bestätigt die Grundregel, dass sonstige *legis actiones* in *dies fasti* vorgenommen werden mussten. Vgl. weitere Quellen und Literatur bei *Falcon*, 'Praetor impius', in: Randazzo (Hg.), Religione e Diritto Romano (2014) 190.

507 Über das Verbot, das *ius dicere* an *dies postridie Kalendas ianuaris* auszuüben, vgl. Ulp. 62 ed. D. 2.12.5.

508 Auch wenn der Prätor die *tria verba* in *dies nefasti* spricht, vertritt er die römische *civitas*. Zuccotti betont in diesem Zusammenhang, dass diese nicht direkt involvierte römische *civitas* in diesem Fall intervenieren und verlangen kann, eine Strafe an eine bestimmte Göttlichkeit zu zahlen. Auf solche Weise distanziert sich die *civitas* von einem *piaculum*, der vom Prätor *impius* begangen wurde. Unbeantwortet bleibt bei dieser an sich zutreffenden Hypothese, wie genau bzw. in welchem Verfahren die Intervention der *civitas* erfolgen kann. Vgl. *Zuccotti*, Dall'arcaica sacertà consuetudinaria, in: Scritti Melillo III (2009) 1564. Die Meinung von

praetoribus omnia verba sine piaculo licet fari). Auf einen gemischten säkular-religiösen Charakter der jurisdiktionellen Tätigkeit verweist eventuell die Pflicht der Prätoren, ein Sühneopfer bei der Nichtbeachtung des Kalenders und der *dies fasti* zu bringen. Unter *omnia verba* wird jegliche feierliche Erklärung rechtsverbindlicher Natur verstanden, die im Rahmen des Rituals (*agere*) vorgenommen wird. Das bestätigt der anschließende Bericht über die *dies nefasti*. An diesen Tagen ist es nicht erlaubt, die Worte – *do, dico, addico* – auszusprechen und daher zu agieren (*non potest agi*).[509] Das Verbot, feierliche Worte auszusprechen und das *agere* vorzunehmen, gilt sowohl für den Akteur als auch für den Prätor, worauf die unpersönliche Formulierung *itaque non potest agi* verweist. Das *agere posse* umfasst das ritualisierte rechtliche Handlungsbefugnis, das sowohl den Akteuren als auch den Gerichtsmagistraten zukommt.[510]

Im letzten Satz berichtet Varro, dass die erfolgreiche Ausübung des *lege agere* die Verwendung eines der angeführten Worte erfordert: … *necesse est aliquo eorum uti verbo, cum lege quid peragitur* / … notwendig ist, dass eines der Worte verwendet wird, wenn mittels *lege agere* vorgegangen wird (*lege quid peragitur*). *Lege peragere* bedeutet hier eine abgeschlossene ritualisierte Handlung, worauf

Zuccotti teilt *Falcon*, 'Praetor impius', in: Randazzo (Hg.), Religione e Diritto Romano (2014) 256–257 Über eine gewisse Austauschbarkeit des *agere* bei der theatralischen Ausführung des Zivilprozesses und der *tria verba praetoris* vgl. Ruelle, Agir et dire sous la Republique romaine. Paroles et procedures aux sources du tres ancien droit romain (2007) 393–394.

509 Kritisch zur Bedeutung der *tria verba* als Wesen der *iurisdictio* in der republikanischen Zeit ist *Pugliese*, PC I, 147. Nach seiner Ansicht ist zwischen der Funktion der *iurisdictio* und der Form ihrer Ausübung zu unterscheiden. Die von den Quellen bestätigten *tria verba* sind dabei nur eine Ausdrucksform der prätorischen Tätigkeit, die aber die Funktion und den Sinn der *iurisdicio* nicht erfassen.

510 Auch Ovid verbindet mit den *dies fasti* die Möglichkeit die *legis actio* auszuüben, die anscheinend sowohl einem privaten Akteur als auch dem Magistrat zukommt. S. oben Ovid Fast. 1.47–48: … *fastus erit, per quem lege licebit agi.* / *fastus* wird [jener Tag] sein, an dem erlaubt sein wird, eine *legis actio* vorzunehmen. Auch *Düll*, III. Eröffnungsakt in iure und die tria verba praetoris, in: SZ 57 (1937) 81. S. die Stelle Iul. 5 dig. D. 1.21.3, in der *iurisdictionem exequi* und *pro suo imperio agere* gleichgesetzt werden: *Et si praetor sit is, qui alienam iurisdictionem exsequitur, non tamen pro suo imperio agit, sed pro eo cuius mandatu ius dicit* … S. auch Ulp. 10 de off. procons. D. 1.16.10 pr. und die Bezeichnung der jurisdiktionellen Magistratstätigkeit des Prokonsuls mit dem Wort *agere*: *Meminisse oportebit usque ad adventum successoris omnia debere pro consulem agere…ergo in adventum successoris debebit ius dicere.*

das perfektivierende Präfix „*per*" hinweist.[511] Daher wird das *lege agere* als eine abstrakte Form der rechtlichen Handlung verstanden, die dem Akteur zusteht. Eine erfolgreiche und zielorientierte Handlung (*lege peragere*) des Akteurs setzt die Erklärung einer der drei Spruchformeln des Gerichtsmagistrates voraus.

Meiner Ansicht nach ist zwischen der Bedeutung des *agere* in *itaque non potest agi* und der Bedeutung des *lege (per)agere* in *cum lege quid peragitur* in der Varros Stelle zu unterscheiden. Während das Wort *agere* sich auf das ganze Ritual bezieht, welches aus der Vornahme der ritualisierten Spruchformeln des Akteurs sowie des Prätors besteht, verweist *lege per(agere)* explizit auf die ritualisierte Rechtsbehauptung des Akteurs, die die anschließende Spruchererklärung des Prätors in Form *do, dico, addico* voraussetzt.

Das *agere* des Prätors nimmt die Form des feierlichen Aussprechens von *tria verba* an: *do, dico, addico.* Die zentrale Rolle spielt dabei das *dicere* des Prätors. Es wird in der Lehre angenommen, dass *dico* auf das *ius dicere* des Prätors verweist,[512] und sich in der verbindlichen Erklärung der feierlichen Spruchformel manifestiert (wobei das Wort *ius* ein Ritual bedeutet).[513] Der Sprechakt „*do*" bezieht sich auf *dare iudicem* und bedeutet einen Richter bzw. einen Geschworenen zu bestellen,[514] oder es kann im Fall eines gekürzten Prozesses vor dem Prätor auf *dare iudicium*, auf die Gewährung eines Urteils verweisen. *Addico* wird von Festus als *adprobare dicendo* beschrieben, d.h. mit diesem Akt wird der Sprechakt (das *agere*) befürwortet.[515]

---

511 *Hofmann/Szantyr*, Lateinische Grammatik II (1965) 304.

512 *Salomone*, Iudicati velut obligatio (2007) 109 mwL. Vgl. auch *Kunkel/Wittmann*, Magistratur (1995) 141.

513 *Gioffredi*, Diritto e processo nelle forme giuridiche romane (1955) 67.

514 In diesem Sinne *Pugliese*, PC I, 148, auch *Falcon*, 'Praetor impius', in: Randazzo (Hg.), Religione e Diritto Romano (2014) 192 Fn. 15. Nach *Düll*, III. Eröffnungsakt in iure und die tria verba praetoris, in: SZ 57 (1937) 88 bezeichnet das Verb „*do*" jenen Akt, mit dem der Gerichtsmagistrat den Parteien einen Rechtsbehelf gewährt oder erlaubt. Das Verb *dicere* bedeutet nach der Ansicht von Gioffredi und nach der von Pelloso eine „feierliche Erklärung" und umfasst möglicherweise andere Formen der *iurisdictio,* wie etwa *dare* und *addicere.* S. *Gioffredi*, Diritto e processo nelle forme giuridiche romane (1955) 67; *Pelloso*, Giudicare e decidere in Roma arcaica, in: Omaggio Burdese I (2012) 105–106, Fn. 77.

515 Fest. s.v. *addicere* (Linds. 12): *Addicere est proprie idem dicere et adprobare dicendo; alias addicere damnare est.* Das Verb *addico* verweist auf eine Erklärung, die der Gerichtsmagistrat zu der feierlichen Ausübung des Rechtsrituals des Akteurs hinzufügt und dadurch seine feierliche Erklärung bestätigt, die nun eine verbindliche Kraft hat. Mit *addicco* wird nach *Düll*, III. Eröffnungsakt in iure und die tria verba praetoris, in: SZ 57 (1937) 88 auch ein genehmigungsbedürftiges Rechtsgeschäft des privaten Akteurs bestätigt. Nach Liebs verweist *addico* auf eine Handlung des

Die formalisierten Spruchformeln des Prätors – *do, dico, addico* – zielen darauf ab, eine mögliche Willkür des Prätors bei der Ausübung des *agere* auszuschließen. Diese typisierten Spruchformeln entsprechen auch dem formalisierten Charakter des Prozesses in der archaischen und republikanischen Zeit. Die angeführte Stelle von Varro zeigt, dass das *ius dicere* und das *agere* mindestens auf terminologischer Ebene austauschbare Konzeptionen sind: Der Terminus *ius dicere* wird von Varro nicht erwähnt, die Jurisdiktionsakte des Prätors werden mit *agere* beschrieben. Das *agere* bedeutet eine prozessuale Handlung sowohl der privaten Parteien (*lege agere*), als auch einen Sprechakt und prozessuales Befugnis des Prätors im Legisaktionenverfahren (*agere posse*).

4.6. Das *agere* privater Akteure als Akte des Recht-Sprechens *per se*

Die ältesten Formen des *lege agere* wie *per manus iniectionem*, *sacramento* und *per pignoris capionem* gestatten dem privaten Akteur eine weitreichende Rechtsmacht.[516] Die Rechtsbehauptung, das Recht-Sprechen, die Rechtssetzung und die Rechtsdurchsetzung werden in bestimmten Fällen aufgrund der *actio* durch den Akteur selbst ohne entscheidende Intervention eines Gerichtsmagistrates ausgeübt.[517] In diesen Situationen fallen das *agere* und das *ius dicere* zusammen: Indem der private Akteur das *agere* ausübt, spricht er auch das Recht (*ius dicit*).

Das Erfordernis einer Autorisierung oder Rechtsanerkennung der individuellen Sprechakte durch die Gerichtsmagistrate oder weitere Träger der öffentlichen Gewalt wird zum Teil durch andere Mechanismen substituiert, wie etwa durch die Vornahme an einem Verfahrensort (*in iure*)[518]

Prätors, mit der entweder ein Richtervorschlag einer der Parteien bestätigt oder eine Rechtsbehauptung/Rechtshandlung einer einzelnen Partei im Hauptverfahren oder im Vollstreckungsverfahren anerkannt wird. S. *Liebs*, Damnum damnare und damnas, in: SZ 85 (1968) 239–240. Zur Veränderung der Bedeutung des *addicere* s. *D'Amati*, Litem diserere, in: Omaggio Burdese II (2012) 187: Ursprünglich verweist *addicere* auf einen Akt der Befürwortung einer der Sprechakte der streitenden Parteien. Mit der Zeit bedeutet *addicere* „zuerkennen", „zuweisen". Somit wird aus einem Akt der Bestätigung ein Akt des Urteilens.

516 *Luzzatto*, Procedura civile romana II (1948) 7. S. unten Abschnitt 5. Die Genealogie des *agere*, S. 144 f.

517 Vgl. die Meinungsübersicht bei *Pelloso*, 'Giudicare' e 'decidere' in Roma arcaica, in: Omaggio Burdese I (2012) 62 f., der sich aber einer eigenen Meinung zur Frage anscheinend enthält. Vgl. auch *Franchini*, Alle origini di negozio e processo, in: Omaggio Burdese I (2012) 168 f.; *Nicosia*, Processo privato romano III.1 (2012) 64. Vgl. schon *Pugliese*, PF I, 101.

518 Das betont Paulus (Paul. 14 Sab. D.1.1.11), wenn er über eine der Bedeutungen des *ius dicere* folgendes sagt: … *Alia significatione ius dicitur locus in quo ius redditur,*

oder durch die öffentliche Kontrolle der römischen Bürger (*civitas*) bzw. der Zeugen.[519]

Ein Hinweis darauf, dass die Ausübung des *agere* mindestens in seiner früheren Entwicklungsphase ein Akt der Rechtsetzung *per se* sein könnte, kann in „*res acta*" gesehen werden, *in concreto* in seiner technischen Bedeutung der prozessualen Präklusion: Die *legis actiones* sind durch ihre Ausübung prozessual erschöpft. Diese Erschöpfung erfolgt nicht durch einen Akt des *ius dicere* des Prätors oder das *iudicatum* des Richters, sondern infolge der Vornahme der *actio* selbst, die nun *res acta* heißt.[520]

4.7. Das *agere* und die *pontifices*

Klassische Jurisdiktionstheorien, welche im *agere* bzw. der *actio* keinen transformativen Akt der einseitigen Rechtsgestaltung oder Rechtsdurchsetzung sehen, sondern die Rechtswirkung aus dem Akt des *ius dicere* und aus dem Gerichtsurteil ableiten, vernachlässigen eine gewisse institutionelle Flexibilität des Legisaktionenverfahrens und der römischen Republik, bei dem auch die römischen *pontifices* einige Sprechakte am Gerichtsverfahren vorgenommen haben, die ihrem Wesen nach das Recht-Sprechen sind.[521] Wie oben berichtet,

---

appellatione collata ab eo quod fit in eo ubi fit … / … In anderer Bedeutung wird Recht der Ort genannt, an dem Recht gesprochen wird, wobei man die Bezeichnung von dem was geschieht, auf den Ort, wo es geschieht, übertragen hat … Die Übersetzung nach *Behrends/Kupisch/Knütel/ Seiler*, CIC 2 (1995) 95.

519 Über die Rolle der Zeugen im Legisaktionenverfahren statt vieler *Loschiavo*, Figure di testimoni e modelli processuale tra antichità e primo medievo (2004) 4 f.

520 In dem von Plautus verwendeten Ausdruck *rem actam agere* im Sinne „Erledigtes betreiben" (Plaut. Pseud. 260) ist meines Erachtens wohl eine Anspielung auf die prozessualen Wirkungen der *res acta* bzw. auf die Konsumption der *actio*: Es ist rechtlich nutzlos eine *res acta* bzw. *res iudicata* nochmal mit dem prozessualen *agere* anzustreben. Das ist wie eine *res acta agere*, d.h. etwas erledigtes nochmal zu betreiben. Nicht ganz zutreffend scheint daher die These von *Liebs*, Die eigentliche Bedeutung von actum agere, in: FS Hübner (1984) 101 f. zu sein, der in dem Ausdruck *agere acta* einen untechnischen Hinweis auf „sich vergeblich bemühen, etwas Sinnloses tun" sieht. Über die Präklusion der *legis actiones* vgl. *Sciortino*, Res acta e potere magistratuale, in: AUPA 57 (2014) 211 f. S. auch *Marrone*, Agere lege, in: Praesidia libertatis. Atti Copanello (1994) 18, der in *agere acta* den Ausdruck für die prozessuale Präklusion sieht. Vgl. auch Ulp. 74 ed. D. 44.2.5.

521 Nach *De Martino*, La giurisdizione nel diritto romano (1937) 142, 149 f. 166 f. nahmen ursprünglich *pontifices* eine Erklärung der anwendbaren Norm bei der Ausübung der *iurisdictio* vor und hatten ein Monopol auf die ritualisierte Erklärung

sieht Pomponius die Rolle der *pontifices* in der Kontrolle über die Ausübung der *actiones*, die darin bestand, sicherzustellen, dass vom *populus* bestimmte und an Spruchformeln gebundene *actiones* gesprochen wurden, und zu verhindern, dass der *populus* nach eigenem Belieben *actiones* schuf (*instituere*).[522] Darüber hinaus bestand ihre Funktion in der Auslegung der alten Rituale.[523] Sie waren für die *scientia interpretandi* und für technische Aspekte[524] des ritualisierten Verfahrens zuständig. Nicht ausgeschlossen werden kann, dass Pomponius mit dem Ausdruck *praeesset praeesset privatis*[525] (D. 1.2.2.6) die Ausübung der *iurisdictio* durch die *pontifices* vor der Etablierung der Prätur gemeint hat.

Fraglich ist, ob die *pontifices* und weitere römische Priester an der Klärung des anwendbaren Rechts, sowie an der Urteilsfindung, d. h. am *ius dicere* im technischen Sinn teilnahmen.[526] Das Narrativ über die *tria verba praetoris* lässt vermuten, dass sich das Wesen von *ius dicere* im Legisaktionenverfahren in der Ausübung feierlicher Spruchformeln äußert. Es ist daher plausibel, die Frage nach der Jurisdiktion der Priester auch aus dieser formalen Perspektive zu betrachten. Die Quellen verbinden mit *pontifices* die Ausübung

---

der Rituale. Mit der kommenden Säkularisierung des Prozesses und der Institution des *praetor urbanus* wurde diese Tätigkeit von ihm übernommen.

522 S. dazu Abschnitt 3.1. Das *lege agere* und die *legis actio*. S. 109 f.

523 Pomp. l. s. ench. D. 1.2.2.6: … *Omnium tamen harum et interpretandi scientia et actiones apud collegium pontificum erant, ex quibus constituebatur, quis quoquo anno praeesset privatis. Et fere populus annis prope centum hac consuetudine usus est* / … Doch lag für alle diese Vorschriften sowohl die Auslegungszuständigkeit als auch die Formulierung der Klagen beim Priesterkollegium, aus dem alljährlich jemand bestimmt wurde, der für die Rechtsangelegenheiten der Bürger zuständig war. Und das Volk lebte ungefähr hundert Jahre nach dieser Gewohnheit. Die Übersetzung folgt *Behrends/Kupisch/Knütel/ Seiler*, CIC 2 (1995) 98.

524 So *Gioffredi*, Ius dicere, in: Diritto e processo nelle antiche forme giuridiche romane (1965) 74–75, der zwischen dem „tecnicismo“ und „formalismo“ des Rechts und der „autorità“ unterscheidet.

525 *Tellegen-Couperus*, “Pontiff, praetor, and iurisdictio in the Roman republic”, in TR 74 (2006) (2006) 41–44; Valgaeren (2012) 646, der auch die Koexistenz der pontifikalen und der prätorischen Jurisdiktion akzeptiert.

526 Kritisch *Nicosia*, Il processo privato romano I (1980) 55: Der Ausdruck *ius dicere* wird nie im Zusammenhang mit *pontifices* in den Quellen verwendet. Nicosia lässt außer Acht, dass in *lex Ursonensis* der caesarischen Kolonie Urso in der Hispania Baetica die Auguren als Träger der *iurisdictio* anerkannt werden (ed. FIRA I, Tab. 1, 66 col 5, L. 3–7): *De auspiciis quaeque ad eas res per|tinebunt augurum iuris dictio iudicatio esto*. Daraus ergibt sich die Annahme, dass auch die *pontifices* das Recht vor der Etablierung der Prätur sprechen konnten.

eines Sprechaktes instrumentalen Charakters *verba praeire*,[527] mit dem sie bestimmte feierliche Formeln den Gerichtsmagistraten vorsprechen, und die Magistrate sie wiederholen und somit einen Sprechakt rechtsverbindlicher Natur vornehmen. Der *pontifex* spricht dem Prätor solenne Spruchformeln bei der Ausübung der *devotio*, bei der Dedikation, bei *votum*, sowie vermutlich bei der Aussprache der *tria verba* im Rahmen des Zivilprozesses vor.[528] Indem der Prätor beschließt, die *verba* dem Priester vorzusprechen, werden für ihn die Spruchformeln der Priester verbindlich. Die Grenzen zwischen dem „Vorsprechen" des Rechts durch einen Priester und dem „Nachsprechen" bzw. dem „Rechtsprechen" durch einen Prätor sind fließend und schwer zu ziehen.

Weitere literarische Quellen ermöglichen, die Rolle der *pontifices* im Zusammenhang mit *agere* und *actio* näher zu betrachten.[529]

Eine Stelle aus Ciceros Rede De domo sua (138) behandelt *die actio* als rituelle Handlung sowie setzt sich mit der Aufsicht der *pontifices* bei ihrer Durchführung auseinander. In der Lehre wird diese Stelle zwar beachtet, jedoch nicht zur Erschließung der Bedeutungen des *agere* und der *actio*, sondern wird vor allem als Beleg für die Jurisdiktion der *pontifices* betrachtet. Die Rede hielt Cicero am 29. September 57 v. Chr. wird vor dem Kollegium der römischen Priester. Ein Jahr zuvor wurde er auf Veranlassung seines Feindes Clodius Pulcher aus Rom verbannt, und sein Haus auf dem Palatin ist zerstört worden. Clodius errichtete auf dem Grundstück ein der *libertas* geweihtes Monument und weihte das

---

527 Varro, De ling. lat. 6.61: *sic enim aedis sacra a magistratu pontifice praeeunte dicendo dedicatur*; Varro, De ling. lat. 6.95: ... *augur consuli adest tum cum exercitus imperator ac praeit quid eum dicere oporteat*; Liv. 8.9.4; Liv. 31.9.9; Val. Max. 4.1.10. Eine Sondermeinung vertritt *Luzzatto*, Il verba praeire delle più antiche magistrature romano-italiche, in: Symbolae Taubenschlag (1956) 443, Fn. 23. Aufgrund der etymologischen Herkunft des Terminus *praetor* vom *praeire* kommt er zum Schluss, dass mit dem Ausdruck *verba praeire* die Verfahrensaktivität des Prätors und anderer italischer Magistrate bezeichnet wird. Kritisch dazu *Gioffredi*, Sulle attribuzioni sacrali die magistrati romani, in: Iura 9 (1958) 43.

528 Seneca, De tranquilitate animi, 3: ...*praetor praeeuntibus assessoribus tria verba pronuntiat, quam qui docet quid sit iustitia, quid pietas, quid sapientia*. Auch wenn in der Stelle von den *assertores* die Rede ist, nicht auszuschließen ist, dass in der früheren Zeit die *pontifices* das *verba praeire* ausgeübt haben, da in anderen Quellen der Ausdruck *verba praire* immer im Zusammenhang mit *pontifices* kommt. S. dazu *Novitskaya*, *Ius dicere* und *verba praeire*, in: RIDA (2023), pas.

529 Die Rolle der Priester bei der Interpretation der *actiones* bzw. der *acta* sakralen Charakters betont beispielsweise Servius (Serv. ad Aen. 2.141): „*Quia et pontifices dicunt singulis actibus proprios deos praeesse*" / Da auch *pontifices* sagen, dass einzelnen Akten die eigenen Götter vorstehen.

Grundstück. Auf Ciceros Klage hin hat das Kollegium der *pontifices* ihm das Grundstück zurückgegeben und erlaubt, sein Haus wieder aufzubauen. Cicero setzt sich mit den Funktionen der Priester bei der Ausübung der Weihungen auseinander. Bei der Beschreibung dieser Funktionen ist eine gewisse Zusammenarbeit der Magistrate und Priester im Gerichtsverfahren zu verfolgen (Cic. De domo sua 138):

> *Quae sunt adhuc a me de iure dedicandi disputata, non sunt quaesita ex occulto aliquo genere litterarum, sed sumpta de medio, ex rebus palam per magistratus actis ad conlegiumque delatis. Illa interiora iam vestra sunt, quid dici, quid praeiri, quid tangi, quid teneri ius fuerit.*
> *Quae si omnia e Ti. Coruncani scientia, qui peritissimus pontifex fuisse dicitur, acta esse constaret, aut si M. Horatius ille Pulvillus, qui, cum eum multi propter invidiam fictis religionibus impedirent, restitit et constantissima mente Capitolium dedicavit, huius modi alicui dedicationi praefuisset …*
> Was ich bisher über das Recht der Weihungen vorgebracht habe, wurde nicht aus irgendwelchen verborgenen Schriften zusammengesucht, sondern geht auf allgemein zugängliche Quellen zurück: auf Fälle, die die Beamten öffentlich erörtert und eurem Kollegium vorgetragen haben. Erst das gehört euch: was zu sagen, was vorzusprechen, was anzufassen, was festzuhalten rechtens sein wird.
> Wenn von einer Weihung feststünde, dass man in allen diesen Punkten die Vorschriften des Ti. Coruncanius, der der erfahrenste Oberpriester gewesen sein soll, befolgt hat, oder wenn der berühmte M. Horatius Pulvillus, der sich, von zahlreichen Übelwollenden durch vorgetäuschte religiöse Skrupel behindert, nicht beirren ließ und mit größter Entschiedenheit das Kapitol weihte, eine Weihung wie die hier vorliegende geleitet hätte …[530]

Zu Beginn des Textes betont Cicero, dass er seine Kenntnisse über das Recht der Weihungen (*ius dedicandi*) nicht den geheimen *libri pontificum* entnimmt, die er als *occultum genus litterarum* bezeichnet. Seine Quellen sind die öffentlichen Prozessfälle, d. h. die *res actae*. Die Wendung *res acta* wird von Cicero technisch verwendet und verweist auf das Verfahren, auf einen abgeschlossenen Prozess bzw. auf die durchgeführten *actiones*.[531] Diese *res acta* werden gemäß Cicero vom Magistrat durchgeführt und dem Kollegium der *pontifices* vorgetragen. Aus dem letzten Satz der Stelle folgt, dass die *pontifices* bei den *res acta* folgende Aspekte beobachten – „*quid dici*" (was zu sagen ist), „*quid praeiri*" (was vorzusprechen ist), „*quid tangi*" (was zu berühren ist), „*quid teneri ius fuerit*" (was festzuhalten rechtens ist). Diese von Cicero angeführte Auflistung der Funktionen der

530 Die Übersetzung folgt *Fuhrmann*, Cicero. Die Prozessreden I (1997) 165.
531 Der Ausdruck *res acta* verweist hier sowohl auf das ganze Verfahren als auch auf die vorgenommenen ritualisierten *actiones* oder *res acta*. S. oben Fn. 520.

pontifices ist von fundamentaler Bedeutung, nicht nur weil sie einen Einblick auf die Jurisdiktionstätigkeit der *pontifices* gewährt, sondern auch die Natur der *actiones* erklärt. Die *pontifices* wachen über die Einhaltung des Vortrags der *actio* oder *res acta*, was darauf verweist, dass die *actiones/res acta* Sprechakte bedeuten (*quid dici*). Der Ausdruck – *quid praeiri* (was vorzusprechen ist[532]) – verweist möglicherweise auf die feierliche Erklärung des Magistrates, die sich, wie schon oben gezeigt wurde, in *tria verba* ausdrückt.[533] Die für die *legis actiones* notwendige Tangibilität Gestik der *actiones* entspricht der Kontrolle der *pontifices* darüber, *quid tangi*, d. h. was zu berühren ist. Die Beachtung der Gesten bei den ritualisierten *actiones* gehört somit zu den weiteren Aufgaben der Priester. Letztendlich stellt die Erklärung der Regel, deren Festhaltung „das rechtens macht" (*quid teneri ius fuerit*), eine weitere Aufgabe der *pontifices* dar. Nach dieser Auflistung der Funktionen der *pontifices* betont Cicero, dass diese Regel auf Tiberius Coruncanius und somit auf das 4. Jh. v. Chr. zurückgeht.[534]

In der republikanischen Zeit haben die Priester somit eine Doppelfunktion: Sie gewährleisten den Vortrag der richtigen Spruchformeln, und sie beobachten die Richtigkeit des ausgesprochenen Aktes und der vorgenommenen Gesten.[535] Eventuell war die von Cicero angesprochene „Kollaboration" des Gerichtsmagistrates und der Priester bei der Ausübung der Weihungen eine Tätigkeit, die auf die in der früheren Zeit vorhandene Zusammenarbeit zwischen dem *rex* und den Priestern zurückgeht.[536] Die Magistrate kontrollieren die Rechtmäßigkeit der Weihungen, und die Priester beobachten sakrale bzw. rituelle Komponenten.

Auf solche Weise wurde die Feststellung der anwendbaren Rituale und Zeremonien, d. h. der *actiones* von den *pontifices* bestimmt. Die Gewährung richtiger Zeremonien an einen Akteur durch die *pontifices* geht über den Akt der Rechtsberatung hinaus und ist mit dem Akt der Verkündung des anwendbaren Rechts durch den Prätor (*ius dicere*) vergleichbar. Wenn man weiters die Rolle des oben erwähnten Aktes *verba praeire* aus der praktischen Perspektive betrachtet, dann

---

532 Andere Bedeutungen sind voran-, vorausgehen, vorlesen, vorsingen, vorsagen, vorspielen. Vgl. *Georges*, HW II, 1844.

533 S. auch Liv. Ab urb. cond. 9.46. Vgl. *Fögen*, Römische Rechtsgeschichten (2002) 126: Der Ausdruck *verba praeire* ist ein „Terminus technicus für das Vorsprechen der Klageformel durch den Prätor".

534 Cic. De dom. 139: *Quae si omnia e Ti. Coruncani scientia, qui peritissimus pontifex fuisse dicitur, acta esse constaret, aut si M. Horatius ille Pulvillus, qui, cum eum multi propter invidiam fictis religionibus impedirent …*

535 Die Funktionen der Priester beschreibt umfassend *Wieacker*, Altrömische Priesterjurisprudenz, in: FG Kaser (1986) S. 354 f.

536 *Capogrossi Colognesi*, Diritto e potere nella storia di Roma (2007) 39.

liegt es nahe, dass das Vorsprechen der Spruchformeln durch Priester auch dem Akt des Rechtsprechens selbst ähnelt. Das richtige Nachsprechen durch den Prätor gewährt seinem Sprechakt rechtliche Verbindlichkeit. Das *verba praeire* geht seinem Wesen nach über den Akt instrumentaler Natur hinaus.

4.8. Zwischenfazit: Das *ius dicere* als Handlung, die auf verschiedene Teilnehmer verteilt wurde

Das *ius dicere*, die Rechtsetzung durch einen Sprechakt, kann von verschiedenen Jurisdiktionsträgern ausgeübt werden.

Das *agere* Privater hat das Potenzial, ein Akt des Recht-Sprechens ohne eine wesentliche Intervention des Magistrates zu werden.[537] Wenn private Akteure das *agere* ausüben, und dieses *agere* zu einem Akt der Rechtsetzung wird, dann gilt dieses *agere* als Akt des *ius dicere*.[538] Ein Jurisdiktionsakt der Obrigkeit ist in diesen Fällen nicht notwendig. Die Rechtsetzung erfolgt, wenn der Akteur *in iure*, an einem institutionalisierten Ort oder in der Anwesenheit der *civitas* ein *agere*

---

537 S. gleich den nächsten Abschnitt 5. Genealogie des *agere*, S. 144 f.

538 Bei der Ausübung der *legis actio sacramento in rem*, wenn der Gegner dem Vindikationsakt *meum esse aio* unterliegt. S. unten Abschnitt 5.1. Das *agere* als Akt des einseitigen Recht-Sprechens im Verfahren *sacramento*. S. 145 f. Bei der *legis actio per manus iniectionem iudicati*, wo der Schuldner dem vollstreckenden Gläubiger nicht widersprechen kann (Abschnitt 5.4. Das agere als Ritual für die Personalvollstreckung, S. 173 f.), aber auch im Fall der *legis actio per pignoris capionem* (Abschnitt 5.7. Das *agere* als ritualisierter Zugriffsakt am Beispiel des *agere per pignoris capionem*, S. 190 f.), kann der einseitige Akt der Erklärung der Spruchformeln, d. h. das *agere*, schon eine rechtskonstituierende bzw. rechtsverbindliche Wirkung haben. Auch später die durch *lex Silia* (wahrscheinlich vom 4. oder 3. Jh. v. Chr.) eingeführte *legis actio per condictionem* für die Forderung bestimmter Geldsummen (*certa pecunia*) stellt ein Spruchformelverfahren dar, wobei die einseitige feierliche Erklärung durch den Akteur bei fehlendem Widerspruch des Beklagten ausreicht, um das Recht zu setzen. Später wurde der Anwendungsbereich der *legis actio per condictionem* auf alle anderen Ansprüche infolge der *lex Calpurnia* (Ende des 3. Jh. v.Chr. oder Anfang des 2. Jh. v. Chr.) ausgedehnt. S. dazu *Varvaro*, Die Legisaktionen, in: HRP I (2023) 336, Rn. 57. Zu der Datierung der *lex Silia* vgl. *Elster*, Die Gesetze der mittleren römischen Republik (2003) 255 und *Varvaro*, Certum (2008) 95 Fn. 319. Zu der Datierung der *lex Calpurnia* s. *Elster*, Die Gesetze der mittleren römischen Republik (2003) 267. Vgl. Gai 4.19*: Per condictionem ita agebatur: AIO TE MIHI SESTERTIORVM X MILIA DARE OPORTERE: ID POSTULO, AIAS AUT NEGES …* Die *confessio* durch den Beklagten (in Form *aio*) macht den Sprechakt des Akteurs (*AIO TE MIHI SESTERTIORVM X MILIA DARE OPORTERE*) zu einem Akt der einseitigen Rechtsetzung.

setzt, d. h. einen feierlichen Sprechakt erklärt, und wenn der Gegner unterliegt. Der Prozess wird somit auf die formalisierte Ausübung des *agere*. In den Situationen, in denen das *agere* sich auf die Rechtsbehauptung reduziert, die auch durch die andere Partei (den Beklagten) bestritten wird, spielen die Akte des *ius dicere* und des *ius dicare* in einem entwickelten Verfahren eine rechtserzeugende Rolle.

Bei den *legis actiones* in ihrer republikanischen Phase kann der Prätor das Recht sprechen (*ius dicere*), indem er über die Begründetheit des *agere* entscheidet (in erster Linie in Form der *addictio*), aber auch (vor der Teilung des Prozesses in zwei Phasen) den Streit löst. Aus der Quelle von Varro über *dies fasti* kann geschlossen werden, dass Rechtshandlungen des Prätors auch als *agere* bezeichnet werden können. Das bestätigt, dass das *agere* und *ius dicere* inhaltlich austauschbare Konzepte sind. Die von den Quellen bestätigte Dreigliederung des *ius dicere* in *do, dico, addico* verweist auf die – auch dem *agere* zugrunde liegende – Typisierung dieses formalisierten Sprechaktes.

Die *pontifices* waren eine Zeit lang an der Ausübung der *iurisdictio* beteiligt, indem sie dem Prätor bestimmte feierliche Spruchformeln „vorgesprochen“ haben. Aufgrund der Cicero-Stelle aus De domo ist ihre wichtige Rolle bei der richtigen Durchführung der Rituale zu beobachten. Sie gewähren die *actiones*, interpretieren sie, dehnen möglicherweise ihren Anwendungsbereich aus und kontrollieren, dass die Prätoren die richtigen Spruchformeln vortragen. Sie erfüllen einerseits ähnliche Aufgaben, die später säkulare republikanische Juristen übernehmen, und deren Rolle mit den *pontifices* teilweise identisch war. Andererseits geht ihre Funktion über die Rechtsberatung hinaus. Aus der rechtssoziologischen Sicht sind sie v.a. bei der Ausübung des Sprechaktes *verba praeire* den recht-sprechenden Prätoren gleichgestellt.

5. Die Genealogie des *agere*

Nachdem im vorangegangenen Abschnitt erörtert wurde, dass das *agere* eine ritualisierte Handlung darstellt, die durch die Erklärung feierlicher Worte vorgenommen wird und die zugleich eine Rechtsfigur ist, deren rechtserzeugende Wirkung auf verschiedenen Grundlagen beruhen kann – Ritual, Gestik, Jurisdiktionsakt und Zugriffsakt – soll am Beispiel einiger *legis actiones* gezeigt werden, wie diese rechtserzeugenden Faktoren ineinanderfließen und wie sie inhaltlich und historisch in Verbindung stehen.

Der genealogischen Analyse des *agere* soll eine methodologische Anmerkung vorangehen. Eine zentrale Quelle über die Rituale des *agere* und der *actio* in der republikanischen und sogar in der archaischen Zeit stellen die Institutionen des Juristen Gaius aus dem 2. Jh. n. Chr. dar. Das durch Gaius überlieferte Verfahren besteht aus verschiedenen Prozessabschnitten und stammt aus verschiedenen Epochen, wobei einige Prozessabschnitte schon vor dem Zwölftafelgesetz existierten, andere sich hingegen erst später herausbildeten. Die Trennung zwischen den historisch jüngeren Prozessabschnitten der *legis actiones* und den zeitlich älteren in der Überlieferung von Gaius ermöglicht einen Rückschluss auf die Entwicklungsgeschichte des *agere*.[539]

Traditionell werden die *legis actio sacramento*[540], die *legis actio per manus iniectionem*[541] und die *legis actio per pignoris capionem*[542] zu den ältesten Formen des *agere* gezählt,[543] weshalb anhand dieser Rituale der Übergang vom ritualisierten Zugriffsakt, der einem Akteur weitgehende Autonomie gewährt, zu einem komplexen institutionalisierten Verfahren unter Einbeziehung des Prätors und des *iudex* gezeigt werden kann.[544]

5.1. Das *agere* als Akt des einseitigen Recht-Sprechens im Verfahren *sacramento*

Gaius bezeichnet die *actio sacramento* als *generalis* (Gai. 4.13),[545] weil sie einen weiten Anwendungsbereich für verschiedene Sachverhalte hat und eine zentrale Rolle im Legisaktionenverfahren spielt.[546] Er unterscheidet zwischen der

539 Grundlegend *Wieacker*, Textstufen der römischen Juristen (1960) pas.

540 *Wolf*, Der Legisaktionenprozeß, in: Wolf, Recht im frühen Rom (2015) 49. Vgl. *Lévy-Bruhl*, Recherches sur les actions de la loi (1960) 13 mit Fn. 13.

541 *Lévy-Bruhl*, Recherches sur les actions de la loi (1960) 14.

542 *Albanese*, Il processo privato romano delle legis actiones (1987) 16.

543 *Nicosia*, Il processo privato romano III.1 (2012) 7 f. *Manthe*, *Agere* und *aio*, in: FS Mayer-Maly (2002) 444.

544 Die Darstellung der gemeinsamen Züge der *legis actiones* s. jüngst in *Varvaro*, Die Legisaktionen, in: HRP I (2023) 324, Rn. 12 f.

545 *Generalis* ist diese *actio*, weil sie dann angewandt wird, wenn kein spezielles Verfahren vorgesehen war. Dabei kann die *legis actio sacramento* auch den Anwendungsbereich anderer *legis actiones* – wie *legis actio per iudicis arbitrive postulationem* und *per condictionem* – umfassen. Im überschneidenden Anwendungsbereich soll die Wahl zwischen den *legis actiones* offenbleiben (Gai. 4.20). Die Bezeichnung als *generalis* kann auch so interpretiert werden, dass dieses Verfahren nicht nur für die Durchsetzung der Ansprüche, sondern auch für die rechtsgeschäftliche Gestaltung verwendet wird. Die Bezeichnung der *actio* als *generalis* kann letztendlich ein Hinweis darauf sein, dass ihre Spruchformel abstrakt gefasst war, und dass sie um das konkrete Begehren des Klägers ergänzt werden musste. S. zu *agere sacramento Santoro*, Potere ed azione, in: AUPA 30 (1976) 117.

546 Sie wird für beschränkte Sachenrechte angewandt und für die als Sachverfolgung erfassten Streitigkeiten um die Erbschaft (Gai 4.17: … *sive de hereditate controversia erat* …). Die *vindicatio* als Teil der *legis actio sacramento* prägt auch die

legis actio sacramento in personam, und *in rem* nach dem Muster des Formularverfahrens. Während über die *legis actio sacramento in personam*[547] kaum etwas überliefert ist,[548] wird die *legis actio sacramento in rem* in den Quellen ausführlich behandelt. Daher lässt sich das *agere* an dem Beispiel des *agere sacramento in rem* rekonstruieren.

Dieses Ritual besteht aus folgenden Abschnitten:[549] Einleitung, *vindicatio*, Intervention des Prätors, Streitbegründung, Aufforderung zur Eidesleistung (*provocatio sacramenti*), Eidesleistung (wobei der Inhalt der Eidesleistung durch Gaius nicht überliefert wurde), das Verfahren vor dem Richter.[550] Während die *vindicatio*, die Streitbegründung, sowie die Aufforderung zur Eidesleistung und die Eidesleistung die ältesten Prozessabschnitte darstellen, sind die Intervention des Prätors sowie das Verfahren vor dem Richter die später

---

Struktur der *mancipatio familiae* (Gai 1.134) und der *manumissio vindicta* (Gai 4.14; Cic. Pro Caec. 33.97; Cic. De dom. 78; Liv. Ab urb. cond. 3.45.2). Das Verfahren *per sacramento* findet Anwendung auch für die Durchsetzung der Ansprüche aus deliktischen Handlungen. Gaius führt an dieser Stelle ein berühmtes Beispiel über die *actio de arboribus succisis* an. Einen ähnlichen Deliktstatbestand findet man bei Plinius *historia naturalis* (Hist. Nat.17.1.7 ... *qui iniuria cecidisset alienas (arbores)* ...). Auch Paulus spricht von *furtim arbores caesae* (Paul l. 9 Sab. D. 47.7.1). Das *agere per sacramentum* wird auch für die Verfolgung aus dem *furtum nec manifestum* verwendet (Cic. De nat deor. 3.30.47). Eventuell wurden auch die Ansprüche aus den öffentlichen Delikten mittels *iudicia publica* mit der *legis actio sacramento* verfolgt. Die *legis actio sacramento* konnte für das Kapitalverfahren in Form einer *quaestio perpetua* (Cic. Brut. 106), für Mord, Brandstiftung, falsches Zeugnis, *stuprum* und *adulterium* angewandt werden. Über die umfassende Rolle der *vindicatio* bei der Ausarbeitung der Rechtskonstruktionen des archaischen und des republikanischens Rechts grundlegend *Betti*, La 'vindicatio' romana primitiva, in: Il Filangieri 40 (1915) 324. Weitere Nachweise im Zusammenhang mit *vim dicere* vgl. in Klinck, § 39 Eigentumsbegriffe, in: HRP I (2023) 1058, Rn. 3.

547 Valerius Probus überliefert die Formel dieser *legis actio* wie folgt: *AIO TE MIHI DARE OPORTERE* (Prob. Notae 4.1: A.T. M. D.O.).

548 Die Literatur s. bei *Scheibelreiter*, Der ungetreue Verwahrer (2020) 150–154.

549 Vgl. dazu *Wolf*, Zur *legis actio sacramento in rem*, in: Wolf, Recht im frühen Rom (2015) 62. Zum *agere sacramento* als Vorstufe der *legis actio per iudicis arbitrive postulationem* s. *Kunkel/Schermaier*, Römische Rechtsgeschichte[14] (2005) 109.

550 Die ältere Literatur über die Natur der *legis actio sacramento* als relative Eigentumsbehauptung oder Personaliniurienprozess s. bei *Zlinsky*, Gedanken zur *legis actio sacramento in rem*, in: SZ 106 (1989) 106 f. *Diósdi*, Vindicatio und relatives Eigentum, in: Andreev/Irmscher/Szeged/Warkallo (Hgg.), Gesellschaft und Recht im griechisch-römischen Altertum I (1968) 65 f. 80 f.

entstandenen Verfahrensabschnitte,[551] weil die Prätur erst im Jahr 367 v. Chr. eingeführt wurde. Für das Verständnis des *agere* und der *actio* sind die Verfahrensphasen beginnend mit der *vindicatio* und bis zur Bestellung des Richters von erheblicher Bedeutung. Der Einfachheit halber wird die Überlieferung des Gaius (Gai. 4.16) in den Abschnitten wie folgt dargestellt:[552]

Einleitung	
Si in rem agebatur, mobilia quidem et moventia, quae modo in ius adferri adducive possent, in iure vindicabantur ad hunc modum:	Wenn das *agere in rem* vorgenommen wurde, wurden bewegliche Sachen und sich selbst bewegende, vorausgesetzt, dass sie zum Gerichtshof hergebracht oder hergeführt werden konnten, am Gerichtshof auf folgende Weise unter Berufung auf das Eigentum herausverlangt:
(1) *Vindicatio*	
qui vindicabat, festucam tenebat; deinde ipsam rem adprehendebat, velut hominem, et ita dicebat:	Derjenige, der vindizierte, hielt eine Rute, dann berührte er die Sache selbst, zum Beispiel einen Sklaven, und sprach folgendermaßen:
Vindicans	
HUNC EGO HOMINEM EX IURE QUIRITIUM MEUM ESSE AIO; SECUNDUM SUAM CAUSAM SICUT DIXI, ECCE TIBI, VINDICTAM INPOSUI, et simul homini festucam inponebat.	ICH ERKLÄRE, DASS DIESER SKLAVE NACH QUIRITISCHEM RECHT MIR GEHÖRT; GEMÄSS SEINER RECHTSSTELLUNG, WIE ICH GESAGT HABE, SIEH HER, HABE ICH IHM DEN STAB ANGELEGT, und zugleich legte er dem Sklaven die Rute an.
Adversarius/Contravindicans	
Adversarius eadem similiter dicebat et faciebat.	Der Gegner sprach und tat dasselbe in ähnlicher Weise.

551 *Nicosia*, Il processo privato romano III.1 (2012) 51–52; *Nicosia*, Nuovi profili istituzionali di diritto privato romano[6] (2013) 130 f.

552 Die Ausgabe und die Übersetzung (außer im Hinblick auf *in rem agebatur, aio, homo*) von *Manthe*, Die Institutionen des Gaius[2] (2010) 325, 327.

(2) Intervention des Prätors	
Cum uterque vindicasset, praetor dicebat: MITTITE AMBO HOMINEM, illi mittebant.	Nachdem jeder sein Eigentum behauptet hatte, sprach der Prätor: LASST BEIDE DEN SKLAVEN LOS. Sie ließen ihn los.
(3) die Streitbegründung	
Vindicans	
Qui prior vindicaverat, sic dicebat: POSTULO, ANNE DICAS, QUA EX CAUSA VINDICAVERIS?	Derjenige, der zuerst sein Eigentum behauptet hatte, sprach <folgendermaßen>: ICH FORDERE DICH AUF ZU SAGEN, AUFGRUND WELCHER RECHTSLAGE DU DEIN EIGENTUM BEHAUPTET HAST.
Adversarius	
ille respondebat: IUS FECI, SICUT VINDICTAM INPOSUI.	Der andere antwortete: ICH HABE RECHT AUSGEÜBT, SO WIE ICH DEN STAB ANGELEGT HABE.
(4) *Provocatio sacramenti*	
Vindicans	
Deinde qui prior vindicaverat, dicebat: QUANDO TU INIURIA VINDICAVISTI, D AERIS SACRAMENTO TE PROVOCO.	Daraufhin sprach der, der zuerst sein Eigentum behauptet hatte: SINTEMAL DU ZU UNRECHT DEIN EIGENTUM BEHAUPTET HAST, FORDERE ICH DICH MIT EINEM GELDEINSATZ VON FÜNFHUNDERT KUPFER-AS HERAUS.
Adversarius	
adversarius quoque dicebat similiter: ET EGO.	Der Gegner sprach auch in ähnlicher Weise: UND ICH.

5.1.1. Die Bedeutungen des *agere* und der *actio*

Die erste Frage, die sich bei der Analyse der *actio sacramenti* stellt, ist, in welchem Kontext die Termini *agere* und *actio* vorkommen. Die substantivierte Form – *actio sacramenti, actio generalis* (Gai 4.13) – verwendet Gaius in der Stelle Gai. 4.13, die dem angeführten Prozedere vorangeht, wenn er betonen will, dass das Ritual *per sacramentum* eine technisch verstandene Rechtsfigur mit eigenem Anwendungsbereich darstellt.

Wenn Gaius über die Anwendung dieser Rechtsfigur für Fälle, die von der durch Gaius angeführten typischen Spruchformel (*lex*) dieser *actio* nicht vorgesehen waren, spricht, wendet er sich dem Terminus *agere* zu: *De quibus enim rebus ut aliter ageretur, lege cautum non erat, de his sacramento agebatur … /* Denn wegen solcher Gegenstände, für die keine andere Spruchformel (*lex*) vorbestimmt war, wurde aufgrund des *sacramentum* geklagt …[553] Dieser morphologische Unterschied zwischen dem *agere* und der *actio* hat eine rechtserhebliche Bedeutung: Während die *actio sacramenti* eine institutionalisierte Rechtsfigur mit einem vorbestimmten Anwendungsbereich (auch wenn Gaius diesen Anwendungsbereich nicht näher erörtert) ist, kommt das *agere sacramento* dann zum Tragen, wenn das Verfahren *sacramento* analog als *modus agendi sacramento* angewandt wird. Das *agere sacramento* verweist auch auf das ganze Verfahren, an dem verschiedene Parteien beteiligt sind[554] und bezeichnet weiters die spezifische Tätigkeit des Klägers, einen prozessualen Angriff, einen Sprechakt, der ein Rechtsetzungsakt *per se* sein kann.[555]

5.1.2. *Vindicatio* und *contravindicatio*

Das Ritual *agere* (vgl. *si in rem agebatur*) äußert sich in der *vindicatio*, d. h. in der Prozesseinleitung,[556] die die Anlegung eines Stabes (*festuca*) und die Erklärung einer Spruchformel (*ita dicere*[557])

---

553 Die Übersetzung stützt sich in wesentlichen Teilen auf *Mante*, Die Institutionen des Gaius^{2} (2010) 323.

554 In diesem Sinn wird *agere* auch in weiteren Stellen von Gaius verwendet. S. Gai. 4.6: *Agimus autem interdum, ut rem tantum consequamur* ; Gai 4.7: *ex contractu agimus*; Gai 4.12: *Lege autem agebatur modis quinque …*

555 Kaser formuliert in Bezug auf die *lex contractus* eine Idee, dass der Erklärende die Rolle des Gesetzgebers in eigener Sache hat. Diese Vorstellung ist auch für die Rechtseffekte des *agere* gerecht, das auch als Rechtsetzungsakt in bestimmten Kontexten gilt. S. *Kaser*, Der Privatrechtsakt in der römischen Rechtsquellenlehre, in: FS Wieacker (1978) 95.

556 *Wolf*, Zur *legis actio sacramento in rem*, in: Wolf, Recht im frühen Rom (2015) 73–74 behauptet dagegen, dass das *vindicare* im Text nur die *festuca-* und die Handanlegung umfasst, was aber dem wortwörtlichen Sinn des Textes widerspricht, woraus folgt, dass *vindicare* sowohl die Durchführung der genannten Gesten als auch die Erklärung der Spruchformel umfasst.

557 Das *dicere* stellt nach Castresana einen Sprechakt, einen Akt der wörtlichen Objektivierung dar. S. *Castresana*, Actos de Palabra y Derecho (2007) 32 f. mwN. Wie oben gezeigt wurde, besteht die Besonderheit des *agere*, das neben dem *dicere* auch ein assertiver Akt ist, darin, dass das *agere* Elemente des Sprechens, des Treibens

umfasst.[558] Gaius verwendet dabei die Konstruktion, in der die Handlungen des Subjekts nacheinander bezeichnet werden, und sich mit einem Sprechakt abschließen. Es sagt: *Qui uindicabat, festucam tenebat … rem adprehendebat … et ita dicebat* / … derjenige, der vindizierte, … hielt eine *festuca* … berührte die Sache … und sprach folgendermaßen … Anzumerken ist, dass die ähnliche Konstruktion auch bei der Beschreibung der *manus iniectio* verwendet wird (Vgl. Gai. 4.21 :… *qui agebat, sic dicebat* …), was die Bedeutung des *agere* als einen individuellen Sprechakt hervorhebt.

Eine Analyse des Verbs *vindicare* ist einer näheren Betrachtung würdig. Dieses Wort, aber auch verwandte Worte (wie *vinidiciae* oder *vindex*)[559] stehen im Fokus der Auseinandersetzungen in den literarischen Quellen. Von Bedeutung sind dabei die Anmerkungen von Festus und Gellius (Gell. Noct. Att. 20.10.10)[560], aus denen folgt, dass der Akt der *vindicare* sich nicht nur auf einen Akt der physischen Bemächtigung reduzieren lässt. Darauf verweist in erster Linie die Definition des Wortes *vindiciae* von Verrius Flaccus / Festus (Fest. S.v. *vindiciae*, Lindsay 516, 24): *vindiciae appellantur res eae, de quibus controversia est, quod potius dicitur vis quam fit.*[561] Aus dem Text folgt, dass das Wort *vindicae* vom *dicere vim* stammt, und dass die Gewalt nicht bloß angewandt wird, sondern in erster Linie sprachlich verlautbart wird. In der Gaius-Stelle geht der

---

bzw. des Handelns und Opferns in sich vereinigt, während *dicere* grundsätzlich nur auf den Sprechakt verweist. Gleichzeitig kann die Abgrenzung zwischen dem *agere* und dem *dicere* nur approximativ sein, wenn man mitberücksichtigt, dass das *addico* des Prätors auch Elemente des Handelns, des Befehls in sich enthält. Auch Gioffredi betont, dass *dicere* nicht nur „aussprechen" bedeutet, sondern auch festsetzen. S. *Gioffredi*, Diritto e processo nelle forme giuridiche romane (1955) 64.

558 Die Verbindung zwischen *agere*, *vindicare* und *aio* s. auch bei Liv. Ab urb. cond. 3.49.2: *qui repulso lictore si iure ageret vindicare se a privato Icilium aiebant.*

559 *Fögen*, Ritual und Rechtsfindung, in: Rituale heute (1999) 151. Zu der Etymologie der *vindicatio* und der Herleitung dieses Substantivs vom *vim dicare* – Gewalt zeigen s. die Quellen und die Auslegung in *Betti*, La vindicatio primitiva, in: Filangieri 40 (1915) 322, Fn. 1.

560 Gel. Noct. Att. 20.10.10: … *quod videtur dixisse conferens vim illam civilem et festucariam, quae verbo diceretur, non quae manu fieret, cum vi bellica et cruenta.*

561 Der Text wird unterschiedlich übersetzt und daher interpretiert. Vgl. die Übersetzung von *Heukenkamp*, *Rem de qua controversia est prohibemur in sacrum dedicare*, in: TR 89 (2021) 322, Fn. 48: *Vindiciae* werden die Sachen genannt, über die Streit besteht. Korrekt scheint die Interpretation von Radke zu sein, der betont, dass im Text folgendes gesagt wird: „*Vis* wird zwischen den Parteien eher durch Worte (*dicitur*) als durch Handlungen (*fit*) geübt." S. *Radke*, Sprachliche und historische Beobachtungen zu den leges XII tabularum, in: FG Lübtow (1970) 231.

Verlautbarung einer feierlichen Spruchformel, deren Kern die Aussage *MEUM ESSE AIO*[562] ist, die Handanlegung sowie die Anlegung des Stabes (*festuca*) voran.[563] Diese Handanlegung (*rem adprehendere, rem tenere*) kommt insbesondere auch in anderen Ritualen vor, die auch die Erklärung *MEUM ESSE AIO* enthalten und die assertiven Sprechakte rechtsverbindlicher Natur darstellen. Das sind bspw. *mancipatio*[564] oder die *in iure cessio*.[565] Durch die Handanlegung wird nicht nur die Machtposition deutlich gemacht, sondern der Anspruch auf eine potenzielle rechtliche Herrschaft zum Ausdruck gebracht, die nach der Hand, die diese rechtliche Herrschaft begründet, als *manus* bezeichnet wird.[566] Sie hat auch eine „deiktische Funktion": Der Gegenstand der *vindicatio* wird näher identifiziert, sowie der Sprechakt versinnbildlicht.[567] Die Handanlegung bzw. *manus* symbolisiert daher nicht nur die Gewalt, sondern bedeutet auch

---

562 Kritisch gegen *vindicatio* im Sinne eines Zugriffsaktes äußert sich Diósdi. Dabei sieht er in dem Ausdruck *meum esse aio* einen Anspruch auf die ausschließende Zugehörigkeit der Sache und kritisiert die Vorstellungen über die relative Natur dieser Aussage im Sinne von „ich behaupte, dass die Sache eher mein als dein ist". S. *Diósdi*, Vindicatio und relatives Eigentum, in: Andreev/Irmscher/Szeged/Warkallo (Hgg.), Gesellschaft und Recht im griechisch-römischen Altertum I (1968) 71.

563 In der Lehre wird diskutiert, in welcher Reihenfolge die Ereignisse in der Wirklichkeit verlaufen. Nach Santoro legt der Vindikant dem Sklaven gleichzeitig die Hand und den Stab auf. S. *Santoro*, Potere ed azione, in: AUPA 30 (1976) 265. Beseler betont, dass der *vindicans*, während er den Stab in der rechten Hand hält, berührt den Sklaven mit der linken Hand. Vgl. *Beseler*, Miszellen, in: SZ 49 (1929) 425, Fn. 2. Die Meinungsübersicht vgl. bei *Wolf*, Zur *legis actio sacramento in rem*, in: Wolf, Recht im frühen Rom (2015) 66, Fn. 25.

564 Gai. 1.119: ... *qui mancipio accipit, rem tenens ita dicit* ... Die Literatur zu der Vermutung, dass der Ausdruck „*ex ivre qviritivm*" erst in späterer Zeit ein Bestandteil der Spruchformel der *mancipatio* geworden ist, s. in: *Terranova*, Ricerche sul testamentum per aes et libram (2011) 165 Fn. 320.

565 Gai. 2.24: ... *is, cui res in iure ceditur, rem tenens ita dicit* ...

566 Zum Teil zutreffend *Jhering*, Geist des römischen Rechts[1] (1852) 129 f. Seine Interpretation stimmt aber meiner Ansicht nach nicht in dem Teil, in dem er über die Gewalt schreibt, die durch die Handanlegung ausgeübt wird. Im Rahmen der *mancipatio* und der *in iure cessio* kann die Handanlegung nicht nur Gewalt symbolisieren, sondern erfüllt demonstrative und konkretisierende Funktionen sowie erzeugt einen notwendigen Kontakt mit der Sache.

567 Zu der Konkretisierung des Sprechaktes durch die Gesten s. *Zlinsky*, Gedanken zur *legis actio sacramento in rem*, in: SZ 106 (1989) 120. Fögen versteht unter der *festuca* ein „interkulturell verstehbares" Zeichen von Status und Macht. Vgl. *Fögen*, Ritual und Rechtsfindung, in: Rituale heute (1999) 150–151.

„*contactus*",[568] die Tangibilität des *agere*, die Demonstration der Angehörigkeit des anzueignenden Gegenstandes zum *vindicans*, dem Erwerber in der Manzipation sowie dem Zessionar.

Den Kern des Vindikationsrituals stellt ganz im Sinne von Festus Anmerkung *dicitur vis quam fit* nicht einen Zugriffsakt dar, sondern einen Sprechakt.[569] Das bestätigt die feierliche Spruchformel des *vindicans*, die sich dem physischen Akt anschließt: *HUNC EGO HOMINEM EX IURE QUIRITIUM MEUM ESSE AIO SECUNDUM SUAM CAUSAM; SICUT DIXI, ECCE TIBI, VINDICTAM INPOSUI* / ICH ERKLÄRE, DASS DIESER SKLAVE NACH QUIRITISCHEM RECHT MIR GEHÖRT; GEMÄSS SEINER RECHTSSTELLUNG, WIE ICH GESAGT HABE, SIEH HER, HABE ICH IHM DEN STAB ANGELEGT.

Dieser Sprechakt enthält die Verbalform „*aio*", die, wie oben gezeigt wurde, möglicherweise als Protoform des *agere* gilt (oder mit dem *agere* verwandt ist).[570] Der Akteur stützt seine Erklärung *MEUM ESSE AIO* auf die quiritische rituelle Rechtsmacht (*EX IURE QUIRITIUM*)[571] und „auf die konkrete Rechtslage

---

568 Zur Bedeutung des *manus* s. *Wagenvoort*, Roman Dynamism (1947) 16. Zum Berührungszauber vgl. *Hägerström*, Der römische Obligationsbegriff I (1927) 35 f.

569 Kritisch zum Vindikationsakt als Bemächtigungsakt und Zugriffsakt *Kaser*, Zur *legis actio sacramento in rem*, in: SZ 104 (1987) 54.

570 S. oben, Abschnitt 1.2.. Terminologische Entwicklung: Vom agere zur actio, S. 81 f. Vgl. zur Verwandschaft von *ago* und *aio* schon *Von Brockdorff*, Die Institutionen-Commentare des Gaius I (1824) 501.

571 *Santoro*, Potere ed azione, in: AUPA 30 (1976) 221 interpretiert *ex iure Quiritium* als Hinweis auf „forza rituale". *Zlinsky*, Gedanken zur *legis actio sacramento in rem*, in: SZ 106 (1989) 115, 117 sieht in *ex iure Quiritum* ein Hinweis auf das Recht, das von der Gemeinde der Quirites gesichert wurde bzw. eine vom Staat dem einzelnen Quiris gesicherte Machtposition. Nicosia versteht unter *ius* „procedimento rituale". Das Wort *aio ex iure Quiritium* bedeutet für ihn, dass der ritualisierte Sprechakt (*aio*) dem ritualisierten Verfahren des *ius* der Quiriten folgt. Vgl. *Nicosia*, Nuovi profili essenziali[5] (2010) 108. Auf *ius Quiritium* wird bei dem Vollzug der *adsertio in libertatem* hingewiesen. S. Cic. pro Caec. 33.96: *Qui enim potest iure Quiritium liber esse …* Auch die *manumissio vindicta* und die *adoptio* enthalten Hinweise auf das *ius Quiritium*. S. auch *legatum per vindicationem* (Gai. 2.194): *Ideo autem per uindicationem legatum appellatur, quia post aditam hereditatem statim ex iure Quiritium res legatarii fit.* Weitere Literatur sowie die Kritik der Nicosias Ansicht vgl. in: *Varvaro*, Zugehörigkeitsbehauptung und ivs qviritivm, in: Baldus/Schmen, Zivilprozess und Rechtserfahrung (2015) 35.

des Sklaven" (*SECUNDUM SUAM CAUSAM*)[572] Diese einseitige Erklärung – *MEUM ESSE AIO* – im Zusammenhang mit der Anlegung einer *festuca* (die in der Spruchererklärung als *vindicta* bezeichnet wurde), die einen symbolischen sowie einen demonstrativ-konkretisierenden Charakter hat, enthält *per se* das Potenzial, einen abgeschlossenen Akt der Rechtsetzung zu bilden.[573] Mit der Spruchererklärung behauptet der *vindicans*, dass ihm die Sache aufgrund des *ius Quiritum* gehört, begründet aber nicht, warum sein Eigentumsrecht besser als die Eigentumsbehauptung des *contravindicans* ist. Da die Eigentumsposition des Akteurs nicht nur ausgesprochen, sondern auch gezeigt und beansprucht wird, weist das *agere* eines privaten Akteurs die Züge eines performativen Sprechaktes auf. Zu einem „echten" performativen Sprechakt wird *MEUM ESSE AIO* des *vindicans* oder des *contravindicans*, wenn der Gegner unterliegt bzw. schweigt: Somit wird infolge eines Sprechaktes des *vindicans* einseitig ein „relatives"[574] Eigentumsrecht erzeugt. Der *vindicans* wirkt als Eigentümer nur

---

572 So interpretieren diesen Teil der Formel *Kaser*, Zur legis actio in rem, in: SZ 104 (1984) 55 und *Wolf*, Zur *legis actio sacramento in rem*, in: Wolf, Recht im frühen Rom (2015) 77 f. Ältere Lit. bei *Santoro*, Potere ed azione, in: AUPA 30 (1967) 262 f.: *Causa* kann nicht nur die Rechtslage bedeuteten, sondern kann auch im Sinne der „condizione giuridica" verwendet werden. Anhand der Spruchformel des *lege agere per manus iniectionem pura* lässt sich aber mE annehmen, dass unter der *causa* sehr wohl eine Rechtslage bzw. eine Rechtsgrundlage verstanden wird, die die Durchführung des Rituals begründet und die somit einen zusätzlichen Rechtstitel für dieses Ritual darstellt. S. dazu Abschnitt 5.5. Die Entwicklung des *agere per manus iniectionem* zum Ritual mit außergerichtlichen Wirkung, S. 184 f.

573 *Huschke*, Kritische Bemerkungen zu Gaius, in: Zeitschrift für Rechtsgeschichte 7 (1868) 176 spricht von „einem aneignenden dicere". Ähnlich *Nicosia*, Il processo privato romano I (1980) 138 f., auch *Kaser*, Das altrömische ius (1949) 326 f. Etwas vorsichtiger drückt sich Kaser später aus. Vgl. *Kaser*, Über relatives Eigentum im Altrömischen Recht, in: SZ 102 (1985) 2. In einem späteren Aufsatz (*Kaser*, Zur *legis actio sacramento in rem*, in: SZ 104 [1987] 54) sieht er in der Vindikationsformel nur eine Eigentumsbehauptung und keinen Akt der der Bemächtigung (*potere*) bzw. keinen Zugriffsakt. Vgl. auch *Wolf*, Zur *legis actio sacramento in rem*, in: Wolf, Recht im frühen Rom (2015) 74: „Mit der Spruchformel sagt also der Vindikant, was er sagt; sie ist Eigentumsbehauptung und nichts als das. Es wäre Willkür, ihr einen Nebensinn beizulegen."

574 Die Diskussion über ein relatives Eigentumsrecht im Rahmen des *lege agere sacramento in rem* ist durch folgende Fragestellung inspiriert: Wie lässt sich der Konflikt der Parteien lösen, wenn beide Akteure – *vindicans* und *contravindicans* – nicht Eigentümer des Streitgegenstandes sind, bzw. ein Dritter, der an dem Verfahren nicht beteiligt ist, objektiv betrachtet ein stärkeres Recht hat? Die Eigentumserzeugung durch den Akt *MEUM ESSE AIO* im Rahmen der *vindicatio* kann bei dieser Fallkonstellation nur relativ sein. Das Eigentumsrecht des *vindicans* ist besser als

im Rechtsverhältnis zu dem *contravindicans*. Gleichzeitig gewährt die Publizität des Verfahrens dem Sprechakt des *vindicans* auch die Natur eines objektiv gesetzten Rechts, das auch für Dritte gilt, und kann somit nicht als ein rein subjektives (relatives oder absolutes)[575] Eigentumsrecht ausgelegt werden.

Das Hauptargument dafür, dass schon die erste Spruchererklärung, begleitet mit dem Anfassen bzw. Zugriffsakt, das Eigentumsrecht erzeugen kann, ist meines Erachtens die Verwendung des gleichen Ausdruckes *MEUM ESSE AIO* bei der Vornahme der *mancipatio*[576] und der *in iure cessio*:[577] Die einseitige Erklärung der Spruchformel durch den Erwerber, die Beachtung weiterer Elemente des Rituals und die Unterlassung der Bestreitung der Eigentumsbehauptung durch den Gegner führen hier zum Eigentumsübergang bzw. zur Erzeugung des Eigentumsrechts.[578] Ein weiteres Indiz für die rechtserzeugende Wirkung eines einseitigen Aktes des *vindicans* ist die Rechtswirkung einer ritualisierten, vorbestimmten und daher normativ wirkenden Spruchformel in der frühen Zeit.[579]

---

das des *contravindicans* und wird durch den Sprechakt *MEUM ESSE AIO* bestätigt oder neu erzeugt. Vgl. die Meinungsübersicht bei *Klinck*, § 39. Eigentumsbegriffe, in: HRP I (2023) 1058–1059, Rn. 3 mwN.

575 Die Literatur zu *legis actio sacramento in rem* im Sinne eines absolutem subjektiven Rechts s. in: *Klinck*, § 39. Eigentumsbegriffe, in: HRP I (2023) 1058, Rn. 3, Fn. 14.

576 Über die Verbindung zwischen der *vindicatio* und der *mancipatio* s. *Jhering*, Geist des Römischen Rechts[1] I (1852) 153: „Wie in der *mancipatio* [...] die Gewalt als die ursprüngliche Quelle des Eigenthums erscheint, so in der *vindicatio* als das ursprüngliche Schutzmittel desselben."

577 Varvaro sieht aber den strukturellen Unterschied in der *legis actio sacramento*, die nach seiner Auslegung immer zweiseitig und „streitig" war, und in der *mancipatio* und der *in iure cessio*, die einseitig durchgeführt werden. S. *Varvaro*, Zugehörigkeitsbehauptung und ivs qviritivm, in: Baldus/Schmon (Hgg.) Zivilprozess und Rechtserfahrung (2015) 39. Überdies geht er davon aus, dass *inpositio vindicta* als Strukturelement nur für das Ritual *legis actio sacramenti in rem* charakteristisch war. S. *Varvaro*, ebd, 39, Fn. 2.

578 In diesem Sinn scheint grundsätzlich die Theorie über das relative Eigentumsrecht in der Zeit der *legis actiones* viel plausibler zu sein, wobei das Eigentumsrecht des *vindicans* als Reflex des Prozesses, als Ergebnis des erfolgreich durchgeführten Rituals erscheint, dessen Kern der Sprechakt (*agere*) *MEUM ESSE AIO* darstellt. Die Übersicht der älteren Theorien über das Wesen des Verfahrens *per sacramentum* vgl. auch bei *Watson*, Rome of the XII Tables (1967) 125 f.

579 Kaser beschreibt das als Wortzauber. S. *Kaser*, Das altrömische ius (1949) 326 f.; *Orestano*, I fatti di normazione (1967) 179 f. Auch in dem Formularverfahren ist

Das Verfahren kann auf solche Weise in dieser ersten Phase des Vindikationsverfahrens beendet werden, wenn der Gegner keine Gegenhandlung vornimmt, in dem er auf die Behauptung *EX IURE QUIRITIUM MEUM ESSE AIO* nicht repliziert und dadurch die Rechtserzeugung des *vindicans*, die durch das *agere* erklärt wird, befürwortet. Die Sprucherklärung *MEUM ESSE AIO* kann somit ein einseitiger Akt sein, der zur Erstellung der Machtposition (*vim dicere*) des Akteurs bzw. zu der Erzeugung seines Eigentumsrechts führen kann.

Dem Gegner steht aber die Möglichkeit zu, die *contravindicatio* vorzunehmen, indem er gleich wie der *vindicans* die Sache anfasst (*adprehensio rei*) und die feierlichen Worte – *HUNC EGO HOMINEM EX IURE QUIRITIUM MEUM ESSE AIO …* – ausspricht.[580] Das Verfahren konnte somit durch den einseitigen Sprechakt des *contravindicans* abgeschlossen werden: Wenn der *vindicans* auf den Sprechakt des *contravindicans* nicht repliziert, bestätigt er seine (des *contravindicans*) Rechtsetzung bzw. Rechtserklärung. In diesem Fall stellt das *agere* des *vindicans* nur eine Eigentumsbehauptung dar, und das *agere* des *contravindicans* hingegen einen performativen Akt der Rechtsetzung bzw. der Eigentumserzeugung. Die feierlichen Akte – *vindicatio* und *contravindicatio* – beinhalten sowohl das Potenzial für eine friedliche einseitige Rechtsetzung durch einen der Akteure als auch für einen weiteren ritualisierten Konflikt. Sie können als Akte der Rechtsetzung gelten, aber auch als Akte der Rechtsbehauptung, die eine Überprüfung im weiteren Verlauf des komplexen Rituals benötigen.

5.1.3. Die Intervention des Prätors

Falls die *vindicatio* und die *contravindicatio* zu keiner friedlichen Lösung geführt haben, folgt gemäß Gaius die erstmalige Intervention des Prätors, der

---

die Verbindung zwischen dem Sprechakt und der möglichen Aneignung zu verfolgen. Vgl. Iul. 48 dig. D.12.1.21: *… qui fundum suum diceret…*

580 *Wolf*, Zur *legis actio sacramento in rem*, in: Wolf, Recht im frühen Rom (2015) 81 spricht über die Gleichzeitigkeit der Eigentumsbehauptungen und Stabanlegung durch den Akteur und den *adversarius*, was aber im Text nicht bestätigt wird. Aus dem Gaius-Text folgt, dass der *vindicans* zuerst etwas ausspricht, dann – der *adversarius*. Vgl. Gai. 4.16: *qui vindicabat, festucam tenebat; deinde ipsam rem adprehendebat, velut hominem, et ita dicebat … adversarius eadem similiter dicebat et faciebat.* Wenn Gaius die Gleichzeitigkeit zum Ausdruck bringen wollte, hätte er sich anders ausgedrückt. Das Wort *similiter* bedeutet nicht nur „gleichzeitig", sondern auch „ähnlich". Vgl. *Georges*, HW II, 2673.

befiehlt, die Sache (*in concreto* den Sklaven) loszulassen: *MITTITE AMBO HOMINEM* /Lasst beide den Sklaven. Mit dieser prätorischen Anordnung endet die Einleitungsphase des Verfahrens, d.h. die *vindicatio*.[581]

Für das Verständnis des *agere* als Ritual, das den privaten Akteuren eine umfassende Handlungsmacht gewährt, oder von Beginn an der staatlichen Kontrolle unterliegt, ist die Frage relevant, ob die Intervention des Prätors in Form eines Befehls *MITTITE AMBO HOMINEM* in der ursprünglichen Konstellation des Rituals vorhanden war, oder erst mit der Zeit nachgebildet wurde.[582]

Nach Nicosia stellt die Intervention des Prätors eine nachgebildete Phase dar. Bei Annahme seiner These über die Abwesenheit des Prätors in der ersten Phase (*vindicatio*) im Verfahren *per sacramentum* weist das ursprüngliche Ritual Elemente des ritualisierten Kampfes auf.[583] Gemäß dieser Auslegung kommt nach der *vindicatio* und *contravindicatio* gleich eine Phase des Verfahrens, in der jeder der Parteien sein Eigentumsrecht begründet, wobei der *vindicans* sagt: *POSTULO ANNE DICAS, QUA EX CAUSA VINDICAVERIS*, und der *contravindicans* antwortet: *IUS FECI, SICUT VINDICTAM INPOSUI*. Der stärkere Akteur kann sein Recht – natürlich unter Beachtung des Rituals – behaupten und durchsetzen. Die Rechtmäßigkeit des *agere* des ersten Akteurs (*vindicatio*) und des *agere* des Kontrahenten (*contravindicatio*) konnte durch die Wahrnehmung der *civitas* und durch ihre Vornahme an einem Verfahrensort (*in iure*) sowie durch die Beachtung des Rituals gewährleistet werden. Wenn die ritualisierte Kommunikation bzw. der ritualisierte Kampf ohne Erfolg bleibt, stellt die *provocatio sacramenti* eine definitive Überleitung des Streites

---

581 Das Verbot, Gewalt anzuwenden, ist mit der Einordnung anhand der prohibitorischen Interdikte, bestimmte Verhaltensweisen zu unterlassen, zu vergleichen. S. *Isola*, § 66 Interdikte, in: HRP II, Rn. 50 f., 1841 f.

582 Die Meinungsübersicht s. bei *Pelloso*, 'Giudicare' e 'decidere' in Roma arcaica, in: Omaggio Burdese I (2012) 59 f. S. auch *Franchini*, La desuetudine delle XII tavole nell'età arcaica (2005) 83 Fn. 31.

583 *Nicosia*, Il processo privato romano I (1980) 143–146. Das Hauptargument von Nicosia besteht darin, dass die Prätur erst im Jahr 367 v. Chr. gebildet wurde. Kritisch *Pelloso*, 'Giudicare' e 'decidere' in Roma arcaica, in: Omaggio Burdese I (2012) 66 f. Fraglich ist der Zeitpunkt, an dem dieses Ritual geändert wurde und ab dem man die Intervention des Prätors verfolgen kann. Nach Franchini konnte die Intervention des Prätors schon am Ende des 3 Jh. v. Chr. stattgefunden haben. Vgl. *Franchini*, La desuetudine delle XII tavole nell'età arcaica (2005) 84 Fn. 32. Nach *Pugliese*, PC I, 43, und nach *Santoro*, Manu(m) conserere, in: AUPA 32 (1971/1972) 535, wurde der *ritus* erst im letzten Jahrhundert der Republik modifiziert.

auf die Ebene des sakralen Rechts dar. Die gegenseitige Aufforderung zum Eid präsentiert eine Kulmination des *agere sacramento* in seiner ursprünglichen Phase und bildet die Endphase des Verfahrens.

Unter Annahme der herrschenden Auslegung, dass auch in der ursprünglichen Entwicklungsphase des *lege agere sacramento* die Intervention des Prätors (und vor dem Prätor die des *rex*) notwendig war, ist das *agere* ursprünglich ein kontrolliertes und in das Staatssystem eingebettetes Ritual. Die Intervention des Prätors, und die Erklärung einer Spruchformel *MITTITE AMBO HOMINEM* symbolisieren bei dieser Auslegung lediglich den Übergang von der *vindicatio/ contravindicatio*, in der jede Partei eine eigene Rechtsbehauptung in Form des Sprechaktes *MEUM ESSE AIO* formuliert, zum nächsten Prozessabschnitt.

5.1.4. Die Streitbegründung

In der Überlieferung von Gaius folgt nach der Intervention des Prätors der nächste Prozessabschnitt. Der besitzende *vindicans* verlangt vom *contravidicans* die Begründung seiner *vindicatio* wie folgt: *POSTULO ANNE DICAS, QUA EX CAUSA VINDICAVERIS* / ICH FORDERE DICH AUF, ZU SAGEN, AUFGRUND WELCHER RECHTSLAGE DU DEIN EIGENTUM BEHAUPTET HAST. Der *contravindicans* kann die Streiteinlassung stets unterlassen und keine Begründung seiner *contravindicatio* liefern. Wenn er jedoch auf seinem Recht besteht, erklärt er die entsprechende Spruchformel (*ille respondebat*: *IUS*[584] *FECI, SICUT VINDICTAM INPOSUI*). Die von Gaius angeführten Sprechakte in dieser Zwischenphase – in Form von *dico*, *postulo* und *ius feci* – sind im Vergleich zur *vindicatio* und *contravindicatio* keine assertiven Sprechakte, da sie nicht das Entstehen der Eigentumsposition ermöglichen, sondern bloß der Begründung ursprünglicher Vindikationsakten der Parteien dienen. In diesem Sinn sind sie gleichzeitig notwendige Spruchformeln des komplexen Rituals zur Streiteinlassung vor dem Richter. Von Bedeutung ist, dass auch in dieser Phase des Verfahrens die ursprünglichen Vindikationsakte bzw. Sprechakte der Parteien *MEUM ESSE AIO* ihre rechtserzeugende Natur behalten. Wenn eine der Parteien die Erklärung der ihr zukommenden Spruchformel – *POSTULO ANNE DICAS, QUA EX CAUSA VINDICAVERIS* oder *IUS FECI, SICUT VINDICTAM INPOSUI* – unterlässt, gilt die jeweils zuvor erklärte Vindikation oder Kontravindikation (wenn der *vindicans* das Verfahren unterlässt)

---

584 Der Begriff *ius* verwirklicht hier die Idee der Macht, aber auch die der Rechtsmäßigkeit. Vgl. *De Francisci*, Il trasferimento della proprietà (1924) 129 f.; *De Francisci*, Primorida civitatis (1961) 380.

bzw. der Sprechakt *MEUM ESSE AIO* als Grundlage für die Erzeugung oder Anerkennung des Eigentumsrechts des *vindicans* oder des *contravindicans.*

5.1.5. *Provocatio sacramenti*

Wenn das Verfahren in dieser Phase nicht endet, d.h. wenn der *vindicans* seinen Sprechakt *POSTULO ANNE DICAS, QUA EX CAUSA VINDICAVERIS* erklärt, und der *contravindicans* ihm antwortet *IUS FECI, SICUT VINDICTAM INPOSUI*, folgt die *provocatio sacramenti* und die Überleitung des Streites auf die Ebene des *ius divinum.*[585] Der *vindicans* ruft den *contravindicans* zur *provocatio sacramenti* auf und behauptet, dass der Beklagte (*contravindicans*) rechtswidrig (*iniuria*) vindiziert hat. Sein Sprechakt lautet wie folgt: *QUANDO TU INIURIA VINDICAVISTI, QUINGENTIS ASSIBUS SACRAMENTO TE PROVOCO* / SINTEMAL DU ZU UNRECHT DEIN EIGENTUM BEHAUPTET HAST, FORDERE ICH DICH MIT EINEM GELDEINSATZ VON FÜNFHUNDERT KUPFER-ASS HERAUS.[586] Das Gleiche entgegnet der *contravindicans* (ET EGO TE). Auch hier gilt das *agere* jeder Partei und nämlich der Sprechakt *MEUM ESSE AIO* als Bezugspunkt für die *provocatio sacramenti.* Das Verfahren kann jetzt beendet werden, wenn der *contravindicans* darauf verzichtet, den Eid zu leisten.

Nach der wechselseitigen *provocatio sacramenti* folgt gemäß Gaius eine weitere Intervention des Prätors. Er entscheidet, wem der vorübergehende Besitz der Sache zukommt (*postea praetor secundum alterum vindicias dicebat id est interim aliquem possessorem constituebat*) und ernennt im Anschluss einen *iudex*, der zur Streitlösung berufen ist.[587] Die *datio iudicis* stellt eine spätere Modifizierung des Verfahrens dar und ist erst nach der *lex Pinaria* möglich.[588]

---

585 Zum Verhältnis der Begriffe *ius divinum, ius pontificium* und *ius sacrum* s. *Seelentag*, Ius pontificium cum iure civili coniunctum (2014) 42 f.

586 Diese Spruchformel spiegelt auch Probus wider (Prob. Notae 4.2): *Q.N.T.S.Q.P. – QUANDO NEGAS, TE SACRAMENTO QUINGENERARIO PROVOCO.*

587 Die dritte staatliche Intervention kommt nach der Lücke im § 15 des Textes (Gai. 4.15).

588 Laut der *Lex Pinaria* (das Datum ist unbekannt) muss die *datio iudicis* nach der Unterbrechung von 30 Tagen stattfinden. Nach dem Ablauf dieser Frist müssen die streitenden Parteien erneut vor dem Prätor erscheinen. (Gai 4.15: [...] *ad iudicem accipiundum venirent. Postea vero reversis dabatur. ut autem die XXX. iudex detur, per legem Pinariam factum est*). Die Beschreibung des Verfahrens vor dem *iudex* fehlt aufgrund der Lücke im Text der Institutionen. (Im § 14, wo das Verfahren beschrieben wird, fehlen 40 Zeilen.) Einige Informationen über die *datio iudicis*

Während der Verfahrensphase *apud iudicem* wird entschieden, wessen *sacramentum iustum*, und wessen *sacramentum iniustum* ist.[589]

Wie oben erwähnt, stellt möglicherweise die Aufforderung zur Ablegung eines Eides (*provocatio sacramenti*) eine Kulmination des stilisierten ritualisierten Kampfes zwischen *vindicans* und *contravindicans* in der frühen Entwicklungsphase des Rituals dar, bei dem das *agere* bzw. der Vindikationsakt im Zentrum steht.[590] Die Darstellung des Rituals des *lege agere sacramento* durch Gaius bezieht sich in diesem Teil auf die spätere Entwicklungsphase des *lege agere sacramento*, in der das *sacramentum* eine Geldbuße (*poena sacramenti*) bedeutet.[591]

In der aktuellen Lehre sind zwei Ansichten über die ursprüngliche Bedeutung des *sacramentum* vorherrschend. Nach einer Interpretation bedeutet das *sacramentum* seit jeher *poena sacramenti*, d. h. eine Geldbuße.[592] Nach einer

---

können wir aus § 15 der Institutionen von Gaius (bezogen auf die Endphase des Verfahrens *in personam*) ableiten.

589 Das Verfahren *per sacramentum* entwickelt sich in das Verfahren über *iniuria*. S. *Wolf*, Zur *legis actio sacramento in rem*, in: Wolf, Recht im frühen Rom (2015) 90 f.

590 *Biscardi*, La „litis contestatio" nella procedura „per legis actiones", in: Studi Arangio-Ruiz III (1953) 466.

591 Nach Gai. 4.14 (= Tab 2.1a) beträgt diese *poena sacramenti* für das Verfahren unter 100 Ass – 50 Ass, für Streitigkeiten über 1000 Ass war die Summe der *poena sacramenti* 500 Ass. Für die Streitigkeiten über die Freiheit eines Sklaven (*si de liberatate hominis controversia erat*) wurde die Strafe im Wert von 50 Ass vorgesehen. Vgl. dazu *Eder*, s.v. *sacramentum*, in: DNP 10 (2001) Sp.1119. In der republikanischen Zeit wurde das Geld bei Priestern deponiert (Varro spricht in diesem Zusammenhang über „ad pont(ific)em"; s. Varro De ling. lat. 5.180). Als Rechtseinrichtung dafür gilt das *aerarium*, das nach Fiori und vor ihm nach Humbert im Tempel des Saturns sich befand. Literatur und Belege s. in: *Fiori*, Il processo privato, in: Cursi (Hg.), XII Tabulae, Testo e commento (2018) 93, Fn. 372.

592 Das Suffix *-mentum* indiziert nach Fiori entweder das Instrument, mit dem die Handlung gesetzt wird oder das Ergebnis einer Handlung. Der Akt des *sacramentum* ist daher ein Akt, mit dem eine der Parteien die Vermögensgüter ins Aerarium legt. Dieses Geld wird aber von *pontifices* dann geweiht und den Göttern gewidmet. Das *sacramentum* ist nach seiner Auslegung nicht „Eid" in seinem ursprünglichen Sinn. Das soll dadurch bestätigt werden, dass die Folge des falschen Eides die *consecratio capitis et bonorum* war. Das Verfahren der *legis actio sacramento* enthält keine Spuren der *consecratio capitis et bonorum*. Diese Interpretation des *sacramentum* als *poena sacramenti* gründet sich weiters auf Quellen, die explizit über die *poena sacramenti* sprechen. Vgl. Fest. s.v. *sacramentum* (Lindsay, 468): *sacramentum aes significat, quod poenae nomine penditur, sive eo quis*

anderen Auslegung ist der Sinngehalt des *sacramentum* als *poena sacramenti* der ursprünglichen Bedeutung als Eid (*iusiurandum*) im Gerichtsverfahren nachgebildet.[593]

Die Leistung des *sacramentum* durch jede Partei gewährt dem Vindikationsakt, d.h. dem *agere* des *vindicans* oder *contravindicans* eine zusätzliche Rechtsgrundlage. Das *agere* jeder Partei ist eine Rechtsfigur, die zwei Ordnungen unterliegt – der Rechtsordnung (*ius*) und der religiösen Ordnung (*fas*). Die rechtliche Kraft des *agere* wird in Verbindung mit der magischen Kraft des *sacramentum* gesetzt, das dann in Anspruch genommen wird, wenn die Konfliktlösung nach dem *ius humanum* nicht mehr möglich ist.[594]

---

interrogatur, sive contendit[ur] ... sacramenti autem nomine id aes dici soptum est ... Varro, De ling. lat. 5.180: *[si is] ea pecunia, quae in iudicio venit in litibus, „sacramentum", a sacro.* S. schon *Tondo*, Semantica di *sacramentum*, in: SDHI 35 (1969) 249 f., 265, 270–271,292, 339; *Van Slyke*, The changing meanings of sacramentum, in: Antiphon. A Journal for Liturgical Renewal (2007) 247. Auch Watson betont, dass das Zwölftafelgesetz kaum Anhaltspunkte für die Annahme eines Einflusses von Magie und Religion auf das Recht enthält. Er tritt auch gegen die Gleichsetzung der mittelalterlichen Ordalien mit dem römischen Eid ein. S. *Watson*, The State, Law and Religion (1992) 14, 45. S. zu magischen Aspekten des archaischen Rechts auch *Tuori*, The magic of mancipatio, in: RIDA 55 (2008) 512 f. Nach seiner Meinung spricht gegen das *sacramentum* als Instrument aus dem sakralen Bereich die Tatsache, dass in den Quellen für den Falscheid keine andere Folge als der Verlust des Prozesses vorgesehen wurde. Skeptisch auch *Wieacker*, Altrömische Priesterjurisprudenz, in: FG Kaser (1986) 350.

593 Santoro, Potere ed azione, in: AUPA 30 (1967) 524 f.; Fest. s.v. *sacramentum* (Lindsay 468): *Sacramentum dicitur, quod iurisiurandi sacratione interposita geritur* / *Sacramentum* wird genannt, was durch die Weihung mittels Eides, der eingeschoben wird, erledigt wird. Fiori (*Fiori*, Il processo privato, in: Cursi [Hg.], XII Tabulae, Testo e commento [2018] 94, Fn. 381) sieht im Text des Festus über das *sacramentum*, in dem er *sacramentum* und *iusiurandum* verbindet, einen allgemeinen Hinweis auf den Eid, aber nicht auf das *sacramentum* im Rahmen der *legis actio sacramento*. Vgl. auch die Quellen über *sacramentum militiae* und *iusiurandum* bei *Tondo*, Semantica di sacramentum, in: SDHI 29 (1969) 261.

594 Auch bei der Annahme, dass das *sacramentum* ursprünglich auf eine *poena sacramenti* verweist, ist zu vermuten, dass die Vornahme des Rituals, bei dem die *summa sacramenti* in *aerarium* gezahlt wurde, mit einem ritualisierten Spruch, d. h. mit vorbestimmten feierlichen Worten und Gesten begleitet wurde. Darauf verweist die Verbindung zwischen *dicere* und *sacramentum* in den Quellen. S. D. 49.16.13.3; Liv. Ab urb. cond. 4.53.2; Plin. Ep. 10.29.2. „Il giuramento" ist ein Sprechakt, eine „parola potente" nach *Zuccotti*, Il giuramento nel mondo giuridico e religioso antico (2000) 3. Weiters über die Aussprache der vorbestimmten Worte S. *Calore*, Per Iovem lapidem (2000) 109 f. Auch Tondo betont andernorts, dass

Begründet erscheint die Annahme, dass das *sacramentum* ursprünglich Eid bedeutet. Die göttliche Intervention wird dabei zugunsten eines der beiden Akteure gefordert, wobei ihre Interpretation möglicherweise ursprünglich in den Händen der *pontifices* lag,[595] die im Rahmen ihrer Jurisdiktion das *sacramentum*, den Eid jeder Partei interpretieren konnten.[596]

Die Rechtswirkung des *sacramentum* kann sich jedoch nicht in der Selbstverfluchung für den Falscheid erschöpfen. Das *iusiurandum* hat zwei Funktionen: die negative Funktion, die in einer möglichen Sanktion für den Falscheid

---

sacramentum und *iusiurandum* „äquivalent" sind. Gleichzeitig ist das *sacramentum* seiner Ansicht nach ein „giuramento promissorio": Versprochen wird eine bestimmte Summe. Ihre Auszahlung wird unter der Bedingung des Prozessverlustes gestellt. S. *Tondo*, Semantica di sacramentum, in: SDHI 29 (1969) 271 Fn. 68.

595 S. schon *Jhering*, Geist des römischen Rechts, 1 Aufl., II.2 (1858) 431. Vgl. auch *Falcon*, 'Praetor impius', in: Randazzo (Hg.), Religione e Diritto Romano (2014) 221 und *Cipriano*, 'Fas' e 'nefas' (1978) 107, die zutreffend anmerken, dass der Wille Gottes bzw. *fas* nie im Gegensatz zu den Vorschriften des *ius* von Anfang an konkretisiert wurde. Jede Bestimmung bzw. jede Konkretisierung des *fas* wurde den kompetenten Organen anvertraut, in erster Linie dem Pontifikalkollegium, aber auch dem *rex* in der archaischen Zeit. Zur späteren Entwicklungsphase des Verfahrens haben wir zwei Berichte von Cicero, aus denen folgt, dass die Beurteilung des *sacramentum* als *iustum* oder *iniustum* durch die Richter vorgenommen wurde. S. Cicero, pro Caec. 97: *... non posse nostrum sacramentum iustum iudicari.* Vgl. auch Cic. De domo sua 78.

596 *Wieacker*, Römische Rechtsgeschichte I (1988) 273 vermutet, dass ein Einfluss der *pontifices* nicht nur bei der Gestaltung der *provocatio sacramenti*, sondern auch bei der Rechtsfigur *procovatio ad populum* vorliegt. Der Rechtsbehelf *provocatio ad populum* erlaubte römischen Bürgern willkürliche Entscheidungen eines Hoheitsträgers außer Kraft zu setzen. Zahlreich waren die Gesetze des republikanischen Roms im Zusammenhang mit der *provocatio adversus magistratus ad populum*. Siehe dazu *Elster*, Die Gesetze der mittleren römischen Republik (2003) 99. In der von Livius überlieferten *lex Valeria de provocatione* vom Jahr 300 v. Chr. wurde bspw. eine Garantie gegen die Bestrafung der Person, die solche *provocatio* in Wege geleitet hat, eingeführt: (Liv. 10.9.3–6) ... *Valeria lex cum eum qui provocasset virgis caedi securique necari vetuisset, si quis adversus ea fecisset, nihil ultra quam, ‚improbe factum' adiecit ...* / Das Valerische Gesetz verbot nur, jemanden, der Berufung einlegte, mit Ruten zu schlagen oder mit dem Beil hinzurichten, und fügte lediglich hinzu, wenn einer dem entgegen handle, so habe er „unrecht gehandelt". Die Übersetzung folgt *Hillen* (Hg.), Römische Geschichte[3] VII–X (2008) 375. S. *Valgaeren*, The Jurisdictio of the Pontiff (2012) 82. Die Qualifizierung der Zuwiderhandlung gegen das Gesetz als *improbe factum* verweist auf ihren pontifikalen Ursprung.

besteht,[597] und die positive Funktion, die durch *iusiurandum* erfolgte Bekräftigung, d. h. eine Weihung eines Rechtsaktes.[598]

Für das Verständnis des *agere* ist diese positive Funktion des *sacramentum* als Bekräftigung einer Spruchformel miteinzubeziehen, welche auch mit dem Ablauf des Prozessabschnittes – *vindicatio* – vereinbar ist. Die *vindicatio* ist darauf gerichtet, eine individuelle Rechtsmacht zu verschaffen. Wenn es nicht gelingt, diese Macht im Bereich des *ius humanum* zu erzeugen, kommt es zum Appell an das *sacramentum*, das diese Rechtsposition bekräftigen soll bzw. eine zusätzliche Rechtsgrundlage dem individuellen *agere* gewährt. Möglicherweise wurde bei der Ausführung des *sacramentum* eine Spruchformel verkündet, deren Inhalt aber nicht überliefert wurde.[599]

5.2. Die Veränderung des *agere* vom Akt der Rechtserzeugung zum Akt der Prozesseinleitung und das Ritual *manum conserere*

Das Vindikationsritual kommt in den Quellen nicht nur in Form der *legis actio sacramento* vor, sondern auch unter der Bezeichnung *manum conserere*. Das Ritual *manum conserere* wurde u.a. für die Vindikation der Grundstücke angewandt. Darüber berichtet Gellius im 10. Kapitel des 20. Buches aus seinem Traktat *Noctes Atticae* (Attische Nächte). Seine Überlieferung (Gell. Noct. Att. §§ 1–10) lässt sich in drei Teile gliedern: (1) Bericht über die Herkunft des Ausdruckes *ex iure manum consertum* (§§ 1–6), (2) Beschreibung des Rituals

---

597 Traditionell wird angenommen, dass die Folge für die Verletzung eines Eides ein Falscheid bzw. eine Selbstverfluchung (*exsecratio*) ist, und dass der Verbrecher des *sacramentum* zu einem *homo sacer* wird. Bei der Ablegung eines Eides widmet der Akteur seine Persönlichkeit und sein ganzes Vermögen dem Schwurgott. Der Bruch des Eides führt dazu, dass die unter Eid stehende Person der Rache der Gottheit untersteht. S. dazu *Fiori*, Il processo privato, in: Cursi (Hg.), XII Tabulae, Testo e commento (2018) 93 f. S. oben Fn. 310.

598 Eine inhaltliche Verbindung zwischen Worten *sacratio* und *iusiurandum*, wo das *iusiurandum* eine Bekräftigung bedeutet, findet man bei Festus. S. Fest. s.v. *leges sacratae* (Lindsay, 422): *Sacratae leges sunt, quibus sanctum est, qui[c]quid adversus eas fecerit, sacer alicui deorum †sicut† familia pecuniaque. Sunt qui esse dicant sacratas, quas plebes iurata in monte Sacro sciverit.* In der Stelle wird der Begriff *sacratae leges* mit zwei Aspekten in Verbindung gebracht. Die Rechtsfolge für ihre Verletzung ist *sacratio alicui deorum*. Gleichzeitig wird die Qualifikation der *leges* als *sacratae* mit ihrer Bekräftigung durch das *iusiurandum* verbunden. Vgl. auch Cic. De off. 3.31.111.

599 Über das *sacramentum* im Sinne eines Sprechaktes oder „*parola potente*“ s. oben Fn. 594.

manum conserere (§§ 7–8), (3) Erzählung über den Wandel des *manum conserere* in ein Ritual *ex iure manum consertum vocare*) (§§ 9–10). Das Ritual *manum conserere* wird in der romanistischen Lehre aus verschiedenen Perspektiven untersucht.[600] Für diese Forschung sind folgende Fragestellungen relevant: (1) in welchen Kontexten kommen die Worte *agere* und *actio* in Gellius Beschreibung des Rituals vor? (2) wie verläuft das *manum consere*? (3) wie verändert sich dieses Ritual – von *manum consere* zu *ex iure manum consertum* – mit der Zeit, und welche Auswirkungen hat diese Veränderung auf das Verständnis des *agere* und der *actio*?

5.2.1. Einleitung und die Termini *agere* und *actio*

In der Einleitung (§§ 1–6) teilt Gellius mit, dass der Ausdruck (*verba*) „*ex iure manum consertum*" aus alten *actiones* (*ex antiquis actionibus*) stammt (§ 1): „*Ex iure manum consertum verba sunt ex antiquis acionibus, quae, cum lege agitur et vindiciae contenduntur, dici nunc quoque apud praetorem solent.*" Selbst Gellius ist über diesen Ausdruck im Gedicht von Ennius gestoßen (§ 2). Aus diesem Grund beschließt er, einen angesehenen Grammatiker (*Rogavi ego Romae grammaticum, celebri hominem fama et multo nomine, quid haec verba essent? …*) nach dem Sinn dieses Ausdrucks zu fragen (§ 2–4). Der Grammatiker erklärt Gellius, dass *ex iure manum consertum* nicht aus einer Dichtersprache (*non ex poeticae litteris*) stammt, sondern aus einer juristischen Fachsprache entnommen wurde (*ex iuris alique perito*). Diesen Ausdruck hat Ennius in den Werken (*libri*) der Juristen gefunden.[601] Gellius erklärt sich anschließend bereit,

---

600 S. *Platschek*, Ex iure manum conserere, in: TR (2006); *Varvaro*, Manu(m) conserere e omnibus verbis vindicare, in: Humbert (Hg.), Le Dodici Tavole. Dai Decemviri agli Umanisti (2005) 267–309.

601 … *ex iureconsultis quodque ex libris eorum* / … von den Juristen, aus ihren Büchern. Diese Anmerkung von Gellius, dass das Ritual *manum conserere* einerseits aus den Büchern älterer Juristen stammt, und andererseits auf das Zwölftafelgesetz zurückgeht (Gell. Noct. Att. 20.10.6), lässt sich so interpretieren, dass einige Regelungen, die auf das Zwölftafelgesetz zurückgehen, in Schriften der römischen Juristen übertragen wurden, was von der Rolle der *libri actionum* in der Überlieferung der Kenntnisse von *actiones* aus der früheren Zeit zeugt. Die Vorschriften des Zwölftafelgesetzes wurden eventuell in diesen juristischen Büchern nicht nur niedergeschrieben, sondern auch interpretiert, was auch im Zusammenhang mit der Veränderung des Rituals von *manum conserere* und seine Ersetzung durch *ex manum consertum vocare* zu bewerten ist. S. dazu Kapitel III, Abschnitt 1. Die Transformation der *actiones*: Von der Priesterkontrolle zur säkularisierten Jurisprudenz, S. 223 f.

den Sinn dieser Wortfolge *ex iure manum consertum* seinen Lesern näher zu erörtern (§ 6): *Itaque id, quod ex iureconsultis quodque ex libris eorum didici, inferendum his conmentariis existimavi, quoniam, in medio rerum et hominum utiam qui colunt, ignorare non oportet verba actionum civilium celebriora / ... ex iureconsultis quodque ex libris eorum / ...* Das, was ich von Juristen und was ich auch ihren Büchern gelernt habe,[602] glaube ich diesen Kommentaren beizufügen, weil die Menschen, „die ihr Leben inmitten der Geschäfte und der Menschen verbringen"[603], nicht solche bedeutende *verba actionum* ignorieren dürfen.

Bevor man sich mit dem Ritual *manum conserere* befasst, lässt sich die Bedeutungen der *actio* und des *agere* in der Einleitung des Berichts näher analysieren. In der Gellius-Aussage (§ 1), dass „*Ex iure manum consertum* die Worte (*verba*) aus den alten *actiones* sind, welche auch jetzt noch verwendet werden, wenn man mit feierlichen Worten agiert (*lege agitur*)" – können zwei Bedeutungen des *agere* und der *actio* festgestellt werden. Die *actiones* bezeichnen hier ein Sammelwerk von Ritualen (*ex antiquis actionibus*)[604], aus denen Gellius seine Information genommen hat; das *agere* bzw. *lege agere* bedeutet das Ritual selbst (*lege agitur*). Am Ende der Einleitung (§ 6), wenn Gellius u.a. erklärt, warum er seine Leser mit dem Ritual *manum conserere* vertraut machen will, spricht er über *verba actionum*, d.h. über Spruchformeln, die in der Praxis so bedeutend sind, dass die Geschäftsmenschen bzw. sozial aktive Menschen sie kennen müssen. Auch hier lässt sich erkennen, dass die auf die republikanische Zeit zurückgehende Vorstellung über Rechtsrituale (*actiones*) als praktische Formeln ihre Bedeutung in der Praxis nicht verliert. Selbst Gellius will somit den Lesern praktisches Rechtswissen vermitteln.

5.2.2. Das Ritual *manum conserere*

Gellius erklärt weiter, in welchen Fällen das Vindikationsritual *manum conserere* (Hand anlegen)[605] angewandt wird (Gell. Noct. Att. 20.10.7–9):

---

602 Die Übersetzung von *Platschek*, Ex iure manum conserere, in: TR (2006) 245.

603 Die Übersetzung von *Platschek*, Ex iure manum conserere, in: TR (2006) 245.

604 S. das Kapitel III, Abschnitt 1. Die Transformation der *actiones*: Von der Priesterkontrolle zur säkularisierten Jurisprudenz, S. 223 f.

605 Sinnvoll scheint auch die Übersetzung bzw. Interpretation von *Platschek*, Ex iure manum conserere, in: TR (2006) 252 zu sein: *manum conserere* bzw. *conferre* bedeute „handgemein werden".

> *„Manum conserere" ... Nam de qua <re> disceptatur in iure in re praesenti sive ager sive quid aliud est, cum adversario simul manu prendere et in ea re sollemnibus verbis vindicare, id est „vindicia". Correptio manus in re atque in loco praesenti apud praetorem ex duodecim tabulis fiebat, in quibus ita scriptum est: „si qui in iure manum conserunt."*
> *Manum conserere* ... Denn einen *in iure* und vor Ort befindenden Streitgegenstand, oder einen Acker, oder etwas Anderes mit dem Gegner zugleich mit der Hand anfassen und über diesen Gegenstand mit feierlichen Worten vindizieren; das heißt *vindicia. Correptio manus*, d. h. der Zugriff mit der Hand auf den Streitgegenstand geschah am Ort, wo sich der Gegenstand befindet, und vor dem Prätor[606] nach dem Zwölftafelgesetz, in dem es heißt: *si qui in iure manum conserunt*, d. h. „wenn diejenigen *in iure* Hand anlegen".[607]

In der Quelle folgt eine Lücke nach dem Ausdruck *manum conserere*. Anschließend an die Lücke berichtet Gellius über die Anwendung des Rituals sowohl auf bewegliche als auch auf unbewegliche Sachen. Das Wesen des *manum conserere* besteht dabei in der Ausübung eines Vindikationsaktes, den Gellius aber als *vindicia* bezeichnet.[608] Gellius führt die Herkunft des Rituals *manum conserere* oder *correptio manus* auf das Zwölftafelgesetz zurück und zitiert dabei die folgende Norm des Zwölftafelgesetzes (Tab. 6.5.): *si qui in iure manum conserunt.*

Bei der Vornahme dieses auf das Zwölftafelgesetz zurückgehenden Rituals legen beide Parteien in Anwesenheit eines Prätors (*apud praetorem*)[609] ihre Hand auf das umstrittene Grundstück (*in re atque in loco praesenti*) auf und vindizieren mit der Verwendung der feierlichen Spruchformeln (*sollemna verba*). Das Verfahren weist somit die Ähnlichkeit mit dem von Gaius überlieferten Vindikationsritual auf. Gellius verwendet das Wort *vindicare* eventuell im gleichen technischen Sinn wie Gaius und versteht darunter den Sprechakt, dessen Kern die Aussage *MEUM ESSE AIO* bildet.

---

606 Der Prätor wird von Gellius zu Unrecht mit dem Zwölftafelgesetz in Verbindung gesetzt, da in der Zeit der Zwölftafeln keine Prätur existierte. Zutreffend *Platschek*, Ex iure manum conserere, in: TR (2006) 246, Fn. 2.

607 Die Übersetzung stützt sich auf *Weiss*, Die Attischen Nächte des Aulus Gellius II (1876) 495 und auf *Flach/Flach*, Das Zwölftafelgesetz (2004) 49.

608 Nach *Kaser*, Zur *legis actio sacramento in rem*, in: SZ 104 (1987) 57 mit Fn. 19 ist das Ritual *manum conserere* nur ein Element bzw. eine Vorstufe des Vindikationsrituals. Auch *Wolf*, Zur legis actio sacramento in rem, in: Wolf, Recht im frühen Rom (2015) 67–68 sieht in *mannum conserere* eine Einleitung des Vindikationsprozesses, der von Gaius überliefert wurde.

609 Dieses Zitat aus dem Zwölftafelgesetz führt Gellius an, um einen Kontrast zu der Konstruktion *„ex iure manu(m) consertum"* bei Ennius zu betonen. S. *Platschek*, Ex iure manum conserere, in: TR (2006) 246.

Gellius betont jedoch, dass das Ritual *in iure* stattfindet.[610] Dieser Ausdruck verweist auf einen Verfahrensort (*ius* im Sinne eines institutionalisierten Ortes).[611] In der Regel gilt als Verfahrensort das *comitium* oder *forum*. Im von Gellius beschriebenen Fall ist das umstrittene Grundstück selbst der Verfahrensort. Die notwendige Publizität, die bei der Vornahme des Rituals am *forum* erreicht wird, kann dabei durch die Aufsicht des Prätors und die Beachtung der ritualisierten Spruchformel durch Dritte kompensiert werden. Das Verfahren in der Darstellung von Gellius unterscheidet sich somit von dem Prozedere in den Institutionen von Gaius. Das Verfahren in Anwesenheit des Prätors und auf dem Grundstück gemäß Gellius verweist darauf, dass schon der Prätor den Streit der Parteien ohne Bestellung des Richters vor Ort lösen konnte. Bei diesem Verfahren *manum conserere* spielt auch das von Gaius überlieferte *sacramentum*, ein prozessualer Eid oder *poena sacramenti* keine Rolle. Möglicherweise beschreibt Gellius eine Entwicklungsperiode des Rituals, in der der physische Kontakt mit dem Gegenstand (Grundstück) noch von größerer Bedeutung als die Ausführung des Rituals in der Gerichtsstätte (*in iure*) war. Nicht auszuschließen ist, dass das Ritual *manum conserere* in der ersten Phase des Konfliktes vor Ort durch den Prätor gelöst werden konnte, ohne dass beide Parteien ein *sacramentum* geleistet haben müssen.

Der anschließende Bericht von Gellius über die Veränderung des Rituals infolge des Anwachsens des Territoriums (dazu gleich, Abschnitt 5.2.3 *Ex iure manum consertum vocare*) – von *manum conserere* zu *ex iure manum consertum vocare* – lässt den Schluss zu, dass das Ritual *manum conserere* ursprünglich privaten Charakter aufwies und weniger institutionalisiert war. Dieses

610 Der Ausdruck *in iure* in der von Gaius zitierten Vorschrift aus dem Zwölftafelgesetz – *si qui in iure manum conserunt*", d.h. „wenn die betreffenden (Parteien) *in iure* Hand anlegen" – steht möglicherweise für die Rechtmäßigkeit der Handanlegung und der *vindicatio*. Diese Auslegung vertreten *Santoro*, Manum conserere, in: AUPA 32 (1971) 550, *Guarino*, Il processo privato nelle «XII tabulae», , in: Pagine di diritto romano IV (1994) 107, *Albanese*, Il processo privato romano delle legis actiones (1987) 69, Fn. 237; 79, Fn. 270; 86 und *Butti*, Il "praetor" e le formalità introduttive del processo formulare (1980) 5, Fn. 12.

611 Auch die *pignoris capio* hat *extra ius* stattgefunden, war aber rechtmäßig. Die *pignoris capio* und auch der Akt *manum conserere* auf dem umstrittenen Grundstück wurde trotzdem als Vornahme *in iure* wahrgenommen. Über die Bedeutung des *ius* als Verfahrensort s. berühmte Stelle von Paulus (Paul. l. 14 Sab. D. 1.1.11).

Vindikationsritual konnte als ein ausreichendes Verfahren für die Erzeugung bzw. Anerkennung des Eigentumsrechts einer der Akteure gelten. Der Prätor hat dem Ritual die notwendige Publizität gewährt. Gleichzeitig konnte das Ritual nur als Vorspann zum Verfahren *sacramento* gelten, falls beide Parteien in der Anwesenheit des Prätors keine friedliche Lösung auf dem umstrittenen Grundstück finden konnten.

5.2.3. *Ex iure manum consertum vocare*

Mit dem Anwachsen des Territoriums von Rom, berichtet Gellius, wird das *manum conserere* von einem Akt des Recht-Sprechens zu einem Akt der Einladung an einen institutionalisierten Verfahrensort – aus *manum conserere in iure* wird *ex iure manum conserertum vocare* (Gell. Noct. Att. 20.10.9):

> *... institutum est contra duodecim tabulas tacito consensu, ut litigantes non in iure apud praetorem manum consererent, sed „ex iure manum consertum" vocarent, id est alter alterum ex iure ad conserendam manum in rem, de qua ageretur, vocaret atque profecti simul in agrum, de quo litigabatur, terrae aliquid ex eo, uti unam glebam, in ius in urbem ad praetorem deferrent et in ea gleba tamquam in toto agro vindicarent.*
> ... wurde *tacito consensu* (nach dem stillschweigenden Konsens) die Bestimmung gegen das Zwölftafelgesetz eingeführt, dass die Streitenden nicht *in iure* vor dem Prätor die Hand anlegen (*manum conserunt*), sondern [einander] auffordern, *ex iure* Hand anzulegen (*ex iure manum consertum vocarent*), d. h. der eine soll den anderen *ex iure* anrufen, die Hand auf den streitigen Gegenstand zu legen, über den verhandelt wird; sie sind beide zugleich zu dem Stück Ackerland aufgebrochen, um das der Rechtsstreit geführt wurde, haben davon etwas Erde, z. B. eine einzelne Scholle, an den Gerichtsort in die Stadt zum Prätor mitgenommen und diese Scholle gleichsam wie auf das ganze Stück Ackerland vindiziert.[612]

Die Verwandlung des Aktes *manum conserere* in *ex iure manum consertum vocare* erfolgt, wie Gellius anmerkt, *tacito consensu* und gegen die Vorschriften des Zwölftafelgesetzes (*contra duodecim tabulas*). Das neue Prozedere lässt sich folgendermaßen zusammenfassen: Einer der Litiganten ruft den anderen *ex iure* (in diesem Kontext bedeutet das „außerhalb der Gerichtsstätte"[613], „aus der Gerichtsstätte heraus" oder möglicherweise „nach dem Recht"[614]) mit dem Zweck, seine eigene Hand (*conserere manum*) auf die bestrittene Sache, d.h. auf das Grundstück zu legen (*ad conserendam manum in rem de qua ageretur*). Aus

612 Die Übersetzung stützt sich auf *Weiss*, Die Attischen Nächte des Aulus Gellius II (1876) 495 und auf *Flach/Flach*, Das Zwölftafelgesetz (2004) 49.

613 *Pelloso*, 'Giudicare' e 'decidere' in Roma arcaica, in: Omaggio Burdese I (2012) 71.

614 *Platschek*, Ex iure manum conserere, in: TR (2006) 250 und Fn. 17, 18.

dem weiteren Verlauf des Rituals, wie es von Gellius beschrieben wird, folgt notwendigerweise, dass der Akt des *manum conserere* auf dem Grundstück vorgenommen wird, da die Parteien die Erdschollen des Grundstückes ergreifen (hier könnte man gemeinsam mit der herrschenden Doktrin an *ex iure* als „außerhalb der Gerichtsstätte" oder „aus der Gerichtsstätte heraus" denken). Es ist auch offensichtlich, dass dieser Akt des *manum conserere* rechtmäßig ist (*ex iure* im Sinne „nach dem Recht"), weil er einen Teil des komplexen Verfahrens darstellt. Da der Prätor bei der Vornahme des *manum conserere* nicht mehr anwesend war, ist anzunehmen, dass der *vindicans* und *contravindicans* möglicherweise in Anwesenheit der die Publizität gewährenden Zeugen[615] einige Teile des Grundstücks entfernt und in die Stadt gebracht haben.

Die Erzählung von Gellius erlaubt eine weitere Entwicklungsperiode des *agere* wie folgt zu rekonstruieren: Das rechtserzeugende Vindikationsritual *manum conserere* (das *agere* als Akt der Rechtsfindung, des Recht-Sprechens) wird zum Akt der Ladung vor und zu Gericht (das *agere* als Akt der Prozesseinleitung).[616] Terminologisch äußert sich das in der nun nicht mehr technischen Verwendung des Ausdruckes *manum conserere*, der jetzt tatsächlich „mit Hand angreifen" bedeutet, und den Akt der *vindicatio* nicht mehr umfasst, und gleichzeitig in der terminologischen Verwandlung des *manum conserere* in den Akt *ex manum consertum vocare*.

Die feierliche Sprucherklärung einer der Parteien im Rahmen des neuen Prozedere, mit der die andere Partei aufgefordert wird, die Hand auf das Grundstück zu legen (*vocare*), gilt nicht als potenzieller Akt der Rechtserzeugung. Ihre Funktion wird auf die Prozesseinleitung reduziert. Auch der physischen

---

615 Wie Platschek richtig anmerkt, folgt aus dem Gellius-Bericht nicht, was tatsächlich auf dem Grundstück passiert. Er weist dabei die auf Kaser und Hackl zurückgehende Interpretation hin, dass die Parteien gemeinsam eine Erdscholle ausgraben. Vgl. *Platschek*, Ex iure manum conserere, in: TR (2006) 252. Aufgrund des Berichts von Cicero (Cic. Pro Mur. 11.26) - *Suis utrisque superstitibus praesentibus istam viam dico. Ite viam* / In Gegenwart der beiderseitigen Zeugen weise ich diesen Weg. Geht – lässt vermuten, dass die Zeugen bei der Vornahme des Aktes *manum conserere* anwesend waren.

616 Über diese Verwandlung des *manum conserere* in *ex manum consertum vocare* berichtet auch Cicero. Vgl. Cic. De or. 1.10.41: *qui aut interdicto tecum contenderent aut te ex iure manum consertum vocarent, quod in alienas possessiones tam temere inruisses* / Sie würden entweder im Interdiktenverfahren mit dir streiten oder dich *ex iure manum consertum* laden, weil du so blindlings in fremde Besitztümer eingedrungen bist. Die Übersetzung folgt *Platschek*, Ex iure manum conserere, in: TR (2006) 248.

Handlung – dem Entfernen der Erdscholle – wird keine rechtserzeugende Wirkung zugewiesen. Ihr kommt hier symbolische Bedeutung zu.[617] Sie substituiert die der *vindicatio* immanente Vorstellung der Tangibilität und des physischen Kontaktes mit dem Streitgegenstand im Laufe des ganzen Vindikationsrituals, die bei Gaius als *impositio festucae* beschrieben wird. Aus der Hilfsfigur des Prätors, der bereit ist, sich auf das Grundstück zu begeben, um dort die Rechtmäßigkeit des *agere/vindicare* im Rahmen des Rituals *manum consere* zu beobachten, wird ein Gerichtsmagistrat, der das Verfahren an einem institutionalisierten Gerichtsstätte, d.h. *in iure* leitet.

Nicht auszuschließen ist, dass die Veränderung dieses Rituals, die *tacito consensu*[618] – entgegen dem Zwölftafelgesetz – mit der Tätigkeit republikanischer Juristen verbunden ist, und in den *libri actionum* der Juristen dokumentiert wurde, worauf Gellius sein Bericht über dieses Ritual beruht.[619]

5.3. Die Schwächung des priesterlichen Monopols und die sukzessive Abschaffung des *agere sacramento*

Einen weiteren Einblick über die Transformation des *agere sacramento* gewährt Cicero in seiner Rede „Pro Murena". Er berichtet über die Veröffentlichung der von den *pontifices* geheim gehaltenen Gerichtstage (*dies fasti*) und Rituale durch Gn. Flavius. Damit römische Bürger die Hilfe der *pontifices* weiter in Anspruch nehmen, haben diese die Rituale nach der Tat von Gn. Flavius verkompliziert.[620] Cicero will weiters besondere Elemente des von den *pontifices*

617 Es wird vermutet, dass *manum consere* nicht nur eine Handanlegung darstellt, sondern einen Minimalakt der Gewaltanwendung, die die Bezeichnung *manum conserere* aus der symbolischen Bedeutung bezieht. So *Platschek*, Ex iure manum conserere, in: TR (2006) 251.

618 Den Ausdruck *tacito consensu* interpretiert Franchini als Hinweis darauf, dass die unmittelbare Intervention der Juristen ausgeschlossen bzw. nicht erlaubt wurde. Vgl. *Franchini*, La desuetudine delle XII tavole nell'età arcaica (2005) 73. Aus Ciceros Anmerkung über die *barbati*, d. h. über die bärtigen Juristen, die das Ritual für lächerlich gehalten haben (Cic. Pro Mur. 11.26), ist aber zu schließen, dass die republikanischen Juristen ohne gesetzliche Intervention, sondern *tacito consensu*, d. h. einvernehmlich das Ritual geändert haben.

619 Darauf verweist die Einleitung in der Erzählung von Gellius, Gell. Noct Att. 20.10.6: *Itaque id, quod ex iureconsultis quodque ex libris eorum didici.*

620 Cic. Pro Mur. 11.25: *verba quaedam composuerunt ut omnibus in rebus ipsi interessent …*

verkomplizierten Vindikationsrituals aufzeigen (Cic. Pro Mur. 11.26). Dem Vindikationsritual gehe ein Wortwechsel voraus, indem jede streitende Partei behauptet, dass das Grundstück ihr gehöre. Cicero findet diesen Austausch von Repliken weitschweifig (*satis verbose*).[621] Das Ritual als solches beginnt wie eine *vindicatio.* Auf dem umstrittenen Grundstück, das Cicero als *fundus Sabinus* bezeichnet, erklärt der *vindicans* die Vindikationsformel.[622] Nach der Vornahme der Vindikation erklärt der *vindicans* eine weitere Spruchformel und lädt den Gegner vor Gericht. Die Einladung vor Gericht bezeichnet Cicero als *ex manum consertum vocare.*[623] Dieser Akt stimmt mit dem Bericht von Gellius überein, der die Veränderung des *manum conserere* in einen Akt der Prozesseinleitung aufzeigt.

Cicero unterzieht die Spruchformel des Rituals einer ironisierenden Betrachtung, indem er betont, dass der Gegner nicht mehr wusste, was er einem so redseligen Akteur antworten könnte, der sowohl die Vindikationsformel als auch die Formel des Aktes *ex iure manum consertum* hintereinander erklärt hatte. Nach dieser Eigentumsbehauptung und Einladung vor das Gericht erklärt auch der Gegner eine Spruchformel und fordert den Akteur auf, sich zur Gerichtsstätte zu begeben.[624]

Nach der Replik des Gegners soll gemäß Cicero auch der anwesende Prätor intervenieren und eine Spruchformel erklären, die Cicero als Formelgedicht (*carmen*) bezeichnet.[625] Der Prätor fordert die Parteien vor den Zeugen

---

621 *cum hoc fieri bellissime posset „Fundus Sabinus meus est." „Immo meus," deinde iudicium, noluerunt. „Fundus" inquit „qui est in agro qui Sabinus vocatur." Satis verbose; cedo quid postea?* / Es könnte ja bestens so zugehen: „Das Sabinische Grundstück gehört mir". „Nein, mir" [behauptet der *contravindicans*] und dann folgt das *iudicium.* Die [*pontifices*] haben das nicht gewollt. – „Das Grundstück", sagt man, „welches in dem Land liegt und welches als „sabinisch" bezeichnet wird ". Das ist schon ziemlich weitschweifig. Lass [uns] hören, was dann? Die Übersetzung beruht teilweise auf *Fuhrmann*, Cicero. Die politischen Reden I (1993) 533.

622 *Eum ego ex iure Quiritium meum esse aio* / Dies, erkläre ich, gehört mir nach dem Recht der Quiriten.

623 *Inde ibi ego te ex iure manum consertum voco.* / Daher rufe ich dich dorthin, gemäß dem Recht, um Hand daran zu legen (*ex iure manum consertum vocare*).

624 *„Unde tu me", inquit, „ex iure manum consertum vocasti, inde ibi ego te revoco"* / „Woher du mich", sagt er, „gemäß dem Recht gerufen hast, die Hand daran zu legen, von da rufe ich dich zurück."

625 *Praetor interea ne pulchrum se ac beatum putaret atque aliquid ipse sua sponte loqueretur, ei quoque carmen compositum est cum ceteris rebus absurdum tum vero in illo ...* / Damit sich der Prätor in der Zwischenzeit nicht für schön und glücklich hält und selbst irgendetwas aus eigenem Antrieb sagt, wurde auch für ihn eine

auf, einen Weg zu gehen (*istam viam dico*).[626] Nachdem die Parteien schon bereit waren, den Weg zu gehen, soll der Prätor sie zurückrufen.[627] Der absurde Charakter dieses Rituals besteht darin, dass die Akteure zuerst weggeschickt und dann zurückgerufen werden[628]. Dieses Ritual kommentiert Cicero mit den Worten, dass es schon den alten bärtigen Juristen lächerlich erschienen ist: *Haec iam tum apud illos barbatos ridicula, credo, videbantur.*[629]

Die Darstellung Ciceros ist detaillierter als die von Gellius und gibt einen Überblick über Spruchformeln, die bei der Durchführung dieses Rituals zu beachten waren. Diese ausführliche Erörterung durch Cicero bestätigt, dass in seiner Zeit das alte Vindikationsritual noch geläufig war, und dass er dieses Ritual sehr wohl ausführlich rekonstruieren kann. Zu erinnern ist auch das von Cicero verfolgbare Ziel – den Formalismus des Verfahrens kritisch zu zeigen und die juristische Pedanterie im schlechten Licht darzustellen.[630]

Während in der Zeit Ciceros der physische Kontakt mit dem streitverfangenen Grundstück noch ein wichtiges Element des Rituals war, und das *agere* auf dem Grundstück selbst stattfinden sollte, genügte in der Version von Gellius – *in iure* – das Mitbringen einer Erdscholle an den Verfahrensort. Diese durch einen Teil des vindizierten Gegenstandes (das Mitbringen einer Erdscholle von dem vindizierenden Grundstück) ersetzbare Verbindung mit dem ganzen Gegenstand ist auch bei der *vindicatio gregis*,[631] aber auch bei der *noxae deditio*[632] zu beobachten. Diese Fiktion, bei der das Ganze durch einen Teil vertreten wird, spricht auch für die Rationalisierung des Verfahrens, die sich in der nun metaphorisch verstandenen Tangibilität des Rituals äußert, die, wie mehrmals gezeigt wurde, für die ritualisierte Rechtsordnung charakteristisch ist.

Spruchformel konzipiert, in anderen Sachen ebenso absurd wie wahrlich auch bei bei Folgendem:

626 *Suis utrisque superstitibus praesentibus istam viam dico. Ite viam* / In Gegenwart der beiderseitigen Zeugen weise ich diesen Weg.

627 … *Redite viam* / … Geht den Weg zurück.

628 … *iuberi abire ut unde abissent eodem statim redirent* / sollten sie fortgehen, um sofort dahin zurückzukehren, von wo sie fortgegangen waren. Die Übersetzung folgt *Fuhrmann*, Cicero. Die politischen Reden I (1993) 533.

629 Über das Verhältnis Ciceros zur Jurisprudenz vgl. *Bürge*, Die Juristenkomik in Ciceros Rede Pro Murena (1974) 31 f.

630 *Bürge*, Die Juristenkomik in Ciceros Rede Pro Murena (1974) 31 f.

631 Vgl. Paul. 21 ed. D. 6.1.23.5.

632 Gai Fragm August. 4.83: *Et non solum si totum corpus det, liberatur, sed etiam si partem aliquam corporis. Denique tractatur de capillis et unguibus, an partes corporis sint.*

Das alte Vindikationsritual, das sich im Sprechakt – *MEUM ESSE AIO* – manifestiert, wird beibehalten. Es verliert aber gemäß der Darstellung von Cicero und auch von Gellius an rechtserzeugender Bedeutung: Aus dem Akt des potenziellen Recht-Sprechens bzw. der Rechtsetzung wird das Vindikationsritual zum Prozessvorspann. Auch Cicero erwähnt das *sacramentum* nicht als Teil des Verfahrens, was für die Abschaffung dieses Prozessabschnittes in der Praxis spricht und vermuten lässt, dass das *agere* als Vindikationsakt nicht mehr dem *ius divinum* untergeordnet werden kann, sondern ein purer säkularer Rechtsakt geworden ist. Die Ausübung des Rituals auf dem Grundstück in der Anwesenheit der Zeugen und des Prätors wird in der Version von Cicero mit seiner Vornahme *in iure*, d. h. an einem Verfahrensort (am *forum* oder *in comitio*) gleichgesetzt. Der Prätor fungiert als Aufsichtsorgan, erfüllt aber nur eine Hilfsfunktion. Nicht die Parteien begeben sich zu dem Prätor, sondern der Prätor nimmt die Beobachtung des Rituals auf dem Grundstück vor.

Die gegenseitige Einladung an einen institutionalisierten Ort (*in iure*) und der Befehl des Prätors, dort zu erscheinen, verweisen auf die Zentralisierung des Prozesses und auf die wesentliche Rolle der Gerichtsstätte als Medium der Rechtsprechung. Die Entbehrlichkeit dieser formalistischen Einladung ist aber darin ersichtlich, dass der Prätor die streitenden Parteien auf das streitgegenständliche Grundstück zurückruft. Die Offenkundigkeit des Prozesses an einem Verfahrensort (*in iure*) konnte durch die Teilnahme von Zeugen an dem Ritual ersetzt werden.[633]

Hervorzuheben ist die Anmerkung Ciceros am Ende seiner Erzählung, in der er betont, dass sich die nun nicht mehr geheimen Rituale als verwirrend erwiesen und deswegen an Glaubwürdigkeit und Beachtung verloren haben.[634] Dies führt dazu, dass Cicero in der Bewertung des Rituals übertreibt, und es

633 Zutreffend scheint die Anmerkung von Losciavo zu sein, aus der hervorgeht, dass der Prozess in der republikanischen Zeit oftmals eine Kraftprobe der Zeugen darstellte. Die prozessuale Stärke einer Partei im Prozess wurden nach ihrer politischen und sozialen Rolle bemessen. Eine Vielzahl an Zeugen konnte das prozessuale Gewicht einer Streitpartei erhöhen. Das Streitverfahren konnte daher in Wetteifern um Zeugen münden. S. *Loschiavo*, Figure di testimoni e modelli processuali tra antichità e primo medioevo (2004) 23.

634 *... postea vero pervolgata atque in manibus iactata et excussa, inanissima prudentiae reperta sunt, fraudis autem et stultitiae plenissima* / doch spater, da sie allgemein bekannt wurden und man sie in Händen wendete und prüfte, da fand sich, daß sie aller Weisheit bar, aber randvoll von Trug und Torheit waren. Die Übersetzung folgt *Fuhrmann*, Cicero. Die politischen Reden I (1993) 535.

der Lächerlichkeit preisgibt. Er spricht aber einen wichtigen Aspekt an, der für das Verständnis des *agere* von Bedeutung ist: Die ritualisierte Rechtsfindung kann nur dann erfolgreich sein, wenn die Beteiligten keine Zweifel an den Ritualen hegen und ihre Erstellung unter Kontrolle einer sozialen Gruppe, wie etwa den Priesterjuristen, bleibt. Das kritische Überdenken der Rituale durch die Akteure als auch durch eine andere soziale Schicht, nämlich säkulare Juristen (die von Cicero genannten bärtigen Juristen), führt notwendigerweise zum Verlust ihrer rechtserzeugenden Wirkung. Der ritualisierten Rechtsordnung liegt das praktische Wissen zugrunde, das keine Selbstreflexion und nur pure Inszenierung erfordert. Der Bedeutungsverlust des alten *agere* im Sinne eines Sprechaktes, der das Potenzial hat, ein individueller Rechtsetzungsakt zu sein, und seine Transformation im Rahmen des Formularprozess es in eine prozessuale Handlung ist eine notwendige Folge der Rationalisierung der mündlichen Rituale.

5.4. Das *agere* als Ritual für die Personalvollstreckung

Einen anderen Archetyp des *agere* stellt das *lege agere per manus iniectionem* dar.[635] Das Wesen dieses Rituals besteht in dem einseitigen Akt des Recht-Sprechens, bei dem der Akteur die Hand auf den Schuldner legt, der diesem Akt nicht widersteht.

Während das *agere sacramento* in einen ritualisierten Kampf münden kann, setzt die *manus iniectio* des Akteurs keine Widerlegung des Gegners voraus (nur ein Dritter, nämlich *vindex* kann zugunsten des Schuldners intervenieren. Seine Rolle wird aber in dieser Studie nicht weiter erforscht). Das *agere* gestattet hier dem Akteur eine umfassende einseitige transformative Handlungsmacht: Mit dieser Art des *agere* wird nicht nur der Zugriff auf das Vermögen verschafft, sondern auch auf die Persönlichkeit des Gegners bzw. Schuldners.

635 Die Quellen bestätigen die Anwendung der *manus iniectio* im Sinne von einer rechtmäßigen Gewalt. Dementsprechend bedeutet *manus iniectio* einen Akt des Ergreifens eines Sklaven (Liv. Ab urb. cond. 3.44.6), eines Freigelassenen oder eines Sohnes kraft *patria potestas* (Quint. Inst. or. 7.7.9); Mit der Handanlegung (*manus iniectio*) kann eine Frau der Ehegewalt (*manus*) ausgesetzt werden. Die genannten *manus iniectiones* wurden außergerichtlich angewandt. Für ihre Vornahme ist der Ausspruch der feierlichen Worte nicht überliefert. S. dazu *Behrends*, Der Zwölftafelprozess (1974) 118 mit Fn. 26. Diese Fälle beschreiben möglicherweise die auf *mores* zurückgehenden *actiones per manus iniectionem*.

Man spricht daher von der *manus iniectio* als einem Akt der Personalvollstreckung, mit der dem Gläubiger die Schuldknechtschaft des Schuldners eingeräumt wurde.[636]

Das *lege agere per manus iniectionem* wurde für die Fälle des Schuldanerkenntnisses (*confessio in iure*), bei den offenkundigen Delikten wie *furtum manifestum*, aufgrund der rituellen Zeugenschaft für die Verbindlichkeiten aus *negotia per aes et libram*, oder für die Verbindlichkeit des Schuldners aufgrund seiner Verurteilung angewandt.[637]

Das *lege agere per manus iniectionem* erlaubt sowohl die Vollstreckung aus dem Gerichtsurteil als auch aus einem außerprozessualen Akt rechtsgeschäftlicher Natur, welche die *causae* der *manus iniectio* bilden. Die richtige Durchführung des Rituals – *lege agere per manus iniectionem* – erzeugt die Rechtsverbindlichkeit der *manus iniectio* für eine der genannten *causae*.

Die zentrale Überlieferung für das *lege agere per manus iniectionem* sind die Institutionen von Gaius und Attische Nächte von Gellius. Die Vorgehensweise bei diesem Ritual ist aufgrund eines Vergleiches zwischen dem Bericht des Gaius und der Erzählung von Gellius zu rekonstruieren. Gellius erklärt das Verfahren, indem er die Meinung des Juristen Africanus (Gell. Noct. Att. 20.1.45; Tab. 3.1–3) anführt:[638]

> *Sic enim sunt, opinor, verba legis:* 1. *Aeris confessi rebusque iure iudicatis triginta dies iusti sunto.* 2. *Post deinde manus iniectio esto, in ius ducito.* 3. *Ni iudicatum facit aut quis endo eo in iure vindicit, secum ducito, vincito aut nervo aut compedibus.*

---

636 Die Quellen unterscheiden zwischen der *manus iniectio*, mit dem der Akteur den Gegner vor und ins Gericht einlädt (*manus iniectio* für Zwecke der *in ius vocatio*), und der *manus iniectio* für die Vollstreckung. Sowohl für die *manus iniectio* mit dem Zweck der *in ius vocatio* als auch für die Vollstreckung wurde die Spruchformel erklärt und die Hand an den Schuldner angelegt. Vgl. *Martini*, Interventi e repliche, in: Praesidia libertatis. Atti Copanello (1994) 193–195. *Talamanca*, Processo civile (diritto romano), in: ED 36 (1987) 9.

637 *Wolf*, Der Legisaktionenprozeß, in: Wolf, Recht im frühen Rom. Gesammelte Aufsätze (2015) 57.

638 Der Text ist ein Fragment der Diskussion zwischen dem Juristen Africanus und dem Philosophen Favorinus. Gellius gibt höchstwahrscheinlich die Worte des Juristen Africanus wieder. Africanus war ein jüngerer Zeitgenosse und vermutlich zugleich Schüler von Julian. Da Gellius von Africanus in der Vergangenheit spricht, scheint er zur Zeit der Veröffentlichung der Noctes Atticae, d. h. um 169 oder 175 n. Chr. bereits tot gewesen zu sein. Vgl. *Nicosia*, Manus iniectio, in: Praesidia libertatis. Atti Copanello (1994) 168. Zu Africanus vgl. *Kunkel*, Die römischen Juristen[2] (1967) Ndr. 2001, 172.

So sind, glaube ich, die *verba legis*: 1. Nach der Anerkennung der Schuld und bei gerichtlich entschiedenen Fällen soll er 30 gesetzmäßige Tage Zeit haben. 2. Nach Ablauf dieser Frist soll Hand an ihn gelegt und er *in ius* gebracht werden. 3. Wenn er das *iudicatum* nicht erfüllt, oder sich Niemand für ihn vor Gericht verbürgt, soll er abgeführt werden können und gebunden werden – entweder mit einem Riemen oder mit Fußketten.

Aus dem Gellius-Text erkennt man zwei *causae* für die Anwendung der *manus iniectio* – *aeris confessio* und *res iure iudicata* (Tab. 3.1). Unter *confessio*[639] wird ein Anerkenntnis der Verbindlichkeit bzw. der Schuld durch den Schuldner verstanden, und zwar in monetärer Form (*aes*).[640] Der Ausdruck *res iure iudicata* ist ein Hinweis auf das Urteil (*iudicatum)*[641], das *in iure* stattfindet. Unter *ius* wird hier ein Verfahrensort verstanden (der bspw. das *forum* sein konnte), an dem das Urteil verkündet wird. Das Wort *res* in der Wendung *res iure iudicata* verweist auf die Stückschuld,[642] welche durch *aestimatio pecuniaria*[643] bzw. *arbitrium litis aestimandae* in eine Geldschuld umgewandelt wurde.[644]

---

639 Unter der *confessio* wird in erster Linie „Geständnis", „Anerkenntnis" verstanden; s. HS, 91. Vgl. auch Oxford Latin dictionary (1968) 398, wo aufgrund der primären Analyse literarischer Texte unter *confessio* „acknowledgement", „admission", „confession" oder „admission of guilt" verstanden wird..

640 Nicosia teilt mit, dass es hier um *aes signatum* und nicht um *aes rude* geht, und zwar in der Zeit des Zwölftafelgesetzes, die als Übergang von der prämonetären zur monetären Wirtschaft verstanden wird. Vgl *Nicosia*, Manus iniectio, in: Praesidia libertatis. Atti Copanello (1994) 168. Weitere Literatur s. bei *Cardilli*, Damnatio e oportere nell'obbligazione (2016) 153, Fn. 157.

641 Nach Salomone ist der Begriff *iudicatum* weit zu verstehen. Darunter fällt z.B. auch die Zahlung der *summa sacramenti* durch die unterliegte Partei etc. *Salomone*, Iudicati velut obligatio (2007) 73 f.

642 Die Diskussion geht vermutlich auf Kleindam zurück. Vgl *Kleindam*, Personalexekution der Zwölftafeln (1905) 12 f.; *Cardilli*, Damnatio e oportere nell'obbligazione (2016) 152.

643 Vgl. Ulp. 18 ed. D. 9.2.25.2: *Notandum, quod in hac actione, quae adversus confitentem datur, iudex non rei iudicandae, sed aestimandae datur: nam nullae partes sunt iudicandi in confitentes* / Zu beachten ist, daß bei dieser Klage, die gegen einen Geständigen erteilt wird, der Richter nicht zur Sachentscheidung, sondern nur zur Sachschätzung bestellt wird. Denn gegenüber Geständigen bleibt für den Richter im Hinblick auf die Sachentscheidung nichts mehr zu tun, [wohl aber im Hinblick auf die Schadensschätzung]. Die Übersetzung folgt *Behrends/Knütel/Kupisch/Seiler*, CIC 2 (1995) 746.

644 *Salomone*, Iudicati velut obligatio (2007) 76. Diese Umrechnung kann im Rahmen des deklarativen Verfahrens stattfinden, oder gleich nach solchem

Während das *iudicatum* eine zentrale *causa* für *manus iniectio* ist, erlangt die *confessio* eine *Pro-iudicato*-Wirkung: Die Anerkennung der Schuld wird mit dem Urteil gleichgesetzt, was auch klassische Quellen bestätigen.[645]

Dem Schuldner wird eine Frist von 30 Tagen für die Erfüllung der *confessio* oder des *iudicatum* gesetzt.[646] Nach Ablauf dieser Frist kommt die *manus iniectio* selbst zur Anwendung: *Post deinde manus iniectio esto, in ius ducito* / Nach Ablauf derselben Frist soll Hand an ihn gelegt und er *in iure* gebracht werden (Gell. Noct. Att. 20.1.45, Tab. 3.2). Der Schuldner wird *in ius* geführt, d. h. zu dem Verfahrensort, welcher das *forum*, oder das *comitium* war.[647] Einer anderen Interpretation zufolge verweist *ius* auf die ursprüngliche Bedeutung des Rechts als *„procedimento rituale"*.[648] Bei der Auslegung des Ausdrucks *in ius ducito* oder in der substantivierten Form *in ius ductio* ist meiner Ansicht nach eine polyvalente Bedeutung von *ius* naheliegend: *„ius ducito"* vereinigt sowohl die Auffassung der Verbringung der Person an einen Verfahrensort als auch die Rechtmäßigkeit dieses Verfahrens. Erst dann kommt das Ritual selbst, wie es von Gaius beschrieben wird (Gai 4.21), zur Anwendung.[649] Gellius erklärt in Tab 3.3 den Vorgang des Rituals *legis actio per manus iniectionem* nicht näher, sondern setzt sich nur mit seinen Folgen auseinander: Wenn das Urteil, das *iudicatum*, nicht erfüllt wird (*ni iudicatum facit*) und kein Bürge für den Schuldner einsteht (Gell. Noct. Att. 20.1.45, Tab 3.3), kann der Gläubiger den Schuldner in seine Gewalt bringen (*secum ducito*).

Das Ritual *lege agere per manus iniectionem iudicati* wird von Gaius überliefert (Gai. 4.21):

Verfahren – aufgrund des *arbitrium litis aestimandi*. S. dazu *Cardilli*, Damnatio e oportere nell'obbligazione (2016) 153.

645 Vgl. Paul. 56 ed. D. 42.2.1: *Confessus pro iudicato est, qui quodammodo sua sententia damnatur.* S. *Cardilli*, Damnatio e oportere nell'obbligazione (2016) 153.

646 Auch Gell. Noct. Att. 20.1.42.

647 *Cardilli*, Damnatio e oportere nell'obbligazione (2016) 153; *Färber*, Römische Gerichtsorte (2014) 29.

648 *Nicosia*, Manus iniectio, in: Praesidia libertatis. Atti Copanello (1994) 169.

649 Ein Hinweis darauf, dass das Ritual *lege agere per manus iniectionem* nach dem Ablauf der Frist von 30 Tagen erfolgt, stellt der Ausdruck *„Quandoc non solvisti"* (soweit du nicht ausgelöst hast) in der von Gaius (Gai. 4.21) überlieferten Spruchformel dar. Damit verweist Gaius auf die Nichterfüllung der Schuld in den 30 Tagen, die Gellius erwähnt (Tab. 3.1). Cardilli merkt an, dass die archaische Natur der von Gaius verwendeten Formulierung *quandoc non solvisti* auch von Festus betont wird. S. Fest. s.v. *quando* (Lindsay 310.34): *In XII quidem cum c littera ultima scribitur, idemque significat.* Vgl. *Cardilli*, Damnatio e oportere (2016) 155, Fn. 160.

Per manus iniectionem aeque de his rebus agebatur, de quibus ut ita ageretur, lege aliqua cautum est, velut iudicati lege XII tabularum[650]. *Quae actio talis erat: qui agebat, sic dicebat: QUOD TU MIHI IUDICATUS sive DAMNATUS ES SESTERTIA X MILIA, QUANDOQUE NON SOLVISTI, OB EAM REM EGO TIBI SESTERTIUM X MILIUM IUDICATI MANUM INICIO et simul aliquam partem corporis eius prendebat …*

Durch *manus inectio* wurde das *agere* gleichfalls wegen solcher Angelegenheiten vorgenommen, für die das aufgrund eines Gesetzes (*lege*) angeordnet wurde, zum Beispiel nach dem Zwölftafelgesetz wegen einer Urteilsschuld. Diese *actio* war folgendermaßen: Derjenige, der das *agere* vonahm, sprach so: DA DU MIR VERURTEILT (*IUDICATUS*) oder VERPFLICHTET (*DAMNATUS*) BIST ZU ZEHNTAUSEND SESTERZEN UND SOWEIT DU DICH NICHT AUSGELÖST HAST, LEGE ICH DIR DESWEGEN ALS EINEM ZU ZEHNTAUSEND SESTERZEN VERURTEILTEN DIE HAND AN, und zugleich ergriff er irgendeinen Teil von dessen Körper …[651]

Gaius spricht von der gesetzlichen Verankerung der *manus iniectio*, und zwar von der Verankerung der *manus iniectio iudicati* im Zwölftafelgesetz.[652] Hervorzuheben ist, dass Gaius die Rechtsfigur der *manus iniectio iudicati* als *actio* und nicht als *agere* bezeichnet. Damit betont er ihren abgeschlossenen und institutionalisierten Anwendungsbereich (Die *actio per manus iniectionem iudicati entspricht* einem Verfahrensart, d.h. einem *modus agendi* und nämlich dem *lege agere per manus iniectionem*). Das Wort *agere* bezieht sich in der gaianischen Darstellung auch auf das Ritual in seiner Gesamtheit und gleichzeitig spezifisch nur auf die Aussprache feierlicher Worte in der Wendung (*qui agebat, sic dicebat …* / Derjenige, der das *agere* vornahm, sprach …). Diese Doppelbedeutung des *agere* als gesamtheitliches Ritual sowie spezifisch als Sprechakt,

650 Das Zwölftafelgesetz vereinigt verschiedene Anwendungsfälle, die auf die *confessio* und auf das *iudicatum* zurückgehen, in einem Ritual, der *legis actio per manus iniectionem iudicati*, wobei *iudicatum* eine zentrale Rolle spielt, aber auch die Existenz der anderen Anwendungsfälle nicht ausschließt. Vgl. *Cardilli*, Damnatio e oportere nell'obbligazione (2016) 154, 156, 162.

651 Die Übersetzung stützt sich auf *Manthe*, Die Institutionen des Gaius[2] (2010) 333.

652 Gaius beginnt seine Darstellung mit den Worten: *per manus iniectionem aeque de his rebus agebatur, de quibus ut ita ageretur, lege aliqua cautum est* / Durch *manus inectio* wurde das *agere* gleichfalls wegen solcher Angelegenheiten vorgenommen, für die das aufgrund eines Gesetzes (*lege*) angeordnet wurde. Das Wort *aeque* bedeutet „gleichfalls". Daraus folgt meines Erachtens, dass *manus iniectio* auch in anderen Fällen zur Anwendung gelangen könnte, die nicht im Gaius-Text genannt wurden und die auch nicht von den Gesetzen geregelt wurden.

findet man auch bei der Darstellung des *legis actio sacramento*, aber auch in den Quellen, die das Bedeutungspanorama des *agere* darstellen.

Die Spruchformel des *agere per manus iniectionem* nennt zwei Grundlagen für die Handanlegung[653] – ein *iudicatum* oder eine *damnatio* wie folgt: *IUDICATUS sive DAMNATUS*. Das Bindewort *sive* in der Spruchformel „*iudicatus sive damnatus*" kann „oder" bedeuten sowie auf ein Hendiadyoin (eine Zwillingsformel) verweisen.[654] Für die Klärung dieser Frage lässt sich die Spruchformel in der Überlieferung von Gaius mit der von Gellius vergleichen. Gellius nennt, wie oben erwähnt, zwei *causae* für die Anwendung der *manus iniectio* – *res iure iudicata* und *confessio*. Dem Ausdruck *res iure iudicata* im Gellius-Text entspricht *iudicatus* in der von Gaius überlieferten Formel. Dem Ausdruck *aeris confessio* bei Gellius korrespondiert *damnatus* in der Formel von Gaius. Auf solche Weise sind *iudicatus* und *damnatus* zwei selbstständige Anwendungsfälle der *legis actio per manus iniectionem*.[655] Der von Gaius genannte *damnatus* ist in diesem Fall nur einer der möglichen Anwendungsfälle der *confessio* gemäß dem Text von Gellius. Der *confessio* als einer Art der Anerkennung einer Schuld liegt kein Urteil zugrunde.

Die *manus iniectio* für die *Damnatio*- und *Iudicatum*-Fälle kommt dann zur Anwendung, wenn der Schuldner nicht die Möglichkeit ausschöpft, die Schuld zu erfüllen und sich durch den feierlichen Libralakt *solutio per aes et libram* von ihr zu befreien. In der Spruchformel des *agere per manus iniectionem* findet sich der Hinweis auf die *solutio per aes et libram* in folgernder Form: *QUANDOQUE NON SOLVISTI* / SOWEIT DU DICH NICHT AUSGELÖST HAST. Die von Gaius anderorts angeführte Erklärung zum Anwendungsbereich der *solutio per aes et libram* ermöglicht auch die Geltendmachung der *manus iniectio* näher zu verstehen.[656] Die feierliche Befreiung von der Schuld (*solutio per aes et libram*)

---

653 *Cardilli*, Damnas esto e manus iniectio, in: Fundamina (Pretoria) 20 (2014) 120.

654 Die Bibliographie zu dem Thema s. in: *Cardilli*, Damnatio e oportere nell'obbligazione (2016) 158 Fn 169.

655 Über die Anwendungsfälle der *damnatio*, denen kein gerichtliches Urteil zugrunde liegt, s. *Kaser*, Unmittelbare Vollstreckbarkeit, in: SZ 100 (1983) 84.

656 Die Rekonstruktion der Spruchformel dieses Libralaktes ist umstritten. In den meisten Ausgaben, die sich auf die *lectio* des *Codex Veronensis* stützen, lautet die Formel aus Gai. 3.174 wie folgt: *QUOD EGO TIBI TOT MILIBUS CONDEMNATUS SUM* (vgl. Manthe, Die Institutionen des Gaius^2 [2010], S. 294). Kübler und Seckel modifizieren jedoch die Spruchformel in ihrer Ausgabe Gai Institutionum commentarii quattuor (1938) auf Basis von PSI 1182 und rekonstruieren sie folgendermaßen: *QUOD EGO TIBI TOT MILIBVS SESTERTIORVM IVDICATVS VEL DAMNATVS*. Dieser Interpretation von Kübler und Seckel folgt auch *Cardilli*,

als eine Form der *imaginariae solutiones*[657] wird gemäß Gaius für die förmlichen Rechtsgeschäfte (*gesta per aes et libram*) und für das Gerichtsurteil (*iudicatum*) angewandt (Gai. 3. 173): *... quod et ipsum genus certis ex causis receptum est, veluti si quid eo nomine debeatur, quod per aes et libram gestum sit, sive quid ex iudicati causa debeatur* / ... und diese Art ist ebenfalls nur in ganz bestimmten Fällen zugelassen, zum Beispiel, wenn etwas aus einer Forderung geschuldet wird, die *per aes et libram* begründet wurde, oder wenn etwas *ex iudicati causa* geschuldet wird.[658] Nachdem Gaius eine Übersicht über den Anwendungsbereich der *solutio per aes et libram* gegeben hat, schildert er die Spruchformel der *solutio per aes et libram*, die mit dem folgenden Ausdruck beginnt (Gai. 3. 174): *QUOD EGO TIBI TOT MILIBUS CONDEMNATUS SUM* ... Der Schuldner nennt zuerst den Grund der Verpflichtung – *CONDEMNATUS SUM*. Dann erklärt er sich von dieser Verpflichtung befreit. In der folgenden Stelle (Gai. 3.175) erläutert Gaius, dass für die Zwecke der *solutio per aes et libram* nicht nur der Erbe, der aufgrund eines *legatum per damnationem* verpflichtet ist, in der Spruchformel als *condemnatus* bezeichnet wird. Auch ein *iudicatus* gilt als *condemnatus*. Dies könnte darauf hindeuten, dass der Ausdruck *CONDEMNATUS SUM* in der Spruchformel in Gai. 3.174 sowohl *condemnatus* als auch *iudicatus* umfasst. Das bedeutet, dass die Befreiung von einer Schuld durch die *solutio per aes et libram* sowohl für den *iudicatus* (für einen durch das Gerichtsurteil verpflichteten Schuldner) als auch für den

---

Damnatio e oportere nell'obbligazione (2016) 149. Die gaianische Darstellung der *solutio per aes et libram* legt eine Überschneidung der modernisierten und der archaischen Darstellung nahe, als ob er eigene Institutionen aus den alten und – zu seiner Zeit – modernen Quellen geschaffen hätte. Die Formel (Gai. 3.174) enthält, einerseits, den Ausdruck ‚*LIBRAM PRIMAM POSTREMAMQUE*', der auf die Zeit hinweist, in der tatsächlich ein Abwiegen des Kupfers notwendig war. Andererseits, gibt Gaius zu Beginn seiner Darstellung (Gai. 3.173) zu verstehen, dass dieses Verfahren fiktiv ist, das explizit aus den Worten ‚*imaginaria solutio*' hervorgeht. Offensichtlich stellt diese fiktive Anwendung eine spätere Entwicklung des Instituts dar. Von Bedeutung ist die Spruchformel selbst, die höchstwahrscheinlich ihre ursprüngliche Natur wiedergibt. *Cardilli*, Damnatio e oportere nell'obbligazione (2016) 146–147.

657 Gaius führt solche *imaginariae solutiones* wie *acceptilatio* (Gai. 3.169–172) und *solutio per aes et libram* (Gai. 3.173–174) an.

658 Die Übersetzung stützt sich (mit Ausnahme lateinischer Begriffe) auf *Manthe*, Die Institutionen des Gaius² (2010) 295.

damnatus (für einen aufgrund des förmlichen Rechtsgeschäfts durch Kupfer und Waage verpflichteten Schuldner) angewandt wird.[659] Die zwei genannten Anwendungsfälle der *solutio per aes et libram* sind mit dem Ausdruck *QUOD TU MIHI IUDICATUS sive DAMNATUS* in der Formel der *manus iniectio* von Gaius (Gai. 4.21) und den Worten *aeris confessi rebusque iure iudicatis* im Gellius-Bericht vergleichbar. Eine genauere Analyse und weitere Argumente über *iudicatum* und *damnatum* werden in der Sekundärliteratur näher ausgeführt.[660] Für Zwecke dieser Forschung ist relevant, dass das *agere per manus iniectionem* nicht nur für die Vollstreckung aus dem Gerichtsurteil offen steht, sondern auch, wenn ein rechtlicher Titel für die Verwirklichung der Ansprüche des Gläubigers vorliegt, der von Gaius unter der Bezeichnung *damnatio* zusammengefasst wird.[661]

Aufgrund weiterer Quellen ist anzunehmen, dass *damnatio* als *causa* für die unmittelbare Vollstreckung in folgenden Fällen diente: *nexum*,[662] *sponsio*,

---

659 Zutreffend Cardilli, Damnatio e oportere (2016) 149.

660 Kritik der Unterscheidung des *iudicatum* und *damnatum* als zwei Alternativen vertritt Fiori. S. *Fiori*, Ea res agatur (2003) 101 f., 112; *Fiori*, Il processo privato, in: Cursi (Hg.), XII Tabulae. Testo e commento I (2018) 109. Nach seiner These verweist „*sive damnatus*" in der Spruchformel der *legis actio per manus iniectionem iudicati* auf „procedimento di stima", auf *aestimatio*, d. h. auf das Verfahren, bei dem ein Gerichtsurteil in Bezug auf eine Sache (*res*) oder auf *incertum* in eine monetäre Form umgerechnet wird. Vor Fiori hat *Liebs*, Damnum damnare, in: SZ 85 (1968) 230–232 die Kritik über *damnatus* als Verweis auf einen von *iudicatum* unabhängigen außergerichtlichen Titel für die *manus iniectio* formuliert.

661 Kritik bezüglich einer möglichen unmittelbaren Durchsetzung des Anspruches wird von Selb geäußert, was maßgeblichen Einfluss auf die Meinung Kasers ausgeübt hat. S. *Selb*, Vom geschichtlichen Wandel, in GS Kunkel 391 f.

662 Wie bereits aufgezeigt, folgt aus dem Text von Gaius über *solutio per aes et libram* (Gai. 3.173), dass sie in erster Linie für *gesta per aes et libram* gilt. Das *nexum* war ein *gestum per aes et libram*. Deswegen konnte *solutio per aes et libram* im Fall des *nexum* als *nexi liberatio* angewandt werden. Die Möglichkeit der Handanlegung auf *nexus* wird mittelbar durch den Livius-Text (Liv. Ab urb. cond. 8.28.8) bestätigt, in dem unter Bezugnahme auf die *lex Poetelia Papiria*, welche die persönliche Haftung aus *nexum* beseitigt hat, Nachstehendes festgehalten wird: *ne quis* [...] *in compedibus in nervo tenetur*. S. *Nicosia*, Manus iniectio, in: Praesidia libertatis. Atti Copanello (1994) 164. Offensichtlich geht es in dem Text um eine Handanlegung und die Führung des Schuldners ins Haus des Gläubigers, wo er gefesselt wurde. Diese Sanktion entspricht dem Inhalt des Gellius-Texts und der Tafel 3.3 des Zwölftafelgesetzes.

damnatio testamentaria,[663] *fur manifestus*.[664] Ein weiterer Anwendungsfall der *legis actio per manus iniectionem* für *damnatus* könnte auch im Rahmen der *lex Aquilia* zu finden sein.[665]

Bei der Ausübung des *agere per manus iniectionem* stellen die Erklärung der *certa verba* und die Ausübung des Rituals an einem öffentlichen Ort (*in iure*) notwendige Attribute dar, welche die Rechtsverbindlichkeit dieses *agere* bestimmen. In der aktuellen Literatur besteht kein Konsens darüber, ob das *agere per manus iniectionem* die Anwesenheit des Magistrats erforderlich war oder nicht. In den Quellen gibt es keinen direkten Beweis, dass die Anwesenheit des Magistrats notwendig war.[666] So betont Nicosia, der Hauptvertreter der These über jurisdiktionsfreie *actiones*, dass der Text des Zwölftafelgesetzes (Gell. Noct. Att. 20.1.45, Tab 3.3) keinen Bezug auf die Kontrollausübung des Magistrats enthält und somit keinen Hinweis darauf, dass ein Jurisdiktionsakt

663 Aus Gai. 3.175 kommt hervor, dass die Befreiung von der Schuld mit der *solutio per aes et libram* für den Erben vorgesehen ist, der sich von einem Vermächtnis (*legatum*) befreit, das *per damnationem relictum est*, d. h. der aufgrund der *damnatio* begründet wurde. Dies kommt im folgenden Teil des Gai. 3.175 zum Ausdruck: *ut tamen scilicet, sicut iudicatus condemnatum se esse significat, ita heres* testamento *se dare damnatum esse dicat* / so, daß an der Stelle, an der ein Verurteilter (*iudicatus*) ausspricht, er sei verurteilt worden, der Erbe sagt, er sei nach dem Testament zur Herausgabe verpflichtet (*damnatus*) worden. Die Übersetzung nach *Manthe*, Die Institutionen des Gaius^2 (2010) 295. Die *manus iniectio* legitimiert hier eine Handanlegung an die Person des Erben, die aufgrund des *legatum per damnationem* dem Schuldner gegenüber eine Verpflichtung übernommen hatte und diese Schuld nicht erfüllte. Für die Handanlegung auf den *damnatus*, d.h. auf den Erben, der durch ein *gestum per aes et libram* namens *damnatio* verpflichtet wurde, war ein *iudicatum* nicht notwendig. Vgl. *Nicosia*, Manus iniectio, in: Praesidia libertatis. Atti Copanello (1994) 165.

664 S. die Literatur in: *Cardilli*, Damnatio e oportere nell'obbligazione (2016) 151 f. Kritisch hinsichtlich der Anwendbarkeit der *legis actio per manus iniectionem* für die Verfolgung des *fur manifestus* vgl. *Kaser*, Unmittelbare Vollstreckbarkeit, in: SZ 100 (1983) 94.

665 *Pugliese*, PC I, 309. Diese Hypothese stützt sich auf die Vermutung, dass die Wortfolge in Gai. 4.21 einen Hinweis auf die *lex Aquilia* enthält: Statt *lege aliqua* soll im veronesischen Palimpsest *lege Aq(ui)lia* gelesen werden. Dazu *Cardilli*, Damnas esto e manus iniectio, in: Fundamina (Pretoria) 20 (2014) 111 f.; *Cardilli*, Damnatio e oportere nell'obbligazione (2016) 193 ff. Kritisch *Varvaro*, Gai. 4.21 e la presunta manus iniectio, in: AUPA 59 (2016) 337 f.

666 *Nicosia*, Processo privato romano I (1980) 8 f., 65, 102 f.; *Nicosia*, Manus iniectio, in: Praesidia libertatis. Atti Copanello (1994) 178.

(in erster Linie in Form von *addictio*) vor dem gerichtlichen Magistrat notwendig gewesen wäre.[667] Die bloße Beachtung des Rituals – *agere per manus iniectionem* – bewirkt die *secum ductio*, die Abführung des Schuldners ins Haus des Gläubigers, soweit kein *vindex* für ihn interveniert hat.[668]

Nicht auszuschließen ist meiner Ansicht nach, dass mit der Institutionalisierung des *agere* und der Entstehung des Prozesses die *manus iniectio* für die Vollstreckung einer außergerichtlich begründeten Schuld einem „kurzen Prozess" unterliegt.[669] Dieser Prozess konnte vor dem Prätor stattfinden und mit der *addictio* beendet werden,[670] der die Rechtmäßigkeit des Rituals erklären konnte, ohne einen *iudex* bestellen zu müssen, weil die Akte, die eine *damnatio* bewirkt haben, offenkundig waren.[671] Zu späterer Zeit, jedenfalls nach 367 v. Chr., ist eine Beteiligung des Magistrats bei der Vornahme der *manus iniectio* nachweisbar.[672]

---

667 Kritisch gegen Nicosia s. *Pelloso*, 'Giudicare' e 'decidere' in Roma arcaica, in: Omaggio Burdese I (2012) 61 f. Vgl. auch die Anmerkung von Talamanca, der betont, dass das Schweigen der Quellen kein Beweis ist, dass die Teilnahme des Gerichtsmagistrates nicht nötig war. Vgl. *Talamanca*, Relazione conclusiva, in: Praesidia libertatis. Atti Copanello (1994) 313–314.

668 Zurückkehrend zum Gellius-Text und zu dem Zwölftafelgesetz lässt sich feststellen, dass auch nach der Erklärung der feierlichen Worte im Rahmen der *manus iniectio* der Schuldner (*damnatus* oder *iudicatus*) das Urteil von sich aus erfüllen konnte. Das folgt aus dem Ausdruck (Tab. 3.3): *Ni iudicatum facit*. Der Ausdruck umfasst sowohl das Gerichtsurteil als auch die Bezahlung des geschuldeten Geldes (*aes confessum*). *Salmone*, Iudicati velut obligatio (2007) 73, 75. Sie betont aber, dass *ni iudicatum facit* in Tab 3.3 v.a. als einen Verweis auf *iudicatum* in Tab. 3.1 zu verstehen ist.

669 Es geht dabei nicht um das Eingreifen der öffentlichen Gewalt in alte Selbsthilfeverhältnisse, sondern um eine eine zusätzliche jurisdiktionelle Legitimation des Gerichtsmagistrates. Vgl. *Luzzatto*, Von der Selbsthilfe zum römischen Prozeß, in: SZ 73 (1956) 29 f., 53. Dazu *Behrends*, Der Zwölftafelprozess (1974) 116. Auf die Möglichkeit eines kurzen Prozesses verweist mE das Ritual *manum conserere*, das in der Überlieferung von Gellius (Gell. Noct. Att. 20.10.7–9) auch auf dem umstrittenen Grundstück in der Anwesenheit des Prätor stattgefunden hat. S. dazu oben Abschnitt 5.2.2.

670 Laut Behrends führt aber der Gewalthaber „nach einstimmiger Aussage unserer Quellen" seinen Schuld- oder Strafknecht vor den Magistrat, um für sein Herrschaftsrecht ein jurisdiktionelles *addicere* zu erwirken". S. *Behrends*, Der Zwölftafelprozess (1974) 116. Zu *addictio* s. *Cascione*, Tresviri capitales (1999) 134 mit Fn. 210, 190.

671 *Selb*, Vom geschichtlichen Wandel, in: GS Kunkel 444.

672 *Nicosia*, Processo privato romano I (1980) 93.

Das *agere per manus iniectionem* im *Iudicatum*-Fall und in einem *Damnatio*-Fall erfüllt verschiedene Funktionen. Im Fall des *iudicatum* wurde das Recht des Gläubigers bzw. des Gewaltinhabers schon aufgrund eines Gerichtsurteils festgestellt bzw. erzeugt. Aufgrund des Gerichtsurteils entsteht eine Obligation des *iudicatus* zur Erfüllung des Gerichtsurteils.[673] Das Ritual *agere per manus iniectionem* bewirkt hier die Vollstreckung aus dieser Obligation. Eine andere Funktion hat die *manus iniectio* für die Fälle der *damnatio.* Hier bewirkt die *manus iniectio* die Entstehung einer Haftung. Die Verrichtung des Rituals – *agere per manus iniectionem* – begründet die Haftung aus dem *gestum per aes et libram.*

Das *agere per manus iniectionem* ist aber – anders als häufig nahegelegt wird – mehr als ein bloßes Vollstreckungsverfahren. Zutreffend scheint mir die rechtstheoretische Erkenntnis von Kelsen zu sein, der den Gegensatz von Rechtserzeugung oder Rechtsschöpfung, einerseits, und Rechtsvollziehung oder Rechtsanwendung, andererseits, relativiert und betont, dass die meisten Rechtsakte zugleich Akte der Rechtserzeugung und Akte der Rechtsvollziehung sind.[674] Das *agere per manus iniectionem* stellt, einerseits, ein Ritual für die Vollstreckung der privatrechtlichen Situationen, die auf *damnatio* oder *iudicatum* beruhen, dar; andererseits, erzeugt die Vornahme des *agere per manus iniectionem* einen neuen notwendigen Rechtstitel für die Personalvollstreckung und hat somit einen novierenden Charakter.

Die *damnatio* oder das *iudicatum* bleiben die *causae* für die *manus iniectio.* Aber erst die Vornahme des performativen Rituals des *agere per manus iniectionem,* das aus der Erklärung feierlicher Spruchformeln und der symbolischen Handanlegung besteht, erzeugt die Rechtsherrschaft des Gläubigers über die Persönlichkeit des Schuldners. *Das agere per manum iniectionem* ist dabei nicht ein Akt der Rechtsbehauptung, sondern ein Rechtsetzungsakt. Die öffentliche Vornahme dieses Rituals, seine kommunikative Natur, und nämlich die Wahrnehmung des Rituals durch die *civitas* und des Prätors erlauben zu behaupten, dass das *agere per manus iniectionem* nicht nur ein Akt der Durchsetzung des subjektiven Rechts des Gläubigers ist, sondern zugleich

---

673 *Salomone,* Iudicati velut obligatio (2007) 105, 123.

674 S. *Kelsen,* Reine Rechtslehre[2] (1960) 240 f. S. auch Jaestaedt (Hg.), *Kelsen,* Reine Rechtslehre. Studienausgabe[1](2008) 92. Das geht auf die Lehre vom doppelten Rechtsantlitz zurück, die vor allem von Adolf Julius Merkl entwickelt wurde; vgl. *Merkl,* Das doppelte Rechtsantlitz, in: Juristische Blätter (1918) 425–427, 444–447, 463–465 (neu abgedruckt in: Klecatsky/Marcic/Schambeck (Hgg.), Die Wiener Rechtstheoretische Schule 1 [1968] 1091 ff.)

ein Normsetzungsakt: Mit der Ausübung dieses Rituals wirkt die Handanlegung des konkreten Gläubigers auf den konkreten Schuldner wie die objektive Rechtsnorm für die beobachtende und die Rechtsmäßigkeitskontrolle ausübende Dritte (*civitas*).

5.5. Die Entwicklung des *lege agere per manus iniectionem* zum Ritual mit außergerichtlicher Wirkung

Die Rechtsfigur – *legis actio per manus iniectionem iudicati* – nennt, wie es oben gezeigt wurde, als Haupttitel für die Vollstreckung das Urteil (*iudicatum*) und umfasst vom Wesen her zwei autonome Konstrukte – die außergerichtliche und unmittelbare Vollstreckung sowie die Vollstreckung eines Gerichtsurteils. Auch wenn das Gerichtsurteil im Laufe der Zeit infolge der Prozessentwicklung zum Hauptanwendungsfall der *manus iniectio* wird, verliert die außergerichtliche *manus iniectio* nicht an Bedeutung. Ein Beispiel dafür bietet die Rechtsfigur der *manus iniectio pro iudicato*, d. h. die Handanlegung *pro iudicato*. Die Bezeichnung der neuen Form der *manus iniectio* als *pro iudicato* (anstatt des Gerichtsurteils oder anstatt des Verurteilten) bestätigt wiederum, dass das Urteil (*iudicatum*) zumindest seit dem Zwölftafelgesetz ein zentraler Rechtstitel für die Vollstreckung war.[675]

Gaius berichtet über ihren Anwendungsbereich folgendermaßen (Gai. 4.22):

> *Postea quaedam leges ex aliis quibusdam causis pro iudicato manus iniectionem in quosdam dederunt, sicut lex Publilia in eum, pro quo sponsor dependisset, si in sex mensibus proximis, quam pro eo depensum esset, non solvisset sponsori pecuniam; item lex Furia de sponsu adversus eum, qui a sponsore plus quam virilem partem exegisset, et denique conplures aliae leges in multis causis talem actionem dederunt.*
> Später gewährten manche Gesetze aus manchen anderen Gründen die Handanlegung AN STELLE EINES VERURTEILTEN gegen manche, wie zum Beispiel das Publilische Gesetz gegen denjenigen, für den ein Sponsionsbürge gezahlt hatte, wenn er innerhalb der nächsten sechs Monate, nachdem für ihn gezahlt worden ist, dem Sponsionsbürgen das Geld nicht gezahlt hatte. Ferner [richtet sich die Handanlegung] nach dem Furischen Gesetz über die Sponsionsbürgschaft gegen denjenigen, der von einem Sponsionsbürgen mehr als einen Kopfteil eingefordert hatte. Und darüberhinaus gewährten mehrere andere Gesetze in vielen Fällen eine solche *actio*.[676]

Gaius bezeichnet mit dem Wort *actio* die neue Rechtsfigur, die aufgrund spezieller Gesetze für bestimmte *causae* eingeführt wurde. Die substantivierte Form

675 *Cardilli*, Damnatio e oportere nell'obbligazione (2016) 165.
676 Die Übersetzung stützt sich auf *Manthe*, Die Institutionen des Gaius² (2010) 333.

der *actio* verkörpert hier das Rechtsinstitut mit eigenem Anwendungsbereich. Das Prozedere (wofür das Verb *agere* steht) bleibt grundsätzlich beibehalten wie bei *lege agere per manus iniectionem iudicati* nur mit einer Ausnahme – statt *iudicatus sive damnatus* wird in der Spruchformel) der Ausdruck *pro iudicato* verwendet. Der Anwendungsbereich der jüngeren *manus iniectio pro iudicato* wird aufgrund der *lex Publia*, der *lex Furia de sponsu* und anderer Gesetze festgestellt.[677] Das Verfahren beschreibt Gaius mit dem Wort *agere* wie folgt (Gai. 4.24):

> *... cum hi, quibus PRO IUDICATO*[678] *actio data erat, nominata causa, ex qua agebant, ita inferebant:* OB EAM REM EGO TIBI PRO IUDICATO MANUM INICIO.
> ... während diejenigen, denen eine *actio* AN STELLE EINES VERURTEILTEN gewährt war, die *causa* nannten, weshalb sie das *agere* vornehmen, [und] wie folgt erklären: IN BEZUG AUF DIESE ANGELEGENHEIT LEGE ICH DIR AN STELLE EINES VERURTEILTEN DIE HAND AN.[679]

Die Vornahme der *manus iniectio pro iudicato* besteht gemäß Gaius aus zwei Teilen. Zuerst wird ein Sachverhalt bzw. ein Grund (*causa* laut Gaius) für die *manus*

---

677 Die Gesetze, die die *manus iniectio pro iudicato* für bestimmte Anwendungsfälle eingeführt haben, listet Gaius mit dem Bindewort *sicut*, dh *„beispielsweise"*, auf. Vgl. s.v. *sicut*, in: HS 540. Auch im abschließenden Teil der Stelle 4.22 bestätigt Gaius, dass die *legis actio per manus iniectionem pro iudicato* für andere Fälle aufgrund der selbstständigen Gesetze eingeführt wurde (*complures aliae leges in multis causas dederunt*). Möglicherweise existierten neben den *legis actiones per manus iniectionem pro iudicato*, die aufgrund der von Gaius erwähnten Gesetze eingeführt wurden, auch andere durch spezielle Gesetze eingeführte *legis actiones per manus iniectionem*, die auch in einem gewissen Grad *„pro iudicato"* waren, die nach dem Modell des gerichtlichen Urteils geformt wurden. Solche Gesetze konnten *lex luci Lucerina* (FIRA III [1969] 71b, S. 224), *lex Osca tabulae Bantinae* (FIRA I [1968] 16.5, S. 163–165, L. 24–25) sein. *Kaser/Hackl*, Das römische Zivilprozessrecht[2] (1996) 133, Fn 15. Über die Anwendung der *legis actio per manus iniectionem pro iudicato* aufgrund der *lex Luci Lucerina* vgl. *Rodríguez Martín*, Kommentar zur Lex Luci Lucerini, in: Feldner/Halbwachs/Olechowski/Pauser /Schima /Sereinig (Hgg.), Ad Fontes (2002) 319–331. Vgl. auch *SC de pago Montano* (FIRA I *ma]nus iniectio pignorisq(ue))*. Die Übersicht der Gesetze, die die *manus iniectiones* eingeführt haben, findet sich schon bei *Wlassak*, Römische Processgesetze I (1888) 91 f., Fn. 61.

678 Das *pro iudicato* kann entweder auf Ablativ von *iudicatus* verweisen oder auf Genitiv von *iudicatum*. Für die Bedeutung macht das, wie Kaser zureffend bemerkt, keinen Unterschied. S. die Quellen und Literatur bei *Kaser*, Unmittelbare Vollstreckbarkeit, in: SZ 100 (1983) 83, Fn. 11.

679 Die Übersetzung stützt sich auf *Manthe*, Die Institutionen des Gaius[2] (2010) 335.

iniectio genannt und im Anschluss die Spruchformel erklärt. Die Nennung der *causa*, d. h. des Grundes für die Handanlegung, wird nicht vom Ritual, vom *agere*, das aus der Erklärung der Spruchformel und der Handanlegung besteht, umfasst. Die Spruchformel nimmt auf diese *causa* nur in der Wendung *ob eam rem* Bezug.[680] Das *lege agere per manus iniectionem pro iudicato* hat auf diese Weise mehrere Rechtsgrundlagen: das von der Spruchformel berücksichtigte, aber nicht konkret genannte Schuldverhältnis (*ob eam rem, causa*), die Gleichstellung des Schuldners mit einem *iudicatus* sowie das Ritual selbst. Während das Schuldverhältnis eine Leistungspflicht des Schuldners begründet, die aber nicht rechtlich durchsetzbar ist (da sie vom Ritual nicht genannt wird), erzeugen das Ritual *lege agere per manus iniectionem* und die Gleichstellung des Schuldners mit einem Verurteilten zusätzliche Rechtsgrundlage, die eine Haftung und einen Zugriff des Gläubigers auf die Person des Schuldners gestattet.

Die *legis actio per manus iniectionem pro iudicato* wurde gemäß Gaius aufgrund der *lex Publilia* für die Durchsetzung der Regressforderung des Bürgen gegen den Hauptschuldner eingeführt.[681] Infolge der *lex Publilia de sponsu* wurde dem Bürgen eine direkte *manus iniectio pro iudicato* gegen den Hauptschuldner für das Ziel des Rückgriffes zugestanden.[682]

Aufgrund des weiteren Gesetzes, das die Anwendung der *manus iniectio pro iudicato* gestattet und nämlich aufgrund der *lex Furia de sponsu* (ca. 180 v. Chr.) konnte der Bürge, der dem Gläubiger mehr als das Geschuldete gezahlt hat, den Rest, d. h. den Überschuss aufgrund der *actio per manus iniectionem pro iudicato* zurückfordern, ohne zuvor ein gerichtliches Urteil erhalten zu müssen. Die Anwendung der *manus iniectio* begründete auch hier den Zugriff des Bürgen auf die Persönlichkeit des Hauptschuldners.

Die Verwendung der außergerichtlichen *manus iniectio* mit einer Wirkung *pro iudicato* (anstatt eines Gerichtsurteils/eines Verurteilten) zeigt, dass auch nach dem Einbau des Rituals *per manus iniectionem* in das formalisierte Vollstreckungsverfahren (was sich in der zentralen Rolle der *manus iniectio iudicati* aufgrund des Gerichtsurteils nach der Einführung des Zwölftafelgesetzes äußert) die ritualisierte und außergerichtliche Rechtsdurchsetzung ihre Rolle nicht verliert. Die Institutionalisierung des Gerichtsverfahrens führt nicht zur Abschaffung der umfassenden ritualisierten Rechtsmacht der privaten Akteure.

---

680 Diese Wendung scheint eine gewisse Ähnlichkeit mit dem Ausdruck *res de qua agitur* des Formularverfahrens aufzuweisen.

681 Näher über die Anwendungsfälle der *legis actio per manus iniectionem pro iudicato* s. *Kaser*, Unmittelbare Vollstreckbarkeit, in: SZ 100 (1983) 100 f.

682 *Cardilli*, Damnatio e oportere nell'obbligazione (2016) 167.

Der Zugriff auf die Person des Schuldners erfolgt infolge der Ausübung des *agere* durch private Akteure, die somit eine rechtliche Herrschaft erzeugen. Das *iudicatum* wird aber als Mustertitel für die Handanlegung übernommen. Die außergerichtlichen *causae* werden mit dem *iudicatum* gleichgesetzt. Die Tatsache, dass die *causa* für die Handanlegung nicht genannt wird, macht dieses Ritual zum Teil abstrakt: Die gleiche Spruchformel kann für verschiedene durch spezielle Gesetze geregelte Tatbestände angewandt werden, worauf Gaius mit dem Bindewort *sicut* in Gai. 4.22 verweist.

5.6. Die Relativierung des ritualisierten Zugriffsaktes gegen die Person des Schuldners aufgrund der *manus iniectio pura*

Der Wandel des *agere* als Instrument der einseitigen und außergerichtlichen Rechtsetzung und Rechtsgestaltung in einen Akt der Rechtsbehauptung ist am Beispiel der späteren Form der ritualisierten *manus iniectio* nachvollziehbar: Die sogenannte *legis actio per manus iniectionem pura* (Gai. 4.23) wurde[683] aufgrund der *lex Furia testamentaria* und der *lex Marcia* für die in diesen Gesetzen genannten Tatbestände eingeführt.

Die *lex Furia testamentaria* verbot Legate über den Betrag von 1000 Ass.[684] In diesem Fall bestand das Ziel der *manus iniectio* darin, dass der Erbe vom Legatar den Betrag, der die Summe von 1000 Ass übersteigt, unter Androhung der Handanlegung zurückfordern konnte. Das zweite Gesetz ist die *lex*

683 Gai 4.23: *Sed aliae leges ex quibusdam causis constituerunt quasdam actiones per manus iniectionem, sed puram, id est non pro iudicato, uelut lex Furia testamentaria aduersus eum, qui legatorum nomine mortisue causa plus M assibus cepisset, cum ea lege non esset exceptus, ut ei plus capere liceret; item lex Marcia aduersus faeneratores, ut si usuras exegissent, de his reddendis per manus iniectionem cum eis ageretur.* / Aber andere Gesetze haben in manchen <Fällen> manche Klagen durch Handanlegung (*actiones per manus iniectionem* festgesetzt, aber durch eine reine, das heißt nicht AN STELLE EINES VERURTEILTEN, wie zum Beispiel das <Furische> Gesetz über Testamente gegen den, der aufgrund von Vermächtnissen oder von Todes wegen mehr als 1000 As erworben hatte, *wenn* er nicht nach diesem Gesetz ausgenommen war, dass er mehr erwerben durfte; ferner Marcische Gesetz gegen die Wucherer, dass man dann, wenn man die Zinsen eingetrieben hatte, gegen sie auf die Rückgabe der Zinsen durch Handanlegung klagte. Die Übersetzung stützt sich auf *Manthe*, Die Institutionen des Gaius[2] (2010) 333, 335.

684 *Kaser*, Unmittelbare Vollstreckbarkeit, in: SZ 100 (1983) 122 datiert diese *lex* zwischen 204 und 169 v. Chr. Vgl. auch *Selb*, Vom geschichtlichen Wandel, in: GS Kunkel 440, Fn. 192.

Marcia gegen Wucher. Gaius überliefert das Ritual *manus iniectio pura* wie folgt (Gai. 4.24):

> *Ex quibus legibus et si quae aliae similes essent cum agebatur, manum sibi depellere et pro se lege agere reo licebat. Nam et actor in ipsa legis actione non adiciebat hoc verbum PRO IUDICATO, sed nominata causa, ex qua agebat, ita dicebat: OB EAM REM EGO TIBI MANUM INICIO; cum hi, quibus pro iudicato actio data erat, nominata causa, ex qua agebant, ita inferebant: OB EAM REM EGO TIBI PRO IUDICATO MANUM INICIO nec me praeterit in forma legis Furiae testamentariae PRO IUDICATO verbum inseri, cum in ipsa lege non sit; quod videtur nulla ratione factum.*
> Nach diesen und anderen, ähnlichen Gesetzen <war es dem Beklagten erlaubt>, dann, wenn das *agere* vorgenommen wurde, die Hand wegzustoßen und für sich selbst eine Spruchformel auszusprechen (*pro se lege agere*). Denn auch der Kläger fügte dem Wortlaut der Spruchformel das Wort: AN STELLE EINES VERURTEILTEN nicht hinzu, sondern nannte den Grund, worauf das *agere* vorgenommen wurde, und sprach (*ex qua agebat, ita dicebat*): DESWEGEN LEGE ICH DIR DIE HAND AN, während diejenigen, denen eine Klage AN STELLE EINES VERURTEILTEN gewährt war, den Grund (*causa*), worauf das *agere* vorgenommen wurden, nannten und derart vorgetragen haben (*ita inferebant*): DESWEGEN LEGE ICH DIR AN STELLE EINES VERURTEILTEN DIE HAND AN. Und es entgeht mir nicht, dass in der Klagformel des Furischen Gesetzes über Testamente das Wort AN STELLE EINES VERURTEILTEN eingefügt wird, während die Sache im Gesetz selbst nicht steht; dies scheint ohne Grund geschehen zu sein.[685]

Die *actio per manus iniectionem pura* stellt eine besondere Art des Vollstreckungsverfahrens dar, da sie der ursprünglich der *manus iniectio* zugrunde liegenden Natur eines unanfechtbaren Zugriffsaktes des Gläubigers widerspricht. Die Besonderheit dieser *manus iniectio* besteht darin, dass dem Schuldner, den Gaius als *reus* bezeichnet, erlaubt wurde, die Handanlegung des Gläubigers anzufechten bzw. die Hand wegzustoßen (*manum sibi depellere*) und für sich eine Spruchformel zu erklären (*pro se lege agere*). Gaius erörtert nicht näher, welche Spruchformel der *reus* dabei erklärt, sondern wendet sich nur der Spruchformel des Akteurs zu. Der Akteur verwendet bei der Vornahme der *legis actio per manus iniectionem* nicht die Worte „*PRO IUDICATO*", sondern nennt zuerst die *causa* für seine Handanlegung und erklärt im Anschluss die Spruchformel wie folgt: *OB EAM REM EGO TIBI MANUM INICIO.*

Auch hier wird die *causa*, d. h. der Grund für die Handanlegung in der Spruchformel *OB EAM REM EGO TIBI MANUM INICIO* nicht genannt, sondern auf ihre Existenz wird mit dem Ausdruck *OB EAM REM* nur kurz

685 Die Übersetzung stützt sich mit einigen Ausnahmen (die Wörter *agere*, *causa* wurden von mir anders übersetzt) auf *Manthe*, Die Institutionen des Gaius[2] (2010) 335.

hingewiesen, genauso wie bei *manus iniectio pro iudicato*. Auch wenn die *causa* für die Handanlegung rechtlich relevant ist, kann nur der Sprechakt *EGO TIBI MANUM INICIO* eine rechtserzeugende Wirkung haben. Der Hinweis *OB EAM REM* und die Auslassung des Grundes der Handanlegung außerhalb des Sprechaktes, ermöglicht dabei auch dieses Ritual der *manus iniectio* für zahlreiche verschiedene *causae* heranzuziehen.

Im Gegensatz zur *legis actio per manus iniectionem iudicati* und zur *legis actio pro iudicato* (wie schon die Bezeichnungen dieser *manus iniectiones* als *iudicati* und *pro iudicato* zeigen) wird die Anwendung der *legis actio per manus iniectionem pura* nicht in Analogie zum *iudicatum* gebildet, d. h. sie ist nicht als *pro iudicato* zu qualifizieren. Gaius betont das wie folgt (Gai 4.24): … *nam et actor in ipsa legis actione non adiciebat hoc verbum PRO IUDICATO, sed nominata causa, ex qua agebat, ita dicebat: OB EAM REM EGO TIBI MANUM INICIO.*

Der Zugriffsakt des Akteurs wird nicht mehr mit der Gleichstellung des Schuldners mit einem Verurteilten begründet. Die Vornahme des Rituals und die Erklärung feierlicher Worte des Akteurs gestatten zwar einen Zugriff, der aber nun nicht mehr abschließend ist. Die Möglichkeit des Schuldners, die Hand wegzustoßen und den Prozess zu beginnen, verweist auf die Veränderung der Rolle des Rituals, für den das *agere* begrifflich steht. Das *lege agere per manus iniectionem pura* weist eher einen Charakter des Aktes der Rechtsbehauptung auf. Es entwickelt sich immer stärker vom Ritual, mit dem ein unbestreitbarer Rechtstitel für die Vollstreckung erzeugt und eine Rechtsherrschaft des Gläubigers über die Persönlichkeit des Schuldners gestaltet wird, zum anfechtbaren Akt der außergerichtlichen Vollstreckung, der die gerichtliche Überprüfung des Vollstreckungsgrundes hervorrufen kann.

Auch die Handanlegung (*manus iniectio*) wird vom Akt, der die Macht und die Gewalt des Gläubigers begründet, zum symbolischen *gestus*, der nicht mehr von sich aus wirkt. Das kann daraus abgeleitet werden, dass der Schuldner diese Hand tatsächlich wegschlagen konnte (*manum sibi depellere*). Der Schuldner, der bei älteren Formen des *agere manus iniectionem* seine Rechtssubjektivität durch die Handanlegung des Gläubigers zum Teil verlor, behält nun seinen Rechtsstatus und wird somit selbst zu seinem eigenen *vindex*.

5.7. Das *agere* als ritualisierter Zugriffsakt am Beispiel des *agere per pignoris capionem*

Die Pfandnahme (*pignoris capio*) räumte dem Pfandgläubiger eine Zugriffsmöglichkeit auf das Vermögen des Schuldners ein.[686] Zur Zeit von Gaius ist unter den Juristen eine Kontroverse entstanden, ob *pignoris capio* eine Art der *legis actio* darstellt (Gai. 4.29):

> *Ex omnibus autem istis causis certis verbis pignus capiebatur, et ob id plerisque placebat hanc quoque actionem legis actionem esse; quibusdam autem placebat legis actionem non esse, primum quod pignoris capio extra ius peragebatur, id est non apud praetorem, plerumque etiam absente adversario, cum alioquin ceteris actionibus non aliter uti quis posset quam apud praetorem praesente adversario; praeterea quod nefasto quoque die, id est, quo non licebat lege agere, pignus capi poterat.*
>
> Und zwar wurde aus all diesen Gründen das *pignus* mit *certis verbis* genommen, und deshalb waren die meisten der Ansicht, dass auch diese *actio* eine *legis actio* sei. Einige aber waren <anderer> Ansicht, erstens, weil die *pignoris capio* außerhalb der Gerichtsstätte (*extra ius*) vollzogen wurde, d. h. nicht vor dem Prätor, meist sogar in Abwesenheit des Gegners, während alle <anderen> *actiones* nur vor dem Prätor und in Gegenwart des Gegners angewandt werden durften, und zweitens, da ein Pfand auch an einem nicht gerichtlichen Tag (*die nefasto*) genommen werden konnte, d. h. an einem Tag, an dem man nicht mit einer Spruchformel klagen durfte.[687]

Die angeführte Stelle ist von zentraler Bedeutung für das Verständnis der Rechtsnatur des *lege agere* und der *legis actio*. Am Anfang spricht Gaius von der *actio* im Sinne eines rechtmäßigen Aktes der Selbsthilfe (*certis verbis pignus capiebatur*). Es stellt sich die Frage, ob die *pignoris capio* als Akt der Selbsthilfe (*actio*), auch bestimmte Charakteristiken einer *legis actio* aufweist (*hanc quoque actionem legis actionem esse*). Gaius erörtert anschließend den Meinungsstreit der römischen Juristen über die Rechtsnatur der *pignoris capio*.[688]

Die herrschende Ansicht unter den Juristen war, dass die *pignoris capio* nicht nur eine *actio* ist, sondern gleichsam eine *legis actio*, weil sie mit der feierlichen Spruchererklärung (*certa verba*) vorgenommen wurde. Die Meinung dieser Juristen wird auch von den oben erwähnten literarischen Quellen bestätigt, in denen das *agere* mit *orare* (feierlich sprechen)[689] und mit *dicere*

---

686 *Kaser*, Das altrömische ius (1949) 206.

687 Die Übersetzung stützt sich auf *Manthe*, Die Institutionen des Gaius[2] (2010) 337.

688 Er nennt ihre Namen nicht, weshalb schwer festzumachen ist, aus welcher Zeit diese Juristen stammen.

689 Abschnitt 1.7. Das *orare* in der Vorschrift *rem ubi pacunt, orato*, S. 97.

(sprechen)[690] und anderen Sprechakten gleichgesetzt wird.

Das Wesen der *legis actio* besteht nach der überwiegenden Auffassung der Juristen in einer feierlichen Sprucherklärung, während eine Minderheit der Juristen die Vornahme des Rituals vor dem Prätor an einem institutionalisierten Ort, d. h. *in iure*, und an *dies fasti* als wesentliche Merkmale einer *actio* betrachten. Da die *pignoris capio* weder in Anwesenheit des Prätors noch *in iure* stattfand, betrachteten diese Juristen sie nicht als *legis actio*. Diese Juristen gehen möglicherweise von einer prozessual-technisch verstandenen Rechtsfigur der *legis actio* in einem entwickelten institutionalisierten Legisaktionenverfahren aus. Die Vorstellungen über *legis actio* und *lege agere* in der entwickelten Phase projiziert diese Minderheit der Juristen auf jene Zeit der Legisaktionen zurück, in der allerdings eine extensivere und weniger technische Auslegung von *agere-actio* vermutlich vorherrschend war, und die Beachtung der Spruchformel als Hauptmerkmal der *legis actio*/des *lege agere* galt.

Das Ritual *pignoris capio* besteht aus zwei Phasen, die zeitlich zusammenfallen. Der Pfandnehmer (*pignus capiens*) erklärt *certa verba* und nimmt gleichzeitig das Pfand.[691] Das folgt aus den Worten *ex omnibus istis causis certis verbis pignus capiebatur*.[692] Die Vornahme des Rituals hat auch hier eine

---

690 Abschnitt 1.2. Das *agere* als Sprechen, S. 85 f.

691 Die Tangibilität des Rituals betont Gaius in seinem Kommentar zum Zwölftafelgesetz (Gai. 6 ad leg. duod. tab. D. 50.16.238.2), besonders im folgenden Satz: *Pignus appellatum a pugno, quia res, quae pignori dantur, manu traduntur. Unde etiam videri potest verum esse, quod quidam putant, pignus proprie rei mobilis constitui.* Nach Gaius stammt *pignus* vom *pugnus* (Faust), da die Pfandsachen mit der Hand übergeben werden (*manu traduntur*). S. zu der Stelle *Babusiaux*, Funktionen der Etymologie, in: Fundamina 1 (2014) 43. Neben Gaius befasst sich auch Gellius mit dem Begriff *pignoriscapio* (Gell. Noct. Att. 6.10.1–3). Das Wort *pignoriscapio* ist nach Gellius ähnlich mit dem Wort *usucapio*. Gellius beruft sich bei der Untersuchung der Etymologie des Wortes *pignoriscapio* auf die Varros *epistolicarum quaestiones*. Varo schreibt in diesem Werk eine besondere Bedeutung dem Wort *capio* zu, das mit dem Wort *captio* (die Ergreifung) austauschbar ist (Gell. Noct. Att. 6.10.2–3).

692 Zutreffend betont Wolf, dass wir in Bezug auf die *pignoris capio* nicht wissen, wie die Rechtmäßigkeit der Pfandnahme überprüft wurde. Uns ist auch nicht bekannt, was mit der gepfändeten Sache letzendlich geschah. S. *Wolf*, Der Legisaktionenprozeß, in: Wolf, Recht im frühen Rom. Gesammelte Aufsätze (2015) 59. Auch nach *Kaser*, Das altrömische ius (1939) 203 war der Prozess „publizistisch", aber worin die Publizität dieser Legisaktion sich äußerte, erklärt er nicht. Denkbar wären die Zeugen, die auch die Pfandnahme beobachten konnten. Für diese Annahme fehlen aber Quellenbelege.

rechtserzeugende Wirkung: Durch die Erklärung der *certa verba*, die Gaius aber nicht anführt, wird ein Rechtstitel für die Pfandnahme (*pignoris capio*) erst geschaffen. Die anschließende tatsächliche *pignoris capio* bedeutet die Durchsetzung des Rechtes eines Gläubigers, das erst durch die Erklärung der Spruchformel im Rahmen des *lege agere per pignoris capionem* konstituiert wurde. Der Zeitpunkt der Rechtsetzung und der der Rechtsdurchsetzung fallen dabei bei der Vornahme der *pignoris capio* zusammen. Der *legis actio per pignoris capionem* und der *legis actio per manus iniectionem* ist gemeinsam, dass beide Rituale keine „kontradiktorische Verhandlung" zwischen den Parteien voraussetzen.[693]

Die *pignoris capio* geht teils auf die Rechtssitte (*mores*) und teils auf das Zwölftafelgesetz (*leges*) zurück (Gai 4.26).[694] Die *pignoris capio*, die durch *mores* eingeführt wurde, existierte schon vor dem Zwölftafelgesetz (Gai 4.27). So dient etwa die ritualisierte *pignoris capio*, die auf Rechtssitten zurückgeht,[695] militärischen Zwecken. Sie wurde den römischen Soldaten wegen des ihnen zustehenden Gehalts (*stipendium*) bzw. Soldes (*aes militare*) gewährt. Weiters

---

693 *Varvaro*, HRP I (2023) 340, Rn. 73.

694 Neben den *legis actiones per pignoris capionem* existierten bei der Landpacht auch private *pignoris capiones*, die nicht, wie eine förmliche *legis actio per pignoris capionem*, auf Gesetz oder *mores* beruhten, sondern auf dem ausdrücklich oder mit der Verpfändung stillschweigend erklärtem Willen des Verpfänders, und die an keine Form gebunden waren. Vgl *Kaser*, Studien zum Römischen Pfandrecht, in: TR 44 (1976) 239 und 239. Folgende Quellen erwähnen *pignoris capio* als Form der Selbsthilfe: Gell. Noct. Att. 14.7.10; Cic. De or. 3.1.4; Suet. Iul. 17; Lex met. Vipasc. (ed. FIRA I) 35, 41, 45, 48. Vgl. *Varvaro*, § 9. Die Legisaktionen, in: HRP I (2023) 340 Rn. 73 mit Fn. 134.

695 Gai. 4.27: *Introducta est moribus rei militaris. Nam [et] propter stipendium licebat militi ab eo, qui aes tribuebat, nisi daret, pignus capere; dicebatur autem ea pecunia, quae stipendii nomine dabatur, aes militare. item propter eam pecuniam licebat pignus capere, ex qua equus emendus erat; quae pecunia dicebatur aes equestre. item propter eam pecuniam, ex qua hordeum equis erat conparandum; quae pecunia dicebatur aes hordiarium.* / Durch das Herkommen (*moribus*) wurde die *legis actio per pignoris capionem* wegen einer soldatischen Angelegenheit eingeführt; denn wegen des Soldes durfte ein Soldat von dem, der das *aes* zuteilte, ein *pignus* nehmen, wenn dieser nicht zahlte; und zwar wurde dasjenige Geld, welches als Sold gezahlt wurde, *aes militare* genannt. Ebenso durfte man ein *pignus* wegen des Geldes nehmen, von dem ein Pferd gekauft werden musste; dieses Geld wurde *aes equestre* genannt. Ebenso wegen des Geldes, von dem Gerste für die Pferde beschafft werden musste; dieses Geld wurde *aes hordiarium* genannt. Die Übersetzung stützt sich auf *Manthe*, Die Institutionen des Gaius^2 (2010) 335.

konnte ein Soldat ein Pfand bis zur Zahlung des Geldbetrages (im Sinne einer Militärabgabe) für den Kauf eines Pferdes (*aes equestre*) und Pferdefutters (*aes hordiarium*) nehmen.

Um die Versorgung der Soldaten zu gewährleisten, konnten sowohl private Personen als auch später der *tribunus*[696] zu Pfandschuldnern werden, und ihr Eigentum konnte mit einem Pfandrecht belastet werden.[697] Gaius erklärt nicht weiter, was Gegenstand des *pignus* sein konnte. Eventuell konnte ein Soldat auf Sachen des Pfandgebers zugreifen und sie bis zur Auszahlung des Soldes (*aes militare*), des Kaufpreises für ein Pferd (*aes equestre*) oder für das Futter (*aes hordiarium*) behalten.[698] Es wird auch nicht überliefert, ob und in welcher Form der Pfandschuldner sich von der Pfandschuld befreien konnte. Nicht klar ist auch, wie der Pfandgläubiger auf die verpfändete Sache zugreifen konnte, ob er diese Sache verwerten konnte oder, ob er ein Eigentum daran erwarb.[699]

Gaius (Gai. 4.28) führt die Pfandnahme (*pignoris capio*) im Fall der Nichtzahlung des (offenbar gestundeten) Kaufpreises für ein Opfertier oder des Mietzinses für ein Zugtier für Opferzwecke (*locatio iumenti pro dape*)[700] auf das Zwölftafelgesetz zurück.[701] Diese Ansprüche beruhen nach Kaser nicht auf

---

696 Wolf übersetzt den gaianischen Ausdruck (Gai. 4.27) „*qui aes tribuebat*" als „Zahlmeister". S. *Wolf*, Der Legisaktionenprozeß, in: Wolf, Recht im frühen Rom (2015) 58.

697 Während Gaius nicht erwähnt, gegen wen ein Soldat den Anspruch auf *aes militare* erhebt, der er mit der *legis actiones per pignoris capio* durchsetzt, nennt Varro, der durch Gellius zitiert wird, den *tribunus aerarius* als Adressat der *pignoris capio*. Vgl. Gell. 6.10.2: *Pignoriscapio ob aes militare, quod aes a tribuno aerario miles accipere debebat* … Die ältere Literatur und weitere Quellen zum Problem der steuerpflichtigen Person, die *aes militare* auszahlen muss vgl. *Bruns*, Zur Geschichte der cession (1868) 35 f.

698 Möglicherweise wurde die *legis actio per pignoris capionem* auch für das *aes pararium* durch die *equites* für den Kauf der Pferde angewandt. Dazu *Varvaro*, Lineamenti di procedura civile romana (2023) 57. Vgl. Fest., s. v. *paribus equis* (Lindsay 47.17–18).

699 Vgl. auch *Varvaro*, § 9 Die Legisaktionen, in: HRP I (2023) 341; *Varvaro*, Lineamenti di procedura civile romana (2023) 55.

700 *Steinwenter*, s.v. Pignoris capio, in: RE XX.1 (1941) 1236.

701 *Lege autem introducta est pignoris capio velut lege XII tabularum adversus eum, qui hostiam emisset nec pretium redderet; item aduersus eum, qui mercedem non redderet pro eo iumento, quod quis ideo locasset, ut inde pecuniam acceptam in dapem, id est in sacrificium, inpenderet; item lege censoria data est pignoris capio publicanis vectigalium publicorum populi Romani adversus eos, qui aliqua lege vectigalia deberent.*

einem (für die Zwölftafelzeit noch nicht anzunehmenden) Konsensualkontrakt *emptio venditio*, sondern gehen möglicherweise auf ein publizistisch-sakrales Verhältnis zurück.[702] Die Verwendung des Wortes *emisset* in der Wortfolge *adversus eum, qui hostiam emisset nec pretium reddere* weist meiner Ansicht nach darauf hin, dass zwischen dem Pfandnehmer und dem Käufer eine (möglicherweise formlose) Vereinbarung bestand. Der strenge Formalismus der frühen Zeit erfordert aber, dass die *conventio* der Parteien in eine durch das Recht anerkannte Form gekleidet wird. Es ist zu bezweifeln, dass eine Kaufpreisschuld durch ein einfaches Versprechen, den Preis zu zahlen, begründet werden konnte.[703] Die einseitige Spruchеrklärung des Pfandbestellers und des Gläubigers aus einer formlosen *conventio* im Rahmen eines *lege agere per pignoris capionem* erfüllt auf diese Weise eine Doppelfunktion: Somit wird der Anspruch des Gläubigers aus einer formlosen *emptio-venditio* oder *locatio-conductio* formalisiert, und gleichsam einen Anspruch des Gläubigers als Pfandbestellers feierlich ritualisiert.

Auf solche Weise dient das Ritual *lege agere per pignoris capionem* der rechtlichen Gestaltung und der Durchsetzung der Ansprüche des Verkäufers und des Vermieters, die andernfalls auf einer formlosen *conventio* beruhen würden und damit aufgrund der Formlosigkeit keine rechtliche Anerkennung und Durchsetzung in der archaischen und in der frührepublikanischen Zeit (vermutlich vor der Einführung des Formularprozesses) gehabt hätten. Schönbauer hingegen nimmt an,[704] dass die Zahlung hier auf einer Formalobligation, nämlich einer *stipulatio*, beruht. Diese These kann zwar nicht ausgeschlossen werden, jedoch beschreibt Gaius die Ansprüche des Verkäufers eines Opfertieres mit dem Wort *emere* und jene des Vermieters des Opfertieres mit dem Begriff *locatio*. Für die Ansprüche aus der Stipulation wird jedoch in den Quellen in der Regel das Wort *promittere* verwendet.[705]

Ebenso wurde die *pignoris capio* gemäß Gaius für die Durchsetzung der Ansprüche aus der *lex censoria* (Gai. 4.28), d. h. aus einer Klausel des öffentlichrechtlichen Pachtvertrages, verwendet. Die Publikanen waren aufgrund der öffentlichen Pachtverträge (die mit einer *lex censoria* ausgestattet wurden) berechtigt, für die Republik fällige Geldforderungen von den Verpflichteten zu fordern.[706] Sie waren somit ermächtigt, im Namen der Republik Geld für

702 *Kaser*, Das altrömische ius (1949) 206.
703 *Schönbauer*, Zur Frage des Eigentumsübergangs beim Kauf, in: SZ 52 (1932) 216.
704 *Schönbauer*, Zur Frage des Eigentumsübergangs beim Kauf, in: SZ 52 (1932) 216.
705 S.v. *promittere*, in: HS, 468.
706 *Maganzani*, Pubblicani e debitori d'imposta (2002) 9 f.

öffentliche Zwecke einzutreiben. Hervorzuheben ist, dass unter den Fällen der *pignoris capio*, die auf *mores* zurückzuführen sind, auch Soldaten das Recht eingeräumt wurde, Geldforderungen für militärische und daher öffentliche Zwecke einbringlich zu machen. Die Delegation der magistratischen Pfändungsbefugnis für die Vornahme der *pignoris capio* ist ein Ausfluss der frühen Staatlichkeit Roms, in welcher hoheitliche Funktionen teilweise an Privatpersonen übertragen wurden.[707] Für das Verständnis des Wesens des *agere* ist die Anwendung der *legis actio per pignoris capionem* durch die Publikanen deswegen relevant, weil sie zeigt, dass das *agere* als Rechtsbehelf den privaten Personen eingeräumt wurde, die sowohl als Subjekte der privatrechtlichen Verhältnisse als auch als Träger der öffentlichen Funktionen agieren konnten.[708]

5.7.1. Das Fortwirken der *legis actio per pignoris capionem* in Form der *actio damni infecti*

Möglicherweise wurde die *legis actio per pignoris capionem* auch für den Fall des *damnum infectum* verwendet. Gaius definiert das *damnum infectum* in seinem Kommentar zu dem Provinzialedikt folgendermaßen (Gai. 28 ed. provinc. D. 39.2.2): *Damnum infectum est damnum nondum factum, quod futurum veremur.* Unter *damnum infectum* wird daher ein drohender Schaden verstanden, der dem Eigentümer des bedrohten Grundstücks die Rechtsmacht einräumt, das Pfand auf das Grundstück des Nachbarn zu nehmen, wenn ihm durch das Gebäude des Nachbargrundstücks ein Schaden droht.[709]

Für die Anwendung der *pignoris capio* in den Fällen des *damnum infectum* sprechen systematische Argumente in den Institutionen des Gaius. Er berichtet zuerst über die Anwendungsfälle der *legis actio per pignoris capionem* (Gai.

707 *Kaser*, Das altrömische ius (1949) 206. Vgl auch *De Martino*, La storia dei pubblicani, in: Labeo 39 (1993) 7 Fn. 10, der die *pignoris capio* als „mezzo assai primitivo di autotutela, comune ad altri popoli" bezeichnet.

708 Eine weitere Quelle, in der die Anwendung der *pignoris capio* durch Publikanen bestätigt wird, ist die sogenannte *lex rivi Hiberiensis* (Die Textedition nach *Einheuser*, Studien zur *lex rivi Hiberiensis* [2017] 12–17). Aus § 8 II 43–49 des Gesetzes folgt, dass die Publikanen und die *magistri pagi* eine Pfandnahme vornehmen konnten. Wenn der Schuldner die Vornahme der *pignoris capio* verhindern wollte, musste er eine Strafe zahlen. Vgl. die Rekonstruktion des Gesetzestextes, seine Übersetzung sowie wN in *Einheuser*, ebd. 12–20, 52 f. Über die Verwendung des Terminus *publicanus* im genannten Gesetz vgl. *Nörr*, Prozessuales (und mehr) in der *lex rivi Hiberiensis*, in: SZ 125 (2008) 168–170.

709 *Albanese*, Il processo privato romano delle legis actiones (1987) 53, Fn. 185, 55.

4.26–29), anschließend über die Außerkraftsetzung der *legis actiones* zuerst gemäß der *lex Aebutia* und dann durch die *leges Iuliae* (Gai. 4.30). Gaius betont weiters, dass einige *legis actiones* ihre Rechtsverbindlichkeit in zwei Fällen behalten – im Verfahren der Zentumviren[710] und für *damnum infectum*[711] (Gai. 4.31). Nach der Erörterung dieser zwei Fälle (Gai. 4.30) und der Erklärung des Anwendungsbereiches des *damnum infectum* und der Vorteile der prätorischen Garantie-*stipulatio* folgt eine Lücke.[712] Gleich danach folgt die lückenhafte Stelle 4.31 nach *„per pignoris capionem ...*". Der Anfang dieses lückenhaften Fragments 4.31 (in dem 24 Zeilen fehlen)[713] schließt sich textuell an die Darstellung der *legis actio damni infecti* an.

Aufgrund dieses textuellen Zusammenhanges wurde in der Literatur vor allem von Albanese und Falcone[714] die Annahme geäußert, dass die *legis actio damni infecti* eine Form der *legis actio per pignoris capionem* ist.[715] In der lückenhaften Stelle in Gai 4.31 hätte Gaius angeblich den Mechanismus der *legis actio damni infecti* näher dargestellt.[716] Dieses Argument lässt sich anhand der folgenden Digestenstelle überprüfen (Paul. 16 Sab. D. 43.8.5):

---

710 Gai. 4.31: *... Tantum ex duabus causis permissum est [id legis actionem facere] lege agere, damni infecti et si centumuirale iudicium futurum est ...* / Nur aus zwei Gründen ist es erlaubt, mittels Spruchformeln zu klagen; wegen zugefügten Schadens und wenn ein Gerichtsverfahren vor den Hundertmännern bevorsteht; in der Tat wird mit Spruchformel durch Geldeinsatz vor dem Stadtprätor oder dem Fremdenprätor geklagt ... Die Übersetzung nach *Manthe*, Die Institutionen des Gaius[2] (2010) 337. S. Gai. 4.95: *... ceterum si apud centumviros agitur, summam sponsionis non per formulam petimus, sed per legis actio* / Wenn übrigens vor den Hundertmännern geklagt wird, so verlangt man den Sponsionsbetrag nicht durch eine Klageformel heraus, sondern durch eine Spruchformelklage. Die Übersetzung nach *Manthe*, ebd. 377.

711 *Falcone*, Sulle tracce del lege agere damni infecti, in: AUPA 43 (1995) 522.

712 Gai. 4.31: *Per pignoris capionem [. . . . .tota pag. . . . .] apparet* / Durch Pfandnahme [...] ist offenkundig.

713 *Gulina*, Lege agere damni infecti, in: Scritti Franciosi II (2007) 1158.

714 *Albanese*, Gai 4.31 e il lege agere, in: AUPA 31 (1969) 6 f., 24 f mit weiterer Literatur. *Albanese*, Il processo privato romano delle legis actiones (1987) 54 f., 55 Fn. 191; *Falcone*, Sulle tracce del lege agere damni infecti, in: AUPA 43 (1995) 524 f. Weitere Literatur bei *Gulina*, „Lege agere damni infecti" e „pignoris capio", in: Scritti Franciosi II (2007) 1160, Fn. 10

715 *Gulina*, Lege agere damni infecti, in: Scritti Franciosi II (2007) 1159; *Bertoldi*, La lex Iulia iudiciorum privatorum (2003) 111.

716 *Rainer*, *Legis actio* und *damnum infectum*, in: FS Hausmaninger (2006) 245 f.

Si per publicum locum rivus aquae ductus privato nocebit, erit actio privato ex lege duodecim tabularum, ut noxa domino [cavea{r}tur] sarciatur.[717]
Wenn ein über öffentliches Land geführter Aquädukt einem privaten Eigentümer droht Schaden zu zufügen, wird dem privaten Grundeigentümer eine *actio ex lege duodecim tabularum* zustehen, damit dem Eigentümer ein Schadensausgleich sichergestellt wird (oder: der Schaden dem Eigentümer erstattet wird).[718]

In der Paulus-Stelle wird folgende Situation beschrieben: Für öffentliche Zwecke wird ein Aquädukt errichtet, das mit dem Risiko eines Schadenseintrittes für ein privates Grundstück verbunden ist. Paulus gewährt dem privaten Eigentümer eine *actio ex lege duodecim tabularum*, die darauf gerichtet ist, diesem Eigentümer den Schadensausgleich sicherzustellen. In der Forschung wird fast einstimmig angenommen, dass Paulus unter der *actio ex lege duodecit tabularum* die *legis actio damni infecti* aus der Gaius-Stelle 4.31 versteht. Das entspricht der oben erwähnten Mitteilung von Gaius (Gai. 4.31), wonach die *legis actio* für die Fälle des *damnum infectum* auch nach den *leges Iuliae* verwendet wird.

Ungeachtet der angeführten palingenetischen Argumente, die in der *legis actio damni infecti* in der Paulus-Stelle eine besondere Form der *legis actio per pingoris capionem* sehen, werden in der Literatur weitere Vermutungen über die Rechtsnatur der *actio damni infecti* geäußert. Branca und Burckhard[719] sehen in der erwähnten *actio* eine Art der *legis actio sacramento in personam*, wenn der Eigentümer des Privatgrundstücks den Ersatz des Aufwands für den erlittenen Schaden fordert. Rainer hat die *actio damni infecti* als besondere Art der *legis actio per iudicis arbitrive postulationem*, qualifiziert.[720] Wlassak sieht in der von Paulus erwähnten *actio* eine *legis actio sui generis*: Diese *legis actio* hat nach

---

717 In der Auflage von Krüger wird das Verb *sarciatur* angenommen. Weitere möglichen Lesevarianten vgl. bei *Bignardi*, Actio, interdictum, arbores, in: Index, 12 (1983–1984) 502 f.

718 In der *littera Florentina* steht das Verb *caveatur*. Die in der Ausgabe von Krüger/Mommsen übernommene Textrekonstruktion geht auf Cujas zurück, der das Wort *caveatur* durch das Wort *sarciatur* ersetzt. *Collinet*, Études sur la saisie privée (1893) 76. Bei der Verwendung des Verbs *caveatur* lässt sich die Aussage folgenderweise rekonstruieren: falls beim Bau des öffentlichen Aquäduktes einem privaten Eigentümer Schaden droht, kann der Eigentümer aufgrund der *actio ex lege duodecim tabularum* eine Garantie fordern. Wenn im Text *sarciatur* (erstattet) steht, ist der Zweck der *actio ex lege duodecim tabularum* v.a., einen Schadenersatz zugunsten des Eigentümers des privaten Grundstücks zu ermöglichen.

719 *Burckhard*, Ausführliche Erläuterungen der Pandecten nach Hellfeld – ein Commentar begründet von Glück fortgesetzt von Mühlenbruch ua, Serie der Bücher 39–40, Teil 2. (1875) 75 f.

720 *Rainer*, Bau- und nachbarrechtliche Bestimmungen (1987) 111 f.

seiner Ansicht zwei Phasen. In der ersten außergerichtlichen Phase wird der Beklagte aufgefordert, die drohende Gefahr für das Grundstück des Akteurs zu beseitigen. Falls diese Aufforderung nicht erfüllt wird, folgt eine *actio* mit der Forderung, die Aufwendungen zu erstatten. Eine ähnliche Interpretation hat später Biondi entwickelt.[721] Karlowa[722] und Bethmann-Hollweg[723] sowie Falcone und Albanese qualifizieren die *actio damni infecti* als *legis actio per pignoris capionem*, die ich anhand der systematischen Argumente für plausibel halte und mich daher dieser Meinung anschließe. Diese *legis actio damni infecti* wurde von den Juristen nach dem Muster der durch *mores* und *leges* eingeführten *legis actio per pignoris capionem* entwickelt. Diese besondere *legis actio per pignoris capionem* war darauf gerichtet, dem Eigentümer einen Zugriff auf das Grundstück des Nachbarn, von dem die Bedrohung ausging, zu gestatten.

In der *actio damni infecti* als Form der *legis actio per pignoris capionem* sind Elemente der rechtsgeschäftlichen Rechtsgestaltung (in Form einer Garantie) mit jenen der Rechtsverfolgung eng verbunden. Die Erklärung der *certa verba* bei der Vornahme der *legis actio per pignoris capionem* hat eine rechtskonstitutive Wirkung, da sie eine besondere Verpflichtung des Beklagten begründet, bestimmte drohende Handlungen zu unterlassen. Die Nichtbeachtung dieser durch den formalen Sprechakt gestalteten Verpflichtung, bestimmte Handlungen zu unterlassen, führt zur Befriedigung aus dem Pfandvermögen. Somit weist *legis actio damni infecti* auch Elemente eines Aktes der Rechtsdurchsetzung auf.

Die Verwendung der *legis actio per pignoris capionem* in Form der *legis actio damni infecti* bestätigt das Fortwirken der alten Formen des *agere*: Nicht nur in Form der *iurisdictio voluntaria* und jener der *actiones legitimae* und *actus legitimi*[724] werden alte mündliche und feierliche Spruchformeln verwendet, sondern auch als eine besondere *legis actio damni infecti*.

---

721 *Biondi*, Actiones noxales, in: AUPA 10 (1925)18.

722 *Karlowa*, Der römische Civilprozess zur Zeit der Legisactionen (1872) 216–218; *Karlowa*, Römische Rechtsgeschichte II.1 (1901) 481–482.

723 *Bethmann-Hollweg*, I (1864) 204, Fn. 13.

724 S. dazu unten Abschnitt 6.5. Die *actus legitimi* als ritualisierte Akte rechtsgeschäftlicher Natur, 212.

6. *Agere, actio, actus* als Akte der Rechtsverfolgung und der rechtsgeschäftlichen Gestaltung

Im Abschnitt „Genealogie des *agere*" wurde gezeigt, dass erst durch die Erklärung einer Spruchformel ein Rechtstitel für die daran schließenden *manus iniectio* (Personalvollstreckung) und die *pignoris capio* (Pfandnahme) erzeugt wird. Bei dem *agere sacramento* kann die Sprucherklärung *meum esse aio* und die Anlegung der *festuca* dem Erklärenden das Eigentumsrecht verschaffen, wenn der Gegner unterliegt.

Auch anhand anderer Quellen v. a. über sogenannte „nachgeformte" Rechtsgeschäfte, aber auch über das *agere cum populo* lässt sich zeigen, dass das *agere* und die *actio* sowohl das einseitige Rechtsgeschäft als auch den Akt der Rechtsverfolgung bzw. Rechtsdurchsetzung in sich vereinigen.

6.1. Das *agere* und die *mancipatio*

Gaius betont die Verbindung zwischen den Begriffen *agere*, *dicere* und *aio* bei der Beschreibung der *mancipatio*, die in erster Linie die Übertragung des Eigentums bewirkt, und später analog für ein weites Spektrum an Sachverhalten ihre Anwendung findet (Gai. 1.119–120):

> *Est autem mancipatio, ut supra quoque diximus, imaginaria quaedam venditio: quod et ipsum ius proprium civium Romanorum est; eaque res ita agitur: adhibitis non minus quam quinque testibus civibus Romanis puberibus et praeterea alio eiusdem condicionis, qui libram aeneam teneat, qui appellatur libripens, is, qui mancipio accipit, rem tenens ita dicit: HUNC EGO HOMINEM EX IURE QUIRITIUM MEUM ESSE AIO ISQUE MIHI EMPTUS ESTO HOC AERE AENEAQUE LIBRA; deinde aere percutit libram idque aes dat ei, a quo mancipio accipit, quasi pretii loco.*
> Und zwar die Manzipation, wie auch schon gesagt, eine Art symbolischen Verkaufs, und gerade dieses Rechtsinstitut ist ein Sonderrecht der römischen Bürger. Dieses Geschäft wird folgendermaßen durchgeführt: Unter Hinzuziehung von mindestens fünf Zeugen, die mündige römische Bürger sind, sowie eines weiteren Mannes derselben Rechtsstellung, der eine kupferne Waage hält und Wagenhalter heißt, fasst derjenige, der durch Manzipation erwirbt, die Sache an und spricht folgendermaßen: ICH ERKLÄRE, DASS DIESER MENSCH NACH QUIRITISCHEM RECHT MIR GEHÖRT, UND ER SOLL DURCH MICH GEKAUFT SEIN MIT DIESEM KUPFERSTÜCK UND MIT DIESER KUPFERNEN WAAGE; darauf schlägt er mit dem Kupferstück an die Waage und gibt dieses Kupferstück demjenigen, von dem er durch Manzipation erwirbt, sozusagen anstelle des Kaufpreises.[725]

---

725 Die Übersetzung (außer *aio*, das als „ich erkläre" übersetzt wird) von *Manthe*, Die Institutionen des Gaius[2] (2010) 79.

In anderen Quellen wird die Manzipation sowohl mit dem Verb *agere* als auch mit den Substantiven *actus* (Gai 2.27)[726] und *actio* beschrieben.[727] Substantivierte Formen – *actus* und *actio* – verweisen darauf, dass sich die *mancipatio* als eine institutionalisierte Rechtsfigur mit dem Anwendungsbereich etabliert hat und durch das Vortragen der Spruchformel sowie mit bestimmten Gesten vorgenommen wird.

In der angeführten Stelle spricht Gaius von der *mancipatio* als Form des *agere*. Gaius verwendet diese Verbalform – in der Wendung *res ita agitur* – für die Beschreibung des Prozedere, des Verfahrens.[728] Das ritualisierte *agere per mancipationem* besteht gemäß seinem Bericht in der Spruchererklärung und der Handanlegung des Erwerbers, worauf der Ausdruck „*rem tenens ita dicit*" (derjenige [gemeint wird derjenige, der durch Manzipation erwirbt] fasst die Sache an und spricht) verweist.[729] In der Spruchformel der *mancipatio* lassen sich zwei

726 Vgl. Gai 2.27: *aliter enim veteri lingua actus appelari solebat qui nostra est mancipatio* / In alter Sprache wurde nämlich das Geschäft, welches in unserer Sprache die „Manzipation" ist, gewöhnlich anders bezeichnet. Die Textausgabe und die Übersetzung folgt *Manthe*, Die Institutionen des Gaius² (2010) 123. Die Veronesische Handschrift weist im § 27 eine Lücke auf. Von dem von den Herausgebern angebotenen Begriff *actus* ist in der Handschrift nur der erste Buchstabe *a*[...] übergeblieben. Heute ist angenommen, dass mit *a* der Begriff *actus* beginnt. Die Lücke wird in folgenden Auflagen nicht gefüllt: *Huschke/Seckel/Kübler*, Gai Institutionum commentarii quattuor (1903) 58; *Polenaar/Krüger/Studemund*, Syntagma institutionum novum (1876) 19. In der Auflage von Kübler wird *a* als Hinweis auf *actus* verstanden.

727 Vgl. Pap. 28 quaest. D. 50.17.77. In Fragmenta Vaticana wird die *mancipatio* als *actio* bezeichnet (Frg. Vat. 47a) . Daraus ist zu schließen, dass die *coemptio* eine Form der *actio* ist.

728 Auch das *nexum* wird neben der *mancipatio* als *agere* bezeichnet, als Ritual, das mit der Erklärung feierlicher Worte und mit Kupfer und Waage vorgenommen wird. S. Cic. De or. 3.40.159: *nexum quod per libram agitur*. Vgl. *Ruelle*, Sacrifice, énonciation et actes de langage en droit romain archaïque, in: RIDA 49 [2002] 207.

729 An anderer Stelle bezeichnet Gaius die *mancipatio* als *agere*, wenn er über seine Vornahme in Anwesenheit der Freunde spricht (Gai. 2.25): *Plerumque tamen et fere semper mancipationibus utimur: quod enim ipsi per nos praesentibus amicis agere possumus, hoc non interest nec necesse cum maiore difficultate apud praetorem aut apud praesidem prouinciae agere* / Dennoch bedient man sich meistens oder sogar fast immer der Manzipationen; Was man nämlich selbst in eigener Person und in Gegenwart von Freunden tun kann, das braucht man nicht mit größerer Umständlichkeit vor dem Prätor oder vor dem Provinzstatthalter zu tun. Die Übersetzung nach *Manthe*, Die Institutionen des Gaius² (2010) 121.

Teile unterscheiden: *HUNC EGO HOMINEM EX IURE QUIRITIUM MEUM ESSE AIO* und *ISQUE MIHI EMPTUS ESTO HOC AERE AENEAQUE LIBRA*. Der erste Teil ist mit dem *agere sacramento* identisch: *HUNC EGO HOMINEM EX IURE QUIRITIUM MEUM ESSE AIO*. Hier wird auch das Verb *aio* als die verwandte Form des *agere* (*ago* und *aio*) verwendet. Dieser Akt stellt einen Sprechakt dar, der das Entstehen des Eigentumsrechts des Erwerbers bewirkt. Im zweiten Teil der Spruchformel wird eine Imperativform verwendet: *MIHI EMPTUS ESTO*. Ihrem Wesen nach ist dieser Teil der Spruchformel solchen Ausdrücken aus dem Zwölftafelgesetz wie „*uti lingua nuncupassit, ita ius esto*" und „*rem ubi pacunt, orato*" äquivalent. Die Imperativform in dem zweiten Teil der Spruchformel repräsentiert eine einseitige „Einräumung"[730] des Rechts auf den gekauften Sklaven. Der Erwerber verweist mit dieser Spruchformel nicht auf seine Eigentumsposition, sondern auf seine schuldrechtliche Stellung als Käufer, worauf das Wort *EMPTUS* hindeutet. Die Manzipation ist somit mehr als ein Akt, mit dem das Eigentumsrecht behauptet, erzeugt oder neu anerkannt wird. Während auf die Existenz einer *causa* bei der Eigentumsbehauptung in der *legis actio sacramento* und in der *legis actio per manus iniectionem* nur verwiesen wird, wird sie in der Spruchformel der *mancipatio* direkt genannt, und gewährt der Eigentumsbehauptung *MEUM ESSE AIO* eine zusätzliche auf einem Kauf beruhende Rechtsverbindlichkeit bzw. einen zusätzlichen Rechtstitel.

Die sowohl für die *mancipatio* als auch für die *legis actio sacramento* verwendete Spruchformel *MEUM ESSE AIO* zeigt allerdings, wie das ritualisierte *agere* die Elemente der prozessualen Verfolgung und der rechtsgeschäftlichen Gestaltung in sich vereinigt. Auch im Fall der *mancipatio* spielt die „Wortmagie" eine zentrale Rolle in der Erzeugung der Eigentumsposition des Erwerbers genauso wie bei dem *agere sacramento*. Der Sprechakt *MEUM ESSE AIO* bewirkt die Veränderung der Rechtsrealität: Indem der Akteur erklärt, dass der Gegenstand der *mancipatio* (ein Sklave) ihm gehört, wird dieser Gegenstand zu seinem Eigentum.[731] Der Unterschied zwischen dem *lege agere sacramento* und der ihm „nachgebildeten"[732] *mancipatio* liegt weiters darin, dass die *mancipatio*

730 *Hofmann/Szantyr*, Lateinische Syntax und Stilistik II (1965) 338.

731 Vgl. dazu *Hägerström*, Der römische Obligationsbegriff I (1927) 36 f. Kritisch zu *MEUM ESSE AIO* als Rechtsetzungsakt *Wolf*, Funktion und Struktur der Mancipatio, in: Wolf, Recht im frühen Rom (2015) 116, der in dieser Spruchformel eine bloße Eigentumsbehauptung sieht.

732 *Rabel*, Nachgeformte Rechtsgeschäfte, in: SZ 27 (1906) 290–335 und SZ 28 (1907) 300 f.; *Pringsheim*, Symbol und Fiktion in antiken Rechten, in: Gesammelte

ein friedliches Verfahren darstellt, während sich die *legis actio sacramento* in einen prozessualen Konflikt verwandeln kann; Aus diesem Grund findet die *legis actio sacramento* gemäß der Überlieferung von Gaius *in iure* statt, die *mancipatio* wird vor Zeugen vorgenommen.[733]

Als hochformalisierter persönlicher ritualisierter Akt wurde die *mancipatio* durch Ergänzungen, wie *leges mancipio dictae*[734] bzw. *nuncupationes*[735] an neue Sachverhalte angepasst. Der zweite Teil der Manzipationsspruchformel, nämlich *ISQUE MIHI EMPTUS ESTO HOC AERE AENEAQUE LIBRA*, wie er von Gaius angeführt wurde, scheint eine Form der *nuncupatio* zu sein, und ist somit ein veränderbarer Teil der Spruchformel. Die Ergänzung und Anpassung der *mancipatio* erfolgt möglicherweise durch die Priesterjuristen und nämlich durch *pontifices*. Das führt zur Erarbeitung neuer Rechtsfiguren rechtsgeschäftlicher Natur, die ihrem Grund nach dem Archetyp der *mancipatio* entsprechen. Zu solchen Figuren zählen u.a. die *mancipatio familiae*,[736]die *emancipatio*,[737] die *adoptio*[738] und die *coemptio*.[739]

Abhandlungen II, 1961, 396 f.; *Wolf*, Funktion und Struktur der Mancipatio, in: Wolf, Recht im frühen Rom (2015) 115–140.

733 Die These über die Gleichsetzung der *mancipatio* mit dem Scheinprozess, und über die Herleitung der *mancipatio* aus der *legis actio sacramento* geht schon auf *Schultze*, Privatrecht und Process in ihrer Wechselwirkung (1883) 464 zurück.

734 *Randazzo*, Leges mancipii (1998) 133–134.

735 *Kaser*, Das Römische Privatrecht² I (1971) 47; ferner *Behrends*, La mancipation elle XII Tavole, in: Iura 33 (1982) 46–103; *Cursi*, La mancipatio decemvirale e il nuovo diritto dei plebei, in: Essays Sirks (2014) 145–160; *Randazzo*, Leges mancipii (1998) 134 f.

736 Gai. 2.102.

737 Die *emancipatio* gehört zur freiwilligen Gerichtsbarkeit und wird in den Quellen als *legis actio* und als *actus legitimus* qualifiziert. S. dazu Abschnitt 6.5. Die *actus legitimi*, S. 212.

738 S. dazu unten Abschnitt 6.2.Das *agere* und die Formen der Adoption, S. 204.

739 Die *coemptio* wird mit der Erklärung einer feierlichen Formel, deren Kern die Aussage „*meum esse aio*" ist, begleitet. Vgl. Gai. 1.113: *Coemptione vero in manum conveniunt per mancipationem …* Der *pater familias* verlangt mit der Zeit eine Gegenleistung für die „Entführung" seiner eigenen Tochter, und das ursprüngliche einseitige Ritual wird zu einer *coemptio*. Auch der *coemptio* liegt ein Akt der *vindicatio* zugrunde, der durch die ritualisierte Sprucherklärung zum rechtmäßigen Ritual der *mancipatio* wird. S. *Franchini*, Alle origini di negozio e processo, in: Omaggio Burdese I (2012) 183.

6.1.1. *Mancipatio familiae* und das *agere*

Als *mancipatio familiae* bezeichnet Gaius den „Verkauf" des Vermögens des Erblassers an einen Freund mit der Bedingung (*nuncupatio*), dass der Käufer (*familiae emptor*) das Vermögen nach dem Tod des Verkäufers gemäß dessen Willen verteilt (Gai. 2.102):

> *... is, si subita morte urguebatur, amico familiam suam, id est patrimonium suum, mancipio dabat eumque rogabat, quid cuique post mortem suam dari vellet. Quod testamentum dicitur per aes et libram, scilicet quia per mancipationem peragitur.*
> ... der manzipierte, wenn er plötzlich den Tod nahen fühlte, verkauft einem Freund seine Familie, d. h. sein Vermögen, und bat ihn auszuführen, was nach seinem Willen einem jeden nach seinem Tode gegeben werden sollte. Dieses Testament heißt durch Kupfer und Waage, natürlich weil es durch eine Manzipation vollzogen wird.[740]

Gaius überliefert nicht die Spruchformel, die bei der Durchführung dieses Rituals verlautbart werden muss. Er verweist aber auf die Ausübung dieser *mancipatio* mit Kupfer und Waage (*per aes et libram*). Die Verwendung dieser Attribute erlaubt gemäß Gaius, das Ritual erfolgreich vorzunehmen – *per mancipationem peragere*. Die Form *peragere* enthält das Präfix *per*, das hier eine abschließende Funktion hat. Das Präfix *per* hat „valore perfettivizante"[741] und drückt die Auffassung der vollkommenen bzw. abgeschlossenen Handlung aus. Das *peragere* verweist auf solcher Weise einerseits auf einen erfolgreichen Ausgang des Rituals und andererseits auf die Rechtmäßigkeit des *agere* (in diesem letzten Sinn nähert sich das *peragere* meines Erachtens dem in den klassischen Quellen geläufigen Ausdruck *recte agere*). Die Beachtung der ritualisierten Form – die Vornahme der *mancipatio* mit Kupfer und Waage – ist also notwendig und ausreichend, damit die Rechtswirkung der *mancipatio* eintritt.

Nicht nur die angeführten *negotia per aes et libram* als Formen der *mancipatio* werden als *acta* und *agere* bezeichnet. Auch die Stipulation gehört zu den Formalgeschäften, die in den Quellen als *agere* und *actio* bezeichnet werden.[742]

740 Die Übersetzung nach *Manthe*, Die Institutionen des Gaius² (2010) 145.

741 Über das Präfix *per* im Zusammenhang mit dem Verb *perorare* s. *Fiori*, Il processo privato, in: Cursi (Hg.), XII Tabulae, Testo e commento I (2018) 69

742 Vgl. Pap. 27 quaest. D. 19.5.8: ... *tametsi quod inter eos ageretur verbis quoque stipulationis conclusum non fuisset* / ... Obwohl ihre Vereinbarung nicht auch mit förmlichen Worten in eine Stipulation aufgenommen worden ist. Die Übersetzung folgt *Behrends/Knütel/Kupisch/Seiler*, CIC 3 (1999) 599.

Die Bezeichnung der Stipulation mit den Worten *agere*, *actus* und *actum* hebt ihre Vornahme mit einer Spruchformel hervor.[743]

6.2. Das *agere* und die Formen der Adoption

Das Wort *agere* kommt in den Quellen im Zusammenhang mit Formen der Annahme eines Kindes in die Familie – die *adrogatio* (wird für gewaltfreie Personen verwendet) und die *adoptio* (gilt für Hauskinder) – zur Anwendung.[744]

Die *adoptio* ist eine von den *pontifices*[745] erarbeitete Konstruktion, die aus zwei Akten besteht: aus einer *emancipatio* und einer *vindicatio.*[746] Bei diesem Verfahren wird das Kind zuerst emanzipiert, was durch die dreifache *mancipatio* erfolgt.[747] Im Anschluss vindiziert der adoptierende *pater familias* das nun *sui iuris* gewordene Kind[748] entweder bei dem vormaligen Vater oder bei

---

743 Pap. 2 quaest. D. 45.1.115 pr. … *si dies in stipulatione per errorem omissus fuerit, cum id ageretur, ut certo die sisteres, imperfecta erit stipulatio* / … Wenn ein Tag in der Stipulation fehlerhaft ausgelassen wurde, obwohl ausgemacht wurde (*cum id ageretur*), dass du an einem bestimmten Tag leistest, so wird die Stipulation unwirksam sein. Vorwiegend wird die *stipulatio* mit den substantivierten Formen wie *actum* und *actus* in Verbindung gesetzt. So wird der Ausdruck *actus stipulantis* verwendet (Venon. 1 stip. D. 45.1.137 pr.). S. auch Florent. 8 inst. D. 45.1.65 pr. *Quae extrinsecus et nihil ad praesentem actum pertinenta adieceris stipulationi, pro supervacuis habebuntur nec vitiabunt obligationem, veluti si dicas: „arma virumque cano: spondeo", nihil minus valet.* Vgl. auch Maec. 2 fideicom. D. 44.7.31.

744 S. *Lamberti*, § 34 Hauskinder, in: HRP I (2023) Rn. 4, 859–860; Über den Anwendungsbereich der *adoptio* ebd. Rn. 24, 25, S. 866.

745 Cic. De domo sua 34: *Quod est, pontifices, ius adoptionis?*

746 Gai. 1.134; Gell. Noct. Att. 5.19.1–3. Die Literatur s. bei *Lamberti*, Famiglia (2014) 28–31; *Lamberti*, § 34. Hauskinder (*filii familias*), in: HRP I (2023) Rn. 23 mit Fn. 37, S. 865.

747 Während für die Zeit des Zwölftafelgesetzes die *emancipatio* impliziert, dass der *pater familias* trotz *mancipatio* seine *patria potestas* nicht verloren hat, und die dreifache *mancipatio* daher möglich war, war später die einzelne *mancipatio* ausreichend, um die Freilassung des eigenen Sohnes zu erreichen. Vgl. *Marrone*, Istituzioni di diritto romano (2006) 243.

748 Möglicherweise bezieht sich der Text des Zwölftafelgesetzes nur auf männliche *filii familias* und ihre unmittelbaren Nachkommen (Gai. 1.132). Nach Sabinianern hätte der gleiche Text nur die *mancipationes voluntariae* betroffen (Gai. 4.79). Vermutlich erlischt die *patria potestas* über die weiblichen Nachkommen und weibliche Enkel *in potestate* nach einer einmaligen *mancipatio*. *Marrone*, Istituzioni di diritto romano (2006) 243.

einem Dritten.[749] Das Verfahren findet vor dem Prätor statt und wird mit der prätorischen *addictio* abgeschlossen. Die Adoption vor dem Gerichtsmagistrat wird gemäß den Quellen mithilfe einer *legis actio* unter der Aufsicht des Gerichtsmagistrates auch nach der Abschaffung des Legisaktionenverfahrens durchgeführt.[750] Die *legis actio* durch einen Magistrat im Formularverfahren wird hier im Rahmen der sogenannten freiwilligen Gerichtsbarkeit (*iurisdictio voluntaria*)[751] angewandt.

Die *adoptio* und die *adrogatio*[752] werden von Ulpian in Verbindung mit dem Wort *agere* gebracht. Er beschreibt das Wesen der *adoptio* und der *adrogatio*[753] mit dem Ausdruck *solemnitatem peragere*,[754] wie folgt (Ulp. 5 opin. D.1.7.25.1):

> *Neque adoptare neque adrogare quis absens nec per alium eiusmodi sollemnitatem peragere potest.*

---

749 Gai. 1.134: *Deinde aut patri remancipatur, et ab eo is, qui adoptat, vindicat apud praetorem filium suum esse, et illo contra non vindicante a praetore vindicanti filius addicitur, aut non remancipatur patri, sed ab eo vindicat is, qui adoptat, apud quem in tertia mancipatione est.*

750 Ulp. 26 Sab. D. 1.20.1; Ulp. 26 Sab. D. 1.16.3. Vgl. Pap. 28 quaest. D. 50.17.77, der die *adoptio* zu den *actus legitimi* zählt. S. auch weitere Quellen zu der Adoption im Sinne einer *legis actio* bei *Simshäuser*, Iuridici und Munizipalgerichtsbarkeit in Italien (1973) 228.

751 Vgl. Marc 1 inst. D. 1.16.2 pr. Die *iurisdictio voluntaria* wird für die Durchführung der Emanzipation von Hauskindern, für die Sklavenfreilassung (*manumissio vindicta*) sowie für die Adoption verwendet. Marcian spricht von der *iurisdictio voluntaria* im Zusammenhang mit den Jurisdiktionsbefugnissen eines Statthalters bzw. Prokonsuls, der außerhalb seines Bezirkes das Recht spricht. Vgl. auch Ulp. 26 Sab. D. 1.18.2; Paul, 50 ed. D. 40.2.17. Auch Plin. Epist. 1.16. Über die *iurisdictio voluntaria* vgl. *Jörs*, Untersuchungen zur Gerichtsverfassung der römischen Kaiserzeit (1892) 2; *Wacke*, Zur iursdictio voluntaria, in: SZ 106 (1989) 180–209; *Solazzi*, Iurisdictio contenziosa und iurisdictio voluntaria, in: Solazzi, Scritti di diritto romano III (1960) 163–169. Zu der *manumissio vindicta* als Anwendungsfall der *iurisdictio voluntaria* vgl. *Gamauf*, § 36. Sklaven, in: HRP I (2023) 986–987, Rn. 66–67.

752 In der früheren Zeit erfolgt die *adrogatio* in Form eines Beschlusses der Kuriatkomitien „nach Überprüfung des Pontifikalkollegiums“: *Lamberti*, § 34 Hauskinder (*filii familias*), in: HRP I (2023) 864, Rn. 21 mwN. Vgl. auch Gell. Noct. Att. 5.19.6 .

753 Die Spruchformel der *adrogatio* in der republikanischen Zeit überliefert Gellius. Vgl. Gell. Noct Att. 5.19.9. S. dazu *Seelentag*, Ius pontificium (2014) 23.

754 Über die inhaltliche Deckung der *datio in adoptionem* und *adrogatio* auch in Gaius und Pseudo-Ulpian vgl. *Seelentag*, Ius pontificium (2014) 142 f.

Weder durch Adoption noch durch die Arrogation kann, wer abwesend ist, jemanden als Kind annehmen, und man kann einen Formalakt dieser Art auch nicht von einem anderen durchführen lassen.[755]

Als höchstpersönliche Handlungen und als Akte, welche die Präsenz der Beteiligten verlangen, dulden *adoptio* und *adrogatio* keine Vertretung des Annehmenden durch einen Dritten und können nur in Anwesenheit des Annehmenden stattfinden.[756] Ulpian beschränkt seine Auffassung nicht nur auf die *adoptio* oder *adrogatio*, sondern dehnt sie für alle Akte formaler und solenner Art. Andernorts betont er auch, dass die übrigen *legis actiones* in fremdem Namen nicht durchgeführt werden können.[757]

Ulpian bevorzugt anstatt der Substantivform *actio* die Verbalform und spricht vom *sollemnitatem peragere*. Das Wort *sollemnitas* wird in den Quellen im Sinne der Ritualität, der Förmlichkeit und der Feierlichkeit eines Rechtsaktes verwendet.[758] Die Verbalform *peragere*, die schon oben im Zusammenhang mit der *mancipatio familiae* erwähnt wurde, verweist auf eine abgeschlossene Handlung: Ohne persönliche Anwesenheit und bloß durch einen Vertreter ist es also nicht möglich, die *adoptio* und die *adrogatio* als feierliche Akte (*sollemnitas*) rechtswirksam zu vollziehen, d. h. *neque peragere posse*. Außerdem verwendet Ulpian hier das Präfix „*per*", um mögliche Missverständnisse zu vermeiden, weil der Ausdruck „*agere posse*" in den Quellen klassischer Zeit nahezu stets auf die prozessuale Handlungsfähigkeit bzw. auf prozessuale Befugnis des Akteurs vor dem Gericht verweist.[759]

Die feierliche Adoption (*adoptio*) kommt in weiteren Quellen oft unter der Bezeichnung *legis actio* vor. Gellius (Gell. Noct. Att. 5.19.3) bezeichnet als *legis actio* ein Vindikationsverfahren, mit dem der adoptierende *pater familias* den emanzipierten Sohn vindiziert und auf solche Weise unter die eigene Herrschaft (*patria potestas*) bringt.[760] Als *legis actio* bezeichnet Ulpian (Ulp. 26

755 Die Übersetzung folgt *Behrends/Knütel/Kupisch/Seiler*, CIC 2 (1995) 134.

756 Zu dem Ausschluss der Stellvertretung bei den *legis actiones* vgl. unten die Fn.

757 Vgl. Ulp. 14 ed. D. 50.17.123: *Nemo alieno nomine lege agere potest.*

758 S. Paul. 9 resp. D. 26.8.19: *sollemnitas iuris*; Inst. 2.11 pr.: *sollemnitas testamentorum*. Vgl. s.v. *sollemnis*, in: HS 545.

759 Die Quellen s. oben. Abschnitt 1. Terminologische Entwicklung: Vom *agere* zur *actio*, S. 81.

760 Gell. Noct. Att. 5.19.3: *Adoptantur autem, cum a parente, in cuius potestate sunt, tertia mancipatione in iure ceduntur atque ab eo, qui adoptat, apud eum, apud quem legis actio est, vindicantur.* / Adoptiert werden jedoch diejenigen, welche vom Vater, in dessen Gewalt sie sind, mittels der dritten Manzipation gerichtlich abgetreten werden, und von demjenigen, der adoptiert, bei demjenigen, bei dem

Sab. D. 1.20.1) ein feierliches Ritual, das durch den Gebietsrichter (*iuridicus*) ausgeübt und das für die Adoption angewandt wird.[761] Auch Modestin (Mod. 2. regul. D. 1.7.4) verbindet die Adoption und die Emanzipation mit einer dem Magistrat zustehenden Möglichkeit, eine *legis actio* vorzunehmen.[762]

Bei der Bewertung der erwähnten Quellen ist ersichtlich, dass die Begriffe *legis actio* und *lege agere* bzw. *sollemnitatem peragere* inhaltlich bzw. konzeptuell nicht übereinstimmen. *Sollemnitatem peragere* bedeutet das feierliche, rechtmäßig durchgeführte und daher erfolgreiche Verfahren, Prozedere, das die erfolgreiche *adoptio* oder *adrogatio* bewirkt. Gellius, Modestin Ulpian verwenden die substantivierte Form *legis actio*; Papinian (Pap. 28 quaest. D. 50.17.77, dazu gleich Abschnitt 6.5. Die *actus legitimi* als ritualisierte Akte rechtsgeschäftlicher Natur) bevorzugt dagegen den Terminus *actus legitimus*. Die *legis actio* und *actus legitimi* werden nicht unbedingt prozessual-technisch verwendet, sie betonen aber den feierlichen, höchstpersönlichen, öffentlichen

---

das Legisatkionenverfahren stattfindet, vindiziert werden. Die Übersetzung nach *Seelentag*, Ius pontificum cum iure civile coniunctum (2014) 19.

761 So bemerkt Ulpian in seinem Werk *ad Sabinum*, dass für die *adoptio* eine besondere *legis actio* zur Anwendung kommt. S. Ulp. 26 Sab. D. 1.20.1: *Adoptare quis apud iuridicum potest, quia data est ei legis actio* / Man kann vor dem Gebietsrichter [für die italischen Gerichtsbezirke] adoptieren, da ihm das Recht zu den gesetzlichen Verfahren [der freiwilligen Gerichtsbarkeit] übertragen ist. Die Übersetzung folgt *Behrends/Knütel/Kupisch/Seiler*, CIC 2 (1995) 168. Ulpian oder möglicherweise der von ihm zitierte Sabinus bezeichnen das Verfahren der *adoptio* als *legis actio*: Dem Gebietsrichter (*iuridicus*) steht im Rahmen der freiwilligen Gerichtsbarkeit die Möglichkeit zu, das Verfahren *per legis actiones* auszuüben. Vgl. Ulp. 26 Sab. D. 1.16.3: *Nec adoptare potest: omnino enim non est apud eum legis actio* / Und er [der Magistrat] kann auch nicht adoptieren; denn vor ihm findet das gesetzliche Verfahren überhaupt nicht statt.

762 Mod. 2. regul. D. 1.7.4: *Magistratum, apud quem legis actio est, et emancipare filios suos et in adoptionem dare apud se posse Neratii sententia est* / Ein Magistrat, vor dem die *legis actio* zulässig ist, kann nach Meinung des Neraz die eigenen Kinder von sich selbst aus der Hausgewalt entlassen oder auch in Adoption geben. Die Übersetzung (außer des Terminus *legis actio*) nach *Behrends/Knütel/Kupisch/Seiler*, CIC 2 (1995) 128. Die *adoptio* und auch die *emancipatio* werden in Form einer *legis actio* abgewickelt. Deswegen kann die *adoptio* nur vor dem Magistrat stattfinden, vor dem diese Form des Verfahrens *per legis actiones* zulässig ist. Die Frage ist, wer mit *filii sui* gemeint ist. Neraz und Modestin betrachten möglicherweise einen Fall, der sich an ein Insichgeschäft erinnert: Der Gerichtsmagistrat lässt eigene Kinder vor sich selbst in der Position bzw. in dem Amt eines Magistrates frei.

und ritualisierten Charakter der vor den Magistraten durchgeführten auf die Pontifikaljurisprudenz zurückgehenden Rechtsfiguren *adoptio* und *adrogatio.*

Die substantivierten Formen – *legis actio* und *actus legitmi* – verweisen darauf, dass die *adoptio* und *adrogatio* institutionalisierte Rechtsfiguren mit eigenem Anwendungsbereich sind. Das entspricht auch der Entwicklungsgeschichte dieser Rechtsinstitute. Als von den *pontifices* aus der *legis actio sacramento* und *mancipatio* erstellte Konstruktionen entsprechen *adoptio* und *adrogatio* bestimmten *modi agendi,*[763] erhalten aber die rechtliche Autonomie und werden zu selbstständigen Rechtsfiguren, was sich morphologisch in der substantivierten Form *legis actio* äußert.

6.3. Das *agere* und die *confarreatio*

Das *agere* wird in den Quellen im Zusammenhang mit dem Ritual der *confarreatio* verwendet. Die *confarreatio* geht auf Rechtssitten zurück (*mos confarreationis*) und etabliert die Beziehung zwischen dem Menschen und der Gottheit (Jupiter Farreus, dem das Opfer gebracht wird), die einen Übergang einer Frau in die Hausgewalt ihres Mannes (*conventio in manum*) und ihre Verehelichung bewirkt.[764] Aus der Beschreibung von Gaius (Gai. 1.112) geht hervor, dass die *confarreatio* aus mehreren Handlungen besteht:[765] *complura praeterea huius iuris ordinandi gratia cum certis et sollemnibus verbis praesentibus decem testibus aguntur et fiunt.* Gaius betont, dass die *certa* und *sollemna verba*, die das Ritual der *confarreatio* prägen, mittels *agere* vorgenommen werden (*aguntur*)

---

763 S. den oben erörterten Unterschied zwischen *modus agendi* und *legis actio* in Abschnitt 3.1. Das lege *agere* und die *legis actio*, S. 109 f.

764 Dion. Hal. 2. 25.1 (FIRA I. 6, S. 7); Plut. Rom. 22 (FIRA I.9, S. 8). Weitere Quellen s. in: *Franchini*, Alle origini di negozio e processo, in: Omaggio Burdese I (2012) 181 Fn. 49; *Halbwachs*, § 19. Confarreatio und conventio in manum, in: HRP I (2023) 536- 537, Rn. 6–8 (Lit. in Fn. 20).

765 Gai 1.112: *Farreo in manum conueniunt per quoddam genus sacrificii, quod Ioui Farreo fit; in quo farreus panis adhibetur, unde etiam confarreatio dicitur; complura praeterea huius iuris ordinandi gratia cum certis et sollemnibus uerbis praesentibus decem testibus aguntur et fiunt.* / Durch Speltbrot kommen Frauen in die Ehegewalt mittels einer bestimmten Art von Opfer, welches dem Jupiter Farreus dargebracht wird; bei diesem Opfer wird Speltbrot verwendet, weswegen man auch von Speltbroten spricht; außerdem werden mehrere Handlungen zur Begründung dieses Rechts mit genau bestimmten und feierlichen Worten in Gegenwart von zehn Zeugen gesagt und getan. Die Übersetzung folgt *Manthe*, Die Institutionen de Gaius[2] (2010) 77.

und getan werden (*fiunt*). Das Verb *fieri* hat meines Erachtens eine allgemeine untechnische Bedeutung. Das Verb *agere* wird dagegen technisch verwendet und verweist auf die Erklärung feierlicher Worte (*certis verbis et sollemnibus agere*), deren Inhalt aber nicht übertragen wurde. Die *confarreatio* ist also ein weiterer Fall des *agere*, eine ritualisierte Rechtsfigur *sui generis*, die sich in einem öffentlichen, durch die Zeugen bestätigten Sprechakt äußert, und die unter einer Kontrolle der *pontifices* durchgeführt wird.

6.4. Die *actio* und die *in iure cessio*

Als *legis actio*[766] wird in den Quellen auch die *in iure cessio* bezeichnet, die nach Paulus auf das Zwölftafelgesetz zurückgeht.[767] Diese Rechtsfigur stellt eine Konstruktion dar, welche die Elemente der *legis actio sacramento*[768] aufweist, und ist wie die *mancipatio* ein nachgeformtes Rechtsgeschäft.[769] Der *in iure cessio* liegt eine Vindikation des Zessionars zugrunde. Nach der Erklärung der Vindikationsformel durch den Zessionar erfolgt kein Widerstand des Zedenten, und der Prätor erklärt die *addictio*, einen Zuspruch, der das Recht des Zessionars bestätigt.[770] Gaius (Gai. 2.24) verwendet die Vindikationsformel in der Form *HUNC EGO HOMINEM EX IURE QUIRITIUM MEUM ESSE AIO*, in

766 S. Gai. 2.24: ... *idque legis actio vocatur.* / ... und dies nennt man eine *legis actio.*

767 Paul. Frg. Vat. 50: *quia et mancipationem et in iure cessionem lex XII tabularum confirmat.*

768 Eine begrenzte Ähnlichkeit mit dem Verfahren *per sacramentum* betont *Wolf*, *In iure cessio* und *manumissio vindicta*, in: Wolf, Recht im frühen Rom (2015) 204 f.

769 Grundlegend zu den nahgeformten Rechtsgeschäften vgl. *Rabel*, Nachgeformte Rechtsgeschäfte I, in: SZ 27 (1906) 290 f. Weitere Literatur s. bei *Franchini*, Alle origini di negozio e processo, in: Omaggio Burdese I (2012) 228, Fn. 201, 209 Nach *Pfeifer*, § 16 *In iure cessio* und Verwandtes, in: HRP I, Rn. 2, S. 512 lässt sich der "Nachformungscharakter" der *in iure cessio* im Gegensatz zu *mancipatio*, die Gaius als *imaginaria quaedam venditio* bezeichnet, in der Überlieferung von Gaius nicht feststellen. Möglicherweise wurde keine Autoritätshaftung bei der in *iure cessio* für die Zwecke der Rechtsgestaltung eines Kaufs angewandt. *Pferifer*, ebd. § 16 *In iure cessio* und Verwandtes, in: HRP I, Rn. 3, S. 513.

770 S. folgende von Pfeifer angeführte Stellen aus Digesten, in denen die *in iure cessio* verwendet wird. Vgl. Cels. 27 dig. D. 21.2.10: *ius eundi agendi mihi vendiderit et cesserit*; Afr. 6 quaest. D. 21.2.46.1: *si per proprium constituentis fundum concessa esset via* und Scaev. 8 dig. D. 32.37.3, wo die *in iure cessio* in der Stipulationsspruchformel erwähnt wird: *Quae tibi mancipia quaeque praedia donationis causa tradidi cessi...* Vgl. *Pfeifer*, § 16 *In iure cessio* und Verwandtes, in: HRP I, Rn. 1, S. 511.

der die mit dem *ago* verwandte Form *aio* verwendet wird. Die Spruchformel der *in iure cessio* wird auch in Fragmenta Vaticana in Verbindung mit der Einräumung des Servitutsrechts übertragen; ihren Kern stellt auch hier der Sprechakt *AIO HUNC FUNDUM MEUM ESSE*/Ich erkläre, dass dieses Grundstück mir gehört, dar.[771]

Die *in iure cessio*, die in ihrem Wesen nach ein abstraktes förmliches Rechtsgeschäft ist, wird für ein breites Spektrum der Sachverhalte angewandt[772] und adaptiert.[773] Sie findet möglicherweise Anwendung für die Errichtung eines Wahl-*consortium* (*societas ad exemplum fratrum suorum*). Die von Gaius für die Errichtung des Wahlkonsortiums (*societas ad exemplum fratrum suorum*) erwähnte *certa legis actio* (Gai. 3.154b) – *alii quoque qui volebant eandem habere societatem poterant id consequi apud praetorem certa*[774] *legis actione* – stellt vermutlich eine Form der *in iure cessio* (Gai. 2.224) dar.[775] Die genaue

771 Paul. Frg. Vat. 50: *In mancipatione vel in iure cessione an deduci possit* … Vgl. Cic. Top. 28, der die *in iure cessio* neben der *mancipatio* als eine Form der *abalienatio* bezeichnet. Für die Anwendung der *in iure cessio* für die Zwecke der Bestellung eines Servituts vgl. auch Paul. 1 man. D. 8.4.18, in dem auch das Wort *actum* als Bestellungsakt verwendet wird. verwendet wird: *Receptum est, ut plures domini et non pariter cedentes servitutes imponant vel adquirant, ut tamen ex novissimo actu etiam superiores confirmentur perindeque sit, atque si eodem tempore omnes cessisent.* / Es ist anerkannt, daß mehrere [Mit-]Eigentümer Dienstbarkeiten auch dann bestellen oder erwerben, wenn sie sie nicht gleichzeitig einräumen, allerdings mit der Einschränkung, daß erst durch den letzten Bestellungsakt auch die vorangegangenen wirksam werden und es dann so ist, wie wenn alle die Bestellung der Dienstbarkeit gleichzeitig vorgenommen hätten. Die Übersetzung nach *Behrends/Knütel/Kupisch/Seiler*, CIC 2 (1995) 705–706.

772 Vgl. die *in iure cessio* für eine *donatio mortis causa* Scaev. 18 dig. D. 32.37.3. Vgl. dazu *Rüger*, § 99 Schenkung von Todes wegen (*donatio mortis causa*), in: HRP II, Rn. 12, S. 2718 mwN. Die Anwendung der *in iure cessio* für die Gestaltung der Adoption bestätigt Gellius in: Gell. Noct. Att. 5.19.1.3.: *Adoptantur autem, cum a parente, in cuius potestate sunt, tertia mancipatione in iure ceduntur … / …* Adoptiert werden jedoch diejenigen, welche vom Vater, in dessen Gewalt sie sind, mittels der dritten Manzipation gerichtlich abgetreten werden … Die Übersetzung nach *Seelentag*, Ius pontificum cum iure civil coniunctum (2014) 19.

773 S. *Pfeifer*, § 16 *In iure cessio* und Verwandtes, in: HRP I, Rn. 3, 512, Fn. 13 hebt die Verbindung *der in iure cessio* mit der *lex dicta* und *pactum fiduciae* in Gai. 2.59, Gai. 3.201 hervor.

774 Nach Santoro konnte anstatt der *certa actio* eine *cepta actio* verwendet werden. *Santoro*, Potere ed azione, in: AUPA 30 (1976) 289 Fn. 6.

775 Die Übersicht der Meinungen *pro* und *contra* die Qualifikation der *certa legis actio* als *in iure cessio* sowie weitere Information über die Gründung des

Ausgestaltung der *in iure cessio* für die Zwecke der Errichtung des Wahlkonsortiums wird in den Quellen aber nicht näher überliefert.[776] Die angesprochene Qualifizierung der *in iure cessio* als *legis actio* durch Gaius bestätigt wiederum, dass eine bekannte Verfahrensart (*modi agendi*), die mit der Verbalform *agere* in Gai. 4.11/4.12 bezeichnet werden,[777] durch die pontifikale Jurisprudenz zu einer Rechtsfigur mit gesondertem Anwendungsbereich für rechtsgeschäftliche Zwecke weiterentwickelt wurde (Gai. 134b: *certa legis actio*).

Zu einer anderen Form der *in iure cessio* gehört die sogenannte *vindicatio in libertatem*, oder *manumissio vindicta*.[778] In den Quellen wird die *manumissio vindicta* neben der *emancipatio* als *legis actio* bezeichnet.[779] Auch hier fällt auf, dass die *legis actio* rechtsgeschäftlicher Natur ist und eine Freilassung bewirkt.[780] Die Bezeichnung der *manumissio vindicta* als *legis actio* bestätigt

---

Wahlkonsortiums s. in: *Meissel*, Societas (2004) 94–97; *Meissel*, § 81 Klage aus Gesellschaftsvertrag (*actio pro socio*), in: HRP I (2023) 2321, Rn. 16.

776 Die Literatur dazu s. in: *Meissel*, § 81. Klage aus Gesellschaftsvertrag (*actio pro socio*), in: HRP I (2023) 2321, Rn. 16, Fn. 45.

777 Gai. 4. 12 *Lege autem agebatur modis quinque …*

778 Die Quellen erwähnen drei Formen der *manumissio iusta ac legitima*, die den Freigelassenen auch die Bürgerschaft gewährt hat: *vindicta*, *censu* und *testamento*. Vgl. Cic. Top. 10; Gai. 1.17; D. 40.2.Vgl. zu der *vindicatio in libertatem Gamauf*, § 36. Sklaven, in: HRP I (2023) Rn. 56, S. 986 mwN.

779 PS. 2.25.4: *Apud magistratus municipales, si habeant legis actionem, emancipari et manumitti potest* / Bei den munizipalen Magistraten, wenn sie die *legis actio* zu Verfügung haben, kann man sich emanzipieren und freilassen. Ulp. l. 16 Sab. D. 1.16.3; Paul. 2 manual. ex trib. Frg. Vat. 49: *Ex certo tempore legari potest; sed an in iure cedi vel an adiudicari possit, variatur; videamus, ne non possit, quia nulla legis actio prodita est de futuro.*

780 *Kaser*, Das Römische Privatrecht^2 I (1971) I 49 mwN. Den Kern der *manumissio vindicta* bildet ein Vindikationsakt, der mit der Erklärung der Vindikationsformel *meum esse aio* und der Vornahme eines *gestus*, nämlich der Berührung mit einer *festuca* oder *vindicta*, begleitet wird. *Wolf*, *In iure cessio* und *manumissio vindicta*, in: Wolf, Recht im frühen Rom (2015) 214–215 vergleicht die Ähnlichkeiten und die Unterschiede zwischen der *in iure cessio* und der *manumissio vindicta* und kommt zum Schluss, dass die *manumissio vindicta* kein Anwendungsfall der *in iure cessio* ist, weil in der *manumissio vindicta* und in der *in iure cessio* verschiedene Gesten (die Handanlegung in der *in iure cessio* und die *vindicta*-Anlegung in der *manumissio vindicta*) anwendbar sind. Die Quellen und die Doktrin s. auch bei *Sciortino*, Studi sulle liti di libertà nel diritto romano (2009) 13 f., 50, Fn. 23, der wohl eine Verbindung zwischen der *in iure cessio* und der *manumissio vindicta* sieht. Auf eine feierliche Erklärung der Spruchformel bei der Durchführung der *manumissio vindicta* verweist möglicherweise schon Terenz. S. Ter. Eun. 4.7.805,

abermals, dass zahlreiche Rituale, die nach den im Zwölftafelgesetz unifizierten Verfahrensarten nachgebildet wurden (*modi agendi*), rechtliche Autonomie erlangen und zu *legis actiones* werden.

6.5. Die *actus legitimi* als ritualisierte Akte rechtsgeschäftlicher Natur

Ungeachtet der Verdrängung der *legis actiones* durch *leges Iuliae*[781] bleiben diese Rechtsfiguren im Gedächtnis der römischen Juristen erhalten. Der spätklassische Jurist Papinian spricht in diesem Zusammenhang über die *actus legitimi*, die eventuell eine Periphrase der *legis actiones* sind.[782] Papinian definiert *actus legitimi* folgendermaßen (Pap. 28 quaest. D. 50.17.77):

> *Actus legitimi, qui non recipiunt diem vel condicionem, veluti emancipatio, acceptilatio, hereditatis aditio, servi optio, datio tutoris, in totum vitiantur per temporis vel condicionis adiectionem …*
> *Actus legitimi,* welche keine Frist oder Bedingung zulassen, wie beispielsweise *emancipatio, acceptilatio, hereditas aditio,* die Wahl eines Sklaven, die Ernennung eines Vormunds, werden durch die Hinzufügung einer Zeitbestimmung oder Bedingung ganz und gar ungültig …[783]

Cic. Top. 1.2.10; auch Her. 1 iur. epit. D. 40.2.23. Über die *manumissio vindicta im circus* vgl. *Gamauf, Pro virtute certamen*, in: Harter-Uibopuu/Kruse (Hgg.), Sport und Recht in der Antike (2014) 275–308, 295 f. S. auch seine Rekonstruktion der Spruchformel der *manumissio vindicta* in: *Gamauf*, § 36. Sklaven, in: HRP I (2023) Rn. 66, S. 987 wie folgt: *Hunc ego hominem ex iure Quiritium liberum esse aio.*

781 Zu der allmählichen Verdrängung der *legis actiones* s. zutreffend *Beggio*, Alcune considerazioni sull'evoluzione dei iudicia legitima, in: Omaggio Burdese III (2015) 91 mit Fn. 10.

782 Ein möglicher Beweis, dass der Ausdruck *actus legitimus* eine Modifizierung des Terminus *legis actio* darstellt, bietet Pomponius an. Vgl. Pomp. l. ench. D. 1.2.2.6: … *et appellatur haec pars iuris legis actiones, id est legitimae actiones*. Pomponius verwendet zwar den Terminus *actio legitima*; dieser letzte scheint mit der *actus legitimus* austauschbar zu sein. Die Gleichsetzung zwischen der *actio legitima* und der *legis actio* ist in Paul. Coll. (Girard) 2.5.1.4–5 ersichtlich: *iniuriarum actio aut legitima aut honoraria. Legitima ex lege XII Tab …*

783 Die Übersetzung stützt sich auf *Otto/Schilling/Sintenis*, Corpus iuris civilis 4 (1832) 1272. Die Kompilatoren haben den zitierten Text möglicherweise modifiziert und aktueller Rechtssprache angepasst. So tritt an die Stelle der *mancipatio* die *emancipatio*, und die *cretio* wurde durch die *aditio hereditatis* ersetzt. Vgl. *Riccobono*, Dies e condicio, in: TR 3 (1922) 335.

Die *actus legitimi* als Rechtsfiguren werden nur in der angeführten Stelle von Papinian erwähnt. Zu erforschen ist zuerst die Verwendung des Terminus *actus*. Aus morphologischer Sicht stellt das Wort *actus*, wie erwähnt, ein Deverbativum von *agere* dar. Das Adjektiv *legitimus* verweist auf die feierliche Natur solcher Akte, die mündlich vorgenommen werden.[784] Papinian erblickt daher ein wesentliches Merkmal der *actus legitimi* darin, dass diese *actus* keine Frist bzw. keine Bedingung enthalten.[785] Dies lässt sich dadurch erklären, dass die feierliche Begründung und die Erfüllung bei der Vornahme der *actus legitimi* zusammenfallen. Mit dem Begriff *actus* wird in den Quellen überdies die äußere, sichtbare, rituelle Gestalt des Rechtsaktes ausgedrückt.[786] Die

784 In der Lehre wird *actus legitimus* in der angeführten Stelle als „*ziviles Rechtsgeschäft*" (s.v. *actus*, in: HS 10 f.; *Bruck*, Bedingungsfeindliche Rechtsgeschäfte [1904] 6; vorsichtiger *Mitteis*, Römisches Privatrecht bis auf die Zeit Diokletians I [1908] 144) oder als „*gesetzliche Handlung*" (*Otto/Schilling/Sintenis*, Corpus iuris civilis 4 [1832] 1272) übersetzt. Diese letzte Übersetzung als gesetzliche Handlung berücksichtigt jedoch nicht, dass nicht alle *actus legitimi* in der angeführten Stelle Rechtsgeschäfte sind, und dass diese Akte nicht notwendigerweise auf Gesetzen beruhen. Im Adjektiv *legitimus* ist zwar das Wort *lex* wiederzuerkennen, das aber nicht zwingend „Gesetz" bedeutet, sondern verweist auf die feierliche Vornahme solcher Akte. Auch in den Ausdrücken *heres legitimus*, *tutor legitimus* aus den klassischen Quellen bedeutet *legitimus* nicht einen Hinweis auf das Zwölftafelgesetz oder ein anderes Gesetz, sondern spiegelt die Idee der „Rechtmäßigkeit" wider. *Hägerström*, Der römische Obligationsbegriff I (1927) 572–578, Fn. 2. S. oben Abschnitt 3.2. Der Begriff *lex* als Hinweis auf die feierliche Erklärung, S. 120 f.

785 Eine eventuelle Bestätigung dafür bietet eine Stelle Papinians aus *Fragmenta Vaticana* an. S. Pap. 2 resp. Frg. Vat. 329: *Sub condicione cognitor non recte datur, non magis quam mancipatur aut acceptum uel expensum fertur; nec ad rem pertinet, an ea condicio sit inserta, quae non expressa tacite inesse videatur.* Die Möglichkeit, sich beim feierlichen Akt vertreten zu lassen, ist ausgeschlossen. S. Ulp. 14 ed. D. 50.17.123: *Nemo alieno nomine lege agere potest.*

786 Vgl. *Schmidlin*, Zur Bedeutung der *legis actio*, in: TR 38 (1970) 374. Das bestätigen die Quellen klassischer Juristen. Florent. 8 inst. D. 45.1.65 pr.: *Quae extrinsecus et nihil ad praesentem actum pertinenta adieceris stipulationi, pro supervacuis habebuntur nec vitiabunt obligationem, veluti si dicas: „arma irumque cano: spondeo", nihil minus valet.* Darüber berichtet auch Paulus. S. Paul. 1 man. D. 8.4.18: *Receptum est, ut plures domini et non pariter cedentes servitutes imponant vel adquirant, ut tamen ex novissimo actu etiam superiores confirmentur perindeque sit, atque si eodem tempore omnes cessisent.* Arangio-Ruiz betont, dass das Wort *actus* unter anderem ein Gefüge aus verschiedenen Zeremonien oder einen Teil dieser feierlichen Akte bezeichnet. Vgl. *Arangio-Ruiz*, Appunti sul testo di Gaio,

emancipatio, die Papinian als erstes Beispiel von *actus legitimi* nennt, wird auch in anderen Quellen als *agere* und *actio* bezeichnet.[787] Das zweite Beispiel in der Stelle Papinians ist die *acceptilatio*, die aus der förmlichen Frage des Gläubigers und der Antwort des Schuldners besteht. Zu den weiteren Beispielen der *actus legitimi* gehören die *aditio hereditatis* in Form der *cretio hereditatis*[788], die *servi optio*[789] und die *datio tutoris*.[790] Während die *cretio hereditatis*[791] und die *acceptilatio*[792] feierliche Rechtsakte sind, die von privaten Akteuren vorgenommen werden, sind *datio tutoris* und *emancipatio* hoheitliche Akte, die von Gerichtsmagistraten ausgeübt werden. Das bestätigt wiederum, dass im Rahmen der

in: TR 29 (1) (1960) 97. In den Quellen kommt *actus* auch im Sinne der „*unitas actus*" für die Bezeichnung einer unmittelbaren Aufeinanderfolge von Antwort und der Frage bei der Vornahme der Stipulation vor. Vgl. Iul. 52 dig. D. 45.2.6.3. Im ähnlichen Sinn eines Gefüges aus den Akten wird der Terminus *actus* in einer Stelle von Venuleius verwendet. S. Ven. 1 stip. D. 45.1.137 pr.: *Continuus actus stipulantis et promittentis esse debet (ut tamen aliquod momentum naturae intervenire possit) et comminus responderi stipulanti oportet.* Auch Maecenatus betont die Bedingungsfeindlichkeit des *actus*. Vgl. Maec. l. 2. fideicom. D. 44.7.31: Vgl. auch Maec. l. 2. fideicom. D. 44.7.31.

787 Über die Anwendung der *legis actio* im Zusammenhang mit der *emancipatio* vgl. oben Kapitel II, Abschnitt 6.2. Das *agere* und die Formen der Adoption, S. 204 f.

788 *Cretio* stellt eine förmliche Erklärung des Testators dar, dass man die Erbschaft antreten kann. Die *cretio* schließt sich vermutlich an das Erbeinsetzungstestament an. S. dazu *Strobel*, § 56 Anfall, Antritt und Ausschlagung der Erbschaft in: HRP I (2023) 1429–1430, Rn. 55–60 mit Fn. 120.

789 Unter *servi optio* wird eine Legatsform verstanden, bei der zwischen mehreren Gegenständen gewählt wird. Der Legatar erwirbt dabei den Gegenstand erst durch seinen förmlichen konstitutiven Wahlakt.

790 Die Bestellung des Vormunds durch einen Magistrat (*datio tutoris*) war neben *emancipatio* ein hoheitlicher Akt, mit dem der Gerichtsmagistrat einen *tutor* eingesetzt hat. S. zu den Formen der Bestellung der Vormundschaft *Babusiaux*, § 84. Klage aus Vormundschaft (*actio tutelae*), in: HRP II 2401–2402, Rn. 2–3 mwN.

791 Ein möglicher Hinweis auf die feierliche Natur dieses Aktes enthält sich in C. 6.30.17, wo in Bezug auf die Formel der *cretio* den Ausdruck *scrupulosa solemnitas* verwendet wird.

792 Zu der *acceptilatio* im Sinne eines feielichen Konträraktes zu der *stipulatio* mit der konstitutiven Bedeutung vgl. *Finkenauer*, § 21 Stipulation (Verbalkontrakt), in: HRP I Rn. 87–89, S. 621–623.

ritualisierten Rechtsfindung Rechtsrituale sowohl der privaten Personen, als auch der öffentlichen Machtträger auf gleicher Ebene stehen, ähnliche Wirkung haben, sodass Papinian sie in einer Reihe unter dem Sammelbegriff *actus legitimi* auflistet. Die republikanische Rechtsschöpfung mithilfe höchstpersönlicher formaler Rechtsakte – *actus*, auch *actiones* – erlaubt somit nicht, von einer strengen Rollenverteilung zwischen den privaten und öffentlichen Akteuren zu sprechen, sondern stellt sie auf eine vergleichbare Stufe.

Die in der Stelle genannten *actus legitimi* haben einen geschlossenen Charakter. Daher bezieht sich die von Papinian angesprochene Regel, demgemäß diese feierlichen Akte keine Bedingungen und keine Fristen dulden, nur auf die in der Quelle genannten *actus*. Der Terminus *actus* wird von Papinian möglicherweise deswegen gewählt, um die Ähnlichkeit zwischen einem Rechtsakt rechtsgeschäftlicher Natur und der *actio*, die in seiner Zeit vorwiegend eine Klage bedeutet, zu vermeiden.

7. Das *agere cum populo*

Das *agere* wird nicht nur für die privatrechtliche Gestaltung verwendet, sondern auch für jenen Bereich, der heute als Gesetzgebungsprozess bezeichnet werden kann. Das *agere cum populo* beschreibt die feierliche[793] Verabschiedung der *senatusconsulta*, der *plebiscita*, der *leges rogatae* und anderer Beschlüsse durch die Anfrage (*rogatio*) und die Abstimmung der Bürgergemeinde. Folgend definiert Festus das *agere cum populo* (Fest. s.v. *cum populo agere*, Lindsay, 44.7):

> *cum populo agere hoc est populum ad concilium aut comitia vocare*
> Mit dem Volk agieren (*cum populo agere*) bedeutet, das Volk zu der Versammlung der *plebs* oder in Komitien zu rufen.

Die Initiative zum *agere* geht nicht von einem privaten Akteur, sondern vom Imperiumsträger aus.[794] Das bestätigt, dass das *agere* als ritualisierte Handlung

---

793 Vgl. Cic. De leg. 2.31: *Quid religiosius quam cum populo, cum plebe agendi ius aut dare aut non dare*? / Was ist von größerer religiöser Bedeutung als das Recht, mit dem Volk, mit der Plebs zu verhandeln, entweder zu gewähren oder nicht zu gewähren? Die Übersetzung folgt *Nickel*, De legibus[3] (2004) 107.

794 Cicero spricht über das *ius agendi cum populo* in seinem Dialog *De legibus*. Er setzt zuerst das *agere cum populo* mit dem *agere cum plebe* gleich (Cic. De leg. 2.31): *cum populo, cum plebe agendi ius* / das *ius agendi* mit dem Volk und mit der Plebs. Weiters erklärt Cicero, dass das *ius agendi cum populo* den Konsuln und den Prätoren zusteht (Cic. De leg. 3.4.10): *cum populo patribusque agendi ius esto consuli, praetori* / Gegenüber dem Volk und den Patriziern steht das *ius agendi*

sowohl privaten als auch öffentlichen Akteuren zusteht. Das *ius agendi cum populo* steht in erster Linie den Konsuln und den Prätoren, aber auch dem Interrex, dem Diktator sowie dem *magister equitum* zu.[795]

Bemerkenswert ist, dass das *agere* ein Akt kommunikativer Natur darstellt, worauf das Bindewort *cum* im Ausdruck *agere cum populo* verweist, welche die Teilnahme des *populus* als autonomes Rechtssubjekt voraussetzt. Das *agere cum populo* umfasst terminologisch das gesamte ritualisierte Verfahren, kann aber im engeren Sinn den Austausch von Spruchformeln zwischen den Inhabern obermagistratischer Gewalt und der Bürgergemeinde (*populus*) bedeuten. Gellius überliefert das *agere cum populo* für die *adrogatio*, die im Rahmen der Verhandlung vor dem *comitium* durchgeführt werden konnte. Die Spruchformel, die der Gerichtsmagistrat erklärt, beginnt mit „*velitis, iubeatis*" (Wünscht ihr, befehlt ihr?) und endet mit „*ita vos Quirites, rogo*" (so frage ich euch, Quiriten).[796] Falls die Bürgergemeinde die Anfrage des Gerichtsmagistrates bejaht, soll sie antworten „Wie Du fragst" (*uti rogas*). Die verneinende Antwort ist „Ich widerspreche" (*antiquo)*[797]. Die von Gellius überlieferten Spruchformeln des Gerichtsmagistrates und der Bürgergemeinde verweisen darauf, dass das *agere cum populo* eine Form der ritualisierten Verhandlung ist, bei der sowohl der Imperiumsträger als auch die Bürgergemeinde vorbestimmte ritualisierte Spruchformeln erklären. Hier ist der Unterschied zwischen dem *agere cum populo* und der *contio* hervorzuheben.[798] Die geringere Bedeutung der *contio*

---

den Konsuln und Prätoren zu. Vgl. auch den Bericht von Gellius: Gell. Noct. Att. 13.16.2–3: (2) *Ex his verbis Messalae manifestum est aliud esse cum populo agere, aliud contionem habere.* (3) *Nam cum populo agere est rogare quid populum, quod suffragiis suis aut iubeat aut vetet, contionem autem habere est verbum facere ad populum sine ulla rogatione* / Nach den Worten des Messala ist offenkundig, daß es sich bei *cum populo agere* und Abhalten einer *contio* um zwei verschiedene Dinge handelt. Denn das *cum populo agere* besteht darin, beim Volk etwas zu beantragen, was es durch seine Abstimmung entweder anordnet oder ablehnt; eine *contio* abzuhalten besteht jedoch darin, vor dem Volk zu sprechen, ohne irgendeinen Antrag zu stellen. Die Übersetzung folgt *Seelentag*, Ius pontificum cum iure civili coniunctum (2014) 104. S. auch zu *agere cum populo Behrends*, Der Römische Gesetzesbegriff und das Prinzip der Gewaltenteilung, in: Avenarius/Möller (Hgg.), Okko Behrends, Zu römischen Verfassung. Ausgewählte Schriften (2014) 163 f.

795 *Kunkel/Wittmann*, Magistratur (1995) 246 f.

796 Gell. Noct. Att. 5.19.9.

797 Bei Wahlen später *dicit/facit*, und beim Komitialprozeß „Ich spreche frei" (*absolvo*). Vgl. *De Libero*, s.v. Rogatio, in: DNP (2006) 1046–1047.

798 Der Unterschied besteht darin, dass *cum populo agere* einen Beschluss voraussetzt: das Gerichtsmagistrat ruft die Bürgergemeinde auf und bittet (*rogat*), durch

wird damit erklärt, dass der Gerichtsmagistrat in freier Form spricht und nicht die Regeln der vorbestimmten und daher normativen Kommunikation mit dem daraus folgenden Beschluss (*agere cum populo*) beachtet. Der *populus* gilt hier nicht als Subjekt der Beschlussfassung, sondern als ein Zeuge, der auch an den Beratungen der Gerichstmagistrate beteiligt ist.[799]

Das *agere cum populo* wird genauso wie die meisten Formen des *agere* öffentlich durchgeführt, was dem Wesen der ritualisierten Rechtsfindung entspricht. Der Unterschied zwischen den Formen des *agere* für privatrechtliche Situationen (*agere sacramento, agere per manus iniectionem* etc) besteht meiner Ansicht nach u.a. darin, dass die *civitas* (d. h. der *populus*) bei der Vornahme des *agere cum populo* nicht nur eine aktiv beobachtende Rolle spielt, sondern unmittelbar als Subjekt wirkt. Vom konstitutiv wirkenden Beobachter wird der *populus* zu einem Akteur des Rituals, zu einem Entscheidungsträger und zu einem Konsensorgan.[800]

8. Zusammenfassung

1. Das *agere* umfasst das Rechtsritual als Ganzes und bezeichnet im weiteren Sinn das Verfahren, das Prozedere vorwiegend *in iure* oder vor Zeugen; im engeren Sinn stellt das *agere* eine einseitige ritualisierte Rechtshandlung eines Akteurs dar, die mittels einer feierlichen Sprucherklärung und einem physischen Gestus vorgenommen wird. Der Rechtsterminus *agere* vereinigt in sich die Bedeutungen, die diesem Verb in der allgemeinen lateinischen Sprache zukommen: (voran-)treiben, sprechen, opfern.
2. Auf der terminologischen Ebene werden aus dem Verb *agere* substantivierte Rechtsbegriffe – *actum/actus* und *actio* – hergeleitet. Sie verwirklichen die

---

die Abstimmung den Beschluss entweder zu bestätigen bzw. zu befehlen (*iubere*) oder abzuweisen (*vetare*). Das *contionem habere*, so setzt Gellius fort, bedeutet, dem Volk etwas aufgrund einfacher Worterklärung und ohne *rogatio* zu berichten (*'contionem' autem 'habere' est verbum facere ad populum sine ulla rogatione*).

799 Seelentag betont, dass der *populus* bei der *contio* eine beratende Funktion hat. Erst nach dieser Beratung wurde neue Versammlung des *populus* mit der beschlussfassenden Funktion, d. h. *agere cum populo* durchgeführt. Die Kalatkomitien, die von Gellius als *contiones* bezeichnet sind, konnten zu den Kuriatkomitionen mit den beschlussfassenden Funktionen umgewandelt werden. *Seelentag*, Ius pontificum cum iure civili coniunctum (2014) 103–104.

800 S. *Flaig*, Ritualisierte Politik, Zeichen, Gesten und Herrschaft im Alten Rom (2003) 213.

dem *agere* immanenten Bedeutungen eines Rechtsgeschäftes (*actum/actus*) und einer Klage (*actio*).

3. Vor der Verbreitung des *agere* in der Rechtssprache wird in den Quellen der Terminus *orare* und seine Formen *perorare/adorare* verwendet. Das *orare* verweist auf eine einseitige feierliche Rechtserklärung in der Norm aus dem Zwölftafelgesetz *Rem ubi pacunt orato*: Ein *pactum* mit einem unbestimmten Inhalt – sei es eine rechtskonstituierende *conventio* oder ein *pactum* im Sinne des Vergleiches – konnte durch eine feierliche Spruchererklärung jeder Partei bekräftigt werden. Das *orare* als einseitiger Sprechakt, mit dem die individuelle Rechtsmacht des die Spruchformel Erklärenden formalisiert wird, ist auch in der Vorschrift aus dem Zwölftafelgesetz *si adorat furto* ersichtlich. Das *orare* stimmt mit den Bedeutungen des *agere* in den ältesten Legisaktionen überein: *legis actio sacramento* (*..et ita dicebat, meum esse aio*), *manus iniectio* (*…qui agebat, sic dicebat*) und *pignoris capio*.
4. Das *agere* und die *actio* werden in der republikanischen Zeit mit einer zusätzlichen Qualifikation verwendet – in den Ausdrücken *lege agere* und *legis actio*. Das Wort *lex* verweist auf die Vornahme dieser Rituale mit einer feierlichen Spruchformel und auf ihre gesetzliche Verankerung aufgrund des Zwölftafelgesetzes (*Leges duodecim tabularum*). Der Verbalform *lege agere* und dem Substantiv *legis actio* kommen oftmals verschiedene rechtsrelevante Bedeutungen in den Quellen zu. Während das *lege agere* auf eine Verfahrensart, auf ein Prozedere und auf ein Rechtsritual verweist, bezeichnet die *legis actio* häufig ein Rechtsinstitut mit einem abgeschlossenen typisierten Anwendungsbereich. Die *legis actio* stellt also eine aufgrund bestimmter Verfahrensart (*lege agere, modus agendi, forma agendi*) durch die *pontifices* erzeugte Rechtsfigur dar, wie im Fall der *actio damni infecti, actio de arboribus succisis, actio de pastu pecoris, actio de pauperie,* der *in iure cessio*, aber auch im Fall der *adoptio*, der *adrogatio* und der *manumissio vindicta*.
5. Während das Zwölftafelgesetz eine neue Grundlage für Verfahrensarten (*lege agere*) bildet, werden die *legis actiones* aufgrund der Interpretation des *ius civile* und des Zwölftafelgesetzes erarbeitet, worauf Pomponius verweist (*duodecim tabularum ex his fluere coepit ius civile, ex isdem legis actiones compositae sunt*). Das erklärt die fehlende Übereinstimmung zwischen fünf *modi agendi* und einer größeren Zahl der daraus abgeleiteten *legis actiones,* und es zeigt die schöpferische Tätigkeit der Pontifikaljuristen.
6. Das *agere* und die *actio* der republikanischen Zeit sind Rechtsfiguren, die mehrere Rechtsgrundlagen aufweisen. Das *agere/actio* ist rechtmäßig, wenn vorgegebene ritualisierte Spruchformeln beachtet werden. Das *agere/actio*

erzeugt das Recht, weil ihm ein Zugriffsakt bzw. ein durch die Rechtsordnung tolerierte Bemächtigungsakt zugrunde liegt. Das individuelle *agere* konkreter Akteure im Gerichtsverfahren kann auch dann rechtsverbindlich werden, wenn die Ausübung durch einen Akt des *ius dicere* durch einen Gerichtsmagistrat bekräftigt wird.

7. Das *ius dicere* stellt einen Sprechakt dar, der zwar vorwiegend die jurisdiktionelle Tätigkeit der Gerichtsmagistrate (v.a. Prätoren) beschreibt, kann aber auch durch andere Machtträger ausgeübt werden. In diesem Sinne können als „Jurisdiktionsträger" sowohl private Akteure (in diesem Fall stimmen das *agere* und das *ius dicere* überein) als auch *pontifices* neben Gerichtsmagistraten auftreten. Die Austauschbarkeit des *agere* und des *ius dicere* im Sinne von Sprechakten rechtsetzender Natur zeigt eine Konkurrenz zwischen den hoheitlichen Akten der Magistrate und der privaten Akteure sowie die sekundäre Natur der Hoheitsakte der Gerichtsmagistrate, deren Zweck sich auf die Bestätigung der Rechtmäßigkeit des *agere* und der *actio* privater Akteure beschränkt. Erst mit der Zeit wird das *ius dicere* zu einem notwendigen Akt, mit dem das *agere* privater Akteure im Rahmen eines Streites befürwortet und für rechtmäßig erklärt wird.
8. Aufgrund der Entwicklung einiger Formen des *lege agere* kann man verfolgen, wie sich das Wesen dieser Rechtsfigur im Laufe der Zeit verändert. Das *agere sacramento* war ursprünglich ein feierlicher Akt der Rechtsprechung *in iure* im Sinne einer Rechtserzeugung: Die einseitige Erklärung der feierlichen Vindikationsformel *meum esse aio* unter der weiteren Beachtung des Rituals konnte das Eigentumsrecht des *vindicans* oder des *contravindicans* als solche und ohne eine wesentliche Intervention des Gerichtsmagistrates und des *iudex* erzeugen bzw. bestätigen. Der Akt *MEUM ESSE AIO* (das *agere* im engeren Sinn) enthält somit ein Potenzial, ein einseitiger performativer Sprechakt zu sein, mit dem das individuelle Eigentumsrecht des *vindicans* oder des *contravindicans* erzeugt oder bestätigt wird. Die Kulmination des Verfahrens war der Eid (das *sacramentum*) jeder Streitpartei, durch den das *agere* auf das *ius divinum* übergeleitet wurde. Mit der Zeit wird das *agere* bzw. *vindicare* vom Akt der Rechtsetzung zum Akt der Prozesseinleitung. Der Prätor interveniert, um den ritualisierten Kampf der Streitparteien zu kontrollieren, und der *iudex* wird aufgerufen, um den Streit zu lösen.
9. Die Veränderung des *agere* kann auch am Beispiel des *manum conserere* veranschaulicht werden. Vom Vindikationsakt mit einem Rechtsetzungspotenzial wandelt sich das *manum conserere* zum Akt der Ladung vor Gericht (*ex iure manum consertum vocare*). Dieses Ritual wird überdies zum Gegenstand der Kritik durch die neuen republikanischen Juristen (*barbati*).

10. Der Archetyp des *agere*, bei dem eine einseitige ritualisierte Erklärung in der Regel auf keinen Widerstand des Gegners trifft, bilden die *legis actio per manus iniectionem* und *legis actio per pignoris capionem*. In diesen Akten sind die Rechtsgestaltung und die Rechtsverfolgung verknüpft. Das *agere* dient nicht der Bestätigung der *a priori* existierenden rechtlichen Situation, sondern ist ein notwendiger Titel, um die tatsächliche Vollstreckung (im Fall der *manus iniectio*) und die Pfandnahme in die Termini des *ius* zu übersetzen.
11. Die *manus iniectio* konnte aufgrund eines Gerichtsurteils (*iudicatum*) und aufgrund einer außergerichtlich bestätigten Schuld (*damnatio*) vorgenommen werden. Der Rechtstitel für die Vollstreckung ist im Fall des *iudicatum* die *obligatio iudicati* und im Fall der *damnatio* die *obligatio damnati*. Die beiden entstehen aufgrund der feierlichen Sprucherklärung – durch das *lege agere per manus iniectionem*.
12. Die später eingeführten *legis actio per manus iniectionem pro iudicato* und *legis actio per manus iniectionem pura* zeigen die fortwirkende Rolle des außerprozessualen *agere* und verweisen auf den Archetyp des *agere*, bei dem keine gerichtliche Intervention nötig ist, und die Akteure durch die feierlichen Sprucherklärungen und Gesten Recht erzeugen können.
13. Im Fall der *legis actio per pignoris capionem* ist die Teilnahme des Magistrats nicht notwendig. Das *agere* gilt somit als ein einseitiger rechtmäßiger Bemächtigungsakt ohne die staatliche Intervention. Das *agere per pignoris captionem* dient der rechtlichen Gestaltung und der Durchsetzung der Ansprüche des Verkäufers und des Vermieters, die andernfalls auf einer formlosen *conventio* beruhen würden.
14. Die Genealogie des *agere* impliziert somit die Einarbeitung der Rituale in den institutionalisierten Prozess und folglich die Umwandlung des *agere* von einer transformativen prozessual bedingten Handlungsmacht und einem Akt des Rechts-Sprechens/der Rechtsfindung zu einem Akt der Rechtsbehauptung, die eine Entscheidung der Jurisdiktionsmagistrate benötigt.
15. Das *agere cum populo* ist eine formalisierte ritualisierte Kommunikation, die im engen Sinn die feierliche Anfrage des Gerichtsmagistrates bedeutet und im weiten Sinn das ganze Verfahren, das aus der Anfrage und der Befürwortung des *populus* besteht, umfasst. Den Kern des *agere cum populo* bildet eine feierliche Formelerklärung. Das *agere cum populo* bestätigt die Bedeutung des *agere* als einen ritualisierten Sprechakt, der sowohl den privaten Akteuren als auch den Gerichtsmagistraten zusteht.

16. Mit *agere, actus, actum, actio* werden auch solche feierliche Akte rechtsgeschäftlicher Natur wie *mancipatio, in iure cessio, adrogatio, adoptio* sowie *confarreatio* und *stipulatio* beschrieben. Die Bezeichnung dieser Rechtsgeschäfte als *agere* und *actio* hebt ihre feierliche höchstpersönliche Rechtsnatur, sowie ihre mündliche, öffentliche und ritualisierte Durchführung hervor.
17. Das *agere* und die *actio* treten auch als abstrakte Bezeichnungen anderer Rechtsfiguren auf, die eigene Charakteristiken aufweisen, und die in den Quellen auch eigene *nomina* haben (*mancipatio, in iure cessio, confarreatio* etc). Daher ist die Grenze zwischen dem *agere* und der *actio* im Sinne einer selbstständigen Rechtsfigur und dem *agere* und der *actio* als Termini für die Bezeichnung anderer Rechtsfiguren fließend.
18. Die ritualisierte Rechtsordnung, wofür das *agere* und die *actio* terminologisch stehen, ist somit durch die Verschmelzung zwischen Privaten und Öffentlichen, zwischen der allgemeinen Rechtsordnung und den Rechtsordnungen kleiner Gruppen, zwischen der Rechtserzeugung für private Personen und der Norm- oder Rechtsetzung für die ganze *civitas* geprägt.
19. Die *civitas*, der *populus*, die Zeugen gewähren den Ritualen – *agere* und *actio* – notwendige Publizität, lassen die Grenzen zwischen subjektivem und objektivem Recht verschwimmen. Insbesondere wirkt der *populus* beim *agere cum populo* als Konsensorgan. Aber auch die öffentliche Durchführung anderer Rituale, denen individuelle Konflikte zugrundeliegen, gewährt diesen Ritualen eine gewisse Normwirkung.

III. Die *actiones* in der Rechtsliteratur der republikanischen und der klassischen Zeit

> *„Was nun das Wort actio betrifft, so war der Sprachgebrauch schon bey den alten Juristen schwankend."*
>
> *Savigny*, System 5 (1841) 8.

1. Die Transformation der *actiones*: Von der Priesterkontrolle zur säkularisierten Jurisprudenz

Eine weitere Geschichte des *agere* und der *actio* in der republikanischen Zeit ist in den Kontext der Entwicklung römischer Rechtswissenschaft eingebettet. Mit der Herausbildung einer neuen Schicht republikanischer Juristen und neuer Methoden der Rechtsfindung hängt auch der Medienwechsel zusammen, indem die ursprünglich mündlichen Rituale *actiones* durch die neuen Juristen verschriftlicht und überdacht wurden.[801]

1.1. Das *agere* und die *actio* als Teil der mündlichen Priesterkultur

Die römischen *actiones* gehören ursprünglich der ihrem Wesen nach geheimen Priesterkultur an.[802] Als schriftkundige Rechtsgelehrte hatten die *pontifices* ein umfassendes Kenntnis- und Medienmonopol: Sie hatten die Kontrolle über die Aufbewahrung und Aufzeichnung der Rechtskenntnis,[803] über das Tradieren

---

801 Zur Mediengeschichte grundlegend *Vismann*, Akten. Medientechnik und Recht (2011) 18 f.

802 *Wieacker*, Altrömische Priesterjurisprudenz, in: FG Kaser (1986) 347 f.; *Cancelli*, La giurisprudenza unica dei pontefici e Gneo Flavio (1996) 34, 88; *Tondo*, Appunti sulla giurisprudenza pontificale, in: Mantovani (Hg.), Per la storia del pensiero giuridico (1996) 1–15. Zu den Auguren und zu ihrem Einfluss auf die Verfassung der *actiones* vgl. *Manthe*, Stilistische Gemeinsamkeiten in den Fachsprachen der Juristen und Auguren der römischen Republik, in: Zimmermann (Hg.), Der Stilbegriff in den Altertumswissenschaften (1993) 69 f. Vgl. die Austauschbarkeit der Begriffe *orare* und *agere* bei Fest. s. v. *orare*, *Lindsay*, 218.6. Dazu Kapitel II. Abschnitt 1. Terminologische Entwicklung: Vom *agere* zur *actio*, S. 81 f.

803 So spricht Livius (Liv. Ab urb. cond. 9.46.5) über *civile ius, repositum in penetralibus pontificum*. S. Pomp. l. sing. ench. D. 1.2.2.6. Dazu Kapitel II, Abschnitt 3.1. Das *lege agere* und die *legis actio*. S. 109 f.

der Rechtskenntnisse innerhalb des Kollegiums.[804] Auf sie geht die uns nicht bekannte, aber durch die Aufzeichnung erzwungene Systematisierung der *actio* und des *agere* in den *libri pontificum*,[805] in den esoterischen und in der Öffentlichkeit nicht zugänglichen Schriften, zurück.[806]

Das Monopol der Priester über die Rechtskenntnisse äußerte sich in der Kontrolle über die Aussprache der *actiones* und ihrer Interpretation[807] und Anpassung an neue Sachverhalte. Die Priester nahmen dabei einen Medienvergleich vor, indem sie prüften, ob feierlich ausgesprochene Worte (die *actio* im Sinne einer Spruchformel) mit den in Archiven aufbewahrten und aufgezeichneten Formeln (Cic. De or. 1.43.193) übereinstimmten (*actiones* im Sinne der aufgeschriebenen Akte).[808]

Die Stabilisierung dieser auf den mündlichen Rechtsritualen beruhenden Rechtsordnung wurde durch die zyklische Wiederholung schon bekannter von den Priestern und vom formell vorhandenen Gerichtsmagistrat ausgearbeiteten feierlichen Spruchformeln erreicht und ebenso durch ihre geheime Tradierung innerhalb des Priesterkollegiums.

Der Abkehr von dem durch die *pontifices* begründeten Medienmonopol und die daran anschließende Änderung des Rechtswesens der *actio* – vom Sprechakt zur prozessualen Formel – ist mit zwei Prozessen eng verbunden: mit der schon erwähnten Säkularisierung der römischen Jurisprudenz sowie mit der Offenbarung und der neuen Verschriftlichung der *actiones* aus den pontifikalen

---

804 Über geheime Übertragung der Rechtskenntnisse s. *Vacca*, La giurisprudenza nel sistema delle fonti del diritto romano^2 (2012) 12.

805 Die erste in den Quellen erwähnte Systematisierung wird als *ius Papirianum* oder *De ritu sacrorum* bezeichnet. Über die Systemtik der pontifikalen Archive s. *Sini*, Documenti sacerdotali di Roma antica I (1983) 165 f. Kritisch zu der Existenz und der Rekonstruktion der Priesterbücher, sowie zu der Forschung von Sini vgl. *Scheid*, Oral tradition and written tradition, in: Ando/Rüpke (Hgg.) Religion and law in classical and Christian Rome (2006) 16–17: „After a clear and critical description of the theories about the books of the priests, Sini does not succeed in avoiding the myth of the original Ritualtext, the Urbuch, where the general frame of the cult, and – who knows? – its justification were put down.“ (S. 17).

806 Zur Unterscheidung zwischen der esoterischen und der exoterischen Rechtsliteratur s. *Liebs*, Esoterische römische Rechtsliteratur vor Justinian, in: Akten des 36. Deutschen Rechtshistorikertages (2008) 40 f.

807 S. Kapitel II. Abschnitt 4.7. Das *agere* und die *pontifices*, S. 138 f. und Cic. De domo sua 138.

808 Der geheime Charakter der pontifikalen Jurisprudenz und fehlende Quellen ermöglichen keine näheren Kenntnisse über juristische Techniken, die *pontifices* angewandt haben. *Vacca*, La giurisprudenza nel sistema delle fonti del diritto romano^2 (2012) 12.

Archiven (wobei die Tat von Gnaeus Flavius eine zentrale Rolle in diesem Narrativ spielt; dazu gleich) durch eine neue Schicht der säkularen republikanischen Juristen, die eine offene Zirkulation der Rechtskenntnisse mit sich brachte.

1.2. Die Säkularisierung römischer Jurisprudenz und die Verschriftlichung der *actiones*

Die Säkularisierung[809] bzw. die Profanisierung der Jurisprudenz schließt die Mitglieder der Hocharistokratie in den Kreis der *iuris prudentes* ein. Die Kontrolle über die Rechtsschöpfung ist nicht mehr nur in den Händen der Pontifikaljuristen konzentriert, sondern wird von den republikanischen Juristen aus der neuen Aristokratie ausgeübt.

Während das Kollegium der *pontifices* in der archaischen und frührepublikanischen Zeit eine einzelne Einrichtung für die Erstellung der *actiones* war, waren die Juristen der republikanischen Zeit bei der Erstellung der Rituale und der Verschriftlichung der Sammelwerke mit *actiones* nicht an die pontifikale Kollektivethik gebunden.[810] Die Autorität der neuen Juristen ist nicht mehr der Zugehörigkeit zum Pontifikat zu verdanken, sondern stützt sich auf ihre Kenntnisse und auf die Zugehörigkeit an die politisch und wirtschaftlich dominierenden Stände.[811]

Die Teilnahme der neuen Juristen an der Erstellung der *actiones* führt zur Veränderung der in der pontifikalen Jurisprudenz ausgearbeiteten Medien. Vorwiegend orale Formen der Rechtsfindung sowie die dafür charakteristischen entsprechenden Medien, wie beispielsweise bestimmte institutionalisierte Orte, Instrumente (*festuca*) und Gesten (Handanlegung), welche die

809 Der Begriff „Säkularisierung" ist nach der zutreffenden Anmerkung von Lehne-Gstreinthaler etwas irreführend, weil viele Juristen „neben der Tätigkeit vor Gericht und der Magistratur auch Mitglieder eines großen Priesterkollegiums waren." Vgl. *Lehne-Gstreinthaler*, Iurisperiti et Oratores (2019) 62. Als säkulare Juristen sind in dieser Forschung neue namhafte Juristen gemeint, die dem pontifikalen Kollegium nicht zwingend angehört haben, und die mit der Tradition der geheimen Rechtskenntnisse gebrochen haben.

810 *Jörs*, Römische Rechtswissenschaft zur Zeit der Republik I (1888) 23; *Bauman*, Lawyers in Roman Republican Politics (1983) 6. Kritisch gegen die Darstellung der Entwicklung der römischen Jurisprudenz als Prozess der Säkularisierung spricht auch *Orestano*, Dal *ius* al *fas*, in: BIDR 46 (1939) 194–273. Die Übersicht der Meinungen über die Säkularisierung der römischen Jurisprudenz s. *Lehne-Gstreinthaler*, Iurisperiti et Oratores (2019) 21, Fn. 38.

811 So *Vacca*, La giurisprudenza nel sistema delle fonti del diritto romano[2] (2012) 9.

Ausübung der Rituale begleiten,[812] werden von den republikanischen Juristen kritisch reflektiert. Das führt zum Absterben einiger Attribute der ritualisierten *actio* und zur Veränderung ihres Wesens.[813]

Überdies wird mit der Tätigkeit republikanischer Juristen die „Pragmatik" der schriftlich fixierten Rechtskenntnisse verbunden. Die durch die säkularen Schriften der römischen Juristen und durch die Offenlegung der geheimen Kenntnisse eröffnete Möglichkeit, die sprachlichen Äußerungen der Rituale im Wortlaut zu speichern und zu überliefern, sodass sie zu einem späteren Zeitpunkt ohne Auswendiglernen und ohne Inanspruchnahme der Hilfe von Priestern wieder aufgenommen werden können, befreit vom Wiederholungszwang[814] und öffnet den Weg zu ihrer kritischen Reflexion.[815]

1.3. Von den *libri pontificum* zu den *libri actionum* republikanischer Juristen

Die intensive Verschriftlichung der *actiones* stellt einen wichtigen Teil der Rechtskunde republikanischer Juristen dar.[816] Es entsteht ein neues „Genre"

---

812 Als Beispiel dient hier die Bedeutung des *sacramentum* im Rahmen der *legis actio sacramento*. Während die *provocatio sacramenti* in der ursprünglichen Konstellation dieses Verfahrens ein Eid bedeuten könnte, wird durch die juristische Reflexion der Sinn des *sacramentum* umgedacht. In der Überlieferung des Verfahrens *per sacramentum* in Gaius bedeutet *sacramentum* kein Eid mehr und wird auf eine Geldstrafe reduziert, die von der unterlegenen Partei des Verfahrens zu bezahlen ist (Gai 4.13). Dazu s. Kapitel II, Abschnitt 5.1. Das *agere* als Akt des einseitigen Recht-Sprechens im Verfahren *sacramento*, S. 158 f.

813 Auch wenn die republikanischen Juristen die Tradition der pontifikalen Jurisprudenz fortsetzten, ist in den Quellen eine Spannung zwischen den Pontifikaljuristen und den neuen Schichten der *iurisperiti* bei der Erstellung der Rituale zu verfolgen, wie bspw. die von Cicero überlieferte Ironie der republikanischen Juristen über die von den Priestern erstellten Spruchformeln zeigt. S. Cic. Pro Mur. 11.25–26. S. dazu oben Kapitel II, Abschnitt 5.2.3. *Ex iure manum consertum vocare*, S. 167 f.

814 *Assmann*, Text und Ritus, in: Wenzel/Seipel/Wunberg (Hgg.) Audiovisualität vor und nach Gutenberg (2001) 104.

815 Grundsätzlich zu dem Verhältnis von der Schrift und der Sprache vgl. eine Stelle aus dem Ediktskommentar von Paulus (Paul. 3 ed. D. 44.7.38): *Non figura litterarum, sed oratione, quam exprimunt litterae, obligamur, quatenus placuit non minus valere, quod scriptura, quam quod vocibus lingua figuratis significaretur.*

816 Diese Tätigkeit römischer Juristen wird von Cicero als *urbana militia respondendi, scribendi, cavendi* (Cic. Pro Mur. 19.3) bezeichnet. S. auch Cic. Pro Caec. 78; Cic. De or. 1.48.212; Cic. De leg. 1.17. Vgl. dazu *Lehne-Gstreinthaler*, Iurisperiti et Oratores (2019) 74–78.

der juristischen „Literatur“ – der *liber*[817] oder die *libri actionum* – d. h. Sammelwerke mit Rechtsritualen, d.h. *actiones.*[818] Während die *libri* der *pontifices* zu den sakralen Schriften gehören,[819] stellen die Sammelwerke mit *actiones*[820] neuer Juristen „exoterische“, d. h. öffentlich bekannte, Schriftformen dar, in denen die *actiones* unter Beibehaltung ihrer feierlichen Elemente durch die Juristen bearbeitet und umstrukturiert wurden, sodass sie einem weiteren Kreis an Akteuren zugänglich werden.[821]

Für die *libri actionum* gibt es zahlreiche Beispiele. So erzählt Gellius über von Juristen verfasste *libri*, von denen bspw. der Dichter Ennius ein Vindikationsritual in seine Poesie übernommen habe.[822] Pomponius spricht über das Werk von Gn. Flavius als *hic liber, qui actiones continet*, d. h. „dieses Buch, das die *actiones* enthält“(s. dazu Abschnitt 2. *Ius civile Flavianum*). Über Appius Claudius ist bekannt, dass er die *actiones* verschriftlicht hat (*actiones scripisse traditum est … qui liber non exstat*) (s. dazu Abschnitt 3. Das Werk *De usurpationibus* von Appius

---

817 Zum Begriff *liber* oder *libri* s. *Sini*, Documenti sacerdotali di Roma antica I (1983) 159.

818 Jhering, Geist des romischen Rechts, 1 Aufl., II.1 (1854) 327 äußert sich über die Bedeutung solcher Sammelwerke wie folgt: „Sie waren die Vorläufer, Surrogate und Fundgruben des dispositiven Rechts. Für alle Akten von Geschäften gab es bestimmte höchst sorgfältig ausgearbeitete Formulare, die durch die fortgesetzte Probe, welche sie im Leben zu bestehen hatten und ein stets wiederholtes Teilen und Nachbessern einen sehr hohen Grad der Brauchbarkeit erlangt hatten.

819 *Sini*, Documenti sacerdotali di Roma antica I (1983) pas.

820 Der Terminus *libri actionum* wird in den Quellen und in der Literatur als Bezeichnung v.a. für die Werke von Manilius (Varro, De re rustica 2.5.11; 2.7.6) und Ofilius (Ulp. 22 Sab. D. 33.9.3.5; Ulp. 22 Sab. D. 33.9.3.8: *actionum libri*) verwendet. Sanio (Varroniana in den Schriften der römischen Juristen, 1867, 201, Fn. 311) nutzt diesen Terminus jedoch als Sammelbegriff für Kompilationen von Gerichts- und Geschäftsformeln. Auch hier wird der Ausdruck *libri actionum* sowohl für die Bezeichnung der Sammelwerke mit Gerichts- und Geschäftsritualen als auch konkret in Bezug auf die Werke von Manilius und Ofilius verwendet.

821 Die Unterscheidung zwischen sakralen und pragmatischen Schriftformen wurde auch von Luhmann durchgeführt. S. *Luhmann*, Das Recht der Gesellschaft (1993) 248.

822 Gell. Noct. Att. 20.10.5.2: *Sed tu velim credas mihi Quintum Ennium didicisse hoc non ex poeticae litteris, sed ex iuris aliquo perito* / Allein Du kannst auch mir nun glauben, dass Ennius nicht aus Dichtungswerken diese Ausdrucksweise gelernt (und entlehnt hat), sondern von irgendeinem Rechtsgelehrten; Gell. Noct Att. 20.10.6.2: *Itaque id, quod ex iureconsultis quodque ex libris eorum didici … ignorare non oportet verba actionum civilium celebriora* / Das, was ich von Rechtsgelehrten

Claudius).[823] Festus spricht über das *liber terrae iuris Etruriae*, über eine Sammlung von Ritualen für die Zwecke der Landwirtschaft.[824] Dabei ist in den späteren juristischen Werken eine gewisse Verschmelzung zwischen der deskriptiven Darstellung der Rechtsrituale, d. h. den *actiones* und ihrer Interpretation durch die republikanischen Juristen zu konstatieren, wie das Werk *Tripertita* von Sextus Aelius Paetus Catus zeigt (s. dazu Abschnitt 4. *Ius Aelianum* und *Tripertita*). Die durch die Interpretationen der Juristen erarbeiteten *actiones* werden zu selbstständigen ritualisierten Rechtsnormen.[825] In den *libri actionum* werden die *actiones* für rechtsgeschäftliche Zwecke (*Manilii actiones*) (s. Abschnitt 5. Die *actiones* in *De re rustica* von Varro, *actiones* des Manilius) und für Zwecke der Rechtsverfolgung (*Cosconii actiones*) (s. Abschnitt 6.2. *Actiones Cosconii*) differenziert dargestellt. Die *actiones* für Zwecke der Rechtsgeschäftsgestaltung werden in den Quellen überdies als *leges*[826] (im Sinne von *leges privatae*) bezeichnet.[827]

Bei der Erstellung der Sammelwerke mit Geschäfts- und Klageformeln sind die Kohärenz und die Stringenz der von den einzelnen Juristen produzierten Spruchformeln von Bedeutung.[828] Nicht nur die feierliche Natur der *actiones* als solche bestimmt nun ihre Rechtsqualität, sondern das juristische

und was ich aus deren *libri* in Erfahrung gelernt habe...man darf *verba actionum civilium celebriora* nicht ignorieren. Die Übersetzung nach *Weiss*, Die Attischen Nächte des Aulus Gellius II (1876) 494. S. dazu Kapitel II, Abschnitt 5.2.2. Das Ritual *manum conserere*, S. 164 f.

823 Pomp. l. ench. D. 1.2.2.36: ... *hunc etiam actiones scripsisse traditum est primum de usurpationibus, qui liber non exstat* / ... Er hat sich mit *actiones* beschäftigt und soll auch über *usurpationes* geschrieben haben, jedoch ist kein schriftlicher Nachweis vorhanden. Die Übersetzung nach *Behrends/Knütel/Kupisch/Seiler*, CIC 2 (1995) 105.

824 Festus, s.v. *rituales* (Lindsay 358.21): *Rituales nominatur Etruscorum libri, in quibus perscriptum est, quo ritu condantur urbes, arae, aedes carentus, qua sancitate muri, quo iure portae, quomodo tribus, curiae, centuriae distribuantur, exercitus constituant(ur), ordinentur, ceteraque eiusmodi ad bellum ac pacem pertinentia.*

825 Vgl. *Benke*, In sola prudentium interpretatione, in: Feldner/Forgó (Hgg.) Norm und Entscheidung (2000) 1–85 (Sonderdruck).

826 Das Wort *lex* in Bezug auf die *legis actiones* hat zwei Hauptbedeutungen: feierliche Spruchformel oder Gesetz. S. Kapitell II, Abschnitt 3.2. Der Begriff *lex* als Hinweis auf die feierliche Erklärung einer Spruchformel, S. 120 f.

827 *Santoro*, Actio in diritto romano, in: Poteri negotia actiones. Atti Copanello (1984) 201–217.

828 Das Ansehen der Juristen dank ihrer Tätigkeit in der Verfassung der Geschäftsformeln überliefert Cicero. S. Cic. Ad fam. 7.6.2: *Tu* [gemeint ist Trebatius], *qui ceteris cavere didicisti, in Britannia ne ab essedariis decipiaris caveto.* / Sieh Du nur

Fingerspitzengefühl und Talent ihrer Ersteller, was besonders im Bereich der rechtsgeschäftlichen *actiones* wahrnehmbar ist.

Die von republikanischen Juristen vorbereiteten Sammelbände mit *actiones* werden in den Quellen oft als *ius* bezeichnet (vgl. *ius Papirianum*[829], *ius civile Flavianum*[830], *ius Aelianum*). Das verweist darauf, dass die *actiones* als zentrale ritualisierte Erscheinungsform des *ius* zutage treten: Das *ius* bedeutet hier eine systematisierte Gesamtheit der ritualisierten Spruchformeln.

2. *Ius civile Flavianum*

Die erste Veröffentlichung der Rechtsrituale in der republikanischen Zeit wird mit einem Schreiber (*scriba*) namens Gnaeus Flavius verbunden. Gnaeus Flavius, ein Protegé des Appius Claudius und als kurulischer Ädil tätig,[831] soll im Jahr 304 v. Chr. ein *liber* mit den von *pontifices* heimlich aufbewahrten[832] *actiones* und Gerichtstagen (*dies fasti*) veröffentlicht haben.[833] Die Tat von Gn. Flavius wird dabei in zahlreichen römischen Quellen berichtet.

2.1. Der Bericht von Pomponius

Einen zentralen Platz nimmt die Stelle aus dem *liber enchiridii* von Pomponius ein (Pomp. l. sing. ench. D. 1.2.2.7):

> *Postea cum Appius Claudius proposuisset et ad formam redegisset has actiones, Gnaeus Flavius scriba eius libertini filius subreptum librum populo tradidit ... Hic liber, qui actiones continet, appellatur ius civile Flavianum, sicut ille ius civile Papirianum: nam nec Gnaeus Flavius de suo quicquam adiecit libro.*

---

zu, daß ich, den Du gelernt hast, andere vor Schaden zu bewahren, in Britannien die Wagenkämpfer nicht auf Glatteis führen, und wo ich nun einmal begonnen habe. Die Übersetzung folgt *Kasten*, Cicero, An seine Freunde[6] (1997) 381. Der Philosoph berichtet über Servius Sulpicius Rufus (Cic. Pro Mur. 22): *Tu caves, ne tui consultores capiantur.* Aquilius ist für Cicero (Cic. Pro Caec. 78) derjenige, *cuius prudentiam populus Romanus in cavendo non decipiendo perspexerit.*

829 *Liebs*, Einleitung zu den archaischen Rechtsbüchern, in: HLL I (2002) 76; *Santoro*, Sul ius Papirianum, in: Melanges Magdelain (1998) 399–416.

830 *Santoro*, Appio Claudio e la concezione strumentalistica di *ius*, in: AUPA 47 (2002) 319.

831 *D'Ippolito*, Giuristi e sapienti in Roma arcaica (1986) 39; *Fögen*, Römische Rechtsgeschichten (2002) 141.

832 *Jörs*, Römische Rechtswissenschaft zur Zeit der Republik I (1888) 28. Cic. De or. 1.43.193; Pomp. l. sing. ench. D. 1.2.2.6.

833 *D'Ippolito*, Das *ius Flavianum* und die *lex Ogulnia*, in: SZ 102 (1985) 92 f.

> Als später Appius Claudius sich mit diesen *actiones* befasst und sie in eine bestimmte Form gebracht hatte, entwendete sein Schreiber Gnaeus Flavius, der Sohn eines Freigelassenen, das Buch und übergab es dem Volk … Dieses Buch, das die *actiones* enthielt, heißt *ius civile Flavianum*, so wie das oben erwähnte *ius civile Papirianum*; auch Gnaeus Flavius fügte ja dem Buch nichts Eigenes hinzu.[834]

Im Zentrum der Erzählung von Pomponius steht Appius Claudius, ein Konsul aus dem alten und berühmten Adelsgeschlecht.[835] In der Überlieferung von Pomponius erhielt das Sammelwerk mit Ritualen den Namen *ius civile Flavianum*, möglicherweise weil Gn. Flavius die Veröffentlichung der *actiones* eigenmächtig vornahm (*subreptum librum populo tradidit*). Dieser Handlung geht nach Pomponius die Tätigkeit von Appius Claudius voran. Sie besteht in *proponere* und *redigere ad formam* (*proposuisset et ad formam redegisset*). Die Interpretation dieser Wendung ist aufschlussreich für das Verständnis der Tat von Gn. Flavius. Schwierigkeiten bringt nach Santoro das Verb „*proponere*" mit sich. Seine zentrale Bedeutung ist „veröffentlichen".[836] In der Darstellung von Pomponius hat Appius Claudius die *actiones* zuerst veröffentlicht (*proposuisset*) und erst dann in eine Form gebracht (*ad formam redigisset*). In dieser Reihenfolge steckt ein Widerspruch. Die Veröffentlichung der *actiones*, d. h. „*proponere*", sollte nach ihrer Formung (*ad formam redigere*) zu erwarten sein. Der Widerspruch lässt sich durch die Heranziehung anderer Bedeutungen des Verbs „*proponere*" auflösen. Das betreffende Verb bedeutet auch „zusammenfassen", „vornehmen", „gewähren".[837] Appius Claudius hat daher die *actiones* zuerst zusammengefasst (*proponere* im Sinne von „zusammenfassen") und erst dann in eine gewisse Form (*ad formam redigisset*) gebracht. Bemerkenswert ist das Wort *forma* in der angeführten Stelle. An anderer Stelle von Pomponius wird *forma* als Hinweis auf eine schriftliche Formel verwendet.[838] Das erhellt

---

834 Die Übersetzung folgt (außer Begriffe *actiones*, *ius civile Flavianum*, *ius civile Papirianum*) *Behrends/Knütel/Kupisch/Seiler*, CIC 2 (1995) 98.

835 Appius Claudius Caecus gehört zum Adelsgeschlecht der Claudii, das zu den zentralen Fürstenhäusern der Republik zählt. Im Jahr 307 v. Chr. bekleidet Appius Claudius das höchste Amt des Staates, das Konsulat.

836 *Santoro*, Appio Claudio e la concezione strumentalistica di *ius*, in: AUPA 47 (2002) 312; *Zocco Rosa*, L'*ius Flavianum*, in: Scritti Giuridici Chironi (1915) 384 f.

837 S.v. *proponere*, in: HS 470.

838 Vgl. Pomp. l. sing. ench. D. 1.2.2.12: *Ita in civitate nostra aut iure, id est lege, constituitur, aut est proprium ius civile, quod sine scripto in sola prudentium interpretatione consistit, aut sunt legis actiones, quae formam agendi continent …* /In unserem Gemeinwesen wird daher entweder nach dem [geschriebenen] Recht

den Inhalt des *ius civile Flavianum* als Sammlung der verschriftlichten Spruchformeln. Pomponius berichtet weiters, dass Gn. Flavius „*librum populo tradidit*", d.h. eine gewisse Sammlung mit den Rechtsritualen (*librum*), die Appius Claudius zu einer bestimmten Form gebracht hatte, dem Volk übergab. Der Übergabe der *actiones* ging somit ihrer Verschriftlichung voraus.[839] Für den *liber actionum* des Gnaeus Flavius verwendet Pomponius den Ausdruck *ius civile Flavianum*. Die Gleichsetzung der *actiones* und des *ius* betont die Bedeutung des *ius* als Sammlung der Rechtsrituale bzw. Klage- und Geschäftsformeln. Die Bezeichnung der Sammlung der *actiones* bzw. der Rituale als *ius* bestätigt Pomponius auch mit dem Hinweis auf ein weiteres Werk – das *ius Papirianum*. Laut der Anmerkung des Grammatikers Servius enthält auch dieses Werk eine Sammlung der Rechtsrituale und hatte eventuell nach Vergil einen anderen Titel „*Mos ritusque sacrorum*".[840]

Nicht zu unterschätzen ist die Veröffentlichung der *dies fasti*, d. h. der Gerichtstage, durch Gnaeus Flavius. Die Kenntnisse über die *dies fasti* haben es erlaubt, die *legis actiones* für Verfahrenszwecke richtig anzuwenden:[841] Die Gerichtsprozesse und andere Formen des ritualisierten *agere* konnten nur an den *dies fasti* stattfinden.[842] Die *pontifices* banden die wichtigsten Jurisdiktionstage an den Festkalender, dessen Ermittlung und Feststellung in ihrer Kompetenz lag. Es waren keine rechtlichen Aktivitäten an den *dies nefasti* erlaubt. Die Festsetzung des Fastenkalenders war nicht nur Wissens-, sondern auch Entscheidungs- und Bestimmungsmonopol.[843] Es war eine der

---

entschieden, das heißt nach dem [Zwölftafel-]gesetz, oder es gilt das eigentliche Zivilrecht, das als ungeschriebenes Recht allein auf der Auslegung der Rechtsgelehrten beruht, oder es gelten die Legisaktionen, die eine Klageformel enthalten ... Die Übersetzung nach *Behrends/Knütel/Kupisch/Seiler*, CIC 2 (1995) 99.

839 *Crifò*, Lezioni di storia del diritto romano (1994) 169; *Santoro*, Appio Claudio e la concezione strumentalistica di *ius*, in: AUPA 47 (2002) 313.

840 *Santoro*, Sul ius Papirianum, in: Melanges Magdelain (1998) 409, 411. *Santoro*, Potere ed azione, in: AUPA 30 (1967) 163. Möglicherweise enthielt das *ius Papirianum* einige Rechtsrituale, welche der *dedicatio* gewidmet waren. Unter *dedicatio* versteht man die Überreichung eines Tempels oder Altars an einen Gott. S. Serv. ad Aen. 12.836.

841 *Santoro*, Appio Claudio e la concezione strumentalistica di *ius*, in: AUPA 47 (2002) 320.

842 *Lehne*, Die Stellung der Juristen im Formularverfahren, in: SZ 131 (2014) 226. Vgl. Kapitel II, Abschnitt 4. Das *agere* und das *ius dicere* S. 125 f.

843 *Wieacker*, Altrömische Priesterjurisprudenz, in: FG Kaser (1986) 355–356.

Aufgaben der *pontifices* zu bestimmen, welche Tage *fasti* und welche *nefasti* waren.[844] Die durch die Veröffentlichung der *dies fasti* erreichte Unabhängigkeit von der Priesterkontrolle erlaubte privaten Akteuren, die *actiones* ohne Inanspruchnahme der Priester vorzunehmen und eröffnete die Möglichkeit über die Spruchformeln (*actiones*) kritisch zu reflektieren und zu kommunizieren und sie anschließend an neue Lebenssituationen anzupassen.[845]

2.2. Weitere Überlieferungen über die Tätigkeit von Gnaeus Flavius in den literarischen Quellen

Die Veröffentlichung der *actiones* hat für die rechtliche und soziale Entwicklung eine so große Bedeutung, dass diese „Tat“ von Gn. Flavius und Appius Claudius in literarischen den Quellen mehrfach überliefert wurde. Als zentraler Akteur kommt in diesen Quellen im Vergleich zur Pomponius-Stelle Gnaeus Flavius und nicht Appius Claudius ins Spiel. Darüber hinaus unterscheidet sich auf den ersten Blick der Gegenstand der Veröffentlichung in verschiedenen Quellen. Nach einigen Berichten veröffentlichte Gnaeus Flavius die *actiones*, nach anderen nur die *dies fasti*. Diese zahlreichen und ihrem Inhalt nach unterschiedlichen literarischen Belege über *actiones* bzw. über das *ius Flavianum* müssen mit dem Bericht von Pomponius auch deswegen in Verbindung gebracht werden, weil die Glaubwürdigkeit des *liber enchiridii* von Pomponius in der Lehre immer wieder angezweifelt wird.[846]

2.2.1. Die Überlieferung von Cicero

Cicero berichtet im Dialog *De oratore* Folgendes über die Veröffentlichung der *actiones* durch Gn. Flavius (Cic. De or. 1.41.186):

> *... primum, quia veteres illi, qui huic scientiae praefuerunt, optinendae atque augendae potentiae suae causa pervolgari artem suam noluerunt; deinde, posteaquam est ius editum expositis a Cn. Flavio primum actionibus, nulli fuerunt, qui illa artificiose digesta generatim componerent. Nihil est enim, quod ad artem redigi possit, nisi ille prius, qui illa tenet, quorum artem instituere volt, habet illam scientiam, ut ex iis rebus, quarum ars nondum sit, artem efficere possit.*

---

844 *Valgaeren*, The jurisdiction of the pontiffs, in: Tellegen-Couperus (Hg.), Law and Religion in the Roman Republic (2012) 107 f. *Ferenczy*, Über das „Ius Flavianum“, in: Studi Grosso V (1972) 189.

845 *Fögen*, Römische Rechtsgeschichten (2002) 140,141.

846 *Nörr*, Pomponius, in: ANRW II.15 (1976) 498 f.

> ... Erstens wollten in alten Zeiten die *veteres*, die diese Wissenschaft beherrschten, um der Erhaltung und Vermehrung ihrer Macht willen nicht, dass ihr Wissen im Volk verbreitet werde. Danach gab es, als das Recht dadurch, dass Gnaeus Flavius erstmals die *actiones* veröffentlichte, allgemein zugänglich wurde, niemanden, der dieses Material nach Gattungen eingeteilt und systematisch geordnet hätte. Nichts kann nämlich in ein wissenschaftliches System gebracht werden, wenn nicht zuvor einer, der das Gebiet beherrscht, von dem er ein wissenschaftliches System erstellen will, das Wissen besitzt, dass er aus den Dingen, von denen es noch kein wissenschaftliches System gibt, ein solches schaffen kann.[847]

Cicero berichtet zuerst über die Pontifikaljuristen, die er als *veteres* bezeichnet, und die das Recht geheim aufzubewahren pflegten. Der positiv konnotierte Begriff *veteres* wird verwendet, um gewisse Distanz und Respekt vor der Weisheit der pontifikalen Rechtsgelehrten aufzuzeigen. Cicero beschreibt die pontifikale Jurisprudenz als Wissenschaft (*scientia*), die dem Volk jedoch nicht zugänglich war. Gnaeus Flavius machte laut Cicero das *ius* zum ersten Mal (*primum*) bekannt, indem er die *actiones* veröffentlichte. Im Text ist wieder eine Verbindung zwischen den *actiones* und dem *ius* zu verfolgen. Das *ius* wurde publiziert (*editum*), sagt Cicero, durch die Veröffentlichung (*expositio*) der *actiones*. Die *actio* ist daher nach Cicero die Erscheinungsform des *ius*. Das *ius* wird durch die Veröffentlichung dieser *actiones*, die nun verschriftlichte und öffentlich bereitgestellte Rituale bedeuten, offenbart. Der Bericht Ciceros in diesem Teil entspricht auch der Überlieferung von Pomponius über *tria iura*, d.h. über die dreigliedrige Rechtsordnung, bei der die *actiones* als *pars iuris* gelten (Pomp. l. sing. ench. D. 1.2.2.6).[848] Cicero stellt geheim aufbewahrte Rechtskenntnisse, die er als *ars* bezeichnet, den veröffentlichten *actiones* gegenüber. Während diese geheim aufbewahrten Rituale bzw. Rechtskenntnisse für ihn eine *scientia* und *ars* darstellen, spricht er etwas abwertend über die Folgen der Veröffentlichung der *actiones* durch Gnaeus Flavius. Er gibt zu verstehen, dass das *ius civile Flavianum* ein einfaches zerstreutes und nutzloses Gefüge mit Rechtsritualen (*actiones*) ist, die vorher von *pontifices* systematisiert worden waren. Der Philosoph legt größeren Wert auf die systematische Aufbewahrung und Bearbeitung des Rechtsstoffes als auf seine Offenbarung. Aus dem weiteren Kontext von *De oratore* folgt, dass die notwendige Systematisierung des nun bekannten Rechts durch die dialektische Gliederung des Stoffes in *genera* und

847 Die Übersetzung nach *Nüßlein*, De oratore (2007) 86–87.
848 S. Kapitel II, Abschnitt 3.1. Das *lege agere* und die *legis actio*, S. 109 f.

species erreicht werden kann (Cic. De or. 1.41.188–189).[849] Zu einem gewissen Grad sieht Cicero seine Aufgabe in solch einer Systematisierung des *ius*.[850] Die Erzählung über Gnaeus Flavius verwendet er für illustrative Zwecke, um die zentrale Rolle der Dialektik zu betonen und das eigene Talent in der Gliederung der Kenntnisse nach *genus* und *species* zu demonstrieren.

Die Berichte von Pomponius (D. 1.2.2.7) und Cicero (De or. 1.41.186) über die Tat von Gnaeus Flavius stimmen nur zum Teil in Bezug auf den Gegenstand und die Akteure der Veröffentlichung überein. Sowohl nach Cicero als auch nach Pomponius offenbarte Gn. Flavius die *actiones*. Im angeführten Dialog *De oratore* wird jedoch nicht die Veröffentlichung der *dies fasti* (der Gerichtstage) erwähnt. Über die Veröffentlichung der *dies fasti* durch Gnaeus Flavius spricht Cicero in einem anderen Werk – in den Briefen an Atticus (Cic. Ad Att. 6.1.8):

---

849 Vgl. Cic De or. 1.41.188–189: (188) *Adhibita est igitur ars quaedam extrinsecus ex alio genere quodam, quod sibi totum philosophi adsumunt, quae rem dissolutam divolsamque conglutinaret et ratione quadam constringeret. Sit ergo in iure civili finis hic: legitimae atque usitatae in rebus causisque civium aequabilitatis conservatio.* (189) *Tum sunt notanda genera et ad certum numerum paucitatemque revocanda* / (188) Man zog also von außen her aus einem fremden Bereich, den die Philosophen als ihre eigenste Angelegenheit betrachten, eine gewisse wissenschaftliche Disziplin hinzu, welche das verstreute und zerstückelte Material zusammenfügen und nach einer bestimmten Methode bündeln sollte. Im bürgerlichen Recht sei also dies das höchste Ziel: Sicherung einer in Gesetz und Herkommen verankerten Gleichberechtigung in den privaten Angelegenheiten und Prozessen der Bürger. (189) Dann muss man die Gattungen bezeichnen und auf eine feste möglichst kleine Zahl zurückführen. Die Übersetzung folgt *Nüßlein*, De oratore (2007) 87–89. S. auch dazu Pomp. l. ench. D. 1.2.2.41.

850 Cic De or. 1.42.190: *Si enim aut mihi facere licuerit, quod iam diu cogito, aut alius quispiam aut me impedito occuparit aut mortuo effecerit, ut primum omne ius civile in genera digerat, quae perpauca sunt, deinde eorum generum quasi quaedam membra dispertiat, tum propriam cuiusque vim definitione declaret, perfectam artem iuris civilis habebitis, magis magnam atque uberem quam difficilem et obscuram.* / Wenn nämlich entweder mir vergönnt sein wird zu tun, woran ich schon lange denke, oder wenn irgendein anderer mir zuvorkommt, falls ich daran gehindert würde, oder das Werk nach meinem Tod zu Ende bringt, dass er nämlich zuerst das gesamte bürgerliche Recht in Gattungen einteilt, von denen es nur sehr wenige gibt, darauf von diesen Gattungen sozusagen gewisse Glieder abteilt, sodann die einer jeden Gattung und einem jedem Glied eigentümliche Bedeutung durch eine Definition erklärt, dann werdet ihr ein vollkommenes wissenschaftliches System des bürgerlichen Rechts haben, das mehr umfangreich und reichhaltig als schwierig und dunkel ist. Die Übersetzung nach *Nüßlein*, De oratore (2007) 89.

> *Nec vero pauci sunt auctores Cn. Flavium scribam fastos protulisse actionesque composuisse, ne me hoc vel potius Africanum (is enim loquitur) commentum putes.*
> In der Tat berichten denn auch eine ganze Reihe [von Geschichtsschreibern], Gn. Flavius habe als Schreiber die Fasten (*dies fasti*) publiziert und die *actiones* zusammengestellt, und damit du nicht meinst, ich oder vielmehr Africanus – denn der redet ja an der infrage kommenden Stelle – haben sich das ausgedacht.[851]

Cicero versucht im Dialog mit seinem Freund Atticus, dessen Skepsis zu entkräften und ihn zu überzeugen, dass die Tat von Gn. Flavius auch wirklich stattgefunden hat. Er stützt sich dabei auf die Meinung einiger Autoren: In der Wendung *nec pauci auctores* verweist Cicero möglicherweise auf eine bestimmte Protoquelle, der die Geschichte über Gn. Flavius entnommen wurde.[852] Dem Gn. Flavius weist der Orator nicht nur die Systematisierung der *actiones*, sondern auch die Veröffentlichung der *dies fasti* zu.

2.2.2. Die Überlieferung von Livius

Auch Livius berichtet über die Tätigkeit von Gnaeus Flavius (Liv. Ab urb. cond. 9.46.5):

> *... civile ius, repositum in penetralibus pontificum, evulgavit fastosque circa forum in albo proposuit, ut, quando lege agi posset, sciretur.*
> ... Er machte *ius civile* bekannt, das in den innersten Gemächern der Pontifices aufbewahrt wurde, und stellte auf dem Forum auf einer weißen Tafel die *dies fasti* aus, damit man wisse, wann *legi agi posset*.[853]

Nach Livius hat Gnaeus Flavius das *ius civile* und die *dies fasti* bekannt gegeben (*evulgavit*). Mit der Bekanntmachung des in den Archiven der *pontifices* aufbewahrten *ius civile* ist tatsächlich die Publizierung der *actiones* gemeint. Dieser Annahme liegt die Gleichsetzung der *actiones* und des *ius civile Flavianum* in den oben angeführten Texten von Pomponius und Cicero nahe.

Livius lässt die Details über die Veröffentlichung der *actiones* aus. Nur in Bezug auf die *dies fasti* berichtet er, dass sie auf dem *forum* ausgestellt wurden. Die Verbindung zwischen der Veröffentlichung der *dies fasti* und der *actiones*

---

851 Die Übersetzung stützt sich auf *Kasten*, Atticus Briefe[3] (1980) 337.

852 In der Rede „Pro Murena" betont Cicero dagegen die Veröffentlichung der *dies fasti* (Cic. Pro Mur. 11.25), die vorher heimlich aufbewahrt wurden. Diese Veröffentlichung hat nach Cicero möglich gemacht, ohne Miteinbeziehung der *pontifices* wissen zu können, wann man mit den *legis actiones* prozessieren kann.

853 Die Übersetzung stützt sich auf *Hillen*, Livius. Römische Geschichte. Buch VII-X[3] (2008) 353.

wird von Livius betont, indem er sagt, dass die Ausübung der *legis actiones* nur an *dies fasti* als rechtmäßig galt (*legi agi posset*).[854] Livius verwendet dabei den Ausdruck *lege agi*, der auf die ritualisierte Rechtshandlung mit bestimmten *certa verba* bzw. auf die Rechtsbefugnis feierliche prozessuale Handlung auszuüben, verweist, die sowohl von den privaten Akteuren als auch von den anderen Jurisdiktionsträgern vorgenommen werden können. In diesem Sinn stimmt der Bericht von Livius mit dem von Varro über *tria verba praetoris* und über das sowohl an die Magistrate als auch an die private Personen adressierte Erlaubnis, das *agere* an *dies fasti* auszuüben, überein.[855]

2.2.3. Die Überlieferung von Valerius Maximus

Die Erzählung von Gn. Flavius wird auch von Valerius Maximus überliefert, der im 1. Jh. n. Chr. einen Kommentar zum Livius-Werk schreibt (Val. Max. 2.5.2):

> *Ius civile per multa saecula inter sacra caerimoniasque deorum immortalium abditum solisque pontificibus notum Cn. Flauius, libertino patre genitus et scriba, cum ingenti nobilitatis indignatione factus aedilis curulis, volgauit ac fastos paene toto foro exposuit.*
>
> Gnaeus Flavius, Sohn eines Freigelassenen, und Schreiber, der unter größtem Unmut der Nobilität die kurulische Ädilität erlangte, brachte das *ius civile*, das seit vielen Jahrhunderten unter Heiligtümern und Zeremonien der unsterblichen Götter verborgen und nur den *pontifices* bekannt war, in Kenntnis und legte beinahe vor dem ganzen Forum die Gerichtstage (*dies fasti*) dar.

Valerius Maximus kommentiert den Bericht von Livius über das *ius civile*, das sich *in penetralibus pontificum* befand, und erklärt, dass das *ius civile* unter Heiligtümer und Ritualen (*sacra caerimoniasque*) der *pontifices* aufbewahrt wurde. Das *ius civile* setzt Valerius Maximus mit den verschriftlichten Ritualen und Zeremonien, d.h. *actiones*, gleich, die mündlich ausgeübt wurden. Er hebt weiterhin die Untrennbarkeit der sakralen (*fas*) und rechtlichen Ordnungen (*ius*) hervor, die sich in der Aufbewahrung der sakralen Aufzeichnungen neben den rechtlich relevanten verschrifteten Spruchformeln und Geschäftsformeln in den pontifikalen Archiven äußert. Die Veröffentlichung der *actiones* stellt sogleich ihre Aussonderung aus den Zeremonien sakralen Charakters und ihre

---

854 *Corbino*, il formalismo negoziale (1994) 52. S. dazu Kapitel II, Abschnitt 4. Das *agere* und das *ius dicere*, S. 125 f.

855 Varro, De ling. lat. 4.30; 6.53. S. dazu Kapitel II, Abschnitt 4.5. Das *agere* und *tria verba praetoris*, S. 133 f.

dadurch erreichte Säkularisierung dar.[856] Valerius Maximus schließt an dieser Stelle an Livius an[857], indem er mit Gn. Flavius die Publizierung des geheimen *ius civile* und der *dies fasti* verbindet. Gleichzeitig ergänzt er seinen Bericht mit einigen neuen Details aus der Biographie von Gn. Flavius, die den Kontext seiner Tätigkeit besser illustrieren. Aus seiner Erzählung ist zu erschließen, dass hinter der Veröffentlichung der *actiones* ein sozialer Kampf der Nobilität mit Plebejern steht. Skandalös war die Tat, weil Gn. Flavius, Sohn eines Freigelassenen, das elitäre Geheimwissen offenbart hat. Genauso wie im Text von Livius hat Gn. Flavius nach Valerius Maximus das *ius civile* verkündet, d.h. *evolgavit*. Das angeführte Fragment berichtet wie der Livius-Text über die Darstellung der *dies fasti* am *forum*, aber ohne weitere Details, in welcher Form die *actiones* allen bekannt gemacht wurden.[858]

2.3. Bewertung der Quellen

2.3.1. Unstimmigkeiten in den Quellen über Gnaeus Flavius

Neben den Quellen, in denen über Gnaeus Flavius im Zusammenhang mit der Veröffentlichung des *ius civile* oder der *actiones* berichtet wird, schreiben andere Texte, dass er nur die *dies fasti*, d. h. die Gerichtstage publiziert hat. Davon erzählt Cicero in der Rede Pro Murena (Pro Mur. 11.25: ... *Cn. Flavius ... fastos populo proposuerit ...*).[859] Auch in der Naturalis Historia von Plinius

---

856 Vgl. *Bona*, *Ius pontificium* e *ius civile*, in: Contractus e pactum. Atti Copanello (1990) 209–211. Er betont, dass auch wenn das *ius civile* mit der Zeit säkular wird, dieses *ius civile* von dem mündlichen Formalismus geprägt bleibt. Vgl. dazu Cic. De leg. 2.19.47: *Saepe, inquit Publii filius, ex parte audivi pontifice bonum neminem esse, nisi qui ius civile cognosset.*

857 *Wolf*, Die literarische Überlieferung der Fasten, in: Wolf, Recht im frühen Rom (2015) 238; *Albanese*, Le "Notae iuris" di Probo, in: Iura 46 (1995, publ. 2000) 20.

858 Zu der Frage, in welcher materiellen Form die Veröffentlichung der Rechtskenntnisse erfolgt ist, s. *Fioretti*, Scribae, in: Bianconi (Hg.), Storia della scrittura e altre storie (2014) 342. Der Autor vermutet, dass die *dies fasti* auf den *tabulae dealbatae* „abgedruckt" wurden.

859 Vgl. Cic. Pro Mur. 11.25: *Inventus est scriba quidam, Cn. Flavius, qui cornicum oculos confixerit et singulis diebus ediscendis fastos populo proposuerit et ab ipsis <his> cautis iuris consultis eorum sapientiam compilarit.* / Da fand sich ein Schreiber, Gn. Flavius; der hackte den Krähen die Augen aus, gab dem Volk den Kalender bekannt; indem er die Tage einzeln auswendiglernte, und stahl sich just bei den vorsichtigen Rechtsgelehrten deren Kenntnisse zusammen. Die Übersetzung folgt *Fuhrmann*, Cicero, Die politischen Reden I (1993) 531, 533.

wird mit Gnaeus Flavius die Publikation der *dies fasti* verbunden (Plin. Nat. Hist., 33.(6).17: *Hic* (*scil. Cn. Flavius*) *namque publicatis diebus fastis …*).[860] Macrobius spricht über Gnaeus Flavius im Zusammenhang mit der Bekanntgabe der *dies fasti* (*ante quam fasti a Cn. Flavio scriba … in omnium notitiam proderentur*).[861] In all diesen Quellen wird die Veröffentlichung der *actiones* bzw. des *ius civile* außer Acht gelassen.[862]

Aufgrund der divergierenden Quellen stellt sich die Frage, warum einige von ihnen über die Veröffentlichung der *actiones* und der *dies fasti*, und andere nur über die *dies fasti* berichten. Die Antwort ist in der Quellengeschichte zu finden. In der Lehre wird die Existenz verschiedener Urquellen angenommen, die die Geschichte von Gn. Flavius unterschiedlich überliefern.[863] Möglicherweise verweist die Ähnlichkeit der Berichte von Pomponius (Pomp. l. sing. ench. D. 1.2.2.7), Cicero (De or. 1.41.186; Ad Att. 6.1.8), Livius (Liv. Ab urb. Cond. 9.46.5) und Valerius Maximus (Val. Max. 2.5.2) auf eine gemeinsame

---

860 Plin. Nat. Hist. 33.(6) 17: *Frequentior autem usus anulorum non ante Cn. Flavium, Annii filium, deprehenditur. hic namque publicatis diebus fastis, quos populus a paucis principum cotidie petebat, tantam gratiam plebei adeptus est, libertino patre alioqui genitus et ipse scriba Appii Caeci, cuius hortatu exceperat eos dies consultando adsidue sagaci ingenio promulgaratque, ut aedilis curulis crearetur* / Eine häufigere Verwendung von Ringen kann man aber nicht vor Gn. Flavius, dem Sohn des Annius, beobachten. Denn dieser erlangte durch die Veröffentlichung der Termine der Gerichtstage, die das Volk (vorher) von wenigen Vornehmen täglich zu erfragen hatte, eine solche Gunst beim Volke, dass er zum kurulischen Ädil gewählt wurde. Die Übersetzung folgt König/Winkler (Hgg.), Plinius Secundus d. Ä. Naturkunde, Buch 33: Metallurgie[2] (2007) 23.

861 Vgl. Macr. Sat. 1.15.9: *Prisci ergo temporibus, ante quam fasti a Cn. Flavio scriba invitis patribus in omnium notitiam proderentur …* / Also in den antiken Zeiten, bevor *fasti* von Gn. Flavius, dem Schreiber, wider Willen des *patres* für die Bekanntmachung aller Menschen übergeben wurden …

862 Als separate Quelle dient der lange Bericht von Lucius Piso in der Überlieferung von Aulus Gellius. Vgl. Gell. Noct. Att. 7.9.1–6: *Locus exemptus ex annalibus L. Pisonis historiae et orationis lepidissimae … Cn. Flavius Anni filius dicitur tabulas posuisse, scriptu sese abdicasse, isque aedilis curulis factus est …* / Gn. Flavius, des Annius Sohn, hat nun (sofort) das Schreibzeug bei Seite geschoben (*tabulas posuisse*) und den Schreiberdienst niedergelegt und so wurde er kurulischer Ädil … Die Übersetzung stammt von *Weiss*, Die Attischen Nächte des Aulus Gellius (1875) 388.

863 Die Meinungsübersicht s. bei *Santoro*, Appio Claudio e la concezione stumentalistica del *ius*, in: AUPA 47 (2002) 306.

Urquelle.[864] Die oben angeführten Quellen, in denen die Tat von Gn. Flavius nur auf die *dies fasti* reduziert wird, folgen eventuell einer anderen Vorlage.

Die Gründe für die voneinander abweichende Interpretationen sind meines Erachtens eher im unterschiedlichen Kontext und in den jeweiligen Zwecken der entsprechenden Überlieferungen über Gnaeus Flavius zu finden als in den Urquellen, deren Existenz nicht belegbar ist: Die Berichte über die Veröffentlichung der *dies fasti* durch Gn. Flavius sind für die rechtspolitische Geschichte Roms repräsentativ, da die Veröffentlichung zu einem Bruch mit der pontifikalen Kontrolle geführt hat. Die Quellenberichte, in denen die Tätigkeit von Gnaeus Flavius mit der Veröffentlichung der *actiones* bzw. des *ius civile* verbunden wird, konzentrieren sich auf die Entwicklung der römischen Jurisprudenz und darauf, dass die Rituale ihre sakralen und undurchsichtigen Merkmale verlieren und ein Gemeingut römischer *civitas* werden.[865]

2.3.2. Die entscheidende Rolle in der Veröffentlichung des *ius civile Flavianum*

Eine weitere kontroverse Frage ist die Rollenverteilung bei der Veröffentlichung des *ius civile Flavianum*. Die divergierenden Quellen ermöglichen keine abschließende Antwort auf die Frage, wer eine entscheidende Rolle in der Veröffentlichung der *actiones* und der *dies fasti* gespielt hat - Appius Claudius[866] oder Gnaeus Flavius - und worin der Beitrag von jedem der beiden Akteure bestand.[867] Appius Claudius als eine Person, die die *actiones* verfasst und gesammelt hat, wird in der Überlieferung von Pomponius und von Cicero hervorgehoben.[868] In ähnlicher Weise war Appius Claudius für Cicero

864 Ähnlich *Ferenczy*, Über das „Ius Flavianum", in: Studi Grosso V (1972) 186, der die Berichte von Pomponius und von Valerius Maximus vergleicht.

865 Spekulativ scheinen die Versuche zu sein, einzelne Berichte über Gn. Flavius in ein System zu bringen. Es wird vermutet, dass seine Tätigkeit aus drei Phasen besteht: der Veröffentlichung der *dies fasti*, oder, anders gesagt, eines Gerichtskalenders, der Zusammenfassung der *actiones* und schließlich ihrer Veröffentlichung. S. *Zocco Rosa*, L'Ius Flavianum, in: Scritti Giuridici Chironi (1915) 385 f. Nach der skeptischen Ansicht von Schulz hat Gn. Flavius die schon bekannten *actiones* einfach systematisiert. Vgl. *Schulz*, History of Roman legal science (1946) 9 f.

866 Zu Appius Claudius Caecus s. *Beck*, Karriere und Hierarchie (2005)159 f.

867 *Ferenczy*, Über das „Ius Flavianum", in: Studi Grosso V (1972) 186–187.

868 Pomp.l s. ench. D. 1.2.2.7: *Postea cum Appius Claudius proposuiusset et ad formam redegisset has actiones …* / Als später Appius Claudius sich mit diesen *actiones* befasst und sie in eine bestimmte Form gebracht hatte …; *Jörs*, Römische Rechtswissenschaft zur Zeit der Republik I (1888) 81 Fn. 1, 82. Auf die Tätigkeit, die auf

eine Person, die die *actiones* erstellt hat. Über Appius Claudius, der Gnaeus Flavius als seinen Protegé bestärkte, die *dies fasti* zu publizieren, berichtet auch Plinius (*... et ipse scriba Appi Caeci, cuius hortatu exceperat eos dies consultando adsidue sagaci ingenio promulgaveratque*).[869] In den Quellen wird Appius Claudius als erfahren im Recht und der Beredsamkeit (*iuris atque eloquentiae consultus*) (Liv. Ab urb. cond. 10.22.7) bezeichnet.[870] Die Rolle des Gn. Flavius in der Veröffentlichung der *actiones* ist dabei nicht zu unterschätzen.[871] Lucius Piso spricht im 3. Buch seiner Annalen über Gn. Flavius als einen selbstständigen politischen Akteur.[872] Nach Pomponius hingegen ist Gn. Flavius lediglich ein *scriba*, ein Schreiber.[873] Nicht auszuschließen ist, dass eine Zusammenarbeit zweier Akteure zu der Veröffentlichung der *actiones* und der *dies fasti* geführt hat. Dabei ist meines Erachtens die Bedeutung eines Schreibers (*scriba*) in der antiken Kultur, die durch orale Überlieferung geprägt war, sehr groß. Ein *scriba* ist ein Mediator des Rechts. Indem er mündliche Rituale verschriftlicht, eröffnet er einen neuen Weg für das Verständnis des Rechts und für ein Überdenken bestehender Auffassungen. Der Beruf von Gn. Flavius ist neben seiner plebejischen Herkunft ein Grund, warum seine Tat als eine skandalöse und zugleich als Erfolgsgeschichte in den Quellen erwähnt wird.

---

instituere actiones gerichtet wird, berichtet Cicero in Pro Murena. Vgl. Cic. Pro Mur. 22: *... tu actionem instituis, ille aciem instruit; tu caves ne tui consultores, ille ne urbes aut castra capiantur; ille tenet et scit ut hostium copiae, tu ut aquae pluviae arceantur; ille exercitatus est in propagandis finibus, tuque in regendis.*

869 Plin. Nat. Hist. 33.(6)17.

870 *Santoro*, Appio Claudio e la concezione strumentalistica di ius, in: AUPA 47 (2002) 311; *Crifò*, Lezioni di storia del diritto romano (1994) 169. Anders Mancuso, der vermutet, dass das *„redigire ad formam"* der *actiones* von Appio Claudio eine systematische Zusammenfassung bedeutet. Vgl. *Mancuso*, Praetoris edicta, in: AUPA 37 (1983) 334. D'Ippolito vermutet, dass der Ausdruck *redigire ad formam* die Auslösung der Siglen bedeutet. S. *D'Ippolito*, Giuristi e sapienti in Roma arcaica (1986) 56.

871 *Sanio*, Varroniana in den Schriften der römischen Juristen (1867) 142 Fn. 208.

872 Gell. Noct Att. 7.9.2–5.

873 Dazu grundlegend *Romano*, Il „collegium scribarum" (1990) pas.; vgl. auch Rezension von *Pennitz*, in: SZ 110 (1993) 680 f.

2.3.3. Der Inhalt *des ius civile Flavianum*

Vom Sammelwerk der *actiones*, d. h. vom *ius civile Flavianum*, ist kein einziger Teil mehr erhalten. Zahlreich sind daher die Rekonstruktionen seines möglichen Inhaltes. Bisher von Bedeutung ist die Hypothese von Mommsen, dass einige Fragmente aus dem *ius civile Flavianum* in den Noten von Probus vorhanden sind.[874] Eine originelle These stellt Pais auf, der davon ausgeht, dass das *ius civile Flavianum* eine andere Bezeichnung für das Zwölftafelgesetz sei:[875] Gnaeus Flavius hat seiner Ansicht nach eine Zusammenfassung des Zwölftafelgesetzes verfasst. Aus Sicht des heutigen Quellenstandes ist die Existenz des Zwölftafelgesetzes vor dem *ius civile Flavianum* zu verorten, weshalb die These von Pais zu verwerfen ist.[876] Kaum glaubwürdig ist auch die Behauptung von Ferenczy, dass Gnaeus Flavius die nach den Zwölftafelgesetzen bis zur Erscheinungszeit des *ius civile Flavianum* in Geltung getretenen Gesetze veröffentlichte.[877] Die *leges publicae*, die in den Komitien veröffentlicht wurden, waren bekannt und wurden niemals geheim aufbewahrt. Ihre Veröffentlichung konnte nicht eine solche skandalöse, mehrfach in den Quellen belegte Bedeutung haben.

Zahlreich sind die Versuche, den Sinn der veröffentlichten *actiones* gemäß den politischen Vorstellungen von Appius Claudius nachzuvollziehen.[878] Nach

---

874 *Mommsen*, Berichte der sächsischen Akademie der Wissenschaften (1853) 114 (= Gesammelte Schriften 7 (1994) 206). Diese These wird weiter in der Literatur diskutiert. Vgl. *Schanz/Hossius*, Römische Literaturgeschichte I (1927) 37; *Jörs/Kunkel/Wenger*, Römisches Recht[3] (1949) 20 Fn. 6.

875 *Pais*, Gneo Flavio e la divulgazione del ius civile, in: Pais, Ricerche sulla storia e sul diritto pubblico di Roma I (1915) 215–240.

876 *Cascione*, Il contesto storico della legislazione decemvirale, in: Cursi (Hg.) XII Tabule I (2018) 1 f.; *Diliberto*, La palingenesi decemvirale, in: Cursi (Hg.) XII Tabule I (2018) 31 f.

877 *Ferenczy*, Über das „Ius Flavianum“, in: Studi Grosso V (1972) 189.

878 Nach Annahme von *Ferenczy*, Über das „Ius Flavianum“, in: Studi Grosso V (1972) 190 konnte das Werk *actiones* einige Spruchformeln über *vindicatio in servitutem*, aber auch über *vindicatio in libertatem* enthalten. Diese Vermutung stützt sich auf die von Ferenczy angenommene Parteizugehörigkeit von Appius Claudius, der die Interessen der Freigelassenen vertreten hat. Daraus folgt, dass die von Gn. Flavius veröffentlichten *actiones* den Bedürfnissen der Freigelassenen, dem *ordo libertinorum*, angepasst wurden. Vgl. auch *Taylor*, The Voting Districts of the Roman Republic (1960) 10 f., 21 f., 135; *Hellegouarc'h*, Le vocabulaire latin des relations (1963) 507.

Cancelli besteht die Errungenschaft von Gn. Flavius darin, dass er auch den Plebejern den Weg zu einem juristischen Beruf öffnete und auf diese Weise neuen sozialen Schichten den Zugang zur elitären pontifikalen Rechtswissenschaft ermöglichte.[879]

Nach vorherrschender Meinung veröffentlichte Gnaeus Flavius die Klage- und Geschäftsformeln, die vom Pontifikalkollegium geheim gehalten wurden.[880] Unter der Berücksichtigung des weiten Verständnisses des *agere* und der *actio* und der zentralen Rolle der *pontifices* in der Erstellung der Rituale, die infolge der pontifikalen Interpretation des Zwölftafelgesetzes ausgearbeitet wurden, ist zu vermuten, dass das *ius civile Flavianum* tatsächlich aus den Ritualen für die geschäftliche Rechtsgestaltung und Rechtsverfolgung besteht.

Nicht nur die *legis actiones* als solche wurden geheim aufbewahrt, sondern auch die Information über die sie begleitenden Gesten. Für die Anwendungszwecke der *legis actiones* war es daher notwendig, die richtige Kombination aus Spruchformeln (*certa verba*), Gesten und anderen Handlungen zu berücksichtigen. Das *ius civile Flavianum* enthielt meines Erachtens auch die Information über die richtige Vornahme der *actiones*.[881]

2.3.4. Folgen der Veröffentlichung der *actiones*

Nach der bisher herrschenden Meinung hat die Veröffentlichung der *actiones* durch Gnaeus Flavius einen Bruch mit dem Priestermonopol in der Rechtskunde mit sich gebracht. Es herrscht allerdings keine Einstimmigkeit in der Literatur über das Ausmaß dieses Bruches. Ferenczy kommt zu dem radikalen Ergebnis, dass das Monopol der Priesterschaft beendet worden sei.[882] Nach

---

879 Kritisch gegen den geheimen Charakter der Priesterjurisprudenz vgl. *Cancelli*, La giurisprudenza unica dei pontefici e Gneo Flavio (1996) 249, 251.

880 *De Francisci*, Storia del diritto romano II.1 (1944) 223 f.; *Frezza*, Corso di stora del diritto romano (1968) 367; *Lübtow*, Das römische Volk (1955) 540 Fn. 418; *Lévy-Bruhl*, Recherches sur les actions de la loi (1960) pas.; *Guarino*, Storia del diritto romano (1998) 234 f.; *Grosso*, Lezioni di storia del diritto romano (1965) 121 f.; *Dulckheit/Schwarz*, Römische Rechtsgeschichte (1981) 139; *Kaser*, Römische Rechtsgeschichte (1967) 161.

881 Vgl. Cic. Pro Mur. 11.25: *res enim sunt parvae, prope in singulis litteris atque interpunctionibus verborum occupatae …* / es geht nämlich um kleine Dinge, die sich beinahe in einzelnen Buchstaben und in Worttrennungen erschöpfen … Die Übersetzung nach *Fuhrmann*, Cicero. Die politischen Reden I (1993) 531, 533.

882 *Ferenczy*, Über das „Ius Flavianum“, in: Studi Grosso V (1972) 189.

einer anderen Rekonstruktion verursachte die Veröffentlichung der *actiones* eine Minderung der priesterlichen Kontrollmacht durch die Einbeziehung neuer Juristen.[883]

Auf Mommsen geht die Auffassung zurück, dass die Veröffentlichung der *actiones* die Säkularisierung der römischen Jurisprudenz mit sich gebracht habe.[884] Diese Interpretation wird allerdings in der Literatur infrage gestellt. Für Cannata ist die Tat von Gn. Flavius nur eine „politische Ohrfeige" ohne ernsthafte Folgen für das Pontifikat.[885] Nach Karlowa[886] und D'Ippolito[887] ermöglicht die Tat des Gn. Flavius den Plebejern den Zutritt zum Pontifikat, das bisher grundsätzlich aus den Vertretern patrizischer Familien bestanden hatte. Diese Interpretation stützt sich darauf, dass die Veröffentlichung der *actiones* zeitlich mit der *lex Ogulina* zusammenfällt, die den Plebejern Anteil am Pontifikat und am Augurat gewährt. Nicht auszuschließen ist, dass die Veröffentlichung der *actiones* eine Auswirkung dieses Gesetzes war.[888] Für Cancelli kann die Tat von Gn. Flavius keinen Bruch mit dem Priestermonopol im Sinne eines geheimen Systems des Rechtswissens darstellen, weil die Prozesse öffentlich inszeniert wurden und nach der Veröffentlichung des Zwölftafelgesetzes auch die *legis actiones* bekannt waren.[889] Der Kalender mit den Gerichtstagen ist zu dieser

---

883 *Schulz*, Geschichte der römischen Rechtswissenschaft II (1961) 11–13; *Kaser*, Das altrömische ius (1949) 161 f. Die Formel des *manum conserere* ist nach D'Ippolito auch durch die Veröffentlichung des *ius civile Flavianum* bekannt geworden. Vgl. *D'Ippolito*, Servio e le XII Tavole, in: Momigliano/Schiavone (Hgg.), Storia di Roma I (1988) 35.

884 *Mommsen*, Römische Forschungen I (1864), Ndr. (1962) 304; *Jörs*, Römische Rechtswissenschaft zur Zeit der Republik I (1888) 70; *Vacca*, La giurisprudenza nel sistema delle fonti del diritto romano^2 (2012) 12.

885 Vgl. *Cannata*, Per una storia della scienza giuridica europea I (1997) 137: „ […] *schiaffo politico all'autorità dei pontefici e non come un mezzo concretamente efficace per limitarla.*"

886 Karlowa betrachtet die Tat von Gn. Flavius als Bruch mit der Tradition, bei der die Rechtskunde von einer patrizianischen zu der anderen patrizianischen Familie innerhalb der priesterlichen Kollegien übertragen wurde. S. *Karlowa*, Römische Rechtsgeschichte I (1885) 475.

887 *D'Ippolito*, Das *ius Flavianum* und die *lex Ogulnia*, in: SZ 102 (1985) 125.

888 Die neuen Juristen konnten meines Erachtens nun außerdem in die Beratung auf dem *forum* miteinbezogen werden. Über die Beratung der römischen Juristen am *forum* s. *Lehne*, Die Stellung der Juristen im Formularverfahren, in: SZ 131 (2014) 226.

889 *Cancelli*, La giurisprudenza unica dei pontefici e Gneo Flavio (1996) 249–253.

Zeit ebenfalls bekannt. Die Errungenschaft von Gn. Flavius besteht laut Cancelli in der Systematisierung und der Erklärung feierlicher Formeln, die schon im Gebrauch waren: Die Erklärungen zur Durchführung der *actiones* wurden von Gn. Flavius an den Kalender angepasst, den er seiner Systematisierung zugrunde legt. Überdies öffnet er mit seiner Veröffentlichung der Rechtskenntnisse über *actiones* und *dies fasti* den Weg für Juristen aus anderen Schichten als jener des Adels.[890]

Die Veröffentlichung der *actiones* und der *dies fasti* musste meines Erachtens zumindest symbolisch einen Bruch mit der pontifikalen Rechtskultur bedeuten. Wenn man von einem solchen Bruch ausgeht, liegt folglich die Annahme nahe, dass das Priestermonopol nicht in erster Linie in der geheimen Aufbewahrung der *actiones* und des Rechts bestand. Auch die Tatsache, dass das Zwölftafelgesetz öffentlich bekannt war, und die Prozesse öffentlich durchgeführt wurden, spricht dagegen, das Monopol in der geheimen Aufbewahrung zu sehen. Das Priestermonopol äußert sich daher in erster Linie in der Auslegung der *actiones*. Plausibel scheint in diesem Zusammenhang die These, nach der die *pontifices* vor der Errichtung der Prätur im Jahr 367 v. Chr. die jurisdiktionelle Gewalt (*ius dicere*, *iurisdictio*) ausgeübt haben,[891] und eine wichtige Rolle bei der Ausübung des *ius dicere* und des *agere* gespielt haben.[892] Bei der Annahme dieser Vermutung war die Veröffentlichung der *actiones* und der *dies fasti* zwar vielleicht nicht der letzte, aber ein wichtiger Schritt zur Entkräftung der *pontifices* in ihrer Kontrolle über das Gerichtsverfahren.

Für das Verständnis der Bedeutung der *actio* nach der „Tat" von Gnaeus Flavius ist nicht nur die Einbeziehung neuer sozialer Schichten in den Prozess der Rechtsfindung relevant, sondern auch der mit der Veröffentlichung von Gn. Flavius verbundene Medienwechsel. Die Aufzeichnung der *actiones* für die Öffentlichkeit symbolisiert eine neue und weitreichende Praxis der Verschriftlichung.[893] Die verschriftlichten *actiones* konnten leichter wiederholt und weiter

---

890 *Cancelli*, La giurisprudenza unica dei pontefici e Gneo Flavio (1996) 249–253.

891 *De Martino*, La giurisdizione nel diritto romano (1937) pas; *Valgaeren*, The jurisdiction of the pontiffs, in: Tellegen-Couperus (Hg.), Law and Religion in the Roman Republic (2012) 113 f. Vgl auch die Literatur zum Thema bei *Cancelli*, La giurisprudenza unica dei pontefici e Gneo Flavio (1996) 18 f.

892 Vgl. oben Kapitel II, Abschnitt 4.7. Das *agere* und die *pontifices*, S. 138 f.

893 *McClintock*, Gneo Flavio, in: McClintock (Hg), Storia mitica del diritto romano (2020) 231 f.

tradiert werden.[894] Nicht zu unterschätzen ist in diesem Zusammenhang die in den Quellen zu findende Anmerkung, dass Gnaeus Flavius ein *scriba* sei.[895] Die Tat von Gnaeus Flavius symbolisiert in diesem Sinne das Aufkommen eines neuen Zeitalters in der Jurisprudenz, in dem man sich von den Medien und Instrumentarien der oralen pontifikalen Praxis entfernt. Dieser Wechsel in der Struktur der Rechtskultur – neue Juristen, neue Medien, neue Formen der Übertragung – führt zu einer Änderung in der Konzipierung des *agere* und der *actio,* indem die Rechtsrituale (*agere* und *actio*) ihre mystischen Attribute verlieren. Die Verschriftlichung der *actiones* durch Appius Claudius und Gn. Flavius hat notwendigerweise ihre Systematisierung mit sich gebracht und ihre weitere öffentliche Verbreitung und kritische Reflexion durch römische Juristen erleichtert.[896]

3. Das Werk *De usurpationibus* von Appius Claudius

Mit Appius Claudius[897] verbinden die Quellen neben der Teilnahme an der Veröffentlichung der *actiones* und der *dies fasti* durch Gn. Flavius das Werk *De usurpationibus* (Pomp. l. ench. D. 1.2.2.36):

> *... hunc etiam* [*actiones*][898] *scripsisse traditum est primum de usurpationibus, qui liber non exstat.*[899]
> Es soll [über *actiones* und zuerst] auch als erster *de usurpationibus* geschrieben haben; das Buch ist nicht [mehr] vorhanden.[900]

---

894 *Santoro,* Appio Claudio e la concezione strumentalistica di ius, in: AUPA 47 (2002) 318.

895 Gell. Noct. Att. 7.9.2–5; Pomp. l. sing. ench. D. 1.2.2.7.

896 *Vacca,* la giurisprudenza nel sistema delle fonti del diritto romano² (2012) 14.

897 Pomponius bezeichnet Appius Claudius als einen Wissenschaftler, der *maximam scientiam habuit,* d. h. umfassende (Rechts-)kenntnisse besitzte. Zu seinen Erfolgen gehören u.a. auch die Erarbeitung des Buchstaben „R" (S. D. 1.2.2.36: ... *litteram invenit, ut pro Valesiis Valerii essent et pro Fusiis Furii ...*) sowie die Gründung der *via Appia antica.* Vgl. auch Liv. Ab urb. cond. 10.7.2, der Appius Claudius als *callidus, sollers* und *iuris atque eloquentiae consultus* bezeichnet. Nach Livius war er einer der Männer, der als Prätor das Recht geschafft hat (*iura creandus*). Weitere Quellen über Appius Claudius vgl. bei *Wieacker,* Römische Rechtsgeschichte I (1988) 534 Fn. 13.

898 Das Wort *actiones* wurde in der *Editio maior* aufgrund des Fragments von Pomp. l. sing. ench. D. 1.2.2.7 hinzugefügt. S. *Mommsen/Krüger,* Digesta Iustiniani I (1870) 8, Fn. 1.

899 Die Interpolationskritik s. bei *Santoro,* Appio Claudio, in: AUPA 47 (2002) 329.

900 Die Übersetzung stützt sich auf *Behrends/Knütel/Kupisch/Seiler,* CIC 2 (1995) 105.

3.1. Gegenstand des Werkes

Der Gegenstand des genannten Werkes ist umstritten. Vorherrschend bleibt die Meinung, dass unter *usurpatio* die „*usucapionis usurpatio*", d.h. die Unterbrechung der Ersitzung zu verstehen ist.[901] Nach einer anderen Auffassung war *De usurpationibus* unter Berücksichtigung der Tatsache, dass Appius Claudius Zensor war und die Zensusreform durchführte, dem Usus-Erwerb gewidmet.[902] Nach Ansicht von Mayer-Maly bedeutet *usurpatio* die Unterbrechung der Ersitzung auf die Frau durch das Recht der *trinoctii*, d. h. durch das Recht drei Tage hintereinander außerhalb des Hauses des Ehemannes zu schlafen – *trinoctii usurpatio*:[903] Das Werk wird somit der Unterbrechung einer *manus*, d. h. einer Hausgewalt des Mannes auf die Ehefrau gewidmet.[904] Nach Albanese handelt es sich in *De usurpationibus* über das Verbot für den *flamen dialis*, drei Nächte

---

901 Diese Interpretation wird teilweise durch eine Stelle aus Ciceros *De oratore* untermauert. Vgl. Cic. De or. 3.2.110: *Atque rhetores etiam hac in instituendo divisione utuntur, sed ita, non ut iure aut iudicio, vi denique recuperare amissam possessionem, sed ut surculo defringendo usurpare videantur* / Diese Einteilung treffen die Rhetoren auch im Unterricht, aber so, dass der Eindruck entsteht, sie holten sich ihren verlorenen Besitz nicht mit Hilfe des Rechts und eines Gerichtsentscheides, und am Ende doch mit Gewalt zurück, sondern sie machten ihr Recht darauf geltend, indem sie einen Zweig abbrechen. Die Übersetzung nach *Nüßlein*, De oratore (2007) 362–363. Auch Paulus definiert die *usurpatio* als *usucapionis interruptio*, fügt aber hinzu, dass bei den Oratoren das Wort *usurpatio* oft *usus*, d. h. „Gebrauch" bedeutet hat. S. Paul. 54 ed. D. 41.3.2: *Usurpatio est usucapionis interruptio: oratores autem usurpationem frequentem usum vocant.* Dieser Interpretation folgt *Jörs*, Römische Rechtswissenschaft zur Zeit der Republik I (1888) 87.

902 *Wieacker*, Römische Rechtsgeschichte I (1988) 534.

903 S. Gell. Noct. Att. 3.2.12–14; *Mayer-Maly*, Roms älteste Juristenschrift, in: FS „Mnemosynon" P. Bizoukides (1960) 221 f. Seine Theorie wurde von Bauman rezipiert. Vgl. *Bauman*, Lawyers in Roman Republican Politics (1983) 22, 36.

904 Diese von Mayer-Maly vertretene These wird anhand der Gaius-Stelle argumentiert. S. Gai 1.111: *Itaque lege duodecim tabularum cautum est, ut si qua nollet eo modo in manum mariti convenire, ea quotannis trinoctio abesset atque eo modo cuiusque anni usum interrumperet.* / Daher ist im Zwölftafelgesetz bestimmt worden, dass seine Frau, wenn sie nicht auf diese Weise in die Ehegewalt ihres Ehemannes kommen wollte, jedes Jahr einen Zeitraum von drei Nächten abwesend sein und auf diese Weise <die Ersitzung> eines jeden Jahres unterbrechen konnte. Die Übersetzung nach *Manthe*, Die Institutionen des Gaius[2] (2010) 75. Das Wort *usurpare* wird von Gellius im Sinne einer Unterbrechung des *usus* einer Ehefrau (*uxor*) verwendet (Gell. Noct. Att. 3.2.12–13).

auswärts zu verbringen.[905] Die Wendung „*De usurpationibus*" ist nach Guarino allerdings im Zusammenhang mit den von Appius Claudius verfassten *actiones* zu rekonstruieren. Das Wort *usurpatio* weist die Merkmale eines anormalen Gebrauchs auf und bedeutet somit vielmehr „Missbrauch". In dem Werk „*De usurpationibus*" hat sich Appius Claudius nach Guarino also viel eher mit dem Missbrauch bei der Verwendung der *actiones* auseinandergesetzt.[906] Nach Paricio enthält der *liber de usurpationibus* von Appius Claudius eine Sammlung mit Geschäftsformeln,[907] während die *actiones* aus dem *ius civile Flavianum*, bei deren Verfassung und Veröffentlichung er eine zentrale Rolle spielt, prozessuale Klagen enthalten. Die Veröffentlichung des Werkes *De usurpationibus* hat seiner Ansicht nach die Abschaffung des Priestermonopols nicht nur im Prozess, sondern auch bei der Gestaltung der Rechtsgeschäfte bezweckt.[908] D'Ippolito entwickelt aufgrund der Vermutung von Mommsen die These, Appius Claudius habe die im *ius civile Flavianum* enthaltenen Siglen aufgelöst und die Rituale dem Volk zugänglich gemacht.[909] Nach Santoro und Albanese[910] soll Appius Claudius die Auflösung der Siglen schon im Rahmen der ersten Veröffentlichung der *actiones* mit der Veröffentlichung des *ius civile Flavianum* vorgenommen haben, was aus der Wendung „*redigere ad formam*" hervorgeht.[911] Für Behrends ist *De usurpationibus* keine juristische, sondern eine politische Schrift. Er meint, dass das Wort *usurpationes* im übertragenen Sinn verwendet worden ist, nämlich für die Bezeichnung der politischen Aktionen, die gegen überkommene, als unangemessen angesehene Verhältnisse, gerichtet waren und sie unterbrechen wollten.[912]

In den juristischen Quellen sind extensiven Bedeutungen von *usurpatio*, wie „fortgesetzter Gebrauch", „unerlaubte Ausübung", „Missbrauch",

905 Vgl. *Albanese*, Le „Notae iuris" di Probo, in: Iura 46 (1995, publ. 2000) 74 f.; *Peppe*, Storie di parole, storie di istituti, in: SDHI 63 (1997) 188; *Bauman*, Lawyers in Roman Republican Politics (1983) 22.

906 Unklar bleibt aber, wer *actiones* potenziell missbrauchen kann und was unter dem Missbrauch der *legis actiones* verstanden werden kann.

907 *Paricio*, Sobre el 'De usurpationibus' de Appio Claudio, in: SDHI 60 (1994) 629 f.

908 *Paricio*, Sobre el 'De usurpationibus' de Appio Claudio, in: SDHI 60 (1994) 634.

909 *D'Ippolito*, Giuristi e sapienti in Roma arcaica (1986) 57.

910 *Albanese*, Le „Notae iuris" di Probo, in: Iura 46 (1995, veröf. 2000) 1 f. Der Wissenschaftler vermutet eine mittelbare Herleitung des *ius Flavianum* aus den *Notae iuris* von Probus.

911 *Santoro*, Appio Claudio, in: AUPA 47 (2002).

912 *Behrends*, Der Kommentar in der römischen Rechtsliteratur, in: Avenarius/Möller (Hgg.) Institut und Prinzip I (2004) 225 Fn. 1.

„Anmaßung“, „Gewohnheit“ oder „Herkommen“ geläufig.[913] Das Wort *usurpatio* ist überdies im Sinne des *„usus frequens“*, d.h. des regelmäßigen Gebrauchs, zu verstehen.[914] Auch literarische Quellen sprechen überwiegend für eine nicht technische Bedeutung der *usurpatio*: Die *usurpatio* verweist auf den regelmäßigen Gebrauch[915], auf die Gewohnheit[916] und auf den Gebrauch eines bestimmten Wortes[917]. Die *usurpatio* wird meines Erachtens von Pomponius in einem allgemein-technischen Sinn als Gebrauch der Rechtsrituale (*actiones*) verwendet.

---

913 S.v. *usurpatio*, in: HS, 605.

914 Neben der zitierten Stelle von Paulus (Paul. 54 ed. D. 41.3.2) wird die *usurpatio* im Sinne von „Gebrauch“ auch von dem Juristen Mela in der Überlieferung von Ulpian (Ulp. 33 ed. D. 24.3.24.2): *... Mela ait...quod quidem hodie magis usurpatur* sowie in weiterer Stelle des Ediktkommentars von Ulpian verwendet. Vgl. Ulp. 57 ed. D. 47.10.13.7: *... usurpatum tamen et hoc estm tametsi nullo iure, ut quis prohibendi possit.*

915 Die *usurpatio* kommt in diesem Sinn auch bei Plautus vor. Vgl. Plaut. Cist. 505: *ALC. Redde mi illam. MEL. Inter novam rem verbum usurpabo vetus: quod dedi datum non vellem, quod relicuomst non dabo / ALC.* Schickt sie mir zurück. *MEL.* Ich werde alte Weisheit für eine neue Sache verwenden: Was ich gegeben habe, wünsche ich nicht gegeben zu haben. Was übrig bleibt, werde ich nicht geben. Aber auch bei Ennius wird *usurpatio* in gleicher Bedeutung verwendet. Vgl. Enn. Hect. Lytr. (Nonius 289.29): *... quid hoc hic clamoris, quid tumulti est? Nomen qui usurpat meum?*

916 Liv. Ab urb. cond. 44.16.15: *Is pacis semper auctor regi fuerat monueratque, sicut pater eius Philippus institutum usque ad ultimum vitae diem servarat cotidie, bis in die foederis icti cum Romanis perlegendi, ut eum morem, si non semper, crebro tamen usurparet.* / Dieser hatte dem König immer zum Frieden geraten und ihn ermahnt, wie sein Vater Philipp sich bis zum letzten Tag seines Lebens immer an die Gewohnheit gehalten hatte, täglich, ja zweimal am Tage den mit den Römern geschlossenen Vertrag durchzulesen, diese Sitte, wenn nicht immer, so doch häufig nachzuahmen. Die Übersetzung folgt *Hillen*, Livius, Römische Rechtsgeschichte. Buch XLII-XLIV[3] (2008) 243. S. auch Val. Max. 2.3.1: *... hanc diutina usurpatione firmatam consuetudinem ...*; Plin. Epist. 10.115: *... longa consuetudo usurpata contra legem.*

917 So Festus (s.v. *orcum*, Lindsay 222.6): *Orcum quem dicimus, ait Verrius ab antiquis dictum Urargum, quod et „u“ litterae sonum per „o“ efferebant et per „c“ litterae formam nihilominus „g“ usurpabant.* Vgl. auch Fest. (s.v. *nectere*, Lindsay 160.14): *Nectere ligare significat, et est apurd plurimos auctores frequens, quin etiam in commentario dacrorum usurpatur hoc modo: „Pontifex minor ex stramentis napuras nectito, id est funiculos facito, quibus sues adnectantur.“* Vgl. auch Festus (s.v. *sispitem*, Lindsay 462.2): *Sispitem Iunovem, quam vulgo sospitem appellant, antiqui usurpabant, cum ea vox Graeco videatur sumta, quod est.*

Die enge technische Auslegung des Wortes *usurpatio* und die daraus folgende Annahme, dass das Werk von Appius Claudius über solche spezifischen Themen verfasst wurde, wie bspw. die Unterbrechung der Ersitzung oder die Unterbrechung der *manus* entspricht nicht dem Kontext seiner Tätigkeit. Die erwähnte Schrift *De usurpationibus* ist vielmehr in Verbindung mit den von Gn. Flavius veröffentlichten *actiones* und *dies fasti* zu rekonstruieren. Die Veröffentlichung der *actiones* durch Gn. Flavius konnte, wie Cicero betont, nicht so eine große Bedeutung haben, weil diese veröffentlichten Rituale nicht systematisiert wurden. Angesichts dieser Anmerkung Ciceros ist anzunehmen, dass *De usurpationibus* von Appius Claudius den Empfehlungen über die Anwendung der *actiones* gewidmet ist, die schon zuvor durch Gn. Flavius veröffentlicht worden waren, und in diesem Sinn ist es wohl ein Werk, in dem die Anwendung der *actiones* geregelt und geordnet wurde.[918]

3.2. Die richtige Anwendung (*usurpatio*) der *actiones* nach Ansicht von Appius Claudius

Eine mögliche Antwort auf die Frage nach dem Inhalt des Werkes *De usurpationibus* ist meiner Einschätzung nach das folgende Fragment aus Ciceros Rede Pro Caecina (Cic. Pro Caec. 54.6):

> *Actio est in auctorem praesentem his verbis: ‚quandoque te in iure conspicio.‘ Hac actione Appius ille Caecus uti non posset, si ita in iure homines verba consectarentur ut rem cuius causa verba sunt non considerarent …*
>
> Die *actio* gegen den anwesenden *auctores* lautet folgendermaßen: „Da ich dich vor Gericht erblicke“ (*quandoque te in iure conspicio*). Der berühmte Appius, genannt der Blinde, hätte diese *actio* nicht verwenden können, wenn man sich vor Gericht so sehr nach den Worten richten wollte, dass man den Zweck, dem die Worte dienen, aus den Augen verlöre.[919]

In dem Text handelt es sich um die Eviktion im Fall der *mancipatio*. Der Erwerber zieht den manzipierenden Verkäufer in das Verfahren mittels *laudare auctorem*, indem er dem evinzierenden Dritten *in iure* seinen Vormann (d.h. den

918 Möglich ist, dass Appius Claudius im Werk „*De usurpationibus*“ nicht nur einen Kommentar zu den *actiones*, sondern auch zu bestimmten rechtlichen Gewohnheiten verfasst hat. S. *Magdelain*, De la royauté et du droit de Romulus à Sabinus (1995) 188.

919 Die Übersetzung stützt sich (mit der Ausnahme der Worte *auctor* und *actio*) auf *Fuhrmann*, Cicero. Die Prozessreden I (1997) 307.

Verkäufer) nennt, diesen sofort vor Gericht lädt und ihn förmlich auffordert, ihm im Prozess Beistand (*auctoritas*) zu leisten (*auctoritatem subsistere*).[920]

Die Mündlichkeit dieses Gerichtsrituals, seine öffentliche visuelle Durchführung, sowie die körperliche Dimension des Verfahrens *laudare actorem* äußern sich in dem Inhalt des von Cicero angeführten Sprechaktes, den er als *actio* bezeichnet: *Quandoque te in iure conspicio* / Da ich dich vor Gericht erblicke. Anschließend betont Cicero, dass Appius Claudius in der Rolle des Erwerbers anhand der *mancipatio* diese *actio* bei ihrer wortwörtlichen Auslegung nicht anwenden hätte können.[921] Der Grund dafür war seine Blindheit und die daraus folgende Unmöglichkeit den Manzipanten, d.h. den Verkäufer (*auctor*) buchstäblich vor dem Gericht zu „erblicken".

Die richtige Anwendung der *actiones* besteht aber nach Cicero und möglicherweise nach Appius Claudius darin, dass man diese Spruchformeln nicht wortwörtlich auslegen solle, sondern nach ihrem Zweck, d.h. teleologisch. Andernfalls würde man den Normzweck aus den Augen verlieren. Diese Redewendung *non considerare*, d.h. „aus den Augen verlieren" oder „nicht betrachten", ist wieder eine Anspielung auf die Blindheit des Appius Claudius sowie Ciceros Ironie dem alten Rechtsformalismus gegenüber.

In der angeführten Stelle wird die ursprünglich performative Gestalt der *actio* reflektiert, die als Sprechakt verstanden wird und die in ihrer Performativität visuell wahrgenommen werden soll. Die Errungenschaft von Appius Claudius besteht darin, dass er das sehr formalistisch verstandene Ritual anders interpretiert und zu einem Symbol erhebt: „jemanden vor dem Gericht zu erblicken" wird rechtsmetaphorisch verstanden – als Hinweis auf die notwendige Anwesenheit des *auctor* vor Gericht. Die von Appius Claudius und Cicero angeführte Formel – *Quandoque in iure te conspicio* – entspricht auch der Formel von Probus in seinem Werk *Notae iuris*[922] (Prob. Not. 4.7): Q.I.I.T.C.P.A.F.A. / *Quando in iure te conspicio postulo anne fias auctor.*[923]

Unter der Berücksichtigung der Cicero-Stelle ist anzunehmen, dass *De usurpationibus* der Auslegung der *actiones* gewidmet war. Anstatt der

---

920 *Kaser/Hackl*, Das Römische Zivilprozessrecht² (1996) 99.

921 S. Liv. Ab urb. cond. 9.29.9–11. Die Quellenübersicht und die Überlegungen über die natürlich eingetretene Blindheit oder über die gewaltsam verursachte Blindheit s. bei *Siebert*, Ueber Appius Claudius Caecus (1863) 65–66. Cannata vermutet, dass die Blindheit erst nach seiner Zensur im Jahr 312 v. Chr. eintrat. S. *Cannata*, Per una storia della scienza giuridica europea I (1997) 132 Fn. 5.

922 *Albanese*, Sull'intervento dell'„auctor" nella „legis actio sacramenti in rem", in: Labeo 41.3 (1995) 341.

923 *Ernst*, § 79 Klagen aus Kauf, in: HRP II, Rn. 239, 2176–2177.

formalistischen, wortwörtlichen Ausübung der *actio* tritt eine rationale Anwendung, bei dem ihre performativen Elemente, wie bspw. die visuelle Wahrnehmung, symbolisch ausgelegt werden.

4. *Ius Aelianum* und *Tripertita*

Während die Quellen über die Verbindung des *ius civile Flavianum* mit dem Zwölftafelgesetz schweigen und Möglichkeiten für die aufgezeigten Hypothesen über den Inhalt der von Gn. Flavius veröffentlichten *actiones* eröffnen, ist belegt, dass Sextus Aelius (Zensor im Jahr 194 v. Chr.)[924] das Zwölftafelgesetz als Ausgangstext für sein Werk *Tripertita* und *ius Aelianum* wahrnimmt. Die durch seine *interpretatio* ausgearbeiteten Rechtsfiguren erlangen möglicherweise den Charakter von Gewohnheitsrecht.[925]

4.1. *Ius Aelianum*

Nach Pomponius veröffentlichte Sextus Aelius neben dem Werk *Tripertita* auch das *ius Aelianum*, d. h. einen *liber actionum*.[926] In ähnlicher Weise wie das *ius civile Flavianum* enthält das *ius Aelianum* eine Sammlung von Rechtsritualen – *actiones*. Pomponius berichtet über Sextus Aelius[927] im Anschluss an die

---

924 *Wieacker*, Römische Rechtsgeschichte I (1988) 536. Von Sextus Aelius sagt Cicero (Cic. De re publ. 1.30), dass er *philosophari se velle*, d. h. die Philosophie treiben will.

925 *Cardilli*, Lege XII tabularum praeposita iungitur interpretatio, in: Homenaje F. Hinestrosa I (2003) 201 f.

926 *Liebs*, Einleitung zu den archaischen Rechtsbüchern, in: HLL I (2002) 78–79. Huschke vertritt die Ansicht, dass das *ius Aelianum* kein wissenschaftliches Werk, sondern eine am *forum* aufgestellte Sammlung der *legis actiones* (*librum populo dedit*) gewesen ist; Die *Tripertita* ist dagegen nur ein für den Gebrauch bestimmtes dreiteiliges Buch gewesen. S. *Huschke*, Pomponius über die Aelier und Catonen und A. Ofilius in: SZ 15 (1850) 177 f. Nach Karlowa sind *ius Aelianum* und *Tripertita* identisch. Das *ius Aelianum* ist nach Karlowa eine Bezeichnung, die im Volksmund nach dem Vorbild des *ius Flavianum* gebildet worden sei. *Karlowa*, Römische Rechtsgeschichte I (1885) 476.

927 Strittig ist, ob *ius Aelianum* und *Tripertita* von derselben Person verfasst wurden. Watson nimmt an, dass der Autor des *ius Aelianum* ein anderer Sextus Aelius gewesen sei, als jener, der *Tripertita* verfasst habe. Diese Annahme ist nicht akzeptabel, weil kein einziger Hinweis in der Überlieferung von Pomponius auf eine andere Person mit dem Namen Sextus Aelius verweist. *Watson*, Legal Origins and Legal Change (1991) 156; *Watson*, Ius Aelianum and Tripertita, in: Labeo 19 (1973) 26–30.

Erzählung über die Tat von Gn. Flavius[928], was für eine gewisse Kontinuität in der Überlieferung der Rechtskenntnisse in Form von ritualisierten *actiones* spricht (Pomp. l. sing. ench. D. 1.2.2.7):

> ... *Augescente civitate quia deerant quaedam genera agendi, non post multum temporis spatium Sextus Aelius alias actiones composuit et librum populo dedit, qui appellatur ius Aelianum.*
> ... Als sich die Bürgerschaft vergrößerte, schuf Sextus Aelius, weil einige *genera agendi* fehlten, nicht lange danach weitere *actiones* und übergab dem Volk das Buch, das das *ius Aelianum* genannt wird.[929]

Pomponius führt an, dass Sextus Aelius einige *actiones* zusammengefasst und dem Volk weitergegeben habe (*librum populo dedit*). Die Überlieferung von Pomponius charakterisiert sich durch einen gewissen Schematismus: Sowohl Gn. Flavius als auch Sextus Aelius haben dem Volk *libri* mit *actiones* übergeben. Während die Veröffentlichung des *ius civile Flavianum* in den Quellen als Sensationsgeschichte hervortritt,[930] wird das *ius Aelianum* als logische Entwicklung und Folge der Veröffentlichung dieser Rituale dargestellt.[931] Diese neue Sammlung war eventuell vollständiger als die von Gn. Flavius. Den Grund für die Veröffentlichung des *ius Aelianum* sieht Pomponius im Wachstum der Gesellschaft und in den fehlenden *genera agendi*. Der Ausdruck *genus agendi* ist möglicherweise mit der Wendung *modi agendi* in den Institutionen des Gaius vergleichbar, der damit Verfahrensarten im Legisaktionenprozess bezeichnet.[932] Auch Karlowa nimmt an, dass diese *genera agendi* die *legis actio per condictionem* aufgrund der *lex Silia*[933] und *lex Calpurnia*[934] und die später

928 S. oben, Abschnitt 2. *ius civile Flavianum*. S. 229 f.

929 Die Übersetzung folgt (außer Begriffe *actiones*, *ius Aelianum*) *Behrends/Knütel/Kupisch/Seiler*, CIC 2 (1995) 98.

930 Vgl. oben, Abschnitt 2.3. Bewertung der Quellen, S. 237 f.

931 Es ist möglich, dass Sextus Aelius einfach die bis zu seiner Zeit durch die *prudentium auctoritas* festgestellte *intepretatio* des Zwölftafelgesetzes als rezipiertes *ius civile* wiedergegeben hat. S. *Karlowa*, Römische Rechtsgeschichte I (1885) 476.

932 Gai. 4.12.

933 Gai. 4.17–19. Vgl. dazu *Elster*, Die Gesetze der mittleren römischen Republik (2003) 252–255 mwN. Das Gesetz, mit dem die *legis actio per condictionem* für die Ansprüche auf bestimmte Geldsummen eingeführt wurde, wird in der Zeit zwischen dem 4 und 3. Jh. v. Chr. datiert, obwohl die Datierung im 3. Jh. v. Chr. nach der *lex Hortensia*, richtiger erscheint.

934 Gai. 4.17–19. Mit der *lex Calpurnia* wurde die *legis actio per condictionem* für Ansprüche *de omni certa re*, für die Forderungen einer bestimmten Menge vertretbarer Sachen eingeführt. S. *Elster*, Die Gesetze der mittleren römischen Republik

aufgekommenen Figuren der *manus iniectiones* (*pro iudicato, pura*) umfassen, die in der ursprünglichen Fassung des Zwölftafelgesetzes nicht vorhanden waren.[935] Cicero spricht dabei im Gegensatz zu Pomponius von *Aeliana studia*[936] und nicht vom *ius Aelianum* und betont, dass Sextus Aelius nicht nur an der Verfassung und der Systematisierung der Rituale teilgenommen habe, sondern auch öffentlich *responsa* zu den Fragen gegeben hatte.[937] Die Erteilung der öffentlichen *responsa*, die schon auf Tiberius Coruncanius zurückgeht,[938] stellt neben der Verschriftlichung und der Veröffentlichung der *actiones* und der *dies fasti* eine Form der Entsakralisierung der Rechtskenntnisse dar und bewirkt die freie Zirkulation der Rechtskenntnisse. Die öffentliche Beratung entspricht auch dem neuen Verständnis des Rechtssystems, das die Werte der *res publica* verkörpert und der *civitas* zugänglich ist.[939]

(2003) 266–267 mwN. Die Datierung ist wie bei der *lex Silia*. Das Gesetz ist ungefähr an das Ende des 3. Jh. bzw. an den Anfang des 2. Jh. v. Chr. zu datieren.

935 *Karlowa*, Römische Rechtsgeschichte I (1885) 476.

936 Cicero bezeichnet das *ius Aelianum* als *Aeliana studia*. Vgl. Cic. De or. 1.43.193. *Paoli*, Verba praeire, in: RIDA 4 (1950) 311 f. Fn. 72 vermutet, dass im Text Ciceros nicht *Aeliana studia*, sondern *aliena studia* steht. *Jörs*, Römische Rechtswissenschaft zur Zeit der Republik I (1888) 24 hat vorgeschlagen, das Wort *Aeliana* durch das Wort *antiqua* zu ersetzen. Nach einer anderen Auslegung verweist Cicero mit *studia Aeliana* auf den Juristen Aelius Stilon. Vgl. wN in: *Santoro*, Appio Claudio e la concezione strumentalistica di ius, in: AUPA 47 (2002) 360–361.

937 Cic. De re publ. 1.18.30: … *Egregie cordatus homo catus Aelius Sextus … qui egregie cordatus et catus fuit et ab Ennio dictus est non quod ea quaerebat quae numquam inveniret, sed quod ea respondebat quae eos qui quaesissent et cura et negotio solverent* / … Aelius Sextus, ein außerordentlich beherzter und schlauer Mensch; er war außerordentlich beherzt und schlau und wurde von Ennius sogenannt, nicht weil er nach dem suchte, was er niemals finden konnte, sondern weil er Antworten zu geben versuchte (*respondebat*), die die Fragenden von Sorge und Unruhe befreiten. Die Übersetzung folgt *Nickel*, De re publica (2010) 95. In einem anderen Text nennt Cicero Sextus Aelius als *dicendum paratus* (Cic. Brut.78).

938 *Vacca*, La giurisprudenza nel sistema delle fonti del diritto romano[2] (2012) 13; *Marrone*, Agere lege, in: Praesidia libertatis. Atti Copanello (1994) 33.

939 Vgl. Cic. De re publ.1.33.20 über Fähigkeiten (artes), der Gemeinschaft nützlich zu sein (efficiant ut usui civitati).

4.2. *Tripertita*

In einem weiteren Werk von Sextus Aelius, der *Tripertita*[940], werden die *actiones* als systembildender Teil der Rechtsordnung, d.h. als *pars iuris* dargestellt. Das Werk bewirkt möglicherweise einen weiteren Bruch mit dem Priestermonopol (Pomp. l. s. ench. D. 1.2.2.38):[941]

> *Sextum Aelium etiam Ennius laudavit et exstat illius liber qui inscribitur „tripertita", qui liber veluti cunabula iuris continet: tripertita autem dicitur, quoniam lege duodecim tabularum praeposita iungitur interpretatio, deinde subtexitur legis actio. Eiusdem esse tres alii libri referuntur, quos tamen quidam negant eiusdem esse …*
> Den Sextus Aelius pries auch Ennius, und von ihm gibt es ein Buch mit dem Titel *tripertita*, ein Buch, das gleichsam die Anfangsgründe des Rechts enthält. *Tripertita* heißt es, weil das Zwölftafelgesetz vorangestellt ist, die Auslegung sich anschließt und darauf die *legis actiones* folgen. Von ihm soll es noch drei weitere Bücher geben; das leugnen manche, dass sie von ihm stammen …[942]

---

940 *Lenel*, Palingenesia I (1889) 1–2 führt folgende Fragmente an, in denen seiner Meinung nach die Teile der *Tripertita* enthalten sind: Cels. 8 dig. D. 19.1.38.1; Ulp. 22 Sab. D. 33.9.3.9; Cic. Ad fam. 7.22; Cic. De leg. 2.23.59. S. wN zu „patrimonio testuale" des Sextus Aelius in: *D'Ippolito*, Giuristi e sapienti in Roma arcaica (1986) 257 f. Bauman sieht in der *Tripertita* den Einfluss der griechischen Methode. Die Zahl „drei" hat seiner Meinung nach eine magische Wirkung, und Sextus Aelius hat nach dem *ius civile Flavianum* wichtige Arbeit geleistet, indem er eine neue Fassung des Zwölftafelgesetzes veröffentlichte. Die Entwicklung der griechischen Methodologie konnte sich nach Baumann weiter in der Anwendung der dialektischen Methode äußern und in der Verwendung verschiedener Arten der Distinktionen – *diairesis, differentia. Bauman*, Lawyers in Roman Republican Politics (1983) 142.

941 Nach *Kunkel*, Die römischen Juristen² (1967) Ndr. (2001) 45 bleibt die Rolle der *pontifices* trotz der Tat von Gn. Flavius und ungeachtet der Veröffentlichung von Sextus Aelius weiter bestehen.

942 Die Übersetzung nach (mit der Ausnahme von den lateinischen Begriffen *Tripertita, legis actiones*) *Behrends/Knütel/Kupisch/Seiler*, CIC 2 (1995) 106.

Der Name *Tripertita* spiegelt die Struktur dieses Werkes wider. Es enthält folgende Teile: (1) der eigentliche Text des Zwölftafelgesetzes, d. h. Lemma; (2) die Interpretation (*interpretatio*),[943] (3) die *legis actiones.*[944]

Im Gegensatz zu den späteren Kommentaren zum Zwölftafelgesetz[945] waren im Werk *Tripertita* der zu kommentierende Text und die *legis actiones* eng verbunden, worauf der Ausdruck *lege duodecim tabularum praeposita iungitur interpretatio* verweist. Der Anschluss (*iunctio*) der *interpretatio* an den Text des Zwölftafelgesetzes erfolgt dergestalt, dass die *interpretatio* in den Text des Zwölftafelgesetzes inkorporiert bzw. eingearbeitet wird. Dadurch wird die Interpretation *quasi* zum Teil des Textes des Zwölftafelgesetzes, was dieser Interpretation schließlich Rechtsverbindlichkeit verleiht.

---

943 Ohne Interpretation wäre die Anwendung des Zwölftafelgesetzes nach der Vorstellung der republikanischen Juristen gar nicht möglich. Vgl. Cic. De leg. 2.23.59. *Iam cetera in XII minuendi sumptus sunt lamentationisque funebris … tollit etiam lamentationem: 'Mulieres genas ne radunto neve lessum funeris ergo habento. Hoc veteres interpretes Sex. Aelius L. Acilius non satis se intellegere dixerunt, sed suspicari vestimenti aliquod genus funebris, L. Aelius lessum quasi lugubrem eiulationem, ut vox ipsa significat.* / Weiterhin dienen die übrigen Bestimmungen im Zwölftafelgesetz dem Zweck, den Aufwand und die Totenklage zu vermindern … beseitigte das Gesetz auch die Totenklage: „Die Frauen sollen sich die Wangen nicht zerkratzen und keinen „Lessus" während der Bestattung haben." Die alten Ausleger Sextus Aelius und Lucius Acilius sagten, sie würden dies nicht hinlänglich verstehen, vermuteten aber, es handle sich bei „Lessus" um irgendeine Art von Trauerkleid. Lucius Aelius meinte, „Lessus" sei so etwas wie ein Wehklagen aus Trauer, wie es auch das Wort selbst ausdrückt. Die Übersetzung folgt *Nickel*, De legibus (2002) 137.

944 Fraglich ist, ob *Tripertita* wirklich aus drei Teilen besteht. In der Literatur wird u.a. die Meinung vertreten, dass alle Teile miteinander verflochten sind und keine selbstständigen Abschnitte bilden. Während die textuelle Homogenität der *interpretatio* mit dem Zwölftafeltext plausibel ist, etwa weil *interpretatio* kein selbstständiger Teil des *ius civile* ist, sondern im *ius civile* inbegriffen ist, bleibt diese Annahme für den dritten Teil meines Erachtens ungerechtfertigt. Die *actiones* sind im Gegensatz zu der *interpretatio* nicht im *ius civile* inbegriffen, sondern stellen die infolge der Interpretation des *ius civile* ausformulierten und in der Praxis angewandten Spruchformeln dar. Möglich ist daher, dass die *legis actiones* als ein autonomer Teil in der *Tripertita* textuell abgegrenzt wurden. S. wN in: *Bretone*, Sesto Elio e le XII Tavole, in: Mantovani (Hg.) Per la storia del pensiero giuridico romano (1996) 18.

945 Auch Juristen der klassischen Zeit haben Kommentare zu dem Zwölftafelgesetz verfasst. So rekonstruiert Kübler aufgrund der Texte von Gellius die Kommentare von L. Aelius Stilo, Servius Sulpicius Rufus und Marcus Antistius Labeo. Auch der Kommentar von Gaius ist zu erwähnen, der in den Auszügen in Digesta übertragen wurde. Zu den Kommentaren von Labeo vgl. Gell. Noct. Att. 1.12.18; Gell. Noct. Att. 6.15.1; Gell. Noct. Att. 20.1.13. Vgl. *Kübler*, Geschichte des Römischen Rechts (1925) 21.

Der Bericht über die Ausarbeitung der *legis actiones* aufgrund der Interpretation des Zwölftafelgesetzes in *Tripertita* ist mit den analysierten Fragmenten von Gaius (Gai. 4.11) und von Pomponius (D. 1.2.2.36) in Verbindung zu setzen. In Gai. 4.11 und in D. 1.2.2.36 wird die Ausarbeitung der *legis actiones* durch die *veteres* (so Gaius in 4.11) und „die Erhebung" der *actiones* zu den *legis* durch die *pontifices* (so Pomponius in Pomp. l. ench. D. 1.2.2.36) aufgrund der existierenden *modi agendi* besprochen. Eine ähnliche Vorgehensweise weist Sextus Aelius auf, der anschließend an das Zwölftafelgesetz neue Rechtsrituale, d.h. *actiones* aufgrund der *interpretatio* erstellt.

Die Bedeutung der *Tripertita* besteht in der Redaktion des Zwölftafelgesetzes sowie in der Enwicklung der säkularen juristischen Hermeneutik (*interpretatio legum*).[946] Sextus Aelius setzt die Tradition der pontifikalen Juristen in der Ausarbeitung der *actiones* fort; die durch die *interpretatio* geschaffenen *actiones* stellen aber nicht ein Geheimwissen dar. Sie werden nun der Zirkulation, dem Tradieren und der kritischen Reflexion in den juristischen Kreisen unterstellt. Das Werk *Tripertita* hat möglicherweise die Struktur später entstandener juristischer Schriften beeinflusst[947] und liegt eventuell den Ediktskommentaren zugrunde.[948]

5. Die *actiones* in *De re rustica* von Varro, *actiones* des Manilius

Die Bedeutung der *actio* als Spruchformel für die geschäftliche Rechtsgestaltung ist im Werk von Manius Manilius – *Manilii actiones* – zu verfolgen. Pomponius zählt ihn (Konsul im Jahr 149 v. Chr.)[949] neben P. Scaevola und Brutus zu den Begründern des Zivilrechts (*ius civile fundaverunt*).[950] Das *ius civile*

---

946 *Wieacker*, Römische Rechtsgeschichte I (1988) 538.

947 In der Forschung aus dem 19 Jh. hat *Voigt*, Über das Aelius- und Sabinussystem wie über einige verwandte Rechtssysteme (1875) 331, 351 eine Vermutung geäußert, dass auch das Sabinussystem dem Werk *Tripertita* von Sextus Aelius folgt. Vgl. *Leist*, Versuch einer Geschichte der römischen Rechtssysteme (1850) 42. Nach D'Ippolito behielt die *Tripertita* ihre Wirkung unter den Juristen im 1 Jh. v. Chr: Servius hat dabei Rechtskenntnisse vom Zwölftafelgesetz über die *Tripertita* erlangt. Vgl. *D'Ippolito*, Servio e le XII Tavole, in: Momigliano/Schiavone (Hgg.), Storia di Roma I (1988) 34.

948 So *Lenel*, Das Sabinussystem, in: FG Jhering Göttingen (1892) 10.

949 *Baviera*, I „Monumenta Di Manilio" e Il „Jus Papirianum" (1903) 58.

950 *Post hos fuerunt Publius Mucius et Brutus et Manilius, qui fundaverunt ius civile. Ex his Publius Mucius etiam decem libellos reliquit, Brutus septem, Manilius tres: et extant volumina scripta Manilii monumenta.* / Nach diesen kamen Publius Mucius, Brutus und Manilius, die das Zivilrecht begründeten. Von ihnen hat Publius

begründete Manilius, indem er vermutlich Rechtsrituale für verschiedene Zwecke gesammelt und strukturiert hatte.[951] Pomponius verbindet mit Manilius die Veröffentlichung des Werkes *Manilii Monumenta,* während andere Quellen über *Manilii actiones* und *Manilii leges venalium vendendarum* sprechen.[952]

Varro, die Hauptquelle über die *Manilii actiones,* verknüpft mit Manilius in *De re rustica* die Ausarbeitung der Geschäftsformeln für den Kauf der Zug- und Tragtiere im landwirtschaftlichen Bereich. Die Stipulationsformeln (*actiones*) des Manilius werden im Zusammenhang mit dem Kauf von Rindern (*De re rust.* 2.5.10–11) angeführt. Auch die von Varro überlieferte Stipulationsgarantie bei dem Kauf von Ziegen geht auf die „Schriften" von Manilius zurück (*Itaque stipulantur paucis exceptis verbis, ac Manilius scriptum reliquit*).[953] Die von ihm

---

Mucius sogar zehn kleinere Bücher hinterlassen, Brutus sieben und Manilius drei: Es sind auch geschriebene Bände, d. h. *Manilii monumenta*, vorhanden. Die Übersetzung nach *Behrends/Knütel/Kupisch/Seiler*, CIC 2 (1995) 106.

951 Manilius definiert den Begriff *nexum*, einen hoch ritualisierten Akt, was auf seine Auseinandersetzung mit den Rechtsritualen verweist (Varro, De ling. lat. 7.105): *<Nexum> Manilius scribit omne quod per aes et libram et aes geritur, in quo sint mancipia.*

952 Zahlreich sind die Versuche, ihren Inhalt zu rekonstruieren. Einer Ansicht nach sind die *Manilii Monumenta* ein selbstständiges Werk von Manilius, das nicht mit *Manilii actiones* (vgl. Varro, De re rust. 2.5.11) identisch ist. S. *Sanio*, Zur Geschichte der römischen Rechtswissenschaft (1858) 32 f. Nach einer anderen Vermutung können die *Manilii monumenta* ein Werk historisch-religiösen Charakters sein. Schließlich wurde auch die Meinung vertreten, dass die *Manilii monumenta* eine Sammlung mit den Gesetzen Numas aus dem 7.–6. Jh. v. Chr. Diese Annahme stützt sich auf einen Text von Cicero (Cic. De re publ. 2.14.26), in dem aber kein konkreter namentlicher Hinweis auf *Manilii monumenta* enthalten ist. Vgl. *M. L.*, Die Monumenta des Manilius und das Ius Papirianum, in: SZ 24 (1903) 420. Nach Wieacker sind die Bezeichnungen *Manilii actiones, volumina Manilii monumenta, venalium vendendorum leges* keine Hinweise auf Werktitel, sondern auf den Inhalt. Vgl. *Wieacker*, Römische Rechtsgeschichte I (1988) 542. Kritik an der Wiedergabe der Werke von Manilius durch Pomponius s. *Bretone*, Tecniche² (1982) 257, Fn. 2. Gesammelte (aber nicht alle) Fragmente von Manilius s. u.a. bei *Lenel*, Palingenesia I (1889) 589. Über Manilius und seine Beziehung zu Cato der Censor s. *Labruna*, Plauto, Manilio, Catone, in: Studi Volterra V (1971) 38 f.

953 Vgl. die Stipulationsformel in Varro, De re rust. 2.3.5: *Illasce capras hodie recte esse et bibere posse habereque recte licere, haec spondesne?*

verfassten *actiones* empfiehlt Varro für die Gestaltung des Manzipationskaufs von Pferden und Eseln (De re rust. 2.7.6).[954]

Der Ausdruck *actiones Manilii* oder *actiones Manilianae* wird von Varro im Zusammenhang mit der Garantiestipulation beim Verkauf der Rinder (*boves*), d. h. *res mancipi* (Varro, De re rust. 2.5.10–11) erwähnt:

> *Eos cum emimus domitos, stipulamur sic: „illosce boves sanos esse noxisque praestari;" cum emimus indomitos, sic: „illosce iuvencos sanos recte deque pecore sano esse noxisque praestari spondesne?" Paulo verbosius haec, qui Manili actiones secuntur lanii,*[955] *qui ad cultrum bovem emunt; qui ad altaria, hostiae sanitatem non solent stipulari.*
> Kaufen wir sie gezähmt, dann schließen wir die Stipulation wie folgt ab: „Übernimmst du die Garantie dafür, dass diese Rinder hier gesund sind und für *noxa* gehaftet wird?;" Kaufen wir sie aber ungezähmt, [dann schließen wir die Stipulation] wie folgt ab: „Übernimmst du die Garantie dafür, dass diese Rinder hier von Rechts wegen gesund sind und aus einer gesunden Herde stammen sowie für Schäden gehaftet wird?"[956] Ein wenig wortreicher[957] machen das Fleischer (soweit sie den *actiones* des *Manilius* folgen), die einen Rind für das Schlachtmesser kaufen. Diejenige, die einen Rind für Kultzwecke kaufen, schließen in der Regel keine Stipulation für die Gesundheit des Opfers ab.

Varro führt die Spruchformeln für die Vornahme einer *stipulatio* an und fügt hinzu,[958] dass auch die wortreicheren *Manilii actiones* die Spruchformeln für den Abschluss der Garantiestipulationen enthalten. Diese *actiones* des Manilius wurden aber durch Fleischer angewandt. Aus dem Fragment von Varro ist *prima facie* nicht ersichtlich, ob er die Stipulationsformel im Zusammenhang mit dem Konsensualkauf angibt, oder ob es sich um einen Manzipationskauf

---

954 Auch die von Varro dargestellte *prisca formula* für den Konsensualkauf von Vieh wurde möglicherweise von Manilius ausgearbeitet. S. Varro, De re rust. 2.2.5–6.

955 Vgl. die Edition von *Huschke*, Iurisprudentiae anteiustinianae (1886) 5–6: *Paulo uerbosius haec, qui Manilianas actiones sequuntur.*

956 Die Übersetzung stützt sich teilwese auf *Flach*, Varro. Über die Landwirtschaft (2006) 270.

957 Anders versteht den Ausdruck *paulo verbosius* Jakab. Vgl. *Jakab*, Praedicere und cavere beim Marktkauf (1997) 159. Die Metzger formulieren nach ihrer Ansicht „die *stipulatio* einfacher". Den Ausdruck *paulo verbosius* als „etwas wortreicher" übersetzt *Flach*, Varro. Über die Landwirtschaft (2006) 270. Vgl. auch die englische Übersetzung von *Ash/Hooper*, Cato, Varro. On the agriculture (2014) 373: „Butchers use a somewhat fuller form, following the rule of Manilius". Siehe auch *Cardilli*, L'obligazione die *praestare* (1995) 132.

958 *Cenderelli*, Varroniana (1973) 149 f.

handelt.[959] Einerseits, wird im Fragment der Kauf der Rinder, d.h. der *res mancipi* erörtert. Andererseits, verweist das Verb *emere* der Stipulationsformel auf einen konsensualen Kauf. Möglicherweise schildert Varro die Geschäftspraxis, bei der nach dem Abschluss einer konsensualen Kaufvereinbarung in Bezug auf die *res mancipi* die Parteien auch eine Manzipation abgeschlossen haben. Das ist der Grund, warum die Stipulationsformeln von Varro nur die Sachmängel und nicht die Rechtsmängel umfassen. Bei der Manzipation war die Garantie für die Eviktion (Rechtsmangel) der Kaufsache in Form der *actio auctoritatis* als solche impliziert: Der Abschluss einer zusätzlichen Garantiestipulation war nicht nötig.[960]

Die von Varro angeführten Formeln unterscheiden sich seiner Auskunft nach für gezähmte bzw. abgerichtete (*domiti*) und ungezähmte (*indomiti*) Rinder.[961] Die Garantiestipulation für ungezähmte Tiere ist umfangreicher und umfasst neben der Garantie für den Fall der Noxalhaftung (*noxa* bedeutet hier ein Schaden, das das gekaufte Tier Dritten hinzugefügt hat)[962] auch die Garantie für die Abstammung der Rinder aus einer gesunden Herde. Bei den gezähmten Rindern wird nur die Gesundheit sowie die Freiheit von *noxa* versprochen. Die *actiones* des Manilius werden in dem Fragment im Anschluss an die Stipulationsformel für ungezähmte Rinder (*indomiti*) erwähnt. Das kann ein Hinweis darauf sein, dass die *actiones* des Manilius für den Kauf der ungezähmten Tiere (*indomiti*) durch die Metzger (*lanii*) angewandt wurden. Vermutlich waren *actiones* des Manilius wortreicher, weil sie kasuistisch formuliert wurden und an den konkreten Sachverhalt, nämlich an den Kauf für die Schlacht durch die Metzger angepasst wurden. Überdies kann meiner Ansicht nach die Garantie der Abstammung der Tiere aus der gesunden Herde die Metzger vor den

959 Im Zusammenhang mit den Geschäftsformeln von Varro (S. auch Varro, De re rust. 2.1.5; 2.2.5–6), aber auch von Cato (De agr. 144–146), wird in der Lehre die Frage über die Koexistenz des Konsensualkaufs und des Manzipationskaufs in der Rechtspraxis der Republik diskutiert S. wN in: *Gagliardi*, Prospettive in tema di origine della compravendita, in: Garofalo (Hg.), La compravendita e l'interdipendenza I (2007) 147 f.

960 S. *Gagliardi*, Prospettive in tema della compravendita, in: Garofalo (Hg.), La compravendita e l'interdipendenza I (2007) 151.

961 Vgl. Gaius, der sagt, dass bestimmte gezähmte Tiere schon mit der Geburt zu den *res mancipi* gehören. Vgl. Gai. 2.15: *Sed quod diximus ea animalia, quae domari solent, mancipi esse...* / Aber was wir gesagt haben, dass diejenigen Tiere, die üblicherweise gezähmt werden, Manzipiumssachen sind... Die Übersetzung stützt sich auf *Manthe*, Gaius Institutionen[2] (2010) 117, 119.

962 *Cardilli*, L'obligazione die *praestare* (1995) 128.

Mangelfolgeschäden schützen, bspw. in Form der Ansteckung ihrer weiteren Rinder, die für die Schlachtung gekauft wurden.

Der Unterschied der Geschäftsformeln je nachdem, ob es um gezähmte oder ungezähmte Tiere geht, verweist auf eine Fallbezogenheit der ritualisierten Rechtsfindung für rechtsgeschäftliche Zwecke, die jeweils angepasst an die konkrete Situation und an das Wesen der verkauften Sache (*domiti* und *indomiti*) mit eigenen Formeln und mit einem eigenen ritualisierten Akt abgewickelt wird. Die *actiones* im Sinne der Geschäftsformeln sind situativ orientiert und kleiden jeden Sachverhalt in eigene ritualisierte Sprucherklärungen.

Die Anwendung der Stipulationsformeln von Varro, die in erster Linie für die Besitzer der großen Grundstücke von Interesse waren, und der *Manilii actiones*, die möglicherweise den Interessen der weiteren in den Geschäftsverkehr involvierten sozialen Gruppen wie *lanii* (Fleischer/Metzger) dienen,[963] bestätigt wiederum, dass die Klage- und die Geschäftsformeln nicht mehr von einem autorisierten Kollegium der *pontifices* ausgearbeitet wurden, sondern in den individuellen Sammelwerken verschiedener Juristen und Schriftsteller erstellt und umgestaltet werden konnten. Diese Sammelwerke befinden sich in einem Konkurrenzverhältnis (Varros Spruchformeln sind nach seiner Ansicht kürzer und besser für die Geschäftspraxis geeignet als wortreichere *actiones* des Manilius). Erst ihre Akzeptanz und anschließende Anwendung durch die Geschäftspartner macht sie verbindlich.

In einer anderen Stelle von Varros *De re rustica* werden die Spruchformeln des Manilius auch im Zusammenhang mit dem Kauf von *res mancipi*[964] (Pferden, Rindern und Eseln) erwähnt (Varro, De re rust. 2.7.6):

> *Emptio equina similis fere ac bovum et asinorum, quod eisdem rebus in emptione dominum mutant, ut in Manili actionibus sunt perscripta.*
> Der Pferdekauf ist ungefähr ähnlich mit dem Kauf der Rinder und Esel, weil man beim Kauf gleicher Sachen den Eigentümer wechselt, wie das in den *actiones* des Manilius festge schrieben ist.[965]

Die *Manilii actiones* stellen nach Varro Manzipationsrituale dar, die den Eigentumsübergang bewirken. Aufgrund der zuvor zitierten Stelle (De re rust. 2.5.11) ist anzunehmen, dass die *actiones* des Manilius sowohl Manzipationsrituale enthalten, die den Eigentumswechsel bewirken (*dominum mutant*), als auch

963 S. dazu *Talamanca*, Costruzione giuridica, in: Società romana e produzione schiavistica III (1981) 19; *Cardilli*, L'obligazione die *praestare* (1995) 132–133.

964 Vgl. Gai. 2.14.

965 Vgl. auch die Übersetzung von *Flach*, Varro. Über die Landwirtschaft (2006) 274.

Spruchformeln für die Gestaltung von Garantiestipulationen, die eine Gewährleistung für Sachmangel bewirken (Varro, De re rust. 2.5.11).[966]

Die *Manilii actiones* sind auf solche Weise ein Sammelwerk mit praxisorientierten Ratschlägen, in dem fallbezogene Rechtsrituale (*actiones*) für die Gestaltung der Garantiestipulationen und der Manzipationen enthalten sind.[967] Die *Manilii actiones* als kasuistisches Werk mit Geschäftsformeln konnten den geläufigen konsensualen Vereinbarungen in der Rechtspraxis die notwendige zusätzliche Formalisierung verleihen und in diesem Sinne den neuen Rechtsformen – den Konsensualverträgen – auch die rechtliche Anerkennung verschaffen.[968]

Als ritualisierte Spruchformeln, die den Konsensualvereinbarungen der Geschäftspartner gegenübergestellt werden, gehen *Manilii actiones* auf die Methoden der Pontifikaljurisprudenz zurück: Die richtige mündliche Vornahme der hochpersonalisierten kongruenten Akte gewährt diesen Rechtsakten ihre Rechtsverbindlichkeit. Im Fall der Garantiestipulation stellt der Käufer die Frage, und der Verkäufer antwortet. Im Manzipationsritual wird der Sprechakt *MEUM ESSE AIO* verwendet, der wie mehrmals gezeigt wurde, ein Archetyp des *agere* im Sinne eines einseitigen Sprechaktes rechtsverbindlicher Natur ist.

Einen etwas abwertenden Bericht über die Formeln des Manilius (*Manilii actiones*, *Manilii leges*) findet man bei Cicero (Cic. De or. 1.58.246):

---

966 Neben der angeführten Stelle erwähnt Varro *priscae formulae*, die beim Abschluss eines Kaufvertrages über Schafe (*res nec mancipi*) anwendbar waren (Varro, *De re rust.* 2.2.5–6). Nicht auszuschließen ist, dass auch diese *priscae* oder *antiquae formulae* auch von Manilius stammen. Vgl. dazu *Gagliardi*, Prospettive in tema di origine della *compravendita*, in: Garofalo (Hg.), La compravendita e l'interdipendenza I (2007) 148.

967 Anders *Georgescu*, Essai d'une théorie générale des leges privatae (1932) 112, aber auch *Stoll*, Rez. Georgescu, in: SZ 53 (1933) 583, die vermuten, dass die Bezeichnung als *actiones* darauf verweist, dass die Formulare für den Prozess bestimmt waren. Für diese Annahme gibt es aber keine fundierten Quellen. Daher wird in der Lehre angenommen, dass die Formulare (die *actiones*) in erster Linie für die Gestaltung der Rechtsgeschäfte verfasst wurden. S. *Jakab*, Praedicere und cavere beim Marktkauf (1997) 160.

968 *Gagliardi*, Prospettive in tema di origine della compravendita, in: Garofalo (Hg.), La compravendita e l'interdipendenza I (2007) 153; *Kaser*, Der Privatrechtsakt, in: M. Kaser, Römische Rechtsquellen und angewandte Juristenmethode (1986) 72–73.

> *... nec quisquam est eorum, qui, si iam sit ediscendum sibi aliquid, non Teucrum Pacuvi malit quam Manilianas venalium vendendorum leges ediscere.*
> ... es gibt auch keinen unter ihnen, der, wenn er schon etwas auswendig lernen müsste, nicht lieber den Teucer des Pacuvius auswendig lernen wollte als die *leges* des Manilius über Kauf und Verkauf.

Cicero bezeichnet Geschäftsrituale von Manilius als „*Manilianas venalium vendendorum leges*", d. h. *leges* über Kauf und Verkauf. Die *leges* für die Gestaltung der Rechtsgeschäfte werden auch von Cato in seinem Werk „*De agricultura*" erwähnt.[969] In beiden Fällen handelt es sich um *lex* im Sinne einer *lex privata*. Die *lex* bezeichnet sowohl die Geschäftsformel in ihrer Gesamtheit als auch die einzelne Klausel dieser Geschäftsformel.[970] Die Vornahme der *lex* erfolgt durch eine einseitige formalisierte Rechtserklärung, die erst später in freier Form erfolgt.[971] Mit der *lex publica* haben die *lex privata* und die *leges Manilii* gemein, dass „eine Partei der anderen eine Bindung auferlegt".[972] Die *Manilianas venalium vendendorum leges* ist daher eine andere Bezeichnung für die *actiones* des Manilius, was wiederum die Natur der *actio* als feierliche Spruchformel bestätigt.[973]

Cicero bemerkt ironisch, dass die *leges* des Manilius über Kauf und Verkauf nicht gerne von Rednern und möglicherweise Juristen auswendig gelernt werden.

---

969 Cato berichtet über die *leges*, d. h. über die Geschäftsformeln für den Abschluss von Kaufverträgen, und erwähnt an einer Stelle, dass sie von Manilius stammen (vgl. Cato, De agr. 152). Von Lübtow zeigt, wie die von Cato erwähnten *leges*, die vermutlich von Manius Manilius stammen, nach dem Muster des staatlichen Vergaberechts verfasst werden. Vgl. insbesondere Cato, De agr. 145, 146, 147, 149, 150 . Daher sind sie stilistisch in Form des Imperativs oder des befehlenden Konjunktivs verfasst. Ähnlich geht Kaser davon aus, dass die *leges Manilii* Formeln imperativer Natur sind. S. *Von Lübtow*, Catos Leges venditioni, in: Symbolae Taubenschlag III (1975) 254 f.

970 *Von Lübtow*, Catos Leges venditioni, in: Symbolae Taubenschlag III (1975) 254 f.

971 Über den Unterschied zwischen *pactum* und *lex contractus* s. *Von Lübtow*, Catos Leges venditioni, in: Symbolae Taubenschlag III (1975) 247 f. mwN. Die ursprüngliche formale Natur der *leges privatae*, die später ihre Formbindung verliert, betont *Kaser*, Der Privatrechtsakt, in: M. Kaser, Römische Rechtsquellen und angewandte Juristenmethode (1986) 72–73.

972 *Kaser*, Der Privatrechtsakt, in: M. Kaser, Römische Rechtsquellen (1986) 72.

973 *Labruna*, Plauto, Manilio, Catone, in: Studi Volterra V (1971) 45, 46. Auch *Von Lübtow*, Catos Leges venditioni et locationi dictae, in: Symbolae Taubenschlag III (1975) 261. *Krüger*, Geschichte der Quellen und Litteratur des Römischen Rechts (1888) 56; *Kipp*, Geschichte Der Quellen Des Römischen Rechts[4] (1919) 99.

Gemäß Cicero würde man lieber eine Tragödie von Pacuvius[974] auswendig lernen. Diese Anmerkung lässt vermuten, dass die *Manilii actiones* technisch-juristische Geschäftsformeln waren, die mündlich vorgenommen wurden, und die für ihre Gültigkeit das richtige Aufsagen der vorbestimmten Spruchformeln benötigten. Man darf für ihre Geltung nicht vom Wortlaut abgehen, sonst verlieren sie ihre Wirkung (ähnlich wie die Dichtung von Pacuvius ihre poetische Wirkung verliert, wenn man sie nicht wortwörtlich rezitiert).

Die Bemerkung Ciceros ist auch für die Geschichte der Rechtsmedien und ihre Auswirkung auf die *actio* von Bedeutung. Aus dem Bericht Ciceros ist ersichtlich, dass die *actiones Manilii* „Hybridbildungen" waren. Einerseits wurden sie verschriftlicht bzw. stellen ein verschriftetes Sammelwerk mit Rechtsritualen dar, andererseits sollten sie, um die erhofften Rechtswirkungen in vollem Umfang zu erzielen, auswendig gelernt und mündlich verlautbart werden. Erst durch die mündlich-performative Durchführung entfalteten die Geschäftsformeln ihre Rechtsverbindlichkeit für die involvierten Parteien.

6. Sammelwerke mit Ritualen für das Gerichtsverfahren

Das technische Verständnis der *actio* als Formel für die prozessuale Verfolgung des Rechts wird in den Werken der römischen Juristen weiter verfeinert und verschärft.

6.1. *Actiones Hostilianae*

Cicero erwähnt die *actiones Hostilianae*, die Formeln für die Durchführung des Testamentsverfahrens (Cic. De or. 1.57.245):[975]

> *Et, credo, in illa militis causa, si tu aut heredem aut militem defendisses, ad Hostilianas te actiones, non ad tuam vim et oratoriam facultatem contulisses: tu vero, vel si testamentum defenderes, sic ageres, ut omne omnium testamentorum ius in eo iudicio positum videretur, vel si causam ageres militis, patrem eius, ut soles, dicendo a mortuis excitasses; statuisses ante oculos; complexus esset filium flensque eum centum viris commendasset; lapides me hercule omnis flere ac lamentari coegisses, ut totum illud UTI LINGUA NUNCUPASSIT non in XII tabulis, quas tu omnibus bibliothecis anteponis, sed in magistri carmine scriptum videretur.*

974 Pacuvius war ein Dichter, der im Jahr 220 v. Chr. geboren wurde. Er schrieb zwölf Tragödien zu den mythischen Themen. Zu Pacuvius s. *Schierl*, Die Tragödien des Pacuvius (2006) 1 f.

975 *Mercogliano*, Actiones ficticiae (2001) 32 Fn. 125, der in den *actiones* einen Hinweis auf die *lex Hostilia* sieht.

Und in jenem Prozess des Soldaten, glaube ich, hättest du, wenn du den Erben oder wenn du den Soldaten verteidigt hättest, bei den *actiones* des Hostilius, nicht bei deiner Kraft und Fähigkeit als Redner Zuflucht genommen? Nein, vielmehr würdest du entweder, wenn du das Testament verteidigen würdest, die Sache so vortragen, dass der Anschein entstünde, das gesamte Recht aller Testamente beruhe auf diesem Prozess oder wenn du die Sache des Soldaten vertreten würdest, hättest du seinen Vater, wie du gewohnt bist, durch deine Rede von den Toten auferweckt; du hättest ihn uns vor Augen gestellt; ihn weinend den Centumviren anempfohlen; du hättest beim Herkules alle Steine dazu gebracht, hemmungslos zu weinen, so dass der Eindruck entstünde, jene Formel *UTI LINGUA NUNCUPASSIT* stehe nicht in den zwölf Tafeln, die du allen Bibliotheken vorziehst, sondern im Regelwerk eines Lehrers.[976]

In *De oratore* wendet sich Cicero der Kunstform eines Dialogs zwischen den großen Rhetorikern Lucius Lucilius Crassus und Marcus Antonius zu. Durch diesen Dialog zeichnet er das Bild eines idealen Redners. Im angeführten Fragment stellt Marcus Antonius die Redekunst den vorformulierten Spruchformeln für ein Testamentsverfahren, d. h. den *actiones Hostilianae* gegenüber und betont, dass auch in einem bestimmten, die Erbenstellung eines Soldaten betreffenden Prozess, der Orator sich auf die eigene Kraft und Fähigkeit als Redner (*vis et oratoria facultas*) stützen solle. Der „Prozess des Soldaten" wird auch von Valerius Maximus erwähnt (Val. Max 7.1).[977] Es handelt sich um ein Gerichtsverfahren zwischen einem durch das Testament ernannten Erben und dem Sohn des Erblassers. In solchen Prozessen wurde geprüft, ob das Testament gültig ist. Der Sohn des Erblassers war aus militärischen Gründen zur Zeit der Testamentserrichtung abwesend, sodass der Vater im Glauben, dass der Sohn verstorben sei, einen anderen Erben eingesetzt hat. Aus Gründen der Billigkeit war es möglich, die Nichtigkeitserklärung des Testamentes zu fordern. Die von Cicero erwähnten *actiones* des Hostilius enthalten möglicherweise Formeln und Techniken für solche Prozesse der Soldaten gegen testamentarische Erblasser.[978]

Nach einer Ansicht lässt sich nicht feststellen, wer Hostilius war.[979] Nach einer anderen Ansicht war Hostilius ein Jurist, der gegen Ende des 2. Jh. v. Chr.

976 Die Übersetzung wurde aus *Nüßlein*, De Oratore (2011) 117 entnommen.

977 *Di Ottavio*, Ricerche in tema di querela inofficiosi testamenti (2012) 9 Fn. 34.

978 Auf *Rudorff*, Römische Rechtsgeschichte I (1857) 264 geht die Ansicht zurück, dass die *actiones Hostilianae* nicht juristische, „sondern oratorische Muster" enthalten. Kritisch damals schon *Sanio*, Zur Geschichte der Römischen Rechtswissenschaft (1858) 32, Fn. 47.

979 *Jörs*, Römische Rechtswissenschaft (1888) 89; *Schanz/Hosius*, Geschichte der römischen Literatur (1927; Ndr. 1979) 630; *Watson*, Persons (1967) 252 f.

tätig war.[980] In der Literatur wird auch die Meinung vertreten, dass die *actiones Hostilianae* Klagarten seien, die auf der *lex Hostilia* beruhen.[981] Die *lex Hostilia* erlaubte Dritten wegen Diebstahls im Namen der bzw. für die Personen zu klagen, die von den Feinden gefangen genommen wurden oder die wegen Staatsgeschäften abwesend waren, aber auch für die, die unter Vormundschaft standen.[982] Das Gesetz bezieht sich auf die *legis actiones*, die als höchstpersönliche Akte stellvertretungsfeindlich sind, und normiert einige Ausnahmen.[983] Die letzte Rekonstruktion, nämlich die Verbindung der *actiones Hostilianae* mit der *lex Hostilia* scheint nicht ganz zutreffend zu sein, da die *lex Hostilia* laut Inst. 4.10 pr. einen anderen Anwendungsbereich hat – und zwar die Vertretung in einem Verfahren wegen Diebstahls.[984]

Nicht auszuschließen ist, dass es sich bei dem von Cicero angeführten „Prozess des Soldaten" um eine Vorgeschichte des Instituts *querela inofficiosi testamenti* handelt.[985] Das ergibt sich aus dem Sachverhalt und v.a. aus der

---

980 *Münzer*, s.v. Hostilius, in: RE 8.2 (1913) 2501.

981 *Nap*, Zur römischen Rechtsgeschichte, in: TR 13 (1934) 187 datiert aufgrund der Berichte von Livius die *lex Hostilia* mit 238 v. Chr. Nach *Kaser/Hackl*, Das Römische Zivilprozessrecht² (1996) § 9 mit Fn. 31 ist die Datierung unbestimmbar. Möglicherweise stammt die *lex Hostilia* vom Jahr 170 v. Chr. S. auch *Elster*, Die Gesetze der mittleren römischen Republik (2003) 476. Zur Datierung s. auch *Babusiaux*, § 6 Römische Rechtsschichten, in: HRP I, Rn. 43, S. 129.

982 S. zu *lex Hostilia* Inst. 4.10 pr: … *Praeterea lege Hostilia permissum est furti agere eorum nomine qui apud hostes essent aut rei publicae causa abessent quive in eorum cuius tutela essent …*

983 So *Elster*, Die Gesetze der mittleren römischen Republik (2003) 476. Das Verbot im fremden Namen zu handeln wird v.a. in Gai. 4.82 und in Ulp. 14 ed. D. 50.17.123.1 erwähnt. Gaius und Ulpian beziehen das Verbot auf das *lege agere*.

984 Gleichzeitig ist eine gewisse Ähnlichkeit zwischen dem Anwendungsbereich der *lex Hostilia* und den von Cicero erwähnten *actiones Hostilianae* erkennbar: Sowohl die *actiones Hostiliae* als auch die *lex Hostilia* beschäftigen sich u.a. mit den rechtlichen Folgen einer Abwesenheit der römischen *cives* aus militärischen Gründen. *Sanio*, Zur Geschichte der Römischen Rechtswissenschaft (1858) 32, Fn. 47 vermutet, dass die *actiones Hostilianae* einen umfassenderen Anwendungsbereich als *exhereditatio* hatten.

985 Unter der *querela inofficiosi testamenti* versteht man die Klage eines Angehörigen des Erblassers, der sich zu unrecht enterbt erachtet, und das Testament anfechten will. Das Testament wird im Falle des für den Kläger erfolgreichen Prozessausganges für *inofficiosum* erklärt. Grundlegend zu *querela inofficiosi testamenti* s. *Gagliardi*, Studi sulla legittimazione (2017)1, 10 f., der aber den angeführten Text nicht behandelt. *Wlassak*, s.v. *centumviri*, in: RE III.2 (1899) 1938 betrachtet die angeführte Stelle als einen Anwendungsfall der *querela inofficiosi testamenti*.

Zuständigkeit des Zentumviratsgerichts (*centumviri*) in dem Beweisverfahren,[986] welche überdies den Inhalt der *actiones Hostilianae* näher zu bestimmen ermöglicht. Aus den Quellen folgt, dass die *centumviri* nur über die Klagen in Form der *legis actio sacramenti* geurteilt haben.[987] Daher ist zu vermuten, dass die *actiones Hostilianae* die aufgrund des *lege agere sacramento* ausgearbeiteten Spruchformeln für Streitigkeiten aus dem Erbrecht und v.a. im Fall der *exheredItatio* waren.

Technisch ist in dem angeführten Fragment die Verwendung des Wortes *agere*; womit Cicero die prozessuale Handlung und auch die Verhandlung vor dem Centumviralgericht in einer freien Form (*vel si testamentum defenderes, sic ageres… vel si causam ageres militis*) bezeichnet.

Der Bericht von Cicero ist mit der oben angeführten Stelle über die Poesie von Pacuvius und *Manilii actiones* zu vergleichen (Cic. De or. 1.58.246). Auch hier stellt der Redner die Kunst eines Orators dem Formalismus der Rechtsrituale (*actiones Manilii, actiones Hostilianae*) gegenüber. Cicero will damit zeigen, dass der echte Orator Parteien im Prozess vertreten und dafür verschiedene Argumente in seinem Plädoyer anbringen kann, ohne sich auf die von Hostilius ausgearbeiteten Formeln stützen zu müssen.

6.2. *Actiones Cosconii*

Ein weiteres Sammelwerk mit Spruchformeln (*actiones*) wurde von dem Grammatiker Cosconius verfasst. Über die *actiones* des Cosconius berichtet Varro in *De lingua latina* (Varro, De ling lat 6.89):

> *Hoc idem Cosconius in actionibus scribit praetorem accensum solitum tum esse iubere, ubi ei videbatur horam esse tertiam, inclamare horam tertiam esse, itemque meridiem et horam nonam.*
>
> Das gleiche schreibt Cosconius in seinem Werk *actiones*, dass der Prätor damals, wenn ihm die dritte Stunde zu sein schien, seinem Assistenten zu befehlen pflegte, die dritte Stunde auszurufen, ebenso den Mittag und die neunte Stunde.

---

986 Zur Kompetenz der Zentumviren s. *Gagliardi*, I collegi giudicanti, in: Omaggio Burdese II (2012) 350 f. mwN; *Gagliardi*, Decemviri e centumviri (2002) pas.

987 Gai. 4.31:*…sane cum ad centumuiros itur, ante lege agitur sacramento apud praetorem urbanum uel peregrinum*; *Gagliardi*, Studi sulla legittimazione alla querela (2017) 350 f.

Varro erwähnt die *actiones Cosconii* in Verbindung mit der Auslegung des Wortes *accensus*, d. h. Assistent des Prätors.[988] An einer anderen Stelle des gleichen Werkes erwähnt Varro Cosconius im Zusammenhang mit der Deklination des Wortes *leges* (Varro, De ling. lat. 6.36).[989] Da kein einziges Stück aus dem Werk von Cosconius überliefert ist, sind die Annahmen über seinen Inhalt begrenzt. Nach einer Rekonstruktion geht es in diesem Werk um die *actiones scaenici*.[990] Nach einer anderen zutreffenderen These waren die *actiones Cosconii* eine grammatische Schrift, in der die Rechtsrituale *actiones* behandelt wurden.[991] Eventuell enthielt diese Schrift einige Angaben über die Organisation des Gerichtsverfahrens.[992] Aufgrund der zitierten Stelle kann weiters angenommen werden, dass die *actio* im Werk *actiones Cosconii* im Sinne eines prozessualen Rechtsbehelfs verwendet wurde.

7. Übergang von *legis actiones* zu *actiones* des Formularverfahrens bei Quintus Mucius Scaevola

Mit Quintus Mucius Scaevola (gest. 82 v. Chr.[993]) ist meines Erachtens eine Veränderung im Verständnis des *agere* und der *actio* verfolgbar.[994] Zu seiner

988 Literaturhinweise und die Bewertung des Werkes finden sich bei *Schanz/Hosius*, Geschichte der römischen Literatur (1927; Ndr. 1979) 585; *Jörs*, Römische Rechtswissenschaft zur Zeit der Republik I (1888) 89 Fn. 2.

989 Varro De ling. lat. 6.36: … *ut ab lego lecte ac lectissime: horum verborum si primigenia sunt ad mille, ut Cosconius scribit, ex eorum declinationibus verborum discrimina quingenta milia esse possunt ideo, quod a singulis verbis primigeniis circiter quingentae species declinationibus fiunt.*

990 *Ritschl*, Opuscula philologica III (1877) 256 erklärt nicht, was er unter *actiones scaenici* versteht. Vgl. zu der Bedeutung der theatralen Handlung Fest. s.v. *agere* (Lindsay, 21.1): … *ut cum scaenici agere dicuntur* …

991 *Norden*, De Stilone, Cosconio, Varrone grammaticis commentatio (1895) IV. *Schanz*, Geschichte der römischen Literatur I (1898) 386.

992 Voigt bezeichnet die *actiones Cosconii* als „staatsrechtliche" *actiones* im Gegensatz zu den privatrechtlichen *actiones*, zu denen er u. a. das *ius civile Flavianum* und die *Manilii actiones* zählt. Vgl. *Voigt*, Die Zwölftafeln (1883) 135, Fn. 31.

993 Die Biographie von Quintus Mucius Scaevola pontifex vgl. bei *Lehne-Gstreinthaler*, Iurisperiti et oratores (2019) 124 f.

994 Pomponius bezeichnet ihn als Juristen, der das *ius civile* nach *genera* zusammengefasst hat (*generatim constituit*). Vgl. auch Pomp. l. ench. D. 1.2.2.41: *Post hos Quintus Mucius Publii filius pontifex maximus ius civile primus constituit generatim in libros decem et octo redigendo* / Nach diesen ordnete Quintus Mucius, Sohn des Publius und Pontifex maximus, als erster das Zivilrecht nach Begriffen, indem er

Zeit befindet sich der römische Prozess im Wandel: Das Verfahren *per legis actiones* ist noch nicht vollkommen verdrängt, und das Formularverfahren ist noch nicht das (einzige) dominierende Verfahren.[995] Ein möglicher Hinweis auf die Mitwirkung des Prätors im Legisaktionenverfahren mit dem Ziel, den alten *actiones* und den gesetzlich verankerten *actiones* im Formularverfahren einen Rechtsschutz zu gewähren, ist eine berühmte Stelle aus dem Pomponius-Kommentar zu Quintus Mucius Scaevola (Pomp. 39 Q. Muc. D. 19.5.11):

> *Quia actionum non plenus numerus esset, ideo plerumque actiones in factum desiderantur. Sed et eas actiones, quae legibus proditae sunt, si lex iusta ac necessaria sit, supplet praetor in eo quod legi deest: quod facit in lege Aquilia reddendo actiones in factum accommodatas legi Aquiliae, idque utilitas eius legis exigit.*
> Weil die Zahl der *actiones* nicht ausreicht, werden bisweilen auf den Sachverhalt zugeschnittene *actiones* erforderlich. Aber auch die *actiones*, die *legibus proditae sunt*, ergänzt der Prätor – sofern die *lex* gerecht und notwendig ist – um das, was der *lex* fehlt. Das tut er bei der *lex Aquilia* dadurch, daß er auf den Sachverhalt zugeschnittene Klagen erteilt, die der *lex Aquilia* angepasst sind; das verlangt *utilitas* dieses Gesetzes.[996]

In der angeführten Stelle, die in ihrem Kern von Quintus Mucius stammt und keine wesentlichen Interpolationen aufweist,[997] wird das

---

es in achtzehn Büchern zusammenfasste. Die Übersetzung nach *Behrends/Knütel/Kupisch/Seiler*, CIC 2 (1995) 107. Die Notwendigkeit, das *ius civile* in ein System zu bringen, betont auch Cicero (Cic. De or. 1.42.190).

995 Zu der Rolle der *lex Aebutia* und der *lex Iulia* bei der Verdrängung des Legisaktionenverfahrens und der Etablierung des Formularverfahrens s. *Fiori*, Ea res agatur (2003) 121–194; *Beggio*, Per legem Aebutiam et duas Iulias sublate sunt istae legis actiones, in: Omaggio Burdese III (2015) 85–140.

996 Die Übersetzung stützt sich weitgehend (bis auf die Beibehaltung der lateinischen Termini *actio, lex Aquilia, utilitas*) auf *Behrends/Knütel/Kupisch/Seiler*, CIC 3 (1999) 600.

997 In Krüger/Mommsen, Corpus iuris civilis[10] 292, Fn. 17 wurde das Wort *plerumque* hinzugefügt und statt *accomodatas legi* stand in Florentina der Ausdruck *accomadatas legi* (292, Fn. 18). Nach der Anmerkung von *De Francisci*, Synallagma I (1913) 339, Fn. 2 wurden die Wörter *plerumque, se et, actiones ... accomodatae legi Aquiliae* interpoliert. *Liebs*, Untersuchungen zur lex Aquilia (1971) 206 mit Fn. 40 schlägt u.a. vor, *esset* durch *est*, *desiderantur* durch *conceptae dantur* zu ersetzen. Nach *Gallo*, Synallagma e conventio nel contratto II (1995) 140 Fn. 36 wurde der Pomponius- Kommentar abgekürzt. Weitere Lit. s. bei *Stolfi*, Studi sui libri ad edictum di Pomponio II (2001) 235, Fn. 393. Zu der Interpolationskritik der Stelle s. auch *Quadrato*, Sulle tracce dell'annulabilità (1983) 41–42.

Problem der Typengebundenheit der Rechtsverhältnisse und der *actiones* diskutiert.[998]

Im ersten Satz merkt Quintus Mucius an, dass die Zahl der *actiones* nicht ausreichend sei: *actionum numerus non plenus esset.* Die *actio* wird hier nicht abstrakt als Klage(recht) verstanden, sondern als ein an ein konkretes Rechtsverhältnis angepasstes prozessuales Schema, das einem konkreten materiell-rechtlichen Begehren entspricht. In der Praxis entstehen Situationen, die eine gerichtliche Durchsetzung benötigen, für die aber kein prozessuales Schema im Edikt vorgesehen war. Für diese Sachverhalte sind nach Quintus Mucius die *actiones in factum* erforderlich (*plerumque actiones in factum desiderantur*): Die *actiones in factum* sind dabei die Rechtsbehelfe, die das Problem der Typengebundenheit der Rechtsverhältnisse im Formularverfahren lösen können.

Im folgenden Satz erklärt er weiters, wie der Prätor das Problem der Typengebundenheit in Bezug auf die *actiones, quae legibus proditae sunt* löst. Diesen Ausdruck kann man als „Klagen, die durch Gesetz geschaffen wurden" übersetzen.[999] Auch die Übersetzung als „Klagen, die durch Gesetze begründet sind"[1000] ist denkbar. Die *actiones, quae legibus proditae sunt* sind also jene Klagen, die durch Gesetze eingeführt (*proditae*)[1001] wurden, oder in Gesetzen überliefert sind.[1002]

Der Prätor kann demnach diese *actiones quae legibus proditae sunt* ergänzen (*supplet praetor*), und das kann er unter zwei Voraussetzungen: (1) die *lex* ist *iusta et necessaria*, und (2) in der *lex* fehlt etwas (*legi deest*). Die Frage, die meiner Ansicht nach im Zuge der Analyse der angeführten Stelle in der Literatur übersehen wird, betrifft den von Quintus Mucius verwendeten Ausdruck *actiones, quae legibus proditae sunt.*[1003] Welche Klagearten – aus dem

---

998 Vgl. die Literatur bei *Stolfi*, Studi sui libri ad edictum di Pomponio II (2001) 236 Fn. 394, der zwar vermutet, dass der Text in seinem Kern von Quintus Mucius Scaevola stammt, lässt aber die definitive Beantwortung der Frage offen.

999 *Behrends/Knütel/Kupisch/Seiler*, CIC 3 (1999) 600.

1000 *Otto/Schilling/Sintenis*, Corpus iuris civilis II (1831) 465.

1001 Zu der Bedeutung des Verbs *prodo* (*-ere*) als „einführen", oder „aufstellen" vgl. HS, s.v. *prodere*, 465.

1002 Das Verb *prodo* kann u.a. als „überliefern" übersetzt werden. S.dazu Georges HW II (s.v. *prodo*) 1074. Vgl. die Übersetzung der Wendung „*legibus proditae erant*" in Gai. 4.11 durch Manthe „in Gesetzen überliefert waren". S. *Manthe*, Institutionen des Gaius[2] (2010) 323.

1003 Die Wendung *proditae sunt* verweist entweder auf die Herkunft bestimmter Rechtskonstruktionen oder bezieht sich auf ihre Grundlage. So spricht Gaius über die Herleitung der Noxalklagen aus dem *maleficium filiorum* (Gai. 4.75: *Ex maleficio filiorum familias … noxales actiones proditae sunt.*). Hier verweist

Legisaktionenverfahren oder aus dem Formularverfahren – sind mit diesem Ausdruck gemeint? Aus dem letzten Teil der Stelle über die *actiones in factum*, die analog zu der *lex Aquilia* verliehen werden,[1004]kann *prima facie* geschlossen werden, dass unter *actiones, quae legibus proditae sunt* zivile Klagen des Formularverfahrens zu verstehen sind.[1005]

Der Ausdruck *actiones, quae legibus proditae sunt* wird nur zweimal[1006] in den Quellen erwähnt – in der zuvor zitierten Stelle von Quintus Mucius[1007] und in dem berühmten und im 2. Kapitel dieser Forschung analysierten Gaius-Fragment (Gai. 4.11): Die *legis actiones*, sagt Gaius, haben solche Bezeichnung, *quod legibus proditae erant*.[1008] Mit anderen Worten findet man nahezu eine wortwörtliche Übereinstimmung zwischen der Formulierung von Gaius (*legibus proditae erant*) und in der oben angeführten Stelle von Pomponius/Quintus Mucius Scaevola (*legibus proditae sunt*).

Gaius fügt in Gai. 4.11 hinzu, dass die *actiones*, die *legibus proditae erant*, im Gebrauch der *veteres* (alten) waren: *Actiones, quas in usu veteres habuerunt, legis actiones appellabantur vel ideo, quod legibus proditae erant* ... An einer anderen Stelle von Gaius (Gai. 1.188) ist ersichtlich, dass er auch Quintus Mucius Scaevola zu den *veteres* zählt. In der Forschung wurde überdies vermutet, dass

---

proditae sunt auf die Entstehung der Noxalklagen infolge der Feindseligkeit. Auch in einem anderen Text verweist Gaius darauf, dass die *exceptiones* auch aus dem Gesetz oder aus der *iurisdictio praetoris* hergeleitet wurden. Vgl. Gai 4.118: *Exceptiones autem alias in edicto praetor habet propositas, alias causa cognita accommodat. quae omnes uel ex legibus uel ex his, quae legis vicem optinent, substantiam capiunt uel ex iurisdictione praetoris proditae sunt.*

1004 Vgl. Gai. 4.75: *Ex maleficio filiorum familias ... noxales actiones proditae sunt.* Hier verweist der Ausdruck *proditae sunt* auf die Entstehung der Noxalklagen infolge der Feindseligkeit.

1005 Vgl. die Exegese des Fragments von Gröschler, der annimmt, dass hier nur um zivile Klagen des Formularverfahrens geht. Vgl. *Gröschler*, Actiones in factum (2002) 12.

1006 Der Ausdruck *proditae erant* (nicht aber *legibus proditae erant/sunt*) kommt auch in folgenden Digestenstellen vor: Iul. 14 dig. D. 19.5.3: *appelationes nullae iure civili proditae sunt*; Gai. 3, aur. D. 44.7.5: *eoque nomine proditae sunt actiones;* S. auch I. 4.6.2: *quoque proditae sunt actiones*; I. 4.6.4: *quippe ita proditae sunt iure civili actiones*: I. 4.8: *noxales actiones proditae sunt.*

1007 Über die Wiedergabe der Meinung von Quintus Mucius Scaevola durch Pomponius vgl. *Stolfi*, Studi sui *Libri ad edictum* di Pomponio II (2001) 236.

1008 Auf die Verbindung verweist schon *Lotmar*, Kritische Studien in Sachen der Contravindication (1878) 23.

er eine der Inspirationsquellen für die Gaius-Institutionen war.[1009] Es ist auch bekannt, dass Gaius einen Kommentar zu den Werken von Quintus Mucius (*libri ex Mucio*) verfasste.[1010]

Daher ist anzunehmen, dass sich Gaius mit dem Ausdruck 4.11 *legibus proditae erant* auf Quintus Mucius Scaevola beruft. Gaius spricht über *actiones, quae legibus proditae erant* im Zusammenhang mit den *legis actiones*;[1011] in der angeführten Stelle aus dem Pomponius-Kommentar *ad Quintum Mucius* wird dieser Ausdruck dagegen in Bezug auf gesetzliche Klagen verwendet, die im Formularverfahren durchgesetzt werden können.

Die gesetzlichen Klagen aus dem Formularverfahren erschöpfen möglicherweise den Anwendungsbereich dieser *actiones, quae legibus proditae sunt* nicht. Meines Erachtens ist der Begriff *actiones, quae legibus proditae sunt*, extensiv zu interpretieren. Unter *actiones, quae legibus proditae sunt/erant* fallen eventuell verschiedene Arten der gesetzlichen Klagen. Das können zivile gesetzliche Klagen des Formularverfahrens sein, wie die angeführte *actio legis Aquiliae*. Die *actiones, quae legibus proditae sunt* können auch *actiones legitimae* umfassen.[1012] Nach Lenel werden unter *actiones legitimae*[1013] transformierte *legis actiones* erfasst, die in das neue Formularverfahren und

1009 Nach Gallo geht die Gliederung der verträglichen Schuldverhältnisse in *re*, *verbis*, *litteris*, *consensu* auf Quintus Mucius zurück (Pomp. 4 Q. Muc. D. 46.3.80); sie wurde erst später von Gaius überarbeitet (Gai. 3.89). S. *Gallo*, Synallagma e conventio nel contratto II (1995) 209 f.

1010 *Schulz*, Geschichte der römischen Rechtswissenschaft (1961) 253. S. auch *Nörr*, Pomponius, in: ANRW II.15 (1976) 547. Vgl. auch Honore, der aber den Kommentar von Gaius zu Quintus Mucius chronologisch vor dem Werk von Pomponius einordnet. S. *Honore*, Gaius (1962) 56–57.

1011 Auf die Austauschbarkeit der Begriffe *actiones, quae legibus proditae sunt* und *legis actiones* verweist auch Pomponius in Pomp. l. sing. ench. D. 1.2.2.6, wo er über Legisaktionen als solche, die *ex his legibus actiones compositae sunt*, spricht. Sowohl *actiones, quae legibus proditae sunt*, als auch die *actiones*, die aufgrund des Zwölftafelgesetzes *compositae sunt*, verweisen auf die Rechtsbehelfe, die eine gesetzliche Verankerung haben.

1012 Das Wort *legitimus* bedeutet nach Mommsen entweder „gesetzlich" oder verweist auf das Zwölftafelgesetz. Vgl. *Mommsen*, Iudicium legitimum, in: SZ 12 (1891) 267 f.

1013 Unter der Annahme, dass der Ausdruck *actiones, quae legibus proditae sunt* ein Sammelbegriff für die *legis actiones* in ihrer Transformationsphase ist, entsteht die Frage nach ihrem Verhältnis zum Terminus *iudicium legitimum* (s. Gai. 4.103). Die Begriffe *actio quae legibus proditae est, actio legitima, legis actio* einerseits und *iudicium legitimum* andererseits sind nicht deckungsgleich. Während sich

in das prätorische Edikt übernommen wurden, wie beispielsweise die *actio furti nec manifesti* oder die *actio de tigno iuncto*.[1014] Überdies können unter *actiones legitimae* sogenannte *actus legitimi* verstanden werden,[1015] oder auch *actiones, quae ad legis actionem exprimuntur*, d. h. fiktive *legis actiones* (Gai. 4.10).[1016]

Für weitere Rekonstruktion ihres Anwendungsbereichs in dem Pomponius-Kommentar *ad Quintum Mucium* ist meiner Ansicht nach eine zusätzliche Anmerkung von Gaius über das Verhältnis zwischen den *actiones, quae legibus proditae sunt*, d. h. den *legis actiones*, und dem prätorischen Edikt relevant. Gaius betont (Gai. 4.11), dass bei den *actiones, quae legibus proditae erant* „die Edikte des Prätors, durch welche die meisten Klagen eingeführt wurden, noch nicht in Gebrauch"[1017] gewesen seien (*quippe tunc edicta praetoris, quibus conplures actiones introductae sunt, nondum in usu habebantur*). Wenn man diese Anmerkung von Gaius mit dem Text von Pomponius/Quintus Mucius D. 19.5.11 über die Mitwirkung des Prätors bei den *actiones, quae legibus proditae sunt*, in Verbindung setzt, dann erschließt sich eine neue Funktion der von Quintus Mucius besprochenen *actiones in factum*. Mithilfe dieser durch den Prätor gewährten *actiones* wurde den Rechtsverhältnissen, die durch *actiones* des alten Legisaktionenverfahrens durchsetzbar waren, u.a. der Schutz im Rahmen des Formularverfahrens und des Ediktsystems gewährt. Somit erhalten sie

---

das *iudicium legitimum* auf prozessuale Aspekte des Gerichtsverfahrens bezieht, verweist der Ausdruck *actiones, quae legibus proditae sunt* auf die gesetzliche Herkunft und ursprüngliche Zugehörigkeit der jeweiligen *actiones* zum Legisaktionenverfahren. Die *actiones legitimae* als modifizierte und in das Formularverfahren rezipierte *actiones* können dabei einen vorübergehenden Rechtsschutz durch die *actiones in factum* erhalten und sind in diesem Sinn *iudicia, quae imperio continentur.*

1014 *Lenel*, Edictum perpetuum³ (1927) 22, 324, 332, 375.

1015 S. Kapitel II, Abschnitt 6.5. Die *actus legitimi* als ritualisierte Akte rechtsgeschäftlicher Natur, S. 212 f. Vgl. auch Pap. 28 quaest. D. 50.70.77.

1016 Die Bibliographie über fiktive *legis actiones* s. bei *Maganzani*, Pubblicani e debitori d'imposta (2000) 11 f., 118. Über die *actiones*, die *ad legis actionem exprimuntur* als *actiones* in der Übergangsphase zwischen dem Legisaktionenprozess und dem Formularprozess s. *Keller/Wach*, Der römische Civilprocess und die Actionen in summarischer Darstellung⁵ (1876) 115; *Frezza*, Storia del processo civile in Roma fino all'età di Augusto, in: ANRW II.1 (1974) 173–174.

1017 Die Übersetzung folgt *Manthe*, Institutionen des Gaius² (2010) 323.

im neuen Formularverfahren rechtliche Anerkennung durch die Mitwirkung des Prätors in Form der *actiones in factum*.[1018]

Bei dieser Annahme bekommt der Hinweis von Quintus Mucius Scaevola, dass die *actiones, quae legibus proditae sunt*, nur dann vom Prätor um das in der *lex* Fehlende (*legi deest*) ergänzt werden, wenn die *lex iusta ac necessaria sit*,[1019] d. h. wenn die *lex* nützlich und notwendig ist, einen neuen Sinn. Nach Quintus Mucius sind im neuen Formularverfahren nicht alle alten gesetzlichen Klagen schutzwürdig, sondern nur die notwendigen und nützlichen. Den Ausdruck *legi deest* kann man auch zweierlei interpretieren. Das Wort *lex* kann ein Gesetz bedeuten. Bei dieser Auslegung besteht die Funktion der *actiones in factum* darin, dass der Anwendungsbereich der gesetzlich verankerten *actiones legitimae* bzw. der *legis actiones* auf analoge Sachverhalte erweitert wird.[1020] Das Wort *lex* kann aber auch im Sinne der *certa verba* verwendet werden. Der Ausdruck *legi deest* verweist in diesem Fall auf einen Mangel der *certa verba*, die infolge der prätorischen Mitwirkung durch die Gewährung der *actiones in factum* ergänzt werden.

Die „Überreste" der *legis actiones* finden gemäß der Stelle aus Pomponius/Quintus Mucius ihre Anerkennung im Formularverfahren zuerst in Form der *actio in factum* und unter der Mitwirkung des Prätors. Die *actio in factum* analog zur *actio legis Aquiliae* ist ein Paradebeispiel für die schöpferische Tätigkeit

1018 Lenel betrachtet viele *actiones legitimae* als solche, die mit der Formel *in factum* gestaltet sind. S. *Lenel*, Edictum perpetuum[3] (1927) 22, 324, 332, 375. Zu den *actiones legitimae* bzw. *actiones, quae legibus proditae sunt*, zählt auch die *actio ex causa depositi*, die auf das Zwölftafelgesetz zurückgeht und die mit der Zeit die Anerkennung im Formularverfahren findet, s. dazu *Scheibelreiter*, Der „ungetreue" Verwahrer (2020) 150 f. Ein Beleg für die Anpassung der zivilen Klagen durch die *actiones in factum* kann hier die Doppelstruktur der *actio depositi* und der *actio commodati* sein. Neben der *actio depositi civilis* existiert eine *actio depositi in factum*: Eine zivile Klage koexistiert neben der *actio in factum*.

1019 Diese Formulierung wurde von *Quadrato*, Sulle tracce dell'annulabilità (1983) 42 für interpoliert gehalten. Selb sieht darin einen Hinweis auf eine „formulare" Analogie. Der Prätor gewährt eine *actio in factum* analog zur zivilen Klage, weil der Prätor etwas hinzufügt, was in der *lex* fehlt (*quod legi deest*). Vgl. *Selb*, Formulare Analogien in „actiones utiles" und „actiones in factum", in: Studi Biscardi III (1982) 331.

1020 Die *utilitas legibus* besteht nach *Stolfi*, Studi sui libri ad edictum di Pomponio II (2001) 236 in der analogen Anwendung der gesetzlichen Klage, wie das Beispiel am Ende des Fragments bestätigt: Die *actio in factum legi Aquiliae* wird analog für jene Fälle verwendet, die von diesem Gesetz nicht umfasst sind.

des Prätors bei gesetzlichen Klagen, das aber den Begriff *actiones, quae legibus proditae sunt*, nicht vollkommen erfasst.

In diesem Fragment kann man meines Erachtens einen gewissen Übergang von den *legis actiones* zu den *formulae* beobachten. Quintus Mucius lebte in jener Zeit, in der die *legis actiones* (*actiones per certa verba*) und neue *formulae* (*actiones per concepta verba*) koexistierten. Die Gewährung der *actiones in factum* stellt eine Art der Intervention des Prätors sowohl im Rahmen des Formularverfahrens als auch bei den *actiones, quae legibus proditae sunt* dar.

8. Die Systematik *actio, petitio, persecutio* und die *stipulatio Aquiliana*

Mit Aquilius Gallus (Prätor 66 v. Chr.)[1021] sind die Einführung der *actio de dolo*[1022], die Definition des *dolus*[1023] und auch die Einführung der *actio ad*

1021 Er genoss laut Pomponius hohes Ansehen wegen seines Charakters (D. 1.2.2.42; Cicero rühmt ihn für seinen Scharfsinn und seine Gewandtheit bei der Lösung praktischer Rechtsfragen. S. Cic. Brut. 42; Cic. Top. 32. Laut anderen Quellen wurde er häufig zum *iudex* im Zivilprozess bestellt. Vgl. Cic. Pro Caec. 77; Val. Max. 8.2.2: *De qua re C. Aquilius vir magnae auctoritatis et scientia iuris civilis excellens iudex adductus adhibitis in consilium principibus civitatis prudentia et religione sua mulierem reppulit.* S. dazu *Santoro*, Appio Claudio, in: AUPA. 47 (2002) 357 Fn. 205; *Bekker*, Der Legisactionsprozeß mit Formeln zur Zeit Cicero's, in: SZ 5 (1866) 350. Über die Persönlichkeit von Aquilus Gallus s. *Kunkel*, Die römischen Juristen² (1967) Ndr. 2001, 21.

1022 Die Einführung der *actio de dolo* durch Gallus wird in den Quellen mehrfach belegt. S. Cic. De nat. deor. 3.74: *inde everriculum malitiarum omnium iudicium de dolo malo, quod C. Aquillius familiaris noster protulit, quem dolum idem Aquillius tum teneri putat cum aliud sit simulatum aliud actum? …* daher stammt schließlich der Besen, mit dem alle Schlechtigkeiten ausgekehrt werden sollen, das Verfahren wegen böswilligen Betruges, dass mein guter Freund Gaius Aquillius erarbeitet hat; denn dieser Betrug liegt nach Aquillius Meinung eben dann vor, wenn man anders handelt, als man ursprünglich vorgegeben hat. Die Übersetzung folgt *Gerlach/Bayer*, Vom Wesen der Götter (1990) 435, 437.

1023 Cic. De off. 3.60: *Quod si Aquiliana definitio vera est, ex omni vita simulatio dissimulatioque tollenda est. Ita nec ut emat melius nec ut vendat quicquam simulabit aut dissimulabit vir bonus. Atque iste dolus malus et legibus erat vindicatus, ut tutela duodecim tabulis, circumscriptio adulescentium lege Plaetoria et sine lege iudiciis, in quibus additur ex fide bona* / Wenn nun die Definition des Aquilius zutrifft, dann darf die Vortäuschung falscher Tatsachen in unserem Leben überhaupt keinen Platz haben. In diesem Sinne wird ein anständiger Mensch weder etwas vortäuschen noch verheimlichen, um günstiger zu kaufen oder zu

exhibendum verbunden.[1024] Aquilius Gallus hat auch eine besondere Stipulation ausgearbeitet, die in der Überlieferung als *stipulatio Aquiliana* bezeichnet wird. In ihrer Struktur wird einerseits die auf die republikanische Zeit zurückgehende Systematik der Ansprüche *actio, petitio, persecutio* herangezogen, andererseits weist die Spruchformel dieser Stipulation gewisse Ähnlichkeiten mit der *actio* im prozessualen Sinn als Klage auf.[1025]

Mit einer *stipulatio Aquiliana* wurden alle Ansprüche des Stipulanten gegen den Promittenten durch eine besondere Stipulation noviert und durch die *acceptilatio* zum Erlöschen gebracht.[1026]

8.1. Struktur der *stipulatio Aquiliana*

In den Quellen wird die *stipulatio Aquiliana* zweimal überliefert – in den Digesten (Florent. 8 inst. D. 46.4.18.1) und in den Institutionen Justinians.[1027] In den Institutionen wird folgende ausführlichere Version angeführt (Inst. 3.29.2):

> ... *Stipulatio enim Aquiliana novat omnes obligationes et a Gallo Aquilio ita composita est: 'quidquid te mihi ex quacumque causa dare facere oportet oportebit praesens in diemve quarumque rerum mihi tecum actio quaeque abs te petitio vel adversus te persecutio est erit quodque tu meum habes tenes possides possideresve dolove malo fecisti, quo minus possideas: quanti quaeque earum rerum res erit, tantam pecuniam dari stipulatus est Aulus Agerius, spopondit Numerius Negidius.' Item e diverso Numerius Negidius interrogavit Aulum Agerium: „quidquid tibi hodierno die per Aquilianam stipulationem spopondi, si omne habesne acceptum?" respondit Aulus Agerius: „habeo acceptumque tuli".*
>
> ... Es ist eine Stipulation geschaffen worden, die man gemeinhin die Aquilianische nennt. Diese Stipulation bewirkt, dass die Haftung aus allen Rechtsverhältnissen in

verkaufen. Die Übersetzung nach *Nickel*, Vom pflichtgemäßen Handeln (2008) 253, 255.

1024 *Mantovani*, Gli esordi del genere letterario ad edictum, in: Mantovani (Hg.), Per la storia del pensiero giuridico (1996) 80 Fn. 75.

1025 Negativ wird die *stipulatio Aquiliana* von Arangio-Ruiz bewertet: eine lebendige Dialogstruktur der Stipulation sei nach ihm zu einem Gemurmel gemacht worden. S. *Arangio-Ruiz*, Sponsio e stipulatio nella terminologia romana, in: BIDR 65 (1962) 219. Vor ihm schon *Bruns*, der die Trichotomie „actio, petitio, persecutio" als eine sinnlose Häufung der Ausdrücke wahrnimmt. S. *Bruns*, Die Erztafeln von Osuna, in: Zeitschrift für Rechtsgeschichte 12 (1876) 118.

1026 *Sturm*, Stipulatio Aquiliana (1972) 349.

1027 Es wird angenommen, dass die Quellen über *stipulatio Aquiliana* nicht interpoliert sind. Die Geschichte der Interpolationskritik s. bei *Casavola*, Actio, petitio, persecutio (1965) 35, 37.

die Stipulationsschuld überführt wird und diese dann durch wortförmlichen Erlaß aufgehoben werden kann. Die Aquilianische Stipulation noviert nämlich alle Verbindlichkeiten und ist von Aquilius Gallus folgendermaßen abgefaßt worden: „Was immer du mir aus jedwedem Rechtsgrund gegenwärtig oder künftig zu geben und zu leisten verpflichtet bist oder sein wirst, sei es fällig oder befristet, und wegen welcher Rechtsverhältnisse ich gegen dich eine *actio* und welche *petitio* oder welche *persecutio* auch immer ich gegen dich habe oder haben werde, und was du aus meinem Eigentum hast, hältst oder besitzt oder infolge deiner Arglist nicht mehr besitzt: Wieviel eine jede von diesen Sachen wert sein wird, so viel Geld hat sich Aulus Agerius versprechen lassen und Numerius Negidius gelobt." In gleicher Weise hat umgekehrt Numerius Negidius den Aulus Agerius gefragt: „Was immer ich dir an dem heutigen Tage durch die Aquilianische Stipulation versprochen habe, hast du das alles erhalten?" Aulus Agerius antwortete: „Ich habe es erhalten und die Schuld erlassen."[1028]

Die oben angeführte Stelle kann man in drei Teile gliedern. Im ersten Teil wird das Wesen der novierenden Stipulation kurz zusammengefasst: *Stipulatio enim Aquiliana novat omnes obligationes*. Im zweiten Teil, der mit den Worten *quidquid te mihi ex quacumque causa dare facere oportet oportebit* beginnt, wird das Lemma des Aquilius Gallus mit der Stipulationsformel wiedergegeben. Im dritten Teil, der mit Worten *quidquid tibi hodierno die per Aquilianam stipulationem spopondi* beginnt, wird die Spruchformel angeführt, mit der der Schuldner die Existenz der Ansprüche des Gläubigers bestätigt und fragt, ob der Gläubiger das Versprochene erhalten hat. Der Gläubiger stimmt zu, dass durch die *acceptilatio* alle Schulden ersetzt wurden.[1029]

Den Kern der *stipulatio Aquiliana* bildet der zweite Teil des Textes, d.h. die Stipulationsformel (*stipulatio Aquiliana* im eigentlichen Sinn):

Quidquid te mihi ex quacumque causa dare facere oportet oportebit praesens in diemve quarumque rerum mihi tecum actio quaeque abs te petitio vel adversus te persecutio est

1028 Die Übersetzung folgt (außer im Hinblick auf die Termini *actio, petitio, persecutio*) *Behrends/Knütel/Kupisch/Seiler*, CIC 1^3 (2007) 205–206.

1029 In der Überlieferung Justinians wird die *acceptilatio* nicht vollständig angeführt. Dabei hilft die Florentinus-Stelle. S. Florent. 8 inst. D. 46.4.18.1: *Quod Numerius Negidius Aulo Agerio promisit spopondit, id haberetne a se acceptum, Numerius Negidius Aulum Agerium rogavit, Aulus Agerius Numerio Negidio acceptum fecit.* Diese Formel der *acceptilatio* ahmt die Gestaltung der Formel im Formularverfahren nach; sie wird in der dritten Person und objektiviert verfasst. Dagegen wird die *acceptilatio* in der Version von Gaius als einen höchstpersönlichen Akt verfasst. S. Gai 3.169: … *QUOD TIBI EGO PROMISI, HABESNE ACCEPTUM*? *et tu respondeas: HABEO.*

> *erit quodque tu meum habes tenes possides possideresve dolove malo fecisti, quo minus possideas …*
> Was immer du mir aus jedwedem Rechtsgrund gegenwärtig oder künftig zu geben und zu leisten verpflichtet bist oder sein wirst, sei es fällig oder befristet, und wegen welcher Rechtsverhältnisse ich gegen dich eine *actio* und welche *petitio* oder welche *persecutio* auch immer ich gegen dich habe oder haben werde, und was du aus meinem Eigentum hast, hältst oder besitzt oder infolge deiner Arglist nicht mehr besitzt …[1030]

Die Spruchformel „*Quidquid te mihi ex quacumque causa dare facere oportet*" wiederholt die Formel der *actio in personam* in der Überlieferung von Gaius (Gai. 4.2), die den Ausdruck *DARE FACERE PRAESTARE OPORTERE* enthält. Dieser Teil der *stipulatio Aquiliana* erinnert überdies nach der präzisen Anmerkung Sturms an die *actiones incertae ex stipulatu, ex testamento* und an *bonae fidei iudicia.*[1031]

Die *stipulatio Aquiliana*, die in den Quellen auch als *transactum* und *transactio* bezeichnet wird,[1032] kombiniert somit Elemente der *actio* im prozessualen Sinn, ist aber an sich ein Rechtsakt rechtsgeschäftlicher Natur. Die Ähnlichkeit zwischen der *intentio* der *actio in personam*, der *actio ex stipulatu* und *ex testamento* und des *iudicium bonae fidei* einerseits und der *stipulatio Aquiliana* andererseits bestätigt die mehrfach angesprochene und auf die frühere Zeit zurückgehende Nähe zwischen den *actiones* für die gerichtliche Durchsetzung der Ansprüche und den Akten rechtsgeschäftlichen Charakters.[1033]

1030 Die Übersetzung folgt (außer im Hinblick auf Termini *actio, petitio, persecutio*) *Behrends/Knütel/Kupisch/Seiler*, CIC 1^3 (2007) 205–206.

1031 *Sturm*, Stipulatio Aquiliana (1972) 66, Fn 55.

1032 S. Ulp. 1 op. D. 2.15.9.2: *Qui per fallaciam coheredis ignorans universa, quae in vero erant, instrumentum transactionis sine Aquiliana stipulatione interposuit, non tam paciscitur quam decipitur*) und *transactum*; Ulp. 74 ed. D. 2.15.2: *Transactum accipere quis potest non solum, si Aquiliana stipulatio fuerit subiecta, sed et si pactum conventum fuerit factum.* Diesen in den klassischen Quellen geläufigen Termini liegen die Deverbativa *actum* und *actio* zugrunde. Das Präfix *trans* bedeutet „durch" oder „über" und verleiht der *actio* und dem *actum* eine terminative und abgeschlossene Handlung, mit der ein Rechtsverhältnis definitiv beendet wird.

1033 Plausibel scheint daher die These von Gide (*Gide*, Études sur la novation et le transport des créances en droit romain [1879] 143) zu sein, wonach die *stipluatio Aquiliana* eine Imitation der prozessualen Formel sei. S. die Auseinandersetzung mit der These bei *Casavola*, Actio, petitio, persecutio (1965) 46. S. oben, Kapitel II, Abschnitt 6. *Agere, actio, actus* als Akte der Rechtsverfolgung und der rechtsgeschäftlichen Gestaltung, S. 199 f.

Der Unterschied zu der prozessualen Formel besteht darin, dass die Spruchformel von Aquilius Gallus ein höchstpersönlicher, in der zweiten Person verfasster, assertiver Akt ist – *Quidquid te mihi ex quacumque causa dare facere oportet* –, wohingegen die prozessuale Formel der *actio in personam* „objektiviert" gestaltet ist und den Kläger und den Beklagten in der dritten Person nennt. Während die objektivierte Formel der *actio in personam* in erster Linie für den Richter verfasst wird, stellt die *stipulatio Aquiliana* eine Spruchformel dar, die durch private Akteure verlautbart wird und dadurch ihre Rechtsgültigkeit erlangt. Dieser stilistische Unterschied erfasst auch die Geschichte bzw. Entwicklung der *actio* – von einem persönlichen, assertiven Sprechakt zu einer formalisierten, prozessualen Formel.

Im zweiten Teil der Spruchformel wird die in anderen Quellen geläufige Dreigliederung der Ansprüche bzw. Rechtsverfolgungsakte „*actio, petitio, persecutio*" erwähnt: … *quarumque rerum mihi tecum actio quaeque abs te petitio vel adversus te persecutio est erit* … / … und wegen welcher Rechtsverhältnisse ich gegen dich eine *actio* habe und welche *petitio* und welche *persecutio* ich gegen dich haben werde …

Aquilius Gallus erklärt nicht, was jedes der Fachwörter – *actio, petitio* und *persecutio* – bedeutet, sodass zur Erhellung die Einbeziehung anderer Quellen geboten erscheint.

8.2. *Actio, petitio, persecutio* in den Quellen

Die Trichotomie – *actio, petitio, persecutio* – kommt in drei Typen von Quellen vor: juristische Quellen, literarische Quellen und Gesetzestexte.

Zu den ältesten Quellen gehören die Stelle aus der Rhetorica ad Herennium (Rhet. ad Her. 2.12.18) und die Stadtgesetze aus Spanien: die *lex Ursonensis*[1034] die *lex municipii Salpensani*[1035] und die *lex municipii Malacitani,*[1036] aber auch *lex Flavia Irnitana.*[1037] In all diesen Quellen wird die angesprochene

---

1034 S. FIRA I, Tab. IV, 125, col 1, L. 27–28: …*volet rec(iperatorio) iudicio aput IIvir(um) praef(ectum)ve actio petitio perse|cutio ex h(ac) [l(ege)] <i(us) potest(as)que> e(sto).* S. *Sturm*, Stipulatio Aquiliana (1972) 157. Vgl. auch CIL II 2, 5, n. 1022

1035 S. FIRA I, S. 202–208, 26, L.10–11: …*cuique per hanc legem licebit, actio peti|tio persecutio esto.* Vgl. auch *Sturm*, Stipulatio Aquiliana (1972) 158.

1036 S. FIRA I, S. 218–219, 67, L. 46–49. S. *Sturm*, Stipulatio Aquiliana (1972) 158.

1037 Die Trichotomie kommt mehrmals in der *lex Flavia Irnitana* vor (ed. d'Ors, *Lex Irnitana* [1988] 13–87). Vgl. cap. 45, L. 45: …*hanc legem licebit actio petitio persecutio esto*; cap. 47, L. 6: … *per h(anc) l(egem) licebit actio petitio perse-/cutio esto*; cap. 45, L. 23: …*licebit actio petitio persecutio esto*; cap. 62, L. 46–47: …*li-/*

Trichotomie nur kurz erwähnt, ohne weitere Erklärung zur Bedeutung der einzelnen Begriffe.

Zahlreich sind die Versuche in der Lehre, den genannten Ansprüchen – *actio, petitio, persecutio* – eine Struktur zu geben.[1038] Nach der vorherrschenden Meinung, die durch die Quellen der Spätklassiker Ulpian und Paulus untermauert wird (dazu gleich) ist jedem der Fachwörter eine besondere Bedeutung zuzuweisen.[1039] Nach einer anderen Meinung stellt die Wendung der *actio, petitio, persecutio* eine Häufung der Begriffe dar, bei der keinem der Fachwörter eine gesonderte Bedeutung zugeschrieben werden kann.[1040]

Eisele sieht bspw. in dieser Kombination eine gewisse Reihenfolge beim Verlauf des Prozesses: Die *actio* bedeutet eine Behauptung des Akteurs, das Wort *petitio* verweist auf die Verfahrensphase *apud iudicem* und die *persecutio* bezieht sich auf die Vollstreckung.[1041] Für Fadda stellt die *actio* ein Gefüge aus Akten für die Vorbereitung der *litis contestatio* dar.[1042] Dabei ist die *petitio* die *litis contestatio* selbst und die *persecutio* – die Vollstreckung. Die Wörter *petitio* und *persecutio* dienen nach einer weiteren Auffassung als Hilfsbegriffe für die *actio*.[1043] In ähnlicher Weise rekonstruiert Casavola den Dreiklang „*actio, petitio, persecutio*": Für ihn ist *actio* ein Klagerecht, die *petitio* verweist auf die Litiskontestation, und die *persecutio* ist nicht das Vollstreckungsverfahren (wie Fadda vermutet), sondern das Verfahren *apud iudicem*.[1044] Nach einer anderen

---

cebit actio petitio persecutio esto; cap. 72, L. 30: ...*per h(anc) l(egem) licebit, actio petitio persecutio esto*; vgl. auch cap. 74, 90, 96 S. wN bei *Cappelletti*, Disposizioni statutarie dall'Italia centrale, in: Index 42 (2014) 528, Fn. 12.

1038 Die Übersicht der Rekonstruktionen s. bei *Sturm*, Stipulatio Aquiliana (1972) 147–178 und bei *Behrends*, Die Trichotomie ‚actio, petitio, persecutio', in: FS Sellert (2001) 11, Fn. 1.

1039 Nach der Interpretation von Sturm gehört *actio* zu *petitio vel persecutio* und stellt daher keine autonome Rechtsfigur in dieser Systematik dar. Vgl. *Sturm*, Stipulatio Aquiliana (1972) 146 f.

1040 *Talamanca*, Processo (diritto romano), in: ED 36 (1987) 48, Fn. 344.; *Silla*, Genera actionum (2012) 28, Fn. 34.

1041 *Eisele*, Cognitur und Procuratur (1881) 27 f., 31 f. Kritisch dagegen ist *Behrends*, Die Trichotomie ‚actio, petitio, persecutio', in: FS Sellert (2001) 11, Fn. 1; s.v. *persecutio*, in HS, 424.

1042 *Fadda*, L'azione populare (1894) 239 f.

1043 Diese schwer erschließbare These vertritt Wlassak. Nach seiner Meinung kann die *petitio* ein Verfahren aus einer Stipulation beschreiben, bei dem die *actio* sich auf ein schwebendes Eigentumsverfahren zwischen den gleichen Personen bezieht. *Wlassak*, Römische Processgesetze I (188) 33–34.

1044 *Casavola*, Actio, petitio, persecutio (1965) 94 f.

Auffassung von Behrends spiegelt die Trichotomie „*actio, petitio, persecutio*" eine Differenzierung der Klagearten wider: Die *actio* wird gegen eine verpflichtete Person gerichtet, die *petitio* bezieht sich auf eine zugeordnete Sache und die *persecutio* – „auf jeden vom Prätor in Ergänzung des ius geschützten Klaginhalt".[1045]

Die Interpretation der einzelnen Fachbegriffe findet man in klassischen Quellen. Papinian bietet folgende Erklärung an (Pap. 1 def. D. 44.7.28):

> *Actio in personam infertur: petitio in rem: persecutio in rem vel in personam re persequandae gratia.*
> *Actio* bezieht sich auf eine Person (*in personam*), eine *petitio* bezieht sich auf eine Sache (*in rem*), eine *persecutio* [bezieht sich] auf eine Sache (*in rem*) oder auf eine Person (*in personam*), zur Verfolgung eines Gegenstandes (*res*).[1046]

Auf Lenel geht die These zurück, dass Papinian seine Auslegung der Trichotomie im Zusammenhang mit der *stipulatio Aquiliana* entwickelte.[1047] Papinian hat eine Erklärung über den Anwendungsbereich der *stipulatio Aquiliana* verfasst (Pap. l 1 def. D. 2.15.5), die wie die angeführte Stelle aus dem ersten Buch seiner *libri definitionum* stammt und die nach Lenel dieser Stelle vorangeht.[1048] In D. 2.15.5[1049] setzt sich Papinian mit dem folgenden Problem auseinander: Die Parteien haben eine formlose Vereinbarung mit dem Ziel abgeschlossen, alle Schulden des Schuldners zum Erlöschen zu bringen. Anschließend haben sie die *stipulatio Aquiliana* abgeschlossen, mit der alle in dieser formlosen Vereinbarung aufgelisteten Streitigkeiten, bzw. Schulden durch diesen Verbalkontrakt

1045 Der Autor sieht überdies in diesem Dreiklang ein rhythmisches Symbol des vollendeten Sieges der klassischen, vom Edikt her organisierten Rechtswissenschaft. Vgl. *Behrends*, Die Trichotomie ‚actio, petitio, persecutio', in: FS Sellert (2001) 12, 14.

1046 Die Übersetzung stützt sich auf *Otto/Schilling/Sintenis*, Corpus iuris civilis 4 (1832) 583.

1047 *Lenel*, Palingenesia I (1889) 810 Fn. 1; Pap. Fr. 31.

1048 *Lenel*, Palingenesia I (1889) 809, Pap. Fr. 30.

1049 *Cum Aquiliana stipulatio interponitur, quae ex consensu redditur, lites, de quibus non est cogitatum, in suo statu retinentur. Liberalitatem enim captiosam interpretatio prudentium fregit*/ Wenn die Aquilianische Stipulation abgeschlossen wird, die aufgrund einer vorangehender Einigung zustandekommt, verbleiben streitige Rechtsverhältnisse, an die man nicht gedacht hat, in ihrem bisherigen Zustand. Die Auslegung der Rechtsgelehrten nimmt nämlich einer dem Versprechenden nachteiligen Freigiebigkeit die Spitze. Die Übersetzung nach *Behrends/Knütel/Kupisch/ Seiler*, CIC 2 (1995) 255.

einen neuen Rechtsgrund bekommen: Die Stipulation wirkt hier novierend. Nach Papinian bleiben die Streitigkeiten (Papinian verwendet das Wort *lites*), die in der *stipulatio Aquiliana* nicht aufgenommen werden, aufrechterhalten und werden nicht durch diese Stipulation aufgehoben. Somit kommt Papinian zum Schluss, dass diese Auslegung der Juristen (*interpretatio prudentium*) die nachteilige Freigiebigkeit einer der Stipulationsparteien (gemeint ist hier der Gläubiger) schwächen soll (*Liberalitatem enim captiosam interpretatio prudentium fregit*). Die daran anschließende und oben zitierte Stelle mit der Erklärung der Trichotomie *actio, petitio, persecutio* verfolgt möglicherweise das Ziel, diese restriktive Auslegung der Juristen näher darzustellen.

Papinian schreibt der *actio* die Bedeutung einer schuldrechtlichen Klage, der *petitio* – einer sachenrechtlichen Klage zu. Die *persecutio* umfasst seiner Ansicht nach sowohl *actiones in personam* als auch *actiones in rem* für die Verfolgung eines bestimmten Gegenstandes. Hervorzuheben ist, dass der Terminus *persecutio* nach Meinung Papinians sowohl *actio* als auch *petitio* umfasst. Auf solche Weise passt Papinian die republikanische Trichotomie dem neuen prozessualen Verfahren *extra ordinem* an, zu der die *persecutio* nun terminologisch hinzutritt.[1050] Offen bleibt die Frage, inwieweit die Meinung Papinians auch für die republikanische Zeit gilt, auf die die *stipulatio Aquiliana* zurückgeht.

Die Auslegung der *actio, petitio* und *persecutio* wird auch von Ulpian in seinem Kommentar *ad Sabinum* (Ulp. 49 Sab. D. 50.16.178.2) angeführt:[1051]

> *Actionis verbum et speciale est et generale. nam omnis actio dicitur, sive in personam sive in rem sit petitio: sed plerumque actiones personales solemus dicere. Petitionis autem verbo in rem actiones significari videntur. Persecutionis verbo extraordinarias persecutiones puto contineri, ut puta fideicommissorum et si quae aliae sunt, quae non habent iuris ordinarii exsecutionem.*
> *Actio* ist sowohl ein allgemeines als auch spezielles Wort; denn es wird so jede *actio* genannt; mag sie eine persönliche sein, oder mag sie eine dingliche Forderung (*in rem petitio*) sein. Aber gewöhnlich pflegen wir die persönlichen *actiones* so zu nennen, durch das Wort *petitio* aber scheinen die dinglichen Klagen bezeichnet zu werden. Unter dem Wort *persecutio* werden, glaube ich, die außerordentlichen Rechtsverfolgungen, z.B. der Fideikommis und das, was etwa sonst noch keine Erledigung im ordentlichen Rechtswerk erhält, begriffen.[1052]

1050 *Silla*, Genera actionum (2012) 28–29.

1051 Die Literaturhinweise hinsichtlich möglicher Interpolationen vgl. bei *Casavola*, Actio, petitio, persecutio (1965) 18.

1052 Die Übersetzung stützt sich auf *Otto/Schilling/ Sintenis*, Corpus iuris civilis 4 (1832) 1247.

Das Fragment von Ulpian befasst sich mit dem Thema der *stipulationes emptae et venditae hereditatis*.[1053] Nach Casavola betrachtete Ulpian die Systematik *actio, petitio, persecutio* im Zusammenhang mit einer Stipulationsformel.[1054] Ulpian unterscheidet den Begriff *actio* im weiten Sinn (*actio* als *verbum generale*) und im engen Sinn (*actio* als *verbum speciale*). Diese Unterscheidung kann auf Sabinus zurückgehen. Das Wort *actio* im weiten Sinn umfasst *actio in personam, actio in rem* und *persecutio*. Diese Auffassung Ulpians widerspricht der oben angeführten Ansicht Papinians, der nicht dem Wort *actio*, sondern der *persecutio* eine umfassendere Bedeutung zuschreibt. Ulpian und Papinian unterscheiden terminologisch das ordentliche vom außerordentlichen Verfahren und schreiben den Termini *actio* und *persecutio* für diesen Zweck jeweils verschiedene Bedeutungen zu. Sowohl Papinian als auch Ulpian setzen den Begriff *actio* im engen Sinn mit der *actio in personam* gleich. Die Anfänge dieser Identifizierung sind möglicherweise in der spätrepublikanischen Jurisprudenz zu finden, auch wenn sie erst von den Juristen aus dem 3. Jh. belegt sind.[1055] Auch Gaius identifiziert die *actio* mit der *actio in personam* an einer Stelle und führt diese Gleichsetzung auf die *legis actiones* zurück (Gai. 4.18) .

Die Dreiteilung *actio, petitio, persecutio* setzt ein prozessual-technisches Verständnis der *actio* im Sinne eines Rechtsbehelfs voraus. Die Definition jedes Teils der Trichotomie *actio, petitio* und *persecutio* könnte von Papinian und von Ulpian mit dem Ziel eingeführt worden sein, mögliche Fehler bei der Anwendung der *stipulatio Aquiliana* zu vermeiden[1056] sowie ihren Anwendungsbereich besser zu erfassen. Die oben zitierten Quellen von Papinian und Ulpian, in denen die Systematisierung der Rechtsakte *actio, petitio, persecutio* betrachtet wird, beweisen die weitgehende Verwendung der auf die Rhetorik zurückgehenden Systematik *actio, petitio, persecutio* auch durch die Juristen der klassischen Zeit. Diese Systematik erscheint überdies für die Kompilatoren der Digesten als zu berücksichtigende Doktrin.

Die Besonderheit der Spruchformel der *stipulatio Aquiliana* im Gegensatz zu den Stellen von Ulpian und Papinian besteht darin, dass Aquilius Gallus diese Systematik, die von diesen klassischen Juristen „wissenschaftlich" und analytisch ausgelegt wurde, zu einer lebendigen und praktizierenden Rechtsnorm

---

1053 *Lenel*, Palingenesia II (1889) 2964.

1054 *Casavola*, Actio, petitio, persecutio (1965) 9 f. Vgl. Auch *Messana*, Sui *libri definitionum* di Emilio Papiniano, in: AUPA 45.2 (1998) 139 f.; *Silla*, Genera actionum (2012) 27–28, Fn. 33.

1055 *Silla*, Genera actionum (2012) 30–31.

1056 *Messana*, Sui *libri definitionum* di Emilio Papiniano: AUPA 45.2 (1998) 139 f.

macht, indem er sie in die Spruchformel der Stipulation in Form eines Sprechaktes eingebaut hat.

Anhand der angeführten Analyse lässt sich Folgendes zusammenfassen: Die *stipulatio Aquiliana* wird in den Quellen auch als *trans-actio* und *trans-actum* bezeichnet. Obwohl die *stipulatio Aquiliana* ein Akt rechtsgeschäftlicher Natur ist, enthält seine Spruchformel Elemente der *actio in personam* im Sinne eines prozessualen Rechtsbehelfs. Aquilius Gallus fasst die Ansprüche, die im Formularverfahren in einer objektivierten Form in der *intentio* der *actio in personam* angeführt wurden, zusammen, wandelt sie in einen Sprechakt um, und nämlich in die Frage des Schuldners und fügt die Antwort des Gläubigers hinzu. Die *stipulatio Aquiliana* zeigt meines Erachtens etwas genauer die methodologische Auffassung und eine gewisse Kreativität der republikanischen Juristen. Aquilius Gallus wendet sich der ihm bekannten prozessualen Formel zu. Er schließt daran die Systematik *actio*, *petitio*, *persecutio* an, die in seiner Stipulation nicht eine rechtstheoretische Auseinandersetzung darstellt, sondern ein Teil der rechtsverbindlichen Stipulationsformel.

9. Die *actio* im Ediktskommentar und in *libri actionum* von Aulus Ofilius

Ein Wandel in der Systematisierung der *actiones* und die Veränderung ihrer Rolle hin zu Rechtsbehelfen für die Verfolgung und Durchsetzung des Rechts geht auch auf Aulus Ofilius zurück.[1057]

Nach Pomponius hat Ofilius zahlreiche Bücher über das *ius civile* hinterlassen (*plurimi libri iuris civilis*). In diesen Büchern wurde jeder Teil der Rechtswissenschaft behandelt (*qui omnem partem operis fundarent*).[1058] Pomponius

---

1057 Zur Person von Ofilius s. *Kunkel*, Die römischen Juristen² (1967) Ndr. (2001) 29; *Biavaschi*, Caesari familiarissimus (2011).

1058 D. 1.2.2.44: … *Is fuit Caesari familiarissimus et libros de iure civili plurimos et qui omnem partem operis fundarent reliquit. Nam de legibus vicensimae primus conscribit: de iurisdictione idem edictum praetoris primus diligenter composuit, nam ante eum Servius duos libros ad Brutum perquam brevissimos ad edictum subscriptos reliquit* / Ofilius war ein vertrauter Freund Caesars und hinterließ sehr viele Bücher über das *ius civile*, und diese Bücher behandelten grundlegend alle Teile der Rechtswissenschaft in seinem Opus. Er war der erste, der „über Gesetze des Zwanzigsten" schrieb. Er war es auch, der als erster das Edikt des Prätors über die Gerichtsbarkeit ausführlich darstellte; denn vor ihm hatte Servius nur zwei sehr kurze, dem Brutus gewidmete Bücher mit dem Titel „Zum

erwähnt außerdem sein Werk *De legibus vicensimae*[1059] und seinen Ediktskommentar.[1060]

Ulpian verbindet mit Ofilius die Veröffentlichung der *libri actionum* und die Verfassung der *libri iuris partiti*.[1061] Es besteht die Annahme, dass das von Ulpian erwähnte Werk *libri iuris partiti* eine allgemeine Bezeichnung für alle

---

Edikt" hinterlassen. Die Übersetzung stützt sich auf *Behrends/Knütel/ Kupisch/ Seiler*, CIC 2 (1995) 108. Zu der Textkritik s. *Mantovani*, Gli esordi del genere letterario *ad edictum*, in: Mantovani (Hg.) Per la storia del pensiero giuridico romano (1996) 63–64, Fn. 9.

1059 Diskussionen werden im Zusammenhang mit dem Ausdruck „*Nam de legibus vicensimae primus conscribit*" geführt: *de legibus vicensimae* kann ein Hinweis auf ein bestimmtes Gesetz, wie *lex Voconia*, *lex Manlia de vincesima manumissione* oder *lex vicesima hereditatum* sein, die Aulus Ofilius kommentierte. Da Ofilius mit Caesar befreundet war, konnte er einen Auftrag von ihm bekommen haben, einen Kommentar oder eine Systematisierung der öffentlichen Gesetze zu verfassen. Die Literatur s. in: *Biavaschi*, Caesari familiarissimus (2011) 28.

1060 Der Text aus diesem Kommentar von Ofilius wird möglicherweise von Ulpian übertragen: Ulp. 7.ed. D. 2.9.11. Nach Mantovani enthält dieser Text die Merkmale eines lemmatischen Kommentars. Weitere Texte, in denen man die Spuren des Ediktskommentars von Ofilius finden kann, s. bei *Mantovani*, Gli esordi, in: Mantovani (Hg.) Per la storia del pensiero giuridico romano (1996) 69 und Fn. 30.

1061 Ulp. 25 Sab. D.32.55.1: *Ofilius quoque libro quinto iuris partiti ita scripsit, cui ligna legata sunt, ad eum omnia ligna pertinere, quae alio nomine non appellantur …*; Ulp. 25 Sab. D. 32.55.4: *Ofilius libro quinto iuris partiti scripsit nec sacramenta ligni appellatione contineri …*; Ulp. 25 Sab. D. 32.55.7: *Si lignum sit paratum ad carbones coquendas atque conficiendas ait Ofilius libro quinto iuris partit carbonum appellatione huiusmodi materiam non contineri …* Möglicherweise wird ein *liber actionum* von Ofilius auch in Ulp. 25 Sab. D. 32.55.2 erwähnt: *Idem libro secundo negat arbores nondum concisas … videri ei legatas, cui ligna legata sunt …* In der Literatur wird diskutiert, wer der Autor dieser *libri* tatsächlich war. Auf Lenel geht die Vermutung zurück, dass in der Stelle D. 32.55.2 das Buch von Ofilius zitiert wird (*Lenel*, Palingenesia I [1889] 798). Die Stelle D. 32.55.2 wird heute auch als Auszug aus dem *libri iuris partiti* von Ofilius ausgelegt. Vgl. *D'Ippolito*, I giuristi e la città: ricerche sulla giurisprudenza romana della repubblica (1978) 106 Fn. 23; *Schiavone*, Forme normative e generi letterari, in: Dovere (Hg.), La codificazione del diritto dall'antico al moderno (1988) 70 Fn. 2; Kritisch *Guarino*, L'esigenza giurisprudenziale della sintesi, in: Dovere (Hg.), La codificazione del diritto dall'antico al moderno (1988) 21; *Cerami*, Il sistema ofiliano, in: Dovere (Hg.), La codificazione del diritto dall'antico al moderno (1988) 99, 103. S. auch Ulp. 25 Sab. D. 32.55.5; Ulp. 25 Sab. D. 32.55.7.

Werke von Ofilius darstellt.[1062] Das würde dem Bericht von Pomponius, der über *plurimi libri iuris civilis* des Ofilius berichtet, entsprechen.

Die Berichte von Pomponius und Ulpian über *plurimi libri iuris civilis* bzw. *libri iuris partiti* von Ofilius sind im Zusammenhang mit seiner Nähe zu Caesar und zu Caesars Projekt zu interpretieren, eine Kodifizierung der Gesetze vorzunehmen.[1063] Ofilius hat dieser Ansicht nach ein Kodifikationswerk erstellt, das das ganze *ius civile* systematisieren sollte. Dieses Werk sollte u. a. das Werk „*De legibus vicensimae*", den Ediktskommentar[1064] und das Werk „*libri actionum*" umfassen.[1065]

Auch die große Zahl der *libri actionum* von Ofilius, was aus der Erwähnung des 16. Buches durch Ulpian folgt, lässt sich meines Erachtens im Zusammenhang mit seinem Plan einer Systematisierung des *ius civile* interpretieren. Möglicherweise strebte Ofilius an, die auf die republikanische Zeit zurückgehenden Rechsrituale mit einem breiten Anwendungsspektrum, d. h. *actiones*, zu systematisieren.

Den Ediktskommentar von Ofilius bewertet Pomponius als ersten umfassenden wissenschaftlichen Kommentar zum Edikt, während zwei Bücher mit dem Ediktskommentar, welche sein Lehrer Servius dem Brutus gewidmet hat (*ad Brutum perquam brevissimos ad edictum subscriptos reliquit*), nur zerstreute Notizen und keine fortlaufende Kommentierung enthalten.[1066] Da Ofilius seinen Kommentar laut Pomponius *diligenter*, d. h. sorgfältig zusammengefasst hat, ist anzunehmen, dass er somit zum Entstehen des zentralen Literaturgenres der römischen

---

1062 *Bremer*, Iurisprudentiae antehadrianae quae supersunt I (1896) 345 f. lehnt die Hypothese von Karlowa (*Karlowa*, Römische Rechtsgeschichte I [1885] 486) ab, dass die von Pomponius erwähnten *libri iuris partiti* eine systematische Ausarbeitung des *ius civile* darstellen. S. dazu *Albanese*, Quattro brevi studi, in: Labeo 46 (2000) 363 f.

1063 Vgl. Isid. Or. 5.1.5: *leges ... redigere in libros*; Suet., Iul. 44.1: *ius civile ad certum modum redigere atque ex immensa diffusaque legum copia optima quaeque et necessaria in paucissimos conferre libros* ... S. *Huschke*, Pomponius über die Aelier und Catonen und A. Ofilius in: SZ 15 (1850) 182, 187 f.; *D'Ippolito*, I giuristi e la città (1987) 93 f.; *Tondo*, Note esegetiche sulla giurisprudenza romana, in: Iura 30 (1979) 48 f.

1064 *Biavaschi*, Caesari familiarissimus (2011) 29.

1065 *Albanese*, Quattro brevi studi, in: Labeo 46 (2000) 365. *Cerami*, Il sistema ofiliano, in: Dovere (Hg.), La codificazione del diritto dall'antico al moderno (1988) 87; *Guarino*, L'esigenza giurisprudenziale della sintesi, in: Dovere (Hg.), La codificazione del diritto dall'antico al moderno (1988) 20–22.

1066 *Karlowa*, Römische Rechtsgeschichte I (1885) 487.

Jurisprudenz beigetragen hat.[1067] Das ist auch der Grund, warum Pomponius Ofilius als ersten Autor (*primus*) des Ediktskommentars bezeichnet, auch wenn Servius Sulpicius Rufus bereits vor ihm einen kurzen Ediktskommentar verfasste. Über den Inhalt dieses Ediktskommentars ist kein einziger Bericht erhalten. Das Thema des Edikts war nach Pomponius *De iurisdictione*. Die mögliche Bedeutung des Wortes *actio* im Ediktskommentar des Ofilius „Über Gerichtsbarkeit" lässt sich unter Berücksichtigung der Ediktskommentare späterer Juristen rekonstruieren. Möglicherweise hat Ofilius die *actio* im technisch-prozessualen Sinn eines Rechtsbehelfes in seinem Ediktskommentar erfasst.

9.1. *Libri actionum* des Ofilius

Die Bedeutung der *actio* im Sinne einer rechtsgeschäftlichen Formel kommt möglicherweise in den *libri actionum* von Ofilius vor.[1068] Ulpian erwähnt dieses Werk von Ofilius in seiner Schrift *ad Sabinum* im Zusammenhang mit der Auslegung des Begriffes *penus* (Ulp. 22 Sab. D. 33.9.3.5):

> *Penori acetum quoque cedere nemo dubitat, nisi exstinguendi ignis causa fuit paratum: tunc enim esui potuique non fuit: et ita Ofilius libro sexto decimo actionum scribit.*
> Daß auch Essig zu den Lebensmitteln gehört, bezweifelt niemand, außer wenn er zum Löschen von Feuer beschafft wurde. Dann nämlich war er weder zum Essen noch zum Trinken bestimmt. Und so schreibt auch Ofilius im 16. Buch über die Formulare (*liber actionum*).[1069]

Auf das 16. Buch der *libri actionum* beruft sich Ulpian weiters bei der Auslegung des *penoris legatum* (Ulp. 22 Sab. D. 33.9.3.8):[1070]

> *Sive autem frumentum sive quid leguminis in cella penuaria habuit, penori legato continebitur, sed et hordeum sive familiae sive iumentorum gratia: et*[1071] *Ofilius scribit libro sexto decimo actionum.*
> Hatte er hingegen Getreide oder Hülsenfrüchte in Vorratsraum, so werden diese gleichermaßen vom Vermächtnis des Lebensmittelvorrats (*penoris legatum*) erfaßt, aber

1067 In diesem Sinn auch *Gallo*, Un nuovo approcio per lo studio del ius honorarium, in: SDHI 62 (1996) 19; *Mantovani*, Gli esordi del genere letterario ad edictum, in: Mantovani (Hg.), Per la storia del pensiero giuridico (1996) 75.

1068 S. auch *Liebs*, § 7. Rechtsliteratur, in: HRP I (2023) 203, Rn. 20.

1069 Die Übersetzung folgt *Knütel/Kupisch/Rüfner/Seiler*, CIC 5 (2012) 586.

1070 Über Werke von Ofilius vgl. auch *Schanz*, Geschichte der römischen Literatur bis zum Gesetzgebungswerk des Kaisers Justinian. Teil 1. Die römische Literatur in der Zeit der Republik[4] (1927) [Ndr. 1979] 595–596.

1071 Mommsen schlägt vor, zwischen *et* und *Ofilius* das Wort *ita* hinzuzufügen. Vgl. Mommsen, Editio maior, die Note zum Text Ulp. 22 Sab. D. 33.9.3. Weitere

auch die Gerste, ob sie nun für das Sklavengesinde oder für das Vieh bestimmt ist. Und so schreibt es Ofilius im 16. Buch über die Formulare (*liber actionum*).[1072]

Ofilius wird auch ohne Hinweis auf sein Werk *libri actionum* in einem anderen Fragment aus Ulpians Werk *ad Sabinum* im Zusammenhang mit der Auslegung des Begriffes *penus* erwähnt.[1073] Die in beiden Stellen angeführte Interpretation des Begriffes *penus* ist für die Frage der Anwendbarkeit des sogenannten *penoris legatum*, d.h. eines Vermächtnisses zwecks Versorgung mit einem Lebensmittelvorrat, von Bedeutung. Bei diesem Vermächtnis übernimmt der Erbe die Pflicht, einer vom Erblasser genannten Person bzw. Familie Proviant bzw. Vorrat zu gewähren.[1074] Dieses Legat wurde mit der Verwendung der vorbestimmten Spruchformeln vorgenommen.[1075]

In der ersten Stelle behauptet Ulpian, dass auch Essig zum Mundvorrat gehöre. Er beruft sich dabei auf die Meinung von Ofilius aus dem 16. Buch seiner *libri actionum*. Daraus folgt, dass der Begriff *penus* sowie das *legatum penoris* nach Ofilius und Ulpian den Zweck hatte, den Vorrat für die Ernährung des Begünstigten zu gewähren. In der darauffolgenden Stelle (Ulp. 22 Sab. D. 33.9.3.8) führt Ulpian die Meinung des Ofilius an, um zu betonen, dass auch das Getreide für die Sklaven und die Lasttiere vom Begriff *penus* umfasst werden. Der Begriff *penus* ist hier weit auszulegen – nicht nur für die Ernährung des Legatars selbst, sondern für die Ernährung seiner Sklaven und seiner Lasttiere, die dem Legatar eine bestimmte Lebensqualität gewähren konnten.

Die angeführten Stellen von Ulpian, die die Auslegung von Ofilius übertragen, werden in der Literatur in Verbindung mit der Rolle des *legatum penoris* in dem republikanischen und dem frühklassischen Recht diskutiert.[1076] Außer Acht bleibt die Frage, ob die *libri actionum* von Ofilius, die u. a. die Auslegung

---

Literatur und Bewertung möglicher Interpolationen des Textes vgl. bei *Biavaschi*, Caesari familiarissimus (2011) 239.

1072 Die Übersetzung folgt *Knütel/Kupisch/Rüfner/Seiler*, CIC 5 (2012) 587.

1073 Ulp. 22 Sab. D. 33.9.3.9.

1074 Zum Thema *legatum penoris* vgl. *Felici*, Spunti di ricerca sull'interpretatio dei giuristi e il destino del legatum penoris, in: Forum historiae juris (2020) 1 f.

1075 Sie wurde von Julian übertragen (Iul. 70 dig. D. 36.2.19 pr): *uxori meae penum heres dato: si non dederit, centum dato.* Diese Spruchformel verweist dabei auf ein *legatum penoris* mit einem Wahlrecht. Vgl. auch Iul. 70 dig. D. 36.2.19.1: *si penum intra kalendas non dederit, centum dato.* Es geht dabei um ein *legatum per damnationum*. Vgl. *Ormanni*, Penus legata, in: Studi Betti IV (1962) 652.

1076 Nach Biavaschi konnte Ofilius selbst den Begriff *penus* so auslegen, dass auch Zugtiere (*iumenta*) des *paterfamilias* und seines Umkreises umfasst, oder er

des Begriffes *penus* enthalten, ein praktisches Werk mit Geschäftsformularen oder eine Art Kommentar zu den feierlichen Akten rechtsgeschäftlicher Natur (*actiones*) waren.[1077] Aufgrund der Bezeichnung des Werkes als *libri actionum* und unter der Berücksichtigung der Rolle der Testamentsformulare in der Rechtspraxis[1078] liegt es nahe, dass dieses Werk mindestens in einem Teil eine Formelsammlung sowohl für die rechtsgeschäftliche Gestaltung (Testamentsformulare) als auch für die gerichtliche Verfolgung[1079] war. Die Ausführungen von Ulpian lassen vermuten, dass in den *libri actionum* auch bestimmte Worte und Termini zum Zweck der korrekten Rechtsanwendung ausgelegt wurden. Die *libri actionum* von Ofilius stellen meines Erachtens eine Kombination aus der Auslegung der relevanten Begriffe[1080] und den praktischen Formeln dar. Die Anlehnung der Geschäftsformeln und der Prozessformeln (*actio*) an die Interpretation bestimmter Rechtsbegriffe wiederholt die auf die *Tripertita* zurückgehende Tradition der republikanischen Juristen, bei der an die *interpretatio legis* eine *actio* angeschlossen wird. Ofilius hat eventuell genauso wie Sextus Aelius die Erstellung einer *actio* an die *interpretatio* eines bestimmten Fachbegriffes wie bspw. *penus* angeschlossen.

Die Genre-Vielfalt der von Ofilius hinterlassenen Schriften (v.a. die Erstellung des Ediktskommentars neben den *libri actionum*) spricht für einen Übergang von einer Rechtstradition zu einer anderen – von der Tradition republikanischer Juristen, die *actio* weit auffassen und darunter sowohl die Klageformeln als auch die Geschäftsformeln verstehen, zur Tradition der klassischen Juristen, bei der das prätorische Edikt eine zentrale Rolle spielt und in der die *actio* prozessual-technisch als Klageformel und als Klage betrachtet wird.

---

konnte diese schon von Quintus Mucius vorgeschlagene Auslegung übernehmen. Vgl. *Biavaschi*, Ofilio e il legatum penoris, in: Scritti Melillo I (2009) 148; *Lohsse*, § 97 Klage aus Testament (*actio ex testamento*), in: HRP II (2023) 2672, Rn. 28.

1077 Nach Biavaschi enthalten die Bücher mit den *actiones* von Ofilius in erster Linie Geschäftsformulare. S. *Biavaschi*, Caesari familiarissimus(2011) 239.

1078 *Amelotti*, Notariat und Urkundenwesen zur Zeit des Prinzipats, in: ANRW II.13. Principat (1980) 389 f.

1079 Darauf verweist meines Erachtens die Anwendung des Begriffes *actio* durch Ofilius. Ofilius versteht *actio* in den überlieferten Quellen vorwiegend prozessualtechnisch als eine Klage. S. Gai. 1 ed. prov. D. 2.1.11.2; Ulp.7 ed. D. 2.9.1.1; Ulp. 28 ed. D. 14.1.1.9; Ulp. 18 ed. D. 9.2.9.3; Ulp. 53 ed. D. 39.3.3.2; Paul. 49 ed. D. 39.3.2.10; Paul. 4 ed. D. 47.10.23; Paul 32 ed. D. 17.1.22.10; Ulp. 19 ed. D. 10.2.16.6.

1080 Vgl. die Auslegung der Rechtsbegriffe durch Ofilius in Ulp. 76 ed. D. 44.4.4.6; Ulp. 11 ed. D. 4.4.16.1.

10. Die *actiones* in *libri actionum* klassischer Juristen und in Ediktskommentaren klassischer Juristen

Die *libri actionum* verschwinden nicht ganz aus dem juristischen Diskurs der klassischen Zeit. So spricht bspw. Gaius von einem Cascellianischen Verfahren (*iudicium Cascellianum sive secutorium*).[1081] Dieses Verfahren konnte Cascellius in seiner Kautelarpraxis schaffen.[1082] Den Juristen Cascellius zählt Pomponius zu den Schülern des Servius Sulpicius Rufus.[1083] Auch Celsus gibt die Meinung von Cascellius wieder, dass Rechtsbegriffe im Singular als abstrakte Fachworte auch die Pluralform umfassen.[1084] Die Sammelwerket mit *actiones* existieren auch in der späteren Klassik, was die *libri actionum* des Alburnius Valens bestätigen.[1085]

Ungeachtet ihrer weiteren Anwendung in der Praxis erlangt der Ediktskommentar eine zentrale Rolle in der Reflexion über die *actiones*, welche jetzt hauptsächlich technisch-prozessual als Rechtsbehelfe, dessen Kern die *conceptio verborum* bildet, verstanden werden.[1086]

1081 Gai. 4.166a: ... *et hoc amplius si apud adversarium meum possessio est, quia is fructus licitatione vicit, nisi restituat mihi possessionem, Cascelliano sive secutorio iudicio condemnatur* / ... und darüber hinaus wird mein Gegner im Cascelli anischen Verfahren oder Nachverfahren verurteilt, wenn der Besitz bei ihm ist, weil er beim Nutzenbieten gesiegt hat, und wenn er mir den Besitz nicht zurückerstattet. Die Übersetzung folgt *Manthe*, Die Institutionen des Gaius² (2010) 409.

1082 *Kunkel*, Die römischen Juristen² (1967) Ndr. (2001) 26, Fn. 55. Zu dem *iudicium Cascellianum* s. auch Val. Max 6.2.12: *Age, Cascellius vir iuris civilis scientia clarus quam periculose contumax! nullius enim aut gratia aut auctoritate conpelli potuit ut de aliqua earum rerum, quas triumuiri dederant, formulam conponeret, hoc animi iudicio universa eorum beneficia extra omnem ordinem legum ponens.*

1083 Kritisch dazu *Kunkel*, Die römischen Juristen² (1967) Ndr. 2001, 25, der davon ausgeht, dass Cascellius, Servius und Cicero Altersgenossen waren.

1084 Cels. 25 dig. D. 50.16.158: *In usu iuris frequenter uti nos Cascellius ait singulari appellatione, cum plura generis eiusdem significare vellemus* / Cascellus sagt, dass wir häufig einer Benennung in der Einzahl uns bedienten, wenn wir mehrere Gegenstände derselben Gattung bezeichnen wollten. Die Übersetzung stützt sich auf *Otto/Schilling/Sintenis*, Corpus iuris civilis 4 (1832) 1243. S. auch *Watson*, Legal origins and legal change (1991) 35–36, Fn. 30.

1085 Valens. 7. act. D. 36.4.15. *Wlassak*, Römische Prozessgesetze II (1891) 4 Fn. 6.

1086 Der erste Autor des Ediktskommentars war, wie oben erwähnt, Servius Sulpicius Rufus (D. 1.2.2.44). Darauf folgte der Ediktskommentar von Aulus Ofilius. Zum ersten überlieferten Kommentar *ad edictum* gehört der Ediktskommentar von Labeo. Weitere Kommentare werden von den Juristen der Hochklassik – Gaius (*ad edictum provinciale*; *ad edictum pratoris urbani*), von Paulus (*ad edictum libri*

Über die zentrale Rolle des *edictum* in der republikanischen Rechtswissenschaft berichtet schon Cicero (Cic. De leg. 1.17):[1087]

> *Atticus: Non ergo a praetoris edicto, ut plerique nunc, neque a duodecim tabulis, ut superiores, sed penitus ex intima philosophia hauriendam iuris disciplinam putas?*
> Atticus: Du meinst also, daß die Kenntnis des Rechts nicht aus dem Edikt des Prätors, wie es die meisten heute tun, und nicht aus den Zwölf Tafeln, wie es unsere Vorfahren taten, sondern tief aus dem Innern der Philosophie zu schöpfen sei?[1088]

Der Ausdruck *a praetoris edicto, ut plerique nunc … hauriendam …* verweist darauf, dass in der Zeit Ciceros das Edikt zur zentralen Rechtsquelle in der Wahrnehmung der meisten geworden ist.[1089] Cicero berichtet nicht, wen er unter der Mehrheit versteht. Jedenfalls bestreitet er anschließend diese Auffassung und nennt die Philosophie als zentrale Quelle des Rechts.

Das Edikt gewährt den *actiones* eine neue Ordnung. Es strukturiert und organisiert überdies die Reflexion der römischen Juristen über diese Rechtsbehelfe.

LXXX), von Ulpian (*ad edictum libri LXXXIII*), von Callistratus (*ad edictum monitorium libri VI*) und von Pomponius (*ad edictum libri*) – erstellt. Über die Struktur der Kommentare *ad edictum* von Ulpian, Paulus, Callistratus und Gaius s. *Seidl*, Die Methode der Kommentatoren in der römischen Rechtsgeschichte, in: Studi Betti IV (1962) 119 f. Die Struktur des prätorischen Ediktes war vor Julian instabil. *S. Weiß*, Vorjulianische Ediktsredaktionen, in: SZ 50 (1930) 249. Das war nach *Mantovani*, Gli esordi del genere letterario ad edictum, in: Mantovani (Hg.), Per la storia del pensiero giuridico (1996) 76 der Grund, warum das Edikt in seiner Frühphase lange Zeit nach Labeo nicht von Juristen kommentiert worden und warum der Ediktskommentar erst später zum bevorzugten Genre der Fachliteratur geworden ist.

1087 Das Verständnis der *actio* als prozessualer Rechtsbehelf im Edikt s. auch in Cic. Rosc. Com. 24.

1088 Die Übersetzung nach *Nickel*, De legibus[3] (2004) 21.

1089 Behrends fasst die Entwicklung des Ediktskommentars folgendermaßen auf: zuerst Kommentar zum Zwölftafelgesetz, dann Kommentar zum prätorischen Edikt in der Fassung des Servius Sulpicius, dann die Kommentare klassischer Juristen. Die Entwicklung beginnt mit dem Zwölftafelkommentar; es folgt der Ediktskommentar; schließlich entsteht die Kommentierung von Juristenwerken. S. *Behrends*, Der Kommentar in der römischen Rechtsliteratur, in: Institut und Prinzip. Ausgew. Aufsätze I (2004) (= zuerst in: Assmann/Gladigow (Hgg.) Text und Kommentar [1995] 421–462) 226.

Der Ediktsstruktur folgen auch die Kommentare *ad edictum*.[1090] Die Ediktskommentare der klassischen Juristen gehen außerdem über ihre ursprüngliche Funktion – die Erklärung der Ediktsvorschreibungen – hinaus. Die Juristen nehmen das Edikt oft als pure normative Grundlage, um die Lehre zu bestimmten Fragen zusammenzufassen und in Kommentarform darzustellen.[1091]

Das Literaturgenre – *libri ad edictum* oder *commentarii ad edictum* – kann zu einem gewissen Grad als Nachfolger der Sammelwerke mit *actiones* republikanischer Juristen verstanden werden.[1092] Ein Hinweis auf eine kontextuelle und geschichtliche Nähe zwischen den *libri actionum*, den *Tripertita* und den *libri ad edictum* ist meiner Ansicht nach die Struktur des Edikts in der Zeit vor seiner Redaktion durch Julian. Die Klageformeln waren ursprünglich neben Interdikten, Exzeptionen und Kautionen in einem Anhang zum Edikt

---

1090 *Babusiaux*, Der Kommentar als Haupttext, in: *Kästle/Jansen* (Hgg.), Kommentare in Recht und Religion (2014) 28. Die Struktur des prätorischen Ediktes hat auch andere Werke römischer Juristen stark beeinflusst. Die *tres libri iuris civilis* von Sabinus folgen möglicherweise der Struktur des Edikts. S. dazu *Kaser*, Gaius und Klassisker, in: SZ 70 (1953) 140. Auch die Digesten von Celsus, in denen er die berühmte Definition der *actio* formuliert hat, wiederholen die Struktur des Edikts.

1091 Es wird vermutet, dass es bei den Ediktskommentaren notwendig ist, zwischen den *commentarii ad edictum* und *libri ad edictum* zu unterscheiden. Die *commentarii ad edictum* sind die Amtsbücher, die ein ehemaliger Magistrat dem neuen Kollegen hinterlässt und wo er seine Erfahrungen mit Blick auf Kollegen und Amtsnachfolger niederlegt. Die in der Lehre vorgenommene Unterscheidung bleibt gekünstelt, wie Babusiaux richtig anmerkt, weil die Kommentare der frühklassischen Juristen sowohl *commentarii* als auch *libri ad edictum* waren. So bezeichnet Gellius den Kommentar von Labeo zum Zwölftafelgesetz sowohl als *commentarii ad duodecim tabulas* (Gell. Noct. Att. 1.12.18) als auch als *libri ad duodecim tabulas*. (Gell. Noct. Att. 4.15.1; Gell. Noct. Att. 20.1.13). Vgl. *Babusiaux*, Der Kommentar als Haupttext, in: Kästle/Jansen (Hgg.), Kommentare in Recht und Religion (2014) 28 f.

1092 Zum Begriff *commentarii* s. *Bonin*, Intra 'Legem Iuliam et Papiam' (2020) 149, der betont, dass dieses Wort in den Quellen in folgenden Bedeutungen vorkommt: Anmerkungen, Notizen, Register, Tagebücher, Aufzeichnungen verschiedenster Informationen. Dagegen wird das Wort *commentarius* im Sinne von Sammlungen von Dokumenten der Priester, der Kaiser, der Magistrate oder der Provinzmagistrate verwendet. Nicht nur die *libri actionum* waren Vorläufer des Ediktskommentars, sondern auch die *libri* und Kommentare der *pontifices* s. *Sini*, Documenti sacerdotali di Roma antica. I (1983) 163–168, 215–217. *Rohde*, Die Kultsatzungen der römischen Pontifices (1936) 14 f. Behrends fasst die Entwicklung des Ediktskommentars folgendermaßen auf: zuerst Kommentar zum Zwölftafelgesetz,

vereinigt. Erst durch Julian wurden sie auf das ganze Edikt verteilt.[1093] Diese vorjulianische Redaktion ähnelt der Struktur von *Tripertita*, in der zuerst der Text des Gesetzes angeführt, daran eine Interpretation angeschlossen und erst am Ende Geschäfts- und Gerichtsformeln (*actiones*) niedergeschrieben wurden. Vermutlich wurde diese frühe Struktur des Ediktes, bei der die Prozessformeln (*actiones*) separat als ein abgeschlossener Teil angegeben wurden, durch die *Tripertita* und die *libri actionum* geprägt.

Das prozessuale Verständnis der *actio* und des *agere* im prätorischen Edikt lässt sich anhand einiger Ediktskommentare der römischen Juristen erforschen.

10.1. Die Begriffe *agere* und *actum* im Ediktskommentar von Labeo

Labeo systematisiert die Privatrechtsakte im ersten Buch seines Kommentars *ad edictum* (Ulp. 11 ed. D. 50.16.19):

> *Labeo libro primo praetoris urbani definit, quod quaedam "agantur", quaedam "gerantur", quaedam "contrahantur": et actum quidem generale verbum esse, sive verbis sive re quid agatur, ut in stipulatione vel numeratione: contractum autem ultro citroque obligationem, quod Graeci synallagma vocant, veluti emptionem venditionem, locationem conductionem, societatem: gestum rem significare sine verbis factam.*
>
> Labeo unterscheidet im ersten Buch über den Praetor urbanus: Einiges werde verhandelt (*agantur*), anderes geführt (*gerantur*), noch anderes kontrahiert (*contrahantur*); und zwar sei Handlung (*actum*) ein allgemeiner Ausdruck, möge Etwas durch Worte oder durch eine Sache verhandelt werden, wie bei der Stipulation, oder der Auszahlung [von Geld]; Kontract aber sei eine gegenseitige Verbindlichkeit, was die Griechen synallagma nennen, z.B. Kauf und Verkauf, Vermietung und Miete, Gesellschaft; Führung bezeichne eine ohne Worte verrichtete Sache.[1094]

Diese Stelle ist ein Auszug aus dem 11. Buch des Ulpian-Kommentars über das prätorische Edikt, in dem Ulpian die Definition aus dem ersten Buch des Labeo-Kommentars über das Edikt des *praetor urbanus* (*libro primo praetoris urbani*) anführt.[1095]

---

dann Kommentar zum prätorischen Edikt in der Fassung des Servius Sulpicius, dann die Kommentare klassischer Juristen. S. *Behrends*, Der Kommentar in der römischen Rechtsliteratur, in: Institut und Prinzip I (2004) (= zuerst in: Assmann/ Gladigow (Hgg.) Text und Kommentar [1995] 421–462) 226.

1093 Grundlegend *Weiß*, Vorjulianische Ediktsredaktionen, in: SZ 50 (1930) 258 f.; *Kaser*, Zum Ediktsstil, in: Festschrift für Fritz Schulz II (1951) 65; *Wieacker*, RPR I, 467 mwN.

1094 *Otto/Schilling/Sintenis*, Corpus iuris civilis 4 (1832) 1217.

1095 S. dazu *Albanese*, Agere, gerere, contrahere in D. 50,16,19, in: SDHI 38 (1972) 192 Fn. 2.

Labeos Kommentar gehört zu den ältesten uns überlieferten Ediktskommentaren.[1096] Er verfolgte mit seinem Kommentar das Ziel, jedes in der Rechtspraxis vorkommende Fachwort – wie zum Beispiel *actum*, *contractum* und *gestum* – zu definieren (*Labeo definit*)[1097] und ihnen auf diese Weise eine technische Bedeutung zu verleihen.[1098] In der Literatur wird die Rubrik des prätorischen Edikts, dessen Kommentierung die Stelle gewidmet ist, diskutiert.[1099] Nach vorherrschender Meinung wird das 11. Buch des Kommentars von Ulpian[1100] und auch das von ihm angeführte Zitat Labeos aus dem ersten Buch seines Kommentars der Rubrik „*Quod metus causa gestum erit*" gewidmet.[1101] Für die Annahme, dass sich das erste Buch Labeos und das 11. Buch Ulpians mit dem gleichen Themenkreis befassen, gibt es meiner Ansicht nach keine Anhaltspunkte. Labeo verfasst sein Edikt nach der zutreffenden Anmerkung von Stolfi in der Zeit, in der juristische Begriffe noch keine enge technische Bedeutung hatten. Seine Aufgabe sieht er möglicherweise darin, diese

---

1096 *Schulz*, Geschichte der römischen Rechtswissenschaft (1961) 233 f. Vgl. *Buchwitz*, Schiedsverfahrensrecht in Antike und Mittelalter (2020) 21.

1097 Die definitorische Tätigkeit Labeos wird durch andere Quellen bestätigt. Labeo verfasst bspw. eine Definition der Begriffe *locus publicus* (Ulp. 68 ed. D. 43.8.2.3), *dolus* (Ulp. 11 ed. D. 4.3.1.6) und *scaena* (Ulp. 6 ed. D. 3.2.2.5) Für das Definieren bzw. zum Zwecke der Systematisierung der Rechtsakte verwendet er die aus der griechischen Philosophie kommende diairetische Methode der Gliederung des Stoffes in *species* und *partes*. *Stolfi*, Studi sui „Libri ad Edictum" di Pomponio. II (2002) 47.

1098 Das Interesse Labeos an der Wortgeschichte und der inneren Logik der Sprache betont auch Gellius (Gell. Noct. Att. 13.10.1). S. dazu *Nörr*, Zum Traditionalismus der römischen Juristen, in: FS Flume I (1972) 165.

1099 Die Lösungsversuche der Frage, welchem Thema das erste Buch des Ediktskommentars Labeos gewidmet sei, stützen sich auf zwei Annahmen. Nach der ersten Annahme stimmen das erste Buch des Labeo-Kommentars und das 11. Buch des Ulpian-Kommentars überein. Nach der zweiten Annahme werden die Ediktskommentare des Labeo und des Ulpian verschiedenen Rubriken gewidmet. Die erste Annahme bildet die vorherrschende Meinung. Zutreffend aber hinsichtlich der Nichtrekonstruierbarkeit des Inhalts des 1. Buches von Labeo s. *Partsch*, Das Dogma des Synallagma im römischen und byzantischen Rechte, in: Aus nachgelassenen und kleinen verstreuten Schriften (1931) 9. Die Übersicht der Rekonstruktionen s. in: *Albanese*, Agere, gerere, contrahere in D. 50,16,19. Congetture su una definizione di Labeone, in: SDHI 38 (1972) 191–215.

1100 S. dazu *Lenel*, Palingenesia II (1889) 462.

1101 Die Meinungsübersicht vgl. in: *Albanese*, Agere, gerere, contrahere in D. 50,16,19, in: SDHI 38 (1972) 202 f.

Begriffe zu beschreiben. Nicht auszuschließen ist, dass der Anlass für diese Erklärung dieser im Edikt geläufigen Begriffe die Rubrik „*De edendo*" war.[1102] Diese Annahme beruht auf der Tatsache, dass Labeo diese Begriffe im ersten Buch seines Ediktskommentars definiert.

Das Labeo-Fragment lässt sich in zwei Teile gliedern. Im ersten Teil nennt Labeo die Privatrechtsakte *gerere, agere, contrahere,* die im Edikt des Prätors verwendet werden. Im zweiten Teil des Fragments, der mit den Worten *et actum quidem generale verbum esse* beginnt, geht er auf die Analyse der von den Verben *agere, gerere, contrahere* gebildeten Partizipien *actum, gestum, contractum* ein. In der Forschung wird diese Stelle Labeos traditionell als erste Definition des Kontrakts (*contractum*) bewertet.[1103] Der Begriff *actum* wird dabei in der Lehre als ein von Labeo gewählter Hilfsbegriff für die Definition des *contractum* verstanden.[1104] Das *contractum* wird dem *actum* gegenübergestellt, was möglicherweise auch als morphologisch betont verstanden werden kann (*contractum* als *contra-actum*). Das Kriterium der Unterscheidung bzw. der Gegenüberstellung der Fachwörter *contractum* und *actum* ist die Gegenseitigkeit der aus dem *contractum* entstehenden Verpflichtungen (*ultro citroque obligatio*). Während der Begriff *contractum/contractus* strukturell als *ultro citroque obligatio* definiert wird, wird das *actum* instrumental verstanden:... *actum quidem generale verbum esse, sive verbis sive re quid agatur, ut in stipulatione vel numeratione* / ... und zwar sei Handlung (*actum*) ein allgemeiner Ausdruck, möge Etwas durch Worte oder durch eine Sache verhandelt werden, wie bei der Stipulation, oder der Auszahlung [von Geld]. Bei der Definition des *agere* und des *actum* legt Labeo den Fokus darauf, wie ein *actum* vorgenommen wird. Labeo unterscheidet zwischen *agere verbis* und *agere re.* Als Beispiel für ein *agere verbis* nennt er die *stipulatio* und unter *agere re* versteht er die *numeratio,* d. h. die Auszahlung des Darlehens (*mutui datio*) sowie die Rückzahlung (*numeratio*

1102 S. dazu *Barreiro,* La previa informacion del adversario en el proceso privado romano (1968) 157.

1103 *Novitskaya,* Der synallagmatische Vertrag im Römischen Recht nach den Lehren Labeos und Aristos, in: Klausberger/Lehne/Scheibelreiter (Hgg.) Disputationes Tirolenses (2014) 106 f. mwN.

1104 Vgl. *Wunner,* Contractus: Sein Wortgebrauch und Willensgehalt im klassischen römischen Recht (1964) 41 Fn. 4. Der Autor nimmt an, dass *contractus* von *actus* gebildet wurde (*contra-actus*). Vgl. zu der Stelle *Schermaier,* From nonperformance to mistake in contracts, in: Sirks (Hg.), Nova Ratione. Change of paradigms in Roman Law (2014) 112 mit Fn. 23. Vgl. auch *Sirks,* Change of paradigm in contractus, in: Sirks (Hg.), Nova Ratione. Change of paradigms in Roman Law (2014) 158 f.

im Sinne einer *solutio*[1105]). Die Stipulation und das Darlehen begründen nach Labeo ein einseitig verpflichtendes Schuldverhältnis, das mit dem Begriff *actum* bezeichnet wird, während *contractus/ contractum* ein gegenseitiges Rechtsverhältnis bedeutet. Überdies bedeutet *actum* auch eine einseitige Handlung, mit dem das bestehende Rechtsverhältnis erlischt (*numeratio* als *solutio*).

10.1.1. Die Herleitung des *actum* vom *agere* als Hinweis auf die Entwicklung der römischen Rechtsterminologie

Die Struktur der Labeo-Stelle (auch in Bezug auf andere Begriffspaare *contrahere-contractum* und *gerere-gestum*) ist von Bedeutung für das Verständnis der Entwicklung der römischen Rechtsterminologie. Die Rechtsfigur *agere* ist älter und hat eine allgemeinere Bedeutung, wobei das substantivierte Partizipium *actum*, das aus diesem Verb hergeleitet wurde, später seinen Zugang in die Rechtssprache findet. Der Ausdruck *verbum generale esse*, mit dem Labeo den Begriff *actum* beschreibt,[1106] wird auch in anderen Quellen im Zusammenhang mit dem Wort *actio* verwendet.[1107] Nicht auszuschließen ist, dass das Wort *actum* statt *actio* von Labeo deswegen gewählt wurde, weil es sowohl die *actio* im prozessualen Sinn als auch Rechtsakt rechtsgeschäftlicher Natur beinhaltet.

Der Anwendungsbereich des Verbs *agere* wird in der Stelle D. 50.16.19 nicht näher erklärt. Dieser Terminus wird in anderen Fragmenten Labeos als Hinweis sowohl auf die prozessuale Handlung[1108] als auch auf eine Handlung rechtsgeschäftlicher Natur verwendet.[1109]

1105 s.v. *numerare*, in HS 376.

1106 Ulp. 11 ed. D. 50.16.19: ... *et actum qiudem generale verbum esse* ...

1107 Vgl. Ulp. 49 Sab. D. 50.16.178.2: *Actionis verbum et speciale est et generale.*

1108 In Lab 4. Post. Iav. epit. D. 19.1.51.1 verweist der Ausdruck *agere in vendendo* auf das Verfahren, das der Verkäufer gegen den Käufer anstrengt. Vgl. auch Ulp. 11 ed. D. 18.1.50: *Labeo scribit ... non esse dubitandum, quin praescriptis verbis agi possit.* Vgl. auch Paul. 27 ed. D. 47.10.37: *sepulchri violati agi non posse, iniuriarum posse, lbaeo scribit*; Ulp 25 ed. D. 47.12.3.9: *Labeo omnibus dandam dicit recte, quia in id, quod uniuscuius que interest, agitur.* S. auch Ulp. 25 ed. D. 11.7.14.15: *Si quis mandatu heredis funeravit, non posse cum funeraria agere Labeo scribit;* Ulp. 30 ed. D. 16.3.1.38: ... *ait Labeo depositi actione recte de tabulis agi posset.* Vgl. auch Paul. 54 ed. D. 47.8.3; Ulp. 30 ed. D. 16.3.1.41; Ulp. 71 ed. D. 43.24.15.2; Ulp. 76 ed. D. 44.4.4.5; Lab. 2 pith. D. 47.2.92; Pomp. 16 epist. D. 50.16.246 pr.: *Apud Labeonem pithanon ita scriptum est: exhibet, qui praestat eius de quo agitur praesentiam.*

1109 In der Stelle Paul. 2. Nerat. D. 3.5.18.2 bespricht Labeo den Unterschied zwischen dem *mandatum* und der *negotiorum gestio*: *Si libero homini, qui bona fide mihi*

Unter den Begriff *actum* fallen in den Quellen klassischer Juristen sowohl Akte rechtsgeschäftlicher Natur als auch prozessuale Handlungen.[1110] Auch in der Ausgangsstelle setzt sich Labeo einerseits mit *actum* im Rahmen eines Ediktskommentars auseinander. Somit will er prozessual-technische Bedeutungen von *actum/actus* hervorheben. Andererseits führt er als Beispiele von *actum/actus* Akte rechtsgeschäftlicher Natur an, und nämlich die Stipulation sowie ein Erfüllungsgeschäft (*numeratio* als *mutui datio* und als *solutio*). Das Wort *actum* verwendet Labeo überdies in anderen Quellen oft als Hinweis auf die Willensvereinbarung, auf *id quod actum est.*[1111] Labeo vereinigt auf solche

---

serviebat, mandem, ut aliquid agat … erit igitur negotiorum gestorum actio, quia et gerendi negotii mei habuerit affectionem et is fuit, quem obligare possem. Hier bedeutet das Verb *agere* Tätigkeit aufgrund eines Mandats. Vgl. auch Ulp. 10 ed. D. 3.5.9.1: *… aget negotiorum gestorum: idque et Labeo probat.* Nicht nur im Sinne einer rechtsgeschäftlichen Handlung wird das *agere* verwendet, sondern auch im untechnischen Sinne vom Handeln, wie in Ulp. 11 ed. D. 4.3.1.2: *Labeo autem posse et sine simulatione id agi, ut quis circumveniatur: posse et sine dolo malo aliud agi …* / Aber Labeo sagt: "Es könne auch ohne Täuschung bewirkt werden, daß jemand übervorteilt wird". Die Übersetzung folgt *Behrends/Knütel/upisch/Seiler*, Corpus Iuris Civilis. Text und Übersetzung 2 (1995) 359.

1110 Der Ausdruck *actum est* wird nicht nur für das abgeschlossene Rechtsgeschäft, sondern im prozessual-technischen Sinn verwendet. Vgl. bspw. Iul. 51 dig. D. 44.2.25: *… Idem est, si non in rem, sed in personam actum fuerit*, oder Ulp. 75 ed. D. 44.2.11.6: *Si quis iter petierit, deinde actum petat.*

1111 In Iav. ex post. Lab. D. 18.1.77 wird die Stellungnahme Labeos im Zusammenhang mit dem Kaufvertrag hinsichtlich eines Landgutes angeführt, auf dem einige Jahre nach Kaufabschluss Steinbrüche gefunden wurden. Bei der Beantwortung der Frage, ob diese Steinbrüche dem Verkäufer oder dem Käufer gehörten, betont Labeo, dass es darauf ankomm, was die Parteien konkret vereinbart hatten: *Labeo referre quid actum sit.* Das Wort *actum* bezieht sich laut Labeo auf mündlich vereinbarte Willenserklärungen der Parteien beim Abschluss eines Rechtsgeschäfts, auch im Fragment Lab. 4. post. a Iav. D. 18.1.78 pr. In den Bedingungen (*lex dicta*) eines Kaufvertrages (möglicherweise eines Grundstückes) wurde vereinbart, dass dem Käufer auch Wasserrohre als Zubehör zur Verfügung gestellt werden. Bei der Beantwortung der Frage, ob auch der Wasserverteiler dem Käufer als Zubehör gestellt werde, lässt sich laut Labeo der Wille der Parteien feststellen, auch wenn dieser Wille nicht ausdrücklich im Vertrag niedergeschrieben wurde: *Respondi apparere id actum esse, ut id quoque accederet, licet scriptura non continetur.* Weitere Hinweise auf *actum* im Sinne der rechtsgeschäftlichen Handlung findet man in Lab. 5 post. Iav. epit. D. 18.1.80.2, in Lab. 5 pith. D. 26.8.22. In der Stelle

Weise rechtsgeschäftliche und prozessuale Aspekte bei der Beschreibung des *actum*.[1112]

Der Anwendungsbereich des *agere* umfasst weiters die Bedeutungen des aus dem *agere* abgeleiteten Wortes *actum*.

Das *agere* bedeutet für Labeo in der Ausgangsstelle eine prozessuale (Ver-)handlung *in iure* über den anstehenden Prozess (bei der Annahme, dass das 1. Buch seines Ediktskommentars der *Rubrik De edendo* gewidmet ist), aber auch eine Handlung rechtsgeschäftlicher Natur, mit der infolge der Aussprache bestimmter feierlicher Spruchformeln durch jede Partei ein Rechtsverhältnis begründet wird (*stipulatio* als Beispiel des *agere verbis*), aber auch das existierende Rechtsverhältnis oder sogar eine mögliche Kontroverse durch eine Partei aufgehoben wird (*numeratio* als Beispiel des *agere re*). Überdies impliziert die Gegenüberstellung von *actum* und *contractum* in der Definition Labeos u.a eine Gegenüberstellung zwischen den „alten" *actiones* und den neuen *iudicia bonae fidei*.[1113]

10.2. Der Begriff *actio* im Ediktskommentar von Paulus

Paulus beschäftigt sich mit den Begriffen *agere* und *actio* in seinem Ediktskommentar.[1114] Seine Methode bei der Erfassung dieser Rechtsfiguren kann man mE als deskriptiv und kontextbedingt bezeichnen, da er die *actio* zu beschreiben

---

Pomp. 9 Sab. D. 19.1.6.4 entscheidet sich Labeo für die Anwendung der *restititio in integrum*, es sei denn, etwas anderes wurde vereinbart (*nisi in contrarium id actum sit*). Auch in Lab. 4 post. Iav epit. D. 19.2.58.1 wird der Ausdruck *id actum apparet esse* als Hinweis auf die in der freien Form vereinbarten Bedingungen eines konkreten Mietvertrages verwendet.

1112 Sirks hat sogar angenommen, dass Labeo in der originalen Version der Stelle, die uns nur über Ulpian überliefert wurde, statt *actus/actum* das Wort *actio* verwendet hat. S. *Sirks*, Change of paradigm in contractus, in: Sirks (Hg.), Nova Ratione. Change of paradigms in Roman Law (2014) 160.

1113 Aus der *mutui datio*, die unter *actum* subsumiert wird, d. h. aus einem Darlehen, entsteht eine *condictio*. Die unter *contractum* zusammengefassten synallagmatischen Verträge werden mit *iudicia bonae fidei* durchsetzbar. Vgl. dazu *Sargenti*, Svolgimento dell'idea di contratto nel pensiero giuridico romano, in: Iura 39 (1988) 24–74. Zu den *iudicia bonae fidei* s. *Meissel/Novitskaya*, § 78 *Bonae fidei iudicia*: Grundlagen, in: HRP II (2023) 2017–2038.

1114 Zu Paulus und zu seinen *libri ad edictum* vgl. *Luchetti/de Petris/Mattioli/Pontoriero*, IVLIVS PAVLVS Ad edictum libri I–III (2018) 3 f. Über die Strukturähnlichkeiten des Kommentars von Paulus und von Ulpian s. *Seidl*, Die Methode der Kommentatoren in der römischen Rechtsgeschichte, in: Studi Betti IV (1962)

versucht, indem er sie von ähnlichen Rechtsfiguren abgrenzt. Die gleiche Technik verwenden die mittelalterlichen Juristen, die die *actio* auch durch Abgrenzung von anderen Rechtstermini erfassen.[1115] Paulus erklärt die *actio* durch ihre Unterscheidung von der *exceptio* wie folgt (Paul. 3 ed. D. 50.16.8.1):

> *Actionis verbo non continetur exceptio* / Das Wort *actio* umfasst nicht *exceptio*.

Nach Lenel und der aktuellen Forschung stammt der angeführte Text aus dem Paulus-Kommentar zum Edikt *De edendo*.[1116] In den Digesten wird das Fragment im 16. Titel *De verborum significatione* des 50. Buches angeführt. Die Aussage des Paulus scheint gekürzt und geändert worden zu sein, damit sie dem Zweck des 16. Titels des 50. Buches entspricht und eine Definition der geläufigen systembildenden juristischen Begriffe enthält.[1117] Die Verortung der angeführten Stelle im 16. Titel des 50. Buches spricht auch für ihre allgemeine Bedeutung und abstrakte Aussagekraft. Der ursprüngliche Kontext und die Bedeutung der *actio* in der angeführten Stelle lassen sich dagegen aufgrund der Rubrik „*De edendo*“, dem die Digesten-Stelle im Paulus-Kommentar ursprünglich gewidmet war, erschließen.[1118] Die von Paulus angeführte Regel betrifft die Bekanntgabe der angewandten Klage durch den Kläger dem Beklagten gegenüber, d.h. die *editio actionis*. Die *editio actionis* findet *in*

---

127. In den Quellen finden sich auch Hinweise auf ein praktisches prozessuales Sammelwerk von Paulus, das nach einer Ansicht den Titel *liber singularis de actionibus* trägt. So bezeichnet das Werk *Bethmann-Hollweg*, II (1865) 207, Fn. 1. Das Werk wurde im Index Florentinus erwähnt: XXV 64 Παύλου *de actionibus*. Nach anderer Auffassung trägt das Werk den Titel *liber singularis de conceptione formularum*. So *Liebs*, Iulius Paulus, in: HLL IV (1997) 167–168. Überdies hat Paulus das Werk namens *De appellationibus liber singularis* zu prozessualen Problemen verfasst. Vgl. *Liebs*, Iulius Paulus, in: HLL IV (1997) 167–168.

1115 S. dazu Kapitel I, Abschnitt 3.1. Vorstellung von der *actio* im Mittelalter. S 27.

1116 *Lenel*, Edictum perpetuum III.9; *Lenel*, Palingenesia I, 969, Fr. 113; *Luchetti/de Petris/Mattioli/Pontoriero*, IVLIVS PAVLVS (2018) 155. Diese Annahme geht nach *Weber*, Beiträge zu der Lehre von gerichtlichen Klagen I (1803) 4, Fn. 7 schon auf Cujacius zurück.

1117 *Luchetti/de Petris/Mattioli/Pontoriero*, IVLIVS PAVLVS (2018) 155. Seidl plädiert für die Unmöglichkeit, den Inhalt der angeführten Stelle zu rekonstruieren, da diese aus dem ursprünglichen Kontext gerissen und im 16. Titel des 50. Buchs der Digesten übertragen wurde, wodurch sie für ihn „wie Unsinn aussieht“. S. *Seidl*, Die Methode der Kommentatoren in der römischen Rechtsgeschichte, in: Studi Betti IV (1962) 126.

1118 Grundlegend *Bürge*, Zum Edikt De edendo, in: SZ 112 (1995) 1–50. S. auch *Babusiaux*, § 6 Römische Rechtsschichten, in: HRP I (2023) 152, Rn. 131 mwN.

iure statt und kann nach Ulpian/Labeo (Ulp. 4 ed. D. 2.13.1.1) verschiedene Formen einnehmen.

Paulus versteht somit unter der *actio* einen Anspruch des Klägers *in iure*, der durch den Hinweis des Beklagten auf die im prätorischen Edikt veröffentlichte prozessuale Formel erfolgt.[1119] Da die *actio* ein Begehren des Klägers unter der Berücksichtigung der *formula* im prätorischen Album ist, wird sie notwendigerweise aus der Perspektive des Klägers erfasst. In diesem Sinn kann sie keine *exceptio*, d.h. die Einrede des Beklagten enthalten.[1120] Die *exceptio* kann vom Beklagten in der Folge der Verhandlung vor dem Prätor beantragt werden.[1121] Die *formula*, die nach der Verhandlung der Parteien *in iure* vereinbart wird, und die den Richter in der Phase *apud iudicem* bindet, schließt somit auch eine *exceptio* ein. Aus terminologischer Sicht wird für die Gewährung der *formula* durch den Prätor, die auch eine *exceptio* enthält, oft der Ausdruck *iudicium dare* verwendet.[1122] In diesem Sinn wird das *iudicium dare* auch im Paulus Ediktskommentar[1123] verwendet, was wiederum bestätigt, dass er die *actio* im zitierten Fragment als Rechtsbehelf des Klägers erfasst und sich auf die Verfahrensphase *in iure* beschränkt.

Die vermeintlich offensichtliche Erklärung von Paulus lässt sich durch Mehrdeutigkeit des Wortes *actio* erklären: Paulus will die *actio* im Verfahren *in iure* von anderen Bedeutungen dieses polysemischen Fachwortes abgrenzen.

1119 Nach *Babusiaux*, Id quod actum est (2006) 122 handelt es sich bei der *editio actionis* um „die formulare Mitteilung der angestrebten Klage".

1120 Vgl. auch Ulp. 74 ed. D. 44.1.2, in dem auch die *exceptio* und die *actio* voneinander abgegrenzt werden, wobei die *actio* im Sinne eines individuellen Anspruchs, der seinen prozessualen Ausdruck in der *intentio* und der *condemnatio* findet, verwendet wird, während die *exceptio* als *exclusio* verstanden wird: *Exceptio dicta est quasi quaedam exclusio, quae opponi actioni cuiusque rei solet ad excludendum id, quod in intentionem condemnationemve deductum est.*

1121 *Pugliese*, PF II, 10; *Luchetti/de Petris/Mattioli/Pontoriero*, IVLIVS PAVLVS (2018) 156 mwN. Nach Babusiaux wird im Text betont, dass „vom Beklagten eine Festlegung auf ein bestimmtes formulares Mittel für die *exceptio* gerade nicht verlangt wird". Vgl. *Babusiaux*, Id quod actum est (2006) 122.

1122 *Butti*, Il praetor e le formalità (1984) 100 mwN. Zum Ausdruck *iudicium dabo* im Sinne der Klageverheißung des prätoischen Ediktes s. *Platschek*, § 12 Formularprozess: Verhandlung *in iure*, in: HRP I, Rn. 5, S. 375 mit Fn. 10.

1123 Paul. 4 ed. D.2.4.11: *Quamvis non adiciat praetor causa cognita se poenale iudicium daturum, tamen Labeo ait moderandam iurisdictionem: veluti si paeniteat*

Die Kontextgebundenheit der *actio* spiegelt sich auch in der folgenden Stelle aus seinem Ediktskommentar, die die oben besprochene Systematisierung *actio, petitio, persecutio* reflektiert (Paul. 24 ed. D. 50.16.34):

Actionis verbo etiam persecutio continetur / Vom Wort *actio* ist auch die *persecutio* umfasst.

Über die Rubrik des Ediktes, dem das 24. Buch des Paulus-Kommentars *ad edictum* gewidmet war, herrscht keine Klarheit.[1124] Auch der Wortgebrauch im Paulus-Corpus hilft nicht, den Sinn der Stelle zu erschließen. Die *persecutio* kommt in den überlieferten Paulus-Fragmenten kaum vor. Gleichzeitig sind

libertum et actionem remittat … / Obgleich der Prätor nicht hinzufügt, er werde die Strafklage nach Voruntersuchung erteilen, so muß doch, sagt Labeo, die Anwendung des Edikts maßvoll gehandhabt werden, wie zum Beispiel, wenn es den Freigelassenen reut und er die Klage zurücknimmt… Die Übersetzung nach *Behrends/Knütel/ Kupisch*, CIC 2 (1995). Paulus beschäftigt sich mit dem Wortlaut des Edikts und betont, dass der prätorische Befehl *iudicium dabo* keine Voraussetzung enthalten darf, dass die Voruntersuchung *in iure* (*cognitio causae*) stattgefunden hat. Anschließend wird die Ansicht Labeos angeführt, dass dem Freigelassenen erlaubt werden muss, die *actio* zurückzunehmen (*actionem remittat*). Hier bedeutet die *actio* ein Anspruch, der möglicherweise *in iure* in formularer Form dem Beklagten mitgeteilt wurde, und das *iudicium* bezieht sich auf das Streitprogramm für den *iudex*, das durch den Prätor verfasst wird. Zu dem *iudicium dabo* als Ediktworte grundlegend *Lenel*, EP[3], pas: Die Stelle von Paulus wird von ihm aber nicht erwähnt. Nach *Lenel*, Palingenesia I 974, Fr. 134 stammt die Stelle aus der Rubrik *De in ius vocando* oder aus Rubrik *In ius vocali, ut eant ant vindicem dent.* In anderen Fragmenten aus Paulus Ediktskommentar verwendet er das *iudicium dare*, wenn er einen Rechtsstreit unter dem Gesichtspunkt der jurisdkiktionellen Tätigkeit des Prätors betrachtet, d. h. wenn er beurteilt, welche Formel der Prätor verwenden soll. Vgl. Paul. 6 ed. D. 2.10.2: *Sabinus noxale iudicium dandum ait …* Paul. 10 ed. D. 3.6.7.1: *Item si filius familias pecuniam acceperit, ut faceret negotium vel non faceret, in ipsum iudicium dabitur …* Paul 23 ed. D. 10.1.4.7: *Idem Pomponius ne utile quidem iudicium dandum dicit …* Paul. 49 ed. D. 39.3.14: *… de dolo iudicium dandum*; Paul. 67 ed. D. 43.1.4: *… post annum iudicium dandum Sabinus respondit.*

1124 Nach *Lenel*, Palingenesia I 1018 handelt es sich in der 24. Rubrik des Ediktskommentars um die *lex Cornelia*. Vgl. Lenel, EP[3], 218. In Bezug auf die Stelle merkt er (Fn. 3) folgendes an: *incertum, quo pertineat.*

solche Ausdrücke wie *persequenda res*[1125] und *persequi* geläufig.[1126] Allerdings verweisen sie nicht auf eine spezifische Art des Gerichtsverfahrens, sondern stehen für die Rechtsverfolgung im allgemeinen Sinn. Im 16. Titel *De verborum significatione* des 50. Buches, in dem sich die oben angeführte Stelle befindet, wird aber eine Definition des *persecutionis verbum* als Hinweis auf die *cognitio extra ordinem* überliefert (Ulp. 49 Sab. D. 50.16.178). Nach der zutreffenden Ansicht von Casavola verweist somit die *persecutio* auch in dem Paulus-Fragment auf das Verfahren *extra ordinem*.[1127] Die *actio* ist für Paulus somit ein Rechtsbehelf des Klägers im Kognitionsverfahren, das allmählich das Formularverfahren verdrängt.[1128] Eine andere Perspektive wählt Paulus dagegen bei der Differenzierung zwischen *actiones in rem* und den *actiones in personam* (Paul. 70 ed. D. 44.2.14.2):

> *Actiones in personam ab actionibus in rem hoc differunt, quod, cum eadem res ab eodem mihi debeatur, singulas obligationes singulae causae sequuntur nec ulla earum alterius petitione vitiatur: at cum in rem ago non expressa causa, ex qua rem meam esse dico, omnes causae una petitione adprehenduntur. Neque enim amplius quam semel res mea esse potest, saepius autem deberi potest.*
> Die *actiones in personam* unterscheiden sich von *actiones in rem* darin, dass, wenn mir einer dieselbe Sache aus verschiedenen Gründen schuldig ist, jeder besondere Grund (*causa*) an jede besondere Verbindlichkeit (*obligatio*) geknüpft bleibt, und keiner derselben durch die Forderung aus einer der letzteren gefährdet wird; wenn ich aber eine *actio in rem* erhebe, ohne den Grund ausdrücklich hervorzuheben, aus dem ich behaupte, dass die Sache meine sei, so sind alle Gründe in der einzigen *petitio* begriffen; denn eine Sache kann nicht öfter als einmal meine sein, wohl aber mir mehrmals geschuldet werden.[1129]

Das Fragment stammt aus dem 2. Titel *De exceptione rei iudicatae* des 44. Buches und ist ein Teil der Paulus Auseinandersetzung mit dem Thema der

1125 Paul. 12 ed. D. 4.6.18: *in quibus rei dumtaxat persequendae gratia querentur*; Paul 21 ed. D. 6.1.21: *etsi non cogitur cavere de persequenda re.*

1126 Paul 32 ed. D. 17.1.22.2: *nam quamvis debitum meum persequar*; Paul. 33 ed. D. 18.1.34.1: *omnium rerum, quas quis...persequi potest.* In dem 16 Titel des 50 Buches findet man zwei Stellen mit persequi: Paul. 7 ed. D. 50.16.14.1 und Paul. 59 ed. D. 50.16.57. In beiden Stellen scheint *persequi* im allgemeinen Sinn der Rechtsverfolgung verwendet zu sein.

1127 *Casavola*, Actio, petitio, persecutio (1965) 23.

1128 Zum Kognitionsverfahren s. *Willems*, § 15 Kognitionsprozess, in: HRP I 492–510.

1129 Die Übersetzung stützt sich auf *Otto/Schilling/Sintenis*, Corpus iuris civilis 4 (1832) 540.

prozessualen Konsumption (D. 44.2.14. pr.-3). In D. 44.2.14 pr. befasst sich Paulus mit der Frage, wann *eadem res*, d.h. gleiche Streitsache, vorliegt, die eine wiederholte Erhebung der gleichen Klage ausschließt. In D. 44.2.14.1 setzt er sich mit dem Prinzip *ususfructus personae adcrescit* und seiner Auswirkung auf die Klagekonsumption auseinander.[1130] Anschließend beschäftigt er sich mit der Differenzierung zwischen *actiones in personam* und *actiones in rem* im Hinblick auf die Regeln über die prozessuale Konsumption.[1131] Zu Beginn wird der Sachverhalt behandelt, bei dem dieselbe Sache dem gleichen Gläubiger aufgrund gesonderter Obligationen geschuldet wird. Paulus betont, dass jeder *obligatio* eine eigene *causa agendi* entspricht. Die Erhebung einer Klage hindert dabei die Forderung aus einer anderen Obligation hinsichtlich derselben Sache nicht (*nec ulla earum alterius petitione vitiatur*).[1132] Eine andere prozessuale Wirkung hat die *actio in rem*, unter der Paulus eine *rei vindicatio* versteht (vgl. *ex qua rem meam esse dico*, dazu gleich). Paulus befasst sich möglicherweise mit dem Fall, bei dem der *vindicans* mehrere *causae*, d.h. mehrere rechtsgeschäftliche Gründe[1133] aufweisen kann, die sein Eigentumsrecht an einer Sache begründen können. Die Wirkung des absoluten Eigentumsrechts *erga omnes* sowie die abstrakte Natur des Vindikationsakts sind der Grund, warum diese *causae* in der Formel nicht genannt werden (so lässt sich der Ausdruck *non expressa causa* meines Erachtens verstehen).[1134] Da der *actio in rem* kein Schuldverhältnis,

---

1130 *Wimmer*, § 60. Dinglich wirkendes Vermächtnis (*legatum per vindicationem*), in: HRP II (2023) 1662, Rn. 52 mwN. Das Fragment aus Paul. 70 ed. D. 44.2.14.2 behandelt einen ähnlichen Sachverhalt wie Pap. 17 quaest. D. 7.1.33.1. In D. 44.2.14.2 wird der Sachverhalt besprochen, bei dem zwei Usufruktuare das Nutzungsrecht jeweils für einen Teil eines Grundstücks inne hatten. In der Folge hat ein Usufruktuar gegen den anderen die Vindikationsklage auf Herausgabe eines (des anderen Usufruktuars) Teil des Grundstücks erhoben, die im Prozess jedoch abgewiesen wurde. Nach dem Tod des (zuvor obsiegenden) Usufruktuars erhob der andere abermals die Vindikationsklage. Nach dem Prinzip *ususfructus personae adcrescit* wächst der Teil des Verstorbenen Usufruktuars nach seinem Tod dem anderen Usufruktur zu und fällt nicht an den Eigentümer zurück. Wenn der Überlebende die Vindikationsklage auf Herausgabe des Nutzungsrechtes für den anderen Grundstücksteil wegen Anwachsung erhebt (obgleich er die Vindikationsklage schon vor dem Tod des anderen Usufruktuars erhoben hat), ist die Klage nicht wegen entschiedener Sache abzuweisen.

1131 Zur Textexegese s. *Babusiaux*, Id quod actum est (2006) 130.

1132 wN zu der Textkritik s. in *Babusiaux*, Id quod actum est (2006) 130, Fn. 628.

1133 HS, s.v. *causa*, 59.

1134 Vgl. bspw. die Formula von der *vindicatio rei* in: *Mantovani*, Le formulae del processo (1999) 33, N.2.

sondern ein absolutes Rechtsverhältnis zugrunde liegt, erfasst die Erhebung einer Vindikationsklage alle möglichen Klagegründe (*causae*).[1135] Im letzten Satz formuliert Paulus infolge der prozessualen Abgrenzung zwischen der *actio in rem* und der *actio in personam* eine für das materielle Recht geltende Regel: *Neque enim amplius quam semel res mea esse potest* (eine Sache kann nicht öfter als einmal meine sein) kann dahin gedeutet werden, dass die *actio in rem* für ein individuelles Sachenrecht steht. Der Hinweis, dass eine Sache *saepius autem deberi potest* (mehrmals geschuldet werden kann) bedeutet, dass die *actio in personam* terminologisch einen schuldrechtlichen Anspruch umfasst.

Die Stelle von Paulus weist ein Zusammenspiel zwischen den Termini *actio, agere* und *petitio* auf. Im Gegensatz zu dem Fragment Paul. 3 ed. D. 50.16.8.1 wird hier der Anspruch *in iure* nicht als *actio*, sondern als *petitio* bezeichnet; die *actio* bezieht sich auf einen materiell-rechtlichen Anspruch bzw. ein (Sachen-) Recht in seiner prozessualen Ausprägung. Den Sprechakt *REM MEAM ESSE DICO* bezeichnet Paulus genauso wie Gaius (Gai. 4.16) als *agere* (vgl. *at cum in rem ago* in der Paulus-Stelle). Dieser Sprechakt ist eine Modifizierung des Vindikationsaktes aus der *legis actio sacramento in rem.* Anstatt *MEUM ESSE AIO* in Gai. 4.16 wird in der Paulus-Stelle *REM MEAM ESSE DICO* verwendet.[1136] Wie oben gezeigt, nennt der Sprechakt *MEUM ESSE AIO* in der *legis actio sacramento* keinen Grund für die Rechtsbehauptung. Auf die Existenz einer *causa agendi* wird zwar verwiesen, sie wird vom Sprechakt selbst nicht umfasst bzw. nicht genannt und hat somit keine ausdrückliche rechtserzeugende Bedeutung. Paulus verwendet somit den auf das Legisaktionenverfahren zurückgehenden Vindikationsakt, um die abstrakte Natur der *actio in rem* des Formularverfahrens zu begründen. Die Erwähnung des *agere* in Form *REM MEAM ESSE DICO* durch Paulus bestätigt auch, dass der alte Vindikationsakt seine Bedeutung im Verfahren *in iure* bei der Verhandlung der Parteien vor dem Prätor sehr wohl behält. Wenn der Beklagte unterliegt, bzw. auf seine Ansprüche verzichtet, dann gilt das *agere* des Klägers *in iure* rechtserzeugend genauso wie im Legisaktionenverfahren. Zwischen der Definition der *actio* von Celsus, auf die ich später eingehe, und der Definition der *actio in personam* von Paulus sind terminologische Ähnlichkeiten erkennbar: Paulus betont, dass

1135 *Baldus*, § 59 Herausgabeklage des Eigentümers (*rei vindicatio*), in: HRP II (2023) 1592–1593, Rn. 259–266. Vgl. *Bretone*, Il nozione di usufrutto I (1962) 163, Fn. 39: „…non sembra necessario il richiamo al fatto costitutivo del rapporto litigioso."

1136 Kapitel II, Abschnitt 5.1. Das *agere* als Akt des einseitigen Recht-Sprechens, S 145 f.

man mit der *actio in personam* die *res [quae] ... mihi debeatur* einklagen kann. Celsus bezeichnet die *actio* als *ius quod sibi debeatur iudicio persequendi*. In beiden Fällen wird mit der *actio* das Geschuldete (*mihi debeatur/ quod sibi debeatur*) verfolgt. Der Unterschied besteht darin, dass Paulus die *actio* vorwiegend[1137] als Rechtsbehelf, der seine Wirkung *in iure* entfaltet, auffasst, während Celsus in der *actio* einen Rechtsbehelf für die Rechtsverfolgung sowohl *in iure* als auch auch *apud iudicem* sieht (*actio* als *ius iudicio persequendi*[1138]).

10.3. *Agere* und *actio* im 4. Buch des Ediktskommentars von Ulpian

Der Ediktskommentar von Ulpian umfasst 83 Bücher[1139] und ist eine der zentralen Quellen über den klassischen römischen Prozess.[1140] Die Bedeutungen des *agere* und der *actio* erschließen sich v.a. aus dem 4. Buch seines Kommentars, das möglicherweise sich mit der Ediktsrubrik *De edendo* befasst.[1141] Das Wort *agere* definiert er wie folgt (Ulp. 4 ed. D. 44.1.1):

> *Agere etiam is videtur, qui exceptione utitur: nam reus in exceptione actor est.*
> Auch derjenige scheint zu *agere*, der sich einer *exceptio* bedient: Denn bei der *exceptio* ist der Beklagte (*reus*) ein Kläger (*actor*).

Ulpian versteht das *agere* als eine prozessuale Tätigkeit, als eine Verhandlung *in iure*.[1142] In diesem Sinn umfasst das *agere* nicht nur die Erhebung einer

---

1137 Im Sinne eines Rechtsaktes ist die *actio* auch für Paulus bekannt. S. Paul. 32 ed. D. 17.2.65 pr.: *Actione distrahitur, cum aut stipulatione aut iudicio mutata sit causa societatis* / Durch Rechtsakt wird [die Gesellschaft] aufgelöst, wenn entweder durch [novatorische] Stipulation oder durch Klageerhebung die Grundlage der Gesellschaft geändert worden ist. Die Übersetzung folgt *Behrends/Knütel/Kupisch/Seiler*, CIC 3 (1999) 427.

1138 S. unten Abschnitt 12.6.2. *Ius iudicio persequendi*, S. 332 f.

1139 Zu der Struktur des Ulpianseedikts vgl. *Seidl*, Die Methode der Kommentatoren in der römischen Rechtsgeschichte, in: Studi Betti IV (1962) 121–125; *Schulz*, Geschichte der römischen Rechtswissenschaft, 245; *Liebs*, Variae Lectiones (Zwei Juristenschriften), in: Studi Volterra V (1971) 51–88, 73 Fn. 92; *Babusiaux*, Der Kommentar als Haupttext, in: Kästle/Jansen (Hgg.), Kommentare in Recht und Religion (2014) 16–18.

1140 *Babusiaux*, Der Kommentar als Haupttext, in: *Kästle/Jansen* (Hg.), Kommentare in Recht und Religion (2014) 16.

1141 *Lenel*, Palingenesia II (1889) 435 Frg. 254.

1142 Zu der Textkritik vgl. *Pugliese*, L'onere della prova nel processo per „formulas", in: RIDA 3, ser. 3 (1956) 363–369 und *Schmidlin*, Römische Rechtsregeln (1970) 45. WN in *Bürge*, Zum Edikt *De edendo*, in: SZ 112 (1995) 31, Fn. 98.

actio, sondern auch die Beantragung einer *exceptio* durch den Beklagten. Der Beklagte ist in diesem Sinn *actor*, betont Ulpian. Nach Bürge wiederspricht das Fragment von Ulpian der oben erörterten Feststellung des Paulus (Paul. 3 ed. D. 50.16. 8.1), dass die *actio* die *exceptio* nicht inkludiert.[1143] Seiner Ansicht nach lässt sich das Fragment im Zusammenhang mit der Frage diskutieren, ob auch den Beklagten die Editionspflicht der *exceptio* trifft. Die Stelle Ulpians kann nach Bürge im Gegensatz zu der von Paulus ein Indiz dafür sein, dass auch der Beklagte dem Kläger gegenüber zur Bekanntgabe der Einrede verpflichtet war. Meiner Ansicht nach setzen sich Paulus und Ulpian mit verschiedenen Fragen auseinander. Paulus erfasst die *actio* als Rechtsbehelf aus der Perspektive des Klägers, der seinem Wesen nach keine Einrede des Beklagten enthalten kann. Er nutzt dafür die substantivierte Form, und zwar die *actio*. Ulpian verwendet dagegen die Verbalform *agere*: Das *agere* umfasst für ihn die Verhandlung beider Parteien *in iure*, bei der sie materiellrechtliche Ansprüche, Begehren und Einreden bekannt geben und auf diese Weise den Konflikt in einer frühen prozessualen Phase anhand der Verhandlung (*agere*) zu lösen versuchen.

Fraglich ist, warum der Beklagte, der in den Quellen schon eine eigene Bezeichnung als *reus* hat, von Ulpian als *actor* genannt wird. Indem der Beklagte die *exceptio* auf der Verfahrensphase *in iure* erhebt und dem Kläger bekannt macht, strebt er auch eine aktive prozessuale Wirkung an und bestreitet den Anspruch des Akteurs.[1144] Der Beklagte (ver-)handelt mit dem Ziel, den Kläger entweder dazu zu bringen, seinen Anspruch zurückzuziehen oder seine Einrede in die *formula* aufnehmen zu lassen.[1145] Der Beklagte übernimmt somit „funktional die Stellung eines Klägers“[1146], d.h. eines Akteurs (*actor*).

1143 *Bürge*, Zum Edikt *De edendo*, in: SZ 112 (1995) 32.

1144 Das Wort *agere* bezeichnet nach Lenel nicht nur das ge richtliche Handeln und Verhandeln überhaupt, sondern auch Anteil des Angreifers an der Verhandlung. Vgl. *Lenel*, Über Ursprung und Wirkung der Exceptionen (1876) 14–15.

1145 Nach *Babusiaux*, Id quod actum est (2006) 121 ist das Fragment im Zusammenhang mit anderen Texten aus dem 4. Buch des Ediktskommentars Ulpians über die Editionspflicht zu interpretieren (Ulp. 4. ed D. 2.13.1.1–4), wobei der Beklagte nicht gleich verpflichtet ist, ein „formulares Modell“ seiner Einrede anzubieten. Die Einrede kann zuerst formlos dem Kläger bekanntgegeben werden.

1146 So *Platschek*, § 13 Formularprozess: Verhandlung apud iudicem, in: HRP I (2023) 434, Rn. 35 mit Fn. 250. S. Ulp. 7 disp. D. 22.3.19 pr.

Das weite Verständnis der *actio* im Sinne eines prozessualen Rechtsbehelfs ergibt sich auch aus der folgenden Stelle des 4. Buchs (Ulp. 4 ed. D. 44.7.37 pr.):[1147]

> *Actionis verbo continetur in rem, in personam: directa, utilis: praeiudicium, sicut ait Pomponius: stipulationes etiam, quae praetoriae sunt, quia actionum instar obtinent, ut damni infecti, legatorum et si quae similes sunt. Interdicta quoque actionis verbo continentur.*
> Unter dem Wort *actio* versteht man, wie Pomponius sagt, dingliche, persönliche, direkte, analoge [Klagen] und ein *praeiudicium*: auch die prätorischen Stipulationen, weil sie den Stellenwert von actiones erhalten, z. B. die wegen drohenden Schadens, wegen eines Vermächtnisses und Ähnliches. Auch Interdikte werden von der Bezeichnung *actio* erfasst.

Die *actio* wird in der Stelle als Sammelbegriff für Rechtsbehelfe bzw. prozessuale Schemen (*conceptio verborum*) verstanden,[1148] die dem Kläger zur Verfügung stehen. In dem Text wird zwischen der *actio* im eigentlichen Sinn und den Rechtsbehelfen, die zu den *actiones* gezählt werden können, da sie den *actiones* ähnlich sind (vgl. *stipulationes etiam… quia actionum instar obtinent. Interdicta quoque actionis verbo continentur*), unterschieden.

Der von Ulpian zitierte Pomponius verwendet verschiedene Klassifizierungskriterien für die Systematisierung der *actiones* im eigentlichen Sinn. Die Gliederung der *actiones in personam* und *in rem* prägt die klassische Jurisprudenz, findet sich auch in der oben angeführten Stelle von Paulus (Paul. 70 ed. D. 44.2.14.2) und zieht sich auch im 4. Kommentar der Gaius-Institutionen durch.[1149] Dieser Klassifizierung liegt die Natur der mit der *actio in personam* und mit der *actio in rem* durchsetzbaren Rechte zugrunde (*actio in rem* steht für das individuelle Sachenrecht, die *actio in personam* – für Anspruch).

Bei der Unterscheidung zwischen den *actiones directae* und den *actiones utiles* ist v.a. die Bedeutung der *actio directa* fraglich. Während die *actiones legis Aquiliae* die *actio directa* als Gegensatz zu der *actio noxalis* verstanden wird,[1150] verweist die *actio directa* in der Regel auf einen „gebräuchlichen Klagetyp".[1151] In diesem Sinn wird sie auch in dem zitierten und in weiteren Fragmenten Ulpians verwendet.[1152] Die *actio directa* steht somit im Gegensatz zu der *actio utiles*, d.h.

1147 *Lenel*, Palingenesia II (1889) Sp. 429.
1148 In diesem Sinn auch *Stolfi*, Studi sui *Libri ad edictum* di Pomponio II (2001) 81.
1149 Dazu unten Abschnitt 11. Das *agere* und die *actio* in den Institutionen des Gaius, S. 309 f.
1150 *Kaser/Hackl*, Das Römische Zivilprozessrecht[2] (1996) 330, Fn. 20.
1151 So *Benke*, Zu Papinians *actio ad exemplum*, in: SZ (1988) 595, Fn. 10.
1152 Ulp. 9 de omn. trib. D. 10.4.17; Ulp. 29 ed. D. 16.1.8.13.

zu einer Erweiterungsklage, die analog zu den typisierten gebräuchlichen Klagen (*actiones directae*) verliehen werden.[1153] Diese Einteilung beruht nicht so sehr auf der Differenzierung der durch die *actiones* durchsetzbaren Rechte (wie bei der Klassifizierung der *actio in rem* und *actio in personam*), sondern auf dem Grad der prozessualen Beteiligung des Prätors. Die *actiones directae* werden in der Regel im Edikt Prätors proponiert,[1154] während die *actiones utiles* modifizierte Klageformeln darstellen und fallbezogen durch Prätor gewährt werden können.[1155]

Von erheblicher Bedeutung für die Auslegung der Stelle ist die Zählung des *praeiudicium* zu den *actiones* im eigentlichen Sinn.[1156] Unter *praeiudicium* versteht man eine Feststellungsklage, ein Verfahren, das mit einer *pronuntiatio* des Richters über ein Recht oder eine Tatsache beendet wird. Die *pronuntiatio* des Richters kann als geklärte Vorfrage in weiteren künftigen Prozessen unter den Parteien gelten.[1157] Die Besonderheit des *praeiudicium* im Gegensatz zu den anderen von Pomponius/Ulpian angeführten Leistungsklagen (*in rem*, *in personam*, *directa*, *utilis*) besteht in seiner Formelstruktur. Die prozessuale Formel des *praeiudicium* enthält grundsätzlich nur die *intentio* (Gai. 4.44) und kann ihrem Wesen nach weder die *condemnatio*, d.h. die Ermächtigung auf die Verurteilung noch *adiudicatio* einschließen.[1158] Gaius definiert die *intentio* als *pars formulae, qua actor desiderium suum concludit* (Gai. 4.41) d.h. als Teil der Formel, in der der Kläger oder Akteur seinen Anspruch darlegt. Die Zuordnung des *praeiudicium* neben den Leistungsklagen zu den *actiones* unter Berücksichtigung

1153 Die Darstellung der *actiones utiles* als ein *verbum actionis* wird von *Aicher*, D. 44.7.37 pr., in: SDHI 35 (1969) 364 kritisiert. Der Kläger kann dem Beklagten im Rahmen der *editio actionis* (bei der Annahme, dass die Stelle dieser Rubrik gewidmet ist) nicht zeigen, welche Klage er gegen ihn erheben will, weil die *actiones utiles* grundsätzlich nicht im Edikt des Prätors proponiert werden. Zu der *actio utilis* s. auch *Gröschler*, Actiones in factum (2002) 29.

1154 *Valino*, Actiones utiles (1974) 28–29.

1155 Die Gliederung der *actiones* in *directae* und *utiles* könnte auch ihre Zugehörigkeit zu verschiedenen Rechtsschichten zu Grunde haben: die *actio directa* ist in der Regel eine *actio civilis*, die *actio utilis* wird als ein prätorischer Rechtebehelf konzipiert. Kritisch zu der Gleichsetzung der *actio directa* mit der *formula in ius concepta*, sowie der Gleichsetzung der *actio utilis* mit der *formula in factum concepta Platschek*, § 12 Formularprozess: Verhandlung in iure, in HRP I, S. 392, Rn. 38 mwN.

1156 Grundlegend *Hackl*, Praeiudicium (1976); *Aicher*, D. 44.7.37 pr., in: SDHI 35 (1969) 365–366, *Stolfi*, Studi sui *Libri ad edictum* di Pomponio II (2001) 81.

1157 *Hackl*, Praiudicium (1976) 18 f., 23.

1158 *Hackl*, Praiudicium (1975) 194.

der Rubrik *de edendo* des prätorischen Edikts, der diese Stelle möglicherweise gewidmet ist, ermöglicht es, die Bedeutung der *actio* nach Pomponius/Ulpian zu erschließen. Die *actio* ist ein Anspruch des Klägers, der sowohl auf ein Leistungsurteil in Form einer Geldverurteilung (*condemnatio pecuniaria*)[1159] als auch auf die Feststellung eines bestimmten Rechts oder einer bestimmter Tatsache gerichtet ist, und welcher auf prozessualer Ebene seinen Ausdruck in der *intentio* der prozessualen Formel findet. Die *editio actionis* (Bekanntgabe der Klage) bedeutet, dass der Kläger den Beklagten in erster Linie auf die *intentio* der Klageformel verweist.[1160]

Das auf das republikanische Recht zurückgehende Verständnis der *actio* als feierlicher Rechtsakt, der nicht nur auf die Klage reduziert wird, sondern auch Akte rechtsgeschäftlicher Rechtsgestaltung umfasst, äußert sich darin, dass auch die prätorischen Stipulationen und die Interdikte zu den *actiones* gezählt werden.[1161] Anhand der prätorischen Stipulationen wird eine Sicherheitsleistung für die Zukunft gestaltet, die den Erfolg einer Rechtsstreitigkeit sichert.[1162] In der angeführten Stelle wird eine prätorische Stipulation (*cautio*) für die Zwecke des *damnum infectum* als Beispiel angeführt, die als *actio* auch in den Gaius-Institutionen erfasst wird.[1163] Die Zuordnung der Interdikte zu den *actiones* beruht weiters auf dem Verständnis der *actio* als *conceptio verborum*, die auf die republikanische Tradition zurückgeht, wird durch literarische Quellen belegt[1164] und ist auch in den Institutionen des Gaius (Gai. 4.155; dazu gleich) verfolgbar.

1159 *Kaser/Hackl*, Das Römische Zivilprozessrecht[2] (1996) 372.

1160 S. Ulp. l. 4 ed. D. 2.13.1 pr.–1.

1161 Vgl. Cic. Top. 33. Stolfi bezeichnet die Zählung der *stipulationes* und der Interdikte als „forzatura" von einem dogmatischen Standpunkt her. S. *Stolfi*, Studi sui *Libri ad edictum* di Pomponio, II: Contesti e pensiero (2001) 81. Nach Finkenauer und von ihm zitierten Woes ist die Zählung der Stipulationen zu den *actiones* eine Folge der Reformierung des *ius civile* durch den Prätor. S. *Finkenauer*, § 21 Stipulation (Verbalkontrakt), in: HRP I (2023) 582, rn. 23, Fn. 172.

1162 *Bonifacio*, *Ius quod ad actiones pertinet*, in: Studi Betti II (1962) 113; *Kaser/Hackl*, Das Römische Zivilprozessrecht[2] (1996) 429; *Finkenauer*, § 21 Stipulationen (Verbalkontrakt), in: HRP I, S. 381, Rn. 23.

1163 Kapitel II, Abschnitt 5.7.1. Das Fortwirken der *legis actio per pignoris capionem* in Form der *actio damni infecti*, S. 195 f.

1164 Agenius Urbicus (ed. Thulin) 33.40; Cic. Pro Caec. 32: … *hanc puto me habere actionem, ut per interdictum meum ius teneam atque iniuriam tuam persequar* / …

11. Das *agere* und die *actio* in den Institutionen des Gaius

In den Gaius-Institutionen wird das Rechtssystem bekanntlich in drei Teile – *personae, res, actiones* – gegliedert.[1165] Die *actiones* werden separat – neben *personae* und *res* – als *pars iuris*, d.h. als Teil der Rechtsordnung behandelt. Die von Gaius vorgenommene dreiteilige Gliederung des Rechtsstoffes ist in der Antike verwurzelt, vermutlich griechischen Ursprungs[1166] und wird auch in der republikanischen Literatur verwendet.[1167] Die Struktur der Institutionen entspricht aber nicht der des Zivilrechts in den Werken von Servius und Quintus Mucius Scaevola[1168] und stellt möglicherweise auch eine Abkehr vom klassischen Ediktsystem dar, in dem den *actiones* eine zentrale Rolle zugeschrieben wurde.[1169]

11.1. Gaius' Quellen zur Darstellung der *actiones*

Gaius Ausführungen zu den Grundlagen des Rechts und insbesondere zu den *actiones* spiegeln nicht nur die Rechtsauffassungen der klassischen römischen Juristen wider, sondern tragen auch Elemente der republikanischen Rechtsauffassung in sich. Die Einordnung der *actiones* als Teil des Rechtssystems geht nach der Auffassung von Bonifacio und Stein auf die *Tripertita* zurück, in der die *legis actiones* nach dem Zwölftafelgesetz und der anschließenden

---

ich hätte die *actio*, durch ein *interdictum* mein Recht zu erhalten und deine widerrechtliche *iniuria* zu verfolgen. Die Übersetzung stützt sich auf *Fuhrman*, Cicero, Marcus Tullius. Prozessreden I (1997) 283; vgl. auch Cic. Pro Caec.12; 13; 14; 33–34; 37–39; 40; Ulp. 9 ed. D. 3.3.35.2: *Non solum autem si actio postuletur a procuratore, sed et si praeiudicium vel interdictum, vel si stipulatione legatorum vel damni infecti velit caveri…*

1165 Biographie des Gaius s. in: *Liebs*, Biographical Matters about Gaius, in: Babusiaux/Mantovani (Hgg.), Le Istituzioni di Gaio (2020) 3–28.

1166 *Wieacker*, Griechische Wurzeln des Institutionensystems, in: SZ 70 (1953) 93 f.

1167 Vgl. Cic. Part. orat. 1.3: C.F. *Quot in partes distribuenda est omnis doctrina dicendi?* C.P. *In tres.*; Rhet ad Her. 10: *eam plus quam trium partium numero esse non oportet.* S. auch Cic. De inv. 1. 27.

1168 *Avenarius*, Der Pseudo-Ulpianische liber singulari regularum (2005) 94; Ulp. 1 inst. D. 1.1.1.2: *privatum ius tripertitum est: collectum etenim est ex naturalibus praeceptis aut gentium aut civilibus.* Vgl. auch Gell. Noct. Att. 6.3.45); Quint. Inst. orat. 12.2.3. *Wieacker*, Griechische Wurzeln des Institutionensystems, in: SZ 70 (1953) 97.

1169 *Avenarius*, Der pseudo-ulpianische liber singularis regularum (2005) 573.

Interpretation behandelt wurden.[1170] Die von Gaius angeführten feierlichen Formeln der *legis actiones* sind bspw in den *Notae* des Probus enthalten, die er eventuell auch als Vorlage verwendet.[1171]

Die Hauptvorlage für die Darstellung der *actiones* sind die Werke von Quintus Mucius Scaevola. Die Verwendung der diairetischen Methode am Beginn der Darstellung im 4. Buch und die Gliederung der *actiones* in *species* und *genera* (Gai. 4.1...*quasdam species actionum inter genera se rettulisse...*),[1172] die Zuordnung des Quintus Mucius zu den *veteres* (Gai. 1.188),[1173] die die *legis actiones in usu habuerunt*, die Verfassung eines Kommentars ad Quintum Mucium[1174] beweisen seinen Einfluss auf die Verfassung der Institutionen. Die oben besprochene Rechtsfigur *actiones*, die *legibus proditae erant* in Gai. 4.11, die anderorts in einer modifizierten Form im Kommentar von Pomponius *ad Quintum Mucium* verwendet wird, lässt auch den Schluss zu, dass Gaius in seiner Erklärung über die Herkunft der *legis actiones* die Schriften von Quintus Mucius Scaevola und eventuell auch Pomponius herangezogen hat.[1175]

Neben der *Tripertita* und Quintus Mucius könnte Gaius auch weitere republikanische Muster für die Darstellung der *actiones* herangezogen haben. Gaius bezeichnet bspw. die *actio in personam* als *condictio* und die *actio in rem* als *vindicatio* (Gai. 4.5).[1176] Diese Gleichstellung hat ihre Quelle im

---

1170 *Bonifacio*, *Ius quod ad actiones pertinet*, in: Studi Betti II (1962) 101–102; *Stein*, The Development of the Institutional System, in: Studies in Justinian's Institutes in memory of J. A. C. Thomas (1983) 157.

1171 *Selb*, Vom geschichtlichen Wandel, in: GS Kunkel (1984) 395, 400 f.; S. Abschnitt 4. *Ius Aelianum* und *Tripertita*, S. 251 f.

1172 Zum Einfluss der Werke von Quintus Mucius Scaevola im Zusammenhang mit der Verwendung der diairetischen Methode am Anfang des 4. Buchs vgl. *Gnoli*, Spunti critici sull'interpretazione di Gai 4.1, in: Studi in onore di G. Scherillo I (1972) 87. Skeptisch über den Einfluss von Q.M.Scaevola s. *Silla*, Sulla distinzione gaiana, in: Ric. Talamanca I, 49, Fn. 119.

1173 S. dazu Abschnitt 7. Übergang von *legis actiones* zu *actiones* des Formularverfahrens bei Quintus Mucius Scaevola, S. 267 f.; Kapitel II, Abschnitt 3.1. Das *lege agere* und die *legis actio*, S. 109 f.

1174 *Honoré*, Gaius (1962) 56–57; *Stagl*, Das didaktische System des Gaius, in: SZ 131 (214) 333–334. S. auch *Gallo*, Synallagma e conventio II (1995) 33–34. Nach *Wlassak*, Processgesetze I (1888) 83 kann auch die *intentio* in Gai. 4.40 von Quintus Mucius stammen.

1175 Vgl. oben den Abschnitt 7. Übergang von *legis actiones* zu *actiones* des Formularverfahrens bei Quintus Mucius Scaevola, S. 268

1176 *Appellantur autem in rem quidem actiones vindicationes, in personam vero actiones, quibus dari fierive oportere intendimus, condictiones* / Und zwar heißen

Legisaktionenverfahren.[1177] Hervorzuheben ist auch, dass die Klagen nach Treu und Glauben (*iudicia bonae fidei*) von Gaius weder zu den *condictiones* noch zu den *actiones* gezählt wurden. Das könnte erneut ein Hinweis sein, dass er sein Verständnis der *actio* auf die vorklassische Tradition zurückführt.[1178]

Zu einem ungelösten Problem der römischen Rechtsgeschichte gehört das Verhältnis zwischen Pomponius und Gaius, die zur gleichen Zeit als Juristen tätig waren. Die Ähnlichkeit der Forschungsgebiete (wie etwa die Herkunft der *legis actiones*),[1179] der Rechtsansichten und der Termini[1180] lassen die Vermutung zu, dass auch Pomponius die Verfassung des 4. Buchs von Gaius beeinflusst haben könnte.[1181]

Auch die gaianische Definition der *actio in personam* (Gai. 4.2), und die Definition aus dem *liber singularis regularum* Ulpians stimmen zum großen Teil überein (Ulp. lib. sing. reg. D. 44.7.25 pr.; dazu gleich).[1182] Die Übereinstimmung einiger Erläuterungen im 4. Buch der Gaius-Institutionen und im *liber singularis* von Ulpian lässt sich dadurch erklären, dass beide Schriften auf den gleichen „Grundbestand" zurückgehen.[1183] Umstritten bleibt in der Literatur

---

die dinglichen Klagen Vindikationen, die persönlichen Klagen aber, mit denen man beantragt, dass etwas gegeben oder getan werden müsse, Kondiktionen-Die Übersetzung folgt *Manthe*, Die Institutionen des Gaius² (2010) 321. Die gleiche terminologische Anmerkung nimmt der Jurist in der folgenden (Gai. 4.8) Stelle vor: *... nam ipsius rei et vindicatio et condictio nobis conpetit ...* Eine weitere Gleichstellung zwischen *actiones* und *condictiones* ist auch in Gai. 4.18 erkennbar: *Condicere autem denuntiare est prisca lingua. Itaque haec quidem actio proprie condictio vocabatur ...*

1177 *Casavola*, Actio, petitio, persecutio (1965) 20.

1178 *Avenarius*, Der Pseudo-Ulpianische liber singularis regularum (2005) 523.

1179 Kapitel II, Abschnitt 3.1 Das *lege agere* und die *legis actio*, S. 109 f.

1180 Abschnitt 7. Übergang von *legis actiones* zu *actiones* des Formularverfahrens bei Quintus Mucius Scaevola, S. 267 f.

1181 *Pugsley*, Gaius or Sextus Pomponius, in: RIDA 41 (1994) 353–367; *Stanojevic*, Gaius and Pomponius Notes on David Pugsley, in: RIDA 44 (1997) 333–356. Vgl. die These von *Honoré*, Gaius (1962) 57, dass „Gaius modelled himself on Pomponius and imitated his works."

1182 Zu der romanistischen Tradition, beide Werke zu vergleichen vgl. *Avenarius*, Das „gaiozentrische" Bild, in: Avenarius (Hg.), Hermeneutik der Quellentexte des Römischen Rechts (2008) 98 f.

1183 *Avenarius*, Der Pseudo-Ulpianische liber singularis regularum (2005) 96, wobei nach Avenarius die Institutionen von Gaius der sabinianischen Tradition entstammen, während der Ulpians *liber singularis* unter dem Einfluss der prokulianischen Schule verfasst wurde.

die Frage, ob Gaius Ulpians *liber singualris* als Vorlage für das Aktionenrecht in seinen Institutionen herangezogen hat (so Mommsen), oder ob umgekehrt Ulpians Werk *liber singularis* durch die gaianischen Institutionen beeinflusst wurde.[1184]

Die Institutionen des Gaius weisen gewisse strukturelle und terminologische Inkonsequenzen bei der Darstellung der *actiones* auf. Gaius führt bspw. die Formel der *iudicia bonae fidei* aus *commodatum* (Gai. 4.47) an, obwohl er diesen Vertrag im dritten Buch über *obligationes* nicht erwähnt.[1185] Das *commodatum* wird auch nicht in der Liste der *iudicia bonae fidei* von Gaius im 4. Buch genannt (Gai. 4.62). Das *commodatum* erscheint erst in der Liste der *iudica bonae fidei* in den Institutionen Justinians.[1186] Bei der Betrachtung der meisten *actiones* lenkt er seine Aufmerksamkeit auf die Struktur der Formel, nur bei den *actiones adiectitiae* bezieht sich Gaius ausnahmsweise nicht auf die Formelstruktur, sondern setzt sich mit den Voraussetzungen für die Erhebung solcher Klagen auseinander.[1187] Diese Ungereimtheiten in der Darstellung und im Verständnis des *agere* und der *actio* könnten darauf zurückgeführt werden, dass Gaius bei der Zusammenstellung seiner Institutionen verschiedene Quellen verwendet (auch wenn man nicht mit der Sicherheit sagen kann, welche) und diese etwas unkritisch übernimmt.

11.2. Bedeutungen des *agere* und der *actio* in den Gaius-Institutionen

11.2.1. Das Wort *agere*

Das *agere* bedeutet für Gaius eine ritualisierte Handlung, bzw. eine Verhandlung.[1188] Mit dem *agere* beschreibt er das Formularverfahren in der Phase *in iure*[1189] und auch den Prozess *apud iudicem*.[1190] Weiters bedient er sich des

---

1184 *Avenarius*, Der Pseudo-Ulpianische liber singularis regularum (2005) 95 mit Fn. 44–48 mwN.

1185 *Stein*, The Development of the Institutional System, in: Studies in Justinian's Institutes in memory of J. A. C. Thomas (1983) 154.

1186 *Meissel/Novitskaya*, § 78 *Bonae fidei iudicia*: Grundlagen, in: HRP II, S. 2018, Rn. 2 mwN.

1187 *Zulueta*, The Institutes of Gaius II: Commentary (1953) 221.

1188 Kapitel II, Abschnitt 5.1.1. Die Bedeutungen des *agere* und der *actio*, S. 148.

1189 Vgl. Gai. 3.160; Gai. 4.2; Gai. 4.7; Gai. 4.9; Gai. 4.69.

1190 Vgl. Gai 4.80: *cum iis imperio continenti iudicio agitur*. Vgl. Gai. 4.106; Gai. 4.181. S. auch Gai. 1.184: si *legitimo iudicio agatur*.

Wortes *agere*, wenn er eine nähere rechtliche Qualifikation eines Verfahrens vermeidet, weil sie ihm nicht bekannt ist.[1191] Im Legisaktionenverfahren verweist das *agere* auf einen Sprechakt,[1192] bedeutet eine Verfahrensart unter Beachtung bestimmter Ritualvorschriften (vgl. dafür den Ausdruck *modus agendi* in Gai 4.11).[1193] Mit *agere posse* bezeichnet Gaius eine prozessuale Handlungsbefugnis des Klägers.[1194] In Bezug auf das Formularverfahren spricht er an manchen Stellen über das *litigare* und nicht über das *agere*.[1195] Das *litigare* bezieht sich auf einen Rechtsstreit, während das *agere* ein Potenzial der friedlichen Verhandlung in sich trägt.[1196]

Während das *agere* im Legisaktionenverfahren im engeren technischen Sinn einen individuellen hochformalisierten Sprechakt bedeutet (*meum esse aio*; *qui agebat, sic dicebat*), wird das *agere* im Formularverfahren u.a. als prozessuale Handlung des Klägers verstanden, die ihren Ausdruck in der *intentio* findet.[1197] Das ist eventuell ein Zeichen, dass bei dem kaum rekonstruierbaren Übergang vom Legisaktionenverfahren zum Formularverfahren in der republikanischen Zeit ein individueller Sprechakt des Klägers aus dem Legisaktionenverfahren (*ago/aio*) in die objektiviert formulierte *intentio* umgewandelt wurde, in der der Anspruch des Klägers (vgl. Gai. 4.41: *desiderium suum*) seinen Ausdruck findet.[1198] Das *agere* im Formularverfahren verweist weiters auf eine prozessuale Verhandlung der Parteien *in iure*, die sich in der Erstellung einer *formula* entfaltet.[1199]

1191 In Bezug auf die *confarreatio* verwendet Gaius das Verb *agere* im Sinne eines feierlichen Verfahrens. Vgl. dazu Kapitel II, Abschnitt 6.3. Das *agere* und die *confarreatio*, S. 208 f.

1192 Vgl. dazu ausführlich Kapitel II, Abschnitt 5. Die Genealogie des *agere*, S. 144 f.

1193 S. Kapitel II, Abschnitt 3. Die *legis actio*: Gesetzesklage oder Spruchklage?, S. 109 f.

1194 Gai. 4.78: … *neque cum ipso neque cum eo, cuius nunc in potestate est, agi potest*; S. Gai. 4.55.

1195 Gai 4.30: *ut per concepta verba, id est per formulas, litigaremus…*

1196 Vgl. Gai. 4.2.: *In personam actio est, qua agimus, quotiens litigamus cum aliquo.*

1197 Vgl. auch *Falcone*, Appunti sul IV commentario (2003) 22, 59. S. Gai. 4.2:…*qua agimus…id est, cum intendimus*; Gai. 4.86: *in rem quoque si agat, intendit…*; Gai. 4.131. S. Kapitel II, Abschnitt 5.1.1. Die Bedeutungen des *agere* und der *actio*, S. 148.

1198 Vgl. schon *Bethmann-Hollweg* I, 114 mit Fn 5.

1199 Gai. 4.37:…*si furti agat peregrinus aut cum eo agatur, formula ita concipitur*; Gai. 4.59: … *de Sticho alia formula iterum agat*; Gai. 4.86: …*si verbi gratia L. Titius pro P. Meuio agat, ita formula concipitur.* S. auch Gai. 4.95.

11.2.2. Die *actio* als *conceptio verborum*

Gaius sind die Bedeutungen der *actio* bekannt, die in weiteren Quellen klassischer Juristen vorkommen. Er spricht über die *actio* im Sinne eines Klagerechts, welches infolge der Rechtsverletzung entsteht,[1200] und welches dem Kläger erlaubt, „vom Gegner das zu erzwingen, was mit dem Prozeßverfahren erreicht werden kann."[1201] Den Ausdruck *potestas agendi* verwendet er für die Beschreibung einer prozessualen Befugnis des Klägers, ein Gerichtsverfahren anzustreben.[1202]

Die *actio* wird als Rechtsfigur bzw. das Rechtsbehelf mit eigener Bezeichnung (*nomen*) und mit einem typisierten Anwendungsbereich,[1203] als Akt der feierlichen Spruchérklärung und als Anspruch des Klägers *in iure* verstanden.[1204] In Bezug auf das Legisaktionenverfahren bedeuten *actiones* nicht nur prozessuale Rechtsbehelfe, sondern feierliche Sprechakte rechtsgeschäftlicher Natur.[1205]

In der Literatur wird zurecht angenommen, dass im Zentrum der gaianischen Darstellung im 4. Buch ein prozessuales Schema (*conceptio verborum, formula, certa verba*) steht.[1206] Maßgebend ist somit die Bedeutung der *actio* als Rechtsbehelf, dessen Kern ein prozessuales Schema (*formula*) bildet. Dieses prozessuale Schema ist im Legisaktionenverfahren eine höchstpersönliche

1200 Gai. 4.78: *Sed si filius patri aut seruus domino noxam commiserit, nulla actio nascitur.*

1201 *Kaser*, Römisches Privatrecht² I (1971) 224. S. zum Ausdruck *actio nascitur* *Kaser/Hackl*, Das Römische Zivilprozessrecht² (1996) 234 mit Fn. 20.

1202 Gai. 4. 89: *... sit mihi potestas aut tecum agendi aut cum sponsoribus tuis*; Gai. 3.161; Gai. 3.205.

1203 Vgl. bspw. die Bezeichnung der *in iure cessio* als *legis actio*. S. dazu Kapitel II, Abschnitt 6.4. Die *actio* und die *in iure cessio*, S. 209. Vgl. in Bezug auf das Formularverfahren bspw. Gai: 4.33: ... *eiusdem naturae sunt actiones commodati, fiduciae, negotiorum gestorum et aliae innumerabiles*; Gai 4.35: *actio Serviana*; Gai 4.60: *actio depositi*; *actio commodati*; Gai. 4.61: *actio iniuriarum*; Gai. 4.76: *Constitutae sunt autem noxales actiones aut legibus aut edicto praetoris...*

1204 *Koschembahr-Lyskowski*, Die Theorie der Exceptionen nach klassischem römischen Recht I (1893) 57, 59. S. Gai. 2.78; Gai. 3.111; Gai. 3.114; Gai. 3.127; Gai. 3.156; Gai. 3.203–205, Gai. 3.207; Gai. 4.74a.

1205 Gai. 2.24; Gai. 3.154b.

1206 *Silla*, Genera actionum (2012) 18, Fn. 16; *Falcone*, Appunti sul IV commentario (2003) 2, 21, 61 f.; *Zulueta*, The Institutes of Gaius II: Commentary (1953) 221; *Santoro*, Per la storia dell'*obligatio* I (2020) 396, Fn. 1444: schema verbale. Santoro betont aber, dass Gaius die *actio* auch im materiellen Sinne einer Rechtsmacht mittels Verwendung bestimmter *verba* versteht.

Spruchformel (wie bspw. *MEUM ESSE AIO*), und im Formularverfahren – eine objektiviert formulierte prozessuale Formel. Diese Formel wird im Legisaktionenverfahren feierlich erklärt bzw. verlautbart, im Rahmen des Formularverfahrens – im Edikt in der objektivierten Form festgehalten oder durch den Prätor gewährt. Der „Formalismus" der *legis actiones* geht somit in einen anderen Formalismus der *actiones per formulas* oder *per concepta verba* über.[1207]

Es ist bekannt, dass das Wort *formula*, von dem die Bezeichnung „Formularverfahren" abgeleitet ist, grundsätzlich in den Institutionen des Gaius verwendet wird und in den Digesten Justinians kaum vorkommt.[1208] In den Institutionen des Gaius werden dem Wort *formula* verschiedene Bedeutungen zugewiesen. Seine Hauptbedeutung ist *concepta verba*, d.h. „formulierte Worte"[1209]: *…ut per concepta verba, id est per formulas, litigaremus* (Gai. 4.30). Gaius bezieht das Wort *formula* auf das Formularverfahren,[1210] während in Bezug auf die Legisaktionen der Ausdruck *certa verba* im Sinne einer Spruchformel verwendet wird.[1211] Der Sprachgebrauch des Gaius ist aber nicht einheitlich. An manchen Stellen wird die *formula* als Inhalt der *actio* verstanden,[1212] an anderen wiederum werden die *actio* und die *formula* als austauschbare Termini verwendet (*formula competit* statt *actio competit*).[1213] Auch das Wort *iudicium* wird in einigen Fragmenten mit *formula* gleichgesetzt.[1214]

Im Gegensatz zur Celsus-Definition, der die *actio* als *ius iudicio persequendi* definiert und somit das *iudicium* einschließt, grenzt Gaius die Begriffe *actio*

1207 Vgl. auch *Selb*, Vom geschichtlichen Wandel, in: GS Kunkel (1984) 397.

1208 Zu den Gründen, warum das Wort *formula* aus dem Lexicon der Digesten verschwindet s. oben Kapitel I, Abschnitt 5.9. *Actio* und *formula*, S. 67.

1209 So übersetzt *concepta verba* Manthe, Die Institutionen des Gaius[2] (2010) 337. Zu der Auslegung des Wortes *formula* s. Fn. 244. Vgl. die Bezeichnung des Formularverfahrens als *syllabarum aucupatio* in C.2.57 (58).1 (Constant. et Constans, 342 n. Chr.).

1210 Gai. 4.37: … *Si furti agat peregrinus aut cum eo agatur, formula ita concipitur.*

1211 Gai. 4.29; Gai. 4.83; Gai. 4.84.

1212 Vgl. Gai. 4.60: … *certe cum duae sint depositi formulae*; Gai. 4.64.

1213 Gai. 4.74: … *exercitoria uel institoria formula competit.* Zutreffend schon *Schlossmann*, Vertrag (1876) 233, Fn. 1 *actio competit* bezeichnet die Verwendbarkeit eines bestimmten Formulars zur Verfolgung eines bestimmten Anspruchs"; S. Gai. 4.69: … *institoria vero formula tum locum habet.* Vgl. auch Gai 4.178 und die Verwendung des Ausdruckes *iudicium contrarium* statt *actio contraria*.

1214 Gai. 4.57: … *sed reus, cum iniquam formulam acceperit*; Gai. 4.163. S. dazu *Wlassak*, Litiskontestation (1889) 38.

und *iudicium* oft voneinander ab.[1215] Die *actio* im Sinne eines Rechtsbehelfs und modelliert nach einem Schema entfaltet für Gaius ihre Wirkung *in iure.* Das Wort *iudicium* kommt bei Gaius hauptsächlich als Bezeichnung des Beweisverfahrens vor dem Richter vor, d.h. *apud iudicem,*[1216] wird aber auch im Zusammenhang mit der Einlassung des Beklagten auf das Verfahren vor dem Richter verstanden (*iudicium accipere*),[1217] oder bedeutet das gesamte Gerichtsverfahren[1218] unter der unabdingbaren Beteiligung des *iudex* oder des *arbiter.*[1219]

Das Verständnis der *actio* durch Gaius lässt sich weiters anhand der Klassifikation der *actiones* in *actiones in rem* und *actiones in personam* (Gai. 4.1) feststellen. Diese Klassifikation spiegelt sich im gesamten 4. Buch wider[1220] und zeigt sich sowohl bei den den *legis actiones* durch die Unterscheidung zwischen

---

1215 Nicht selten sind aber Fälle, in denen Gaius die *actio* und das *iudicium* als gleichwertige Termini verwendet. Vgl. bspw Gai. 4.175: *Et quidem calumniae iudicium adversus omnes actiones locum habet.*

1216 Vgl. Gai. 4.57, Gai. 4.58; Gai. 4.114: ... *Superest, ut dispiciamus, si ante rem iudicatam is, cum quo agitur, post acceptum iudicium satisfaciat actori ...*; Gai. 4.114: *post acceptum iudicium.* Der Ausdruck *post acceptum iudicium* verweist hier auf die Verfahrensphase nach der *litis contestatio* oder nach der Streiteinsetzung, während das Verb *agere* in der Wortfolge *cum quo agitur* das Verfahren, bzw. die Verhandlung *in iure* bedeutet. Vgl. auch *res in iudicium deducitur* in Gai 4.57, Gai 4.58, Gai. 4.131 im Sinne „eine Angelegenheit vor den Richter zu bringen." Zum Ausdruck *in iudicium deducere* s. *Wlassak,* Die Litiscontestation im Formularprozess (1889) 20 f.

1217 S. Gai. 4.87: Verurteilt aufgrund der *condemnatio* wird der Prozessherr auf der Seite des Beklagten, gegen den (1) eine *actio* festgesetzt wird (*cum quo actio constituitur*), und der (2) das Urteilsgericht (bzw. das Verfahren vor dem Richter) annehmen wird, d.h. *iudicium acciperet.* S. auch Gai. 4.90.; Gai. 4.102.; Zu der Auslegung des *iudicium accipere* vgl. *Platschek,* § 12. Formularprozess: Verhandlung *in iure*, in: HRP I (2023) 374, Rn. 4 mit Fn. 8.

1218 Vgl. Gai. 4.103: *Omnia autem iudicia aut legitimo iure consistunt aut imperio continentur.*

1219 Gai. 4.104; Gai. 4.105; Gai. 4.109: ... *ex qua nobis edicto praetoris datur actio, Romae sub uno iudice inter omnes cives Romanos accipiatur iudicium, legitimum est.*

1220 *Silla,* Genera actionum (2012) 9–13, 21–24. Der Ausdruck *verius videtur* in der Stelle 4.1. verweist darauf, dass Gaius dieser Gliederung im Vergleich zu anderen geläufigen Systematisierungen den Vorzug gibt. Silla (S. 65) verbindet die Festlegung der Gliederung der *actiones* in *actiones in rem* und *actiones in personam* mit Julian.

lege agere sacramento in rem und *in personam*[1221] als auch bei *actiones* im Formularverfahren.[1222] Die Gliederung *actio in rem-actio in personam* impliziert die schon erwähnte Bedeutung der *actio* als Rechtsbehelf, modelliert nach einem bestimmten prozessualen Schema (*formula*), wobei der Anspruch des Klägers im Formularverfahren seinen Ausdruck in der *intentio* der *formula* findet,[1223] und bei den *legis actiones* sich in einem Sprechakt des Klägers (wie etwa *meum esse aio*), mit dem er sein Recht behauptet bzw. setzt, äußert.[1224]

Das Verständnis der *actio* als „prozessualer" Rechtsbehelf, erfasst aus der Perspektive des Klägers, zeigt sich meines Erachtens darin, dass Gaius zwischen der *actio in personam* und der *actio in rem* des Formularverfahrens nicht nur aufgrund des materiellrechtlichen Anspruchs, der mit solcher *actio* (*in personam* oder *in rem*) geltend gemacht wird, sondern auch aufgrund der *intentio* unterscheidet, d.h. eines Teils der Formel, in der solcher Anspruch des Klägers wiedergegeben wird. Diese Ansicht lässt sich insbesondere mittels einer vergleichenden Darstellung der *actio in personam* durch Gaius und Ulpian erschließen. Gaius beschreibt die *actio in personam* wie folgt (Gai. 4.2.): *In personam actio est, qua agimus cum aliquo, qui nobis vel ex contractu vel ex delicto obligatus est, id est, cum intendimus DARE FACERE PRAESTARE OPORTERE ...*[1225] Ähnlich wird die *actio in personam* in Ulp. l. sing. reg. D. 44.7.25 pr. definiert: *In personam actio est, qua cum eo agimus, qui obligatus est nobis ad faciendum aliquid vel dandum: et semper adversus eundem locum habet.*[1226] Im Gegensatz zu Ulpian stützt Gaius seine

1221 *Silla*, Sulla distinzione gaiana, in: Ric. Talamanca I, 17; *Silla*, Genera actionum (2012) 19 f.

1222 *Selb*, Vom geschichtlichen Wandel, in: GS Kunkel (1984) 399. Vgl auch *Corbino*, Riflessioni sul problema della continuità del pensiero giuridico romano, in: *Fundamina* 20.1 (2014) 185.

1223 Gai 4.1: ... *quot genera actionum sint, verius videtur duo esse, in rem et in personam ...* / ... so scheint es richtiger zu sein, dass es zwei gibt: die dinglichen und die persönlichen (schuldrechtlichen) ... Die Übersetzung folgt *Manthe*, Die Institutionen des Gaius[2] (2010) 321. S. auch die Abgrenzung einer *formula* von der anderen aufgrund ihrer *intentio* in Gai. 4.92: *Petitoria autem formula haec est, qua actor intendit rem suam esse.*

1224 Kapitel II, Abschnitt 5.1. Das *agere* als Akt des einseitigen Recht-Sprechens, S. 145 f.

1225 Eine *actio* ist schuldrechtlich, mit welcher man gegen jemanden klagt, der einem entweder aus Vertrag oder aus unerlaubter Handlung verpflichtet ist, das heißt, wenn man im Klageantrag (*intentio*) erklärt, dass ER GEBEN, TUN ODER LEISTEN MÜSSE. Die Übersetzung stützt sich auf *Manthe*, Die Institutionen de Gaius[2] (2010) 321.

1226 Auf eine Person richtet sich die *actio*, mit der wir gegen denjenigen vorgehen, der uns zu irgendeinem Tun oder Geben verpflichtet ist: und sie findet immer

Definition der *actio in personam* jedoch auf die von ihm im dritten Buch eingeführte Gliederung der Obligationen in *ex contractu* und *ex delicto* (Gai. 3.89) in der Wendung *qui nobis vel ex contractu vel ex delicto obligatus est.* Ulpian konzentriert sich dagegen auf die Leistungsstruktur bzw. Leistungsart der Obligation (*ad faciendum aliquid vel dandum*), die mit der *actio* verfolgbar ist, und lässt den Entstehungsgrund des jeweiligen Schuldverhältnisses (*ex contractu vel ex delicto*) sowie die *intentio* der Formel außer Acht. Ulpian versteht somit *actio* eher materiellrechtlich als Anspruch des Rechtssubjekts für die Verfolgung seiner Begehren aus einem Schuldverhältnis (*obligatio* sei es aus einem Kontrakt oder aus einem Delikt), während Gaius das Element der „formularen" Durchsetzung durch die Erwähnung der *intentio* (in Form des Verbs *intendere*) heranzieht. In ähnlicher Form beschreibt Gaius die *actio in rem* (Gai. 4.30): *In rem actio est, cum aut corporalem rem intendimus nostram esse, aut ius aliquod nobis competere.*[1227] Auch hier verbindet Gaius die Bedeutung der *actio* als Anspruch und ihre Bedeutung als prozessuales Schema: Der Anspruch aus den sachenrechtlichen Rechtsverhältnissen (*actio in rem*) äußert sich in der prozessualen Formel und v.a. in der *intentio.*

Mit der *actio* bezeichnet Gaius weiters Rechtsbehelfe, die über die Klage bzw. das Klagerecht hinausgehen, die sich v.a. in der Darstellung der Interdikte im 4. Buch manifestiert.[1228] Während die *actio* im engeren Sinn ein Rechtsbehelf des Klägers ist, mit dem er sein Begehren gerichtlich verfolgt, stellt das *interdictum* einen magistratischen und in der Regel provisorischen Befehl dar, mit dem der Prätor beiden Parteien verbietet, Gewalt auszuüben (bspw. prohibitorische *interdicta* [Gai. 4.160]: *vim fieri veto*/so verbiete ich, dass gewaltsam verhindert werde[1229]) und der darauf abzielt, die „provisorische Bewahrung des Status quo zu gewähren"[1230] (bspw. restitutorische Interdikte: „Stelle den vorherigen Zustand wieder her!"[1231]). Die *actio* des Formularverfahrens gibt das Begehren des Klägers in einer objektivierten Form wieder (vgl. bspw. die *demonstratio*, in der der Sachverhalt kurz zusammengefasst wird [Gai. 4.40]: *QUOD*

gegen denselben Anwendung. Die Übersetzung nach *Avenarius*, Der Pseudo-Ulpianische liber singularis regularum (2005) 525.

1227 *Manthe*, Die Institutionen des Gaius² (2010) 321 übersetzt die Stelle folgendermaßen: „Eine Klage ist dinglich, wenn man erklärt, dass entweder einem eine körperliche Sache gehöre oder einem irgendein Recht zustehe …"

1228 Gai 4.139–4.170; Gai. 4.155. Zu Abgrenzung der *actio* und des *interdictum* in der Literatur s. *Isola*, § 66 Interdikte, in: HRP II 1814, Rn. 10.

1229 *Manthe*, Die Institutionen des Gaius² (2010) 405.

1230 So *Isola*, § 66 Interdikte, in: HRP II 1809, Rn. 1.

1231 Die Rekonstruktion der Spruchformel nach *Isola*, § 66. Interdikte, in: HRP II 1819, Rn. 20.

AULUS AGERIUS NUMERIO NEGIDIO HOMINEM VENDIDIT/ DA AULUS AGERIUS DEM NUMERIUS NEGIDIUS EINEN SKLAVEN VERKAUFT HAT[1232]). Das *interdictum* ist dagegen einer *legis actio* ähnlich, da der Prätor in einer Imperativform (*veto*!) seinen Befehl erlässt. Das *interdictum* ist somit auch ein Sprechakt performativer Natur.

Die Formgebundenheit der *interdicta* (vgl. Gai. 4.160: *conceptio eorum interdictorum haec est*) sowie ihre prozessuale Durchführung an einer Gerichtsstätte unter Beachtung der prozessualen Regeln begründen ihre Zuordnung zu *actiones*. Zu erwähnen ist hier die oben analysierte Stelle aus dem 4. Buch des Ediktskommentars Ulpians, der die Ansicht von Pomponius wiedergibt und die Interdikte auch zu den *actiones* zählt (Ulp. 4 ed. D. 44.7.37 pr.).[1233] Nicht auszuschließen ist, dass die Zählung der *interdicta* zu den *actiones* auch auf der republikanischen Tradition beruht, und sogar auf die *legis actiones* zurückgeht, die bekanntermaßen in den Institutionen des Gaius und *liber singularis enchiridii* von Pomponius überliefert wurden.

Neben den *interdicta* erschließt sich ein weites Verständnis der *actio* aus der Zählung der *satisdationes*, die ihrem Wesen nach Stipulationen und keine Klagen im engen Sinn sind, zu den *actiones*.[1234] Auch hier finden sich Parallelen zu der Stelle von Ulpian/Pomponius, der prätorische Stipulationen zu *actiones* zählt (Ulp. 4 ed. D. 44.7.37 pr.), ersichtlich.

Aufgrund der Unterscheidung zwischen *actiones in rem* und *in personam* nach der Art der *intentio* sowie unter der Berücksichtigung v.a. der *interdicta* lässt sich zwischen dem engen und weiten Verständnis der *actio* im 4. Buch des Gaius unterscheiden.[1235] Die *actio* im engen Sinne ist ein Rechtsbehelf des Klägers, und die *actio* im weiten Sinn ist ein Rechtsbehelf, der für beide Parteien seine Wirkung entfaltet.[1236]

1232 Die Übersetzung beruht auf *Manthe*, Die Institutionen des Gaius[2] (2010) 343.

1233 Vgl. oben Abschnitt 10.3. *Agere* und *actio* im 4. Buch des Ediktskommentars von Ulpian, S. 306. S. auch Gai. 4.139; Gai. 4.155; *Falcone*, Appunti sul IV commentario (2003) 41 f. verbindet aber die Zählung der *interdicta* zu den *actiones* mit dem Verständnis der *actio* als *conceptio verborum* (S. 48, 53).

1234 Dazu ausführlich *Falcone*, Appunti sul IV commentario (2003) 54–60. S. Gai. 4.88.

1235 Daher scheint die Verallgemeinerung von *Falcone*, Appunti sul IV commentario (2003) pas, dass die *actio* bei Gaius immer im Sinne der *conceptio verborum* verwendet wird, nicht ganz zutreffend zu sein.

1236 *Hölzl*, Bedeutung und Gebrauch des Wortes *actio*, in: Programm des Königlichen Gymnasiums zu Dresden-Neustadt 20 (1894) 29.

Die *actio* im Sinne eines Rechtsbehelfs unter Anwendung typisierten und gebräuchlichen prozessualen Schemas (*certa verba, concepta verba*) lässt sich meines Erachtens anhand der Gaius-Institutionen als ein Teil des objektiven Rechts bzw. der Rechtsordnung verstehen. Die Erhebung einer *actio* bzw. die Anpassung des materiellen Begehrens eines Klägers im Laufe der Verhandlung *in iure* und unter der Berücksichtigung der Einreden und Einwendungen des Klägers an eine objektiviert verfasste *formula* stellt eine Form der Subjektivierung einer Rechtsnorm, die die *actio* ist, dar.

Das von Gaius verfolgte Ziel ist es, eine universelle Darstellung der *actiones* sowohl für das Legisaktionenverfahren (auch wenn dieser Exkurs nur einen Prolog zum Formularverfahren darstellt) als auch für das Formularverfahren zu finden. Dies erklärt auch, warum er bei der Gliederung der *actiones in personam* und *actiones in rem* nur die *actiones civiles* erfasst. Die *actiones in factum* stellen einen Rechtsbehelf dar, der sich erst im Formularverfahren etabliert. Daher wird die Unterscheidung der *actio civilis – actio in factum*[1237] von Gaius im allgemeinen Teil (Gai. 4.1–4.10), in dem er die Klassifizierungen der *actiones* anführt, ausgelassen; die Struktur der *formulae in factum conceptae* wird somit erst im Formularverfahren näher betrachtet.

12. Die Definition der *actio* bei Celsus

12.1. Zwei Überlieferungen der Celsus-Definition

Die technisch-prozessuale Bedeutung der *actio* verbindet die romanistische Rechtstradition v.a. mit der berühmten Definition von Celsus. Diese Definition findet man im 7. Titel *De obligationibus et actionibus* des 44. Buches der Digesten (Cels. 3 dig. D. 44.7.51):

> *Nihil aliud est actio quam ius, quod sibi debeatur, iudicio persequendi.*
> Nichts Anderes ist die *actio* als das Recht, was einem geschuldet werden könnte, im Rahmen des *iudicium* zu verfolgen.

Die Celsus-Definition wird in einer modifizierten Form auch in den Institutionen Justinians wiedergegeben (Inst. 4.6 pr.):

1237 Die prätorischen Klagen werden von Gaius im Vergleich zu den persönlichen und realen zivilen *actiones* nur kurz erwähnt. S. *Wlassak*, Processgesetze I (1888) 83–84; Vgl. auch *Erman*, Conceptio formularum, in: SZ 19 (1898) 297. Gaius verwendet in der Regel den Ausdruck *formula in factum* (Gai. 4.46; Gai. 4.47; Gai. 4.106). Nur in einer Stelle kommt das *actum in factum* vor (Gai. 4.107: *in factum actum*).

Actio autem nihil aliud est quam ius persequendi iudicio quod sibi debetur.
Die actio ist jedoch nichts anderes als das Recht der gerichtlichen Verfolgung dessen, was einem geschuldet wird.

Im Gegensatz zu der celsinischen Stelle aus den Digesten wird die Celsus-Aussage am Beginn des 4. Buches der Institutionen behandelt. Sie eröffnet den Diskurs *De actionibus*. Ihr wird somit ein allgemeiner Charakter der allumfassenden Definition der *actio* verliehen.[1238] Die Verfasser der Institutionen beziehen sich nicht nur auf die *actiones in personam*, sondern auch auf andere Arten der *actiones*. Die geänderte Wortstellung in der Celsus-Definition sowie die Abänderung der Verbform von *debeatur* in *debetur* zeigt überdies eine interpretative Formulierung der Worte des Celsus durch die Verfasser der Institutionen.

Die Definition von Celsus gelangte offenbar deswegen in den Fokus der Kompilatoren, die sie aus Digesten in die Institutionen übertragen, weil sie die *actio* nicht als prozessuales Schema bzw. als *formula* verstehen, sondern ihre Aufmerksamkeit auf das individuelle Rechtsbegehren bzw. Klagerecht des Akteurs bzw. des Klägers legen. Da im nachklassischen Recht die *formulae* verschwinden, wird die Bedeutung der *actio* von der Form bzw. *formula* auf *ius agendi* verschoben.[1239]

Die Rezeption der celsinischen Definition findet man schon in der Antike, die wiederum in einer modifizierten Form in Basiliken sowie in der Paraphrase des Theophilus vorkommt.[1240] Ihr weiterer Erfolg in der Rechtsgeschichte und insbesondere im deutschsprachigen Zivilprozessrecht des 19. Jh. hängt damit zusammen, dass sie den axiomatisch-dogmatischen Begriffen des Zivil(prozess)rechts zugrunde liegt.[1241]

1238 *Novitskaya*, Bemerkungen zur celsinischen Definition der *actio*, in: SZ 139 (2021) 61. Als Missverständnis der Definition durch die Kompilatoren sehen *Binder*, Prozess und Recht (1927) 57 und *Savigny*, System 5 (1841) 11 ihre Darstellung am Anfang des 4. Buches der Institutionen.

1239 *Zulueta*, The Institutes of Gaius II (1953) 221.

1240 Die Definition von Celsus wurde wie folgt in den Basiliken übernommen-Bas. 52.1.50): Ἀγωγή ἐστι δίκαιον τοὺ ἀπαιτῆσαί τινα ἐν δικαστήρίω ὅπερ κεχρεώστηται / *Actio est ius petendi ab aliquo in iudicio, quod sibi debetur.* Die Ausgabe nach *Scheltema/Van der Wal/Holwerda*, Basilicorum libri LX. Textus Librorum XLIII-LII, Vol. VI (1969) 2428 Rn. 19–20; *Novitskaya*, Zur celsinischen Definition der actio, in: SZ 139 (2022) pas.

1241 *Novitskaya*, Zur celsinischen Definition der actio, in: SZ 139 (2022) 47.

12.2. Das 3. Buch der Digesten von Celsus und die Struktur des Ediktskommentars

Die Definition der *actio* stammt ursprünglich aus dem 3. Buch der Digesten von Celsus. Sein Aufbau folgt der Ediktsordnung.[1242] Nach Ansicht von Lenel und Stella Maranca hat das 3. Buch den Titel *De iudiciis omnibus.* Zu Beginn ist eine allgemeine Information über das *officium praesidis* (D. 1.18.17) enthalten, sodann folgt der Teil über das *officium iudicis*, d. h. über den Ermessensspielraum des Richters (D. 6.1.38). Anschließend wird die *sententia proferenda* (D. 42.1.39) erörtert. Erst danach wird die Definition der *actio* angeführt.[1243] Die celsinische *actio* ist somit in Zusammenhang mit der Darstellung allgemeiner Begriffe im Gerichtsverfahren formuliert worden.

Eine andere Erklärung stammt von Cerami, der die palingenetischen Argumente und insbesondere die Herleitung der celsinischen Definition aus dem 3. Buch seiner Digesten außer Acht lässt.[1244] Seiner Auffassung nach hat Celsus die *actio* im Zuge der Diskussion über die Gewährung der *actio in factum* analog zur *actio legis Aquiliae* definiert. Ceramis Annahme basiert auf einem Fragment aus dem 18. Buch des Ediktskommentars Ulpians, der die Ansicht des Celsus zu einem Streit wiedergibt (Ulp. 18 ed. D. 9.2.27.14: *Celsus quaerit*).[1245] Ulpian, der die Meinung von Celsus erörtert, schildert einen Sachverhalt, wonach jemand (im Text steht dafür „*Tu*") Samen von Schwindelhafer oder wildem Hafer in eine fremde Saat streut. Celsus schlägt dem Eigentümer

---

1242 *Hausmaninger*, Publius Iuventus Celsus, in: ANRW II.15 (1976) 384. Vgl. auch *Babusiaux*, Celsus und Julian zum Edikt si certum petetur, in: Baldus/Miglietta/Santucci/Stolfi (Hgg.), Dogmengeschichte und historische Individualität der römischen Juristen (2012) 366, die die ediktale Ordnung als Grundgerüst des Digestensystems sieht.

1243 *Lenel*, Palingenesia I (1889) 131: "Initio huius tituli Celsus, quasi praefationis modo, generaliter tractat de officio praesidis – (I.18)17 –, de officio iudicis – (6.1)38 –, de sententia proferenda – (42.1)39 –, de actionis notione – (44.7)51. Similiter Ulpianus et Paulus in libris ad edictum […]". Vgl. auch *Stella Maranca*, Intorno ai frammenti di Celso (1915) 16 f.

1244 *Novitskaya*, Zur celsinischen Definition der actio, in: SZ 139 (2022) 62.

1245 *Et ideo Celsus quaerit, si lolium aut avenam in segetem alienam inieceris, quo eam tu inquinares, non solum quod vi aut clam dominum posse agere vel, si locatus fundus sit, colonum, sed et in factum agendum, et si colonus eam exercuit, cavere eum debere amplius non agi, scilicet ne dominus amplius inquietet: nam alia quaedam species damni est ipsum quid corrumpere et mutare, ut lex Aquilia locum habeat, alia nulla ipsius mutatione applicare aliud, cuius molesta separatio sit.*

oder dem Pächter vor, neben dem *inderdictum vi aut clam* auch eine *actio in factum* analog zur *lex Aquilia* zu erheben.[1246] Der von Ulpian zitierte Vorschlag des Celsus könnte nach Cerami aus dem 3. Buch seiner Digesten stammen, in welchem Celsus auch die *actio* definiert (D. 44.7.51). Das Hauptargument von Cerami beruht auf der polemischen Stilistik der celsinischen Definition: die Wendung zu Beginn seiner Definition *nihil aliud est actio quam* (nichts anderes ist *actio*, als …) ist für ihn ein Hinweis, dass sie im Rahmen einer Diskussion, und nämlich einer Diskussion über die Gewährung der *actio in factum* analog zu der *actio legis Aquiliae* formuliert wurde. Die Hypothese von Cerami fußt sonst auf keinem inhaltlich relevanten Argument. Palingenetische Argumente, nämlich die Verbindung der celsinischen Definition mit anderen Fragmenten aus dem 3. Buch seiner Digesten, sprechen meines Erachtens für die Richtigkeit der Rekonstruktion Lenels und Stella Marancas.

12.3. Interpolationenkritik

Die Definition der *actio* von Celsus enthält nach derzeitigem Stand der Forschung[1247] keine späteren Interpolationen.[1248] Die Auffassung der Forschung im

---

1246 Die Gewährung einer *actio in factum* analog zu der *actio legis Aquiliae* benötigt gemäß Cerami einer Begründung, weil der Sachverhalt weder den typisierten Sachverhalten, die im Rahmen der *lex Aquilia* geschützt werden, noch jenen, die im Rahmen der typisierten *actiones in factum* analog zu *lex Aquilia* durchsetzbar seien, entsprechen. *Cerami*, La concezione celsina del "ius", in: AUPA 38 (1985) 134.

1247 Die Interpolationskritik wird bspw. nicht in dem Aufsatz von *Garofalo*, La dottrina dell'azione in D. 44,7,51, in: Garofalo (Hg.), Celso, Teoretico del diritto (2016) 131 behandelt.

1248 Kritisch zu der Celsus-Definition ist aber *Schulz*, Prinzipien des Römischen Rechts (1954) 31. Nach seiner Ansicht ist sie „sicherlich keine klassische Definition der *actio*", sondern eine „nachklassische Randdefinition (31, Fn. 24). Für den Randcharakter nach Schulz spricht, dass die nachklassische byzantische Schrift „De actionibus", in der die Liste der *actiones* der vorjustinianischen Zeit angegeben wurden, die Definition von Celsus nicht überträgt. Das Argument ist nicht zutreffend, weil das „Schriftchen" *De actionibus* von der Struktur her nur eine Liste mit den typischen *actiones* darstellt und keine Züge eines rechtswissenschaftlichen Werkes aufweist, das sich mit dem Rechtswesen der *actio* auseinandersetzt. Die Schrift ist möglicherweise eine Art *liber actionum*. Über das Werk *De actionibus* s. *Zachariä*, *De actionibus*. Ein Überbleibsel antejustinianischer Jurisprudenz, in: SZ 14 (1893) 88–97. S. auch *Rodríguez Martín*, El tratado De actionibus y sus Apéndices (2016) pas.

19. und zu Anfang des 20. Jh. war jedoch eine andere.[1249] Gemäß den Interpolationsvermutungen gingen die Autoren von der Annahme aus, dass die Definition von den Kompilatoren gekürzt und aus ihrem ursprünglichen Kontext entfernt wurde. Die Vertreter der publizistischen Klagetheorien sahen in der Definition von Celsus die Bestätigung ihrer Konzeptionen über das Klagerecht. Die *actio* gemäß Celsus sollte nach ihren Vorstellungen das Recht gegen den Prätor auf die Erteilung einer prozessualen Formel für das Gerichtsverfahren *apud iudicem* bedeuten. Da der überlieferte Text von Celsus keinen sicheren Hinweis für diese Auslegung enthält, schlägt Leonhard die Quelle wie folgt „anzupassen": *actio nihil aliud est quam ius formula a praetore data persequendi ...*[1250] In der Literatur werden auch Zweifel wegen der schwachen Stilistik der Celsus-Definition und der daraus folgenden Mehrdeutigkeit der Definition geäußert. Im Nebensatz *quod sibi debeatur* fehlt gemäß Binder ein Hinweis auf das Subjekt für *sibi debeatur.*[1251] Nach der aktuellen „textkonservativen" Methode der Forschung enthält die Definition von Celsus aber keine Eingriffe durch die Kompilatoren.[1252]

12.4. Alternative Bestrebungen einer Definition der *actio*

Die weite Interpretationsmöglichkeit sichert lange Zeit den Erfolg bzw. große Aufmerksamkeit der celsinischen Definition in der Rechtsgeschichte. Ihre begrenzte „Kontextualisierbarkeit" machte sie gleichsam zum „Sprichwort", das in jeder Abhandlung zu dem Themenkreis der *actio* im römischen Recht erwähnt wird. Aufgrund der Auslegung der celsinischen Definition der *actio* haben sich mehrere Rechtsfiguren entwickelt, wie die Rechtshandlungsmacht

---

1249 *Ebrard*, Über die Quellen der Institutionen Justinians, in: SZ 38 (1917) 329, Fn. 4. Die Interpolationen in der Stelle von Celsus sind gemäß *Leonhard*, Anspruchsbegriff des Entwurfs eines bürgerlichen Gesetzbuchs für das Deutsche Reich, in: Zeitschrift für deutschen Zivilprozess 15 (1890) 335; *Perrozi*, Istituzioni di diritto romano II (1908) 31 Fn. 2.

1250 *Leonhard*, Anspruchsbegriff des Entwurfs eines bürgerlichen Gesetzbuchs für das Deutsche Reich, in: Zeitschrift für deutschen Zivilprozeß 15 (1891) 335 Fn. 23: „Vielleicht schrieb Celsus ursprünglich: *actio nihil aliud est quam ius formula a praetore data persequendi quae in condemnatione posita sunt*, so dass seine Begriffsbestimmung von den Kompilatoren umgebildet werden musste. Das „*sibi debetur*" ist sicherlich verdächtig."

1251 *Binder*, Prozeß und Recht (1927) 59, Fn. 4.

1252 Die Übersicht weiterer Interpolationsverdächte s. bei *Levy/Rabel*, Index Interpolationem III (1935) 368.

(*facultas agendi iure tributa*),[1253] der private Anspruch,[1254] der Rechtsschutzanspruch,[1255] das Recht aus der prozessualen Obligation[1256] oder der Urteilsanspruch.[1257] Sie dient somit jeweils der Begründung von zentralen Rechtsbegriffen in der Zivil(prozess)rechtsdogmatik beginnend mit der Neuzeit.[1258]

Die Definition des Celsus ist nicht der einzige Versuch im römischen Recht, die Grenzen der *actio* zu beschreiben und das Wesen dieser Kategorie zu erfassen. Andere Versuche gehen schon auf die rhetorische Literatur zurück.[1259] Zahlreich sind die Definitionsversuche des *agere* und der *actio* in den Werken der *antiquarii*.[1260]

Die klassischen römischen Juristen, wie Labeo,[1261] Ulpian,[1262] Paulus[1263] und Papinian[1264] konzentrieren sich, wie oben gezeigt, darauf, den Inhalt des Wortes *agere* und der Deverbativa *actum* und *actio* zu erklären. In den

---

1253 *Donellus*, Commentaria de iure civili, in: Hilliger (Hg.) Opera omnia 1 (1762), Sp. 226–227: … *Actio autem, quatenus actionis verbo ius, et facultatem, & agendi intelligimus …*

1254 *Windscheid*, Die Actio des römischen Civilrechts (1856) 5.

1255 *Hasse*, Ueber das Wesen der actio, in: SZ 6 (1834) 155 f.; *Muther*, Zur Lehre von der römischen *actio* (1857) 49.

1256 *Mühlenbruch*, Die Lehre von der Cession der Forderungsrechte nach den Grundsätzen des Römischen Rechts (1836) 19; *Mayer*, Die Litis contestatio geschichtlich dargestellt (1830) 118–120.

1257 *Lenel*, Über Ursprung und Wirkung der Exceptionen (1876) 26; *Sohm*, Der Begriff des Forderungsrechts, in: Grünhuts Zeitschrift für das Privat- und Öffentliche Recht der Gegenwart 4 (1877) 467.

1258 *Novitskaya*, Zur celsinischen Definition der actio, in: SZ 139 (2022) 93. Zu der Rolle der celsinischen Definition im Mittelalter vgl. Kapitel I, Abschnitt 3.1. Vorstellung von der *actio* im Mittelalter, S. 28.

1259 Vgl. den Ausdruck *ius actionis* bei Quint. Inst. Or. 3.6.73; vgl. Cic. Pro Caec. 32.3: … *et eius rei ius actionemque quaeramus;* s. Cic. De part. or. 63.1: *Actionis autem duo sunt genera—unum ad persequendum aliquid aut declinandum* … S. *Balbo*, Traces of Actio in Fragmentary Roman Orators. Reconstructions, Contexts, Receptions, in: Gray/Balbo/Marshall/Stell (Hgg.) Reading Republican Oratory. Reconstruction, Context, Receptions (2018) 227 f.

1260 Vgl. Varro (De ling. lat. 6.4); Festus (s.v. *agere*, Lindsay 21.1 Kapitel II, Abschnitt 1.6. Definitionen des *agere* in den literarischen Quellen, S. 90 f.

1261 Ulp. 11 ed. D. 50.16.19. Siehe dazu *Novitskaya*, Zur celsinischen Definition, in: SZ 139 (2022) 45, Fn. 5. Vgl. Abschnitt 10.1. Die Begriffe *agere* und *actum* im Ediktskommentar von Labeo, S. 292 f.

1262 Ulp. 4 ed. D. 44.1.1; Ulp. 4 ed. D. 44.7.37 pr.; Ulp. 49 Sab. D. 50.16.178.2.Vgl. Abschnitt 10.3. *Agere* und *actio* im Ediktskommentar von Ulpian, S. 304.

1263 Paul. 3 ed. D. 50.16.8.1. Vgl. 10.2. Der Begriff *actio* im Ediktskommentar von Paulus, S. 297.

1264 Vgl. 1 def. D. 44.7.28.

Ediktskommentaren von Paulus und Ulpian sowie von Papinian wird die *actio* durch die Klassifizierungen – *verbum actionis generale/verbum actionis speciale, actio in personam/actio in rem, actio directa/actio utilis* – und durch die Abgrenzungen – *actio, petitio, persecutio, actio/exceptio* – beschrieben. Demgegenüber versuchte Celsus die *actio* des Formularverfahrens inhaltlich zu definieren.

12.5. Verschiedene Erkenntnisinteressen in der Forschung bei der Auslegung der Celsus-Definition

Die Auslegung der Celsus-Definition hängt davon ab, welches Erkenntnisinteresse im Zentrum der jeweiligen Studie steht. In der dogmatisch orientierten Lehre zur römischen *actio*, die ihre Wurzeln in der deutschen Zivil(prozess) rechtswissenschaft des 19. Jh. hat, wurde die Stelle von Celsus im Lichte der zu dieser Zeit diskutierten Theorien des Klagerechts erörtert. Lenel sagt in diesem Zusammenhang zutreffend: „Die Celsinische Definition ist die Mutter gar mancher modernen Definitionen [des Klagerechts] geworden. Man hat aus derselben bald zu wenig bald zu viel herausgelesen.“[1265]

Die Fragestellungen historisch-kritischer Forschung sind hingegen darauf ausgerichtet, den Kontext der Definition und ihre Wirkungsgeschichte für die römische Jurisprudenz und für den römischen Prozess zu rekonstruieren.

12.5.1. Die Fragen in der dogmatisch orientierten Lehre

Die Kernfrage in den Studien dogmatischer Natur besteht darin, ob die *actio* – von Celsus als *ius* verstanden – das subjektive oder das objektive Recht bezeichnet. Das objektive Recht wird mit dem Begriff der Rechtsordnung, dem Akt der Rechtsetzung gleichgesetzt sowie als abstrakte Rechtsnorm wahrgenommen. Das subjektive Recht beschreibt dagegen die Befugnis bzw. den Anspruch des Einzelnen, der aus dem objektiven Recht hergeleitet wird. Diese Unterscheidung, die der aktuellen Rechtsdogmatik eigentümlich ist, wurde auf den römischen *Ius*-Begriff übertragen.[1266]

Die Interpretation, dass die *actio* im römischen Recht der Ausdruck für das subjektive Recht ist, bleibt vorherrschend in der Literatur des 19. Jh. und wurde auch in der romanistischen Forschung des 20. Jh. weiter rezipiert.

Im Zusammenhang mit der *actio* im Sinne eines subjektiven Rechts wird auch die Frage diskutiert, ob die *actio* nach Celsus ein an einen Gerichtsmagistrat

1265 *Lenel*, Über Ursprung und Wirkung der Exceptionen (1876) 26.

1266 Kapitel I, Abschnitt 3.6. Die *actio* als Rechtsnorm, als Teil des objektiven Rechts, S. 40 f.; Kapitel I, Abschnitt 4.4. Ein Kompromiss: das subjektive Recht bleibt, aber *cum grano salis*, S. 50 f.

gerichteter Anspruch auf Rechtsschutz ist (*actio* als subjektiv-öffentliches Recht bzw. Rechtsschutzanspruch),[1267] oder ob sie einen Anspruch gegen den Schuldner darstellt, der gerichtlich durchgesetzt wird (*actio* als subjektives materielles Recht).[1268] Nach einer Meinung wird die *actio* von Celsus mit einem „gerichtlich durchsetzbaren Privatrechtsanspruch" gleichgesetzt,[1269] nach der anderen Ansicht ist die *actio* das „Prozessgründungsrecht".[1270]

Mit dieser Frage, gegen wen die *actio* gerichtet ist, hängt eine andere Frage zusammen; nämlich, ob die *actio* als materielles oder als prozessuales Recht anzusehen ist. Pugliese betrachtet die celsinische Definition der *actio* als Bestätigung seiner These über die im römischen Recht durchgeführte Trennung zwischen materiellem und prozessualem Recht: Die *actio* ist gegenüber der geschützten materiell-rechtlichen Position bzw. des Anspruchs seiner Ansicht nach sekundär. Daher ist die *actio* kein Anspruch und kein subjektives Recht, sondern ein autonomes Klagerecht, das dem gerichtlichen Schutz sowohl des Anspruches als auch des subjektiven Rechts dient.[1271]

Eine weitere Frage besteht darin, ob die *actio* in der celsinischen Definition ein Recht bezeichnet, welches dem zusteht, der einen begründeten materiell-rechtlichen Anspruch durchsetzen will (*actio* im Sinne von *recte agere posse*),[1272] oder ob die *actio* ein abstraktes prozessuales Recht ist.[1273] Als *communis opinio* gilt heute die

---

1267 *Muther*, Zur Lehre von der römischen *actio* (1857) 49.

1268 Zu dieser Klassifizierung der subjektiven Rechte vgl. *Orestano*, s.v. Azione in generale, in: ED 4 (1959) 785–822.

1269 *Windscheid*, Die Actio des Römischen Civilrechts vom Standpunkte des heutigen Rechts (1857) 1; *Goldschmidt*, Prozess als Rechtslage (1925) 42 f. mwN.

1270 *Plósz*, Beiträge zur Theorie des Klagerechts (1880) 20

1271 *Pugliese*, Actio e diritto subiettivo, 1939 (Ndr. 2006) 179 f. Vgl. auch *Goldschmidt*, Prozess als Rechtslage (1925) 42.

1272 Vgl. z. B. *Hölder*, Pandekten. Allgemeine Lehren mit Rücksicht auf den Civilgesetzentwurf (1891) 324, Fn. 1: „Die Definition des Celsus bezeichnet … die Forderung des Rechtsschutzes als eine behufs Durchsetzung einer privatrechtlichen Forderung bestehende; ebenso bezeichnet aber actio die privatrechtliche Forderung als eine durch die um ihretwillen bestehende Forderung des Rechtsschutzes gesicherte. Auch Dernburg betont eine kausale Natur der *actio*." S. auch *Dernburg*, Pandekten I. Allgemeiner Theil und Sachenrecht. 5. Aufl. (1896) 300: „Prozessualisch hat ein Klagerecht, wer das Bestehen einer klagbaren Befugnis behauptet […]." Ähnlich auch *Bülow*, Klage und Urteil. Eine Grundfrage des Verhältnisses zwischen Privatrecht und Prozeß, in: Zeitschrift für deutschen Zivilprozeß 31 (1903) 258, Fn. 4.

1273 Die These über die abstrakte Natur der *actio* wurde u. a. von *Betti*, Istituzioni di diritto romano[2] (1942) 253, 254 Fn. 15, 299 ausgearbeitet. Nach dieser Auffassung wird *actio* als eine Rechtsbehauptung ausschließlich prozessualer Natur erfasst,

Meinung über die kausale Natur der *actio* im römischen Recht und auch in der celsinischen Definition: Nach dieser Auslegung steht die *actio* dem Kläger zu, der ein begründetes materiell-rechtliches Begehren gegen den Beklagten hat.[1274]

12.5.2. Historisch-kritische Fragen

Die historisch-kritische Auseinandersetzung mit der Celsus-Definition ist darauf gerichtet, ihre Rolle für die Entwicklung der *actio* im römischen Recht und Prozess festzustellen: Der Kontext dieser Aussage sowie ihre Rolle für die Entwicklung der römischen Jurisprudenz können nach dieser Ansicht den Inhalt der Celsus-Definition erschließen.

Mit der Celsus-Definition ist eine weitere Frage verbunden, die für dogmatische und für historisch-kritische Studien gleichermaßen wichtig ist: Versteht Celsus unter der *actio* nur eine *actio in personam* oder umfasst seine Definition auch die *actiones in rem*? Diese Frage kann anhand der Interpretation des Wortes *debere* in dem Ausdruck *quod sibi debeatur* in der Celsus-Definition der *actio* beantwortet werden.[1275] Wenn Celsus seine Definition nur in Bezug auf die *actiones in personam* formuliert, dann begrenzt er den *Actio*-Begriff auf die persönlichen Klagen.[1276] Die *actio* nach Celsus ist gemäß dieser Auslegung der Ausdruck für einen materiell-rechtlichen Anspruch aus einem Schuldverhältnis. Zu erinnern ist die oben angedeutete Gliederung der *actio* in *verbum speciale* und *generale* sowie der Systematik *actio, petitio, persecutio,* bei der die *actio* im engen Sinn (*verbum speciale*) nur die *actio in personam* inkludiert. Celsus will nach einer Auffassung die *actio* im engen Sinn (*verbum speciale*) definieren. Wenn die *actio* hingegen sowohl die *actiones in personam* als auch die *actiones in rem* umfasst, weist sie einen allgemeinen Charakter auf, sodass sie

---

die vom „prozessualen Gesetz“ gewährt wird und unabhängig davon, ob der behauptete Anspruch später vom Richter als „in fatto fondato“ anerkannt wird. Zur Evolution bzw. Involution des Gedankens von Betti vgl. *Cardilli, Cardilli,* Brevi riflessioni critiche sull'azione, in: Revista Chilena de historia del derecho 22 (2010); Irti, Un dialogo tra Betti e Carnelutti (intorno alla teoria dell'obbligazione), in: Irti (Hg.), Diritto sostanziale e processo (2006) V; *Fino,* Idee romane in tema di giurisdizione (2012) 8 Fn. 18.

1274 *Pugliese,* s.v. Azione (diritto romano), in: NNDI II (1958) 27; *Pugliese,* PF I) 102 f.; *Schipani,* Osservazioni sulle categorie sistematiche di „actio“ e „processo“, in: Atti Provera (1994) 138 f.; auch schon Bekker. Zu Bekker s. *Santoro,* Per la storia dell'*obligatio* I (2020) 388.

1275 *Pugliese,* PF I, 111. S. unten Abschnitt 12.6.3 *Quod sibi debeatur,* S. 347 f.

1276 S. dazu *Novitskaya,* Zur celsinischen Definition der *actio,* in: SZ 139 (2022) 55 f.

abstrakt als Rechtsbehelf für die Verfolgung von Ansprüchen sowohl schuldrechtlicher als auch sachenrechtlicher Natur zu verstehen ist.

12.6. Die Elemente der Definition von Celsus

Die Definition der *actio* lässt sich in drei Teile gliedern: (1) *nihil aliud...quam,* (2) *ius iudicio persequendi,* (3) *quod sibi debeatur.* Eine punktuelle Analyse jedes einzelnen dieser Teile erschließt ihren Sinn.

12.6.1. *Nihil aliud ... quam*

Celsus beginnt seine Definition mit den Worten *nihil aliud est actio quam* / Nichts andere ist die *actio,* als ... In der Forschung werden hierzu verschiedene Hypothesen vertreten. Einerseits wird angenommen, dass Celsus die Definition im Rahmen der rechtlichen Analyse eines konkreten Falles formulierte.[1277] Möglich ist auch, dass der Anlass für die Celsus-Definition die Interpretation einer spezifischen Rubrik im prätorischen Edikt war.[1278] Nicht auszuschließen ist, dass Celsus mit dieser Formulierung eine doktrinäre Diskussion endgültig beenden wollte und dabei auf die einzig richtige seine Definition bestand.[1279]

Im Corpus der Celsus-Fragmente findet man nur einen Text, der wie die ursprüngliche Definition der *actio,* aus dem 3. Buch der Digesten stammt, und der Ansätze zu einer Kontroverse unter den römischen Juristen enthält. In dieser Stelle (Cels. 3 dig. D. 12.4.16) schlägt Celsus vor, für den Fall eines atypischen Vertrages eine *condictio causa data causa non secuta* zu gewähren.[1280] Gallo setzt diese in Verbindung mit dem berühmten Fragment aus dem 14. Titel des 2. Buches der Digesten *De pactis* über die Anerkennung der atypischen Verträge (Ulp. 4 ed. D. 2.14.7.2).[1281] In diesem letzten Text verweist Ulpian auf eine

1277 *Cerami,* La concezione celsina del "ius", in: AUPA 38 (1985) 133–134.

1278 *Pugliese,* s.v. Azione (diritto romano), in: NDI II (1958) 28.

1279 *Provera,* Lezioni sul processo civile Giustinianeo I (2010) 3.

1280 Cels. 3 dig. D. 12.4.16: *Dedi tibi pecuniam, ut mihi Stichum dares: utrum id contractus genus pro portione emptionis et venditionis est, an nulla hic alia obligatio est quam ob rem dati re non secuta? In quod proclivior sum ...* / Ich habe dir Geld gegeben, damit du mir Stichus übereignest. Entspricht diese Art von Austauschgeschäft einem Kauf oder entsteht hier keine andere Verpflichtung als die auf Rückgewähr des wegen eines Erfolges Gegebenen bei Nichteintritt des Erfolges? Ich bin eher der letztgenannten Lösung zugeneigt ... Die Übersetzung folgt *Behrends/Knütel/Kupisch/Seiler,* CIC 3 (1999) 103.

1281 *Gallo,* Synallagma e conventio nel contratto II (1995) 90–126.

Diskussion zwischen Aristo und Celsus (*eleganter Aristo Celso respondit*) über die rechtliche Anerkennung der atypischen Vereinbarungen nach dem synallagmatischen Leistungsschema *do ut des* und *do ut facias*. Während Aristo in der Struktur der vereinbarten Gegenleistungen ein synallagmatisches Vertragsverhältnis sieht, verneint Celsus das Zustandekommen eines Vertrages. Eine nähere Erörterung der Meinung von Celsus im Rahmen dieser Diskussion findet man dabei in einer weiteren Stelle (Cels. 3 dig. D. 12.4.16), die auch aus dem 3. Buch der Celsus-Digesten (wie die Definition der *actio*) stammt. Celsus sagt, dass, wenn Geld gegeben worden ist, aber keine Gegenleistung erfolgt ist, man das Geleistete mit der *condictio* zurückfordern kann. Die Definition „*nihil aliud est actio quam ius quod sibi debeatur iudicio persequendi*" hätte somit eine Definition der *condictio*, d.h. einer Kondiktionsklage, sein können.[1282] Gleichzeitig steht im Fokus der Diskussion über die Gewährung der *actio civilis in factum* oder der *condictio* in D. 2.14.7.2 nicht das Problem der *actio* als solches, sondern das Problem der Typengebundenheit der Verträge und der Anerkennung atypischer Rechtsgeschäfte. Auch die Entscheidung von Celsus zugunsten der *condictio causa data causa non secuta* in der Stelle D. 12.4.16 kann meines Erachtens keinen Kontext bilden, indem die Ausgangsdefinition formuliert wurde. Auch das von Cerami angeführte Fragment, in dem Ulpian die Meinung von Celsus im Zusammenhang mit der Gewährung der *actio in factum* analog zu der *actio legis Aquiliae* widergibt (Ulp. 18 ed. D. 9.2.27.14), enthält keinen sicheren Hinweis auf die Diskussion über die Gewährung der *actio*, die einen möglichen Anlass für die celsinische Definition sein könnte. Für die Hypothese, dass die Definition von Celsus im Zusammenhang mit der Streitlösung formuliert wurde, findet man somit keine sicheren Nachweise in den Quellen.[1283]

Der Ausdruck „*nihil aliud*" kommt in der rhetorischen Literatur häufig zur Anwendung und stellt ein rhetorisches Stilmittel, nämlich eine *correctio*, dar.[1284]

1282 Diese Meinung wurde schon von Heinecke vertreten. Vgl. *Heinecke*, Opusculorum postumorum Tom III, in: Opera omnia VII (1748) 618–641. Diese Hypothese wurde auch von Stella Maranca unterstützt. Vgl. *Stella Maranca*, Intorno ai frammenti di Celso (1915) 17.

1283 Sicher scheint nur die vorsichtige Annahme Lenels zu sein, dass die Worte *nihil aliud est actio quam* „entschieden auf eine Beziehung zu etwas Vorausgegangenem" verweisen. *Lenel*, Über Ursprung und Wirkung der Exceptionen (1876) 26

1284 Die *correctio* stellt eine rhetorische Redefigur dar. Sie kann auf die Verbesserung einer eigenen Äußerung gerichtet sein. Die semantisch-onomasialogische *correctio* besteht auch in der Verwerfung eines gebrauchten Ausdrucks und dessen

In den Digesten wird die Wendung *nihil aliud est... quam* als rhetorisches Mittel verwendet, die ebenso von Ulpian in der Definition des Wortes *commendare* angeführt wird (Ulp. 30 ed. D. 50.16.1.186).[1285] Auch Julian definiert *hereditas* und bedient sich dieses Ausdrucks (Iul. 6 dig. D. 50.17.62).[1286] Beide Stellen – Ulp. 30 ed. D. 50.16.1.186 und Iul. 6 dig. D. 50.17.62 – stammen aus dem 16. und 17. Titel des 50. Buches der Digesten, in denen die Kompilatoren Definitionen der römischen Juristen zu bestimmten Rechtsfiguren anführen. Daraus lässt sich schließen, dass der Ausdruck *nihil aliud* von römischen Juristen allgemein im Zusammenhang mit der Formulierung abstrakter Definitionen verwendet werden könnte.

In anderen Stellen wird *nihil aliud* als eine Form der Bekräftigung der eigenen Aussage verwendet. In einem Fragment führt Ulpian die Meinung von Celsus an, der Folgendes berichtet (Ulp. 13 ed. D. 4.8.23.2): *nihil aliud esse sententiae stare posse, quam id agere* verwendet. Damit bekräftigt Celsus seine Meinung, dass den Schiedsspruch zu befolgen nichts anderes bedeutet, als alles zu tun, was einem möglich ist, damit dem Spruch des Schiedsrichters Folge geleistet wird. In einer anderen Stelle wird betont, dass *replicationes nihila aliud sunt quam exceptiones* (d.h. *replicationes* sind nichts anderes ihrem Wesen nach als *exceptiones*) (Ulp. 4 ed. D. 44.1.2.1). Celsus will meines Erachtens mit *nihil aliud est quam* zum Ausdruck bringen, dass er seine richtige Definition der *actio* von anderen (hypothetischen) Definitionen abgrenzt, welche die *actio* nicht korrekt erfassen.[1287] Durch diese Abgrenzung und durch die *correctio* vertritt Celsus die Ansicht, die einzig richtige Definition erstellt zu haben.

Ersatz durch einen anderen, stärkeren Ausdruck. Das Ziel der *correctio* ist die Ausdruckssteigerung. S. *Lausberg*, Handbuch der literarischen Rhetorik[3] (1990) 386 f. S. auch *Novitskaya*, Zur celsinischen Definition der actio, in: SZ 139 (2022) 48, Fn. 18.

1285 Ulp. 30 ed. D. 50.16.186: *„commendare" nihil aliud est quam deponere/* Anvertrauen ist nichts Anderes als deponieren. Zum Verb *commendare* vgl. auch Pap. 9 quaest. D. 16.3.24.

1286 Iul. 6 Dig. D. 50.17.62: *Hereditas nihil aliud est quam successio in universum ius quod defunctus habuerit/*Erbschaft ist nichts anderes als das Recht, das der Gestorbene hatte, universell zu erben.

1287 Zu den Argumentationstechniken von Celsus und seinen republikanisch-frühklassischen Vorbildern vgl. *Hausmaninger*, Publius Iuventus Celsus, in: ANRW II.15 (1976) 385; *Wieacker*, Amoenitates Iuventianae, in: Iura 13 (1962); *Bretone*, Tecniche (1971) 197–198.

12.6.2. *Ius iudicio persequendi*

Den Kern der Definition bildet die Beschreibung der *actio* als *ius iudicio persequendi*. Die *actio* ist das Recht der gerichtlichen Verfolgung (*ius iudicio persequendi*) in Bezug auf das, was geschuldet (gebührt) sein mag. Der Ausdruck *ius iudicio persequendi* gestattet verschiedene Interpretationen, weil die Begriffe *ius* und *iudicium* in den Rechtsquellen sehr unterschiedliche Bedeutungen annehmen. Celsus bestätigt eine Verbindung zwischen der *actio* und dem *ius* an anderer Stelle, in der er den Ausdruck *ius actionis* verwendet.[1288] In der Rechtsgeschichte ist Celsus überdies für seine Definition des *ius* als *ars boni et aequi* bekannt. Daher stellt sich folgende Frage:[1289]

a) Was bedeutet das *ius* – subjektives oder/und objektives Recht?

Vorherrschend bleibt die Vorstellung, dass die *actio* in der celsinischen Definition eine Ausdrucksform des subjektiven Rechts ist. Diese Vorstellung geht auf Donellus zurück.[1290] Im 19. Jh. wurde diese Auslegung weiterentwickelt, die auch bis heute aufrecht ist. Cannata übersetzt *ius* in der Definition mit dem Begriff des subjektiven Rechts.[1291] Pugliese nimmt an, dass die *actio* ein besonderes prozessuales subjektives Recht bedeutet.[1292] Auch nach der Interpretation von Marrone setzte die Gewährung der *actio* die Existenz eines subjektiven

---

1288 Ulp. 19 Sab. D. 33.4.1.9: *Celsus libro vicesimo digestorum scribit, si socer nurui dotem relegavit, si quidem ius actionis de dote voluit relegare, nullius momenti esse legatum, quippe nupta est …* / Celsus schreibt im 20. Buch seiner Digesten, wenn ein Schwiegervater seiner Schwiegertochter das Heiratsgut zurückvermacht hat, so hat das Vermächtnis, wenn es ihr nur das ius actionis vermachen wollte, keine Wirkung … Die Übersetzung stützt sich auf *Otto/Schilling/Sintenis*, Corpus iuris civilis 3 (1831) 444.

1289 Cerami versucht eine Verbindung zwischen dem Begriff des *ius* von Celsus und dem *ius* in der Definition der *actio* zu finden. Das *ius* wird dabei als *bonum et aequum* verstanden. S. *Cerami*, La concezione celsina del "ius". Presupposti culturali e implicazioni metodologiche, in: AUPA 38 (1985) 134.

1290 Novitskaya, Zur celsinischen Definition der *actio*, in: SZ 139 (2022) 75 f.

1291 Vgl. Cannatas Übersetzung der Definition von Celsus ins Italienische: „null'altro è l'azione, se non il diritto (soggettivo) che uno ha, di perseguire mediante un processo ("iudicio") quel che gli è dovuto". S. Cannat*a*, Profilo istituzionale del processo privato romano I: Legis actiones (1980) 8.

1292 *Pugliese*, Actio e diritto subiettivo (1939) 149 f.

Rechts voraus.[1293] Pelloso, auch wenn er sich anderorts kritisch gegen den Begriff „subjektives Recht" äußert, entwickelt die Idee von Gioffredi fort, dass zwischen dem *ius recte agendi* (oder *ius iudicio persequendi* in der Definition von Celsus) und dem *ius utendi fruendi* (Rechtsbefugnis, eine bestimmte Sache zu nutzen und die Früchte daraus zu ziehen) kein „ontologischer" Unterschied bestehe: Durch den Begriff *ius* wird die Auffassung des Rechts im subjektiven Sinn bzw. der subjektiven Rechtsherrschaft verkörpert. Es geht sowohl für Pelloso als auch für Gioffredi nur um verschiedene und vielfältige Manifestationen bzw. Anwendungsbereiche des *ius*.[1294]

Eine Mindermeinung stellen jene Auffassungen dar, die in der Celsus-Definition einen Hinweis auf das objektive Recht sehen.[1295] Diese Theorien bestreiten zunächst die Rolle des subjektiven Rechts als systemprägenden Begriff des Römischen Rechts.[1296] Die römische Rechtsordnung besteht gemäß dieser Theorien aus den objektiven Rechtsfiguren oder Grundelementen objektiver Rechtsnatur, „aus welchen alle beabsichtigten und nicht beabsichtigten subjektiven Rechte unmittelbar hervorgehen".[1297] Die *actio* in der Definition von Celsus ist nach Meinung von Affolter ein objektives Rechtsverhältnis[1298]

1293 *Marrone*, Istituzioni di diritto romano (2006) 58, Fn. 3.

1294 *Gioffredi*, Ius e actio, in: Nuovi studi sul diritto greco e romano (1980) 237 f.; *Pelloso*, Il concetto di 'actio' alla luce della struttura primitiva del vincolo obbligatorio, in: Garofalo (Hg.) 'Actio in rem' e 'actio in personam'. In ricordo di Mario Talamanca I (2011) 310, Fn. 330. Es geht hier nur um verschiedene Betrachtungsweisen einer rechtlich relevanten Situation: Auf einer Seite gibt es einen Gläubiger, der außer *ius* (d. h. einer Befugnis) keine anderen Möglichkeiten oder Macht hat, dem Prozess für eine Verurteilung des Schuldners zur *litis aestimatio* Impulse zu geben; auf der anderen Seite gibt es einen Eigentümer des dominierenden Grundstückes oder einen Nießbraucher, der stattdessen auch das *ius* (d. h. die Befugnis) hat, das Dienergrundstück zu betreten oder die Früchte einer *res aliena* zu genießen und in Besitz zu nehmen.

1295 *Novitskaya*, Zur celsinischen Definition der *actio*, in: SZ 139 (2022) 87 f.

1296 Vgl. das Kapitel I, Abschnitt 4.3. Die Entkoppelung der *actio* vom subjektiven Recht, S. 45 f. Vgl. die dort skizzierte Ansicht von Villey.

1297 *Puntschart*, Die fundamentalen Rechtsverhältnisse des Römischen Privatrechts (1885) VII.

1298 Man kann der Affolters Ansicht zustimmen, indem man bejaht, dass die Befugnis, d. h. das subjektive Recht, von den objektiven Rechtsfiguren abgeleitet wird. Die *actio* kann eine Rechtsnorm bedeuten, und wenn eine konkrete *actio* ausgeübt wird wird die Rechtsnorm auch zu einem gewissen Grad subjektiviert. Nicht geklärt bleibt die Bezeichnung bestimmter Rechtsfiguren und auch der *actio* in der Definition von Celsus als „prozessualisch angewandtes objektives

oder das *ius*, verstanden im objektiven Sinn. Die *actio* bedeutet dieser Auffassung nach, dass sie auch ohne ein Rechtssubjekt existiert, als eine pure rechtliche Möglichkeit, genau wie die objektiv existierende Rechtsnorm.[1299] Im Sinne eines objektiven Rechts wird die *actio*, wie Bekker richtig bemerkt, als Formel im prätorischen Edikt verstanden.[1300] Auch Tellegen besteht auf die Gleichsetzung der *actio* mit der *res incorporalis* laut gaianischer Terminologie.[1301]

Eine historisch-kritische Auslegung der Celsus-Definition setzt zunächst eine Auseinandersetzung mit der auf Donellus und Savigny zurückgehenden Auslegung der *actio* im Lichte des subjektiven Rechts voraus, die das Verständnis der *actio* bis heute prägt.[1302] Die Grenze zwischen dem objektiven und dem

---

Rechtsverhältnis". S. *Affolter*, Das römische Institutionensystem, sein Wesen und seine Geschichte (1897) 194. Vor der Aktualisierung der *actio* bleibt meines Erachtens unklar, wer mögliche Beteiligte an diesem Rechtsverhältnis sind. Außerdem stimmt diese Bezeichnung nur zum Teil mit dem Wesen der *actio* überein. Die *actio* war ursprünglich eine einseitig erklärende Spruchformel und nicht unbedingt ein Rechtsverhältnis.

1299 Affolter interpretiert das Institutionensystem von Gaius als ein System der objektiven Rechtsverhaltnisse: *Personae, res* und *actiones* sind somit objektive Rechtsverhaltnisse. Als ein objektives Rechtsverhältnis legt er auch die *actio* von Celsus aus. Vgl. *Affolter*, Das Institutionensystem (1897) 186: "Die actio ist das objektive Rv. in seiner gerichtlichen Verfolgung...". Affolter hat diese These später revidiert und die *actio* bei Celsus als einen Anspruch ausgelegt. S. *Affolter*, Die celsinische Aktio und der Anspruch des Bürgerlichen Gesetzbuchs, in: Zeitschrift für deutschen Zivilprozeß 31 (1903) 457.

1300 *Bekker*, Ueberschau des geschichtlichen Entwickelungsganges des Römischen, in: SZ 15 (1894) 170: „Beide Behauptungen sind einseitig, starke Übertreibungen sind hier nicht erlaubt. Welchem objektiven Recht als solchem wird hier die actio gegenüberstellt? Die actio in edicto proposita soll das objektive Recht, ziviles wie praetorisches, zur Anwendung bringen, aber sie selber (als Ediktsteil) ist auch wieder ein Stück des objektiven Rechts an sich; um sie in Anwendung zu bringen, bedarf es zuerst der Erteilung einer actio (datur actio) in iure, und zweitens einer Anerkennung des zurecht Gegebenseins dieser actio (esse actionem) in iudicio."

1301 *Tellegen*, „Res incorporalis" et les condifications modernes, in: Labeo (1994) 55. Kritisch Burdese, der in der Definition von Celsus einen klaren Hinweis auf die *actio* im Sinne eines subjektiven Rechts sieht. S. *Burdese, Ius consuetudine, pactum, ius* e *res*. Divagazioni su pubblicazioni recenti, in: SDHI 61 (1995) 719–729.

1302 *Novitskaya*, Zur celsinischen Definition der *actio*, in: SZ 139 (2022) 90 f.

subjektiven Recht ist im römischen Recht fließend. Auf einer rechtstheoretischen Ebene hat Kelsen die Abgrenzung zwischen dem objektiven und dem subjektiven Recht zutreffend kritisiert. Der Kardinalfehler der aktuellen Rechtstheorien besteht nach Kelsen darin, dass im subjektiven Recht „etwas vom objektiven Rechte Wesensverschiedenes" gesehen wird.[1303] Das Recht im subjektiven und im objektiven Sinn ist in Kelsens Sicht dasselbe, nämlich der Rechtssatz bzw. eine Rechtsnorm. Das subjektive Recht ist als ein Bestandteil der Rechtsordnung aufzufassen und wird als eine Rechtsnorm und „Rechtssatz in einer besonderen Beziehung auf ein Subjekt".[1304]

Das *ius* in der Definition von Celsus vereinigt meines Erachtens beide Elemente – das objektive und das subjektive. Im Sinne einer objektiven Rechtsnorm ist die *actio* eine Rechtsfigur, die jedem zusteht, der eine Rechtsverfolgung anstrebt. Die Ausübung der *actio* setzt die private Initiative bzw. den Antrag eines privaten Akteurs voraus, was aber die *actio* als *ius iudicio persequendi* nicht auf eine vom objektiven Recht abgeleiteten Rechtsbefugnis reduziert. Selbst der Begriff *actio* bezieht sich sowohl auf *potestas agendi*, d. h. eine individuelle Handlungsmacht im Prozess, als auch auf eine typisierte und objektiv erfasste *formula* im Formularverfahren.[1305]

Die Verbindung der subjektiven und objektiven Aspekte im Begriff der *actio* ist auch (konkret) historisch unter Berücksichtigung der Besonderheiten des Formularverfahrens zu verfolgen. Sie wird durch die Gliederung des Verfahrens in die Phasen *in iure* und *apud iudicem* bestätigt.

Die *actio* bedeutet in der Phase *in iure* eine objektiv gefasste prozessuale Formel oder einen Anspruch des Klägers mit dem Verweis auf die *formula* im prätorischen Edikt. In dieser Phase sucht der Akteur eine vorbestimmte Formel aus dem Edikt aus bzw. lässt sich diese vom Prätor erteilen. Diese *formula* stellt eine normative Satzung dar und bildet zugleich eine Anweisung und eine Informationsquelle für das Urteilsgericht.[1306] Das formlose Begehren des

---

1303 *Kelsen*, Hauptprobleme der Staatsrechtslehre (1911) 618.

1304 *Kelsen*, Hauptprobleme der Staatsrechtslehre (1911) 619.

1305 Vgl. auch *Santoro*, Per la storia dell'*obligatio* I (2020) 402.

1306 *Selb*, Zu den Anfängen des Formularverfahrens, in: FS Flume I (1978) 199–204; *Selb*, Actiones in factum und Formeltechnik, in: FS Demelius (1973) 225; *Selb*, Formulare Analogien in actiones utiles und actiones in factum vor Julian, in: Studi Sanfilippo V (1984) 729 f.

Klägers, das in den Quellen, die sich auf das Formularverfahren beziehen, u.a. als *agere* Erwähnung findet,[1307] wird in eine prozessuale Formel umgewandelt, und wird somit zu ihrem Teil (*intentio*).[1308] Der Sachverhalt wird in der prozessualen Formel nicht von der Perspektive des Klägers aus konzipiert, sondern objektiv erfasst bzw. stilisiert.[1309] Die Parteien dürfen selbstverständlich eigene Ansprüche an die Formelelemente anpassen bzw. einige Formelteile mit dem für die Durchsetzung ihrer Ansprüche relevanten Sachverhalt füllen, und nach der Absprache mit dem Prätor eine passende *formula* durch die *litis contestatio*, durch einen Privatakt, bezeugen.[1310] Doch bleiben einige *verba* der Formel bis zur Endphase der Entwicklung unveränderbar und sind somit das Gerüst für die gerichtliche Durchsetzung *per concepta verba*. Die Formgebundenheit des römischen Prozesses lässt nicht den Schluss zu, von einer freien bzw. formlosen Willensdurchsetzung im Formularverfahren zu sprechen.[1311]

Die *actio* konkretisiert sich weiters im Verfahren *apud iudicem*, wenn konkrete subjektiv geprägte Ansprüche der klagenden Parteien, auch wenn sie in einer objektivierten Form in der *formula* enthalten sind, vom *iudex* geprüft werden. Die *actio* als objektiv verstandene Rechtssituation kann sich im Verfahren *apud iudicem* in eine subjektive Situation verwandeln. Diese These lässt sich anhand der Analyse des Wortes *iudicium* überprüfen.

Celsus unterscheidet in seiner Definition des *ius*[1312] als *ars boni et aequi* (Ulp. 1 inst. D. 1.1.1 pr.) nicht zwischen subjektiven oder objektiven Aspekten des Rechts. Das Einzige, was das Wesen des *ius* bestimmt, ist die ethische Perspektive – *bonum et aequum*. Die Definition des *ius* als *ars boni et aequi* lässt sich meines Erachtens mit der celsinischen Definition der *actio* in Einklang bringen. Wenn man eine gedankliche Verbindung zwischen der Beschreibung des *ius* als *ars boni et aequi* und der Definition der *actio* als *ius iudicio persequendi* herstellt,

---

1307 Ulp. 4 ed. D. 2.13.1 pr.: *Qua quisque actione agere volet, eam edere debet ....*

1308 Über die Verbindung zwischen dem *agere* im Sinne eines individuellen Sprechaktes in dem Legisaktionenverfahren und der *intentio* in der *formula* des Formularverfahrens vgl. *Bethmann-Hollweg* II, 203.

1309 *Selb*, Zu den Anfängen des Formularverfahrens, in: FS Flume I (1978)

1310 Zu der Gestaltung des Prozessprogramms vor der litis contestatio und zu der begrenzten Intervention des Prätors s. *Bürge*, Zum Edikt De edendo, in: SZ 112 (1995) 1–50; *Babusiaux*, Id quod actum est (2006) 7 f.

1311 *Novitskaya*, Zur celsinischen Definition der *actio*, in: SZ 139 (2022) 92.

1312 Ulp. 1 inst. D. 1.1.1 pr.: ... *nam, ut eleganter Celsus definit, ius est ars boni et aequi.*

dann erhält das Verständnis der *actio* bei Celsus nicht nur eine prozessualtechnische, sondern auch eine ethische Dimension: Die *actio* erlaubt das, was möglicherweise dem Akteur zusteht und den Kriterien des *bonum et aequum* entspricht, gerichtlich zu verfolgen (d. h. *iudicio persequendi*).[1313]

b) *Ius iudicio persequendi* – gerichtlich geschützter Anspruch des materiellen Rechts oder prozessuales Recht?

Die Entwicklung des Prozessrechts im 19. Jh. als autonome Rechtsdisziplin hat allerdings dazu geführt, dass die *actio* in der Celsus-Definition als Ausdruck für das prozessuale subjektive (Klage-)Recht verstanden wurde. Diese Zuordnung der celsinischen *actio* zu dem Prozessrecht geht auf Hellwig zurück.[1314]

Einen wichtigen Beitrag hierzu hat auch Pugliese geleistet, der die These von der autonomen prozessualen Natur der *actio* entwickelte. In der Formulierung *ius iudicio persequendi* sieht er einen Hinweis auf die *actio* als autonomes prozessuales Klagerecht. Der Ausdruck *ius iudicio persequendi* ist für ihn mit dem Terminus *agere posse* austauschbar und verweist u.a. auf die prozessuale Handlungsmacht.[1315] Nach einer anderen Auffassung wird *actio* als ein materielles Recht mit prozessualer Akzentuierung verstanden.[1316] Nach der neuen Auffassung von Santoro hat die celsinische *actio* eine materiell-rechtliche Bedeutung.[1317] Die *actio* vereinigt meines Erachtens das prozessuale Vorgehen und die materielle Leistung miteinander. Das erklärt auch, warum die römischen Juristen die Position des Gläubigers oft als „*actionem habet*" beschreiben.[1318]

1313 *Cerami*, La concezione celsina del "ius". Presupposti culturali e implicazioni metodologiche. Parte I, in: AUPA 38 (1985) 135.

1314 *Hellweg*, System des deutschen Zivilprozeßrechts I (1912) 296. S. auch *Novitskaya*, Zur celsinischen Definition der *actio*, in: SZ 139 (2022) 89 f.

1315 *Pugliese*, Actio e diritto subiettivo, 1939 (Ndr. 2006) 173, 179 f. Kritisch *Kaden*, Die Rezension zum Buch von *Pugliese*, Actio e diritto subiettivo (1939), in: SZ 60 (1940) 259.

1316 So verstand die *actio* z. B. *Kreller*, Römische Rechtsgeschichte[2] (1948) 73.

1317 *Santoro*, Per la storia dell'*obligatio* I (2020) 393 mit Fn. 1434, 394 f.

1318 S. dazu *Kaden*, Die Rezension zum Buch von *Pugliese*, Actio e diritto subiettivo (1939), in: SZ 60 (1940) 259–260 mwN.

c) Bedeutung des *iudicium*

Unterschiedliche Interpretationen der celsinischen Definition sind darauf zurückzuführen, dass das Wort *iudicium* verschiedene Bedeutungen in den Quellen hat: 1) das gesamte Gerichtsverfahren[1319], 2) das Verfahren in der zweiten Phase der Gerichtsverfolgung, d. h. das Verfahren vor dem Richter (*apud iudicem*),[1320] 3) die prozessuale Formel für die Verfolgung eigenen Rechts (*iudicium* im Sinne einer Formel aus dem prätorischen Edikt; *iudicium* als Synonym der *actio*), 4) das Gerichtsurteil.[1321] Diese Mehrdeutigkeit des Wortes *iudicium* erleichtert keinesfalls die Interpretation der Celsus-Stelle.

Ad 1): Die Verwendung des Wortes *iudicium* im allgemeinen Sinn des Gerichtsverfahrens hätte zur Folge, dass Celsus hiermit nur allgemein die Grenzen der *actio* als Gerichtsmechanismus bezeichnet.[1322]

Ad 2): Bei einer anderen Lesart, die das *iudicium* als Gerichtsverfahren *apud iudicem* versteht, bedeutet die *actio* ein besonderes Recht, das sich im Gerichtsverfahren *apud iudicem* entfaltet und nach der richterlichen Untersuchung bestätigt oder widerlegt wird.[1323]

Ad 3): Bei der Interpretation des Wortes *iudicium* als Formel aus dem prätorischen Edikt kann die *actio* ein Recht auf die Erteilung eines Streitprogramms oder auf die gerichtliche Verfolgung des Geschuldeten mittels der prozessualen *formula* bedeuten.[1324] Davon ausgehend interpretieren bspw.

1319 *Lenel*, Über Ursprung und Wirkung der Exceptionen (1876) 27.

1320 Vgl. schon *Weber*, Beiträge zu der Lehre von gerichtlichen Klagen und Einreden I (1803) 55: *actio est ius persequendi in iudicio quod nobis debetur.*

1321 S. v. *iudicium*, in: *Heumann/Seckel*, Handlexikon zu den Quellen des Römischen Rechts. 11 Aufl. (1971) 294.

1322 Im Zusammenhang mit dem Wort *iudicium* in der Definition von Celsus wurde in der Lehre des 19. Jh. diskutiert, ob die *actio* gegen den Beklagten oder gegen den Staat, und zwar gegen den Gerichtsmagistrat, gerichtet sei. Diese Fragestellung ist meiner Ansicht nach eine pure Projektion der allgemeinen Diskussionen über die Rolle des Staates im Gerichtsverfahren. S. *Orestano*, s.v. Azione in generale, in: ED 4 (1959) 785–822.

1323 Die Auslegung des Wortes *iudicium* in der Celsus-Definition verbinden die Vertreter dieser Auslegung mit dem Wort *debere* in der Wendung *quod sibi debeatur*. Nach Bekker ist das Verb *debere* ein Hinweis auf das *dare oportere* einer prozessualen Formel. Daher soll das *iudicium* in *iudicio persequendi* das Verfahren *apud iudicem* bedeuten. Vgl. *Bekker*, Ueberschau des geschichtlichen Entwickelungsganges des Römischen Actionen, in: SZ 15 (1894) 194.

1324 *Leonhard*, Anspruchsbegriff des Entwurfs eines bürgerlichen Gesetzbuchs für das Deutsche Reich, in: Zeitschrift für deutschen Zivilprozeß 15 (1891) 335.

Binder[1325] und Wlassak[1326] *iudicio persequendi* als „mit einer Schriftformel“ oder „durch Begründung eines Prozesses“.

Ad 4): Die Auslegung des *iudicium* als Hinweis auf die *condemnatio* bzw. eine *res iudicata* hat zur Folge, dass die *actio* das Recht auf Fällung eines Gerichtsurteils einräumt. Die *actio* nach Celsus bedeutet daher das Recht, die *condemnatio* des Gegners einzufordern.[1327] Die *actio* wird gemäß dieser Ansicht als ein prozessuales subjektives Recht zur Erlangung eines Gerichtsurteils verstanden.[1328]

Die Interpretation des Wortes *iudicium* als „staatliches Verfahren“ führt dazu, dass die *actio* in der Celsus-Stelle als Anspruch gegen den Staat auf Gewährung einer Formel verstanden wird. Diese Auslegung tritt in den Werken von Muther[1329] und anderen Vertretern der publizistischen Natur der *actio*, u. a. Hellwig[1330] und Hasse[1331] hervor.[1332] Diese Interpretation der *actio* als Rechtsbehelf gegen den Staat wurde in der Lehre des 19. Jh. in Verbindung zur Theorie über

---

Weitere Literaturnachweise s. in: *Novitskaya*, Zur celsinischen Definition der *actio*, in: SZ 139 (2022) 49, Fn. 22.

1325 *Binder*, Prozeß und Recht (1927) 57.

1326 *Wlassak*, Processgesetze I (1888) 83; *Wlassak*, Actio, in: RE 1.1 (1893) 306.

1327 *Lenel*, Über Ursprung und Wirkung der Exceptionen (1876) 26; *Santoro*, Per la storia dell'*obligatio* I (2020) 386.

1328 *Santoro*, Perpetuari obligationem, in: AUPA 57 (2014) 202 f.

1329 *Muther*, Zur Lehre von der römischen Actio (1857) 45: „Actio ist der Anspruch des Berechtigten gegen den Prätor auf Erteilung einer Formula für den Fall, dass sein Recht verletzt werden sollte. Durch die Formula wird des Judex niedergesetzt und instruiert, also das Judicium constituirt“.

1330 Die Definition der *actio* soll nach Hellwig beweisen, dass die Römer der *actio* einen „publizistischen“ Charakter zugeschrieben haben. S. *Hellwig*, Klagrecht und Klagmöglichkeit (1905) 72; *Hellwig*, Anspruch und Klagrecht (1900) 147; *Hellwig*, Lehrbuch des deutschen Zivilprozessrechts I (1903) 149, Fn. 24; *Hellwig*, System des deutschen Zivilprozessrechts I (1912) 296.

1331 *Hasse*, Ueber das Wesen der *actio*, in: Rheinisches Museum für Jurisprudenz 6 (1834) 10: „Actio ist demnach das Recht, zu fordern, dass der Staatswille sich selbst in Beziehung auf unsere Rechte durch sein Organ, das Richteramt, offenbare und verwirkliche.“

1332 Kritisch dazu *Bethmann-Hollweg* I (1864) 101. Ein Beweis dafür, dass die *actio* nicht gegen den Staat gerichtet ist, sondern gegen den Gegner, ist die Bezeichnung des Beklagten in den Quellen als *is, cum quo agitur*.

das subjektive Recht gesetzt. Daher wurde die *actio* in der Celsus-Stelle mit dem öffentlichen subjektiven Recht identifiziert.[1333]

Die Frage, gegen wen sich die *actio* in der Celsus-Definition richtet – gegen den Staat oder gegen den Beklagten – kann meiner Ansicht nach nicht nach dem Prinzip „entweder-oder" beantwortet werden. Der Wille des Akteurs ist nämlich sowohl gegen „den Staat" als auch gegen den Beklagten gerichtet. Daher ist es nicht maßgeblich, ob die *actio* auf die Erlangung des staatlichen Schutzes gerichtet ist und somit prozessual verstanden wird, oder ob die *actio* ein materielles Recht und einen gerichtlich durchsetzbaren Anspruch schafft.[1334] Das Ziel von Celsus war demzufolge nicht, mit dem Ausdruck *ius iudicio persequendi* zu vermitteln, dass die *actio* ein ausschließlich gegen den Gerichtsmagistrat gerichteter Anspruch war.[1335]

d) Das Wort *iudicium* in Fragmenten von Celsus

Eine weitere Auslegung der Wendung *ius iudicio persequendi* und des Wortes *iudicium* erfordert eine nähere Auseinandersetzung mit den Fragmenten aus dem Celsus-Corpus.

Nach Celsus bedeutet das Wort *iudicium* im allgemeinen Sinn ein Gerichtsverfahren.[1336] Neben dieser generellen Bedeutung verwendet er *iudicium* für die

---

1333 Kritisch *Affolter*, Die celsinische Aktio und der Anspruch des Bürgerlichen Gesetzbuchs, in: Zeitschrift für deutschen Zivilprozeß 31 (1903) 453–454: … „Auch wenn der Prätor an sein Edikt und an die *datio actionis* gebunden war, „würde aus dieser Selbstbindung doch noch kein subjektives öffentliches Recht des Bürgers gegen ihn auf *dare actionem* entstanden sein."

1334 *Höldner*, Anspruch und Klagerecht, in: Zeitschrift für den Zivilprozess 29 (1901) 57: „Ob ich spreche vom Recht gerichtlicher Durchsetzung eines Privatrechtsanspruchs oder vom Privatrechtsanspruch als einem gerichtlich durchsetzbaren ist dasselbe."

1335 *Affolter*, Die celsinische Aktio und der Anspruch des Bürgerlichen Gesetzbuchs, in: Zeitschrift für deutschen Zivilprozeß 31 (1903) 456–457.

1336 Ein Beispiel dafür bietet weiters folgende Stelle von Celsus (Cels. 27 dig. D. 5.1.31): *Si petitor plures heredes reliquerit unusque eorum iudicio egerit, non erit verum totam rem quae in priore iudicio fuerit deductam esse: nec enim quisquam alienam actionem in iudicium invito coherede perducere potest* / Wenn der Kläger mehrere Erben hinterlassen hat und einer von ihnen im Rahmen eines Verfahrens (*iudicium*) vorgeht, ist es nicht richtig, dass die ganze Sache, die im früheren Verfahren (*iudicium*) anhängig war, zum Gegenstand des Prozesses gemacht worden ist, denn niemand kann ein fremdes Klagerecht gegen den Willen eines Miterben zum Gegenstand eines Prozesses machen. Die Übersetzung

Bezeichnung des Verfahrens *apud iudicem.* Diese Bedeutung erschließt sich insbesondere aus jener Stelle (Cels. 3 dig. D. 42.1.39), die in der Struktur der Digesten von Celsus möglicherweise der Definition der *actio* vorangeht. In diesem Fragment wird das Verb *iudicare,* das mit dem Wort *iudicium* verwandt ist, im Sinne von „urteilen" von einer Mehrheit von Richtern verwendet: *Duo ex tribus iudicibus uno absente iudicare non possunt, quippe omnes iudicare iussi sunt* ... / Von drei Richtern können zwei in Abwesenheit des dritten nicht urteilen; denn sie sind alle zu Richtern bestellt ....[1337] In dem Text bedeutet das Wort *iudicare* sowohl die Durchführung des Verfahrens *apud iudicem* als auch das Urteilen.[1338]

Das Wort *iudicium* als Hinweis auf ein Verfahren *apud iudicem* kommt auch in dem Ausdruck *ante acceptum iudicium* vor, der sich im Fragment aus dem 2. Buch der Digesten von Celsus findet: (Ulp. 13 ed. D. 4.8.21.12): ... *et tamen, inquit, et si dederit ante acceptum iudicium, agi ex stipulatu non poterit* / ... Doch kann, sagt Celsus, wenn der Schuldner noch vor der Annahme des *iudicium* geleistet hat, aus der Stipulation nicht mit Erfolg geklagt werden.[1339] Wie vorstehend erwähnt, folgt die Struktur der Digesten von Celsus dem

---

folgt *Behrends/Knütel/Kupisch/Seiler*, CIC 2 (1995) 478. Der Erblasser hatte ein Klagerecht hinsichtlich einer Sache. Einer der Miterben möchte das vererbte Klagerecht hinsichtlich der ganzen Sache im neuen Verfahren anstrengen. Celsus hält dieses Vorgehen für unrichtig (*non erit verum*). Die Begründung besteht darin, dass sich der Kläger bei diesem Vorgehen einer fremden *actio* (*aliena actio*) bedient.

Vgl. auch den Text aus Cels. 3 dig. D. 42.1.39, wo in dem Ausdruck *duo ex tribus iudicibus uno absente iudicare non possunt, quippe omnes iudicare iussi sunt* [...] das Wort *iudicare* sowohl die Durchfühung des Verfahrens *apud iudicem* als auch das Urteilen im engen Sinn bedeutet. S. *Novitskaya*, Zur celsinischen Definition der *actio*, in: SZ 139 (2012) 50 Fn. 24, die jedoch eine falsche Digestenangabe enthält (Anstatt der Stelle D. 42.139 wird die Stelle D. 5.1.31 angegeben wird).

1337 Die Übersetzung folgt *Otto/Schilling/Sintenis*, Corpus iuris civilis 4 (1832) 357.

1338 Zu der von Celsus formulierten Regel und zu weiteren Quellen über die Urteilsbefugnisse der Richter s. *Ernst*, Rechtserkenntnis durch Richtermehrheiten. „Group choice" in europäischen Justiztraditionen (2016) 20.

1339 Die Übersetzung stützt sich auf *Behrends/Knütel/Kupisch/Seiler*, CIC 2 (1995) 444. Ulpian führt in seinem Kommentar zum Edikt die Stellungnahme aus dem zweiten Buch der Digesten von Celsus an.

Ediktskommentar. Diese Ausführung aus dem zweiten Buch entspricht thematisch nach Lenel und Stella Maranca der Ediktsrubrik „*Qui arbitrium receperint ut sententiam dicant*".[1340] Diese Rubrik berichtet über die Schiedsrichter (*Qui arbitrium receperint,* d. h. jenen, die das Amt eines Schiedsrichters übernehmen), die Entscheidungen fällen (*ut sententiam dicant*). Die palinginetische Nähe dieses Textes zur Definition der *actio* aus dem 3. Buch seiner Digesten von Celsus kann ein Indiz auf eine inhaltliche Verbindung sein. In dieser Textstelle wird die Problemstellung der sogenannten Konventionalstrafen aus einer Stipulation diskutiert. Wenn der Schuldner seine aus einer Stipulation entstandene Strafe schon *ante acceptum iudicium* erfüllt hat, kann er nicht mehr aufgrund der Stipulation gerichtlich belangt werden. Die Zahlung der Strafe vor der *litis contestatio* ermöglicht es nach Ansicht von Celsus nicht mehr, eine *actio ex stipulatu* zu erheben. Die Wendung *ante acceptum iudicium* findet auch in den Quellen anderer Juristen im Sinne eines Verfahrens vor der *litis contestatio* und vor dem Beginn der Verfahrensphase *apud iudicem* Erwähnung.[1341]

Einen Hinweis auf das *iudicium* im Sinne eines Verfahrens *apud iudicem* enthält auch ein anderer Text aus den Digesten von Celsus, in dem er den Ausdruck „*si pendente iudicio ratum habuit*" verwendet.[1342] Celsus bezieht sich

1340 *Lenel*, Edictum perpetuum, 3. Aufl., (1927) 48; *Stella Maranca*, Intorno ai frammenti di Celso (1915) 13.

1341 Für Gaius bedeutet der Ausdruck *ante acceptum iudicium* das Verfahren vor der *litis contestatio.* Gai. 6 ed prov. D. 5.3.41 pr.: ... *sive ante acceptum iudicium sive postea adquisierit possessionem* ... / ... dann muß er, verurteilt, auch diese herausgeben, sei es, daß er den Besitz vor Prozessbegründung oder nachher erworben hat ... Die Übersetzung folgt *Behrends/Knütel/Kupisch/Seiler*, CIC 2 (1995) 541.Vgl. auch Gai. 7 ed. prov. D. 46.7.7 pr.: *Si ante acceptum iudicium prohibitus fuerit procurator a domino et actor ignorans prohibitum eum esse egerit* ... / Wenn vor der Zulassung zum Gerichtsverfahren vor dem Richter, dem Prokurator vom Geschäftsherrn untersagt wird, und der Kläger ohne zu wissen, dass es untersagt war, geklagt haben sollte ... Die Übersetzung stützt sich auf *Otto/Schilling/Sintenis*, Corpus iuris civilis 4 (1832) 794. Ulpian spricht im 36. Buch seines Kommentars zum Edikt (D. 44.4.4.18) über *ante acceptum iudicium* in Bezug auf das ganze Verfahren vor der *litis contestatio.*

1342 Cels. 27 dig. D. 46.3.71.3: *Sed si ignorans solutum litem contestatus est, si pendente iudicio ratum habuit, absolvi oportet illum, cum quo actum est, si ratum non habuit, condemnari* / Aber wenn er, ohne zu wissen, dass gezahlt sei, die Litiskontestation vorgenommen hat, so muss der, mit dem der Akt vorgenommen wurde, freigesprochen werden, wenn [der Gläubiger] es, während der Rechtsstreit schwebt, genehmigt hat; wenn er es nicht genehmigt hat, muss er verurteilt werden. Die Übersetzung stützt sich auf *Otto/Schilling/Sintenis*, Corpus iuris

weiters auf das *iudicium* im Sinne eines Verfahrens *apud iudicem*, das mit der *litis contestatio* beginnt, in der Wendung *post kalendas accepto iudicio.*[1343] *Iudicium* im Sinne eines Verfahrens *apud iudicem* erwähnt er in *non finitio iudicio* bei der Beantwortung der Frage, wie man einen Prozess eines Minderjährigen gegen den Tutor beendet, wenn ein *minor* vor Prozessende sein 25. Lebensjahr vollendet und somit die Volljährigkeit erreicht hat.[1344]

---

civilis 4 (1832) 752. Der Schuldner bezahlt die Schuld bereits vor dem Anfang des Verfahrens (darauf verweist das Wort *solutus*). Der Gläubiger weiß davon nichts, strengt das Verfahren an und führt es sogar bis zum Zeitpunkt der *litis contestatio*. Im Laufe der darauffolgenden Verfahrensphase *apud iudicem* kann der Gläubiger mit der *ratihabitio* die erfolgte Zahlung genehmigen. In diesem Fall wird der Schuldner vom Richter freigesprochen. Auf das Verfahren *apud iudicem* verweist der letzte Teil des Textes: Wenn der Gläubiger die Zahlung des Schuldners nicht befürwortet, dann muss dieser (= der Schuldner) verurteilt (*condemnari*) werden. Celsus verwendet für die Verurteilung das Wort *condemnari*, was wieder ein Zeichen dafür ist, dass das Wort *iudicium* im Text ein Verfahren *apud iudicem* bedeuten könnte, weil die Verurteilung (*condemnatio*) zu den Aufgaben des Richters gehört.

1343 Cels. 5 dig. D. 42.1.11. pr.: *Si kalendis fieri aliquid stipulatus sum, nempe quandocumque post kalendas accepto iudicio tanti tamen aestimanda lis est, quanti interfuit mea kalendis id fieri: ex eo enim tempore quidque aestimatur, quod novissime solvi poterit* / Wenn ich mir eine Leistung am ersten des Monats anhand der Stipulation erbringen haben lasse, und nun zu irgendeiner Zeit nach diesem ersten die Sache anhängig wird, so muss die Verurteilung auf so viel gerichtet werden, als ich Nutzen davon gehabt hätte, wenn es den ersten geschehen wäre; denn ein jedes Ding ist nach dem letzten Zeitpunkt, zu welchem es geleistet werden konnte, zu schätzen. Die Übersetzung folgt *Otto/Schilling/Sintenis*, Corpus iuris civilis 4 (1832) 349. In der angeführten Stelle, die aus dem 5. Buch der Digesten von Celsus stammt, wird die Frage diskutiert, wie die *litis aestimatio* zu berechnen sei. Der Schuldner hat sich verpflichtet, anhand der Stipulation eine Leistung zu erbringen. In der vereinbarten Zeit hat er keine bedungene Leistung erbracht. Gegen ihn hat der Gläubiger das Verfahren angefangen. Der Ausdruck „*accepto iudicio*" verweist hier auf das Verfahren zum Zeitpunkt der *litis contestatio*. Darauf verweist insbesondere ein Teil des Textes, wo Celsus betont, dass im Rahmen der vom *iudex* durchgeführten *litis aestimatio* alles mitberechnet werden muss, was der Gläubiger im Rahmen der Primärleistung nicht bekommen hat.

1344 Ulpian führt in seinem Kommentar zum Edikt (Ulp. 11 ed. D. 4.4.3.1) einen Auszug aus der Stellungnahme von Celsus an, der nicht unelegant (*non ineleganter*) die Frage behandelt, wie man das Gerichtsverfahren des Minderjährigen gegen seinen Vormund abschließen könnte, wenn der Minderjährige vor dem Ende des Verfahrens das 25. Lebensjahr vollendet. Celsus verwendet den Ausdruck „*non*

Den Begriff *iudicium* kennt Celsus auch als Bezeichnung des Streitprogramms und als Synonym der Klage und im Sinne eines gerichtlich durchsetzbaren Anspruchs. Das bestätigt bspw *iudicium tutelae contrarium.*[1345] Auf die Bedeutung des *iudicium* als Streitprogramm verweisen in den Celsus-Texten weiters Begriffe wie *iudicium mandati*[1346], *dotis iudicium*[1347] oder *iudicium herciscundae*[1348]

---

finito iudicio iam eo maiore effecto viginti quinque annis ... / der Minderjährige war noch vor Ende des Prozesses bereits 25 Jahre alt geworden ... Im gleichen Fragment sagt Celsus: „*neque enim extremo, inquit, iudicii die videtur solum deceptus hic minor, sed totum hoc structum, ut maiore eo facto liberaretur* / Es wird nicht nämlich ganz danach gesehen, sagt er, daß der Minderjährige nicht erst am letzten Tag des Prozesses betrogen wurde, sondern daß alles darauf angelegt war, den Gegner erst freizusprechen, als der Minderjährige volljährig geworden war. Die Übersetzung nach *Behrends/Knütel/Kupisch/Seiler*, CIC 2 (1995) 375.

1345 Cels. 2 dig. D. 4.4.28: ... *non ideo tutori contrarium tutelae iudicium restituendum est* / ... so darf nicht deswegen auch dem Vormund die Vormundschaftsklage wiederhergestellt werden. Die Übersetzung stützt sich auf *Behrends/Knütel/ Kupisch/ Seiler*, CIC 2 (1995) 397.

1346 Cels. 6 dig. D. 12.6.47: ... *quo minus autem consequi poterit ab eo cui solvit, a te mandati iudicio consecuturum, si modo per ignorantiam petentem exceptione non summoverit* / ... Was er jedoch vom Zahlungsempfänger nicht erlangen konnte, wird er von dir mit *iudicium mandati* erlangen, sofern er den klagenden Gläubiger nur aus Unkenntnis nicht mit der Einrede abgewehrt hat. Die Übersetzung stützt sich auf *Behrends/Knütel/Kupisch/Seiler*, CIC 3 (1999) 126. Celsus spricht über die Klagemöglichkeit des Auftragsgebers aufgrund des Mandats. Er wählt dafür den Begriff *iudicium mandati.*

1347 Paul. 7 Sab. D. 24.1.28.7: *Illud recte dictum Celsus ait: si dotis usuras annuas uxor stipulata sit, licet ei non debeantur, quia tamen quasi de annuo convenerit, peti quidem dotis iudicio non possunt, compensari autem possunt* ... / Folgendes wird, wie Celsus sagt, zu Recht vertreten: Wenn eine Ehefrau sich die jährlichen Zinsen der Mitgift durch Stipulation hat versprechen lassen, werden ihr die Zinsen, wie man einräumen muß, nicht geschuldet; doch weil man gewissermaßen eine jährliche Unterhaltsrente vereinbart hatte, können die Zinsen zwar nicht mit der Mitgiftklage verlangt, wohl aber [mit einer gegen sie gerichteten Foderung] verrechnet werden ... Die Übersetzung folgt *Knütel/Kupisch/ Seiler/Behrends*, CIC 4 (2005) II 246

1348 Ulp. 19 Sab. D. 33.4.1.9: ... *si tamen haec dotem receperit, nihilo minus maritus dotis persecutionem habebit, sive heres institutus esset, familiae herciscundae iudicio, sive non, utili actione* ... / ... Hat die Schwiegertochter jedoch die Mitgift zurückbekommen, so steht gleichwohl ihrem Ehemann die Klage auf die Mitgift zu – falls er als Erbe eingesetzt war, aufgrund der Erbteilsklage, falls nicht,

Aus den Fragmenten von Celsus geht zusammenfassend hervor, dass er das *iudicium* in vier unterschiedlichen Bedeutungen verwendet, nämlich 1) als Gerichtsverfahren ohne Differenzierung, ob es um eine Phase *in iure* oder *apud iudicem* geht; 2) als Verfahren zum Zeitpunkt der Litiskontestation und auch nach der *litis contestatio* wie beispielsweise aus der Formulierung *accepto iudicio* folgt; 3) als Streitprogramm (im Sinne einer *formula*); 4) als Synonym für Klage.

Auszuschließen ist meines Erachtens, dass das *iudicium* in der Definition von Celsus das Gerichtsverfahren im allgemeinen Sinn bedeutet. Bei dieser Annahme wird die Definition von Celsus weit und untechnisch verstanden, stellt einen *locus communis* dar und erklärt nicht das Wesen der *actio* im Formularverfahren.

Der Ausdruck *ius iudicio persequendi* kann daher sowohl ein Hinweis auf die Erteilung einer Formel sein als auch das Verfahren ab dem Zeitpunkt der *litis contestatio* bis zur Urteilsfällung bezeichnen.

Für die Bedeutung des *iudicium* im Sinne eines Verfahrens *apud iudicem* sprechen Argumente palingenetischer Natur. Einige Quellen, in denen das Wort *iudicium* in dieser Form als ein Verfahren *apud iudicem* verstanden wird, stammen – wie auch die Definition selbst – aus dem zweiten und dritten Buch der Digesten von Celsus, die sich thematisch mit dem Verfahren *apud iudicem* auseinandersetzen. Es ist davon auszugehen, dass das *iudicium* in der Definition des Celsus das Verfahren ab dem Zeitpunkt der *litis contestatio* und anschließend *apud iudicem* bezeichnet. Für Celsus begrenzt sich somit die *actio* nicht auf die Rechtsbehauptung *in iure*, sondern umfasst auch das Verfahren *apud iudicem*.

e) Die Verbindung des Wortes *iudicium* mit dem Verb *persequi*

Für die Auslegung des *iudicium* in der Celsus-Definition lassen sich auch Digesten-Stellen heranziehen, in denen *iudicium* in Verbindung mit dem Verb *persequi* erörtert wird. Es stellt sich die Frage, ob diese Wortfolge (*iudicium* und *persequi*) den Quellen geläufig ist und ob man daraus eine konkrete Bedeutung des Wortes *iudicium* auch in der Celsus-Definition erschließen kann.

In der Stelle Iul. 48 dig. D. 12.1.21 wird folgender Sachverhalt besprochen: Eine Klage auf zehn wurde erhoben. Der Beklagte bietet dem Kläger fünf an. Der Kläger ist laut Julian nicht gezwungen *reliqua persequi*, d. h. den Rest

aufgrund einer analogen Klage ... Die Übersetzung folgt *Knütel/Kupisch/Rüfner/Seiler*, CIC 5 (2012) 526.

gerichtlich zu verfolgen. Auch der *vindicans*, der eine Vindikationsklage im Zusammenhang mit einem Grundstück erhebt, ist nicht verpflichtet, einen Teil des Grundstücks gerichtlich zu verfolgen (*iudicio persequi*). In Bezug auf zwei Sachverhalte betont Julian, dass der Prätor in beiden Fällen sich „menschlicher" (*humanius*) verhalten muss. Diese Empfehlung an den Prätor verweist möglicherweise auf das Verfahren *in iure*, in dem der Prätor bei der Gewährung einer *formula*, die hier als *iudicium* bezeichnet wird, human bzw. „menschenfreundlich" vorgehen soll.

Als Hinweis auf eine Verfolgung mit der prozessualen Formel wird *mandati iudicio persequi* in Ulp. 31 ed. D. 17.1.16 verwendet: Der Auftragnehmer wurde beauftragt, etwas auf seinem Grundstück zu bauen. Celsus betont, man könne nach dem Abzug dessen, was das Grundstück des Mandatars an Wert gewonnen hat, *mandati iudicio persequi*. Hier verwendet Celsus *mandati iudicio persequi* sowohl als *formula* als auch eine Widerklage aus dem Mandat (*actio mandati contraria*), die eine gewisse Finalität hat und die erfolgreich erhoben werden kann (*persequi*).

Der Ausdruck *mandati iudicio persequi* wird in Ulp. 7 disp. D. 17.1.29 pr. sowohl im Sinne einer *formula* als auch im Sinne eines Gerichtsverfahrens verwendet. Es wird diskutiert, ob der Bürge den Schuldner aufgrund der Mandatsklage verfolgen (*mandati iudicio persequi*) und von ihm das verlangen kann, was er dem Gläubiger bezahlt hat. Wie in der oben angeführten Stelle wird auch hier mit *iudicio persequi* ein gewisser prozessualer Erfolg bzw. eine potenziell erfolgreiche gerichtliche Verfolgung hervorgehoben.

Als Synonym der Klage findet sich das Wort *iudicium* in Iul. 21 dig. D. 27.4.4, wo mit *contrario iudicio persequi debebit* eine Widerklage aus *tutela* bezeichnet wird. Auch in Ulp. 3 disp. D. 44.2.23 bedeutet *iudicium* in der Wendung *ex bonae fidei iudicio velit usuras tantum persequi* die gerichtliche Verfolgung eines Anspruchs auf Zinsen in einer besonderen Verfahrensart, nämlich in *iudicium bonae fidei*. In der Stelle Inst. 4.1.15/17 verweist *cum iudicio locati… rem suam persequi potest* auf die Gerichtsverfolgung mittels der Formel der *actio locati*. Mit der Wendung *privato iudicio legis Aquiliae damnum persequi* wird eine Klage bzw. *formula* aufgrund der *lex Aquilia* bezeichnet (Inst. 4.3.11).

In manchen Fällen wird der Verbindung zwischen *iudicium* und *persequi* aber keine spezifische Bedeutung im Hinblick auf eine Formel zugeschrieben. So wird in Ner. 5 membr. D. 47.10.41 *mit duobus iudiciis et suam iniuriam persequantur et filii* das Initiieren eines Gerichtsverfahrens als solches bezeichnet, und zwar ohne konkrete Bezugnahme auf eine bestimmte Verfahrensphase (*in iure* oder *apud iudicium*). Aus den angeführten Stellen geht hervor, dass das *iudicium* im Zusammenhang mit dem Verb *persequi* dann eine

Gerichtsverfolgung mit einer *formula* bedeutet, wenn eine zusätzliche Qualifikation bzw. Bezeichnung dieses *iudicium* angeführt wird, bspw. in Begriffen wie *ex bonae fidei iudicio, contrario iudicio, mandati iudicio.*

Da in der Celsus-Definition keine besondere *formula* vorkommt, sondern nur *ius iudicio persequendi*, ist davon auszugehen, dass Celsus die Bedeutung des *iudicium* nicht auf eine bestimmte *formula* reduziert, sondern die gerichtliche Durchsetzung betont. Diese erfolgt mit einer *formula* (*iudicium* im Sinne einer Formel), bedingt das Verfahren vor dem Prätor (*iudicium* als Hinweis *in iure*) und setzt sich im Rahmen des Verfahrens *apud iudicem* (*iudicium*) fort. Beim Vergleich der angeführten Stellen mit der Celsus-Definition wird auch ersichtlich, dass das Verb *persequi* dem Kläger das Obsiegen bei der gerichtlichen Durchsetzung in Aussicht stellt.

f) Die Rolle des Gerundiums *persequendi*

Celsus definiert die *actio* als *ius iudicio persequendi.* Der Gebrauch des Gerundiums *„persequendi"* steht sowohl für die Dauer und gleichzeitig für die Vollendung einer Tätigkeit. Der Ausdruck *„ius persequendi"* findet sich in zwei anderen Digesten-Stellen.[1349] Nicht auszuschließen ist meines Erachtens, dass Celsus vom *ius persequendi* und nicht vom *ius persecutionis* spricht, um mögliche Fehlinterpretationen mit der technisch verstandenen *persecutio* der in den Quellen geläufigen Trias *actio, petitio, persecutio* zu vermeiden. Lenel merkt zutreffend an, dass die Verbform *persequendi* darauf verweist, die Ansprüche bis zum Ende des Verfahrens zu verfolgen. Das erschließt sich aus dem Präfix *per* des Verbs *persequi.*[1350]

12.6.3. *Quod sibi debeatur*

Die *actio* als *ius iudicio persequendi* bezieht sich in der celsinischen Definition auf das, was möglicherweise geschuldet wird (*quod sibi debeatur*). Dieser Nebensatz bildet das Objekt des *ius iudicio persequendi* und dient dazu, den Inhalt der gerichtlichen Verfolgung (*ius iudicio persequendi*) zu erklären. Der Ausdruck *quod sibi debeatur* in der Celsus-Definition bietet nicht weniger Interpretationsschwierigkeiten als die Wendung *ius iudicio persequendi.*

1349 Ulpian (Ulp. 39 ed. D. 37.1.3.2) definiert *bonorum possessio* als *„ius persequendi retinendique patrimonii sive rei, quae cuiusque cum moritur fuit"*. Papinian (Pap. 10 resp. D. 42.5.37) spricht vom *ius persequendi pignoris.*

1350 *Lenel,* Über Ursprung und Wirkung der Exceptionen (1876) 26.

Zwei Fragen sind von erheblicher Relevanz: was bedeutet die Konjunktivform *debeatur*? Umfasst die *actio* nach Celsus die *actiones in personam* oder auch die *actiones in rem*?

a) Morphologische Form des Verbs *debere*

Das Verb *debere* wird in der celsinischen Definition im Konjunktiv verwendet. Bei der Interpretation des *quod sibi debeatur* sind zwei Funktionen des Konjunktivs *debeatur* zu unterscheiden. Der Konjunktiv *debeatur* kann eine Möglichkeit ausdrücken, aber auch als austauschbare Form für den Indikativ verwendet werden.[1351]

Unter der Annahme, dass mit dem Konjunktiv eine Möglichkeit ausgedrückt wird, kann *quod sibi debeatur* wie folgt ausgelegt werden: Das, was möglicherweise dem Akteur zusteht (*sibi debeatur*), wird im Rahmen des Verfahrens bestätigt oder widerlegt.[1352] Die Konjunktivform als austauschbare Form für die Indikativform bedeutet hingegen, dass ein erstrebtes Recht im subjektiven Sinn schon vor der Ausübung des *ius iudicio persequendi* vorliegt. Der Indikativ *debetur* wird in der Fassung der celsinischen Definition in den Institutionen Justinians verwendet.

In einigen Digestenstellen kommt dem Konjunktiv *debeatur* keine besondere Bedeutung zu, in anderen wird hingegen ein Schuldverhältnis beschrieben, das noch in einem Schwebezustand ist und das nach erfolgreichem Ausgang des Gerichtsverfahrens rechtswirksam wird. In Iul. 12 dig. D. 15.1.14 pr. wird ein Sachverhalt über einen freigelassenen Sklaven geschildert. Der Gläubiger eines freigelassen Sklaven, dessen Gewaltherr verstorben ist, erhebt eine Klage gegen die Miterben aufgrund der Verpflichtungen dieses ehemaligen Sklaven. Den „Gewalthabern" (den Miterben) steht dabei das Abzugsrecht vom *peculium* des Sklaven zu, wenn der Sklave bestimmte Verpflichtungen gegenüber diesen Gewalthabern hat. Dieses Abzugsrecht geht zulasten des Gläubigers, da

1351 Vgl. dazu *Hofmann/Szantyr*, Lateinische Syntax und Stilistik II (1965) 329 f.

1352 Für eine solche „potestative" Möglichkeit in dieser Celsus-Stelle optiert Gioffredi. Die in den Quellen vorkommende *potestas agendi* oder *agere posse* spiegeln nach Gioffredi das potestative Recht nicht gänzlich wider. Der Ausdruck „*potestas agendi*" bedeutet die Möglichkeit zu agieren bzw. die prozessuale Handlungsmacht, die aus dem Schuldverhältnis entsteht unddas mit einer besonderen *actio* ausgestattet wird. Der Wissenschaftler grenzt die *actio* von der *potestas agendi* und vom *agere posse* ab. In diesen beiden Fällen geht es nicht um eine rechtliche Befugnis, sondern um eine faktische Möglichkeit. S. *Gioffredi*, Ius ed actio, in: Nuovi studi di diritto greco e romano (1980) 224.

nach seiner Ausübung das *peculium* weniger Wert hat: Die Verpflichtungen der Miterben dem Gläubiger gegenüber werden dadurch geringer. Die Miterben können die Abzüge nur in der Höhe vornehmen, die das nicht übersteigt, was ihnen vom Pekulium geschuldet sein mag (*quod ispi debeatur*). Der Ausdruck *quod ipsi debeatur* verweist entweder darauf, dass die Ansprüche der Gewalthaber gegen das Pekulium (*ius deductionis*) noch nicht bestimmt wurden; der Konjunktiv *quod ipsi debeatur* kann aber auch ohne eine besondere Bedeutung verwendet werden. Die Stelle Paul. 32 ed. D. 17.2.65.14 erörtert eine Situation, in der sich *communis pecunia* bei einem der Gesellschafter befindet. Ein anderer *socius* hat einen Anspruch auf einen Anteil dieser *communis pecunia* aus dem Gesellschaftsvertrag. Er muss gegen den Gesellschafter vorgehen, bei dem sich die *communis pecunia* befindet; in Bezug auf den Rest der *communis pecunia* können alle Gesellschafter ihre übrigen gesellschaftsvertraglichen Ansprüche klageweise geltend machen. Hier wird mit *quod cuique debeatur* nicht ein definitiver Betrag bezeichnet, den andere Gesellschafter verlangen können, sondern nur auf eine mögliche Schuld verwiesen, die erst später bestimmt werden wird. Der definitive Betrag wird erst dann bestimmt, wenn klar ist, was von der *communis pecunia* nach der Geltendmachung des ersten *socius* noch geblieben ist. Auch im Fragment von Papinian (Pap. 8 quaest D. 46.3.94) wird *quod sibi debeatur* als Hinweis auf eine Schuldsituation verwendet, die nicht definitiv ist. Der Schuldner hat seine Schuld mit fremden Geldstücken (*nummos alienos*) beglichen. Der Gläubiger fordert das Geld von demselben Schuldner weiterhin und bietet ihm dabei an, zurückzunehmen, was er von ihm schon erhalten hat (*nec offerat quod accepit*). Gegen diesen Gläubiger wird die *exceptio doli* geltend gemacht. Mit *petere quod sibi debeatur* wird wohl ausgedrückt, dass die Schuld letztendlich nicht besteht, weil sie im Verfahren mit der *exceptio doli* entkräftet werden konnte.

Aus den angeführten Stellen folgt mE, dass die Konjunktivform *debeatur* von Juristen verwendet wird, wenn die Schuldsituation nicht definitiv ist, sondern erst durch das Gerichtsverfahren konkretisiert wird. Aufgrund der angeführten Digestenstellen lässt sich vermuten, dass *quod sibi debeatur* nicht mit der Konjunktivform austauschbar ist. Die Verwendung der Verbalform *debetur* kann für eine gewisse Vereinfachung der Definition durch die Kompilatoren der Institutionen sprechen.[1353]

1353 *Novitskaya*, Zur celsinischen Definition der actio, in: SZ 139 (2022) 68.

b) Die Reichweite der Definition: jede *actio* oder nur die *actio in personam*?

In der Forschung existieren zwei Ansätze über die Bedeutung des Wortes *debeatur.* Nach einer Auslegung verweist *quod sibi debeatur* auf die *actiones in personam.*[1354] Nach einer anderen Interpretation ist das Wort *debere* kein Hinweis auf die Schuld, sondern bedeutet „zustehen“ bzw. „gebühren“.[1355] Die Definition der *actio* umfasst nach dieser Interpretation nicht nur die *actiones in personam*, sondern alle *actiones* (in erster Linie *actiones in rem*). Es wurde überdies vermutet, dass *quod sibi debeatur* hier nicht auf eine mögliche materielle Schuld verweist, sondern auf ein neues prozessuales Rechtsverhältnis infolge der *litis contestatio.* Aufgrund dieses neuen (prozessualen) Rechtsverhältnisses verpflichtet sich der Beklagte zu *condemnari oportere*, d. h. zu der Erfüllung der Rechtsverpflichtung aus der *condemnatio pecuniaria* (Verurteilung auf Geld) des Richters.[1356]

c) Die extensive Auslegung des *debere*

Die weite Auslegung des *debere* geht auf Windscheid zurück. Nach seiner Auffassung bedeutet *quod sibi debeatur* nicht, was einem geschuldet wird, sondern was einem gebührt.[1357] Auch Muther, der Opponent von Windscheid, vertritt eine extensive Auslegung, die über die *actiones in personam* hinaus geht. Der Berechtigte strebt durch das *iudicium* die Anerkennung seines Rechtes an, und dass „jeder ihm, d. h. seinem Recht die Achtung erweist“.[1358] *Debere* wird in der

---

1354 *Marrone*, Istituzioni di diritto romano (2006) 58, Fn. 3.; *Santoro*, *Perpeturali obligationem*, in: AUPA 57 (2014) 202 f.

1355 Vgl. die Übersetzung in: *Behrends/Knütel/Kupisch/Seiler*, CIC 1[3] (2007) 228: „Die Klage aber ist nichts anderes als das Recht, gerichtlich durchzusetzen, was einem gebührt“. S. zu dem allgemeinen Charakter der *actio* nach Celsus *Santoro*, Per la storia dell'*obligatio* I (2020) 385 mwN. Als Argument führt Santoro u.a. Ulp. 9 ad leg. Iul. et Pap. D. 50.16.143: *Id "apud se" quis "habere" videtur, de quo habet actionem: habetur enim quod peti potest.*

1356 *Mayer*, Die Litis contestatio geschichtlich dargestellt (1830) 118–120; *Pugliese*, Actio e diritto subiettivo (1939) (Ndr. 2006) 181.

1357 *Windscheid*, Die Actio des römischen Civilrechts vom Standpunkte des heutigen Rechts (1856) 6: „Der Ausdruck deberi wird hier in dem weiteren Sinne genommen, wo er nicht bloß bezeichnet, was Einem verschuldet wird, sondern überhaupt, was Einem gebührt“; *Puchta*, Vorlesungen über das heutige Römische Recht I (1862) 183.

1358 *Muther*, Zur Lehre von der römischen Actio (1857) 45. S. auch *Hölder*, Zur Lehre vom Klagrecht, in: Regelsberger/Ehrenberg (Hgg.) Jherings Jahrbücher für die Dogmatik des bürgerlichen Rechts 15 (1907) 328: „Ist die *actio* nach der Bestimmung des Celsus (D. 44.7.51) *ius quod sibi debeatur iudicio persequendi*, so ist

berühmten Definition von Ulpian[1359] und auch in anderen Quellen im weiten Sinn verstanden, umfasst sowohl die *actiones in personam* als auch *in rem* und bezieht sich nicht nur auf die zivilen *actiones*, sondern auch auf die *actiones honorariae*.[1360] Das weite Verständnis des *debere* in anderen Quellen lässt den Schluss zu, dass auch Celsus das Wort *debere* im weiten Sinn verstanden hat. Eine nähere Analyse der Fragmente aus seinem Corpus ermöglicht diese Sicht zu erklären.

d) Auslegungen des *debere* als Hinweis auf die *actiones in personam*

Auf Savigny geht die Interpretation des Verbs *debere* im engen Sinn als „schulden" zurück.[1361] Als Beweis dafür, dass Celsus *„quod sibi debeatur"* und seine Definition auf die *actiones in personam* bezieht, kann die Einordnung der

---

sie gegeben durch die Existenz eines der Verfolgung durch *iudicium* fähigen *debitum*, dessen Begriff auch hier weiter ist als der Begriff der *obligatio*, da es auch für den einer *actio in rem* Ausgesetzten besteht".

1359 Ulpian definiert *debere* im 49. Buch seines Kommentars *ad Sabinum* folgendermaßen (Ulp. 49 Sab. D. 50.16.178.3): *hoc verbum „debuit" omnem omnino actionem comprehendere intelligitur, sive civilis sive honoraria sive fideicommisi fuit persecutio* / Man versteht das Wort *„debuit"* so, dass es überhaupt jegliche Klage erfasse, sei die Rechtsverfolgung nun zivil, honorarrechtlich oder die eines Fideikommisses. Die Übersetzung folgt *Baldus*, Zum Begriff des debitum bei Cervidius Scaevola. Schuldrecht, Erbrecht und Prozessrecht zwischen Hochklassik und Spätklassik, in: Harke (Hg.), Faccetten des römischen Erbrechts (2012) 10.

1360 Vgl. die Definition des Wortes *debitum* in Ulp. 27 ed. D. 13.5.1.6: *Debitum autem ex quacumque causa potest constitui, id est ex quocumque contractu sive certi sive incerti, et si ex causa emptionis quis pretium debeat vel ex causa dotis vel ex causa tutelae vel ex quocumque alio contractu.* Vgl. weiters die Definition des Wortes *creditores* Ulp. l. 6 ed. D. 50.16.10: *Creditores accipiendos esse constat eos, quibus debetur ex quacumque actione vel persecutione, vel iure civili sine ulla exceptionis perpetuae remotione vel honorario vel extraordinario. sive pure sive in diem vel sub condicione. quod si natura debeatur, non sunt loco creditorum. sed si non sit mutua pecunia, sed contractus, creditores accipiuntur.* Vgl. auch Ulp. 6. ed. D. 50.16.12 pr. Wie Baldus richtig anmerkt, sind im 16. Titel des 50. Buches – *„De verborum significatione"* – und im 17. Titel des 50. Buches – *„De diversis regulis iuris antiqui"* – angeführte Definitionen aus dem Kontext gerissen und neu systematisiert bzw. zusammengestellt, was ihre Verwendung als Beweise für die Bedeutung des debere in der Celsus-Definition der *actio* infrage stellt. *Baldus*, Zum Begriff des *debitum* bei Cervidius Scaevola, in: Harke (Hg.), Faccetten des römischen Erbrechts (2012) 10.

1361 *Savigny*, System 5 (1841) 10 Fn. 1.

Definition in den 7. Titel „*De obligationibus et actionibus*“ des 44. Buches der Digesten gesehen werden.[1362] Die *actio* wird aber im D. 44.7 nicht nur im Zusammenhang mit den *actiones in personam* gesehen, sondern umfasst auch andere Klagen wie bspw. *actiones in rem*.[1363] Die Überlieferung der Definition im Titel 44.7 allein ermöglicht nicht, ihren Anwendungsbereich zu bestimmen.

Die extensive Überlieferung der celsinischen Definition in den Institutionen könnte ein Grund sein, dass die *actio* von Celsus weit zu verstehen war (Inst. 4.6 pr.).[1364] Die Definition von Celsus in der Einführung des vierten Buches der Institutionen Justinians ist aber nach Ansicht der Vertreter der engen Auslegung nicht an der richtigen Stelle.[1365] Wlassak bekräftigt daher, dass die Definition von Celsus nur zivile Klagen *in personam* umfasst.[1366]

e) Die celsinische Definition und die Trias *actio, petitio, persecutio*

Celsus verwendet in seiner Definition der *actio* die Gerundiumform *persequendi*. Diese Wortwahl kann darauf deuten, dass Celsus sich mit der Trias *actio, petitio, persecutio* kritisch auseinandersetzt (dazu gleich).[1367]

Geht man davon aus, dass die celsinische Definition zu einer neuen Interpretation der Trias *actio, petitio, persecutio* geführt hat, bietet der Text in 44.7 Anhaltspunkte, die für die *actiones in personam* sprechen. Papinian analysiert die Trias *actio, petitio, persecutio* im folgenden Fragment (Pap. 1 def. D. 44.7.28): *Actio in personam infertur, petitio in rem; persecutio in rem vel in personam rei persequendae gratia.*[1368] Die *actio* kann aufgrund dieser Systematik auf die *actiones in personam* in Verbindung gebracht werden.[1369] Die Abgrenzung stammt aus dem 1. Buch der *definitiones* von Papinian, was darauf

---

1362 *Cerami*, La concezione celsina del “ius, in: AUPA 38 (1985) 133.

1363 Die Quellen vgl. in *Novitskaya*, Zur celsinischen Definition der actio, in: SZ 139 (2022) 59.

1364 *Wlassak*, Prozessgesetze I (1888) 84 Fn. 15.

1365 *Wlassak*, s.v. *actio*, in: RE 1.1 (1893) I. Sp. 306: „Actio ist das Recht in der *obligatio* (Gai II 14: *ius obligationis* …). Nur das letztere hat Celsus im Auge, wenn er *actio* definiert … *ius* … *iudicio persequendi* (mit einer schriftlichen Formel oder durch Begründung eines Prozesses) […].“

1366 *Wlassak*, Processgesetze I (1888) 84 Fn. 15. Dieser Interpretation folgt auch Binder. *Binder*, Prozeß und Recht (1927) 57. Auch *Burdese*, *Ius consuetudine, pactum, ius* e *res* in: SDHI 61 (1995) 719–720.

1367 Vgl. *Casavola*, Actio, petitio, persecutio (1965) 21,105, 106–107.

1368 S. oben Abschnitt 8.2. *Actio, petitio, persecutio* in den Quellen, S. 278 f.

1369 Diese dreifache Gliederung privatrechtlicher Ansprüche stellt aber nur einen der zahlreichen Versuche dar, die *actio* in ein System zu bringen, und konkurriert

verweist, dass er dadurch den Sinngehalt der *actio* beschreiben möchte. Die *actio* ist nach Papinian ein Begriff, der sich auf die *actiones in personam* bezieht, *persecutio* dagegen: *in rem vel in personam rei persequendae gratia*. Die Verbindung dieses Fragments mit der celsinischen Definition lässt auf einen Zusammenhang mit den *actiones in personam* schließen.

Auch Gaius betont, dass die Klagen *in personam vero actiones* (Gai. 4.5) heißen und die *actiones in personam* auch *condictiones* genannt werden. Die Sinnverwandtschaft der *actio* und der *condictio* findet man auch in einer anderen Stelle von Ulpian, der zwischen dem weiten und engen Sinn des Wortes *actio* unterscheidet (Ulp. 49 Sab. D. 50.16.178.2). Die *actio* im engen Sinn bezieht sich (Ulp. l. sing. reg. D. 44.7.25 pr.) auf eine *actio in personam*, die auch als *condictio* bezeichnet wird.

f) *Debere* im Textcorpus von Celsus

Die Vertreter der engen Auslegung der celsinischen Definition beziehen sich auf die Bedeutung des Verbs *debere*. Bekker verweist aufgrund der Definition *creditores*[1370] und *debitor*[1371] im 50. Buch der Digesten darauf, dass *debere* in der Celsus-Definition mit „*dare oportere*" und „*in obligatione est*" übereinstimmt.[1372] Aus diesem Grund lassen sich die Bedeutungen des *debere* in dem Corpus der celsinischen Texten überprüfen.

Wie oben erwähnt, folgt die Struktur der Digesten von Celsus dem Ediktskommentar. Im prätorischen Edikt hat *debere* zwei Bedeutungen: das amtsrechtliche Sollen,[1373] aber auch eine schuldrechtliche Verpflichtung.[1374]

---

bspw. mit der anderen in den Quellen verankerten Klassifizierung zwischen den *actiones in rem* und *actiones in personam*. S. oben Abschnitt 10.1. Die Begriffe *agere* und *actum* im Ediktskommentar von Labeo, S. 292 f.; Abschnitt 10.2. Der Begriff *actio* im Ediktskommentar von Paulus, S. 298 f.; Abschnitt 10.3. *Agere* und *actio* im 4. Buch des Ediktskommentars von Ulpian, S. 304 f.

1370 Ulp. 6 ed. D. 50.16.10; Ulp. 62 ed. D. 50.16.54; Paul. 16 brev. ed. D. 50.16.55.

1371 Modest 4 pandect. D. 50.16.108.

1372 *Bekker*, Überschau des geschichtlichen Entwicklungsganges der römischen Actionen, in: SZ 15 (1894) 194: … „Das „debere" scheint hiernach übereinzukommen mit „dari oportere" und was „in obligatione est", das aber für den Umfang der Condemnation nicht allein ausschlaggebend ist, da das „officium iudicis" hinzu -und davon tun kann."

1373 *Kaser*, Zum Ediktsstil, in: Festschrift für Fritz Schulz II (1951) 54; Ulp. 71 ed. D. 39.1.20 pr.: *In ea causa esset, ut remitti deberet, factum est, id restituas.*

1374 *Kaser*, Zum Ediktsstil, in: Festschrift für Fritz Schulz (1951) 54. Der Ausdruck *dare debere* verweist auf „Schuldigsein". Der Ausdruck *pecuniam/pequniam debere* kommt in *lex municipii Tarentini* (FIRA I, S. 166–169, 6, L. 43); *SC De Asclepiade Clazomenio sociisque* (FIRA I, S. 255–259 L. 5–6): *Sei quas pecunias*

Angesichts der vielfältigen Bedeutungen des Verbs *debere* in den Quellen erfordert die Analyse, Texte zu untersuchen, in denen Celsus dieses Verb verwendet. In den Texten aus dem Dritten Buch der Digesten von Celsus, aus dem die zentrale Definition der *actio* stammt, wird das *debere* außer in der Definition der *actio* nicht überliefert. Es ist daher die Analyse weiterer Fragmente aus den Celsus-Texten erforderlich.

Celsus versteht das Verb *debere* im Sinne einer Pflicht zum „Einstehen müssen" (*debere praestare*). In der Aussage *locupletem esse debitorem non debere praestare, debitorem autem esse praestare*[1375] setzt er sich mit dem Ausdruck *debere praestare* auseinander und erörtert die Pflicht des Verkäufers, eine Haftung für die Existenz einer zu verkaufenden Forderung zu übernehmen.[1376] Celsus spricht anderorts von *culpam praestare debere*, d. h. vom „Einstehenmüssen", falls der *conductor* unerfahren ist und daher seine Leistungen nicht

ci[uitates eorum publice deberent, in eas pecunias nei quid|date d]eberent. S. auch *lex de Gallia Cisalpina*: *dare oportere debereve* (Crawford I, S. 461–477, n. 28, Col. II.21, L. 5): *d(are) o(portere) debereue se confessus.*

1375 Ulp. 32 ed. D. 18.4.4: … der Verkäufer muss dem Käufer nicht für die Zahlungsfähigkeit des Schuldners einstehen; dafür, daß die Schuld besteht, müsse er jedoch einstehen … Die Übersetzung stützt sich auf *Behrends/Knütel/Kupisch/Seiler*, CIC 3 (1999) 489.

1376 In dieser Stelle (Ulp. 32 ed. D. 18.4.4) wird der Sachverhalt geschildert, in der ein Verkäufer seine Forderung gegen seinen eigenen Schuldner verkauft. Es stellt sich die Frage, ob der Verkäufer Garantie zu leisten hat, wenn sein Schuldner zahlungsfähig ist, oder ob seine sich Garantieverpflichtung darauf beschränkt, für die Gültigkeit der Schuld einzustehen. Celsus behauptet, dass der Verkäufer nur für das Bestehen der Pflicht einzustehen habe, aber nicht für die Zahlungsfähigkeit seines Schuldners: *Si nomen sit distractum, Celsus libro nono digestorum scribit locupletem esse debitorem non debere praestare, debitorem autem esse praestare, nisi aliud convenit …* / Ist eine Forderung verkauft worden, so muß, wie Celsus im 9. Buch seiner Digesten schreibt, der Verkäufer dem Käufer nicht für die Zahlungsfähigkeit des Schuldners einstehen; dafür, daß die Schuld besteht, müsse er jedoch einstehen – sofern nicht etwas anderes vereinbart worden ist … Die Übersetzung folgt *Behrends/Knütel/Kupisch/Seiler*, CIC 3 (1999) 489. Der Ausdruck *debere praestare* verweist auf prozessual-rechtliche Pflicht des Gläubigers und wiederholt zum Teil die *intentio* des *iudicium bonae fidei*: *dare facere praestare ex fide bona*. Es ist anzunehmen, dass für Celsus materiell-rechtliche Aspekte des *debere* und seine prozessual-rechtliche Durchsetzung vereinbart bzw. gleichwertig sind. Das *debere* aus dem prätorischen Edikt dient dazu, eine materiell-rechtliche Garantiepflicht des Gläubigers zu beschreiben.

vertragsgemäß erbringen kann.[1377] Das Verb *debere* versteht Celsus in einer untechnischen Bedeutung der Pflicht oder des Sollens in der Formulierung … *sed ex communi usu nomina exaudiri debere*.[1378]

Für die amtliche Verpflichtung des *iudex*, einen Vergleich zwischen dem Gläubiger und dem Schuldner zu bestätigen, zieht Celsus das *debere* heran: *A quibus si sponte recesserunt, debebit id ratum habere* / Sind sie freiwillig wieder davon abgegangen, so muss er solches gutheißen.[1379]

1377 Auch in der folgenden Stelle wird der Ausdruck „*praestare debere*" verwendet. S. Ulp. 32 ad ed. D. 19.2.9.5: *Celsus etiam imperitiam culpae adnumerandam libro octavo digestorum scripsit: si quis vitulos pascendos vel sarciendum quid poliendumve conduxit, culpam eum praestare debere et quod imperitia peccavit, culpam esse: quippe ut artifex, inquit, conduxit* / Celsus hat im 8. Buch seiner Digesten geschrieben, daß auch die Unerfahrenheit dem Verschulden zuzurechnen ist. Wenn jemand die Verpflichtung übernommen hat, Jungrinder zu weiden oder Kleidungsstücke auszubessern oder zu reinigen, dann müsste er für Verschulden einstehen, und was er aus Unerfahrenheit falsch gemacht habe, sei ihm [gleichwohl] als Verschulden vorzuwerfen; er habe nämlich wie Celsus sagt, die Vertragsleistung als Fachmann übernommen. Die Übersetzung nach *Behrends/Knütel/Kupisch/Seiler*, CIC 3 (1999) 558–559. Celsus setzt sich mit den Fällen der Einlassungsfahrlässigkeit bei der *locatio-conductio* auseinander. Die Verpflichtung des *conductor*, Jungrinder zu weiden oder Kleidungsstücke auszubessern oder zu reinigen, bedeutet für den Juristen gleichzeitig die Übernahme einer Garantie dafür, dass er diese Dienstleistungen professionell erbringt (*ut artifex*). Diese Vorstellung, dass der *conductor* sich verpflichtet, die Dienstleistungen sorgfältig zu erbringen, benennt Celsus als „*culpam eum praestare debere*". Dieser Ausdruck verweist wieder auf eine Verbindung zwischen dem Verschulden und der Haftung.

1378 Bei der Beantwortung der Frage, welche Gegenstände zum Zweck der Auslegung eines Legates unter den Begriff *suppellectilis* fallen, soll man sich gemäß Celsus nicht nach der Meinung einzelner Personen richten, sondern nach *communis usus* die Frage beantworten. S. Cels. 19 dig. D. 33.10.7.2: … *verum si ea, de quibus non ambigeretur, quin in alieno genere essent, ut puta escarium argentum aut paenulas et togas, supellectili quis adscribere solitus sit, non idcirco existimari oportere supellectili legata ea quoque contineri: non enim ex opinionibus singulorum, sed ex communi usu nomina exaudiri debere* / … Wenn aber jemand Sachen gewöhnlich beim Hausrat eintrug, deren Zugehörigkeit zu einer anderen Gattung nicht zweifelhaft ist, zum Beispiel Tafelsilber, Reisemäntel oder Togen, so dürfe man deshalb nicht annehmen, vom Vermächtnis des Hausrats würden auch diese Dinge erfaßt. Die Wörter seien nämlich nicht nach dem Verständnis einzelner, sondern nach dem allgemeinen Sprachgebrauch zu verstehen. Die Übersetzung folgt *Knütel/Kupisch/Rüfner/Seiler*, CIC 5 (2012) 592.

1379 Ulp. 52 ed. D. 39.1.1.10: … *nec esse periculum, ne pactio privatorum iussui praetoris anteposita videatur: quid enim aliud agebat praetor quam hoc, ut controversias eorum dirimeret? A quibus si sponte recesserunt, debebit id ratum habere.* / … und entsteht keine Gefahr, dass es den Anschein gewinnen möchte, als ob

Auf die *noxae deditio* im Rahmen der Noxalhaftung verweist „*servum quidem noxae dedere debeo*"/ so muss ich zwar den Sklaven für den Schaden ausliefern.[1380] Eine Schuld aus dem Legat bedeutet das *debere* auch in den Formulierungen „*ex causa legati debere pacisci debitori tuo existimas*" und „*cui legatum falso debere existimas*".

Daraus geht hervor, dass Celsus das *debere* mit folgenden Bedeutungen verwendet: 1) eine Garantiepflicht aus Schuldverhältnissen und als Haftungsmaßstab; 2) eine amtliche Pflicht des *iudex*; 3) die Schuld aus dem Legat; 4) *debere* als Leisten-Sollen im untechnischen Sinn.

---

ein Übereinkommen von Privaten höher gestellt werde, als der Befehl des Prätors: Denn was beabsichtigte der Prätor anderes, als ihre Streitigkeiten zu schlichten? Sind sie freiwillig wieder davon abgegangen, so muss er solches gutheißen. Die Übersetzung stützt sich auf *Otto/Schilling/Sintenis*, Corpus iuris civilis 4 (1832) 10. Ulpian führt die Meinung aus dem 9. Buch der Digesten von Celsus zur folgenden Situation an. Der Eigentümer (oder der Servitutsberechtigte) hat eine *operis novi nuntiatio*, d. h. ein Rechtsbehelf mit dem Verbot an den Nachbar, ein Gebäude zu errichten. Nach dem Beginn des Verfahrens haben die streitenden Parteien doch eine Vereinbarung getroffen, dass der Beklagte den Neubau errichten darf. Der Prätor wird hier aufgefordert, diese Vereinbarung zu beglaubigen: *A quibus si sponte recesserunt, debebit id ratum habere.* Der Ausdruck *debebit id ratum habere* ist hier ein Hinweis auf die Amtspflicht des Prätors. Das *debere* bedeutet hier keinesfalls eine Verpflichtung im Rahmen des Schuldverhältnisses.

1380 Ulp. 53 ed. D. 39.3.6.7: *Celsus scribit, si quid ipse feci, quo tibi aqua pluvia noceat, mea impensa tollere me cogendum, si quid alius qui ad me non pertinet, sufficere, ut patiar te tollere. Sed si servus meus fecerit, aut is cui heres sum hoc fecit, servum quidem noxae dedere debeo: quod autem is cui heres sum fecit, perinde est, atque si ipse fecissem* / Celsus schreibt, wenn ich selbst ein Werk errichtet habe, wodurch dir das Regenwasser Schaden bringt, so kann ich gezwungen werden, es auf meine Kosten niederreissen zu lassen, so genüge es, dass ich Dir die Niederreissung gestatte. Wenn es aber ein Sklave, oder Jemand, den ich beerbt habe, errichtet hat, so darf ich zwar den Sklaven für den Schaden ausliefern, was aber Den betrifft, dessen Erbe ich bin, so ist es eben so, als wenn ich es selbst getan hätte. Die Übersetzung folgt *Otto/Schilling/Sintenis*, Corpus iuris civilis 4 (1832) 66. Es wird die Situation betrachtet, dass vom Eigentümer eines Grundstückes eine Konstruktion errichtet wurde. Diese Konstruktion führt dazu, dass das Regenwasser dem Grundstück des Nachbarn den Schaden zufügt. Celsus unterscheidet die Rechtswirkungen dieser rechtswidrigen Handlung. Wenn ein Sklave das Werk gebaut hat, das den Schaden verursacht, kann der Eigentümer den Sklaven ausliefern. Diese Möglichkeit drückt Celsus mit den folgenden Worten aus: „*servum quidem noxae dedere debeo*". Hier bedeutet das Wort *debere* eine Pflicht aus der *obligatio ex delicto*, und zwar *noxae deditio*.

Aus den Quellen von Celsus wird ersichtlich, dass das „*debere*" für ihn überwiegend ein Terminus technicus für die Schuld ist. Auch die Überlieferung der Definition im 44.7 *De obligationibus et actionibus*, sowie die Bedeutung der *actio* im engen Sinn als *actio in personam* in anderen Quellen sprechen dafür, dass Celsus mit seiner Definition primär die *actiones in personam* im Sinn hatte.[1381] Die Bedeutung der *actio* als Rechtsbehelf, um eine Pflicht gerichtlich geltend zu machen, verleiht dem Begriff der *obligatio* einen neuen Sinn; diese wird als Schuldverhältnis und nicht mehr bloß als Haftungsverhältnis wahrgenommen. Celsus will möglicherweise betonen, dass die *actio* ein Rechtsinstrument ist, mit dem der Gläubiger die Leistung des Schuldners gerichtlich verfolgen kann; und die *actio* eine aus der *obligatio* ableitbare Schuld ist, die prozessual durchsetzbar ist, und durch Gerichtsurteil bestätigt wird. Seine Definition behält ihre Bedeutung auch für die *actiones in rem*. In Bezug auf die sachenrechtlichen Rechtsverhältnisse symbolisiert die *actio* einen Rechtsbehelf, mit dem der Akteur eine Bestätigung seiner schon vor dem Gerichtsverfahren bestehenden Rechtsposition sucht.

g) Die Definition des Celsus und die Anerkennung der Schuld als Strukturelement der *obligatio*

Die Vertreter der Ansicht, dass Celsus seine Definition nur im Sinne der *actiones in personam* formuliert hat, betrachten sie als Schritt in Richtung einer Anerkennung der Schuld als Strukturelement der *obligatio*. Das Wort *debere* bedeutet nach dieser Interpretation, dass mit der *actio* das verfolgt wird, was möglicherweise geschuldet wird.

In der Rechtsfigur *obligatio* sieht Santoro ursprünglich eine Haftung, die durch den konstitutiven Akt der *obligatio* begründet wird. Aufgrund der *obligatio* wird eine Haftung begründet, und das *agere* stellt einen Akt der Verfolgung anhand der Haftung dar.[1382] Indem Celsus aber das „*debere*" in der Form „*quod sibi debeatur*" einsetzt, vermittelt er, dass der Akteur oder der Kläger das Geschuldete gerichtlich durchsetzt und nicht für eine nicht erfüllte Schuld haftet. Die *actio* wird von Santoro als ein Teil des Schuldverhältnisses angesehen. Aus der *obligatio* entsteht kein gesonderter Leistungsanspruch, der zusätzlich mit der *actio* durchsetzbar sei, sondern aus der *obligatio* entsteht nach Santoro

1381 *Novitskaya*, Zur celsinischen Definition, in: SZ 139 (2022) 59.

1382 *Santoro*, Per la storia dell'obligatio, in: Iuris Antiqui Historia I (2009) 61–62 (= Scritti minori. Tomo II (2009) 657–658); *Santoro*, Per la storia dell'obligatio I (2020) 182 f.

sogleich eine *actio.*[1383] Auch Cardilli betrachtet zutreffend die celsinische Definition als Manifestierung der Schuld in der Struktur der römischen *obligatio.*[1384]

h) Die Anwendbarkeit der celsinischen Definition für die *actiones in rem*

Die celsinische Definition behält ihre Bedeutung auch für die *actiones in rem.* Hier könnte ein *argumentum a minore ad maius* herangezogen werden. Für den weiten Anwendungsbereich der Definition sprechen die untechnische Verwendung des Wortes *debere* und seiner Deverbativa in den Quellen, wie bspw die Verwendung des *debere* im Zusammenhang mit *vindicare* sowie die Überlieferung der celsinischen Definition in den Institutionen Justinians, deren 4. Buch über *De actionibus* handelt.[1385]

12.6.4. Die Modifizierung der Definition von Celsus in den Institutionen Justinians

Wie zuvor angedeutet, wird die Definition von Celsus auch in den Institutionen von Justinian in modifizierter Form angeführt. Statt „(1) *nihil aliud est* (2) *actio quam* (3) *ius* (4) *quod sibi debeatur* (5) *iudicio persequendi*" wird die Stelle folgenderweise formuliert: (2) *Actio autem* (1) *nihil aliud est quam* (3) *ius* (5) *persequendi iudicio* (4) *quod sibi debetur.*

Im Vergleich zur ursprünglichen Definition wurde das Wort *debeatur* in „*quod sibi debeatur*" durch *debetur* ersetzt. Außerdem wurden die Teile der Definition neu geordnet. Der Ausdruck *quod sibi debeatur* steht nach der Wendung *ius persequendi iudicio.*[1386]

Wie erwähnt, wird die celsinische Definition in der Einleitung des Diskurses über die *actiones* angeführt, um alle *actiones* zu beschreiben. Eine weitere Änderung betrifft die Rolle des Prozesses für die Durchsetzung der materiellrechtlichen Ansprüche.

1383 *Santoro*, Per la storia dell'obligatio. Il iudicatum facere oportere nella prospettiva dell'esecuzione personale, in: Scritti minori II (2009) 658.

1384 *Cardilli*, Damnatio ed oportere (2016) 52.

1385 *Novitskaya*, Zur celsinischen Definition der *actio*, in: SZ 139 (2022) 61.

1386 In der justinianischen Version entspricht die Definition mehr dem materiellen Verständnis der *actio.* Während im Formulaverfahren die *actio* von dem Gerichtsurteil abhängig war, ist sie nun definitiv ein Ausdruck des materiellrechtlichen Anspruchs. Zum formellen und materiellen Recht bei Justinian s. auch *Kollmann*, Begriffs- und Problemgeschichte (1996) 106.

a) Eine kreative Rolle des Prozesses und *quod sibi debeatur*

Über die Änderung des Konjunktivs *debeatur* in die Indikativform *debetur* gibt es in der Lehre zwei Meinungen. Nach einer Auffassung spielt dies keine Rolle für das Verständnis der *actio* in der celsinischen Definition.[1387] Nach einer anderen Auffassung, die mir verständlicher erscheint, spricht u.a. der Austausch des *debeatur* durch den Indikativ *debetur* für ein verändertes Verständnis des Wesens der *actio* in der Zeit Justinians.[1388]

Während Celsus das Bestehen einer Schuld oder einer individuellen Rechtsposition vom Ausgang des Gerichtsverfahrens und von der *condemnatio* abhängig macht, worauf der Konjunktiv *debeatur* verweist, betont Justinian, dass das verfolgbare Rechtsbegehren (*quod sibi debetur*) schon vor dem Gerichtsverfahren als solches rechtlich anerkannt ist, und die *actio* nur der Rechtsverfolgung dieses bestehenden materiellen (subjektiven) Rechts dient.[1389]

In der ursprünglichen Definition des Celsus wird dem Prozess (*persecutio in iudicio*) und der *actio* eine rechtserzeugende Wirkung verliehen. Die individuelle Rechtsposition des Klägers befindet sich nach der Celsus-Definition in einem Schwebezustand und ist vom Ausgang des Prozesses abhängig.[1390] Das mit der *actio* geltend gemachte Begehren (*quod sibi debeatur*) wird aufgrund eines Urteils rückwirkend bestätigt oder widerlegt.[1391] Die *actio* vereinigt in sich ein materielles Rechtsbegehren und seine gerichtliche Verfolgung. Mit der gerichtlichen Verfolgung aufgrund einer *actio in factum* wird bspw. das materiell-rechtliche Begehren erst mit dem zugunsten des Klägers erlassenen Urteil rechtlich anerkannt oder widerlegt.

b) Die *actio* als bestehender Anspruch vor dem Prozess und *quod sibi debetur*

In der Zeit Justinians existiert das Formularverfahren nicht mehr. Dem Prozess kommt eine sekundäre Rolle in der Verfolgung des bestehenden materiellen Rechts im Kognitionsverfahren zu.[1392] Das prägt die Bedeutung der *actio*, die

---

1387 *Savigny*, System 5 (1841) 10; *Binder*, Prozess und Recht (1927) 57; *Provera*, Lezioni sul processo civile Giustinianeo I (2010) 3 f.; *Silla*, Genera actionum (2012) 6 Fn. 2.

1388 S. dazu *Novitskaya*, Zur celsinischen Definition der actio, in: SZ 139 (2022) 69 f.; *Garofalo*, La dottrina dell'azione in D. 44,7,51, in: Garofalo (Hg.), Celso, Teoretico del diritto (2016) 132; *Sciortino*, Il nome dell'azione (2018) 182 Fn. 352.

1389 *Novitskaya*, Zur celsinischen Definition der actio, in: SZ 139 (2022) 69.

1390 *Gioffredi*, Ius ed actio, in: Nuovi studi di diritto greco e romano (1980) 223.

1391 *Fino*, Idee romane in tema di giurisdizione (2012) 9; vgl. Quint. Inst. Or. 3.6.73.

1392 *Lenze*, Von der *actio* im Privatrechtssystem Savignys (1971) 41; *Provera*, Lezioni sul processo civile Giustinianeo I (2010) 3 f.

auf einer Seite mehr materiell-rechtlich als Ausdrucksform der *obligatio* oder als Ausdrucksform einer durch die Rechtsordnung anerkannten Rechtsbefugnis verstanden wird.

Eine Erklärung für die Veränderung der Rolle des Prozesses bietet Theophilus mit der Interpretation des Verhältnisses zwischen der *actio* und *obligatio*. (Inst. Par. 3.13. pr.).[1393] Das *ius persequendi* dient seiner Ansicht nach als Befugnis zur gerichtlichen Verfolgung des obligatorischen Anspruches, der schon vor der gerichtlichen Verfolgung existiert.[1394] Die gerichtliche Verfolgung dient nicht der Anerkennung des Anspruches, sondern ihrer Durchsetzung.[1395]

12.6.5. Die Überlieferung der celsinischen Definition in der Paraphrase der Institutionen des Theophilus

Für das Verständnis der Definition des Celsus in justinianischer Zeit dient als unmittelbares Zeugnis die Paraphrase der Institutionen des Theophilus aus dem Jahr 534.[1396] Die Überlieferung von Theophilus (Inst. Paraphr. 4.6 pr.) lautet:

> ὀφείλεις δὲ εἰδέναι ὅτι ἃς δίκας ἐκάλουν οἱ Ἀθηναῖοι, ταύτας ACTIONAS λέγουσιν οἵ Ρωμαῖοι. εἴρηνται δὲ ἀγωγαὶ παρὰ τὸ ἄγειν τοὺς ἀγνώμονας ἐπὶ τὸ δικαστήριον. ὁρίσωμεν δὲ τί ἐστιν ACTION ἤτοι ἀγωγή·ACTION ἐστὶ δίκαιον τοῦ ἀπαιτεῖν ἐν δικαστηρίῳ τὸ ἑαυτῷ ἐποφειλόμενον.[1397]

1393 Möglicherweise stammt die Veränderung der Definition von Theophilus, der in der Rechtsgeschichte u. a. dafür bekannt ist, dass er die Rechtsmetapher darüber verfasst hat, dass die Obligationen die Mütter der Aktionen sind. Gemäß Affolter fasst Theophilus im Zusammenhang mit seiner Ansicht über die Obligationen als Mütter der *actiones* „das *quod sibi debeatur* als das *in obligatione* befindliche". Vgl. *Affolter*, Das römische Institutionensystem (1897) 179.

1394 Vgl. Inst. Par. 3.13 pr.: ... ὁ γὰρ πέρὶ ἐνοχῶν διαλεγόμενος, ἠρέμα και ἀνεπαισθήτως πέρὶ ἀγωγῶν διαλέγεται μητέρες γὰρ τῶν ἀγωγών αἱ ἐνοχαί. Die Textausgabe nach aus *Lokin/ Meijering/Stolte/van der Wal*, Theophili Antecessoris Paraphrasis Institutionum (2010) 600. Vgl. die Übersetzung von *Wüstemann*, Des Antecessor Theophilus Paraphrase der Institutionen Justinian's II (1823) 138: „Allein diese Ordnung ist nicht ohne Vertheidigung, denn Wer von Obligationen handelt, handelt stillschweigend auch von Actionen: denn die Obligationen sind die Mütter der Actionen". S. auch Inst. Par. 4.6. pr.

1395 S. dazu *Novitskaya*, Zur celsinischen Definition der actio, in: SZ 139 (2022) 71.

1396 *Novitskaya*, Zur celsinischen Definition der actio, in: SZ 139 (2022) 71 f.

1397 Die Ausgabe von *Lokin/Mejering/Stolte/van der Wal*, Theophilis Antecessoris Paraphrasis Institutionum (2010) 600 f.

Die celsinische Definition wird von Theophilus im Principium als Teil der Einleitung des Diskurses über die *actiones* überliefert. Nach dieser Einleitung erörtert Theophilus in § 1 die Unterscheidung zwischen *actiones in rem* und *in personam*. Der Definition von Celsus wird somit ein allgemeiner Charakter verliehen, genauso wie in den Institutionen Justinians. Theophilus setzt im angeführten Principius die *actio* zunächst mit δίκη (der zivilrechtlichen Klage) im klassischen Athen gleich. Dann leitet er das griechische Wort ἀγωγή von ἄγειν her: Diejenigen, die ihre Schuld bestreiten, können vor Gericht geführt werden (τὸ ἄγειν). *Iudicium* in der lateinischen Definition der *actio* nach Celsus bedeutet hier Gericht (δικαστήριον). In Übersetzung ἐν δικαστηρίῳ würde man im Lateinischen *in iudicio* erwarten. Für das Gerundium *persequendum* erscheint ein substantivierter Infinitiv (τὸ ἀπαιτεῖν). Während Celsus mit *iudicio persequendi* spezifisch auf ein Formularverfahren verweist, da *iudicium* sowohl das Verfahren (*in iure*, als auch *apud iudicem*) bedeutet, sowie mit *iudicio persequendi* die Gerichtsverfolgung mit der *formula* betont wird, verweist das Wort δικαστήριον auf ein Gericht im allgemeinen Sinn. Der Ausdruck ‚τὸ ἄγειν … τὸ δικαστήριον' lässt sich als eine weniger technische und somit allgemeinere Aussage deuten.

Ausgehend von der Herleitung des Verbs ἀγωγή von ἄγειν kann angenommen werden, dass die *actio* für Theophilus ein Recht darstellt, mit dem der Kläger das Erscheinen vor Gericht einfordern und vor Gericht verfolgen kann, was einem geschuldet wird. Nicht auszuschließen ist, wie Sciortino anmerkt, dass die *actio* in der Überlieferung von Theophilus nicht gegen den Beklagten gerichtet war, sondern einen Anspruch gegen den Richter darstellt.[1398]

12.6.6. Die Überlieferung der celsinischen Definition in den Basiliken aus der Paraphrase des älteren Anonymus

In Bas. 52.1.50 ist für D. 44.7.51 die Paraphrase des älteren Anonymus,[1399] dessen Wirken in die Regierungszeit Justinians fällt: Ἀγωγή ἐστι δίκαιον τοῦ ἀπαιτῆσαί τινα ἐν δικαστηρίῳ ὅπερ κεχρεώστηται. Aus der Definition wurde

1398 *Sciortino*, Il nome dell'azione (2018), 182 Fn. 352.

1399 Vgl. dazu *Heimbach*, Basilicorum libri LX 6 (1870) 218, 304; zum älteren Anonymus vgl. *Sontis*, Die Digestensumme des Anonymos I (1937) 1–30; *Pieler*, Byzantinische Rechtsliteratur, in: Hunger (Hg.), Die hochsprachliche profane Literatur der Byzantiner (1978) 423 mwN; neuere Literatur s. bei Kaiser, Die Inskriptionen der Exzerpte aus Gaius, in: Babusiaux/Nobel/Platschek (Hgg.) FS Bürge (2017) 327 Fn. 36.

die rhetorische Komponente *nihil aliud* entfernt. Die *actio* wird nicht mehr als *ius persequendi*, sondern als δίκαιον τοῦ ἀπαιτῆσαί, d.h. als *ius petendi* verstanden. Das Verb ἀπαιτεῖν bedeutet sowohl *petere* als auch ‚verlangen' und ‚einfordern'. Während in der celsinischen Definition mit *actio* im Sinne des *ius persequendi* die Durchsetzung des Anspruches mit dem Ziel, ein Gerichtsurteil zu erlangen, verstanden wird, spricht das Verb ἀπαιτεῖν wieder für das Forderungsrecht des Klägers gegen den Beklagten unabhängig von der Natur des zugrunde liegenden Rechtsverhältnisses. Während Celsus das *iudicium* sowohl auf das Verfahren *in iure*, aber auch als Bezeichnung des Verfahrens *apud iudicem* bezieht, findet sich in den Basiliken der Terminus δικαστήριον. Das Element der spezifischen gerichtlichen Verfolgung mit einer *formula* und im Verfahren vor dem Prätor und vor dem Richter wird meines Erachtens (genauso wie in der Paraphrase von Theophilus) relativiert.

Während in der ursprünglichen Definition des Celsus und in der Version Justinians nicht erwähnt wird, gegen wen sich die *actio* richtet, steht im Text der Basiliken fest, dass die *actio* tatsächlich ein Forderungsrecht gegen den Gegner ist (τινα) und sich nicht gegen den Prätor richtet. Diese Präzisierung, der möglicherweise keine konzeptuellen Gedanken zugrunde liegen, widerspricht der auf das 19. Jh. zurückgehenden Erklärung von Theodor. Muther, der die *actio* als Anspruch gegen den Prätor versteht.

13. Zusammenfassung

1. Die Entwicklung der *actiones* in der republikanischen Zeit hängt mit der Geschichte der römischen Jurisprudenz sowie mit der Geschichte der Rechtsmedien eng zusammen. Gemäß der Überlieferung von Pomponius und anderen literarischen Quellen waren die *actiones* zuerst ein Teil der geheimen in ihrem Wesen pontifikalen mündlichen Rechtskultur. Die Aufzeichnung der *actiones* und ihre Auslegung befand sich in den Händen der römischen *pontifices*.
2. Das Wesen der *actio* ändert sich mit der Offenbarung der Rechtskenntnisse für die Allgemeinheit und mit der intensiven Verschriftlichung der *actiones* durch eine neue Gruppe von säkularen Juristen.
3. Die Veröffentlichung der Rechtsrituale der republikanischen Zeit ist in der römischen Tradition mit *scriba* Gnaeus Flavius (ungefähr 304 v. Chr.) verbunden.
4. Die durch Gnaeus Flavius veröffentlichten Rechtsrituale werden in den Quellen als *ius civile Flavianum* bezeichnet. Das *ius civile Flavianum*

umfasst nach einigen Quellen die Veröffentlichung der *actiones*, nach anderen auch die Gerichtstage (*dies fasti*). Die Bezeichnung der *actiones* als *ius civile Flavianus* in den Quellen, sowie die Anmerkung, dass das *ius* durch die Veröffentlichung der *actiones* bekannt gewesen ist, stellt einen Hinweis darauf dar, dass die *actiones* eine Vermittlungsform für das *ius*, verstanden als Rechtsritual, sind.

5. Die Veröffentlichung der *actiones* durch Gn. Flavius führte zur Überwindung des im Kern archaischen Synkretismus. Die *actiones* entwickelten sich daraufhin zu einem säkularen Rechtsdiskurs und lösten sich von der Autorität der *pontifices*. Der Inhalt der *actiones* des Gn. Flavius ist unbekannt. Anzunehmen ist, dass sie sowohl für die gerichtliche Durchsetzung als auch für die rechtsgeschäftliche Gestaltung verwendet wurden.
6. Nicht auszuschließen ist, dass die Veröffentlichung der *actiones* eng mit ihrer Verschriftlichung verbunden ist. Dies ist aus dem Bericht von Pomponius zu entnehmen (Pomponius betont, dass Appius Claudius die *actiones in formam redigisset*, bevor sie von Gn. Flavius veröffentlicht wurden) und kann durch die Tatsache bestätigt werden, dass Gn. Flavius ein *scriba* war. Die Veröffentlichung und die Verschriftlichung der *actiones* führt zu einer allmählichen Abkehr von der mündlichen Rechtskultur. Die mündliche Artikulation einiger *actiones* ist für ihr weiteres „Tradieren" nicht mehr notwendig, sondern ist für ihr feierliches Zelebrieren und für ihre Rechtsgültigkeit unter den Beteiligten relevant.
7. Als Mentor von Gn. Flavius fungiert der *pontifex* Appius Claudius. Mit ihm verbinden die Quellen nicht nur die Vorbereitung der *actiones*, die durch Gn. Flavius veröffentlicht wurden, sondern auch ein anderes Werk – „*De usurpationibus*". Strittig ist sein Gegenstand. Er ist im Kontext des Werkes des *ius civile Flavianum* zu rekonstruieren. Die veröffentlichten *actiones* mussten schließlich erklärt und interpretiert werden: Wahrscheinlich ist „*De usurpationibus*" von Appius Claudius ein kasuistisches Werk, das einige Anweisungen für die Anwendung des *ius civile* oder der *actiones Flavii* ausführt und ihrem Gebrauch (bei der Annahme, dass *usurpatio* einen *usus frequens* meint) gewidmet ist.
8. Eine weitere Entwicklung der *actiones* ist mit der „*Tripertita*" von Sextus Aelius verbunden. Der Name *Tripertita* beschreibt die Struktur dieses Werkes, die aus folgenden Teilen besteht: (1) der Text des Zwölftafelgesetzes, d. h. Lemma; (2) die Interpretation (*interpretatio*); (3) die *legis actiones*. Von Bedeutung ist die Verbindung der *interpretatio* und der Verfassung der *actiones*. Durch die Interpretation wurden möglicherweise schon bekannte *modi agendi* des Zwölftafelgesetzes auf neue Sachverhalte ausgedehnt. Das

Meritum der „*Tripertita*" besteht dabei nicht nur in der neuen Fassung des Zwölftafelgesetzes nach mehr als einem Jahrhundert seit seiner Veröffentlichung, sondern auch in der Etablierung einer säkularen juristischen Hermeneutik (*interpretatio legum*), die sich in den *responsa* und in der Verfassung konkreter Rechtsrituale (*actiones*) ausdrückt, und die v.a. die Struktur einiger juristischer Schriften (wie bspw. Sammelwerke mit *actiones* späterer Autoren) beeinflusst hat. Ein anderes Werk von Sextus Aelius ist die *Aeliana studia*. Es erhellt den Inhalt der *vetusta verba* und beinhaltet die neuen *genera actionum*. Vermutlich hat Sextus Aelius neue Arten der *actiones* erarbeitet. Ihren Inhalt zu verfolgen bzw. zu rekonstruieren ist aber anhand der Quellen nicht möglich.

9. Die *actiones* im Sinne der Spruchformel für die Gestaltung der Rechtsgeschäfte veranschaulichen *Manilii actiones*. In seinem Werk hat Manilius, Jurist des 2. Jh. v. Chr., die *actiones* für die Gestaltung der Garantiestipulationen bei Kaufgeschäften im Bereich der Landwirtschaft sowie Manzipationsrituale ausgearbeitet. Den Quellen ist zu entnehmen, dass Manilius seine Rituale für konkrete wirtschaftliche Situationen vorbereitete, wobei er die Art der Tiere (gezähmt und ungezähmt) berücksichtigte. Seine Rituale bevorzugten auch bestimmte soziale Schichten (insbesondere die *lanii*, während die Rituale von Varro für Großgrundbesitzer entworfen wurden). Die Verbindung der abstrakten Formeln der Manzipation und der Stipulation im Rahmen der *Manilii actiones* mit den konkreten Umständen des Falles verdeutlicht die Besonderheiten der ritualisierten Rechtsfindung. Die ritualisierte Rechtsfindung republikanischer Zeit für die Zwecke der rechtsgeschäftlichen Gestaltung beruht auf individuellen-an konkreten wirtschaftlichen Sachverhalten-angepassten Sprechakten. Die Anwendung der *Manilii actiones* setzte voraus, dass die Spruchformeln von den Beteiligten auswendig gelernt und in konkreter Situation verlautbart werden. Die *actiones* des Manilius sind somit Hybridbildungen: sie wurden zwar verschriftlicht, für ihre Gültigkeit haben Sie aber die mündliche Aussprache benötigt.
10. Die *actiones* im Sinne ritualisierter Spruchformeln sind auch in anderen Sammelwerken republikanischer Juristen enthalten. Die *actiones* des Hostilius beruhen möglicherweise auf das Verfahren *sacramento*; sie geben möglicherweise Formulare für die Gerichsstreitigkeiten aus dem Erbrecht wieder. Die *actiones* des Cosconius sind eventuell einigen Aspekten des Verfahrens vor Gericht gewidmet. Sie enthalten neben der Interpretation bestimmter juristischer Begriffe auch die Rechtsrituale als solche.

11. Die Berichte Ciceros über die Konkurrenz der *actiones Manilii* und der *actiones Hostiliane*, einerseits, und der Redekunst des Orators, andererseits, sind im Lichte der von Gn. Flavius/Appius Claudius begangenen „Tat“ zu rekonstruieren. Das dadurch öffentlich gemachte Tradieren der *actiones* und ihre kritische Reflexion durch neue Juristen (vgl. die schon Cic. Pro Murena 25 und die Ironie der *barbati* über das Ritual *manum conserere*[1400]) aber auch durch Redner führt zu einem langsamen Abkehr von der ritualisierten Rechtsfindung. Die durch die Juristen erstellten Rituale ähneln ihrem Wesen nach dem dispositiven Recht (wie das schon Jhering angemerkt hat), besitzen kein Anwendungsmonopol wie die Rituale der *pontifices* und können durch die Vereinbarungen der Parteien abgeändert und ausgeschlossen werden.
12. Der Übergang von den *legis actiones* zu den *actiones* des Formularverfahrens, wobei einige *actiones, quae legibus proditae erant*, in die *formulae* verwandelt werden, wird durch Quintus Mucius Scaevola bestätigt. Seine Auskunft über die Mitwirkung des Prätors bei der Gewährung des Rechtschutzes aufgrund der *actiones, quae legibus proditae sunt,* zeigt, dass die alten republikanische Rechtsformen weiterhin gelten und in der modifizierten Form in die Rechtsbehelfe des klassischen Formularverfahrens übergehen.
13. Die Spuren der kasuistischen Methodik der *veteres* in der Erarbeitung der *actiones* findet man in der *stipulatio Aquiliana.* Diese Konstruktion stellt eine Form der *trans-actio/trans-actum* dar. Die Stipulation kombiniert die Elemente der *actio in personam* und der Trias *actio, petitio, persecutio* in Form der persönlichen Sprechakte. Sie bezeugt die Kreativität des republikanischen Juristen Aquilius, der verschiedene Elemente – *actio* im Sinne eines prozessualen Rechtsbehelfs und *actio/actum* im Sinne eines rechtsgeschäftlichen Aktes – in ein besonderes Stipulationsritual einarbeitet.
14. Ein möglicher Perspektivenwechsel in der Systematisierung und Darstellung der *actiones* ist mit dem Namen Aulus Ofilius verbunden. Er schrieb (neben *libri iuris partiti, libri de iurisdictione* und *liber actionum*) einen Kommentar zum *edictum* nach dem Muster seines Lehrers Servius Sulpicius Rufus. Aulus Ofilius verfasste weiters die *libri actionum* mit einer kasuistischen Darstellung der Rituale für die rechtsgeschäftliche Gestaltung und für die gerichtliche Rechtsverfolgung und die überdies die Regeln zu ihrer Interpretation enthielten.

1400 Kapitel II, Abschnitt 5.3. Die Schwächung des priesterlichen Monopols und die sukzessive Abschaffung des *agere sacramento*, S. 169 f.

15. Das prätorische Edikt rückt mit der Zeit ins Zentrum der Rechtswissenschaft. Es organisiert den rechtlichen Diskurs über die *actiones*. Die Ediktstruktur in der Fassung vor Julian weist möglicherweise Ähnlichkeiten mit der *Tripertita* auf, da die *actiones* in einem separaten Teil aufgelistet wurden.
16. Die Auffassungen römischer Juristen klassischer Zeit über das *agere* und die *actio* werden oft im Zusammenhang mit dem Kommentieren des Edikts formuliert. So definiert Labeo die Rechtsfiguren *agere* und *actio* in seinem Ediktskommentar. Auch Pomponius, Ulpian und Paulus entwickeln deskriptive Klassifikationen der *actiones* für die richtige Anwendung des Edikts.
17. Die der berühmten Definition des Celsus vorangehenden Erklärungen des Rechtswesens der *actio* und des *agere* durch römische Juristen Labeo, Paulus und Ulpian in ihren Ediktskommentaren werden vermutlich im Zusammenhang mit der Ediktsrubrik *De edendo* formuliert. Das bestätigt, dass das *agere* und die *actio* grundsätzlich als Rechtsfiguren wahrgenommen werden, die im Rahmen eines Verfahrensabschnitts *in iure* ihre Wirkung entfalten.
18. Labeo vereinigt rechtsgeschäftliche und prozessuale Bedeutungen des *agere* und des *actum* in dem 1. Buch seines Ediktkommentars; er unterstreicht somit die im republikanischen Rom bekannte Nähe zwischen dem prozessualen Akt und dem Akt der rechtsgeschäftlichen Gestaltung.
19. Paulus bedient sich der Abgrenzung der *actio* von anderen Rechtsfiguren in seinen Definitionsversuchen der *actio*. Den Rechtsbehelf *in iure*, mit dem der Kläger sein Begehren unter der Berücksichtigung der prätorischen Formel verfolgt, nennt er die *actio*. In einer anderen Stelle (D. 44.2.14.2) bezeichnet er den Anspruch *in iure* als *petitio*. Paulus beschreibt das Wesen des Vindikationsaktes durch das Zitieren seiner Spruchformel *meum esse aio/dico*. Das spricht für das Fortwirken alter Sprechakte auch in dem Bewusstsein klassischer Juristen bei der Erfassung des *agere* und der *actio*. Auch die gekürzte Paulus-Stelle über das Verhältnis der Termini *actio* und *persecutio* stellt möglicherweise eine Reflexion über die Dreigliederung *actio*, *petitio*, *persecutio* dar. In seiner Regel über die prozessuale Konsumption verbindet er die prozessualrechtliche und die materiell-rechtliche Bedeutung der *actio*, wobei die *actio in rem* für Paulus ein individuelles Sachenrecht mit einer absoluten Wirkung bezeichnet, und die *actio in personam* dem schuldrechtlichen Anspruch entspricht.
20. Aus dem Ediktskommentar Ulpians aus dem 4. Buch *De edendo* ist zu entnehmen, dass er das *agere* auch auf die Verfahrensphase *in iure* bezieht

und als eine prozessuale (Ver)handlung versteht. Da diese Verhandlung eine aktive Kommunikation der Streitparteien bedeutet, werden sowohl der Kläger als auch der Beklagte in ihren Rollen gleichgesetzt. Terminologisch äußert sich das in der Bezeichnung des Beklagten als *actor*. Das *verbum actionis* versteht Ulpian (und möglicherweise Pomponius) weit und schließt sogar die prätorische Stipulation und die Interdikte mit ein; die *actio* ist für ihn ein Rechtsbehelf für die Verfolgung eigener Interessen, der über die Klage hinausgeht.

21. Eine möglicher Abkehr vom Ediktsystem in der Darstellung der *actiones* stellen die Gaius-Institutionen dar. Gaius verwendet sowohl die Rechtsfigur *agere* als auch die *actio*. Das *agere* ist für ihn eine abstrakte ritualisierte Tätigkeit, die Ausführung eines Sprechaktes. Die *actio* wird von Gaius in erster Linie als eine vorbestimmte Spruchformel verstanden. Diese Spruchformel wird im Legisaktionenverfahren feierlich erklärt, und im Formularverfahren findet sie ihre Niederschrift im prätorischen Edikt.
22. Die Definition von Celsus stellt einen Versuch dar, das Wesen der *actio* nicht deskriptiv durch die Abgrenzung von ähnlichen Rechtsfiguren zu beschreiben, sondern inhaltlich zu fassen. Die von den Kompilatoren aus dem Kontext gerissene Stelle, die zahlreiche Diskussionen in der romanistischen Lehre des 19. Jh. hinsichtlich des Klagerechts hervorrief, ist plastisch formuliert, ohne dass sie aber eine definitive Antwort darauf gibt, was Celsus unter *actio* verstand.
23. Die Definition von Celsus wurde zweimal im Corpus iuris civilis überliefert – in Digesten und in den Institutionen Justinians. Die inhaltliche Modifikation der Stelle in den Institutionen Justinians zeigt, dass die *actio* zu seiner Zeit bereits anders verstanden bzw. interpretiert wurde als Celsus sie ursprünglich intendiert hatte: Die *actio* wird als ein materiell-rechtlicher Anspruch verstanden, der schon vor dem Beginn des Prozesses besteht.
24. Die Definition bezieht sich auf die *actiones* im Formularverfahren und stammt aus dem dritten Buch der Digesten von Celsus, die möglicherweise der Struktur des Ediktskommentars folgen. Das dritte Buch der Digesten von Celsus ist dem Gerichtsverfahren *apud iudicem* gewidmet. Celsus hat somit die *actio* als ein Rechtsbehelf verstanden, der u.a. durch den Beweisrichter überprüft wird.
25. Celsus folgt bei der inhaltlichen Gestaltung seiner Definition den Mustern der frühklassischen Rechtsliteratur und verwendet rhetorische Techniken, wie bspw. *correctio*: Wenn er sagt, dass die *actio* „nichts anderes ist", grenzt er die seiner Auffassung nach richtige Definition von anderen Theorien ab.

26. Die *actio*, verstanden als Recht, umfasst sowohl das objektive Recht als auch die aus dem objektiven Recht stammende Befugnis bzw. das subjektive Recht. Celsus unterscheidet diese in der aktuellen Rechtsdogmatik differenzierenden Aspekte in der *actio* nicht. Die *actio*, verstanden als *ius*, soll der Idee des *bonum et aequum* entsprechen und ist ein Instrument dafür, das zu verfolgen, was einem geschuldet wird und was der Gerechtigkeit entspricht.
27. Aufgrund der Texte aus dem Celsus-Corpus ist davon auszugehen, dass Celsus das *iudicium* in seiner Definition im Sinne eines Verfahrens sowohl *in iure* als auch (und vorwiegend) *apud iudicem* verwendete. Bei der gerichtlichen Verfolgung in der Phase *in iure* wird *actio* objektiv gefasst, als eine erteilte Formel (*actio-formula*). Die praktische Bedeutung der *actio* tritt erst „*in iudicio*" hervor. Der Akteur hat zu beweisen, dass das in der *actio* (im Sinne einer prozessualen Formel, die ihm in der Phase *in iure* gewährt wurde) als geschuldet Vorausgesetzte ihm in Wirklichkeit zusteht (*actio* im Sinne eines individuellen Anspruches).
28. Ein Schlüssel für das Verständnis der *actio* stellt der Konjunktiv *debeatur* dar. Dem Wesen der *actio* entspricht, dass der in der *actio* enthaltene Anspruch nicht von Anfang an besteht, sondern sich erst im Rahmen des Verfahrens *apud iudicem* entfaltet. Dieser wird vom *iudex* bestätigt oder abgelehnt. In den Quellen aus dem Corpus der Texte von Celsus wird das Wort „*debere*" überwiegend als Schuld verwendet. Celsus formulierte seine Definition zwar in Bezug auf die *actiones* in *personam*, sie erfasst jedoch auch die *actiones in rem*.

IV. Gesamtzusammenfassung

1. Verschiedene Rekonstruktionen des römischen Prozesses als Ausgangspunkt für die Erforschung des *agere* und der *actio* im römischen Recht

Die Rekonstruktion des *agere* und der *actio* im römischen Recht hängt von den jeweiligen Methoden der rechtshistorischen Forschung ab. Die seit der humanistischen Jurisprudenz etablierte Spaltung der Romanistik in Gelehrte, die sich mit den *Antiquitates Iuris Romani* beschäftigen, und jene, die sich stärker dogmatisch orientieren, prägt die Forschung zur römischen *actio* bis heute.[1401]

Die Romanisten, die ihre Fragestellungen rechtsdogmatisch formulieren, sehen in der *actio* das subjektive Recht, die Klage, das Klagerecht, die prozessuale Verhandlung, den gerichtlich durchsetzbaren Anspruch. Die Rechtsfigur *agere*, die der Entwicklung der Rechtsfigur *actio* vorangeht, und der eine allgemeinere Bedeutung des Rechtsrituals in den Quellen zukommt, genießt weniger Aufmerksamkeit in diesen Forschungen. Diese im Grunde pandektistische Rechtstradition bestimmt den romanistischen Mainstream des 20. und des 21. Jh.[1402]

Die Forschungen der „antiquarisch" orientierten Romanisten und später der Romanisten historisch-kritischer Richtung haben ein anderes Erkenntnisinteresse; sie sind darauf gerichtet, nicht nur die *actio*, sondern auch das *agere* des römischen Rechts im sozialen Kontext der jeweiligen konkreten Epoche des alten Roms wiederherzustellen sowie die Quellen miteinzubeziehen, in denen die Bedeutung der erwähnten Rechtsfiguren über die Klage, das Klagerecht, den Anspruch etc. hinausgehen, und in denen dem *agere* und der *actio* die Bedeutung eines Rechtsrituals und eines Sprechaktes zukommt.[1403]

Der erhebliche Einfluss der Methodologie auf die Rekonstruktionen des *agere* und der *actio*, der mit dem englischen Ausdruck „method over content" zutreffend erfasst werden kann, ist auf den polysemantischen Charakter dieser

1401 Kapitel I, Abschnitt 2. Zwei wissenschaftliche Narrative der *actio* im antiken Recht, S. 21 f.

1402 Kapitel I, Abschnitt 3. Die *actio* in der dogmatischen Rekonstruktionslinie, S. 23 f.

1403 Kapitel I, Abschnitt 5.1. Die *actio* im „weiten Sinn" in der Rechtsgeschichte des 19. Jh., S. 54 f.

lateinischen Worte zurückzuführen,[1404] der schon den römischen Antiquaren sowie den römischen Juristen der klassischen Periode wohlbekannt war.

Aus diesem Grund wurde die Erforschung des *agere* und der *actio* im römischen Recht unter der Berücksichtigung der Wissenschaftsgeschichte über die *actio* durchgeführt.[1405] Die genannten zwei Forschungsansätze – historisch-kritischer und dogmatischer – über das *agere* und die *actio* wurden im Rahmen der angeführten Forschung kritisch erörtert[1406] und kombiniert.[1407]

2. Termini *agere* und *actio*

Die Geschichte des *agere* und der *actio* geht mit der Entwicklung der lateinischen Rechtsterminologie einher, die sich in der Herleitung bestimmter substantivierter Formen aus Verbalformen äußert. Vor der Bildung der substantivierten Formen – *actio*, *actus* und *actum* – wird in den Quellen vorwiegend das Verb *agere* verwendet.

Die zentrale Rolle des Verbs *agere* vor dem Auftreten der Rechtsfigur *actio* für die republikanische Rechtsfindung bestätigen allerdings zahlreiche literarische Quellen, in denen das *agere* im fachspezifischen bzw. juristischen Sinn neben seinen allgemeinen Bedeutungen definiert wird.[1408]

Basierend auf den etymologischen Rekonstruktionen durch moderne Autoren sowie anhand der römischen Quellen der republikanischen Zeit lassen sich drei ursprüngliche Sinngehalte des *agere* identifizieren: 1) Das *agere* ist ein Sprechakt *und* 2) ein Akt des Treibens; 3) das *agere* ist auch eine Handlung für die Aktualisierung des Transzendentalen, worauf auch die etymologische Verbindung zwischen den Worten *actio* und *agonium* verweist.[1409]

Diese Bedeutungen finden sich im rechtlichen Kontext wieder. Der Rechtsfigur *agere* liegt ein Zugriffsakt (das *agere* als Vorantreiben) zugrunde, der mit

1404 Kapitel I, Abschnitt 6.1. Abgrenzung der juristischen Bedeutung vom allgemeinen Sinngehalt des *agere* und der *actio*, S. 71 f.

1405 Dazu Kapitel I, Abschnitt 5. Das *agere* und die *actio* in der romanistischen Lehre mit historisch-kritischer Orientierung, S. 52 f.

1406 Kapitel I. Abschnitt 2. Zwei wissenschaftliche Narrative der *actio* im antiken Recht, S. 21 f.

1407 Kapitel I, Abschnitt 6. Methodologische Grundlagen der Forschung unter Berücksichtigung der Wissenschaftsgeschichte der *actio*, S. 70 f.

1408 Kapitel II, Abschnitt 1.3. Die Verschmelzung der Bedeutungen: Das *agere* als Akt des Treibens sowie als Sprechakt, S. 87 f.

1409 Kapitel II, Abschnitt 1.4. Das *agere* und *agonium*, S. 88 f.

einer feierlichen Erklärung vorgenommen wird (das *agere* als Sprechen).[1410] Die *actiones* archaischer und republikanischer Zeit befinden sich im Bereich des weltlichen und des sakralen Rechts (das *agere* im Konnex mit *agonium*).

Die Austauschbarkeit des *agere* und des *orare* in den literarischen Quellen hebt weiters die zentrale Bedeutung des *agere* als mündliches Verfahren hervor, das auf die Rechtsgestaltung und Rechtsverfolgung gerichtet wird. Diese Bedeutung wird auch durch die im Zwölftafelgesetz enthaltene Norm *rem ubi pacunt orato* bestätigt,[1411] deren Sinn darin besteht, dass eine formfreie Vereinbarung der Parteien (*pactum*) ihre Rechtswirksamkeit und ihre Rechtsverbindlichkeit durch einen einseitigen Sprechakt (*orare* oder *agere*), der möglicherweise von jedem der Beteiligten verlautbart wird, entfaltet. Die Verwendung des Verbs *orare* durch die *antiqui* für die Bezeichnung des *agere* spricht überdies für die Nähe von Rechtsordnung (*ius*) und sakraler Ordnung (*fas*).[1412]

In der klassischen Zeit wird vorwiegend das Substantiv *actio* im prozessual-technischen Sinn verwendet. Allerdings wird der dynamische Aspekt des Prozesses, die Verhandlungen der Parteien *in iure*, weiters mit dem Verb *agere* beschrieben. Daher ist eine lineare chronologische Rekonstruktion dieser Rechtstermini nicht möglich, bei der die Bedeutung des abstrakteren Verbs *agere* mit dem Erscheinen des prozessual-technisch Terminus *actio* sowie der Deverbativa *actum*/*actus* zurückgeht.

3. Das *lege agere* und die *legis actio*

Auch die morphologische Analyse der Termini *lege agere* und *legis actio* ermöglicht, den Sinngehalt des *agere* und der *actio* näher zu erfassen. Das Wort *lex* hat bekanntlich zwei Bedeutungen: *lex* ist eine feierliche Spruchformel, aber *lex* bedeutet auch das Gesetz.[1413] Diese letzte Bedeutung der *lex* als Gesetz ist vermutlich nachgebildet. Nach dem Zwölftafelgesetz findet möglicherweise eine Kontamination der Bedeutungen des Wortes *lex* statt: Mit den Ausdrücken *legis actio* und *lege agere* wird somit ein Rechtsritual bezeichnet, das durch

---

1410 Kapitel II, Abschnitt 1.5. Die Bedeutung der etymologischen Rekonstruktionen für das Verständnis des *agere*, S. 89 f.

1411 Kapitel II, Abschnitt 1.7. Das *orare* in der Vorschrift *rem ubi pacunt, orato*, S. 97 f.

1412 Kapitel II, Abschnitt 1.6. Definitionen des *agere* in den literarischen Quellen, S. 90 f.

1413 Kapitel II, Abschnitt 3.2. Der Begriff *lex* als Hinweis auf die feierliche Erklärung einer Spruchformel, S. 120 f.

einseitige feierliche Erklärung vorgenommen wird, wobei die richtige Ausführung der Spruchformel dem Rechtsritual dieselbe normative Wirkung wie die eines Gesetzes gewährt.[1414]

4. Das *agere* und das *ius dicere*: von der Rechtsetzung zu der Rechtsbehauptung

Das Wesen des *ius dicere* (des Recht-Spechens) in der republikanischen Zeit hat die Vornahme bestimmter Sprechakte normsetzender Natur zum Inhalt, mit denen das Recht bekannt geben wird, gesetzt und durchgesetzt wird. In diesem Sinn kann das *ius dicere* von verschiedenen Jurisdiktionsträgern – Akteur, Prätor, *pontifices* – ausgeübt werden. Die Austauschbarkeit der Konzeptionen und der Termini *agere* und des *ius dicere* wird durch die Analyse der *tria verba praetoris* belegt. Der ritualisierte Sprechakt des Prätors, mit dem bestimmte feierliche Erklärungen des privaten Akteurs beglaubigt bzw. für rechtmäßig erklärt werden, aber auch Rechtstreitigkeiten gelöst werden, wird durch Varro als *agere* bezeichnet. In bestimmten Fällen stellt der Sprechakt eines privaten Akteurs (*agere*) einen Akt des Rechts-Sprechens *per se* dar, und verlangt keinen Jurisdiktionsakt des Gerichtsmagistrates (wie etwa beim *lege agere per pignoris capionem* oder im Fall des *agere* für rechtsgeschäftliche Zwecke). Auch die römischen Priester sprechen dem Prätor solenne Spruchformeln bei der Ausübung der Devotio, bei der Dedikation, bei *votum*, sowie vermutlich bei der Aussprache der *tria verba* im Rahmen des Zivilprozesses vor (*verba praeire*). Sie kontrollieren überdies die richtige der Gerichtsrituale und sind somit zu einem gewissen Grad Teilnehmer des *ius dicere*.[1415]

5. Das Legisaktionenverfahren und die Genealogie des *agere*

Die Veränderung des *agere* vom Akt der Rechtsetzung und des „Recht-Sprechens“ *per se* zum Akt der Rechtsbehauptung *in iure* lässt sich auch anhand einiger *modi agendi* des Legisaktionenverfahrens in den Gaius-Institutionen verfolgen.[1416] Der Erforschung der Bedeutungen des *lege agere* und der *legis*

1414 Kapitel II, Abschnitt 3. Die *legis actio*: Gesetzesklage oder Spruchklage?, S. 109 f.

1415 Kapitel II, Abschnitt 4. Das *agere* und das *ius dicere*, S. 125 f.; *Novitskaya*, *Ius dicere* und *verba praeire*, in: RIDA 70 (2023) 119–142.

1416 Kapitel II, Abschnitt 5.1. Das *agere* als Akt des einseitigen Recht-Sprechens im Verfahren *sacramento*, S. 145.

actio liegt eine notwendige „Dekonstruktion" der späteren Schichten des Verfahrens in der gaianischen Überlieferung und ihre Trennung von den früheren zugrunde.

5.1. *MEUM ESSE AIO* und die *legis actio sacramento in rem*

Eine der ältesten überlieferten Formen des *agere* ist das *lege agere sacramento in rem*. Das Substantiv *actio* und das Verb *agere* werden in der Überlieferung dieses Rituals durch Gaius in unterschiedlichen Bedeutungen verwendet: Das Wort *actio* bedeutet für ihn die institutionalisierte Rechtsfigur; das *agere* verweist auf das ganze ritualisierte Verfahren und im engen Sinn auf einen Sprechakt des *vindicans*, bzw. des Akteurs (*qui agebat, sic dicebat*).

Anhand der *vindicatio*, der ältesten Kernphase des Verfahrens *sacramento*, lässt sich die Bedeutung des *agere* als einseitige formalisierter Sprechakt transformativer Natur näher verstehen. Die durch den Akteur verlautbarte Spruchformel – *HUNC EGO HOMINEM EX IURE QUIRITIUM MEUM ESSE AIO* / Ich erkläre diesen Sklaven für meinen aufgrund des Quiritischen Rechts – enthält die Verbalform „*aio*", die mit *ago* austauschbar bzw. verwandt ist.[1417] Dieser einseitige Sprechakt im Zusammenhang mit der Anlegung einer *festuca*, die symbolischen Charakter hat, sowie eine demonstrativ-konkretisierende Funktion aufweist, enthält das Potenial, ein abgeschlossener Akt der Rechtsetzung zu sein, der das Eigentumsrecht des *vindicans* begründet und erzeugt, wenn der Gegner keine *contravindicatio* vornimmt.

Dem Gegner steht aber die Möglichkeit zu, die *contravindicatio* vorzunehmen, indem er, gleich wie der *vindicans*, die Sache anfasst (*adprehensio rei*) und die gleichen feierlichen Worte (*HUNC EGO HOMINEM EX IURE QUIRITIUM MEUM ESSE AIO*) verlautbart. Das Verfahren konnte durch diesen Sprechakt des *contravindicans* abgeschlossen werden. Wenn der *vindicans* auf den Sprechakt des *contravindicans* nicht repliziert, bestätigt er sein (des *contravindicans*) durch den Sprechakt erzeugten oder behaupteten Eigentumsrecht.

Während die *vindicatio* und *contravindicatio* sowie der daran anschließende Austausch von Repliken über die *causae* des behaupteten Eigentums die älteren Schichten des Verfahrens bilden, ist die von Gaius überlieferte danach folgende Intervention des Magistrates, der die streitenden Parteien auffordert, den Gegenstand des Streites loszulassen, eine historisch später entstandene

1417 Kapitel II, Abschnitt 1.3. Die Verschmelzung der Bedeutungen: Das *agere* als Akt des Treibens sowie als Sprechakt, S. 87 f.; Kapitel II, Abschnitt 5.1.2. *Vindicatio und contravindicatio*, S. 149 f.

Entwicklungsphase, die die zunehmend gewichtigere Rolle des römischen Staates in der Konfliktlösung widerspiegelt. Nicht auszuschließen ist, dass sie erst im Laufe der Zeit in das Ritual „hineingeschoben" wurde. Die danach folgende *provocatio sacramenti* verlagert den Streit der Parteien in den Bereich des *ius divinum* und hebt die „zwischenmenschliche" Situation auf die religiöse Ebene.[1418] In seiner ursprünglichen Phase wurde das Ritual mit der *provocatio sacramenti*, d.h. mit der Überleitung des Streites in den Bereich des *ius divinum*, das Ritual beendet.

Die von Gaius fortgesetzte Beschreibung des Rituals, bei der der Prätor nach der *provocatio sacramenti* wieder interveniert, sowie der Richter eingesetzt wurde, sind historisch nachgebildete Entwicklungsphasen.[1419] Sie zeigen, wie ein ursprüngliches Modell des *agere sacramento* in die neue rechtspolitische Realität eingebettet wurde, in der das *agere sacramento* aus dem Akt des Rechtsprechens der privaten Akteure zum Akt der Behauptung eigenen Rechts wechselt, und mit dem *ius dicere* des Gerichtsmagistrates und später des Richters (*iudicatum*) beendet wird.

Die Quellen überliefern auch eine besondere Art der *legis actio sacramento in rem* für Grundstücke – das Ritual *manum conserere*.[1420] Es ist möglich, auch bei diesem Ritual die älteren Phasen von den jüngeren abzugrenzen. In seiner ursprünglichen Form findet dieses Ritual auf dem umstrittenen Grundstück statt. Der Streit kann bereits dann beendet werden, wenn sich die andere Partei dem Sprechakt des *manum conserere* nicht widersetzt. Mit der Zeit wird das *manum conserere* vom Akt mit dem Potenzial der einseitigen Begründung und Erzeugung des Eigentumsrechts zum Akt der Einladung ins Gericht – *ex manum consertum vocare*.[1421] Bemerkenswert ist nicht nur die Transformation des Sprechaktes mit der Handanlegung *manum conserere* in eine „einführende Prozedur" für das Gerichtsverfahren,[1422] sondern auch die Stellungnahme der republikanischen Juristen zu diesem Ritual. Cicero überliefert eine ironische

1418 Kapitel II, Abschnitt 5.1.5. *Provocatio sacramenti*, S. 158 f.

1419 Kapitel II, Abschnitt 5.1, Das *agere* als Akt des einseitigen Recht-Sprechens im Verfahren *sacramento*, S. 145 f.

1420 Kapitel II, Abschnitt 5.2. Die Veränderung des *agere* vom Akt der Rechtserzeugung zum Akt der Prozesseinleitung und das Ritual *manum conserere*, S. 162 f.

1421 S. auch *Varvaro*, Die Legisaktionen, in: HRP I (2023) 326 mit Fn. 24.

1422 Kapitel II, Abschnitt 5.3. Die Schwächung des priesterlichen Monopols und die sukzessive Abschaffung des *agere sacramento*, S. 169 f.

Beurteilung dieser *actio* von den *barbati* (bärtigen Juristen),[1423] was ein Hinweis darauf sein kann, dass die alten Rituale von den späteren republikanischen Juristen im Prozess ihrer „Rationalisierung" und „Verschriftlichung" kritisch wahrgenommen wurden, was letztendlich zu ihrer Abschaffung geführt haben könnte.[1424]

5.2. Das *lege agere per manus iniectionem*

Ein weiterer Archetyp des *agere*, bei dem die Rechtswirkungen in der Regel durch einen einseitigen ritualisierten Sprechakt (*agere*) ausgelöst werden konnten, ist das Legisaktionenverfahren *per manus iniectionem*.

Die Spruchformel des *lege agere per manus iniectionem iudicati* (*qui agebat, sic dicebat*) – *QUOD TU MIHI IUDICATUS sive DAMNATUS ES SESTERTIUM X MILIA, QUANDOC NON SOLVISTI* – verweist auf zwei Rechtsgründe für die „Handanlegung". Der erste Grund für die ritualisierte „Vollstreckung" anhand des *lege agere per manus iniectionem* ist im Fall des *iudicatum* die *obligatio iudicati* (Verpflichtung aufgrund eines Gerichtsurteils) und im Fall der *damnatio* – die *obligatio damnati* (Verpflichtung aufgrund der Erklärung des Schuldners für *damnatus*). Beide „*obligationes*" werden mit der einseitigen Erklärung der feierlichen Spruchformeln (*agere*) durch den Gläubiger erzeugt. Die Ausführung des Rituals *lege agere per manus iniectionem* dient auf solche Weise nicht nur der Vollstreckung der *a priori* existierenden materiell-rechtlichen Situation (die aufgrund des *iudicatum* oder *damnatio* entstanden ist), sondern ist ein notwendiger zusätzlicher Rechtstitel, der einen körperlichen Zugriff des Gläubigers auf die Persönlichkeit des Schuldners erst begründet.

Die später eingeführten Rituale *lege agere per manus iniectionem pro iudicato*[1425] und *pura*,[1426] bei denen kein gerichtliches Urteil erforderlich war, zeigen das Fortleben des außerprozessualen und auf *mores* zurückgehenden Rituals der Handanlegung (*manus iniectio*) auch nach der Etablierung der staatlichen Kontrolle über die Gewaltausübung in privaten Streitigkeiten.[1427]

1423 Cic. Pro Mur. 11.26: … *Haec iam tum apud illos barbatos ridicula, credo, videbantur* / … Dies möchte, glaube ich, wohl schon jenen bärtigen Alten lächerlich erscheinen.

1424 Vgl. *Franchini*, La desuetudine delle XII tavole nell'età arcaica (2005) 71 f.

1425 Kapitel II, Abschnitt 5.4. Das *agere* als Ritual für die Personalvollstreckung, S. 173 f.

1426 Kapitel II, Abschnitt 5.5. Die Entwicklung des *lege agere per manus iniectionem* zum Ritual mit außergerichtlicher Wirkung, S. 184 f.

1427 *Cardilli*, Damnatio e oportere nell'obbligazione (2016) 172.

5.3. Von der *pignoris capio* zur *legis actio per pignoris capionem*

Einen weiteren Archetyp des *agere* bildet die *legis actio per pignoris capionem.* Dieses *lege agere* wurde ohne Intervention des Gerichtsmagistrates vorgenommen, ohne Anwesenheit des Gegners und sogar an den *dies nefasti.* Die *pignoris capio* wurde auch für die rechtliche Gestaltung und für die darauffolgende Durchsetzung der Ansprüche aus den formlosen Vereinbarungen angewandt, die sonst keine rechtliche Anerkennung in der archaischen und der frührepublikanischen Zeit hätten bekommen können.[1428] Bei der *legis actio per pignoris capionem* sind somit der Zeitpunkt der rechtsgeschäftlichen Gestaltung und der der einseitigen Durchsetzung des Rechts schwer voneinander zu trennen. Die Anwendung der *legis actio per pignoris capionem* wurde für die Fälle des *damnum infectum,* des drohenden Schadens für den Eigentümer eines Nachbargrundstückes, bestätigt.[1429] Diese *legis actio damni infecti* behält ihre Rechtsqualität sogar nach der Abschaffung der *legis actiones,* was wiederum ein Hinweis darauf ist, dass die alten Legisaktionen nicht komplett aus dem juristischen Diskurs des klassischen Rechts verschwinden und in geänderter Form in der Rechtspraxis erhalten bleiben.

6. Die *actiones* für die Zwecke der rechtsgeschäftlichen Gestaltung

Eine schematische Trennung zwischen den *legis actiones* für die Zwecke der Durchsetzung von Ansprüchen und für die rechtsgeschäftliche Gestaltung, wie oben erwähnt, ist dem frühen römischen Rechtsdenken fremd, wie die *legis actio per manus iniectionem* und *per pignoris capionem* zeigen.[1430] Weitere Beispiele der *legis actio* für rechtsgeschäftliche Zwecke bieten die *legis actiones* zu den Zwecken der *emancipatio, manumissio vindicta* und *adoptio.*[1431] Außerdem wird die Bezeichnung *legis actio* auch für die Errichtung des *consortium* zwischen *extranei* verwendet. Die *in iure cessio* wird der *legis actio sacramento* nachgebildet. Die Ähnlichkeit mit der *legis actio sacramento* zeigt

---

1428 Kapitel II, Abschnitt 5.7. Das *agere* als ritualisierter Zugriffsakt am Beispiel des *agere per pignoris capionem,* S. 190 f.

1429 Kapitel II, Abschnitt 5.7.1. Das Fortwirken der *legis actio per pignoris capionem* in Form der *actio damni infecti,* S. 195 f.

1430 Kapitel II, Abschnitt 5.4. Das *agere* als Ritual für die Personalvollstreckung, S. 173 f.

1431 Kapitel II, Abschnitt 6. *Agere, actio, actus* als Akte der Rechtsverfolgung und der rechtsgeschäftlichen Gestaltung, S. 199 f.

auch die Formel der *mancipatio*, des Rechtsgeschäftes, die wortwörtlich den Formelspruch der *legis actio sacramento* wiederholt: *hunc ego hominem ex iure Quiritium meum esse aio*. Auch die Rechtsfigur *actus legitimi* (möglicherweise eine Periphrase der *legis actio*) bestätigt die angesprochene Nähe zwischen der Rechtsverfolgung und der rechtsgeschäftlichen Rechtsgestaltung anhand eines Rechtsrituals.

7. *Ius civile Flavianum* und die Veränderung der *actiones:* Von den mündlichen *actiones* zu den schriftlichen Formeln

Die Quellen über die Geschichte der republikanischen Jurisprudenz berichten von den *actiones* im Zusammenhang mit der Tätigkeit „neuer" Juristen aus der Hocharistokratie. Die *actiones* waren in der republikanischen Zeit Gegenstand der Fachliteratur, insbesondere in den Sammelwerken mit Geschäfts- und Gerichtsformeln.[1432]

Die Darstellungsperspektive in den Quellen verändert sich auch im Hinblick auf die Autorenschaft der *actiones*: Die *actiones* werden nicht mehr als anonyme durch die Priesterjuristen erfasste Rituale dargestellt, sondern als Literaturwerke, als Schöpfungen konkreter römischer Juristen.[1433] Die Werke wie *ius civile Flavianum*,[1434] *De usurpationibus* von Appius Claudius,[1435] *ius Aelianum*,[1436] und *Tripertita*,[1437] aber auch *Manilii actiones*,[1438] *actiones Cosconii*,[1439] *actiones Hostilianae*[1440] sind Sammelbände mit Rechtsritualen (*libri actionum*) für die unterschiedlichsten Lebenssituationen.[1441]

1432 Kapitel III, Abschnitt 1.3. Von den *libri pontificum* zu den *libri actionum* republikanischer Juristen, S. 226 f.

1433 Kapitel III, Abschnitt 1. Die Transformation der *actiones*: Von der Priesterkontrolle zur sälularisierten Jurisprudenz, S. 223 f.

1434 Kapitel III, Abschnitt 2. *Ius civile Flavianum*, S. 229 f.

1435 Kapitel III, Abschnitt 3. Das Werk *De usurpationibus* von Appius Claudius, S. 245 f.

1436 Kapitel III, Abschnitt 4. *Ius Aelianum* und *Tripertita*, S. 251 f.

1437 Kapitel III, Abschnitt 4.2. *Tripertita*, S. 254 f.

1438 Kapitel III, Abschnitt 5. Die *actiones* in *De re rustica* von Varro, *actiones* des Manilius S. 256 f.

1439 Kapitel III, Abschnitt 6.1. *Actiones Hostilianae*, S. 263 f.

1440 Kapitel III, Abschnitt 6.2.*Actiones Cosconii*, S. 266 f.

1441 Kapitel III, Abschnitt 6. Sammelwerke mit Ritualen für das Gerichtsverfahren, S. 263 f.

7.1. Die Veröffentlichung der *actiones*

Die Veröffentlichung der durch die Priester aufbewahrten Rechtsrituale (*actiones*) aus den Archiven verbinden zahlreiche Quellen (Pomponius, Cicero, Livius, Valerius Maximus) mit der Tätigkeit eines *scriba* – Gnaeus Flavius. Aus den Quellen folgt, dass die *actiones* mit den Begriffen *ius civile* und den Zeremonien (*caeremoniae)* auf gleichem Bedeutungsniveau stehen. Die *actiones* sind somit eine Vermittlungsform für das *ius civile.*[1442] Die in zahlreichen Quellen überlieferte–zum Teil mythologische–Geschichte über die Veröffentlichung des *ius civile Flavianum* ist von grundlegender Bedeutung für das Verständnis der Entwicklungsgeschichte der Rechtsfiguren *agere* und *actio* – von mündlichen hochformalisierten, geheim aufbewahrten Ritualen zu den öffentlich bekannten verschrifteten Formeln für die Gestaltung eines Gerichtsverfahrens und für die rechtsgeschäftliche Gestaltung durch private Akteure.

Der öffentliche Zugang der römischen *civitas* zu den zuvor von den römischen Priestern geheim gehaltenen Rechtsritualen, die nur auszugsweise im Zwölftafelgesetz veröffentlicht wurden, ändert die Rolle der mündlichen Inszenierung ritualisierter Spruchformeln. In der Zeit, in der die *actiones* geheim aufbewahrt wurden, war ihre Ausübung ein Akt der „Erkenntnis des Rechts" und ein Akt der Rechtsetzung auch für die *civitas*, die ihre Durchführung *in iure* wahrgenommen hat. Nachdem diese Kenntnis schon allgemein zugänglich geworden ist, wird die Vornahme der *actiones* zum Akt der „Erinnerung an das schon bekannte Recht" und somit zu dem Akt der Rechtsanwendung.

7.2. Die Verschriftlichung der *actiones*

Nicht auszuschließen ist, dass die Veröffentlichung der *actiones* durch Gn. Flavius eng mit ihrer Verschriftlichung verbunden ist. Der in den Quellen wiederholende Hinweis darauf, dass Gn. Flavius ein Schreiber (*scriba*) war, suggeriert den in seiner Zeit beginnenden Prozess der systematischen Verschriftlichung und freien Zirkulation der Sammelwerke mit Ritualen, d. h. *actiones*. Die Veröffentlichung und die Verschriftlichung der *actiones* führen zu einer allmählichen Abkehr von der mündlichen Rechtskultur. Die mündliche Artikulation einiger *actiones* ist nicht mehr notwendig für ihre weitere Überlieferung, sondern gewährleistet ihre Rechtsgültigkeit unter den Beteiligten. Die Verschriftlichung der Rituale ebnet unter den Juristen den Weg für ein Überdenken und eine kritische Reflexion der Rituale. Die Veröffentlichung und die

1442 Kapitel III, Abschnitt 2.3.3. Der Inhalt des *ius civile Flavianum*, S. 241 f.

Verschriftlichung der *actiones* führt zu einer Koexistenz bzw. zu einer Binarität zwischen den mündlichen und den schriftlichen Medien des Rechts.

8. *De usurpationibus* des Appius Claudius

Hinter der „Tat" von Gn. Flavius steht der *pontifex* Appius Claudius. Mit ihm verbinden die Quellen nicht nur die Vorbereitung der *actiones*, die später von Gn. Flavius veröffentlicht wurden, sondern auch die Vorbereitung eines anderen Werkes – „*De usurpationibus*". Es ist wahrscheinlich, dass es sich bei „*De usurpationibus*" von Appius Claudius um ein kasuistisches Werk handelt, das einige Anweisungen zur Anwendung des *ius civile* oder der *actiones* enthält.

9. *Tripertita* als Vorläufer des Ediktskommentars

Eine weitere Entwicklung der *actiones* hat das Werk „*Tripertita*" von Sextus Aelius bewirkt. Tripertita befasst sich mit der Gestaltung neuer *actiones* anhand der *interpretatio* des Zwölftafelgesetzes und bietet einen Einblick in die Arbeitsweise der frühen römischen Juristen. Die republikanischen Juristen haben ein Lemma aus dem Zwölftafelgesetz herangezogen und durch *interpretatio* eine neue *legis actio* geschaffen. Auf solche Weise dienten die alten Normen des Zwölftafelgesetzes als nominale Grundlage, um neue Spruchformeln (*agere* und *actio*) zu entwickeln. Anhand von Interpretation wurden schon bekannte *modi agendi* des Zwölftafelgesetzes eingehend analysiert und auf neue Sachverhalte ausgedehnt. Das Werk *Tripertita* ist ein möglicher Vorläufer des Ediktskommentars, eines der zentralen Genres der klassischen Jurisprudenz, in dessen Zentrum die Besprechung die *actio* steht, die aber prozessualtechnisch verstanden wird.[1443] Ein anderes Werk von Sextus Aelius sind die *Aeliana studia*. Dieses Werk erhellt den Inhalt der alten Rituale (*vetustas verborum*) und beinhaltet weitere Spruchformel für das Gerichtsverfahren und der rechtsgeschäftlichen Gestaltung (*genera actionum*).[1444]

10. Weitere Sammelwerke mit *actiones*

Ein weiteres Werk mit den *actiones* für die rechtsgeschäftlichen Zwecke ist *Manilii actiones* oder *Manilianas venalium vendendorum leges*.[1445] Dieser

---

1443 Abschnitt 4.2. *Tripertita*, S. 254 f.

1444 Kapitel III, Abschnitt 4.1. *Ius Aelianum*, S. 251 f.

1445 Kapitel III, Die *actiones* in *De re rustica von* Varro, *actiones* des Manilius, S. 256 f.

Sammelband mit Ritualen enthält die *actiones*, verstanden als Geschäfts- und möglicherweise Gerichtsformel, für die Gestaltung der Garantiestipulationen bei den Kaufgeschäften im Bereich der Landwirtschaft. Noch in der Zeit von Varro waren die *actiones* von *Manilius* gebräuchlich und wurden möglicherweise neben dem konsensualen Kauf verwendet. Die *actiones* im Sinne der Formeln sind Gegenstand der Auseinandersetzung republikanischer Juristen auch in anderen kasuistischen Werken der republikanischen Juristen:[1446] Die *actiones* von Hostilius enthalten eventuell Testamentsformulare.[1447] Die *actiones* von Cosconius sind vermutlich dem Gerichtsverfahren gewidmet.[1448] Diese Sammlungen vermitteln einen Überblick über die Arbeitsmethoden der römischen Juristen und zeigen, das streng formalisierte auf die Priesterjurisprudenz zurückgehende *actiones* durch neue zeitgemäße Interpretation umgestaltet und für die neuen Lebenssituationen in der Praxis adaptiert wurden.

11. Frühklassische Juristen und das technische Verständnis der *actio*

Die Juristen der späten Republik und des frühen Prinzipats befinden sich in zwei Welten – in der Welt der alten mündlichen Rituale und in der Welt der neuen *actiones* aus dem Formularverfahren. Das lässt sich in den überlieferten Fragmenten, die auf Quintus Mucius Scaevola,[1449] Aquilius Gallus[1450], Labeo,[1451] und Ofilius[1452] zurückgehen, nachverfolgen.

So analysiert Quintus Mucius Scaevola (D. 19.5.11), wie der Prätor die Frage der Typengebundenheit löst: Für die *actiones* im Rahmen des Formularverfahrens kann er die *actiones in factum* gewähren, die alten *legis actiones* ergänzt er, „*si lex iusta ac necessaria sit*". Die modifizierten *legis actiones* werden durch die

---

1446 Kapitel III, Abschnitt 6. Sammelwerke mit Ritualen für das Gerichtsverfahren, 263 f.

1447 Kapitel III, Abschnitt 6.1.*Actiones Hostilianae*, S. 263 f.

1448 Kapitel III, Abschnitt 6.2.*Actiones Cosconii*, S. 266 f.

1449 Kapitel III, Abschnitt 7. Der Übergang von *legis actiones* zu *actiones* des Formularverfahrens bei Quintus Mucius Scaevola, S. 267 f.

1450 Kapitel III, Abschnitt 8.Die Systematik *actio, petitio, persecutio* und die *stipulatio Aquiliana*, S. 274 f.

1451 Kapitel III, Abschnitt 10.1. Die Begriffe *agere* und *actum* im Ediktskommentar von Labeo, S. 292 f.

1452 Kapitel III, Abschnitt 9.1. *Libri actionum* des Ofilius, S. 286 f.

prätorische Mitwirkung mit der Zeit ins Edikt eingeschlossen.[1453] Diese Reflexion von Quintus Mucius ist von grundlegender Bedeutung für das Verständnis, wie die alten *legis actiones* nicht verschwinden, sondern in veränderter Form in das neue Formularverfahren übergehen.[1454] Ein möglicher Genre- und Perspektivenwechsel im Verständnis der *actio* ist mit Aulus Ofilius verbunden.[1455] Er schreibt neben *libri iuris partiti*, *libri de iurisdictione* und *libri actionum* einen Kommentar zum *edictum* nach dem Muster seines Lehrers Servius Sulpicius Rufus. Der Jurist kennt beide Genres – die alten *libri actionum* und den neuen Ediktskommentar. Anzunehmen ist, dass ihm auch beide Bedeutungen der *actio* – als prozessualer Rechtsbehelf und als Gerichts- und Geschäftsformel – bekannt sind.[1456] Die Zugehörigkeit zu den alten Ritualen und zur neuen Welt des Formularverfahrens ist auch in der Rechtskunde von Aquilius Gallus zu verfolgen. Der Jurist erarbeitet eine „merkwürdige" Konstruktion – die *stipulatio Aquiliana* –, eine *transactio*, die teils aus der Stipulationsformel, teils aus der *acceptilatio*, teils aus der *legis actio per condicionem*, teils aus dem *iudicium bonae fidei* besteht, sowie in die Spruchformel die rhetorische Trias *actio*, *petitio*, *persecutio* integriert. Dabei ist seine *stipulatio Aquiliana* ihrem Wesen nach ein Ritual für die Gestaltung eines umfassenden Vergleiches unter Parteien. Diese Kombination aus der prozessualen Formel für die Verfolgung des Rechts und ihre Verwendung für die Komposition des Rechtsgeschäfts erinnert an die alten *legis actiones*, bei denen die Durchsetzung und die rechtsgeschäftliche Gestaltung nicht klar zu trennen waren.

1453 Kapitel III, Abschnitt 7. Der Übergang von *legis actiones* zu *actiones* des Formularverfahrens bei Quintus Mucius Scaevola, S. 267 f.

1454 Kapitel II, Abschnitt 2. Rechtliche Mehrdimensionalität der *actiones*, oder: Was macht die Sprechakte rechtsverbindlich?, S. 106 f.

1455 Kapitel III, Abschnitt 9. Die *actio* im Ediktskommentar und in *libri actionum* von Aulus Ofilius, S. 283 f.

1456 *Behrends*, Der Kommentar in der römischen Rechtsliteratur, in: Institut und Prinzip I (2004) 441; *Kästle-Lamparter*, Welt der Kommentare: Struktur, Funktion und Stellenwert juristischer Kommentare in Geschichte und Gegenwart (106) 21.

12. Die zentrale Rolle des Ediktskommentars und die Auseinandersetzungen mit den *actiones* in den Ediktskommentaren von Labeo, Paulus und Ulpian

Das prätorische Edikt übernimmt eine zentrale Rolle in der Rechtsliteratur römischer Juristen. Das Edikt stellt eine Liste mit den *actiones*, verstanden als Rechtsbehelfe, deren Kern prozessuale Formeln bilden, dar. Die Juristen beschäftigen sich nun mit den *actiones* nicht im Rahmen der *libri actionum*, die als Genres der Fachliteratur aber nicht ganz verloren gehen,[1457] sondern beim Kommentieren des Ediktes.

Im Kommentar von Labeo kann man eine Veränderung im Verständnis der *actio* nachweisen. Der Jurist erarbeitet seinen Ediktskommentar in einem Kontext, wo bestimmte in der Praxis geläufige *termini* im Edikt des Prätors noch keine klare Bedeutung haben. Daher definiert er die Verben *agere*, *gerere*, *contrahere* und die Deverbativa *actum*, *contractum* und *gestum*. Das Wort *actum* beschreibt Labeo als *verbum generale*, als einen zentralen Begriff. Das *actum* wird *sive re*, *sive verbis* vorgenommen. In der Definition des *actum* verbindet er seine prozessuale als auch rechtsgeschäftliche Bedeutungen in der Wahrnehmung der *actio* und des *agere*. Das *actum* ist sowohl ein Hinweis auf die Stipulation als auch auf die daraus entstehende Klage. Außerdem umfasst die Gegenüberstellung zwischen *actum* und *contractum* in seiner Definition eine Unterscheidung zwischen den alten *actiones* und den neuen *iudicia bonae fidei*. Labeo verknüpft durch die Begriffe *agere* und *actum* die Bedeutung einer prozessualen (Ver-)handlung mit jener eines Rechtsgeschäfts; er hebt auf diese Weise die Nähe der geschäftlichen Rechtsgestaltung zur gerichtlichen Durchsetzung hervor.[1458] In den Digesten sind kurze Beschreibungen der Worte (*verba*) *agere* und *actio* in den Ediktskommentaren klassischer Juristen enthalten. Aus der Analyse der Ediktskommentare von Ulpian[1459] und Paulus[1460] erschließt sich, dass das *agere* und die *actio* Rechtsfiguren sind, die ihre Wirkung *in iure* entfalten. Das *agere* umfasst nach Paulus eine Verhandlung der

1457 Kapitel III, Abschnitt 10. Die *actiones* in *libri actionum* und in Ediktskommentaren klassischer Juristen, S. 289 f.

1458 Kapitel III, Abschnitt 10.1. Die Begriffe *agere* und *actum* im Ediktskommentar von Labeo, S. 292 f.

1459 Kapitel III, Abschnitt 10.3. *Agere* und *actio* im Ediktskommentar von Ulpian, S. 304 f.

1460 Kapitel III, Abschnitt 10.2. Der Begriff *actio* im Ediktskommentar von Paulus, S. 297 f.

Streitparteien *in iure*, die *actio* beschreibt er als Rechtsbehelf eines Klägers. Bei der Beschreibung der *actio in rem* beruft sich Paulus auf die Vindikationsformel aus dem Legisaktionenverfahren (*meum esse dico*), was sein Fortwirken im Formularverfahren bestätigt, und folgert aus der Gegenüberstellung der *actio in rem* und der *actio in personam* einen Unterschied der damit verbundenen durchsetzbaren Rechte: Die *actio in rem* steht für das individuelle Sachenrecht mit einer absoluten Wirkung, während die *actio in personam* ein schuldrechtliches Begehren bzw. einen Anspruch bedeutet. Ulpian und der von ihm zitierte Pomponius verstehen die *actio* im allgemeinen Sinn als Rechtsbehelf eines Klägers, wobei seine materiellrechtlichen Ansprüche ihren Ausdruck in der *intentio* der *formula* finden. Die *actio* umfasst sowohl eine Leistungsklage als auch eine Feststellungsklage. Neben den *actiones* im eigentlichen Sinn werden auch die *stipulationes praetoriae* und *interdicta* zu den *actiones* gezählt. Die *actio* wird somit weit gefasst. Diese Versuche einer Definition vereinigen die ihnen zugrunde liegende Methode, welche ihrem Wesen nach den Ansätzen der mittelalterlichen Juristen ähnlich ist. Das *verbum actionis* und das *agere* werden deskriptiv durch ihre Abgrenzung von anderen prätorischen Rechtsbehelfen (v.a. *exceptio*) aufgefasst ohne dass erklärt wird, was das Wesen des *agere* und der *actio* ist.

15. Die Definition der *actio* bei Celsus

Die einzige Definition der *actio* stammt von Celsus Er beschreibt sie folgendermaßen (Cels. 3 dig. D. 44.7.51): *nihil aliud est actio quam ius, quod sibi debeatur, iudicio persequendi*. Die Definition von Celsus wurde zweimal überliefert – in den Digesten, und in modifizierter Form in den Institutionen Justinians.[1461] Überdies findet man die celsinische Definition in Basiliken und in der Paraphrase des Theophilus. Während Celsus die Rolle des Gerichtsverfahrens in der Verfolgung des Anspruches betont, ist die *actio* in der Zeit von Justinian eine materiell-rechtliche Rechtsfigur, ein Anspruch aus dem Rechtsverhältnis, dessen gerichtliche Verfolgung subsidiär ist, was in der Modifizierung der celsinischen Definition ersichtlich ist (*actio* wird durch Justinian als *ius quod sibi debetur* und nicht *debeatur* verstanden).[1462] Die

---

1461 Kapitel III, Abschnitt 12.1. Zwei Überlieferungen der Celsus-Definition, S. 320 f.

1462 Darauf verweist auch die Modifikation der ursprünglichen Definition von Celsus (D. 44.7.51) in den Institutionen Justinians. Dort wurden die Glieder der ursprünglichen Celsus-Definition umgestellt, und die Verbform *debeatur* wurde

Definition von Celsus bezieht sich auf die *actiones* im Formularverfahren und wurde im dritten Buch der Digesten von Celsus formuliert, die der Struktur des Ediktskommentars folgen. Das 3. Buch der Digesten von Celsus thematisiert *apud iudicem* (vor dem Richter), was auch Licht auf den Inhalt der Definition wirft.[1463] Celsus folgt beim Verfassen seiner Definition den Mustern der frühklassischen Rechtsliteratur und verwendet deren rhetorische Techniken. Mit der Betonung „*nihil aliud est actio quam ius* (nichts anderes ist *actio* als das *ius*)", mit der Celsus seine Definition beginnt, grenzt er seine eigene als richtig dargestellte Definition von den hypothetischen, falschen Konstruktionen ab.

Indem Celsus die *actio* als *ius* definiert, verbindet er weiters die Definition der *actio* mit seiner Definition des *ius*, das er als *ars boni et aequi* versteht. Die *actio*, verstanden als *ius*, soll der Verwirklichung und der Durchsetzung der Auffassung des *bonum et aequum* dienen. Er nimmt im Vergleich zu den älteren Juristen die *actio* nicht formalistisch-ritualisiert wahr, sondern bietet vermutlich eine ethisch fundierte Betrachtungsweise der *actio* als Rechtsinstrument für die Verfolgung dessen, was dem *bonum et aequum* entspricht.[1464]

Anhand der Texte aus dem Celsus-Corpus, in denen das Wort *iudicium* verwendet wird, ist anzunehmen, dass sich der Jurist, indem er die *actio* als *ius iudicio persequendi* definiert, auf die Verfolgung des Rechts nicht nur *in iure*, sondern auch *apud iudicem* bezieht. Bei der gerichtlichen Verfolgung vor dem Prätor, d. h. *in iure*, wird die *actio* objektiv, als eine vom Prätor erteilte Formel (*actio-formula*) aus dem prätorischen Edikt gefasst. Die praktische Bedeutung der *actio* tritt erst *apud iudicem* oder *in iudicio* hervor. Der Kläger hat hier zu beweisen, dass das *ius*, welches er zu haben behauptet, und für dessen gerichtliche Verfolgung der Prätor die Formel gewährt, ihm in Wirklichkeit zusteht. Bei dem Verfahren vor dem Richter wird die objektive Rechtssituation, die in der Formel widergespiegelt ist, subjektiviert und im Beweisverfahren personalisiert. Die *actio* umfasst für Celsus meines Erachtens sowohl die Idee des objektiven Rechts (objektiv gefasste Formel) als auch die aus dem objektiven Recht stammende Befugnis bzw. das subjektive Recht (die Verfolgung des *ius* vor dem Richter). Für Celsus sind möglicherweise die beiden in der Rechtsdogmatik des

durch *debetur* ersetzt. Vgl. Inst 4.6.pr.: *Actio autem nihil aliud est quam ius persequendi iudicio quod sibi debetur.*

1463 Kapitel III, Abschnitt 12.2. Das 3. Buch der Digesten von Celsus und die Struktur des Ediktskommentars, S. 322 f.

1464 Kapitel III, Abschnitt 12.6.2. *Ius iudicio persequendi*, S. 332 f.

19. Jh. reflektierten Aspekte der *actio* – d. h. das objektive und das subjektive Recht – nicht unbedingt zu unterscheiden.

Celsus bezieht seine Definition auf die *actiones in personam*, d. h. auf die *actiones* aus den Schuldverhältnissen, worauf der Ausdruck „*quod sibi debeatur*" (das, was möglicherweise geschuldet wird) verweist. Die Analyse der Texte aus dem Celsus-Corpus bestätigt, dass er das Wort *debere* vorwiegend als Hinweis auf das Schuldverhältnis versteht. Nicht auszuschließen ist jedoch, dass seine Definition auch für die *actiones in rem* gilt. Einen Schlüssel zum Verständnis der celsinischen *actio* gibt die Konjunktivform *debeatur*. Celsus definiert die *actio* als *ius, quod sibi debeatur, iudicio persequendi*. Diese Konjunktivform (im Vergleich zur Indikativform *debetur* in der Fassung Justinians) verweist auf den hypothetischen Charakter des Bestehens des *quod sibi debeatur*.[1465] Dem Wesen der *actio* entspricht also, dass die in der *actio* enthaltene Möglichkeit, das *ius* zu sein, nicht von Anfang an besteht, sondern erst im Rahmen des *iudicium*, im Rahmen des Verfahrens vor dem Richter, d. h. durch die gerichtliche Untersuchung, bestätigt wird. Das Bestehen des *ius*, das mit der *actio* verfolgt wird, soll also erst nach dem Abschluss des Verfahrens bestätigt oder widerlegt werden.

16. Das *agere* und die *actio* in den Institutionen des Gaius: eine Brücke zwischen Legisaktionen und Formeln

Die *actio* ist für das Römische Recht ein systembildendes Konstrukt. In der Struktur des Zwölftafelgesetzes, soweit dieses rekonstruiert werden kann, in der *Tripertita*, in den *libri actionum*, im Ediktskommentar sowie in anderen Genres der juristischen Literatur, die durch die Struktur des Ediktskommentars geprägt sind, spielen die *actiones* eine Schlüsselrolle. Auch in den Institutionen von Gaius nehmen die *actiones* einen systembildenden Platz ein (*personae-res-actiones*).[1466] Die Institutionen des Gaius (und später von Justinian) stellen aber möglicherweise eine Abweichung vom klassischen Ediktsystem mit seiner zentralen Rolle der *actiones* dar.

Gaius verwendet den Begriff *actio* in seinen Institutionen in verschiedenen Bedeutungen: Die *actio* ist für ihn eine *potestas agendi* und verweist auf den Anspruch des Klägers; *actio* und das *agere* bedeuten auch das ganze Verfahren, verweisen auch auf das Rechtsritual. Überdies wird das Wort *agere* oft im Sinne

---

1465 Kapitel III, Abschnitt 12.6.2. *Ius iudicio persequendi*, S. 332 f.

1466 Kapitel III, Abschnitt 11. Das *agere* und die *actio* in den Institutionen des Gaius, S. 309 f.

eines Sprechaktes bzw. einer Spruchformel verwendet (*qui agebat*, *sic dicebat*, *aio* etc).

Besonders oft kommt das Wort *actio* im Sinne eines prozessualen Schemas vor.[1467] Der Jurist widmet etwa seine Aufmerksamkeit den Teilen der Formel und ihrer punktuellen Beschreibung im Formularverfahren. Auch bei der Darstellung der alten *legis actiones* setzt sich Gaius ausführlich mit den Spruchformeln auseinander. Indem Gaius die vordefinierten prozessualen Formeln – die Spruchformel für die *legis actiones* und dir schriftliche Formel für das Formularverfahren – ins Zentrum der Narrative über *actiones* stellt, verbindet er beide Arten des Verfahrens: Das, was die alten und die neuen *actiones* verbindet, sind die ihnen zugrunde liegende *certa* (Legisaktionenverfahren) oder *concepta verba* (feierliche Formelworte), die entweder gesprochen oder schriftlich fixiert werden.

1467 Kapitel III, Abschnitt 11.2. Bedeutungen des *agere* und der *actio* in den Gaius-Institutionen, S. 312 f.

V. Bibliographie

Affolter, Friedrich Xaver, Das römische Institutionensystem, sein Wesen und seine Geschichte, 1897

Affolter, Friedrich Xaver, Die celsinische Aktio und der Anspruch des Bürgerlichen Gesetzbuchs, in: Zeitschrift für deutschen Zivilprozeß 31 (1903) 453–470

Aicher, Josef, D. 44.7.37 pr., in: SDHI 35 (1969) 361–371

Albanese, Bernardo, Agere, gerere, contrahere in D. 50,16,19. Congetture su una definizione di Labeone, in: SDHI 38 (1972) 189–246

Albanese, Bernardo, Le persone nel diritto privato romano, 1979

Albanese, Bernardo, Il processo privato romano delle legis actiones, 1987

Albanese, Bernardo, Brevi studi di diritto romano. Pactum e iudicatum in due testi retorici, in: ASGP 42 (1992) 5–15

Albanese, Bernardo, Sull'intervento dell' "auctor" nella "legis actio sacramenti in rem", in: Labeo 41.3 (1995)

Albanese, Bernardo, Le "Notae iuris" di Probo ed il "ius Flavianum", in: Iura 46 (1995, publ. 2000) 1–19

Albanese, Bernardo, Quattro brevi studi, in: Labeo 46 (2000) 345–378

Albers, Gregor, Perpetuatio obligationis. Leistungspflicht trotz Unmöglichkeit im klassischen Römischen Recht, 2018

Albrecht, Michael, Geschichte der römischen Literatur. Von Andronicus bis Boethius und ihr Fortwirken, 3. verb. Aufl., I, 2012

Amelotti, Mario, Notariat und Urkundenwesen zur Zeit des Prinzipats, in: ANRW II.13. Principat (1980) 386–399

Ames, Cecilia, Untersuchungen zu den Religionen in der Baetica in römischer Zeit, 1998

Arangio-Ruiz, Vincenzo, Sponsio e stipulatio nella terminologia romana, in: BIDR 65 (1962) 193–222

Arangio-Ruiz, Vincenzo, Istituzioni di Diritto Romano, 14. Aufl. 1960 (Ndr.1983)

Arangio-Ruiz, Vincenzo, Appunti sul testo di Gaio, in: TR 29 (1960) 93–102

Archi, Gian Gualberto, Componenti pregiuridiche del diritto privato romano dell'ultima repubblica e del principato, in: Scritti di diritto romano I (1981) 57–82

Arndts von Arnesberg, Carl Ludwig, Lehrbuch der Pandekten, 10 Aufl., 1877

Assmann, Jan, Das kulturelle Gedächtnis, 1992

Assmann, Jan, Text und Ritus. Die Bedeutung der Medien für die Religionsgeschichte, in: Wenzel/Seipel/Wunberg (Hgg.) Audiovisualität vor und nach Gutenberg. Zur Kulturgeschichte der medialen Umbrüche (2001) 97–106

Auer, Marietta, Der privatrechtliche Diskurs der Moderne, 2014

Austin, John, How to Do Things with Words, 1955

Avenarius, Martin, Der pseudo-ulpianische liber singularis regularum. Entstehung, Eigenart und Überlieferung einer hochklassischen Juristenschrift, 2005

Avenarius, Martin, Neque id sine magna servii laude ... Historisierung der Rechtswissenschaft und Genese von System und Methode bei Donellus, in TR 74 (2006) 61–93

Avenarius, Martin, Das "gaiozentrische" Bild vom Recht der klassischen Zeit. Die Wahrnehmung der Gaius-Institutionen unter dem Einfluß von Vorverständnis, zirkulärem Verstehen und Überlieferungszufall, in: Avenarius (Hg.), Hermeneutik der Quellentexte des Römischen Rechts (2008) 97–131

Avenarius, Martin, Bethmann-Hollswegs Beitrag zu einer rechtswissenschaftlichen Wende, in: Heun/Schorkopf (Hgg.), Wendepunkte der Rechtswissenschaft. Aspekte des Rechts in der Moderne (2014) 83–118

Avenarius, Martin, Bernhard Windscheid (1817–1892), in: ZEuP 25 (2017) 396–418

Babusiaux, Ulrike, Id quod actum est. Zur Ermittlung des Parteiwillens im klassischen römischen Zivilprozess, 2006

Babusiaux, Ulrike, Celsus und Julian zum Edikt si certum petetur – Bemerkungen zu Prozess und Aktionendenken, in: Baldus/Miglietta/Santucci/Stolfi (Hgg.), Dogmengeschichte und historische Individualität der römischen Juristen. Atti del Seminario internazionale Montepulciano 14–17. Juni 2011 (2012) 367–431

Babusiaux, Ulrike, Der Kommentar als Haupttext. Zur Gattung der libri ad edictum Ulpians, in: Kästle/Jansen (Hgg.) Kommentare in Recht und Religion, 2014

Balbo, Andrea, Traces of Actio in Fragmentary Roman Orators. Reconstructions, Contexts, Receptions, in: Gray /Balbo/ Marshall/ Stell, Reading Republican Oratory. Reconstruction, Context, Receptions (2018) 227–246

Balbo, «Cetera non sunt narranda, pingenda sunt» Retorica visuale e actio in Calpurnio Flacco, in: Maia 70.1. (2018) 149–159

Baldus, Christian, Zum Begriff des debitum bei Cervidius Scaevola. Schuldrecht, Erbrecht und Prozessrecht zwischen Hochklassik und Spätklassik, in: Harke (Hg.), Faccetten des römischen Erbrechts (2012) 1–34

Barnhart, Robert K., The Barnhard dictionary of etymology, 1988

Barreiro, Alejandrino Fernández, La previa informacion del adversario en el proceso privado romano, 1968

Bassanelli Sommariva, Gisella, Costanzo e Costante, in: Rivista di Diritto Romano I (2001) 1–9

Bassanelli Sommariva, Gisella, Le legis actiones nel liber singularis enchiridii di Pomponio, in: Studi in onore di Remo Martini I (2008) 183–198

Bassanelli Sommariva, Gisella, Lezioni di diritto privato romano II, 2011

Bauman, Richard A., Lawyers in Roman Republican Politics. A study of the Roman jurists in their political setting, 316–82 BC, 1983

Baviera, Giovanni, I Monumenta di Manilio e il *ius Papirianum*, 1903

Bechmann, August, Ueber die richterliche Thätigkeit des pontifices im altrömischen Zivilprozess, in: Sitzungsberichte der philosophisch-philologische und historische Klasse der Bayerischen Akademie der Wissenschaften München 2 (1890) 149–173

Beck, Johann Ludwig Wilhelm, Corpus iuris civilis. Editio stereotypa, 1829

Beck, Hans, Karriere und Hierarchie. Die römische Aristokratie und die Anfänge des *concursus honorum* in der mittleren Republik, 2005

Beggio, Tommaso, Per legem Aebutiam et duas Iulias sublate sunt istae legis actiones: alcune considerazioni sull'evoluzione dei iudicia legitima a partire dalla Lex Aebutia, in: Omaggio Burdese III (2015) 85–140

Beggio, Tommaso/Grebieniow, Aleksander (Hgg.), Methodenfragen der Romanistik im Wandel, 2020

Behrends, Okko, Ius und Ius civile. Untersuchungen zur Herkunft des ius-Begriffs im römischen Zivilrecht, in: Sympotica Franz Wieacker (1970) 11–58

Behrends, Okko, La mancipatio nelle XII Tavole. I fondamenti della libertà di disporre nella mancipatio delle XII Tavole, in: Iura 33 (1982) 46–103

Behrends/Knütel/Kupisch/Seiler, Corpus Iuris Civilis. Text und Übersetzung 2 (1995)

Behrends, Okko, La mancipatio nelle XII Tavole, in: Iura 33 (1982) 46–103

Behrends, Okko, Der Zwölftafelprozess. Zur Geschichte des römischen Obligationsrechts, 1974

Behrends, Okko, Der Römische Gesetzesbegriff und das Prinzip der Gewaltenteilung, in: Avenarius/Möller (Hgg.), Okko Behrends, Zur römischen Verfassung. Ausgewählte Schriften (2014)

Behrends, Okko, Der Kommentar in der römischen Rechtsliteratur, in: Institut und Prinzip. Siedlungsgeschichtliche Grundlagen, philosophische Einflüsse und das Fortwirken der beiden republikanischen Konzeptionen in den kaiserzeitlichen Rechtsschulen. Ausgewählte Aufsätze I (2004) (zuerst in: Assmann/Gladigow (Hgg.) Text und Kommentar [1995])

Behrends, Okko, Die Trichotomie ‚actio, petitio, persecutio'. Ihre Bedeutung für das Verhältnis zwischen philosophischer Rhetorik und klassischer Jurisprudenz und deren Theorie des prozeßabwendenden Vergleichs, in: Festschrift Wolfgang Sellert (2001) 11–66

Benke, Nikolaus, Zu Papinians *actio ad exemplum institoriae actionis*, in: SZ 105 (1988) 592–633

Benke, Nikolaus, Benke, In sola prudentium interpretatione, in: Feldner/Forgó (Hgg.) Norm und Entscheidung (2000) 1–85

Bekker, Ernst Immanuel, Der Legisactionsprozeß mit Formeln zur Zeit Cicero's, in: Zeitschrift für Rechtsgeschichte 5 (1866)

Bekker, Ernst Immanuel, Überschau des geschichtlichen Entwicklungsganges der römischen Actionen; Aufkommen, Wesen, Abkommen, Nachwirkungen, in: SZ 15 (1894) 145–208

Beneduzi, Renato, Actio und Klagrecht bei Theodor Muther, 2016

Benke, Nikolaus, In sola prudentium interpretatione. Zu Methodik und Methodologie römischer Juristen, in: Feldner/Forgó (Hgg.) Norm und Entscheidung. Prolegomina zu einer Theorie des Falls (2000) 1–85 (Sonderdruck)

Bertoldi, Francesca, I sacramenta nelle legis actiones: Da un processo "divino" a un processo laico, in: Vergentis 6 (2018) 161–192

Bethmann-Hollweg, Moritz August von, Der römische Civilprozeß I: Legis actiones, 1864

Bethmann-Hollweg, Moritz August von, Der römische Civilprozeß, II: Formulae, 1865

Bethmann-Hollweg, Moritz August von, Der Civilprozeß des gemeinen Rechts in geschichtlicher Entwicklung, VI: Der germanisch-romanische Civilprozeß im Mittelalter, 1874

Betti, Emilio, La 'vindicatio' romana primitiva e il suo svolgimento storico nel diritto privato e nel processo, in: Il Filangieri 40 (1915) 321–368

Betti, Emilio, Istituzioni di diritto romano, 2. Aufl., 1947

Betti, Emilio, Il concetto della obbligazione costruito dal punto di vista dell'azione, in: Irti (Hg.), Diritto sostanziale e processo (2006)

Betti, Emilio, Falsa impostazione della questione storica, dipendente da erronea diagnosi giuridica, in: Studi in onore di Vincenzo Arangio-Ruiz nel XLV anno del suo insegnamento IV (1953) 80–125

Benöhr, Hans-Peter, Das sogenannte Synallagma in den Konsensualkontrakten des klassischen römischen Rechts, 1965

Bianchi, Paola, Sui Fragmenta Augustodunensia e il processo, in: Ravenna Capitale II. Studi sulle fonti (2015) 1–48

Biavaschi, Paola, Ofilio e il legatum penoris: qualche osservazione in merito a Ulpiano D. 33. 9.3, in: Palma (Hg.) Scritti in onore di Generoso Melillo I (2009) 133–148

Biavaschi, Paola, Caesari familiarissimus. Ricerche su Aulo Ofilio e il diritto successorio tra repubblica e principato, 2011

Binder, Julius, Prozeß und Recht. Ein Beitrag zur Lehre vom Rechtsschutzanspruch, 1927

Biondi, Biondo, Le actiones noxales in diritto romano classico, in: AUPA 10 (1925) 1–366

Biondi, Biondo, La terminologia romana come prima dommatica giuridica, in B. Biondi, Scritti giuridici I (1965) 181–212

Biscardi, Arnaldo, La „litis contestatio" nella procedura „per legis actiones", in: Studi in onore di Vincenzo Arangio-Ruiz nel XLV anno del suo insegnamento III (1953) 461–472

Biscardi, Arnaldo, Azione e rapporto giuridico nel sistema formulare classico, in: Antologia giuridica romanistica ed antiquaria I (1968) 135–168

Biscardi, Arnaldo, Lezioni sul processo romano antico e classico, 1968

Biscotti, Barbara, Dal pacere ai pacta conventa. Aspetti sostanziali e tutela del fenomeno pattizio dell'epoca arcaica all'editto giulianeo, 2002

Bona, Ferdinando, Ius pontificium e ius civile nell'esperienza giuridica tardorepubblicana: un problema aperto, in: Contractus e pactum. Tipicità e libertà negoziale nell'esperienza tardo-repubblicana. Atti del convegno di diritto romano e della presentazione della nuova riproduzione della Littera Florentina, Copanello 1–4 giugno 1988 (1990) 209–250

Bonifacio, Franco, Ius quod ad actiones pertinet, in: Studi in onore di Emilio Betti II (1962) 99–115

Bonin, Franco, Ius quod ad actiones pertinet, in: Studi in onore di Emilio Betti II (1962) 99–115

Böcking, Filippo, Intra «legem Iuliam et Papiam». Die Entwicklung des augusteischen Eherechts im Spiegel der Rechtsquellenlehren der klassischen , 2020

Bremer, Franz Peter, Iurisprudentiae antehadiranae quae supersunt I, 1896

Bretone, Mario, Tecniche e ideologie die giuristi romani, 1971

Bretone, Mario, Elio e le XII Tavole, in: Mantovani (Hg.) Mantovani (Hg.), Per la storia del pensiero giuridico romano: dall'età dei pontefici alla scuola di Servio. Atti del Seminario di S. Marino, 7–9 gennaio 1993, 1996, 17–27

Von Brockdorff, Freyherrn, Die Institutionen-Commentare des Gaius I, 1824

Broggini, Gerardo, Iudex Arbiterve. Prolegomena zum Officium des römischen Privatrichters, 1957

Broggini, Gerardo, Ius lexque esto, in: Ius et Lex. Festgabe zum 70. Geburtstag von Max Gutzwiller (1959) 23–44

Bruck, Eberhard Friedrich, Bedingungsfeindliche Rechtsgeschäfte, 1904

Bruns, Carl Georg, Zur Geschichte der cession, 1868

Bruns, Carl Georg, Die Erztafeln von Osuna, in: Zeitschrift für Rechtsgeschichte 12 (1876) 82–127

Brutti, Massimo, Postfazione. Il diritto romano come metateoria, in: Pugliese, Giovanni, Actio e diritto subiettivo, 1939 (Ndr. 2006) 447–489

Buchwitz, Wolfram, Schiedsverfahrensrecht in Antike und Mittelalter, 2020

Burdese, Alberto, Ius consuetudine, pactum, ius e *res.* Divagazioni su pubblicazioni recenti, in: SDHI 61 (1995) 707–721

Bülow, Oskar von, Die Lehre von den Prozesseinreden und die Prozessvoraussetzungen, 1868

Bülow, Oskar von, Klage und Urteil. Eine Grundfrage des Verhältnisses zwischen Privatrecht und Prozeß, in: Zeitschrift für deutschen Zivilprozeß 31 (1903)

Bülow, Oskar von, Prozessrechtswissenschaft und System des Civilprozessrechts, in: Zeitschrift für Zivilprozessrecht 27 (1900) 201–260

Bülow, Lars, Performativität in Sprache und Recht. Synopse der einzelnen Beiträge, in: Bülow, Lars/Bung, Jochen/Harnisch, Rüdiger/Wernsmann, Rainer (Hgg.), Performativität in Sprache und Recht (2016) 3–17

Bürge, Alfons, Die Juristenkomik in Ciceros Rede pro Murena. Übersetzung und Kommentar, 1974

Bürge, Alfons, Zum Edikt De edendo. Ein Beitrag zur Struktur des römischen Zivilprozesses, in: SZ 112 (1995) 1–50

Butti, Ignazio, Il "praetor" e le formalità introduttive del processo formulare, 1980

Cao, Deborah, Legal Speech Acts as Intersubjective Communicative Action, in: Watner/Werner/Cao (Hgg.) Interpretation. Law and the Construction of Meaning , (2009) 65–82

Calore, Antonello, Per Iovem lapidem. Alle origini del giuramento. Sulla presenza del sacro nell'esperienza romana, 2000

Cancelli, Filippo, La giurisprudenza unica dei pontefici e Gneo Flavio. Tra fantasie e favole romane e romanistiche, 1996

Cannata, Carlo Augusto, Profilo istituzionale del processo privato romano I: Le legis actiones, 1980

Cannata, Carlo Augusto, Per una storia della scienza giuridica europea. Dalle origini all'opera die Labeone I, 1997

Capogrossi Colognesi, Luigi, Diritto e potere nella storia di Roma, 2007

Cappelletti, Loredana, Disposizioni statutarie dall'Italia centrale e meridionale sul finanziamento dei ludi locali (I sec. a.C.), in: Index 42 (2014) 523–543

Carcaterra, Struttura del linguaggio giuridico-precettivo romano, 1968

Cardilli, Riccardo, Damnas esto e manus iniectio nella lex Aquilia: un indizio paleografico?, in: Fundamina (Pretoria) 20 (2014) 110–124

Cardilli, Riccardo, Brevi riflessioni critiche sull'azione come difesa del diritto attraverso il diritto romano, in: Revista Chilena de historia del derecho 22 (2010) 95–102

Cardilli, Riccardo, Lege XII tabularum praeposita iungitur interpretatio, in: Homenaje F. Hinestrosa I (2003)

Cardilli, Riccardo, Damnatio e oportere nell'obbligazione, 2016

Casavola, Franco, Actio, petitio, persecutio, 1999

Cascione, Cosimo, Tresviri capitales. Storia di una magistratura minore, 1965

Cascione, Cosimo, *Lege agere* e *poena capitis*, in: IVRIS VINCULA. Studi in onore di Mario Talamanca I (2001) 511–536

Cascione, Cosimo, Il contesto storico della legislazione decemvirale, in: Cursi (Hg.), XII Tabule. Testo e commento I (2018) 1–30

Castresana, Amelia, Actos de Palabra y Derecho, 2007

Catalano, Pierangelo, Diritto e persone. Studi su origine e attualità del sistema romano I, 1990

Catalano, Pierangelo, Diritto, soggetti, oggetti: Un contributo alla pulizia concettuale sulla base di D. 1.1.12, in: IVRIS VINCULA. Scritti in onore di Mario Talamanca II (2001) 95–117

Cerami, Pietro, Il sistema ofiliano, in: Dovere (Hg.), La codificazione del diritto dall'antico al moderno (1988) 83–120

Cerami, Pietro, La concezione celsina del "ius". Presupposti culturali e implicazioni metodologiche. Parte I. L'interpretazione degli atti autoritativi, in: AUPA 38 (1985) 5–25

Chelidonis, Apostolos, „Legalität und Legitimation" – Gedanken zum Verhältnis von subjektivem Recht und Rechtsmissbrauch, in: Jura 10 (2010) 726–734

Chiusi, Tiziana, Diritti soggettivi e diritti nella persona umana: sulla funzione del diritto privato per la definizione die soggetti del diritto, in: Landi/ Petrucci (Hgg.), Pluralismo delle fonti e metamorfosi del diritto soggettivo nella storia della cultura giuridica (2016) 79–103

Coing, Helmut, Zur Geschichte des Begriffes „subjektives Recht", in: Coing/ Lawson/Grönfors (Hgg.), Das subjektive Recht und der Rechtsschutz der Persönlichkeit (1959) 7–52

Coing, Helmut, Europäisches Privatrecht I: Älteres Gemeines Recht, 1500 bis 1800, 1985

Coing, Helmut, Europäisches Privatrecht II: 19. Jahrhundert, Überblick über die Entwicklung des Privatrechts in den ehemals gemeinrechtlichen Ländern, 1989

Collinet, Paul, Les Nouveaux Fragments des Institutes de Gaius, in: RHDFE 13 (1934) 96–113

Corbino, Alessandro, il formalismo negoziale, 1994

Corbino, Alessandro, Riflessioni sul problema della continuità del pensiero giuridico romano, tra risalenza di discipline e modernità della loro configurazione teorica. Il caso del processo arcaico per *legis actiones,* in: *Fundamina* 20.1 (2014) 175–185

Costa, Emilio, Il diritto privato romano nelle commedie di Plauto, 1890

Crawford, Michael Hewson, Roman Statutes II, 1996

Danek, Georg/Hellerschmied, Irmtraud, Rituale. Identitätsstiftende Handlungskomplexe, 2012

Daube, David, Roman Law, Linguistic, Social and Philosophical Aspects, 1969

Dernburg, Heinrich, Pandekten I: Allgemeiner Theil und Sachenrecht. 5. verb. Aufl., 1896

De Castro-Camero, Rosario, Soluciones in iure a una controversia patrimonial: transacción, juramento y confesión, 2006

De Francisci, Pietro, Synallagma, I, 1913

De Francisci, Pietro, Il trasferimento della proprietà, 1924

De Francisci, Pietro, Storia del diritto romano II. 1, 1944

De Francisci, Pietro, Primordia civitatis, 1961

De Martino, Francesco, La giurisdizione nel diritto romano, 1937

De Vaan, Michel (Hg.), Etymological Dictionary of Latin (online-Version)

Diliberto, Oliviero, La palingenesi decemvirale, in: Cursi (Hg.) XII Tabule. Testo e commento I (2018) 31–44

Di Ottavio, Daniela, Ricerche in tema di querela inofficiosi testamenti, 2012

D'Ippolito, Federico, Das *ius Flavianum* und die *lex Ogulnia,* in: SZ 102 (1985) 81–128

D'Ippolito, Federico, Giuristi e sapienti in Roma arcaica, 1986

D'Ippolito, Federico, Servio e le XII Tavole, in: Mantovani (Hg.), Per la storia del pensiero giuridico romano: dall'età dei pontefici alla scuola di Servio. Atti del Seminario di S. Marino, 7–9 gennaio 1993, 1996, 29–40

D'Ippolito, Federico, Giuristi e sapienti in Roma arcaica, 1986

Diósdi, György, Ownership in Ancient and Preclassical Roman Law, 1970

Dirksen, Heinrich Eduard, Versuche und Kritik der Römischen Quellen, 1823

Dirksen, Heinrich Eduard, Die römisch-rechtlichen Quellen der Grammatiker Verrius Flaccus und Festus Pompeius, 1852

D'Ors, Alvaro, Aspectos objetivos y subjetivos del concepto de „ius", in: Studi in memoria di Emilio Albertario II (1953) 277–299

D'Ors, Alvaro, Las declaraciones Juridicas en derecho romano, in: AHDE 34 (1964) 565–573

Dulckeit, Gerhard Schwarz, Fritz, Römische Rechtsgeschichte, 1981

Durchhardt, Heinz/Melville, Gert (Hgg.), Im Spannungsfeld von Recht und Ritual. Soziale Kommunikation in Mittelalter und Frühere Neuzeit, 1997

Ebrard, Friedrich, Über die Quellen der Institutionen Justinians, in: SZ 38 (1917) 327–334

Eder, Walter, s.v. *sacramentum,* in: Der Neue Pauly. Enzyklopädie der Antike (1996–2012) 10, 1199

Einheuser, Vanessa, Studien zur lex rivi Hiberiensis. Zur Rechtsdurchsetzung innerhalb einer Bewässerungsgemeinschaft im 2. Jh. n. Chr., 2017

Eisele, Fridolin, Cognitur und Procuratur, 1881

Elster, Marianne, Die Gesetze der mittleren römischen Republik, 2003

Ernout, Alfred/Meillet, Alfred, Dictionnaire étymologique de la langue latine, 4. geänd. Aufl., 1985

Errera, Andrea, Arbor actionum. Genere letterario e forma di classificazione delle azioni nella dottrina dei, 1995

Fadda, Carlo, L'azione popolare, 1894

Falcon, Marco, 'Praetor impius': 'ius dicere' nei 'dies nefasti', in: Salvo Randazzo (Hg.), Religione e diritto romano. La cogenza del rito (2014) 187–262

Falcon, Marco, "Ipsam rem condemnare in Gai 4.48", in: Luigi Garofalo (Hg.), Il giudice privato in processo civile romano. Omaggio ad Alberto Burdese III (2015) 523–581

Falcone, Giuseppe, Sulle tracce del lege agere damni infecti, in: AUPA 43 (1995) 519–534

Falcone, Giuseppe, Appunti sul IV commentario delle Istituzioni di Gaio, 2003

Felici, Maurillo, Spunti di ricerca sull'interpretatio dei giuristi e il destino del legatum penoris, in: Forum historiae juris (2020) 1–18

Ferenczy, Endre, Über das „Ius Flavianum", in: Studi in onore di Giuseppe Grosso 5 (1972) 181–191

Fioretti, Paolo, Scribae. Riflessioni sulla cultura scritta nella Roma antica, in: Bianconi (Hg.), Storia della scrittura e altre storie (2014) 337–362

Fiori, Roberto, Homo sacer, 1996

Fiori, Roberto, Ea res agatur: I due modelli del processo formulare repubblicano, 2003

Fiori, Roberto, „Ordalie e diritto romano", in: Iura 65 (2017) 1–128

Fiori, Roberto, Il processo privato, in: Cursi (Hg.), XII Tabulae. Testo e commento I (2018) 45–149

Fitting, Hermann, Juristische Schriften des Mittelalters. Aus Handschriften meist zum ersten Mal herausgegeben und erörtert, 1876

Flach, Andreas, Fortgeltung des Zwölftafelrechts, 2004

Flach, Dieter (Hg.), Marcus Terentius Varro. Über die Landwirtschaft. Res rusticae, 2006

Flach, Dieter, Das Zwölftafelgesetz. Leges XII tabularum. Herausgegeben, übersetzt und kommentiert von Dieter Flach in Zusammenarbeit mit Andreas Flach, 2004

Flaig, Egon, Ritualisierte Politik. Zeichen, Gesten und Herrschaft im Alten Rom, 2003

Fögen, Marie Theres, Ritual und Rechtsfindung, in: Rituale heute (1999) 149–164

Fögen, Marie Theres, Römische Rechtsgeschichten. Über Ursprung und Evolution eines sozialen Systems, 2002

Fögen, Marie Theres, Harakiri, in: Rechtsgeschichte 5 (2004) 218–219

Fowerl-Magerl, Linda, Ordo iudiciorum vel ordo iudiciarius. Begriff und Literaturgattung, 1984

Fuhrmann, Manfred, Marcus Tullius Cicero, Die politischen Reden: Lateinisch-Deutsch I 1993

Fuhrmann, Manfred, Marcus Tullius Cicero, Die Prozessreden: Lateinisch-Deutsch I, 1997

Fuhrmann, Manfred, Cicero. Die Prozessreden. Lateinisch-deutsch I, 1997

Franchini, Lorenzo, La desuetudine delle XII tavole nell'età arcaica, 2005

Franchini, Lorenzo, La nozione di «laicità» nella giurisprudenza romana, in Rivista di diritto romano 10 (2010) 1–10

Franchini, Lorenzo, Alle origini di negozio e processo: l'autotutela rituale, in: Garofalo (Hg.) Il giudice privato nel processo civile romano. Omaggio ad Alberto Burdese I (2012) 163–272

Frezza, Paolo, Ordalia e legis actio sacramento, in: Studi classici e orientali 2 (1953) 63–68

Frezza, Paolo, Preistoria e storia della lex publica, in: BIDR 59–60 (1956) 55–82.

Frezza, Paolo, Storia del processo civile in Roma fino all'età di Augusto, in: Temporini/Haase (Hgg.), Aufstieg und Niedergang der römischen Welt. Geschichte und Kultur Roms im Spiegel der neuen Forschung II.1 (1972) 163–196

Flume, Werner, Allgemeiner Teil des Bürgerlichen Rechts. Zweiter Teil: das Rechtsgeschäft, 4. Aufl., 1992

Frezza, Paolo, Corso di stora del diritto romano, 1968

Gagliardi, Lorenzo, Decemviri e centumviri. Origini e competenze, 2002

Gagliardi, Lorenzo, Prospettive in tema di origine della compravendita consensuale romana, in: Garofalo (Hg.), La compravendita e l'interdipendenza delle obbligazioni nel diritto romano I (2007) 101–180

Gagliardi, Lorenzo, I collegi giudicanti: 'decemviri', 'centumviri', 'septemviri', 'recuperatores'. Idee vecchie e nuove su origini, competenze, aspetti procedurali, in: Omaggio Burdese II (2012) 339–383

Gagliardi, Lorenzo, Studi sulla legittimazione alla querela inofficiosi testamenti in diritto romano e bizantino, 2017

Gallo, Filippo, Un nuovo approcio per lo studio del ius honorarium, in: SDHI 62 (1996) 1–68

Gallo, Filippo, Synallagma e conventio nel contratto. Ricerca degli archetipi della categoria contrattuale e spunti per la revisione di impostazioni moderne. Corso di diritto romano II, 1995

Galsterer, Hartmut, Tabula Bantina, in: der Neue Pauly (2001) 1195–1196

Gamauf, Richard, *Pro virtute certamen*: Zur Bedeutung des Sports und von Wettkämpfen im klassischen römischen Recht, in: Harter-Uibopuu/Kruse (Hgg.), Sport und Recht in der Antike. Beiträge zum zweiten Wiener Kolloquium zur Antiken Rechtsgeschichte (2014) 275–308

Garofalo, Luigi, La dottrina dell'azione in D. 44,7,51, in: Garofalo (Hg.), Celso, Teoretico del diritto (2016) 131–151

Gaudenzi, August/Palmerio Giovanni Battista (Hgg.), Bibliotheca juridica medii aevi, III, 1901

Gebhardt, Ulrich C.J., Sermo Iuris: Rechtssprache und Recht in der augusteischen Dichtung, 2009

Georges, Karl-Ernst/Georges, Heinrich, Ausführliches lateinisch-deutsches Handwörterbuch I (A–H), II (I–Z), 14. Auflage (Ndr. der 8. Auflage), 1976

Georgescu, Valentin Al., Essai d'une théorie générale des leges privatae, 1932

Gerlach, Wolfgang/Bayer, Karl, Cicero. Vom Wesen der Götter. Drei Bücher: Lateinisch-deutsch, 1990

Gerlach, Wolfgang, Festkalender Roms/Fasti: Lateinisch-Deutsch, 2014

Gide, Paul, Études sur la novation et le transport des créances en droit romain, 1879

Gioffredi, Carlo, Sulle attribuzioni sacrali die magistrati romani, in: Iura 9 (1958) 22–49

Gioffredi, Carlo, Diritto e processo nelle forme giuridiche romane. Studia et documenta, 1955

Gioffredi, Carlo, Su Gai 4.30, in: SDHI 44 (1978) 429–438

Gioffredi, Ius et actio, in: Nuovi studi di diritto greco e romano (1980) 213–239

Gioffredi, Carlo, Nuovi studi di diritto greco e romano, 1980

Gnoli, Franco, Spunti critici sull'interpretazione di Gai. 4.1, in: Studi in onore di G. Scherillo I (1972) 67–92

Goldschmidt, James, Der Prozess als Rechtslage. Eine Kritik des prozessualen Denkens, 1925

Gradenwitz, Otto/ Kübler, Bernard/ Schulze, Ernest Theodor (Hgg.), Vocabularium Iurisprudentiae Romanaeiussu Institutum Savigniani compositum, 1903

Gross, Karl (Hg.), Incerti auctoris ordo judiciarius, pars summae legum et tractatus de praescriptione, 1870

Grosso, Giuseppe, Mélanges Fernand De Visscher I e II, in: Iura I (1950) 313–324

Grosso, Giuseppe, Lezioni di storia del diritto romano, 1965

Gröschler, Peter, Actiones in factum. Untersuchungen zur Klage-Neuschöpfung im nichtvertraglichem Bereich, 2002

Gröschler, Peter, Demonstratio e intentio: antinomie nel processo formulare, in: LR 6 (2017) 353–375

Guarino, Antonio, Il diritto e l'azione nella esperienza romana, in: in onore di Vincenzo Arangio-Ruiz nel XLV anno del suo insegnamento I (1953) 389–406

Guarino, Antonio, Il processo privato nelle «XII tabulae», in: Guariono, Pagine di diritto romano IV (1994) 106–127

Guarino, Antonio, Storia del diritto romano, 1998

Guarino, Antonio, L'esigenza giurisprudenziale della sintesi, in: Dovere (Hg.), La codificazione del diritto dall'antico al moderno (1988) 1–30

Guida, Giovanni, *Ius dicere* e *iudicare*. Iurisdictio del magistrato e poteri del giudice, in: Garofalo (Hg.) Il giudice privato nel processo civile romano, III (2015) 5f.

Gulina, Giovanni, "Lege agere damni infecti" e "pignoris capio". Esegesi e logica di Gai., inst. 4.31, in: D'Ippolito (Hg.) Φιλία. Scritti per Gennaro Franciosi II (2007) 1157–1216

Guzmán Brito, Alejandro, Para la historia de la formación de la Teoría General del Acto o Negocio Jurídico y del Contrato, IV: Los orígenes históricos de la noción general de Acto o Negocio Jurídico, in: Revista de estudios histórico-jurídicos 26 (2004) 187–254

Gothofredus, Dionysius, Corpus Juris Civilis Romani, in quo Insitutiones, Digesta ad Codicem Florentinum Emendata, Codex Item et Novellae, cum notis integris I, 1830

Hackl, Karl, Praeiudicium im klassischen römischen Recht, 1967

Hasse, Gustav, Ueber das Wesen der actio, ihre Stellung im System des Privatrechts und über den Gegensaz der in personam und in rem actio, in: Rheinisches Museum für Jurisprudenz 6 (1834) 1–86

Hattenhauer, Christian, Einseitige private Rechtsgestaltung. Geschichte und Dogmatik, 2011

Hattenhauer, Christian, Ad totius iuris cognitionem, Zum Systemverständnis bei Hugo Donellus, in: Festschrift für Jan Schröder zum 70. Geburtstag (2013) 51–67

Hausmaninger, Herbert, Publius Iuventius Celsus: Persönlichkeit und juristische Argumentation, in: Temporini/Haase (Hgg.), Aufstieg und Niedergang der römischen Welt. Geschichte und Kultur Roms im Spiegel der neuen Forschung II (1976) 382–407

Hägerström, Axel, Der römische Obligationsbegriff im Lichte der allgemeinen Römischen Rechtsanschauung I, 1927

Hägerström, Axel, Über den Grund der bindenden Kraft des Konsensualkontraktes nach Römischer Rechtsanschauung, in: SZ 63 (1943) 268–300

Heinecke, Johann Gottlieb, Opusculorum postumorum Tom III libros aliquot veterum iureconsultorum ordini suo resitutos tradens, in: Opera omnia VII (1748) 618–641

Hellegouarc'h, Jean, Le vocabulaire latin des relations et des partis politiques sous la république, 1963

Hellwig, Conrad, Anspruch und Klagrecht: Beiträge zum Bürgerlichen und zum Prozessrecht, 1900

Hellwig, Conrad, Lehrbuch des deutschen Zivilprozessrechts I, 1903

Hellwig, Conrad, Klagrecht und Klagmöglichkeit. Eine Auseinandersetzung über die Grundfragen des heutigen Civilprozessrecht, 1905

Hellwig, Conrad, System des deutschen Zivilprozessrechts. Ordentliches Verfahren, ausschliesslich besondere Prozessarten und Zwangsvollstreckung I, 1912

Heukenkamp, Elisabeth, Rem de qua controversia est prohibemur in sacrum dedicare, D. 44,6,3: Verbot der Dedikation einer Streitsache vor litis contestatio in ein Heiligtum, in: TR 89 (2021) 310–355

Heumann, Hermann Gottlieb/Seckel, Emil, Handlexikon zu den Quellen des römischen Rechts. 11. Aufl., 1971

Hillen, Hans Jürgen (Hg.), Livius, Römische Rechtsgeschichte. Buch XLII–XLIV. Lateinisch und Deutsch, 3. Aufl. 2008

Hillen, Hans Jürgen (Hg.), Livius, Römische Rechtsgeschichte. Buch VII-X. Lateinisch und Deutsch, 3. Aufl. 2008

Hofmann, Johann Baptist/Szantyr, Anton, Lateinische Grammatik II, 1965

Hölder, Eduard, Pandekten. Allgemeine Lehren mit Rücksicht auf den Civilgesetzentwurf, 1891

Hölder, Eduard, Zur Lehre vom Klagrecht, in: Regelsberger/Ehrenberg (Hgg.) Jherings Jahrbücher für die Dogmatik des bürgerlichen Rechts 15 (1907) 315–412

Hölzl, Max, Bedeutung und Gebrauch des Wortes *actio* bei den lateinischen Schriftstellern, in: Programm des Königlichen Gymnasiums zu Dresden-Neustadt 20 (1894) 3–44

Honoré, Anthony Maurice, Gaius, 1962

Horak, Franz, Wer waren die "veteres"? Zur Terminologie der klassischen römischen Juristen, in: Festschrift für Gunter Wesener zum 60. Geburtstag am. Juni 1992 (1992) 201–236

Hugo, Gustav, Lehrbuch der Geschichte des römischen Rechts bis auf Justinian, 1824

Humbert, Michel, La loi des XII Tables. Édition et commentaire, 2018

Humbert, Michel (Hg.), Le dodici tavole dai decemviri agli umanisti, 2005

Huschke, Philip Eduard, Pomponius über die Aelier und Catonen und A. Ofilius in: Zeitschrift für geschichtliche Rechtswissenschaft 15 (1850) 177–202

Huschke, Philip Eduard, Kritische Bemerkungen zu Gaius, in: Zeitschrift für Rechtsgeschichte 7 (1868) 161–191

Huschke, Eduard/Seckel, Emil/Kübler, Bernhard, Gai Institutionum commentarii quattuor: separatim ex Iurisprudentiae anteiustinianae reliquarum, 1903

Jakab, Éva, Praedicere und cavere beim Marktkauf. Sachmängel im griechischen und im römischen Recht, 1997

Jansen, Nils, Die Struktur des Haftungsrechts. Geschichte, Theorie und Dogmatik außervertraglicher Ansprüche auf Schadenersatz, 2003

Jhering, Rudolf von, Geist des römischen Rechts auf den verschiedenen Stufen seiner Entwicklung 1. Aufl., I, 1852

Jhering, Rudolf von, Geist des römischen Rechts auf verschiedenen Stufen seiner Entwicklung, 1 Aufl., II.1, 1854

Jhering, Rudolf von, Geist des römischen Rechts auf den verschiedenen Stufen seiner Entwicklung, 1 Aufl., II.2, 1858

Jörs, Paul, Römische Rechtswissenschaft zur Zeit der Republik I. Bis auf die Catonen, 1888

Jörs, Paul, Untersuchungen zur Gerichtsverfassung der römischen Kaiserzeit, 1892

Jörs Paul/Kunkel, Wolfgang/Wenger, Leopold, Römisches Recht, 3.Aufl., 1949

Irti, Natalino, Un dialogo tra Betti e Carnelutti (intorno alla teoria dell'obbligazione), in: Irti (Hg.), Diritto sostanziale e processo (2006) V–XVIII

Kaden, Erich-Hans, Die Rezension zum Buch von *Pugliese*, Actio e diritto subiettivo (1939), in: SZ 60 (1940) 255–260

Karlowa, Otto, Römische Rechtsgeschichte I, 1885

Kaiser, Wolfgang, Die Inskriptionen der Exzerpte aus Gaius, in: Babusiaux/Nobel/Platschek (Hgg.) FS Bürge (2017) 321–344

Kaser, Max, Das altrömische *ius*. Studien zur Rechtsvorstellung und Rechtsgeschichte der Römer, 1949

Kaser, Max, Zum Ediktsstil, in: Festschrift für Fritz Schulz II (1951) 21–70

Kaser, Max, Gaius und Klassisker, in: SZ 70 (1953) 127–178

Kaser, Max, Zur juristischen Terminologie der Römer, in: Studi Biondi I (1963) 97–142

Kaser, Max, Prätor und Judex im römischen Zivilprozess, in: TR 21 (1964) 329–362

Kaser, Max, Römische Rechtsgeschichte, 1967

Kaser, Max, Studien zum Römischen Pfandrecht, in: TR 44 (1976) 233–289

Kaser, Max, Zum „Ius"-Bergriff der Römer, in: Acta Juridica (1977) 63–81

Kaser, Max, Der Privatrechtsakt in der römischen Rechtsquellenlehre, in: Festschrift für Franz Wieacker zum 70. Geburtstag (1978) 90–114

Kaser, Max, Unmittelbare Vollstreckbarkeit und Bürgenregress, in: SZ 100 (1983) 80–135

Kaser, Max, Über relatives Eigentum im Altrömischen Recht, in: SZ 102 (1985) 1–39

Kaser, Max, Der Privatrechtsakt in der römischen Rechtsquellenlehre, in: Festschrift für Franz Wieacker zum 70. Geburtstag (1978) 90–114.

Kaser, Max, Zur legis actio sacramento in rem, in: SZ 104 (1987) 53–84

Kaser, Max/Hackl, Karl, Das Römische Zivilprozessrecht, 2. Aufl. (1996)

Kasten, Helmut (Hg.), Marcus Tullius Cicero, Atticus Briefe. Lateinisch-deutsch, 3. Unv. Aufl., 1980

Kaufmann, Horst, Causa *debendi* und *causa petendi* bei Glanvill sowie im Römischen und Kanonischen Recht seiner Zeit, in: Traditio 17 (1961) 107–162

Kaufmann, Horst, Zur Geschichte des aktionenrechtlichen Denkens, in: Juristenzeitung 15/16 (1964) 482–489

Kästle-Lamparter, David, Welt der Kommentare, 2016

Keller, Friedrich Ludwig von/Wach, Adolf, Der römische Civilprocess und die Actionen in summarischer Darstellung, 5. Aufl., 1876

Kierulff, Johann Friedrich, Theorie des Gemeinen Civilrechts, 1839

Kipp, Theodor, Geschichte der Quellen des römischen Rechts, 4. Aufl., 1919

Klein, Friedrich, Bernhard Windscheid 26.6.1817–26.10.1892. Leben und Werk, 2014

Kleindam, Teodor, Personalexekution der Zwölftafeln, 1905

Klinck, Fabian, § 39. Eigentumsbegriffe, in: HRPR I (2023) 1056–1063

Kloeppel, Peter, Die Einrede der Rechtskraft nach der deutschen Civilprozess-Ordnung, 1882

Kniep, Ferdinand, Der Rechtsgelehrte Gaius und die Ediktskommentare, 1910

Kollmann, Andreas, Begriffs- und Problemgeschichte des Verhältnisses von formellem und materiellem Recht, 1995

König, Roderich /Winkler, Gerhard, C. Plinius Secundus d. Ä. Naturkunde Lateinisch – deutsch. Buch XXXIII Metallurgie, 2007

Koschembahr-Lyskowski, Ignacy, Die Theorie der Exceptionen nach klassischem römischen Recht I, 1893

Kübler, Berhnard, Der Prozess des Quinctius und C. Aquilius Gallus, in: SZ 14 (1893) 54–88

Krüger, Paul, Geschichte der Quellen und Litteratur des Römischen Rechts, 1888

Krüger, Oliver/Nijhawan, Michael/Stavrianopoulou, Eftychia, „Ritual" und „agency". Legitimation und Reflexivität ritueller Handlungsmacht, in: Forum Ritualdynamik 14 (2005) 1–34

Kunkel, Wolfgang/Wittmann, Roland, Staatsordnung und Staatspraxis der römischen Republik. Zweiter Abschnitt. Die Magistratur, 1995

Kunkel, Wolfgang, Die römischen Juristen. Herkunft und soziale Stellung. Unveränderter Ndr. der 2. Aufl. von 1967 mit einem Vorwort von Detlef Liebs, 2001

Kunkel, Wolfgang/Schermaier, Martin, Römische Rechtsgeschichte, 14. Aufl, 2005

Labruna, Luigi, Plauto, Manilio, Catone: Premesse allo studio dell'emptio consensuale, in: Studi Volterra V (1971) 23–50

Lamberti, Francesca, La famiglia romana e i suoi volti. Pagine scelte su diritto e persone in Roma antica, 2014

Lamberti, Francesca, § 34 Hauskinder, in: HRPR I (2023) 858–875

Lange, Hermann, Römisches Recht im Mittelalter, I. Die Glossatoren, 1997

Langer, Vera, Declamatio Romanorum. Dokument juristischer Argumentationstechnick, Fenster in die Gesellschaft ihrer Zeit und Quelle des Rechts?, 2006

Larenz, Karl/Wolf, Manfred, Allgemeiner Teil des BGB, 9. Aufl., 2004

Lauria, Mario, s.v. *Iurisdictio,* in: Studi Bonfante II (1930) 479–538

Lausberg, Heinrich, Handbuch der literarischen Rhetorik, 3 Aufl., 1990

Lehmann, Heinrich, Die Unterlassungspflicht im bürgerlichen Recht, 1969

Lehne, Christine, Die Stellung der Juristen im Formularverfahren, in: SZ 131 (2014) 216–312

Lehne-Gstreinthaler, Christine, Iurisperiti et Oratores. Eine Studie zu den römischen Juristen der Republik, 2019

Leifer, Franz, Die Einheit des Gewaltgedankens im römischen Staatrecht, 1914

Leist, Burkard Wilhelm, Versuch einer Geschichte der römischen Rechtssysteme, 1850

Lenel, Otto, Über Ursprung und Wirkung der Exceptionen, 1876

Lenel, Otto, Das Sabinussystem, in: Festgabe Rudolf von Ihreing zu seinem Doctor-Jubiläum (1892) 1–106

Lenel, Otto, Palingenesia iuris civilis II, 1889

Leonhard, Rudolf, Anspruchsbegriff des Entwurfs eines bürgerlichen Gesetzbuchs für das Deutsche Reich, in: Zeitschrift für deutschen Zivilprozeß 15 (1891) 327–364

Lévy-Bruhl, Henri, Recherches sur les actions de la loi, 1960

Lévy-Bruhl, Henri, La formule vindicatoire, in: Revue historique de droit français et étranger 11.2 (1932) 205–226

De Libero, Loretana, s.v. Rogatio, in: Cancik/Landfester (Hgg.), Der Neue Pauly (2006) 1046–1047

Liebs, Detlef, Damnum, damnare und damnas. Zur Bedeutungsgeschichte einiger lateinischer Rechtswörter, in: SZ 85 (1968) 173–252

Liebs, Detlef, Untersuchungen zur lex Aquilia de damno iniuria dato, 1971

Liebs, Detlef, Die eigentliche Bedeutung von actum agere und actum est, in: Festschrift für Heinz Hübner zum 70. Geburtstag am 7. November 1984 (1984) 101–120

Liebs, Detlef, Iulius Paulus, in: Herzog/Schmidt/Sallmann (Hgg.), Handbuch der lateinischen Literatur der Antike IV. Die Literatur des Umbruchs. Von der römischen zur christlichen Literatur 117 bis 284 n. Chr. (1997) 167–168

Liebs, Detlef, Einleitung zu den archaischen Rechtsbüchern, in: Herzog/*Schmidt/Suerbaum* (Hgg.), Handbuch der lateinischen Literatur der Antike I. Die archaische Literatur. Von den Anfängen bis Sullas Tod. Die vorliterarische Periode und die Zeit von 240 bis 78 v. Chr. (2002) 75–76

Liebs, Detlef, Esoterische römische Rechtsliteratur vor Justinian, in: Akten des 36. Deutschen Rechtshistorikertages (2008) 40–80

Liebs, Detlef, Biographical Matters about Gaius, in: Babusiaux/Mantovani (Hgg.), Le Istituzioni di Gaio: avventure di un bestseller. Trasmissione, uso e trasformazione del testo (2020) 3–28

Litewski, Wieslaw, Der römisch-kanonische Zivilprozess nach den älteren ordines iudiciarii, 1999

Lokin, Johannes Henricus Antonius/Meijering, Roos/Stolte Bernardus Henricus/van der Wal, Nicolaas, Theophili Antecessoris Paraphrasis Institutionum, 2010

Lontott, Andrew, Cicero as Evidence. A Historians Companion, 2008

Loschiavo, Luca, Figure di testimoni e modelli processuali tra antichità e primo medioevo, 2004

Lotmar, Philipp, Kritische Studien in Sachen der Contravindication, 1878

Luhmann, Niklas, Das Recht der Gesellschaft, 1993

Lüttge, Felix, Wieder Gelesen: Cornelia Vismann, Akten (2000), in: Administory 4.1 (2019) 176–182

Luzzatto, Giuseppe Ignazio, Procedura civile romana, II: Le legis actiones. Dalle lezioni tenute nell'università di Padova. Anno accademico 1947–48 (1948)

Luzzatto, Giuseppe Ignazio, Il verba praeire delle più antiche magistrature romano-italiche, in: Symbolae Taubenschlag (1956) 439–471

Luzzatto, Giuseppe Ignazio, Von der Selbsthilfe zum römischen Prozeß, in: SZ 73 (1956) 29–67

Luzzatto, Giuseppe Ignazio, Giurisdizione, in: Enciclopedia del diritto 19 (1970) 190–199

M. L., Die Monumenta des Manilius und das Ius Papirianum, in: SZ 24 (1903) 419–420.

Mancuso, Gaetano, Praetoris edicta. Riflessioni terminologiche e spunti per la ricostruzione dell'attività edittale del pretore in età repubblicana in: AUPA 37 (1983) 307–430

Maganzani, Lauretta, Pubblicani e debitori d'imposta: ricerche sul titolo edittale de publicanis, 2002

Magdelain, Andre, De la royauté et du droit de Romulus à Sabinus, 1995

Manfredini, Arrigo D., Rem ubi pacunt, orato, in: Seminario Sulla Problematica Contrattuale in Diritto Romano, Milano, 7–9 Aprile 1987, I (1988) 73–79

Manthe, Ulrich, *Agere* und *aio*: Sprechakttheorie und Legisaktionen, in: Schermaier/Rainer/Winkel (Hgg.) Iurisprudentia universalis. Festschrift für Theo Mayer-Maly (2002) 431–444

Manthe, Ulrich, Stilistische Gemeinsamkeiten in den Fachsprachen der Juristen und Auguren der römischen Republik, in: Zimmermann (Hg.), Der Stilbegriff in den Altertumswissenschaften (1993) 69–74

Manthe, Ulrich, Entstehung von Konfliktlösungsinstitutionen in Rom, in: Grotkamp/Seelentag (Hgg.) Konfliktlösung in der Antike I (2021) 219–232

Mantovani, Dario, Gli esordi del genere letterario ad edictum, in: Mantovani (Hg.), Per la storia del pensiero giuridico. Dall'età dei pontefici alla scuola di Servio. Atti del seminario di S. Marino, 7–9 gennaio 1993 (1996) 61–133

Mantovani, Dario, Le formule del processo privato romano. Per la didattica delle Istituzioni di diritto romano, 2. Aufl., 1999

Mantovani, Dario, Les juristes écrivains de la Rome antique. Les œuvres des juristes comme littérature, 2018

Marnitz, Viktor, Terentius, Afer Publius, Komödien: Deutsche Gesamtausgabe, 1960

Marrone, Matteo, Agere lege, formule e preclusione processuale, in: Milazzo (Hg.), Praesidia libertatis. Garantismo e sistemi processuali nell'esperienza di Roma repubblicana. Atti del Convegno di diritto romano Copanello 1992 (1994) 17–62

Marrone, Matteo, Istituzioni di diritto romano, 2006

Martini, Remo, Interventi e repliche, in: Praesidia libertatis: Garantismo e sistemi processuali nell'esperienza di Roma repubblicana. Atti del convegno di diritto romano Copanello 7–10 giugno 1992 (1994) 193–195

Mayer, Max Samuel, Die litis contestatio geschichtlich dargestellt I, 1830

Mayer-Maly, Theo, Roms älteste Juristenschrift, in: FS „Mnemosynon" P. Bizoukides (1960) 221–235 (= *Honsell, Heinrich/Mayer-Maly, Dorothea* (Hgg.), Recht – Gerechtigkeit – Rechtswissenschaft (2019) 331–343)

Mayer-Maly, Theo, Die Wiederkehr von Rechtsfiguren, in: Juristenzeitung 26 (1971) 1–3

De Martino, Francesco, La giurisdizione nel diritto romano, 1937

De Martino, Francesco, La storia dei pubblicani, in: Labeo 39 (1993) 5–41

McClintock, Aglaia, Gneo Flavio, lo scriba che rubò il diritto, in: McClintock (Hg), Storia mitica del diritto romano (2020) 215–235

Meissel, Franz-Stefan/Novitskaya, Anna, § 78 *Bonae fidei iudicia*: Grundlagen, in: Handbuch des Römischen Privatrechts (2023) 2017–2038

Meissel, Franz-Stefan, Societas. Struktur und Typenvielfalt des römischen Gesellschaftsvertrages, 2004

Meissel, Franz-Stefan, § 81 Klage aus Gesellschaftsvertrag (*actio pro socio*), in: HRPR II (2023) 2315–2356

Melillo, Generoso, Le legis actiones e i quinque modi agendi, in: Cascione/Masi Doria (Hgg.) Fides humanitas ius 5 (2007) 3515–3535

Mercogliano, Felice, Actiones ficticiae. Tipologie e datazione, 2001

Merkl, Adolf, Das doppelte Rechtsantlitz, in Juristische Blätter (1918) 425–427, 444–447, 463–465 (=neu abgedruckt in: Hans Klecatsky/René Marcic/

Herbert Schambeck (Hgg.), Die Wiener Rechtstheoretische Schule, Bd. 1 (1968) 1091–1115)

Metzger, Ernest, Cum servo agere, in: Inter cives necnon peregrinos. Essays in honour of Boudewijn Sirks, 2014, 533- 543

Messana, Maria Angela, Sui *libri definitionum* di Emilio Papiniano. *Definitio* e *definire* nell'esperienza giuridica romana, in: AUPA 45.2 (1998) 61–322

Mitteis, Ludwig, Römisches Privatrecht bis auf die Zeit Diokletians I, 1908

Mommsen, Theodor, Berichte der sächsischen Akademie der Wissenschaften, 1853 (= Gesamte Schriften, 7)

Mommsen, Theodor, Römische Forschungen I, 1864, Ndr. (1962)

Mommsen, Theodor, Corpus Iuris Civilis. Ed. Stereotypa I (1872)

Mommsen, Theodor, Iudicium legitimum, in: SZ 12 (1891) 267–284

Mühlenbruch, Christian Friedrich, Die Lehre von der Cession der Forderungsrechte nach den Grundsätzen des Römischen Rechts, 1836

Müller-Mall, Sabine, Rekursion. Rezeption. Relation, in: Bülow/Burg/Harnisch/Wernsmann (Hgg.), Performativität in Sprache und Recht (2016) 21–34

Muther, Theodor, Zur Lehre von der römischen *actio*, dem heutigen Klagrecht, der Litiscontestation und der Singularsuccession in Obligationen: eine Kritik des Windscheid'schen Buchs „Die actio des römischen Civilrechts, vom Standpunkte des heutigen Rechts", 1857

Nap, J. M., Zur römischen Rechtsgeschichte im Dritten Jahrhundert v. Chr., in: TR 13.2 (1934) 170–201

Nasti, Fara, L'Enchiridion di Sesto Pomponio. Una ricostruzione, 2023

Nelson, Hein L.W., Überlieferung, Aufbau und Stil von Gai Institutiones, 1981

Nicosia, Giovanni, Agere lege, in: Poteri, negotia, actiones nella esperienza romana arcaica. Atti del convegno di diritto romano. Copanello 12–15 maggio 1982 (1984) 219–241

Nicosia, Giovanni, La *manus iniectio*: Dal regime originario a quello della *manus iniectio pura*, in: Praesidia libertatis: Garantismo e sistemi processuali nell'esperienza di Roma repubblicana. Atti del convegno di diritto romano Copanello 7–10 giugno 1992 (1994) 163–225

Nicosia, Giovanni, Il processo privato romano I. Le oirgini, 1980 (Ndr.1986)

Nicosia, Giovanni, Il processo privato romano II. La regolamentazione decemvirale, 1984 (Ndr.1986)

Nicosia, Giovanni, Nuovi profili istituzionali di diritto privato romano, 6. Aufl., 2013

Nicosia, Giovanni, Il processo privato romano, 3.1: Nascita ed evoluzione della iurisdictio, 2012

Noailles, Pierre, Fas et jus. Études de droit romain, 1948

Noailles, Pierre, Du droit sacré au do droit civil, 1949

Nörr, Dieter, Pomponius oder „Zum Verständnis der römischen Juristen", in: Temporini, Hildegard/Haase, Wolfgang (Hgg.), Aufstieg und Niedergang der römischen Welt (ANRW). Geschichte und Kultur Roms im Spiegel der neueren Forschung. Teil II: Principat. Band 15: Recht (Methoden, Schulen, einzelne Juristen), 1976, 497–604

Nörr, Dieter, Zum Traditionalismus der römischen Juristen, in: FS Flume I (1978) 153–190

Nörr, Dieter, Prozessuales (und mehr) in der *lex rivi Hiberiensis,* in: SZ 125 (2008) 108–188

Nörr, Knut Wolfgang, Ordo iudiciorum und ordo iudiciarius, in: Collectanea Stephan Kuttner I (1967) 327–344

Nörr, Knut Wolfgang, Naturrecht und Zivilprozeß. Studien zur Geschichte des deutschen Zivilprozeßrechs während der Naturrechtsperiode bis zum beginnenden 19. Jahrhundert, 1976

Nörr, Knut Wolfgang, Iudicium est actus trium personarum, 1993*Novitskaya, Anna,* Der synallagmatische Vertrag im Römischen Recht nach den Lehren Labeos und Aristos, in: Klausberger/Lehne/Scheibelreiter (Hgg.) Disputationes Tirolenses. Tagungsband zum 7. Internationalen Treffen der Jungen Romanist(inn)en (2014) 105–119

Novitskaya, Anna, Bemerkungen zur celsinischen Definition der *actio* (Cels. 3 dig. D. 44,7,51), in: Zeitschrift der Savigny-Stiftung für Rechtsgeschichte. Romanistische Abtheilung 139 (2022) 43–96

Novitskaya, Anna, Ago and aio or „how to make law with words", in: University of Vienna Law Review 6.1 (2022) 56–117

Novitskaya, Anna, IUS DICERE und *VERBA PRAEIRE.* Einige Anmerkungen über die Beteiligung der römischen Priester am Gerichtsverfahren der republikanischen Zeit, in: RIDA (2023) 117–140

Nüßlein, Theodor (Hg.), Cicero, De oratore. Über den Redner. Lateinisch-deutsch, 2007

Oestmann, Peter, Normengeschichte, Wissenschaftsgeschichte und Praxisgeschichte. Drei Blickwinkel auf das Recht der Vergangenheit, in: Max Planck Institute for European legal history. Research paper series 6 (2014) 1–10

Olivecrona, Karl, Law as a Fact, 2 Aufl.,1971

Orestano, Riccardo, Dal *ius* al *fas*. Rapporto fra diritto divino e umano in Roma dall'età primitiva all'età classica, in: BIDR 46 (1939) 194–273

Orestano, Riccardo, s.v. Azione in generale, in: Enciclopedia del diritto 4 (1959) 785–822

Orestano, Riccardo, I fatti di normazione nell'esperienza romana arcaica, 1967

Orestano, Riccardo, Diritto. Incontri e scontri, 1981

Orestano, Riccardo, "Realtà", "parole", "valori" nella scienza del diritto, in: Rivista di diritto civile 31.5 (1985) 431–497

Orestano, Riccardo, La «parola creatrice», in: Scarpelli, Uberto / Di Lucia, Paolo, Il linguaggio del diritto (1994) 197–206

Ormanni, Angelo, Penus legata. Contributi alla storia dei legati disposti con la clausola penale in età repubblicana e classica, in: Studi Betti IV (1962) 581–736

Ortega, Alfredo Encuentra, El significado de agere en el primitivo processo romano, in: RIDA 43 (1996) 145–178

The Oxford Latin Dictionary, 1968

Pais, Ettore, Gneo Flavio e la divulgazione del ius civile, in: Pais, Ricerche sulla storia e sul diritto pubblico di Roma I (1915) 215–240 *Palazzolo, Nicola*, Processo civile e politica giudiziaria nel principato. Lezioni di diritto romano. Seconda edizione riveduta ed aggiornata, 1991

Paoli, Jules, "Verba praeire" dans la legis actio, in: RIDA 4 (1950) 281–324

Paricio, Francisco Javier, Sobre el 'De usurpationibus' de Appio Claudio, in: SDHI 60 (1994) 629–635

Partsch, Josef, Das Dogma des Synallagma im römischen und byzantischen Rechte, in: Aus nachgelassenen und kleinen verstreuten Schriften (1931) 3–95

Pekelis, Alessandro, s.v. Azione, in: Novissimo digesto italiano II (1937) 91–108

Pelloso, Carlo, Il concetto di 'actio' alla luce della struttura primitiva del vincolo obbligatorio, in: Garofalo (Hg.) 'Actio in rem' e 'actio in personam'. In ricordo di Mario Talamanca I (2011) 127–332

Pelloso, Carlo, 'Giudicare' e 'decidere' in Roma arcaica. Contributo alla contestualizzazione storico-giuridica di Tab. 1.8, in: Garofalo (Hg.) Il giudice privato nel processo civile romano I (2012) 59–128

Pennitz, Martin, Rezension: Romano, Angela, Il „collegium scribarum". Aspetti sociali e giuridici della produzione letteraria tra III e II secolo A. C., 1990, in: SZ 110 (1993) 680–687

Peppe, Leo, Storie di parole, storie di istituti, in: SDHI 63 (1997) 126–196

Perrot, Xavier, Le geste, la parole et le partage, in: Revue Semestrielle de Droit Animalier 2 (2010) 275–289

Perrozi, Silvio, Istituzioni di diritto romano II, 1908

Pescatore, Gustav, Placentini Summa „Cum essem Mantue" siue de accionum uaritatibus, 1897

Pieroni, Paolo, Marcus Verrius Flaccus, De significatu verborum in den Auszügen von Sextus Festus und Paulus Diaconus. Einleitung und Teilkommentar, 2004

Platschek, Johannes, Ex iure manum conserere. Zur Symbolischen Gewalt im frühen Römischen Eigentumsprozess, in: TR 74 (2006) 245–260

Platschek, Johannes, Bemerkungen zu Ciceros Rede für Caecina, in: Symposion Pieler (2009) 127–136

Platschek, Johannes, § 10 Formularverfahren: Grundlagen, in: HRPR I (2023) 342–349

Platschek, Johannes, § 12. Formularprozess: Verhandlung *in iure*, in: HRPR I (2023) 372–412

Plósz, Alexander, Beiträge zur Theorie des Klagerechts, 1880

Polenaar, B. J./Krüger, Paul/Studemund, Wilhelm, Syntagma institutionum novum: Gai institutiones iuris civilis romanum, 1876

Pringsheim, Fritz, Symbol und Fiktion in antiken Rechten, in: Gesammelte Abhandlungen II (1961) 382–400

Provera, Giuseppe, Diritto e azione nell'esperienza giuridica romana, in: Studi in onore di Arnaldo Biscardi, IV (1983) 325–348

Provera, Giuseppe, Lezioni sul processo civile giustinianeo I, 2010

Pugliese, Giovanni, Actio e diritto subiettivo, 1939 (Ndr. 2006)

Pugliese, Giovanni, Il processo formulare. I. Lezioni dell'Anno Accademico 1948–49 (1948)

Pugliese, Giovanni, s.v. Azione (diritto romano), in: Novissimo Digesto Italiano II (1958) 24–29.

Pugliese, Giovanni, Il processo civile romano I, Legis actiones. Corso di diritto romano. Anno Academico 1961–1962, 1963

Pugliese, Giovanni, Il processo formulare I: Introduzione. Nozioni fondamentali. I soggetti del processo. Lezioni dell'anno academico 1947–1948, 1950

Pugliese, Giovanni, L'onere della prova nel processo per "formulas", in: RIDA 3, ser. 3 (1956) 349–422

Pugliese, Giovanni, L'*actio* e la *litis contestatio* nella storia del processo romano, in: Studi in onore di E. T. Liebman I (1979) 409–432

Pugliese, Giovanni, „Res corporales", „Res incorporales" e il problema del diritto soggettivo, in: Studi in onore di Vincenzo Arangio-Ruiz nel XLV anno del suo insegnamento III (1953) 225–260

Pugsley, David, Gaius or Sextus Pomponius, in: RIDA 41, (1994) 353–367

Puntschart, Valentin, Die fundamentalen Rechtsverhältnisse des Römischen Privatrechts, 1885

Quadrato, Renato, Sulle tracce dell'annulabilità. Quasi nullus nella giurisprudenza romana, 1983

Rabel, Ernst, X. Nachgeformte Rechtsgeschäfte. Mit Beiträgen zu den Lehren von der Injurezession und vom Pfandrecht, in: SZ 27 (1906) 290–335

Rabel, Ernst, XI. Nachgeformte Rechtsgeschäfte. Mit Beiträgen zu den Lehren von der Injurezession und vom Pfandrecht, in: SZ 28 (1907) 311–379

Radke, Gerhard, Sprachliche und historische Beobachtungen zu den leges XII tabularum, in: FG Lübtow (1970) 223–246

Rampazzo, Natale, Diritto soggettivo e ius nella visione di Villey, in: RIDA 54 (2007) 379–407

Randazzo, Salvo, Leges mancipii. Contributo allo studio dei limiti di rilevanza dell'accordo negli atti formali di alienazioni, 1998

Randazzo, Salvo, Bipartizione del processo e attività giudicante, in: Omaggio Burdese I, (2012) 41–58

Rau, Peter, Plautus, Komödien IV, 2008

Riccobono, Salvatore, Dies e condicio nella costituzione delle servitù su fondi italici e su fondi provinciali, in: TR 3 (1922) 333–362

Ritschl, Friedrich, Opuscula philologica III, 1877

Rödig, Jürgen, Die Theorie des Erkenntnisverfahrens. Die Grundlinien des zivil-, straf- und verwaltungsgerichtlichen Prozesses, 1973

Rodríguez Martín, Jose-Domingos, Vollstreckungsprozess ohne Urteil im römischen Recht. Kommentar zur Lex Luci Lucerini, in: Feldner/Halbwachs/Olechowski/Pauser/Schima/Sereinig (Hgg.), Ad Fontes (2002) 319–331.

Rodríguez Martín, Jose-Domingos, El tratado De actionibus y sus Apéndices, 2016

Rohde, Georg, Die Kultsatzungen der römischen Pontifices (1936)

Romano, Angela, Il „collegium scribarum". Aspetti sociali e giuridici della produzione letteraria tra III e II secolo A. C., 1990

Rosso, Guido, Ponzio da Ylerda, La Summa arborum actionum. Edizione critica con studio introduttivo, 1951

Rudorff, Adolf Friedrich, Römische Rechtsgeschichte. Zum akademischen Gebrauch I, 1957

Ruelle, Annette, Sacrifice, énonciation et actes de langage en droit romain archaïque («agone ?», lege agere, cum populo agere), in: RIDA 49 (2007) –

Ruelle, Annette, Agir et dire sous la République romaine. Paroles et procédures aux sources du très ancien droit romain, 2007

Ruelle, Annette, La parole antique en procès Droit romain, théâtre grec, langue latine, in: Le droit malgré tout. Hommage à François Ost (2018) 501–534

Rüpke, Jörg, Acta aut agenda: Relations of Script and Performance, in: Barchiesi, Alessandro/Rüpke, Jörg/Stephens, Susan (Hgg.), Rituals in Ink: A Conference on Religion and Literary Production in Ancient Rome Held at Stanford University in February 2002 (2004) 23–43

Rüpke, Jörg, Ritual als Resonanzerfahrung, 2021

Russo Ruggeri, Carmela, La datio in adoptionem. Origine, regime giuridico e riflessi politico-sociali in età repubblicana ed impériale I, 1990

Salomone, Annamaria, Iudicati velut obligatio. Storia di un dovere giuridico, 2007

Sanio, Friedrich Daniel, Zur Geschichte der römischen Rechtswissenschaft, 1858

Sanio, Friedrich Daniel, Varroniana in den Schriften der römischen Juristen, 1867

Santoro, Raimondo, Potere ed azione nell'antico diritto romano, in: AUPA 30 (1967) 103–664

Santoro, Raimondo, Manu(m) conserere, in: AUPA 32 (1971/1972) 513–589

Santoro, Raimondo, Actio in diritto romano, in: Poteri negotia actiones. Atti del convegno di diritto romano. Copanello 12–15 maggio 1982 (1984) 201–217

Santoro, Raimondo, Perpetuari obligationem, in: AUPA 57 (2014) 177–208

Santoro, Raimondo, Per la storia dell'obligatio. Il iudicatum facere oportere nella prospettiva dell'esecuzione personale, in: Iuris Antiqui Historia I (2009) 61–124

Santoro, Raimondo, Appio Claudio e la concezione strumentalistica di *ius*, in: AUPA 47 (2002) (=Scritti minori II [2009] 555–627) 295–365

Santoro, Raimondo, Il tempo ed il luogo dell'*actio* prima della sua riduzione a strumento processuale, in AUPA 41 (1991) 281–308

Santoro, Raimondo, Sul ius Papirianum, in: Melanges de droit romain et d'histoire ancienne. Hommage à la mémoire de André Magdelain [s.l. e s.d., ma Paris 1998] (= Scritti minori II [2009] 509–554) 399–416

Santoro, Raimondo, Per la storia dell'*obligatio* I, 2020

Sargenti, Manlio, Svolgimento dell'idea di contratto nel pensiero giuridico romano, in: Iura 39 (1988) 24–74

Savigny, Carl Friedrich von, System des heutigen Römischen Rechts. Bd. 5, 1841

Savigny, Carl Friedrich von, System des heutigen Römischen Rechts. Bd. 6, 1847

Schanz, Martin/Hossius, Carl, Geschichte der römischen Literatur (1927; Ndr. 1979)

Scheid, John, Oral tradition and written tradition in the formation of sacred law in Rome, in: Ando/Rüpke (Hgg.) Religion and law in classical and Christian Rome (2006) 14–33

Scheltema, Herman Jan/Van der Wal, Nicolaas / Holwerda, Douwe, Basilicorum libri LX. Textus Librorum XLIII-LII, Vol. VI, 1969

Schermaier, Martin Josef, Vor § 104. Rechtsgeschäft, in: Bär, Fred/Schmoeckl, Mathias (Hgg.), Historisch-kritischer Kommentar zum BGB, 1: Allgemeiner Teil: §§ 1–240 (2003) 354–364

Schermaier, Martin Josef, From non-performance to mistake in contracts, in: Sirks, Boudewijn (Hg.), Nova Ratione. Change of paradigms in Roman Law (2014) 107–132

Schiavone, Aldo, Forme normative e generi letterari, in: Dovere (Hg.), La codificazione del diritto dall'antico al moderno (1988) 51–73

Schlinker, Steffen, Litis Contestatio. Eine Untersuchung über die Grundlagen des gelehrten Zivilprozesses in der Zeit vom 12. bis zum 19. Jahrhundert, 2008

Schlossmann, Siegmund, Der Vertrag, 1876

Schmidlin, Bruno, Zur Bedeutung der legis actio: Gesetzesklage oder Spruchklage?, in: TR 38 (1970) 367–387

Schönbauer, Ernst, Zur Frage des Eigentumsübergangs beim Kauf, in: SZ 52 (1932) 195–250

Schönberger/Schönberger, Lucius Annaeus Seneca der Ältere. Sentenzen, Einteilungen, Färbungen von Rednern und Redelehrern, 2004

Schulz, Fritz, Geschichte der römischen Rechtswissenschaft, 1961

Schulz, Fritz, History of Roman legal science, 1946

Schultze, August Siegmund, Privatrecht und Process in ihrer Wechselwirkung, 1883

Schweppe, Albrecht, Römische Rechtsgeschichte und Rechtsalterthümer mit erster vollständiger Rücksicht auf Gaius und die Vaticana Fragmente, 1832

Sciortino, Salvatore, Res acta e potere magistratuale di interrompere una *legis actio* irregolare, in: AUPA 57 (2014) 211–238

Schönbauer, Zur Frage des Eigentumsübergangs beim Kauf, in: SZ 52 (1932) 195–250.

Seelentag, Anna Margarete, Ius pontificum cum iure civili coniunctum, 2014

Seidl, Erwin, Die Methode der Kommentatoren in der römischen Rechtsgeschichte, in: Studi in onore di Emilio Betti IV (1962) 117–133

Selb, Walter, Formulare Analogien in "actiones utilies" und "actiones in factum" am Beispiel Julians, in: Studi Biscardi III (1982) 315–350

Selb, Walter, Vom geschichtlichen Wandel der Aufgabe des *iudex* in der *legis actio*, in: Nörr/Simon (Hgg.), Gedächtnisschrift für Wolfgang Kunkel (1984) 391–448

Sellert, Wolfgang, Gewohnheit, Formalismus und Rechtsritual im Verhältnis zur Steuerung sozialen Verhaltens durch gesatztes Recht, in: Durchhardt/Melville (Hgg.), Im Spannungsfeld von Recht und Ritual. Soziale Kommunikation in Mittelalter und Frühere Neuzeit (1997) 29–47

Siber, Heinrich, Die ältesten römischen Volksversammlungen, in: SZ 57 (1937) 233–271

Siebert, Wilhelm, Ueber Appius Claudius Caecus mit besonderer Berücksichtigung seiner Censur und der des Fabius und des Decius, 1863

Silla, Francesco Maria, Genera actionum. Itinerari gaiani, 2012

Silla, Francesco Maria, Sulla distinzione gaiana tra 'actio in rem' ed 'actio in personam, in: Garofalo, Luigi (Hg.), „Actio in rem" e „actio in personam" in ricordo di Mario Talamanca I (2011) 5–52

Simon, Dietrich V., Begriff und Tatbestand der *iniuria*, in: SZ 82 (1965) 132–187

Simshäuser, Wilhelm, Iuridici und Munizipalgerichtsbarkeit in Italien, 1973

Sini, Francesco, Documenti sacerdotali di Roma antica. I. Libri e commentari, 1983

Sirks, Boudewijn, Rezension zum Buch von Avenarius, Martin, Der Pseudo-Ulpianische liber singularis regularum. Entstehung, Eigenart und Überlieferung einer hochklassischen Juristenschrift, 2005, in: Gnomon 80 (2008) 325–330

Sirks, Boudewijn, Change of paradigm in contractus, in: Sirks, Boudewijn (Hg.), Nova Ratione. Change of paradigms in Roman Law (2014) 133–162

Stagl, Jakob Fortunat, Das didaktische System des Gaius, in: SZ 131 (2014) 313–348

Stanojevic, Obrad, Gaius and Pomponius Notes on David Pugsley, in: RIDA 44 (1997) 333–356

Stein, Peter, Regulae iuris: from juristic rules to legal maxims, 1966

Steinwenter, s.v. Pignoris capio, in: Pauly-Wissowa Realenciclopädie XX.1 (1941)

Stengl, Britta, s.v. actio [1, rhetorisch], in: Der neue Pauly. Enzyclopädie der Antike I (1996) 93–94.

Stavrianopoulou, Eftychia, Ritual and Communication in the Graeco-Roman World, 2006

Stollberg-Rilinger, Barbara, Rituale, 2. Aufl., 2013

Steinwenter, Artur, Pignoris capio, in: Pauly-Wissowa Realencyclopädie 20.1 (1941)

Stella Maranca, Filippo, Intorno ai frammenti di Celso, 1915

Stoll, Heinrich, Rez. Georgescu, Essaei d'une théorie générale des leges privatae, in: SZ 53 (1933) 582- 587

Stolfi, Emanuele, Studi sui *Libri ad edictum* di Pomponio, II: Contesti e pensiero, 2001

Stolfi, Emanuele, Attorno al concetto di 'azione' in: Carrata/Loschiavo/Sperandio (Hgg.) Emilio Betti e il processo civile (2022) 171–195

Sturm, Fritz, Stipulatio Aquiliana. Textgestalt und Tragweite der Aquilianischen Ausgleichsquittung im klassischen Römischen Recht, 1972

Struck, Erdmann, Bedeutungslehre. Grundzüge einer lateinischen und griechischen Semasiologie mit deutschen, französischen und englischen Parallelen, 2. erw. Aufl., 1954

Talamanca, Mario, Lineamenti di storia del diritto romano, 2. Aufl., 1989

Talamanca, Interventi e repliche, in: Poteri negotia actiones. Atti del convegno di diritto romano. Copanello 12–15 maggio 1982 (1984)

Talamanca, Mario, Processo civile (diritto romano), in: Enciclopedia del diritto 36 (1987) 1–79

Talamanca, Mario, Istituzioni di diritto romani, 1990

Talamanca, Mario, Relazione conclusiva, in: Praesidia libertatis. Garantismo e sistemi processuali nell'esperienza di Roma repubblicana. Atti del convegno di diritto romano Copanello 7–10 giugno 1992 (1994) 305–325

Taylor, Lily Ross, The Voting Districts of the Roman Republic, 1960

Tellegen, Jan Willem, „Res incorporalis" et les condifications modernes, in: Labeo (1994) 35–55

Tellegen-Couperus, Olga, Pontiff, praetor, and iurisdictio in the Roman republic, in TR 74 (2006) 31–44

Thon, August, Rechtsnorm und subjektives Recht, 1878

Thormann, Friedrich, Der doppelte Ursprung der Mancipatio, 1943

Tondo, Salvatore, Note esegetiche sulla giurisprudenza romana, in: Iura 30 (1979) 34–77

Tondo, Salvatore, Appunti sulla giurisprudenza pontificale, in: Mantovani (Hg.), Per la storia del pensiero giuridico. Dall'età dei pontefici alla scuola di Servio. Atti del seminario di S. Marino, 7–9 gennaio 1993 (1996) 1–15

Tondo, Salvatore, La semantica di *sacramentum* nella sfera giudiziale, in: SDHI 35 (1969) 249–339.

Tondo, Salvatore, Aspetti simbolici e magici nella struttura giuridica nella struttura giuridica della "manumissio vindicta", 1967

Tuori, Kaius, The magic of mancipatio, in: Revue internationale des droits de l'antiquité 55 (2008) 499–521

Unger, Josef, System des österreichischen allgemeinen Privatrechts, 3. Aufl. II, 1868

Vacca, Letizia, La giurisprudenza nel sistema delle fonti del diritto romano. Corso di lezioni. 2 Aufl., 2012

Valgaeren, Jan Hendrick, The jurisdiction of the pontiffs at the end of the fourt century BC, in: *Tellegen-Couperus* (Hg.), Law and Religion in the Roman Republic (2012) 107–118

Valgaeren, Jan Hendrick, The Jurisdiction of the Pontiff in the Roman Republic: a Third Dimension, 2012

Valino, Emilio, Actiones utiles, 1974

Van den Brink, Herman, lus fasque, Opmerkingen over de dualiteit van het archaisch-romeins recht, 1968

Varvaro, Mario, Manu(m) conserere e omnibus verbis vindicare, in: Humbert (Hg.), Le Dodici Tavole. Dai Decemviri agli Umanisti (2005) 267–309

Varvaro, Mario, Fünf unveröffentlichte Briefe Savignys an Bethmann-Hollweg aus den Jahren 181–1819, in: SZ 128 (2011) 464–487

Varvaro, Mario, Gai. IV.21 e la presunta manus iniectio ex lege Aquilia, in: AUPA 59 (2016) 335–347

Varvaro, Mario, Zugehörigkeitsbehauptung und *ivs qviritivm* in der Vindikationsformel des römischen Zivilprozesses, in: Baldus/Schmon (Hgg.) Zivilprozess und Rechtserfahrung (2015) 35–51

Varvaro, Mario, Die Legisaktionen, in: HRPR I (2023) 321–341

Varvaro, Mario, Lineamenti di procedura civile romana, 2023

Vergara, Oscar, The Magical Element in the Law, in: Archiv für Rechts- und Sozialphilosophie 104.1 (2018) 103–120

Villey, Michel, L'idée du droit subjectif et les systèmes juridiques romains, in: RHDFE 24–25 (1946–1947) 201–228

Villey, Michel, Du sens de l'expression jus in re en droit romain classique, in : Mélanges F. De Visscher II, RIDA 3 (1949) 417–436

Villey, Michel, Les institutes de Gaius et l'idée du droit subjectif, in Leçons d'histoire de la philosophie du droit, 1962

Villey, Michel, Le droit subjectif chez Jhering, in: Jherings Erbe. Göttinger Symposion zur 150 Wiederkehr des Geburtstags von R. v. Jhering (1970) 217–228

Vismann, Cornelia, Akten. Medientechnik und Recht. 3 Aufl. (2011)

Voigt, Moritz, Über das Aelius- und Sabinussystem wie über einige verwandte Rechtssysteme, 1875

Voigt, Moritz, Die XII Tafeln. Geschichte und System des Civil- und Criminal-Rechtes, wie –Processes der XII Tafeln nebst deren Fragmenten, 1883*Von Lübtow, Ulrich*, Das römische Volk, 1955

Von Lübtow, Ulrich, Catos Leges venditioni et locationi dictae, in: Symbolae R. Taubenschlag dedictae III (1975) 227–441

Vossius, Oliver, Zu den dogmengeschichtlichen Grundlagen der Rechtsschutzlehre, 1985

Wach, Adolf, Handbuch des deutschen Civilprozessrechts, 1885

Wach, Adolf, Feststellungsanspruch. Ein Beitrag zur Lehre vom Rechtsschutzanspruch, in: Festgabe der Leipziger Juristenfakultät für Dr. Bernhard Windscheid zum 22. Dezember 1888, (1888) 73–138

Wacke, Andreas, Bonam sive malam causam habere, in: Studies Litewski II (2003) 217–240

Wagenvoort, Hendrik, Roman Dynamism: Studies in Ancient Roman Thought, Language and Custom, 1947

Wagenvoort, Hendrik, Orare, Precari, in: *Pietas.* Selected Studies in Roman Religion I (1980) 197–209

Wahrmund, Ludwig, Quellen zur Geschichte des römisch-kanonischen Processes IV. 1–2, 1925

Walde, Alois/Hofmann, Johann Baptist, Lateinisches Etymologisches Wörterbuch, 3. Aufl., I 1938

Walde, Alois/Hofmann, Johann Baptist, Lateinisches Etymologisches Wörterbuch, 3. Aufl. II, 1954

Warmington, Eric Herbert, Remains on Old Latin, III, 1938

Watson, Alan, Legal Origins and Legal Change, 1991

Watson, Alan, The law of persons in the later Roman Republic, 1967

Watson, Alan, Rome of the XII Tables. Persons and property, 1975

Watson, Alan, Ius Aelianum and Tripertita, in: Labeo 19 (1973) 26–30

Watson, Alan, The State, Law and Religion. Pagan Rome, 1992

Weber, Adolph Dietrich, Beiträge zu der Lehre von gerichtlichen Klagen und Einreden I, 1803

Weiss, Fritz, Die Attischen Nächte des Aulus Gellius, II: IX.–XX. Buch, 1876

Weiß, Egon, Vorjulianische Ediktsredaktionen, in: SZ 50 (1930) 249–271

Weller, Marc-Philippe, Vertragstreue. Vertragsbindung – Naturalerfüllungsgrundsatz – Leistungstreue, 2009

Wenger, Leopold, s.v. formula, in: Paulys Realencyclopädie der classischen Altertumswissenschaft VI.2 (1907) 2859–2876

Wenger, Leopold, Institutionen des römischen Zivilprozessrechts, 1925

Wieacker, Griechische Wurzeln des Institutionensystems, in: SZ 70 (1953) 93–126

Wieacker, Franz, Altrömische Priesterjurisprudenz, in: Benöhr, Hans-Peter/Hackl, Karl/Knütel, Rolf/Wacke, Andreas (Hgg.) Festgabe für Max Kaser (1986) 347–370

Wieacker, Franz, Ius civile und lex publica in der römischen Frühzeit, in: Festschrift für Heinz Hübner zum 70. Geburtstag (1984) 357–376

Wieacker, Franz, Römische Rechtsgeschichte, I: Quellenkunde, Rechtsbildung, Jurisprudenz und Rechtsliteratur, 1988

Wieacker, Franz, Amoenitates Iuventianae. Zur Charakteristik des Juristen Celsus, in: Iura 13 (1962) 1–21

Windscheid, Bernhard, Die Actio des römischen Civilrechts vom Standpunkte des heutigen Rechts, 1856

Windscheid, Bernhard, Lehrbuch des Pandektenrechts. 5. Aufl. Bd. I, 1879

Wissowa, Georg, s.v. agonium, in: Pauly-Wissowa RE Bd. I.1 (1893) 869–870

Wlassak, Moritz, Edict und Klageform. Eine romanistische Studie, 1882

Wlassak, Moritz, Römische Prozessgesetze. Ein Beitrag zur Geschichte des Formularverfahrens I, 1888

Wlassak, Moritz, Die Litiskonstestation im Formularprozess, in: Festschrift Windscheid (1889) 55–138 [3–86]

Wlassak, Moritz, Römische Prozessgesetze. Ein Beitrag zur Geschichte des Formularverfahrens II, 1891

Wlassak, Moritz, s.v. Actio, in: Realencyclopädie der classischen Altertumswissenschaft 1.1 (1893) 303–306

Wlassak, Moritz, Der Ursprung der römischen Einrede, 1910

Wlassak, Moritz, Praescriptio und bedingter Prozess, in: SZ 33 (1912) 81–159

Wlassak, Moritz, Die klassische Prozessformel. Mit Beiträgen zur Kenntnis des Juristenberufes in der klassischen Zeit, 1924

Wolf, Joseph Georg, Recht im frühen Rom. Gesammelte Aufsätze, 2015

Wulf, Christoph, Ritual und Recht. Performatives Handeln und mimetisches Wissen, in: Christoph Wulf (Hg.) Körper und Recht. Anthropologische Dimensionen der Rechtsphilosophie (2003) 29–45

Wunner, Sven Erik, Contractus: Sein Wortgebrauch und Willensgehalt im klassischen römischen Recht (1964)

Wüstemann, Karl, Des Antecessor Theophilus Paraphrase der Institutionen Justinian's. Aus dem Griechischen übersetzt und mit Anmerkungen begleitet II. 1823

Zachariä von Lingenthal, Karl Eduard, De actionibus. Ein Überbleibsel antejustinianischer Jurisprudenz, in: SZ 14 (1893) 88–97

Zimmermann, E., Der Windscheid-Mutherische Streit, in: Kritische Zeitschrift für die gesammte Rechtswissenschaft 5 (1859) 461–492

Zlinszky, Jónos, Gedanken zur *legis actio sacramento in rem,* in: SZ 106 (1989) 106–151

Zocco Rosa, L'*ius Flavianum* nella storia delle fonti del diritto romano, in: Scritti Giuridici Chironi (1915)

Zuccotti, Ferdinando, Dall'arcaica sacertà consuetudinaria, in: Scritti Melillo III (2009) 1549–1606

Zuccotti, Ferdinando, Il giuramento nel mondo giuridico e religioso antico. Elementi per uno studio comparatistico, 2000

Zulueta, Francis De, The institutes of Gaius. Part II: Commentary, 1953

VI. Quellenverzeichnis

I. Literarische Quellen

II. Juristische Quellen

III. Nachjustinianische Quellen

VII. Sachregister

Wiener Studien zu Geschichte, Recht und Gesellschaft:
Viennese Studies in History, Law, and Society

Herausgegeben von Nikolaus Benke

Band/Vol. 1 Richard Gamauf: Ad statuam licet confugere. Untersuchungen zum Asylrecht im römischen Prinzipat. 1999.

Band/Vol. 2 Ilse Reiter: Ausgewiesen, abgeschoben. Eine Geschichte des Ausweisungsrechts in Österreich vom ausgehenden 18. bis ins 20. Jahrhundert. 2000.

Band/Vol. 3 Franz-Stefan Meissel: Societas. Struktur und Typenvielfalt des römischen Gesellschaftsvertrages. 2004.

Band/Vol. 4 Antike – Recht – Geschichte. Symposion zu Ehren von Peter E. Pieler. Herausgegeben von Nikolaus Benke und Franz-Stefan Meissel. 2009.

Band/Vol. 5 Loredana Cappelletti: Gli statuti di Banzi e Taranto nella *Magna Graecia* del I secolo a.C. 2011.

Band/Vol. 6 Lisa Isola: Venire contra factum proprium. Herkunft und Grundlagen eines sprichwörtlichen Rechtsprinzips. 2017.

Band/Vol. 7 Lisa Isola (Hrsg.): Klauselgestaltungen in Römischen Testamenten. Akten einer Internationalen Tagung zum Römischen Testamentsrecht (6.–7. November 2020, Wien/online). 2022.

Band/Vol. 8 Caterina Maria Grasl: Josef Hupka (1875–1944). Leben und Werk eines zu Unrecht vergessenen Rechtswissenschaftlers. 2022.

Band/Vol. 9 David Tritremmel: Die Haftung für das Verhalten anderer Personen bei der *locatio conductio.* Haftungskonzepte im römischen Miet-, Werk- und Dienstvertragsrecht 2023.

Band/Vol. 10 Anna Novitskaya*: Agere* und *actio* im römischen Recht. Vom Sprechakt zur standardisierten Rechtsdurchsetzung. 2024.

www.peterlang.com

www.ingramcontent.com/pod-product-compliance
Ingram Content Group UK Ltd.
Pitfield, Milton Keynes, MK11 3LW, UK
UKHW021127041026
8980IPUK00026B/884

9 783631 904497